LES
MILLE ET UNE NUITS

CONTES ARABES

TRADUITS

PAR M. A. D. GALLAND

SUIVIS

DE NOUVEAUX CONTES DE CAYLUS ET DE L'ABBÉ BLANCHET

AVEC UNE PRÉFACE HISTORIQUE

PAR M. JULES JANIN

TOME QUARIÈME

PARIS
AUGUSTE BOURET ET Cie, LIBRAIRES-ÉDITEURS
7, RUE BONAPARTE, 7.

1857

LES

MILLE ET UNE NUITS

CONTES ARABES

POISSY. — TYPOGRAPHIE ARBIEU.

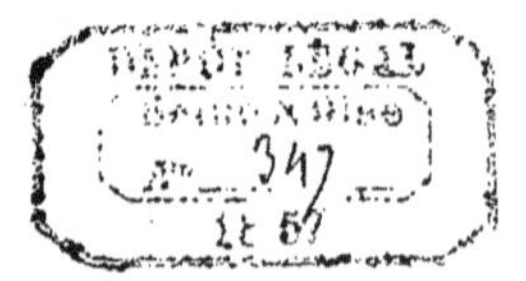

LES

MILLE ET UNE NUITS

CONTES ARABES

TRADUITS

PAR M. A. D. GALLAND

SUIVIS

DE NOUVEAUX CONTES DE CAYLUS ET DE L'ABBÉ BLANCHET

AVEC UNE PRÉFACE HISTORIQUE

PAR M. JULES JANIN

TOME QUATRIÈME

PARIS

IMPRIMERIE ET LIBRAIRIE GÉNÉRALE DE FRANCE

7, RUE BONAPARTE

1857

LES

MILLE ET UNE NUITS,

CONTES ARABES.

CDXXVIII[e] NUIT.

Scheherazade, enchantée de voir que la curiosité du sultan ne se fatiguait point, commença cette nuit l'histoire qu'on va lire, et qu'elle continua, selon son usage, pendant les nuits suivantes.

NOUVELLES AVENTURES

DU KALIFE HAROUN ALRASCHILD, OU HISTOIRE DE LA PETITE FILLE DE CHOSROÈS ANOUSCHIRVAN.

ON célébrait à Bagdad la fête de l'Arafa [1]. Le kalife Haroun Alraschild, assis sur son trône, venait de recevoir les hommages des grands de son empire. Peu satisfait de ces démonstrations de respect et de soumission, il voulut voir par lui-même si ses ordres étaient fidèlement exécutés, et si les magistrats n'abusaient pas de leur autorité. Il aimait d'ailleurs à soulager les malheureux, à répandre des aumônes; et la circonstance de la fête de l'Arafa l'engageait à remplir lui-même un devoir de religion si cher à son cœur [2].

[1] Cette fête se célèbre le 9 du mois de dou al haga, qui est le dernier de l'année arabe. Elle tire son nom d'une montagne voisine de La Mekke, sur laquelle les pèlerins vont prier ce jour-là. Les détails de cette fête, qu'on lit dans la *Continuation des Mille et une Nuits*, de M. Cazotte, ont été imaginés par les traducteurs, et sont presque tous absolument contraires à la religion mahométane.

[2] L'aumône est un des cinq préceptes fondamentaux de l'islamisme.

Dans ce dessein, le kalife se tourna vers Giafar, le Barmecide, et lui dit : « Giafar, je voudrais me déguiser, me promener dans Bagdad, visiter les divers quartiers de la ville, voir ses habitants, entendre leurs discours, et distribuer des aumônes aux pauvres et aux malheureux ; tu m'accompagneras, et tu auras grand soin que nous ne soyons reconnus de personne. »

« Commandeur des croyants, répondit Giafar, je suis prêt à exécuter vos ordres. »

Le kalife se leva aussitôt : ils passèrent dans l'intérieur du palais, prirent des habits convenables à la circonstance, et n'oublièrent pas de garnir d'argent leurs poches et leurs manches. Ils sortirent ensuite secrètement, et commencèrent à parcourir les rues et les places publiques, faisant l'aumône à tous les pauvres qui se trouvaient sur leur chemin.

Tandis qu'ils marchaient ainsi au hasard, ils rencontrèrent une femme assise au milieu de la rue et couverte d'un voile épais, qui leur tendit la main en disant : « Donnez-moi quelque chose, pour l'amour de Dieu. » Le kalife, en la regardant, remarqua que son bras et sa main étaient d'une blancheur qui égalait et surpassait même celle du cristal. Il en fut surpris, et tira de sa poche une pièce d'or qu'il remit à Giafar pour la lui donner. Le vizir s'approcha d'elle et lui remit la pièce d'or.

L'infortunée sentit, en fermant la main, que ce qu'elle tenait était plus gros et plus pesant qu'une obole ou qu'une drachme : elle regarda dans sa main, et vit que c'était une pièce d'or. Aussitôt elle appela Giafar, qui était déjà passé, en criant : « Bon jeune homme, bon jeune homme ! » Giafar revint sur ses pas : « Vouliez-vous, lui dit-elle, me faire l'aumône de cette pièce d'or, ou ne me l'avez-vous donnée que par erreur, ou dans une autre intention ? — Ce n'est pas moi qui vous l'ai donnée, lui répondit Giafar, c'est ce jeune homme qui me l'a remise pour vous. — Demandez-lui donc, reprit la femme, quelle a été son intention, et faites-la-moi connaître. »

« Le jeune homme n'a eu d'autre intention que celle de vous faire l'aumône, » lui dit Giafar, après avoir consulté le kalife.

« En ce cas, reprit-elle, que Dieu soit sa récompense ! »

Giafar rendit cette réponse au kalife, qui lui dit : « Demande-lui si elle est mariée ; et si elle ne l'est pas, propose-lui de m'épouser. » La femme ayant répondu qu'elle n'était pas mariée, Giafar lui dit : « Celui qui vous a donné la pièce d'or voudrait vous épouser. — Je l'épouserai, reprit-elle, s'il peut me donner la dot et le douaire que je lui demanderai. » Giafar sourit à ces mots, et dit en lui-même :

« Le kalife n'est peut-être pas en état de fournir une dot et un douaire à cette infortunée, et je ne sais où nous pourrons emprunter pour cela de l'argent. »

« Quelle est donc, continua tout haut Giafar, la dot que vous désirez, et quel doit être votre douaire? — Ma dot, répondit-elle, doit égaler le montant des tributs de la ville d'Ispahan pendant un an, et mon douaire le produit annuel de la province du Khorassan[1]. »

Giafar secoua la tête, et porta ces paroles au kalife, qui, au grand étonnement de son vizir, parut fort satisfait, et lui dit d'annoncer à l'inconnue qu'on acceptait ses conditions.

Le grand vizir s'étant acquitté de sa commission, l'inconnue lui demanda quels étaient le rang et la fortune du jeune homme, et comment il pourrait remplir les conditions qu'il acceptait : « Le jeune homme, répondit Giafar, est le Commandeur des croyants, le kalife Haroun Alraschild. » Aussitôt l'inconnue arrangea un peu son modeste habillement, leva les mains au ciel, remercia la bonté divine, et dit à Giafar qu'elle acceptait pour époux le Commandeur des croyants. Le vizir porta cette réponse à son maître, qui prit alors le chemin du palais.

Lorsque le kalife fut rentré dans son palais, il envoya vers l'inconnue une dame d'un âge mûr, accompagnée de jeunes esclaves Elles lui dirent qu'elles venaient la chercher de la part du kalife, et la conduisirent d'abord aux bains qui étaient dans l'intérieur du sérail. Elles répandirent sur elle les parfums les plus exquis, la revêtirent d'habits magnifiques, l'ornèrent des bijoux et des joyaux les plus précieux, et n'oublièrent aucune des parures que les plus grandes reines ont coutume de porter. On la mena ensuite dans le palais qui lui était destiné; il était orné de meubles de toute espèce et fourni de toutes sortes de provisions. Dès qu'elle y fut installée, on en rendit compte au kalife, qui envoya chercher le cadi et fit dresser le contrat de mariage.

Le soir étant venu, le kalife entra dans l'appartement de sa nouvelle épouse, s'assit auprès d'elle et lui témoigna le désir qu'il avait d'apprendre quelle était sa naissance et pourquoi elle lui avait demandé une dot et un douaire aussi considérables.

« Commandeur des croyants, répondit-elle, vous voyez dans votre esclave une descendante de Chosroès Anouschirvan[2] : les re-

[1] Province de Perse, anciennement la Bactriane.

[2] Chosroès Anouschirvan, ou le grand Chosroès, roi de Perse, de la dynastie des Sassanides, contemporain de Justinien. Il est surnommé *le Juste* par les écrivains

vers de la fortune, les rigueurs du destin m'ont réduite dans l'état où vous m'avez trouvée. »

« Princesse, répliqua le kalife, Chosroès Anouschirvan, s'il en faut croire quelques historiens, abusant d'abord de son autorité, vexa ses sujets et commit, au commencement de son règne, de grandes injustices. »

« C'est apparemment à cause de ces injustices, reprit-elle, que sa postérité a été contrainte de demander l'aumône au milieu de la rue. — Mais, ajouta le kalife, tous les historiens conviennent qu'il changea bientôt de conduite et se montra si humain et si équitable, que les animaux de la terre et les oiseaux du ciel ressentirent les effets de sa justice et de sa bonté. — C'est encore pour cela, répondit la nouvelle reine, que Dieu a eu pitié de ses descendants, et a retiré sa petite-fille [1] du milieu de la rue, pour la rendre l'épouse du Commandeur des croyants. »

Le kalife Haroun Alraschild était d'un caractère fier et ombrageux ; cette illustre origine, qu'il ne s'était pas attendu à rencontrer, le sang-froid avec lequel la nouvelle reine envisageait son élévation, peut-être la hauteur qu'il crut apercevoir dans ses réponses, tout cela le piqua tout à coup : il la quitta brusquement, et jura de ne pas la revoir avant un an.

L'année suivante, le jour de la fête de l'Arafa, le kalife se déguisa encore, et sortit de son palais accompagné de Giafar, son vizir, et de Mesrour, chef de ses eunuques. Comme il se promenait dans la ville de Bagdad, une boutique attira ses regards par la propreté et l'élégance qui y régnaient. Il y vit un jeune homme occupé à préparer avec beaucoup de soin et d'attention de petits gâteaux [2], qu'il remplissait ensuite d'amandes et de pistaches.

Le kalife s'arrêta et s'amusa un moment à voir travailler le jeune pâtissier. De retour dans son palais, il envoya un esclave demander au pâtissier, de sa part, cent gâteaux de la grosseur du poing. L'esclave ne tarda pas à les apporter. Le kalife alors s'assit, fit venir du sucre, des pistaches, tout ce qui était nécessaire, se mit à remplir lui-même les gâteaux, et glissa dans chacun une pièce d'or. Il envoya en même temps un esclave à la petite-fille de Chos-

orientaux, qui vantent beaucoup ses vertus. Les auteurs grecs en font un portrait tout différent. Son caractère, selon M. Le Beau, est un problème insoluble. On pourrait résoudre ce problème en distinguant, comme ce passage l'indique, deux époques dans son règne.

[1] *Petite-fille* ne signifie ici que descendante ; l'auteur arabe se sert même du mot *fille* dans cette signification.

[2] Le nom arabe de ces gâteaux est *catifa*, qui fait au pluriel *catayéf*.

roès pour la prévenir que l'année du serment étant révolue, il viendrait la voir le soir : il lui faisait demander en même temps ce qui pouvait flatter ses désirs et quel présent il devait lui offrir.

CDXXIX[e] NUIT.

La princesse de Perse répondit à l'envoyé du kalife qu'elle avait tout ce qu'elle pouvait désirer et qu'il ne lui manquait absolument rien. Cette réponse ayant été rapportée au kalife, il ordonna à l'eunuque de retourner auprès de la princesse et de lui faire une seconde fois la même demande. La princesse, voyant que le kalife insistait, le pria de lui envoyer mille pièces d'or et une femme âgée[1] en qui il eût toute confiance, afin qu'elle pût sortir avec elle et distribuer aux pauvres les mille pièces d'or. Le kalife, content de pouvoir faire quelque chose d'agréable à la princesse, donna sur-le-champ les ordres nécessaires pour la satisfaire. Elle sortit avec la femme qui l'accompagnait, et parcourut les rues de Bagdad jusqu'à ce qu'elle eût distribué les mille pièces d'or; ensuite elle prit le chemin du palais.

Il faisait ce jour-là une chaleur excessive; la princesse sentit une soif ardente, et le dit à la vieille. Celle-ci lui proposa d'abord d'appeler un porteur d'eau; mais la princesse lui témoigna la répugnance qu'elle avait de boire dans la tasse qui servait à tout le monde, et la pria de frapper à la porte d'une maison, et d'y demander par grâce un verre d'eau.

La vieille, regardant alors autour d'elle, aperçut une belle maison dont la porte était de bois de sandal; au-dessus pendait une lampe retenue par un cordon de soie; au-devant était une portière en tapisserie, et de chaque côté un banc de marbre. La vieille, ayant dit à la princesse qu'elle allait demander de l'eau dans cette maison, s'avança et frappa doucement à la porte avec le marteau. La porte s'ouvrit, et il en sortit un beau jeune homme élégamment habillé :

« Mon enfant, lui dit la vieille, ma fille est très-altérée; elle ne veut pas boire de l'eau d'un porteur d'eau; auriez-vous la bonté

[1] En arabe *cahermaniah*. Les kalifes Abassides avaient pour intendantes de leur maison des femmes appelées *cahermaniah*, auxquelles ils se fiaient plus qu'aux hommes, de peur d'être empoisonnés. *Voyez* la *Bibliothèque Orientale* de d'Herbelot, p. 234.

de lui en donner? — Volontiers, » dit le jeune homme en rentrant. Bientôt après il apporta une tasse pleine d'eau, et la présenta à la vieille. Celle-ci la donna à la princesse, qui eut soin de se tourner en buvant du côté du mur, pour ne pas laisser apercevoir son visage, et remit la tasse à la vieille. Elle la rendit au jeune homme en le remerciant et lui souhaitant toutes sortes de bénédictions. Il y répondit par des vœux pour sa santé. La princesse et la vieille continuèrent leur chemin, et rentrèrent dans le palais.

Pendant ce temps-là, le kalife, ayant achevé de garnir tous les petits gâteaux, les avait arrangés sur un grand plat de porcelaine de la Chine. Il appela un esclave et lui ordonna de porter ce plat à la princesse de Perse, en lui disant de sa part que c'était le gage de la paix qu'il devait faire ce soir avec elle. L'esclave prit le plat, le remit à la vieille, en lui rapportant les paroles du kalife, et s'en retourna fort affligé de n'avoir pu manger un seul des gâteaux. Il en avait été fort tenté; mais comme ils étaient assez gros, il avait craint que, s'il en prenait un, on ne remarquât la place vide.

La princesse, ayant vu le plat de gâteaux, commanda à la vieille de le porter au jeune homme qui lui avait donné à boire, pour le remercier de sa politesse. La vieille sortit aussitôt pour exécuter cet ordre. Elle eut aussi, chemin faisant, grande envie de goûter des gâteaux, et déjà elle en avait pris un; mais, voyant le vide qui paraissait, elle craignit qu'on ne s'aperçût de sa gourmandise et le remit à sa place. Elle trouva le jeune homme assis près de la porte de sa maison, le salua et lui dit: « Mon enfant, la jeune personne pour qui je vous ai demandé à boire vous envoie ces gâteaux pour vous remercier de la tasse d'eau que vous lui avez donnée. — Mettez-les sur le banc, » dit le jeune homme en la remerciant.

La vieille s'en étant retournée, le gardien du quartier vint trouver le jeune homme, et lui dit: « Seigneur hageb [1], c'est aujourd'hui la fête de l'Arafa, ne me donnerez-vous pas quelque chose pour célébrer ce grand jour et acheter à mes enfants quelques friandises? — Prends ce plat de gâteaux, » lui dit le jeune homme. Le gardien du quartier, fort satisfait, baisa la main et emporta le plat.

La femme du gardien, le voyant entrer avec le plat, s'écria: « Ah! malheureux, d'où te vient ce plat? L'as-tu dérobé ou enlevé par violence? — C'est, dit-il, le seigneur hageb (que Dieu conserve

[1] Hageb, nom d'une charge près la personne des kalifes, qui peut répondre à celle de chambellan.

ce brave jeune homme!) qui me l'a donné. Venez tous manger de ces gâteaux: ils doivent être excellents. — Es-tu fou? dit sa femme. Va plutôt les vendre. Cela vaut au moins trente à quarante drachmes, qui nous serviront à entretenir nos enfants. — Laisse-nous, dit le mari, nous régaler de ce que Dieu nous envoie. » La femme se mit alors à crier et à pleurer, en disant : « Nos enfants n'ont ni bonnets ni chausses. »

Les femmes ont presque toujours raison : celle-ci l'emporta enfin. Le mari prit le plat et le remit au crieur public pour le vendre avec les gâteaux. Quelqu'un en offrit d'abord quarante drachmes; enfin il monta jusqu'à quatre-vingts. Un des marchands, considérant alors le plat attentivement, vit ces mots gravés sur le bord : FAIT PAR ORDRE DU COMMANDEUR DES CROYANTS. Il fut fort étonné, et demanda au crieur s'il voulait les faire pendre avec son plat. Le crieur ne comprenant rien à ce discours, le marchand lui dit que ce plat appartenait au Commandeur des croyants.

Le crieur pensa mourir de peur, reprit le plat, courut au palais, et demanda à parler au kalife. On le fit entrer; et après qu'il se fut prosterné et qu'il eut fait des vœux pour le kalife, il lui présenta le plat. Le kalife, ayant reconnu le plat et les gâteaux, entra dans une grande colère, et dit en lui-même : « Quoi! je me donne la peine d'arranger moi-même quelque chose pour le faire manger dans l'intérieur de mon sérail, et l'on aime mieux le vendre! Qui t'a donné ce plat? dit-il ensuite au crieur. — C'est, répondit celui-ci, le gardien de tel quartier. — Qu'on me l'amène, » dit le kalife.

On alla chercher le gardien, et on l'amena les mains liées avec une corde : « La méchante femme! disait-il en lui-même, qui n'a pas voulu nous laisser manger ce qui était dans le plat : nous nous serions régalés, et il n'en serait rien arrivé de pis. Maintenant nous n'avons pas goûté un gâteau, et nous voilà dans une très-mauvaise affaire. »

Le kalife fit au gardien la même question qu'au crieur, en le menaçant de lui faire couper la tête s'il ne disait la vérité. Il n'eut garde de rien déguiser, et nomma le seigneur hageb. Le kalife, irrité de plus en plus en entendant prononcer le nom d'un de ses officiers, ordonna qu'on l'amenât sur-le-champ, qu'on lui arrachât son turban, qu'on le traînât par terre sur le visage, et qu'on mît sa maison au pillage.

Les officiers chargés d'exécuter cet arrêt se rendirent à la maison du hageb, frappèrent à la porte, lui signifièrent les ordres du kalife, et l'emmenèrent au palais. Un des officiers prit son turban, en ôta la mousseline, la lui passa autour du cou, et la déchira, en lui disant : « Alaeddin, telle est la volonté du kalife : il nous avait commandé pareillement de piller ta maison ; notre amitié pour toi nous a empêchés d'exécuter nous-mêmes cet ordre ; nous en avons remis l'exécution à d'autres. Quelque pénible que soit pour nous cette commission, l'honneur nous fait un devoir d'obéir à notre souverain. »

Alaeddin, étant devant le kalife, se prosterna, fit des vœux pour la conservation de ses jours, et demanda humblement par quelle faute il avait mérité un pareil traitement : « Reconnais-tu, lui dit le kalife, en lui montrant le gardien, qui avait les mains liées derrière le dos, reconnais-tu cet homme? — C'est, répondit Alaeddin, le gardien de notre quartier. — D'où venait le plat que tu lui as donné? » reprit le kalife. Alaeddin raconte alors exactement de quelle manière et pourquoi ce plat lui avait été apporté par la vieille femme.

Ce récit simple et naturel parut apaiser un peu la colère du kalife : « Lorsque la jeune personne, dit-il à Alaeddin, but l'eau que tu apportas pour elle, vis-tu son visage? — Commandeur des croyants, répondit Alaeddin troublé, et ne faisant pas attention à ce qu'il disait, je le vis. » A ces mots, le kalife, transporté de fureur, ordonna qu'on amenât la princesse de Perse, et qu'on leur tranchât la tête à tous deux. La princesse, se tournant vers Alaeddin, lui dit : « Quelle raison vous engage à avancer faussement que vous avez vu mon visage, et à me faire périr avec vous? — C'est le destin qui nous perd, répondit Alaeddin ; je voulais dire que je n'ai rien vu de votre visage : l'erreur de ma langue cause notre mort. »

On fit mettre, selon l'usage observé dans les exécutions, Alaeddin et la princesse sur le tapis de cuir appelé le tapis de sang : on déchira le bord de leurs habits, et on leur banda les yeux ; l'exécuteur tourna autour d'eux, en disant : « Le Commandeur des croyants ordonne-t-il que je frappe? — Frappe, » dit le kalife. L'exécuteur tourna une seconde fois, en prononçant la même formule, à laquelle le kalife répondit par le même mot. Enfin l'exécuteur, en tournant pour la troisième et dernière fois, dit à Alaeddin : « Avez-vous quelque chose à me recommander avant que le kalife ait prononcé pour la troisième fois votre arrêt? car dès qu'il l'aura prononcé, votre tête tombera aussitôt par terre. »

« Je voudrais, dit Alaeddin, que vous ôtassiez ce bandeau de dessus mes yeux, afin de voir encore une fois mes amis : vous ferez ensuite ce que vous voudrez. » Lorsque le bandeau fut ôté, Alaeddin regarda autour de lui, et ne vit que des visages consternés.

Tous les yeux étaient baissés par respect pour le kalife, et personne n'eût osé dire un mot. Au milieu de ce silence, le malheureux Alaeddin éleva la voix, et dit au kalife :

« Commandeur des croyants, j'ai quelque chose d'important à vous révéler. — Qu'est-ce que c'est? dit le kalife. — Différez, dit Alaeddin, notre supplice de trois jours; vous verrez les choses du monde les plus extraordinaires. — J'y consens, dit le kalife; mais si dans trois jours je ne vois pas ces choses extraordinaires, rien ne pourra vous soustraire à la mort. » En même temps il ordonna qu'on les conduisît en prison.

CDXXXe NUIT.

Le troisième jour, le kalife, impatient, résolut d'aller lui-même au-devant des aventures qu'il attendait : il choisit un déguisement bizarre, s'affubla d'un habit grossier, entoura sa tête d'un mouchoir épais, prit en main une arquebuse[1], mit une giberne sur son dos, et remplit ses poches d'or et d'argent. Dans cet équipage, il sort du palais, et commence à parcourir les rues de Bagdad, espérant voir bientôt les merveilles que lui avait annoncées le hageb.

Sur les dix heures du matin, il vit à l'entrée d'un bazar un homme qui disait tout haut : « Jamais je n'ai rien vu de si étonnant! » Le kalife lui demanda ce qu'il avait vu de si étonnant. « Il y a, dit cet homme, dans ce bazar, une femme qui, depuis le point du jour, récite l'Alcoran avec tant de justesse et de clarté, qu'il semble entendre l'ange Gabriel révélant lui-même à Mahomet ses divins préceptes. Malgré cela, personne n'a encore donné la moindre chose à cette pauvre femme : vous conviendrez que rien n'est plus étonnant. » Le kalife, ayant entendu cela, entra dans le bazar, et vit une vieille femme qui récitait l'Alcoran, et en était déjà aux derniers chapitres. Il fut ravi de la manière dont elle le récitait, et s'arrêta pour l'écouter jusqu'à ce qu'elle eût fini.

Le kalife, voyant alors que personne ne lui donnait rien, mit la main dans sa bourse avec le dessein de lui donner tout ce qu'elle renfermait encore. Mais la vieille, s'étant levée tout à coup, entra

[1] Les mots du texte *cous al bondoc* désignent un arc ou instrument propre à lancer des balles. Le mot arquebuse, *arcobugio* en italien, est pareillement dérivé du mot arc. Les mots *kis al bondoc*, que j'ai rendus par giberne, indiquent proprement un sac où se mettent les balles.

dans la boutique d'un marchand, et s'assit à côté de lui. Le kalife s'approcha, prêta l'oreille, et entendit ces mots: « Voulez-vous une jolie personne? — Volontiers. — Eh bien! venez avec moi, vous verrez une beauté telle que vous n'en avez jamais vu! »

« Quoi donc! dit le kalife en lui-même, cette vieille femme, que je prenais pour une femme de bien, ferait-elle le plus infâme des métiers? Je ne veux lui rien donner que je ne sache ce que ceci va devenir. » Dans ce dessein, il les suivit de très-près. La vieille entra dans sa maison avec le jeune homme. Le kalife se glissa derrière eux et se cacha dans un endroit d'où il pouvait tout voir sans être aperçu. La vieille appela sa fille, qui sortit aussitôt d'un cabinet.

Le kalife fut étonné de voir une beauté à laquelle aucune de ses femmes ne pouvait être comparée. Sa taille était noble et bien proportionnée; ses yeux noirs, languissants, étaient empreints d'un collyre magique plus puissant que tout l'art des Babyloniens[1]; ses sourcils ressemblaient à des arcs d'où partaient des flèches mortelles; son nez, à la pointe d'une épée; sa bouche, au sceau de Salomon; ses lèvres, à deux cornalines rouges; ses dents, à un double rang de perles; sa salive était plus douce que le miel, plus fraîche que l'eau la plus pure; son sein s'élevait sur sa poitrine comme deux grenades, et sa peau paraissait douce comme la soie[2]: enfin, elle ressemblait à cette belle qu'un poëte met au-dessus du soleil et de la lune.

Cette jeune personne n'eut pas plutôt vu le jeune homme qui était auprès de sa mère, qu'elle rentra précipitamment dans le cabinet, en reprochant à sa mère de l'avoir exposée à la vue d'un inconnu. Celle-ci s'excusa, en lui disant que son intention était de la marier; qu'un jeune homme pouvait voir une fois celle qu'il voulait épouser; que si le mariage n'avait pas lieu on ne se revoyait plus, et qu'il n'y avait aucun mal à cela.

Le kalife fut satisfait de voir que la vieille femme n'avait que des intentions honnêtes. « Vous avez vu ma fille, dit-elle ensuite au marchand: vous plaît-elle? — Beaucoup, répondit-il. Quelle est la dot et le douaire que vous demandez? — Quatre mille pièces d'or

[1] La ville de Babylone, ou Babel, est renommée parmi les mahométans pour ses prestiges et ses enchantements. Cette opinion est fondée sur un passage de l'Alcoran, dans lequel il est dit que deux anges prévaricateurs, Harout et Marout, enseignaient la magie à Babylone (Coran, chapitre II, ou de la Vache, verset 112, édition de Maracci).

[2] La plus grande partie de cette description, traduite ici littéralement, est citée par le savant M. Jones dans ses *Commentaires sur la poésie asiatique*, pag. 177.

pour la dot, et autant pour le douaire. — Cela est beaucoup, dit le marchand. Tout mon avoir ne se monte qu'à quatre mille pièces d'or : si je donne tout, il ne me restera rien. Acceptez mille pièces d'or; j'en dépenserai mille autres pour meubler la maison et faire le trousseau de ma femme, et je ferai valoir le reste dans le commerce. »

La vieille femme jura que sans les quatre mille pièces d'or on n'aurait pas un cheveu de sa fille. Le marchand témoigna alors son chagrin de la modicité de sa fortune, prit congé de la vieille et se disposa à la quitter. Le kalife le prévint, sortit avant lui, et se mit à l'écart dans la rue jusqu'à ce qu'il se fût éloigné. Le kalife rentra ensuite dans la maison, et salua humblement la vieille, qui lui demanda, en lui rendant légèrement le salut, ce qu'il voulait.

« Le jeune homme qui sort de chez vous, dit le kalife, m'a dit qu'il n'épousait pas votre fille ; je viens vous la demander, et vous offrir la somme que vous désirez avoir. » La vieille regarda le kalife depuis les pieds jusqu'à la tête, et lui répondit : « Voleur, car tu en as bien la mine, tout ce qui est sur toi ne vaut pas deux cents drachmes : où prendrais-tu quatre mille sequins? »

« Ces propos sont inutiles, dit le kalife, et l'apparence est souvent trompeuse. Voulez-vous réellement marier votre fille? je suis prêt à vous conter la somme. — Eh bien ! dit la vieille, nous t'épouserons en nous comptant les quatre mille sequins. »

« J'accepte les conditions, dit le kalife en entrant dans l'intérieur de la maison et s'asseyant. Allez chez le cadi un tel, et dites-lui que le *bondocani*[1] le demande. — Voleur, reprit la vieille, puis-je croire que le cadi voudra bien venir pour toi? — Ne vous embarrassez pas, dit le kalife : allez, et dites au cadi qu'il apporte des plumes, de l'encre et du papier. »

CDXXXI^E NUIT.

La vieille partit, disant en elle-même : « Si le cadi venait avec moi, je pourrais regarder mon prétendu gendre, non comme un voleur ordinaire, mais comme un chef de voleurs. » Arrivée chez le cadi, elle le trouva assis au milieu de plusieurs autres juges et en-

[1] Le *bondocani*, en arabe *albondocani*. Ce mot, dérivé de *bondoc*, balle de fusil, d'où vient aussi le mot *bondokia*, fusil, doit signifier ici celui qui porte un fusil ou arquebuse.

touré de beaucoup de monde. Elle s'avança d'abord, mais n'osant aller plus loin elle retourna sur ses pas : « Comment, dit-elle ensuite, je m'en irai sans avoir osé rien dire au cadi ! » Elle s'enhardit, revint à la porte, avança la tête, la retira, et recommença plusieurs fois la même chose.

Le cadi remarqua ce manége, appela un huissier, et lui ordonna de faire entrer cette femme. L'huissier vint la chercher : elle le suivit fort contente, et s'approcha du cadi, qui lui dit : « Que voulez-vous, bonne femme? — Seigneur, répondit-elle, j'ai chez moi un jeune homme qui voudrait que vous vinssiez le trouver. — Qui est ce jeune homme qui veut que j'aille le trouver, et quel est son nom? — Il dit, reprit la vieille, qu'il s'appelle le *Bondocani*.

A ce nom, qui était le nom secret du kalife, et qui n'était connu que des gens en place, le cadi se leva sur-le-champ, et dit à la vieille : « Marchez devant moi et me montrez le chemin. » Tous ceux qui étaient là eurent beau lui demander où il allait, il ne leur dit autre chose, sinon qu'il lui était survenu une affaire, et il partit avec la vieille. Celle-ci réfléchissait, chemin faisant, et disait en elle-même : « Ce pauvre cadi est un bon homme ; mon futur gendre l'a sûrement régalé cette nuit de quelques coups de bâton ; il craint que pareil accident ne lui arrive encore, et voilà pourquoi il s'empresse si fort de venir le trouver. »

Le cadi, suivant toujours la vieille, entra dans sa maison, et, reconnaissant le kalife, allait se prosterner devant lui ; mais le kalife lui fit signe qu'il ne voulait pas être connu. Le cadi le salua donc à la manière ordinaire, s'assit sans façon près de lui, et lui demanda quel sujet lui faisait désirer sa présence : « Je voudrais, dit le kalife, épouser la fille de cette femme, et nous avons besoin de vous pour dresser le contrat. » Le cadi, se tournant alors du côté des dames, leur fit une profonde révérence et demanda quelle était la dot et le douaire : « Quatre mille sequins de dot et autant de douaire, » lui dit la vieille.

Le cadi, après s'être assuré du consentement du kalife, voulut dresser son acte ; mais, s'apercevant qu'il avait oublié du papier, il prit le bas de sa robe et écrivit d'abord les noms du kalife, de son père et de son grand-père qui lui étaient bien connus[1]; ensuite il demanda à la vieille le nom de sa fille, de son père et de son grand-père.

La vieille se mit alors à gémir et à se lamenter : « Malheureuse que nous sommes, dit-elle, si son père vivait, ce voleur n'aurait

[1] Le kalife Haroun était fils de Mahdi, et petit-fils d'Abou Giafar al Mansour.

pas osé mettre le pied dans cette maison, à plus forte raison prétendre à la main de ma fille; mais la mort de mon mari me réduit à cette extrémité. — Dieu prend pitié des infortunés et des orphelins, » dit le cadi en écrivant. A chaque nouvelle question, la vieille recommençait à se lamenter de plus belle. Le cadi secouait la tête, avait peine à se contenir, et le kalife riait de tout son cœur.

Le contrat achevé, le cadi coupa le bas de sa robe où il était écrit, et se leva pour s'en aller; mais ne voulant pas paraître dans les rues avec une robe coupée, il l'ôta, et pria la vieille de la donner à quelqu'un à qui elle pût encore servir. Comme il sortait, la vieille dit au kalife : « Est-ce que vous ne donnez rien au cadi, qui est venu lui-même vous trouver, qui a écrit sur le bord de sa robe, et a été obligé de l'abandonner? »

« Laissez-le partir, dit le kalife, je ne lui donnerai pas une obole. — Que les voleurs sont avides! s'écria-t-elle : cet homme vient chez nous pour gagner quelque argent, et nous le dépouillons! » Le kalife se mit encore à rire, et dit à la vieille en s'en allant qu'il allait lui apporter les quatre mille sequins et des étoffes pour habiller la nouvelle mariée. « O voleur! reprit encore la vieille, tu vas donc piller le magasin de quelque pauvre marchand, lui enlever tout son bien et le réduire à la mendicité! »

Le kalife, de retour dans son palais, se revêtit de ses habits de cérémonie, s'assit sur son trône, et commanda qu'on fît venir des marbriers, des menuisiers, des badigeonneurs et des peintres en bâtiment. Quand ils furent arrivés, qu'ils eurent baisé la terre devant lui, et fait des vœux pour la durée de son règne, il ordonna qu'on les étendît par terre, et qu'on leur donnât à chacun deux cents coups de bâton. Comme ils criaient grâce, et demandaient humblement quelle faute ils avaient commise, il les fit relever, et dit au principal d'entre les marbriers :

« Dans telle rue, à tel endroit, vous trouverez une maison faite de telle manière; allez-y sur-le-champ, et pavez-la tout entière en marbre. Si ce soir il se trouve seulement un endroit grand comme la main qui ne soit pas pavé, ta main droite sera mise à la place. — Commandeur des croyants, dit-il, nous n'avons pas de marbre. — Qu'on en prenne dans mes magasins, dit le kalife, et assemblez tous les marbriers de Bagdad. Lorsque la maîtresse de la maison vous demandera qui vous a envoyés, vous répondrez : *C'est votre gendre*. Si elle vous demande : *Quelle est la profession de mon gendre? Comment s'appelle-t-il?* Vous répondrez à la première question : *Nous n'en savons rien;* et à la seconde : *Il se nomme le Bondocani.*

Si quelqu'un de vous répond autre chose, il sera mis en croix sur-le-champ. »

Le marbrier assembla tous les ouvriers de sa profession, fit charger le marbre et tout ce qui était nécessaire pour leur travail, se rendit à la maison que le kalife avait indiquée, et y entra avec tous ceux qui l'accompagnaient. La vieille aussitôt se présenta : « Que voulez-vous? — Nous venons pour paver cette maison. — Qui vous a envoyés? — Votre gendre. — Quelle est la profession de mon gendre? — Nous n'en savons rien. — Mais comment s'appelle-t-il? — Le *Bondocani*. — Mon gendre, dit en elle-même la vieille, n'est qu'un voleur; mais c'est assurément le premier, le chef, le plus distingué de tous les voleurs. » Les marbriers s'étant partagé la besogne, chacun d'eux n'eut à faire qu'une coudée d'ouvrage, ou même moins.

Le kalife avait donné des ordres pareils au chef des menuisiers : celui-ci rassembla tous les autres menuisiers, prit des planches, des clous, et tout ce qui était nécessaire pour faire des portes et autres ouvrages de son état. Ils entrèrent tous dans la maison, dressèrent leurs établis, se partagèrent l'ouvrage, et commencèrent à travailler à l'envi l'un de l'autre.

La vieille, étonnée, se présenta pareillement à eux : « Que voulez-vous? — Nous venons pour arranger cette maison. — Qui vous y a envoyés? — Votre gendre. — Quelle est la profession de mon gendre? — Nous n'en savons rien. — Mais comment s'appelle-t-il? — Le *Bondocani*. » La vieille, ne sachant où elle en était, et devenue presque folle, disait en elle-même : « Mon gendre, le voleur, est un homme bien redouté, car tout ceci ne se fait que par la crainte qu'il inspire; et tous ces ouvriers en ont si peur, qu'aucun d'eux n'oserait dire quelle est sa profession. »

Bientôt après arrivent les badigeonneurs et les peintres, avec la chaux, l'huile de chanvre, et tout ce qui leur était nécessaire. Les badigeonneurs font éteindre la chaux, dressent leurs échelles, et se mettent quatre ou cinq après un mur; derrière eux travaillent les peintres.

L'étonnement de la vieille était si grand, qu'elle en perdait la raison : « Mon gendre, dit-elle à sa fille, est obéi bien ponctuellement, et on a une grande frayeur de lui; sans cela, comment pourrait-il faire faire tant de choses en un jour? Un autre ne les ferait pas exécuter en un an. Quel dommage qu'avec tout cela ce ne soit qu'un voleur! »

Résolue d'interroger ces nouveaux ouvriers, la vieille s'approche des badigeonneurs, leur fait ses questions ordinaires, et obtient toujours les mêmes réponses. Elle s'adresse aux peintres, qui ne lui apprennent rien de plus. Enfin, s'attachant à l'un d'eux, plus jeune que les autres, et le tirant à l'écart : « Mon enfant, lui dit-elle, au nom de Dieu, apprenez-moi le vrai nom et la profession de mon gendre. — On ne peut parler, lui répondit-il, quand il y va de la vie. — Allons, dit alors la vieille, je vois clairement que ce n'est qu'un voleur : tout le monde a peur du mal qu'il peut faire. »

Sur la fin du jour, les ouvriers, ayant fini d'arranger la maison, remirent leurs habits, allèrent au palais, et rendirent compte au kalife de l'exécution de ses ordres. Le kalife, les ayant bien récompensés, fit venir des porteurs : on remplit des paniers de linge, de tapis, de coussins; on met dans d'autres des habits, des étoffes brodées, des bijoux. Le kalife ordonne aux porteurs de faire aux questions de la vieille les mêmes réponses qu'il avait prescrites aux ouvriers.

La vieille, voyant arriver les porteurs, leur dit : « Vous vous trompez, toutes ces choses ne sont pas pour nous; portez-les à ceux à qui elles appartiennent. — C'est ici, répondent les porteurs, la maison qu'on a arrangée aujourd'hui, et c'est bien ici que nous envoie votre gendre. » En même temps ils entrent et déposent leurs paquets, en disant à la vieille, qui soutenait toujours qu'ils se trompaient : « Ayez soin toujours de parer votre maison, mettez ces habits, et faites habiller tous ceux que vous voudrez, car votre gendre a de tout en abondance, et il viendra vous voir cette nuit à l'heure où tout le monde est endormi. — Les voleurs, dit en elle-même la vieille, sortent toujours la nuit. »

CDXXXIIe NUIT.

Cependant la vieille va trouver ses voisines, et les prie de venir avec elle pour lui aider à arranger la maison, et à placer les meubles et les effets qu'elle vient de recevoir. Celles-ci la suivent, autant par curiosité que par envie de lui rendre service. Arrivées devant la maison, elles sont étonnées de la voir blanchie, réparée; bientôt leurs yeux sont éblouis de la quantité de meubles, d'effets précieux, d'habits, de bijoux qui brillent de tous côtés :

« D'où vous viennent toutes ces choses, lui dirent-elles, et comment cette maison est-elle tout à coup si changée ? Hier ce n'était qu'une masure, rien n'était blanchi, point de peinture nulle part, encore moins de marbre. Dormons-nous, et tout ceci n'est-il qu'un songe, ou bien est-ce l'effet d'un enchantement? »

« Il n'y a point d'illusion, dit la vieille, tout s'est fait naturellement; c'est mon gendre qui a opéré ces merveilles et qui m'a envoyé tout ce que vous voyez. — Votre gendre! Et quel est-il? Quand avez-vous donc marié votre fille? Nous n'en avons rien su. — Tout cela s'est fait aujourd'hui. — Quel est l'état de votre gendre? Il faut que ce soit un riche marchand ou un grand seigneur. — Mon gendre n'est ni marchand ni grand seigneur; c'est un voleur, mais non pas un voleur ordinaire; c'est le chef, le capitaine de tous les voleurs. » A ces mots, les voisines sont saisies de frayeur, et disent à la vieille :

« Au nom de Dieu! faites-nous la grâce de nous recommander à votre gendre, afin qu'il n'enlève rien de nos maisons. Entre voisins on doit avoir des égards les uns pour les autres. — Ne craignez rien, mon gendre est généreux : je vous promets que non-seulement il ne vous prendra rien, mais il ordonnera aux voleurs qu'il commande de respecter ce qui vous appartient. »

Les promesses de la vieille rassurèrent un peu ses voisines, qui lui aidèrent à placer les meubles et à arranger sa maison. Lorsqu'elles eurent fini, elles s'occupèrent de la parure de la mariée : on fit venir d'abord une coiffeuse, ensuite on la revêtit d'habits magnifiques et on l'orna de toutes sortes de bijoux. Comme on finissait la toilette de la mariée, on vit arriver des porteurs avec des corbeilles remplies des viandes les plus délicates et des mets les plus recherchés, tels que pigeons, poulets, perdreaux, cailles, gelinottes[1]; dans d'autres corbeilles était le dessert, composé de pâtes, de dragées, de sucreries, de confitures, et autres choses de cette espèce :

« Prenez ces mets et ces plats, dirent les porteurs à la vieille; c'est votre gendre qui vous les envoie. Il vous recommande de bien manger, et de régaler vos voisins et tous ceux que vous voudrez. — De grâce, dit la vieille, quel est l'état de mon gendre, et comment s'appelle-t-il? — Il s'appelle le *Bondocani;* mais nous ne connaissons pas son état, » répondent les porteurs en s'en allant.

« Assurément, disaient quelques voisines, c'est un voleur. »

[1] Gelinottes, en arabe *cata* ou *al cata*. Selon M. de Buffon (*Histoire naturelle des Oiseaux*, t. III, pag. 356), l'oiseau de Syrie que les Turcs nomment *cata* est exactement le même que le ganga ou la gelinotte des Pyrénées. Le même auteur, en disant, quelques lignes auparavant, que l'*alchata* désigne certainement un oiseau du genre des pigeons, n'a pas pris garde que le nom *alchata* n'est que celui de *cata* ou *chata*, précédé de l'article arabe *al*.

« Qu'il soit ce qu'il voudra, disaient les autres, celui qui peut faire tout cela n'a pas son pareil dans Bagdad. »

Tout le monde se mit ensuite à table, et chacun mangea de bon appétit; on apporta le dessert, auquel on ne fit pas moins d'honneur. On avait eu soin de mettre auparavant de côté, pour l'époux, quelques-uns des mets les plus délicats et quelques plats de dessert.

Cependant le bruit se répandit dans le quartier que la vieille avait marié sa fille à un voleur, qui l'avait enrichie tout d'un coup par les nombreux présents qu'il lui avait faits. Cette nouvelle, passant de bouche en bouche, parvint bientôt aux oreilles du marchand dont nous avons parlé : il apprend que la personne qu'il a demandée en mariage a été donnée par sa mère à un voleur, qui leur a fait présent d'une quantité innombrable de meubles, d'habits, de bijoux; qui a fait réparer leur maison, l'a fait blanchir, peindre, paver en marbre, et l'a rendue d'une magnificence qui éblouit les regards.

Cet événement piqua vivement le jeune marchand, qui conçut aussitôt le projet d'aller chez le lieutenant de police, et de lui promettre une récompense considérable pour l'engager à se saisir du voleur, espérant, par ce moyen, pouvoir s'emparer lui-même de la jeune personne. Il alla donc sur-le-champ trouver le lieutenant de police, lui raconta tout ce qui s'était passé, lui promit une bonne récompense, et lui dit que le voleur possédant des richesses immenses, il pourrait prendre encore tout ce qu'il voudrait.

Le lieutenant de police fut fort content, et dit au jeune marchand : « Attendez jusqu'à dix heures du soir, afin que nous trouvions le voleur dans la maison. Je m'y rendrai à cette heure-là; je ferai saisir le voleur, et vous vous emparerez de la jeune personne. » Le jeune marchand remercia le lieutenant de police, se retira, et revint à l'heure indiquée.

Le lieutenant de police venait de monter à cheval avec quatre cents hommes. Il était accompagné de quatre officiers, et précédé de flambeaux et de lanternes; toutes les voisines s'étaient retirées chez elles; la maison était éclairée par beaucoup de bougies, et la mère et la fille bien enfermées attendaient tranquillement le nouveau marié. Le lieutenant de police frappe rudement à la porte; la vieille se lève, aperçoit de la lumière par les fentes de la porte, regarde en dehors, et voit le lieutenant de police et son escouade qui occupaient toute la rue, et l'un de ses officiers qui se préparait déjà à enfoncer la porte.

Cet homme, nommé Schamama, était violent, brutal, ou plutôt c'était un vrai diable incarné, toujours prêt à faire le mal et à se porter aux plus grands excès. « Que faisons-nous là, disait-il au magistrat, et que gagnerons-nous à attendre qu'on nous ouvre la porte? Il vaut mieux l'enfoncer, fondre sur eux, saisir celui que nous cherchons, et nous emparer des effets qui sont dans la maison. »

Un autre officier nommé Hassan, d'une figure douce et d'un caractère encore plus doux, aimant à faire le bien, et qui semblait placé près du lieutenant de police pour le bonheur de l'humanité, lui dit aussitôt : « Ce conseil est mauvais et dangereux : personne n'a jamais fait aucune plainte contre ces gens-là, et nous ne savons si l'homme qu'on a dénoncé comme voleur est réellement un voleur; le jeune marchand, mécontent de n'avoir pas épousé la jeune personne, peut avoir fait une dénonciation fausse pour se venger. Ne vous jetez point dans une affaire qui peut avoir pour vous-même les suites les plus fâcheuses, et tâchons de tirer doucement tout ceci au clair. Au reste, c'est au commandant à décider ce qu'on doit faire. »

La vieille entendait tous ces discours à travers la porte, et tremblait de peur. Elle revint auprès de sa fille, et lui apprit que le lieutenant de police frappait à la porte : « Barricadez-la, lui dit la jeune personne effrayée; peut-être que Dieu nous délivrera de ce danger. » La vieille barricada la porte. On frappa de nouveau avec plus de violence; elle demanda : « Qui est là? — Infâme vieille, lui répondit Schamama, associée de voleurs! ne vois-tu pas que c'est le lieutenant de police et ses gens? Ouvre la porte à l'instant! »

« Nous sommes des femmes, répondit la vieille, et nous n'avons aucun homme avec nous; nous ne pouvons ouvrir à personne. — Ouvre la porte, reprit Schamama d'une voix terrible, ou bien nous allons la mettre en pièces. »

La vieille ne répondit rien, et vint rejoindre sa fille : « Vois, lui dit-elle, ce voleur, qui est cause que nous sommes investies, assiégées depuis le commencement de la nuit. S'il paraît, c'en est fait de lui. Fasse le ciel qu'il ne vienne pas ce soir! Ah! si votre père vivait encore, le lieutenant de police ou tout autre n'aurait jamais assiégé ainsi notre maison. — Comment faire? disait la jeune personne; il faut se soumettre au destin. »

Cependant le kalife, voyant qu'il n'y avait plus personne dans les rues, que la nuit s'avançait, et que chacun était retiré chez soi, se déguisa, prit son arquebuse, ceignit son épée et sortit secrètement pour aller trouver sa nouvelle épouse. Arrivé au commencement de la rue, il vit de loin les flambeaux, reconnut le lieutenant de police avec ses gens, et le jeune marchand qui était à côté de lui, et entendit la plupart des officiers qui criaient : « Brisez la porte, saisissez la vieille, tourmentez-la pour lui faire dire où est le voleur, son gendre. »

CDXXXIII^E NUIT.

Le seul Hassan s'efforçait, au contraire, de contenir cette multitude enragée, en leur disant : « Braves camarades, respectez les lois que vous devez faire observer, et ne précipitez rien. Ce sont des femmes, elles n'ont point d'homme avec elles, ne les maltraitez pas. Peut-être l'homme qu'on a dénoncé n'est pas un voleur, et cette affaire peut avoir pour nous des suites fâcheuses. — Hassan, s'écria Schamama, tu n'es pas fait pour accompagner un lieutenant de police, mais plutôt pour rester assis sur le banc des juges. Il ne faut dans notre état que des gens alertes, déterminés, acharnés à leur proie, propres à faire un coup de main, et à surprendre le monde. »

« Maudit Schamama, disait en lui-même le kalife en écoutant ce discours, je te récompenserai comme tu le mérites. » En même temps il aperçut près de la maison où demeurait la vieille une rue sans issue; il y entra, et vit une grande porte au-devant de laquelle était une tapisserie et une lampe suspendue; à côté était assis un eunuque. Le maître de ce palais était un des émirs du kalife, qui commandait mille soldats; il s'appelait l'émir Iounis. C'était un homme dur et féroce, qui, lorsqu'il n'avait pas assommé quelqu'un dans sa journée, ne mangeait pas, tant il était en colère.

L'eunuque, voyant venir le kalife, cria après lui, et se leva pour le frapper, en disant : « Où vas-tu, insensé? » Le kalife lui répondit d'un ton ferme et assuré : « Infâme valet, que t'importe? » L'eunuque, déconcerté, crut voir dans l'auguste souverain un lion prêt à se jeter sur lui; il prit la fuite, et courut en tremblant à son maître, qui lui dit en le voyant : « Malheureux! que t'est-il arrivé? — Ah! seigneur, dit-il, tandis que j'étais assis devant la porte, un homme est entré dans la rue et s'est approché de l'hôtel; j'ai voulu le frapper, il m'a crié d'une voix de tonnerre : Infâme valet! J'ai pris la fuite, et je viens vous rendre compte. »

L'émir, en écoutant ce discours, pensa étouffer de colère : « Traiter mes gens d'infâmes! s'écria-t-il, c'est me faire injure à moimême. Je vais punir cet insolent. » Aussitôt il se lève, prend une énorme masse d'armes capable de briser une montagne, et sort en criant : « Où est l'insolent qui m'insulte en traitant mes gens d'infâmes? » Le kalife, voyant venir Iounis, l'appelle par son nom. Iounis reconnut aussitôt la voix de son maître, jeta sa masse d'armes, et se prosterna par terre :

« Lâche, dit le kalife, tu es un grand seigneur, et tu souffres que le lieutenant de police vienne troubler, tourmenter dans ton voisinage, des femmes retirées dans leur maison, et qui n'ont point d'homme avec elles ! Tu restes tranquillement chez toi, et tu n'en sors pas pour repousser et traiter comme il le mérite cet indigne officier ! — Commandeur des croyants, répondit Iounis, si je n'avais craint de maltraiter un magistrat, en qui vous pouviez avoir confiance, cette nuit lui eût été fatale, ainsi qu'à sa troupe ; et si vous l'ordonnez, je vais les charger à l'instant, et les mettre tous en pièces : comment un lieutenant de police et ses archers pourraient-ils me résister? »

« Entrons d'abord chez vous, » lui dit le kalife. Iounis voulait le faire asseoir ; mais il refusa, et lui dit de le faire monter sur la terrasse. Lorsqu'ils y furent, il lui montra la maison des femmes dont il lui avait parlé, et lui demanda comment il pourrait s'y introduire. Iounis lui montra un endroit favorable à son dessein, et alla chercher une échelle qu'il plaça comme il fallait. Le kalife passa dessus, franchit l'intervalle qui séparait les deux maisons, et dit à Iounis de rentrer, et qu'il l'appellerait quand il aurait besoin de lui.

Le kalife passa sur la terrasse en marchant doucement, et sans faire de bruit, de peur d'effrayer davantage les dames, et s'avança jusqu'à une ouverture qui donnait dans l'intérieur de leur appartement. Il regarde, s'étonne de la magnificence qui règne partout, et croit voir un paradis : l'éclat des dorures et des peintures était encore relevé par celui des lustres et des girandoles ; la jeune personne, assise sur un trône, revêtue d'habits superbes, et couverte de bijoux, ressemblait au soleil qui brille au milieu d'un ciel pur, ou à la lune dans son plein.

Tandis que le kalife, émerveillé de la beauté de sa nouvelle épouse, la considérait avec complaisance, la vieille parlait ainsi à sa fille : « Qu'allons-nous devenir, et comment nous débarrasser de ces méchants? Nous sommes des femmes, et nous n'avons que Dieu pour appui. Quel malheureux destin nous a envoyé ce voleur ! Ah ! si votre père vivait !...... Mais telle est la volonté de Dieu. »

« Ma mère, lui répondit la jeune personne, vous avez beau vous plaindre et m'humilier, en traitant ce jeune homme de voleur ; puisque Dieu me le donne pour époux, je dois le recevoir de ses mains, et me conformer à ses décrets. — Dieu veuille, reprit alors la vieille, touchée des sentiments de sa fille, qu'il ne vienne pas cette nuit; car on le saisirait, et on lui ferait un mauvais parti à ce pauvre jeune homme! »

Le kalife, ayant entendu cette conversation, ramassa par terre une petite pierre de la grosseur d'un pois, la lança adroitement sur la bougie qui était devant la jeune personne, et l'éteignit : « Qu'est-ce donc qui fait éteindre cette bougie, tandis que les autres brûlent si bien? » dit la vieille en la rallumant. Comme elle finissait ces mots, le kalife lance une seconde pierre, et éteint la bougie qui avait servi à rallumer la première : « Encore une bougie qui s'éteint, dit la vieille, cela est étonnant. » Peu après, une troisième pierre éteint une troisième bougie : « Pour le coup, dit la vieille, il faut que quelque esprit aérien s'amuse à éteindre ici les bougies. » Comme elle allait la rallumer, une petite pierre lui tombe sur la main. Elle regarde alors du côté de l'ouverture qui était au plancher, et aperçoit son gendre :

« Voyez par où vient votre époux, dit-elle à sa fille; il a pris le chemin que prennent ses pareils : c'est toujours par les toits que viennent les voleurs; un autre serait entré par la porte. Mais Dieu soit loué de ce qu'il est venu par-dessus les toits, sans cela il aurait été pris! » Puis s'adressant à son gendre : « Va-t'en bien vite, lui dit-elle, par où tu es venu, si tu ne veux pas être pris par les scélérats qui assiégent notre maison. Nous ne sommes que des femmes, et nous ne pouvons te sauver. »

« Ouvrez-moi toujours la porte de la terrasse, dit le kalife en riant, afin que je me rende près de vous, et que je voie ce que je dois faire à ces marauds. — Malheureux, lui dit la vieille, crois-tu que celui qui assiége notre maison ressemble à ce pauvre cadi qui a eu si peur de toi, qu'il a coupé sa robe pour écrire sur-le-champ ton contrat? Celui qui nous assiége est le lieutenant de police en personne; crois-tu lui faire faire aussi ce que tu voudras? — Ouvrez-moi, vous dis-je, répondit le kalife, ou je vais briser la porte. » La vieille monta, et ouvrit la porte de la terrasse.

Le kalife, étant entré, se mit à côté de son épouse, dit qu'il se sentait appétit, et demanda à se mettre à table : « Aurais-tu bien le cœur de manger, lui dit la vieille, tandis que ces scélérats peuvent fondre sur nous à tout moment. — Ne craignez rien, dit le kalife, et apportez-nous quelque chose. » La vieille apporta les mets et les plats de dessert qu'on avait mis à part; le kalife se mit à manger et à causer tranquillement avec elles.

Quand le kalife fut rassasié et que la table fut ôtée, on entendit redoubler les cris : « Ouvrez la porte, ou nous allons l'enfoncer. » Le kalife tira alors son anneau, le remit à la vieille, et lui dit : « Portez cela au lieutenant de police, et dites-lui que le maître de cet anneau est chez vous. Si le lieutenant de police vous demande ce que désire le maître de cet anneau, vous lui direz que je voudrais qu'il entrât avec ses quatre principaux officiers, et qu'il fît apporter une échelle de quatre échelons, une corde et un faisceau de baguettes[1]. »

La vieille, peu contente de la commission, répondit : « Le lieutenant de police aura donc aussi peur de vous ou de cet anneau? Je crains, moi, qu'il ne serve de rien, que ces gens-là ne m'écoutent pas, ne se jettent sur moi, et ne m'assomment. — Ne craignez rien, dit le kalife, le lieutenant de police ne peut me résister. — Si vous avez aussi le secret de vous faire craindre du lieutenant de police, et de lui faire exécuter vos volontés, dit la vieille, je veux absolument prendre de vos leçons, et je ne vous laisserai pas que vous ne m'ayez appris un tour de votre métier, ne serait-ce qu'à voler les femmes. »

Le kalife se mit à rire, et donna son anneau à la vieille. Elle le prit, alla jusqu'à la porte, et dit en elle-même : « Je ne ferai qu'entr'ouvrir la porte pour leur donner l'anneau, et s'ils n'écoutent pas ce que j'ai à leur dire de la part du voleur, je refermerai la porte comme elle était : « Que voulez-vous donc, dit-elle en criant bien fort? — Infâme vieille, abominable sorcière, répondit Schamama, nous voulons saisir le voleur qui est chez toi, lui couper une main et un pied, et tu verras de quelle manière nous te traiterons ensuite. »

La vieille, un peu effrayée, leur demanda si quelqu'un d'eux savait lire. « Oui, dit le lieutenant de police en s'avançant : — Voici un cachet, lui dit la vieille; voyez ce qui est écrit dessus, et quel est le nom de celui à qui il appartient : — Que le diable emporte le cachet et celui à qui il appartient! » dit Schamama. Puis s'adressant au lieutenant de police : « Aussitôt que la vieille paraîtra, lui dit-il, frappez-la, jetez-la par terre, et faites-nous entrer dans la maison : nous la pillerons, nous prendrons le voleur, et ensuite vous verrez de qui est le cachet; et s'il appartient à quelqu'un à qui nous devons du respect, nous dirons que nous ne l'avons vu que lorsque le mal était fait : personne ne pourra soutenir le contraire. »

En disant cela, Schamama s'approcha de la porte, et dit à la vieille : « Donne-moi cet anneau, et voyons s'il pourra te sauver. » La vieille entr'ouvrit la porte seulement pour passer la main, et lui

[1] Ces divers objets devaient servir à donner la bastonnade au lieutenant de police et à Schamama, comme on le verra plus bas

tendit la bague. Il la prit, et la donna au lieutenant de police. Celui-ci, reconnaissant l'anneau d'Haroun Alraschild, changea de couleur, et trembla de tout son corps : « Qu'as-tu donc, lui dit Schamama! » Le lieutenant de police, pour toute réponse, lui présenta l'anneau. Il le prit, s'approcha d'un flambeau, et ne put s'empêcher, malgré ses emportements, de reconnaître l'anneau du kalife. Aussitôt il tombe à la renverse en criant : « Au secours! au secours! »

CDXXXIV^E NUIT.

« Malheureux! lui dit le lieutenant de police, la vengeance divine va bientôt éclater contre toi : tout ceci est l'effet de tes infâmes procédés et de ta cupidité. Prépare-toi à répondre à nos accusateurs, et à te tirer, si tu peux, de ce mauvais pas. »

Schamama, revenant à lui, dit à la vieille avec respect : « Que désirez-vous, madame? » Celle-ci s'aperçut aussitôt qu'on avait peur de son gendre, et en fut enchantée. « Celui à qui appartient le cachet, dit-elle, demande une échelle de quatre échelons, une corde, un faisceau de baguettes, et le sac qui renferme les autres choses nécessaires pour la punition des coupables; il demande aussi à voir le lieutenant de police et ses quatre principaux officiers. — Où est, illustre dame, reprit Schamama, celui à qui appartient l'anneau? — Il est dans cette maison, » dit la vieille.

Le lieutenant de police, s'approchant de la vieille, lui demanda à son tour où était celui à qui appartenait l'anneau, et ce qu'il désirait; la vieille lui répéta ce qu'elle venait de dire à Schamama : « Nous sommes prêts à exécuter les ordres de celui à qui appartient cet anneau, et nous avons avec nous tous les instruments nécessaires pour punir les coupables, » dit le lieutenant de police en balbutiant, et tremblant comme ceux de sa suite.

La vieille entra, et dit à son gendre en riant : « Il n'y a pas dans le monde un chef de voleurs pareil à vous : vous faites peur au cadi, vous faites peur au lieutenant de police, vous faites peur à tout le monde. Je veux entrer à votre service, et voler les femmes tandis que vous volerez les hommes. Vous me ferez part de vos secrets, et je pourrai réussir; car tel maître, tel valet, tel père, tel fils, dit le proverbe. Cependant, si dès que ces gens-là sont venus ils eussent brisé la porte et fussent tombés sur nous, tandis que vous n'étiez pas ici, que serions-nous devenues? Mais, grâce à Dieu, vous êtes encore venu à temps. »

Le kalife se mit à rire, et sa jeune épouse, assise à ses côtés, se réjouissait de leur délivrance, lorsque le lieutenant de police entra, accompagné de ses quatre principaux officiers, parmi lesquels étaient Schamama et Hassan. Le kalife fit avancer ce dernier, et lui dit d'appeler l'émir Iounis, commandant de mille hommes. Celui-ci parut sur-le-champ. Le kalife lui ordonna de châtier le lieutenant de police et Schamama.

Iounis obéit, et s'acquitta de sa commission en homme à qui elle ne déplaisait pas. Le châtiment fut poussé si loin que les malheureux laissèrent leurs ongles sur la place. On les traîna ensuite en prison, et Hassan fut revêtu de la charge de lieutenant de police : « Avez-vous jamais vu, dit alors le kalife à la vieille, un voleur traiter ainsi un lieutenant de police et ses gens? — Non, en vérité, dit la vieille, et il ne me reste qu'une chose à désirer, c'est que Dieu punisse maintenant le kalife pour l'injustice qu'il vient de commettre envers nous : injustice sans laquelle, malgré toutes tes prouesses et le merveilleux de tout ceci, tu n'aurais jamais mis le pied dans notre maison. »

Le kalife, étonné de cette brusque exclamation, dit en lui-même : « Aurais-je commis quelque injustice et donné lieu à cette femme de faire ainsi des imprécations contre moi? Quel mal, dit-il ensuite à la vieille, vous a donc fait le kalife? »

« Quel mal? Il a fait piller, ravager notre maison: on a enlevé nos meubles, nos effets, tout ce que nous avions; on ne nous a pas laissé un vêtement, ni de quoi avoir un morceau de pain; et si Dieu ne vous eût envoyé vers nous, nous serions mortes de faim. »

« Pourquoi le kalife vous a-t-il traitées de cette manière? »

« Mon fils était un de ses hagebs. Un jour, qu'il était assis ici, on frappe à la porte, il y va, et voit deux femmes qui lui demandent de l'eau pour boire; il leur en donne, et elles s'en vont. Une heure après, une vieille lui apporte un plat de petits gâteaux de la part de la personne à qui il avait donné à boire : il les accepte. Le gardien du quartier vient à passer, et lui demande quelque chose; c'était le jour de la fête de l'Arafa : mon fils lui donne le plat de petits gâteaux. Une heure après, une troupe de gens viennent de la part du kalife, emmènent mon fils et pillent notre maison. Le kalife veut savoir comment le plat de petits gâteaux est parvenu à mon fils; il le dit. Le kalife lui demande s'il a vu quelqu'un des charmes de la jeune personne. Il voulait dire que non; mais il était troublé, et répondit sans y penser qu'il avait vu son visage. Le kalife fit venir la jeune personne, et ordonna qu'on leur coupât la tête à tous deux. Mais il n'a pas voulu les faire exécuter un jour de fête : il les a fait conduire en prison. Voilà comment le kalife nous a traitées, et sans cette injustice et la perte de mon fils tu n'aurais jamais épousé ma fille. »

Le kalife, ayant entendu les plaintes de la vieille, reconnut l'injustice qu'il avait commise, et lui dit : « Que diriez-vous si j'engageais le kalife à faire sortir votre fils de prison, à lui rendre ses biens, à lui donner un emploi plus distingué, et si ce cher fils venait cette nuit même se jeter dans vos bras? »

La vieille ne put s'empêcher de sourire à l'idée de revoir son fils; mais reprenant bientôt sa tristesse, elle dit au kalife : « Tais-toi, malheureux, les fanfaronnades ne sont plus ici de saison : celui dont je te parle à présent n'est pas comme le lieutenant de police, qui a peur de toi et que tu traites comme tu veux; c'est le Commandeur des croyants, le grand Haroun Alraschild, dont le nom est respecté de l'Orient à l'Occident, et qui commande à de nombreuses armées; le moindre esclave de sa cour a plus de puissance que le lieutenant de police. Ne te laisse pas aveugler sur le succès de tes ruses, et par la crainte que tu as inspirée aux gens d'une certaine espèce; ne va pas courir à ta perte, et nous laisser sans appui. J'espère pour mon fils que le Tout-Puissant, qui l'éprouve, voudra bien venir à son secours. »

Le kalife, touché jusqu'aux larmes du discours de la vieille, se leva pour s'en aller. La vieille et la jeune personne le pressaient de rester, et s'efforçaient de le retenir; mais le kalife jura que rien ne pourrait l'empêcher de sortir, et il s'échappa de leurs mains.

Lorsque le kalife fut rentré dans son palais, il s'assit sur son trône et fit venir les émirs, les vizirs et les hagebs. Lorsqu'ils furent assemblés, qu'ils se furent prosternés devant lui, qu'ils eurent fait, selon l'usage, des vœux pour la durée de son empire, il leur dit : « J'ai réfléchi à l'affaire d'Alaeddin, que j'ai fait arrêter et mettre en prison, et je suis étonné qu'aucun de vous n'ait demandé grâce pour lui, et ne lui ait donné aucune marque d'attachement et de sensibilité. »

« Commandeur des croyants, répondit un des émirs, notre respect pour vous nous a retenus; mais en ce moment nous implorons votre miséricorde pour votre esclave. » Tous les émirs se découvrirent alors la tête, et baisèrent la terre : « Je lui pardonne, dit le kalife; allez le trouver, revêtez-le d'une robe d'honneur, et amenez-le ici. »

Dès que le kalife aperçut Alaeddin, il lui donna une des premières charges du palais, et lui dit de retourner aussitôt chez lui. On le fit monter sur un cheval du kalife; les émirs l'accompagnèrent et le reconduisirent chez lui en triomphe, aux acclamations d'un peuple nombreux, et au bruit de toutes sortes d'instruments. Sa mère et sa sœur, entendant de loin les cris du peuple et le bruit des tambours, ne savaient ce que c'était. Tout à coup des huissiers frappent à la porte et annoncent la grâce d'Alaeddin et sa nouvelle dignité; ils demandent en même temps la récompense de cette bonne nouvelle, et s'en retournent fort contents de la générosité de ces dames.

Alaeddin paraît bientôt lui-même. Sa mère et sa sœur sautent à son cou, le serrent dans leurs bras, et versent des larmes de joie. Alaeddin s'assied et leur raconte son aventure. Remarquant ensuite la magnificence de la maison, il en témoigne son étonnement à sa mère. Elle lui apprend que, le jour qu'il avait été arrêté, on avait pillé et saccagé la maison, enlevé les marbres, les portes, les meubles; qu'on n'y avait pas laissé la valeur d'une drachme, et qu'elles avaient été trois jours sans manger.

« Mais d'où viennent donc toutes ces choses, ces effets, ces meubles, ces vases? Qui a décoré, orné cette maison en si peu de temps? Tout ce que je vois ne serait-il qu'un songe? — Ce n'est point un songe, mais une galanterie de mon gendre, qui a fait faire tout cela en un jour. — Quel est votre gendre? Quand avez-vous marié ma sœur, et qui a pu l'épouser sans mon consentement? — Ne te fâche pas, mon enfant; sans lui nous étions perdues. — Quel est l'état de mon beau-frère? — Voleur. » Alaeddin, à ce mot, pensa étouffer de colère et d'indignation : « Quel est donc ce voleur qui ose devenir mon beau-frère? Par le tombeau de mes pères! il faut que je lui coupe la tête. — Laisse là ce bandit; il a fait bien autre chose à d'autres qu'à toi, et il ne lui est rien arrivé : tout ce que tu vois a été pour lui l'ouvrage d'un jour. »

La mère d'Alaeddin lui raconta ensuite l'aventure du cadi, celle du lieutenant de police, et la punition de ce dernier, et elle lui montra par terre les traces du sang que la violence des coups avait fait couler; elle finit en disant : « Je me suis plainte devant lui de l'injustice du kalife et de ton arrestation; aussitôt il a promis d'aller trouver le kalife, de te faire mettre en liberté, te faire revêtir d'une robe d'honneur, te faire rendre tous tes biens, et de t'en faire donner de nouveaux. Effectivement, il nous a quittées sur-le-champ, et bientôt après nous avons eu le bonheur de te revoir : c'est à lui sans doute que nous en sommes redevables. »

Alaeddin ne comprenait rien à tout cela, et son étonnement ne pouvait être plus grand : « Quel est le nom de cet homme? — Je ne sais, et toutes les fois que je l'ai demandé aux divers ouvriers qui sont venus ici de sa part, ils m'ont dit qu'ils ne le savaient pas, mais que son surnom était le *Bondocani.* »

A ce nom, Alaeddin comprit que le prétendu voleur n'était autre que le kalife. Il se leva tout hors de lui, et baisa sept fois la terre. Sa mère se mit à rire, et lui dit : « Hé quoi ! mon fils, ce nom te fait-il aussi perdre l'esprit? Tu disais tout à l'heure que tu lui trancherais la tête. — Savez-vous bien, répondit Alaeddin, que celui que vous venez de nommer est le Commandeur des croyants, le kalife Haroun Alraschild? Et quel autre que lui aurait pu traiter ainsi le lieutenant de police, et faire tout ce qu'il a fait? — Ah ! mon fils, je suis perdue; le kalife ne me le pardonnera pas; je l'ai toujours traité de voleur ! »

Tandis qu'ils parlaient ainsi, le kalife entra. Alaeddin se jeta à ses pieds; sa mère s'enfuit, et se cacha dans un cabinet : « Où est votre mère? dit le kalife. — Elle n'ose paraître à vos yeux, répondit Alaeddin. — Pourquoi donc? dit le kalife, elle n'a rien à craindre. » Et aussitôt il l'appela lui-même. Elle vint, et se prosterna devant le souverain : « Tout à l'heure, lui dit-il en riant, vous vouliez me prendre pour maître, et vous charger de voler les femmes, et maintenant vous me fuyez ! Ce n'est pas le moyen de faire des progrès. » La vieille, un peu rassurée, demanda pardon au kalife, qui fit venir aussitôt un cadi, répudia la princesse de Perse, et la maria avec Alaeddin. On célébra en même temps les deux mariages; tous les émirs et les seigneurs de Bagdad y assistèrent; les repas et les réjouissances durèrent trois jours, et l'on distribua aux pauvres des aumônes abondantes. Alaeddin et le kalife coulèrent les jours les plus heureux auprès de leurs épouses, et leur bonheur n'eut d'autre terme que celui de leur vie.

Scheherazade finissait de raconter l'aventure du kalife Haroun Alraschild avec la petite-fille de Chosroès Anouschirvan, et son mariage avec la sœur d'un de ses chambellans; le sultan des Indes, que ces aventures avaient beaucoup diverti, demanda aussitôt à la sultane si elle en savait encore quelques autres du même prince.

« Sire, répondit la sultane, la vie du kalife Haroun est pleine d'une multitude d'aventures pareilles, sans parler d'un nombre infini de traits curieux, d'anecdotes piquantes: toutes ces choses sont présentes à ma mémoire; mais je désirerais, si vous me le permettez encore, vous raconter maintenant l'histoire d'un jeune marchand de Bagdad et de la dame inconnue, histoire dans laquelle éclatent principalement la justice et l'humanité de ce grand prince.

Le sultan des Indes aurait bien voulu entendre sur-le-champ

quelque chose de cette histoire; mais le jour, qui commençait à paraître, l'obligea d'attendre à la nuit suivante. Scheherazade commença donc, le lendemain, en ces termes :

CDXXXV[E] NUIT.

LE BIMARISTAN[1],

OU HISTOIRE DU JEUNE MARCHAND DE BAGDAD ET DE LA DAME INCONNUE.

E kalife Haroun Alraschid, étant un jour fatigué du poids des affaires, et voulant prendre quelque dissipation, envoya chercher le vizir Giafar, et il lui dit : « Sortons ensemble de mon palais : je voudrais me mêler parmi le peuple de Bagdad, savoir quels sont ses entretiens, connaître les injustices qui peuvent se commettre, venir au secours des opprimés, et punir les oppresseurs. » Aussitôt ils se déguisèrent, prirent des habits de derviche, et sortirent secrètement du palais, accompagnés de Mesrour, chef des eunuques. Après avoir parcouru plusieurs rues de la ville, ils se trouvèrent vis-à-vis la porte d'un hôpital :

« Quelle est cette maison? dit le kalife à son vizir; elle me paraît vaste et spacieuse. — Seigneur, répondit Giafar, c'est une maison de santé où l'on reçoit les pauvres malades, et dans laquelle sont renfermés quelques fous. — Entrons, dit le kalife, pour voir si l'on a soin de ces malheureux, si les administrateurs ne mangent pas les revenus de cette maison, et ne laissent pas manquer ceux qui y sont des choses qui leur sont nécessaires. »

Ils entrèrent et visitèrent d'abord l'infirmerie; ils traversèrent plusieurs salles, et les trouvèrent toutes bien nettoyées : les lits étaient propres, et tous les malades avaient auprès d'eux leurs sirops, leurs potions, et toutes les choses dont ils avaient besoin.

Ils visitèrent ensuite les fous. Le kalife dit à Giafar : « Il faut que tu entres dans la loge d'un de ces fous, Mesrour entrera ensuite dans une autre, et moi dans une troisième. » Mesrour, em-

[1] Mot persan qui signifie hôpital; il est dérivé du mot *bimar*, malade. La terminaison *istan* indique le lieu, le pays, etc.

pressé de remplir la commission, dit qu'il allait commencer, et il entra aussitôt dans la première qui se présenta à lui.

Il trouva le fou qui s'amusait à couper l'habit qu'il avait sur lui, en criant : « Beaux fruits d'Irak ! beaux fruits d'Irak [1] ! » Mesrour lui dit : « Vendez-moi de ces fruits, afin que j'en fasse goûter à mes camarades. — Approchez et prenez, » lui dit le fou. Mesrour s'étant approché, comme pour prendre les prétendus fruits, le fou le saisit au collet, ramassa de l'ordure et lui en frotta le visage. Il se mit ensuite à rire, et se laissa tomber à la renverse en continuant ses éclats. Mesrour, tout confus, courut aussitôt se laver à la fontaine.

Le kalife dit alors à Giafar d'entrer à son tour dans une loge ; il y entra, et vit un fou qui était assis tranquillement : « Bonjour, lui dit Giafar. — Bonjour, répondit le fou. Que la paix et la bénédiction de Dieu soient sur vous ! — Vous me paraissez un homme de bon sens, reprit Giafar ; pourquoi êtes-vous ici ? — J'y suis, repartit le fou, parce qu'un certain jour je dis à mes parents et à mes concitoyens que j'étais un prophète envoyé de Dieu. Ils ne m'ont point cru, se sont soulevés contre moi, se sont emparés de ma personne, et m'ont amené ici. »

A ce discours, Giafar s'enfuit et alla retrouver le kalife : « Pourquoi l'as-tu quitté si promptement? dit celui-ci. — Seigneur, répondit Giafar, c'est un impie, un imposteur : il dit qu'il est un prophète envoyé de Dieu. — Cela n'est point impossible, dit le kalife : Dieu a créé beaucoup de prophètes, qu'il a envoyés aux hommes en différents temps ; mais tout prophète doit prouver sa mission par des miracles évidents : va donc lui demander quels sont les miracles qu'il a faits. »

Giafar rentra dans la loge du fou, et lui dit : « Les prophètes qui vous ont précédé ont fait des miracles évidents : quels sont ceux que vous avez faits? — Si vous voulez un miracle, répondit le fou, je vais vous en faire tout à l'heure, afin que vous croyiez en moi. — Choisissez vous-même le miracle, et faites-le devant nous, reprit Giafar. — Allez, dit le fou, montez sur ce bâtiment élevé, précipitez-vous en bas du haut de la terrasse, vous tomberez par terre, et vous vous romprez le cou. J'irai aussitôt à vous, je vous dirai : Levez-vous, et vous vous relèverez sain et sauf. »

« Je vois que vous êtes vraiment prophète, dit Giafar, et je crois de tout mon cœur à votre mission. » Il retourna près du kalife, et lui raconta ce que lui avait dit le fou : « A ce que je vois, dit le

[1] L'Irak-Arabi, dont il s'agit ici, est le nom de la province dans laquelle est située la ville de Bagdad.

kalife, tu n'as pas envie d'éprouver sa puissance. Cependant c'est à l'épreuve, comme dit le proverbe, qu'on connaît le mérite des hommes. »

Le kalife entra ensuite lui-même dans la troisième loge. Il y vit un jeune homme qui n'avait point encore de barbe, d'une figure intéressante; devant lui était un livre qu'il lisait. Le kalife le salua; il lui rendit le salut : « Pourquoi êtes-vous ici? lui dit le kalife; car vous me paraissez avoir toute votre raison. » Le jeune homme lui dit, en poussant un profond soupir :

« Asseyez-vous tous ici, respectables derviches, afin que je vous ouvre mon cœur, et que je vous raconte la cause de ma détention. Chaque jour je demande à Dieu qu'il fasse venir ici notre souverain, pour lui raconter la manière dont on m'a traité par ordre de son vizir Giafar; je suis sûr que s'il pouvait m'entendre, il me rendrait la liberté et punirait son vizir d'avoir signé si légèrement l'ordre de me renfermer. J'espère que vous joindrez vos prières aux miennes, pour obtenir du Ciel la grâce que je lui demande. »

Le kalife, à ces mots, regarda Giafar. Celui-ci, fort étonné, cherchait en lui-même quel était ce jeune homme, et sur quoi étaient fondées ses plaintes; mais faisant réflexion qu'il était fou, et qu'il ne faut pas faire attention à ce que disent les fous, il sourit et leva les épaules.

Le kalife, jaloux de découvrir la vérité de cette affaire, dit au jeune homme : « Je consens volontiers à entendre le récit de votre histoire, et je vous promets que nous prierons le Ciel de vous envoyer le kalife, afin qu'il vous fasse rendre justice. — Dieu vous entende! répondit le jeune homme : asseyez-vous. » Le prince s'assit, et le jeune homme commença ainsi son histoire :

« Mon père est syndic des marchands de Bagdad. Il invita un soir à souper plusieurs négociants de la ville. Chacun d'eux avait amené son fils aîné. Après un repas splendide, auquel on fit honneur, et où l'on s'amusa beaucoup, la conversation tomba sur l'établissement des enfants. Ceux-ci, profitant de la gaieté et de la bonne humeur, témoignaient librement leur goût pour telle ou telle partie du commerce, et pressaient leurs parents de les y placer. L'un disait : « Mon père, je voudrais que vous me fissiez voyager. » Un autre : « Mon père, je voudrais que vous me donnassiez une boutique. » Un troisième : « Mon père, je voudrais faire la commission. » Enfin, tous les enfants qui étaient présents demandaient à faire, les uns une chose, les autres une autre, et leurs pères promettaient de les satisfaire incessamment.

« J'écoutais attentivement tous ces discours, et je portais secrètement envie à ces jeunes gens. Lorsque je fus seul avec mon pere, je lui dis : « Vous avez entendu comme tous ces jeunes gens demandaient à leurs pères de leur donner un état? Jusqu'à quand me laisserez-vous sans m'établir? » Mon père me dit : « La plupart de ces marchands seront obligés d'emprunter pour donner un état à leurs enfants. Pour moi, grâce à Dieu, j'ai chez moi de quoi t'établir : après-demain, tu auras une boutique, un fonds de commerce, et je te mettrai en état de vendre et d'acheter. »

« Le lendemain, mon père alla au quartier des marchands; il me loua une boutique, et la garnit de marchandises de toute espèce pour la valeur de deux mille piastres [1]. Le surlendemain, je me rendis à ma boutique, et j'en fis l'ouverture : je vendis, j'achetai, je reçus, je donnai; j'étais fort content de moi-même et de mon nouvel état. Les voisins vinrent me voir, et me souhaitèrent toutes sortes de prospérités.

« J'allais ainsi tous les matins à mon magasin, et je commençais au bout de quatre mois à faire d'assez bonnes affaires; j'étais connu de beaucoup de monde. Mon père venait dans la journée me voir, me recommandait à tous mes voisins, et était fort aise de me voir ainsi réussir.

« Un jour que j'étais occupé à montrer des marchandises à quelques pratiques, plusieurs dames entrèrent dans la boutique, suivies de leurs esclaves. Parmi ces dames, je remarquai surtout une jeune personne qui me parut d'une beauté extraordinaire. Les personnes qui étaient alors avec moi se levèrent, et me dirent qu'elles reviendraient lorsque ces dames auraient fait leurs emplettes.

« Les dames s'assirent dans la boutique, et me dirent : « Nous voudrions acheter de belles étoffes pour la valeur d'environ cinq cents piastres. » Je leur en fis voir plusieurs : elles les prirent toutes jusqu'à la concurrence de la somme. Je calculai en moi-même, et je vis que je gagnais sur ce marché près de cent piastres. Je fis six paquets de toutes les étoffes, et je leur présentai le compte.

« Je n'ai point d'argent sur moi, me dit la jeune personne, et je n'aime point à acheter à crédit : dans quelques jours nous viendrons prendre ces marchandises; nous vous en paierons le montant, et nous vous en achèterons encore d'autres. — Comment! madame, lui dirent les esclaves, vous ne connaissez donc pas ce jeune marchand, et pour qui le prenez-vous? C'est le fils du syndic des marchands de Bagdad. Le croyez-vous homme à vous dire : « Je ne donne pas ma marchandise sans argent, ou bien, je n'ai pas l'hon-

[1] La piastre vaut environ trois francs.

neur de vous connaître? » En parlant ainsi, les esclaves s'emparèrent des marchandises; les dames se levèrent, prirent congé du marchand, et s'en allèrent.

« Je n'osai pas demander à ces dames chez qui elles demeuraient, et je les laissai partir sans leur dire un seul mot. Je ne tardai pas à m'en repentir : « Pourquoi, me disais-je à moi-même, ne leur ai-je pas seulement demandé leur adresse? » J'attendis jusqu'au soir, sans voir venir personne de leur part. Je me levai fort affligé, disant en moi-même : « Plût à Dieu que je ne leur eusse rien vendu! Ne vaudrait-il pas mieux encore que je n'eusse gagné que la moitié de ce que j'ai gagné, et que j'eusse reçu l'argent? Ah! si j'avais retenu les marchandises! Ces femmes m'ont attrapé; je le vois. Jamais elles ne reviendront ici. »

« Plein de ces réflexions, je fermai ma boutique, et je m'en retournai à la maison, fort embarrassé de ce que je dirais à mon père, lorsqu'il apprendrait mon aventure. A peine fus-je entré, que ma mère s'aperçut que je n'étais pas d'aussi bonne humeur qu'à l'ordinaire : « Qu'as-tu? me dit-elle; tu as l'air fâché. Il est inutile de dissimuler : je vois bien que quelque chose te fait beaucoup de peine. Dis-moi ce qui t'est arrivé aujourd'hui, et ce qui t'afflige à ce point. » Ma mère me pressa si long-temps et avec tant d'instance, que je fus obligé de lui conter mon aventure :

« Plusieurs femmes, lui dis-je, m'ont acheté pour cinq cents piastres de marchandises, qu'elles m'ont emportées; elles ne m'ont pas donné un sou, et je ne les connais pas. — Il ne faut pas t'affliger, me dit-elle; pour gagner, il faut savoir perdre quelquefois. Si ces femmes ne viennent point t'apporter le prix de tes marchandises, je te les paierai : ainsi console-toi, et sois tranquille; mais dorénavant prends garde à toi. — Je ne veux rien, lui répondis-je : laissez-moi. » J'avais tant de chagrin, que je ne soupai pas ce soir-là; je m'enfermai dans ma chambre, et je m'endormis en réfléchissant à ce qui venait de m'arriver.

« Le lendemain j'allai au marché; j'ouvris ma boutique, et j'y restai assis jusqu'au soir, sans recevoir aucune nouvelle des dames qui avaient emporté mes marchandises. Je m'en retournai à la maison encore plus désespéré que la veille.

« Mon fils, me dit ma mère en me voyant, il ne faut plus penser à ce qui t'est arrivé; je crains que tu ne tombes malade de chagrin : on n'apprend qu'à ses dépens. » Ma mère avait beau vouloir me consoler; je ne goûtais aucune consolation. Je passai encore trois jours dans la plus grande affliction.

« Le quatrième jour, j'ouvris ma boutique de bonne heure, selon ma coutume. A peine étais-je assis, que les mêmes dames entrèrent tout à coup et me souhaitèrent le bonjour; je crus d'abord que c'étaient d'autres personnes : « Donnez-nous le compte, me dit l'une d'elles. — Quel compte? — Le compte de ce que nous vous devons : nous allons vous payer. »

« A ces mots, mon esprit se calma, mon visage s'épanouit. Elles me comptèrent les cinq cents piastres; je les ramassai et les serrai : « Nous voudrions, me dirent-elles, avoir encore d'autres marchandises. » Je leur donnai tout ce qu'elles désiraient, et elles l'emportèrent comme la première fois. Le soir je fermai ma boutique, et je m'en retournai tout joyeux à la maison. Ma mère, voyant mon air gai et satisfait, me dit : « Je parie que ces dames sont venues et t'ont payé ce qu'elles te devaient. — Cela est vrai, lui dis-je. — Je te l'avais bien dit, reprit ma mère. Voilà le commerce : on vend à crédit; on attend un peu, et l'on est ensuite payé. »

CDXXXVI[e] NUIT.

« Je continuai de vendre aux memes dames des marchandises de toute espèce, jusqu'à ce qu'elles me durent environ dix bourses. Étant alors assis dans ma boutique, je vis entrer une vieille femme : « Bonjour, lui dis-je : que voulez-vous m'acheter? Une mante, un mouchoir? Voyez : voulez-vous des voiles d'Estamboul [1] ou des toques de brocart d'or? Dites-moi ce que vous désirez. — Je ne veux rien autre chose, me répondit-elle, sinon que vous vous portiez bien; mais écoutez-moi un moment : j'ai deux mots à vous dire. — Vous pouvez parler librement, » lui dis-je.

« Cette jeune personne, continua la vieille, qui est venue chez vous suivie de plusieurs esclaves, et qui vous a pris beaucoup de marchandises, désirerait vous épouser : voudriez-vous y consentir; Ce qu'elle vous doit sera sa dot; vous aurez une femme dont la beauté est égale à celle des houris. Venez avec moi chez elle, vous la verrez. Si elle vous plaît, vous l'épouserez; sinon on vous comptera votre argent, et vous vous en retournerez comme vous serez venu. »

A ce discours de la vieille, je ne savais trop que répondre; je n'osais aller avec elle : « Peut-être, dis-je en moi-même, on veut se moquer de moi; je n'ai pas envie de m'exposer à pareille aven-

[1] Constantinople.

ture. — Ne craignez rien, mon enfant, me dit la vieille, qui s'aperçut de mon embarras : on n'a pas intention de vous tromper. — Allons, me dis-je alors, pourquoi ne tenterais-je pas la fortune? Combien d'autres se sont enrichis par de pareils coups de hasard! Que risqué-je en suivant cette vieille? et que peut-il arriver à un homme qui a un peu de courage? » Sur cela je fermai ma boutique, et je partis avec la vieille.

Lorsque nous eûmes fait la moitié du chemin, la vieille me fit arrêter, et me dit : « Mon enfant, il faut toujours avoir de la prévoyance dans ce monde, et prendre ses précautions : vous allez entrer chez nous et voir la jeune personne; si elle ne vous plaît pas, vous vous en irez : telles sont nos conventions; mais vous pourriez alors publier cette aventure et nous déshonorer; le seul moyen de nous garantir de cet inconvénient, c'est que je vous bande les yeux, afin que vous ne sachiez point par où vous serez venu, ni dans quelle maison vous serez entré. »

« Prendre cette précaution dans le milieu de la rue et devant tout le monde, lui dis-je, serait donner des soupçons aux passants. Pourquoi, dirait-on, cette vieille bande-t-elle les yeux de ce jeune homme? il ne paraît y avoir aucun mal. Attendez un instant, et lorsque nous rencontrerons quelque petite rue, nous y entrerons, et nous ferons en sorte de n'être vus de personne. — Fort bien, » dit la vieille. Après quelques pas, elle trouva un endroit commode, me banda les yeux avec un mouchoir, et me conduisit ensuite, en me tenant par la main, jusqu'à ce que nous fûmes arrivés à la maison. Elle frappa deux coups de marteau; la porte s'ouvrit.

« La vieille me fit entrer et m'ôta le mouchoir. Je vis alors deux jeunes esclaves d'une beauté extraordinaire. Elles me firent passer par sept portes, au delà desquelles je fus reçu par quatre autres esclaves, toutes plus belles les unes que les autres. On me fit ensuite entrer dans une salle si magnifique, qu'elle semblait être une des salles qui renferment les trésors de Salomon : « Tout ce que je vois, disais-je en moi-même, n'est-il qu'un songe et qu'une illusion? » Mais je devais voir bientôt des choses encore plus étonnantes.

« La vieille, qui m'avait toujours suivi, me quitte alors un moment, et revient peu après avec une esclave dont la coiffure était faite d'une étoffe d'or, et qui portait un plateau garni d'un déjeûner délicat et recherché. Après que j'eus déjeûné, on me présenta des liqueurs et du café. La vieille apporta ensuite de l'argent, qu'elle compta devant moi, et me dit :

« Recevez ce qui vous est dû, et n'ayez plus d'inquiétude sur cet article. Ne soyez pas fâché non plus si ma maîtresse n'ose paraître devant vous avant que le contrat soit dressé : la pudeur est une vertu qui tient à la religion. Bientôt, s'il plaît à Dieu, nous allons dresser le contrat, et elle sera votre épouse. La décence exige que les choses se passent ainsi; et les femmes, faites pour mettre au monde des enfants légitimes, ne peuvent en observer les règles avec trop de scrupule. »

« Un instant après, je vis entrer un cadi, accompagné de dix personnes de sa suite. Je me levai aussitôt par respect. Il salua la compagnie et s'assit. Je lui rendis le salut avec toute la politesse possible : « Seigneur Gelaleddin, lui dit la vieille, voulez-vous bien d'abord nous servir de procureur pour conclure un mariage? — Volontiers, » répondit-il. Il écrivit les noms des témoins et dressa l'acte de procuration. La vieille s'étant ensuite approchée, il mit les mains l'une dans l'autre, fit la cérémonie des accords, et dressa ensuite le contrat de mariage. Après cela, on apporta une table couverte d'une ample collation, composée de conserves des Indes et de confitures de Perse. Le cadi et les personnes qui l'accompagnaient mangèrent de bon appétit et se divertirent beaucoup. On présenta au cadi un bel habillement de la valeur de deux cents piastres. Il le reçut en faisant beaucoup de remercîments, et prit congé de la compagnie.

« Je me levais aussi pour m'en aller : « Où allez-vous? me dit la vieille; ne savez-vous pas, jeune homme, que vous êtes marié, qu'après le contrat vient la noce, et que la vôtre va se faire aujourd'hui même? Tout est ici disposé pour cela. Attendez seulement jusqu'au soir. »

« Sur le soir on servit un magnifique repas. Je soupai de bon appétit, et mangeai de divers mets qui me parurent excellents. Je pris ensuite la liqueur et le café. La vieille vint alors me chercher pour me mener au bain.

« La salle était éclairée par des lampes, des lustres et des bougies odoriférantes. Je fus reçu par huit esclaves d'une beauté extraordinaire. Elles me déshabillèrent, se déshabillèrent ensuite et entrèrent avec moi dans le bain : les unes me nettoyaient les pieds, les autres me les lavaient; celles-ci me présentaient une robe, des frottoirs; celles-là m'apportaient à boire. Je me demandais à moi-même si tout cela n'était pas un songe; je me frottais les yeux, je les ouvrais et voyais toujours la même chose, ou de nouvelles merveilles. Des esclaves m'apportèrent ensuite des cassolettes remplies de parfums exquis.

« En sortant du bain, je vis vingt esclaves qui portaient des flambeaux odorants, et deux esclaves assises qui tenaient chacune un psaltérion ; l'air était parfumé de l'odeur de l'ambre et du bois d'aloès. Toutes les esclaves s'avancèrent vers moi, et me placèrent entre les deux musiciennes qui étaient assises. Je vis alors entrer d'autres esclaves avec divers instruments de musique. Elles exécutèrent un concert si harmonieux que la salle elle-même tressaillait d'allégresse. La musique étant finie, la vieille entra en criant : « Bénis soient tous ceux qui viennent dire à l'époux : Levez-vous ; venez ! »

« A ces mots, toutes les esclaves s'approchèrent de moi, et me firent passer de la salle du bain dans la cour. Une porte s'ouvrit ; vingt esclaves en sortirent deux à deux, et je vis ensuite s'avancer mon épouse, semblable au soleil qui brille au milieu d'un ciel pur et serein, ou à la lune au moment qu'elle se lève sur l'horizon : « Est-il possible, dis-je en moi-même, que ce soit là celle qui m'est destinée ? » Mon cortége s'avança. On me fit entrer dans une salle magnifique, au milieu de laquelle s'élevait un trône. On m'y fit monter, et les esclaves se rangèrent autour de moi, tenant à la main leurs flambeaux. Mon épouse entra, suivie de son cortége, et vint s'asseoir à côté de moi. La vieille fit alors apporter devant nous une magnifique collation ; ensuite elle fit retirer toutes les esclaves, sortit elle-même et ferma la porte.

« Je voulus alors converser avec mon épouse et lui adresser la parole ; mais elle me prévint, et me dit : « Mon ami.... » A ces mots, je me sentis pénétré de tendresse, et je ne pus m'empêcher de lui dire : « Ma chère amie, que vous êtes belle ! — Mon ami, continua-t-elle après un léger sourire, le don de mon cœur dépend encore d'une condition : si vous vous engagez à la remplir, je suis à vous ; sans cela, regardez tout ce qui s'est passé jusqu'à ce moment comme non avenu. »

« Quelle est cette condition ? lui dis-je. Il n'en est pas, je crois, à laquelle je ne me soumette pour avoir le bonheur de vous posséder. — Notre porte, reprit-elle, ne sera ouverte qu'un seul jour tous les ans. Acceptez-vous cette condition ? » Je répondis : « Je l'accepte. — J'ai, continua-t-elle, beaucoup d'esclaves ; mais toutes les fois que vous leur direz un seul mot qui ne sera pas absolument nécessaire, vous me verrez fâchée contre vous. — J'accepte volontiers toutes ces conditions, » répondis-je. Elle consentit alors à me regarder comme son époux, et nous passâmes ensemble la nuit. »

Scheherazade fut interrompue par l'arrivée du jour, au grand regret du sultan et de sa sœur, que cette histoire intéressait vivement. Elle en reprit le récit le lendemain, et le continua dans le cours des nuits suivantes, selon sa coutume.

CDXXXVII^e NUIT.

« Je fus, pendant plusieurs jours, dans une espèce d'ivresse, tout occupé de mon bonheur, ne songeant qu'à boire, à manger, à me divertir, et oubliant auprès de mon épouse tout le reste de la terre. Au bout de sept jours, je ne pus m'empêcher de penser à ma mère; je désirai vivement de la voir, et je versai des larmes, en pensant que j'étais séparé d'elle pour toujours. Ma femme s'aperçut que je pleurais, et m'en demanda la cause :

« Je pleure, lui dis-je, de me voir séparé d'une mère que je n'ai pas quittée depuis mon enfance, qui me faisait coucher près d'elle, et ne goûtait de repos que lorsque j'étais endormi contre son sein maternel. Voilà maintenant sept jours qu'elle ne m'a vu; je ne sais comment elle aura pu supporter cette absence. »

« Ne sommes-nous pas convenus, me dit mon épouse, que notre porte ne s'ouvrirait qu'une fois par an? — Il est vrai, lui dis-je; mais je sens combien il est dur pour moi d'être séparé de ma mère : je voudrais seulement la voir et passer un jour auprès d'elle. Comment un seul jour donné à la tendresse maternelle pourrait-il altérer notre bonheur? »

« Mon épouse me dit : « Je consens volontiers à vous satisfaire : allez voir votre mère; mais que la vieille vous accompagne, et vous bande les yeux. — Je le veux bien, lui dis-je, et me ferai toujours un devoir de condescendre à vos moindres volontés. — Puisqu'il est ainsi, ajouta-t-elle, vous pourrez rester sept jours au milieu de votre famille, afin d'avoir tout le temps de goûter le plaisir d'être ensemble; au bout de ce temps, je vous enverrai la vieille, afin qu'elle vous ramène ici en vous bandant les yeux. » Je remerciai mon épouse, qui donna aussitôt ses ordres à la vieille pour le lendemain : voilà, seigneur, ce qui m'arriva. Écoutez maintenant ce qui se passa dans la maison de mon père.

« Mon père étant rentré sur le soir, et ne me voyant pas à la maison, dit à ma mère : « Où est notre fils? — Il n'est pas encore rentré, dit ma mère, et cependant la nuit s'avance. Voulez-vous que je l'envoie chercher par un esclave? » Elle envoya aussitôt l'esclave, qui trouva le marché fermé. On me fit chercher chez nos parents, chez nos voisins, chez nos connaissances; toute la nuit se passa dans ces vaines démarches

« Le lendemain matin, on envoya du monde dans les jardins, dans les lieux publics et dans tous les quartiers de la ville ; pas un endroit ne fut oublié. Tout cela, comme vous pensez, fut inutile, et l'on ne put découvrir aucune trace, ni apprendre aucune nouvelle de ce que j'étais devenu. Au bout de trois jours, ma mère, n'ayant plus d'espoir de me retrouver, commença à me pleurer comme mort; elle assembla ses esclaves, fit venir ses voisins et tous mes parents, qui me pleurèrent avec elle.

« Cependant, la vieille chargée de me conduire ôta le mouchoir de dessus mes yeux et s'en alla. Arrivé près de la maison, je vis une troupe de femmes qui venaient pour me pleurer avec ma mère. Elles m'aperçurent, et me dirent : « N'êtes-vous pas Ali Tchélébi, fils du syndic des marchands ? » Je leur dis que oui ; et elles m'apprirent que mes parents pleuraient ma mort depuis sept jours, et qu'elles allaient me pleurer avec eux. Elles se dirent ensuite entre elles : « Courons pour leur annoncer bien vite cette nouvelle. » Aussitôt celles qui arrivèrent les premières se mirent à crier : « Pourquoi pleurez-vous cet enfant ? le voilà qui vient. » A ces mots, ma mère sortit, en disant : « Où est mon fils? » J'arrivais en ce moment. Lorsqu'elle m'aperçut, elle se laissa tomber sur moi sans connaissance, et toutes les femmes se mirent à crier. Mon père sortit aussitôt, me serra dans ses bras, transporté de joie, et me demanda où j'avais été depuis sept jours. Je lui dis que je m'étais marié, et que j'étais resté auprès de mon épouse. Mon père, étonné, me demanda quelle était mon épouse. Je lui dis qu'elle était d'une beauté incomparable, mais que je ne savais à qui elle appartenait. Un de ceux qui étaient là dit alors à mon père : « Il est inutile de le questionner : ne voyez-vous pas l'habit qui est sur lui ? Jamais personne n'en a porté de pareil : ce ne peut être que l'ouvrage des génies qui l'ont enlevé, et l'ont ainsi habillé ; mais il ne sait où ils l'ont transporté. » Chacun fut frappé de ce discours : on se tut, et l'on ne me fit plus aucune question.

« Je restai deux jours avec mon père et ma mère ; le troisième jour je dis à mon père que j'avais envie d'aller à ma boutique. Il en fut bien aise, et vint avec moi. Dès que je fus assis dans ma boutique, je m'aperçus que tous ceux qui passaient s'arrêtaient pour me considérer, et disaient : « Voilà celui que les génies ont enlevé. » On ne cessa de venir me regarder ainsi durant tout le jour; le lendemain et les jours suivants, ce fut encore la même chose.

« Au bout de sept jours, je vis arriver la vieille. Je fermai ma boutique, et je la suivis. Elle me banda les yeux comme la première fois, et me prit par la main. Lorsque j'entrai dans la maison, mon épouse se leva, vint au-devant de moi, et se montra très-joyeuse de me revoir. Je lui racontai ce qui s'était passé chez moi pendant mon absence : elle parut sensible à l'affliction de mes parents, et à la joie qu'ils avaient témoignée en me revoyant; mais elle ne put s'empêcher de rire de mon prétendu enlèvement par les génies.

« Après avoir passé dix jours auprès de mon épouse, je lui demandai de nouveau la permission d'aller voir mes parents. Elle me l'accorda; la vieille me conduisit comme à l'ordinaire, et s'en alla. Ma mère était seule à la maison lorsque j'y entrai; elle sauta à mon cou dès qu'elle m'aperçut, et envoya chercher mon père, qui me témoigna une égale tendresse. Nous passâmes toute la journée ensemble.

« Le lendemain, j'allai comme la première fois à mon magasin, et je continuai d'y aller pareillement les jours suivants. Le septième jour, qui était celui où la vieille devait venir me chercher, je vis passer devant ma boutique un crieur public tenant une cassolette d'or, qu'on voulait vendre mille sequins. Je lui demandai à qui appartenait cette cassolette; il me répondit qu'elle appartenait à une femme. Je lui dis de l'appeler, que j'étais bien aise de l'acheter d'elle-même.

« Le crieur public me quitta un moment, et revint accompagné d'une femme de moyen âge : « Je voudrais, lui dis-je, acheter cette cassolette. » Aussitôt elle tira de sa poche dix sequins, les donna au crieur, et lui dit de s'en aller : « Comment, lui dis-je, vous payez le crieur avant que le marché soit fait! Vous avez donc envie de m'accommoder? — Assurément, répondit-elle, je ne reprendrai pas ma cassolette, et elle ne sera jamais à d'autre qu'à vous. — Asseyez-vous, lui dis-je, je vais vous compter les mille sequins. — Je suis déjà payée et au delà, dit-elle aussitôt. — Comment? lui dis-je, quel est ce discours? »

« Depuis long-temps, reprit-elle avec vivacité, je suis violemment éprise de vous; mon amour est si grand que je ne puis dormir; nuit et jour je pense à vous, et rien ne peut me distraire. Laissez-moi seulement prendre un baiser sur votre joue, et je m'en irai aussitôt. — Quoi! lui dis-je, sans recevoir le prix de la cassolette? — Encore une fois, répondit-elle, je suis payée et au delà. — Il faut que tu sois bien aimé de cette femme, dis-je en moi-même, pour qu'elle te fasse présent de mille sequins, seulement pour obtenir de toi un simple baiser! » Puis, lui adressant la parole, je lui dis :

« Madame, je ne puis vous refuser une chose aussi légère, et à laquelle vous paraissez attacher tant de prix. Je souhaite que ce baiser calme votre cœur, et vous fasse recouvrer le sommeil. » La dame alors s'avança vers moi; mais au lieu de m'embrasser, elle me mordit de toutes ses forces, m'emporta un petit morceau de la joue, et s'enfuit aussitôt. La douleur me fit pousser un cri; je déchirai un mouchoir, et je m'enveloppai la joue.

« Dans ce moment la vieille arriva, et fut surprise de l'état où elle me trouvait. Je lui dis qu'en faisant le matin l'ouverture de ma boutique, une cheville de fer m'était échappée, qu'heureusement elle ne m'avait pas crevé l'œil, mais qu'elle m'avait écorché la joue: « Pourquoi, me dit-elle, ne faites-vous pas ouvrir votre boutique par votre esclave? » Je l'assurai que ce n'était rien, que Dieu m'avait sauvé du plus grand danger, et que j'étais prêt à la suivre.

« Dès que les esclaves me virent entrer, elles parurent fort affligées, et commencèrent à faire de grandes lamentations sur ma blessure. Mon épouse m'en demanda la cause, et je lui répétai ce que j'avais dit à la vieille, ajoutant que cette légère blessure ne méritait pas que les esclaves fissent tant de bruit: « Mais qu'avez-vous sous le bras? me demanda-t-elle. — C'est une cassolette que j'ai achetée aujourd'hui: voyez-la. — Combien vous coûte-t-elle? — Pourquoi me demandez-vous cela? Elle me coûte mille sequins. — Vous m'en imposez. — En vérité, elle me coûte mille sequins; pourquoi vous déguiserais-je la vérité? »

« Dis plutôt, continua mon épouse, en me lançant des regards furieux, que tu as donné ta joue à baiser pour prix de cette cassolette. O le plus méprisable de tous les hommes! donner ta joue à baiser à une femme pour une cassolette! Ingrat! ta perfidie ne restera pas impunie. » En achevant ces mots, elle appela Morgan (c'était le nom de son premier eunuque), et lui ordonna de me couper la tête.

CDXXXVIIIe NUIT.

« Déjà Morgan se saisissait de moi, quand la vieille vint se jeter aux pieds de sa maîtresse : « Ah ! madame, lui dit-elle, révoquez l'arrêt que vous venez de prononcer ; vous ne tarderiez pas à être fâchée d'avoir porté si loin la vengeance, et le repentir serait inutile. Contentez-vous de châtier ce jeune homme ; cela vaudra mieux que de le faire périr. »

« Mon épouse, changeant alors de sentiment, ordonna à ses esclaves de m'étendre par terre et de me donner la bastonnade. Elle fut aussitôt obéie ; et tandis qu'on me frappait, elle répétait : « Infâme, tu donnes ta joue à baiser à une inconnue ! » Ou bien elle récitait, avec une maligne satisfaction, des vers dont le sens était : « Qu'il faut abandonner à sa rivale le cœur qu'elle nous dispute, et « vivre seule, ou mourir d'amour, plutôt que d'avoir un amant qui « partage sa tendresse avec un autre objet. »

« On me frappa si long-temps et avec tant de violence, que je perdis presque entièrement connaissance. On m'emporta ensuite et l'on me jeta dans la rue. Les premières personnes qui passèrent s'imaginèrent que j'étais ivre : « N'est-il pas honteux, dit quelqu'un en me poussant avec le pied, de s'enivrer au point de tomber ainsi dans la rue ? — Que dites-vous ? dit un autre en me considérant plus attentivement, cet homme n'est point ivre ; mais il vient d'avoir la bastonnade : voyez comme ses pieds sont enflés, et comme la marque de la corde est empreinte dans la chair. »

« Enfin quelqu'un me reconnut, et on alla avertir mon père, qui accourut aussitôt. Il fut pénétré de me voir dans ce pitoyable état, me releva et s'imagina que j'allais marcher ; mais, quoique la connaissance me fût un peu revenue, cela me fut impossible, et il fut obligé de me porter sur son dos jusqu'à la maison. Il envoya aussitôt chercher des médecins, des chirurgiens, et me prodigua tous les secours que mon état exigeait.

« Je fus quarante jours à me rétablir ; au bout de ce temps, mon père voulut savoir mon aventure, et me demanda quels étaient les barbares qui m'avaient traité si cruellement. Je lui dis de ne pas m'interroger sur cela, que si je lui disais quel était l'auteur de l'horrible traitement que j'avais éprouvé, il ne pourrait jamais me croire. Mon père insista ; je lui répétai plusieurs fois la même chose. Enfin, comme il me pressait de plus en plus, et se plaignait de mon peu de confiance, je lui dis : « Je vais vous raconter mon histoire d'une manière allégorique ; voyons si vous la comprendrez :

« Une jeune personne voit un jeune homme, et en devient amoureuse ; le jeune homme conçoit pour elle un amour égal. Elle lui fait demander s'il veut l'épouser de la manière la plus légitime et la plus authentique ; le jeune homme y consent : ils se marient selon les formes voulues par la loi. L'époux se conforme aux moindres volontés de son épouse, et ne lui fait pas éprouver la plus légère contradiction. N'est-ce pas lui prouver son amour de la manière la plus évidente ? Et peut-on concevoir que cette épouse puisse être assez injuste pour faire battre son mari ? Pouvez-vous vous-même l'imaginer ? »

« Non, me répondit mon père, une pareille chose ne peut se comprendre et est absolument incroyable. — Eh bien ! repris-je, ce qui m'est arrivé ressemble parfaitement à cela. — Mais, ajouta mon père, dis-moi clairement qui t'a battu si indignement. — Je viens, lui répondis-je, de vous raconter mon histoire, en paraissant vous raconter celle d'un autre. J'avais honte de vous dire d'abord que c'était ma femme qui m'avait ainsi battu. Me comprenez-vous à présent ? — Je commence à te comprendre, dit mon père ; mais fais-moi connaître maintenant quelle est la femme. — Je n'en sais rien. — Dans quel quartier est sa maison ? — Je n'en sais rien. »

« Mon père fut fort étonné de mon aventure ; et voyant que je ne pouvais lui en apprendre davantage, me proposa d'aller avec lui aux bains. Nous y allâmes ; je me rendis de là au marché ; j'ouvris ma boutique et repris mon commerce, pour tâcher de me distraire. Mais ce genre de vie, ces occupations n'avaient plus pour moi le même agrément.

« Le chagrin, l'ennui altérèrent insensiblement mon humeur ; tout ce que faisaient les gens de la maison me déplaisait : je grondais l'un, je battais l'autre ; je criais après celle-ci, je maltraitais celle-là. Une esclave m'avait un jour servi du riz ; j'en goûtai sur-le-champ, et me brûlai. Je me mis en colère, et pris le plat pour le jeter à la tête de l'esclave. Ma mère voulut me retenir le bras, je la repoussai rudement. Mon père indigné se leva ; je le menaçai de le frapper lui-même. Il ne douta plus alors que je ne fusse fou ; il me fit lier par les domestiques, et conduire devant le juge. On attesta que j'étais fou, et je fus amené ici. On me mit d'abord une chaîne au cou. Le lendemain, mon père me la fit ôter, et m'envoya ce lit, cette couverture, et cet Alcoran.

« Voilà toute mon histoire. On dit que notre souverain est juste : pourquoi son vizir Giafar le Barmecide ne lui conseille-t-il pas de sortir de son palais, de parcourir la ville, afin de connaître par lui-même les injustices qui s'y commettent, de venger les opprimés, et de punir les oppresseurs? Pourquoi ne l'amène-t-on pas dans cet hôpital pour visiter les malades, voir par lui-même la manière dont ils sont servis, connaître quels sont les détenus, et s'informer des motifs de leur détention?

« Pour moi, dénué de tout secours, je demande à Dieu qu'il nous envoie ce bon prince, afin que je lui raconte moi-même mon histoire. Priez vous-même pour moi, respectables derviches; peut-être Dieu exaucera-t-il vos prières, et inspirera-t-il au prince le dessein de venir visiter ces lieux. »

Le jeune homme ayant achevé son histoire, le kalife Haroun Alraschild l'exhorta à prendre patience, et l'assura que Dieu lui ferait bientôt voir celui dans la justice duquel il mettait son espoir. Le kalife retourna ensuite à son palais avec Giafar et Mesrour : « Que penses-tu, dit-il à Giafar, de l'histoire que nous venons d'entendre? — Ce jeune homme est fou, répondit Giafar, et ce que disent les fous ne mérite point d'attention. — Ces discours, reprit le kalife, ne sont cependant pas ceux d'un fou. Il faut que tu examines cette affaire-là, afin de m'en faire un rapport, et que nous voyions si son récit est vrai, ou s'il est réellement fou. »

Lorsqu'ils furent arrivés au palais, Giafar dit au kalife : « Voici ce que j'imagine pour savoir ce que vous devez penser de l'histoire de ce fou : faites-le venir devant vous; dites-lui qu'on vous a conté son histoire; qu'elle vous a paru si singulière que vous voudriez l'entendre de sa bouche, depuis le commencement jusqu'à la fin. Vous comparerez l'histoire qu'il vous racontera avec celle qu'il nous a déjà racontée, et si l'histoire est la même, ce sera une preuve qu'il n'a rien dit que de vrai; si, au contraire, les deux histoires se contredisent, ce sera une preuve qu'il est véritablement fou, et alors vous le ferez reconduire à l'hôpital. »

Le kalife goûta ce conseil, envoya aussitôt chercher le jeune homme à l'hôpital, le reçut avec bonté, et lui fit raconter son histoire. C'était absolument la même que celle qu'il avait déjà entendue : « Je l'avais bien pensé, dit le kalife à Giafar, que cette histoire n'était pas celle d'un fou. » Giafar, forcé de convenir que ce récit portait tous les caractères de la vérité, dit au kalife : « Il faut actuellement envoyer chercher le père du jeune homme, lui commander de retirer son fils de l'hôpital, et de lui laisser reprendre son commerce. Vous choisirez quatre personnes sûres qui se tiendront dans la boutique; lorsque la vieille viendra, ils la saisiront sur le signe que leur fera le jeune homme, et l'amèneront devant vous : vous saurez facilement d'elle quelle est sa maîtresse. »

Le kalife approuve le plan : le syndic des marchands est mandé, et reçoit ordre de retirer son fils de l'hôpital. Il obéit, et amène le jeune homme aux pieds du kalife, qui n'eut pas de peine à les réconcilier

Le lendemain, Ali Tchélébi se rendit à son magasin. Tous les passants s'arrêtaient d'abord pour le regarder, et chacun disait : « Voilà le fils du syndic des marchands, qui était fou ! » Ali ne répondait rien à ces propos, et se tenait dans sa boutique avec ceux qui étaient chargés d'arrêter la vieille lorsqu'elle paraîtrait.

CDXXXIXe NUIT.

Nous venons de raconter ce qui arriva à Ali Tchélébi après l'indigne traitement que lui fit essuyer son épouse ; voyons maintenant ce que fit celle-ci. A peine eut-elle satisfait sa rage que sa colère s'apaisa ; elle se repentit de ce qu'elle venait de faire, et dit à la vieille, au bout de quelques jours, de tâcher de la raccommoder avec Ali Tchélébi :

« Vous voyez, dit alors la vieille, que j'avais raison de vous conseiller de ne pas le faire périr, mais seulement de lui faire donner quelques coups, et de le garder ici. Si vous aviez suivi exactement mes conseils, on pourrait vous raccommoder ; mais vous avez poussé le châtiment trop loin, et vous l'avez fait jeter dans la rue. Quel moyen maintenant de vous rapprocher ? Peut-être n'est-il pas encore guéri de ses plaies ; et quand il le serait, oserais-je me présenter devant lui ? Ce n'est pas un homme du commun, mais le fils du premier négociant de la ville ; il n'a commis véritablement aucun crime ; car enfin c'est vous qui lui avez tendu ce piége, et qui êtes cause qu'il vous a déplu : vous lui avez envoyé la femme qui faisait semblant de vouloir vendre une cassolette. Vous vouliez voir s'il l'accepterait pour un baiser, et vous aviez bien recommandé à la femme, dans le cas où il se laisserait embrasser, de vous en donner une preuve évidente. Elle a feint d'être violemment éprise de lui ; elle lui a fait un tableau touchant des maux que l'amour lui faisait endurer ; un baiser, un seul baiser pouvait la guérir. Ali ne pouvait soupçonner la ruse, la perfidie ; il ne voyait aucun mal à laisser prendre ce baiser, et ne devinait pas que cette action pût vous déplaire ; cédant à la pitié, et non à l'amour, il s'est laissé embrasser ; et la femme, pour vous prouver clairement qu'elle l'avait embrassé, lui a enlevé un petit morceau de la joue. C'était donc vous qui étiez la seule coupable, et malgré cela vous vouliez lui faire couper la tête, et vous l'avez fait presque périr sous les coups de vos esclaves. Je ne puis, après tout cela, me présenter devant lui, et il vous faut chercher quelque autre expédient. »

« Comment, ma bonne vieille, dit la jeune personne, toi qui as vu dans ta vie tant d'aventures semblables à celle-ci, et encore plus extraordinaires, tu ne peux me rendre aucun service? Tu ne pourrais, par ton adresse et par tes discours, ramener l'esprit de ce jeune homme? Allons, du courage : car je ne puis être heureuse dorénavant sans lui, et il faut absolument que tu nous réconcilies et que tu l'amènes ici. Je te ferai présent, si tu réussis, d'un bel habillement. »

La vieille refusa long-temps de se charger de cette commission ; enfin, elle sortit pour apprendre au moins des nouvelles. On lui dit d'abord qu'Ali Tchélébi était malade ; ensuite qu'il était fou, qu'on l'avait mis à l'hôpital ; enfin elle apprit qu'il avait repris son commerce, et qu'il était dans sa boutique.

La jeune personne, informée de cette nouvelle, pressa de nouveau la vieille, et avec tant d'instance, qu'elle consentit à faire quelque tentative. Dans ce dessein, elle sortit et s'arrêta devant la boutique d'Ali Tchélébi. Il la reconnut et s'avança vers elle : « Mon enfant, lui dit-elle, si j'ai à me reprocher de m'être mêlée de votre mariage, j'ai fait au moins ce que je devais en empêchant ma maîtresse de vous ôter la vie. Au reste, elle est au désespoir de ce qui s'est passé, et voudrait.... »

« Je ne conserve aucun ressentiment contre elle, » dit Ali en l'interrompant. En même temps il fit signe à ceux qui étaient chez lui ; ils se jetèrent sur la vieille, et la conduisirent avec lui au palais du kalife. Le vizir Giafar, les voyant entrer, demanda quelle était cette affaire. Quand il eut appris qu'on amenait la vieille impliquée dans l'affaire d'Ali Tchélébi, il ordonna qu'on la fît paraître devant lui.

Dès que la vieille fut en présence de Giafar, il la reconnut et lui dit : « Quoi ! vous êtes attachée au service de ma fille, et vous vous mêlez de pareilles intrigues ! Quelle est la femme que ce jeune homme a épousée? »

« C'est votre fille, » répondit la vieille. Giafar fut interdit ; mais voyant qu'il fallait absolument éclaircir cette affaire, pour en rendre compte au kalife, il demanda une seconde fois à la vieille : « Quelle est la femme que ce jeune homme a épousée? — C'est votre fille, » lui répondit-elle.

Giafar alors, ayant ordonné qu'on les fît rester, alla trouver Haroun Alraschild, et lui dit : « Ali Tchélébi et la vieille sont là; mais il me semble que la fille n'a rien fait que de juste : ce jeune homme était marié ; son épouse ne voulait point se séparer de lui, le gardait auprès d'elle, et il s'est laissé baiser la joue par une autre femme. Cela devait nécessairement déplaire à une personne jalouse, et méritait d'être puni : car les femmes ont des droits sur leurs maris. »

« Quelle est enfin cette femme? dit le kalife. — Hélas! seigneur, répondit Giafar, c'est ma fille! Tout cela s'est fait à mon insu. — Mais, reprit Haroun, puisque le cadi Gelaleddin a dressé le contrat, le mariage est bon : Ali est son époux, et il dépend de lui ou de la faire punir de mort, ou de lui pardonner. »

Aussitôt le kalife fit venir Ali Tchélébi, et lui demanda ce qu'il voulait faire : « Prince, répondit-il, je m'estimerai trop heureux si le vizir veut bien me reconnaître pour son gendre. — Allons, dit le kalife à Giafar, emmène ton gendre chez toi, et qu'en ma considération on ne lui bande plus les yeux; cette précaution est actuellement inutile. »

Giafar s'en retourna donc chez lui avec son gendre et la vieille. Sa fille, le voyant entrer, voulut se lever pour aller au-devant de lui; mais les forces lui manquèrent, et elle retomba sur son sofa : « Qu'avez-vous fait? lui dit son père. Vous vous êtes rendue coupable des derniers excès. Le Tout-Puissant l'a permis : je me soumets à ses décrets; mais si j'avais été instruit de vos projets, j'aurais su les faire échouer. »

Giafar sortit ensuite, envoya chercher le cadi Gelaleddin, et lui dit : « Qui vous a donné ordre de dresser le contrat de mariage de ma fille? — Seigneur, répondit Gelaleddin, je l'ai dressé d'après le billet que voici, et dont je vais vous faire lecture :

« Salut au cadi Gelaleddin. Je vous écris pour vous prier de vous « donner la peine de vous transporter chez moi, afin de dresser « mon contrat de mariage avec Ali Tchélébi, et de me servir de « procureur. Amenez avec vous des témoins pour signer l'acte de « procuration. Si vous consentez à ma demande, vous m'obligerez; « sinon vous serez responsable des suites de votre refus, et s'il ar- « rive quelque chose, le blâme en retombera sur vous. »

« Cette menace, continua le cadi après avoir lu le billet, fit impression sur mon esprit. Les femmes peuvent se porter à de fâcheuses extrémités : j'ai craint pour l'honneur du premier vizir; je me suis donc rendu aux ordres de sa fille. J'ai vu compter la dot, et j'en ai fait mention; enfin j'ai rédigé l'acte constatant que la jeune personne me donnait sa procuration, et j'ai dressé un contrat de mariage légal et authentique. Si vous eussiez été present, vous n'auriez pu vous empêcher de m'ordonner d'accepter la procuration de votre fille, car elle était en âge de disposer d'elle-même; et si elle n'était pas encore mariée, c'est que personne n'avait osé vous la demander en mariage. Mais Dieu vous a préservé d'un désagrément qui aurait été plus grand que celui que vous éprouvez aujourd'hui. Il n'y a dans l'acte aucun vice, aucun défaut qui puisse le faire annuler; quoi qu'il en soit, vos bonnes grâces me sont plus chères que tout : vous pouvez, ou me pardonner, ou m'ôter la vie, si j'ai eu le malheur de vous déplaire. »

« Je rends justice à vos intentions, dit Giafar : vous avez fait tout pour le mieux. » Il pardonna ensuite à sa fille. Ali Tchélébi fut toujours soumis et complaisant près de son épouse, et rien n'altéra plus par la suite le bonheur dont ils jouirent l'un et l'autre.

Scheherazade termina ainsi l'histoire du jeune marchand de Bagdad et de la dame inconnue. Le sultan des Indes lui en ayant témoigné sa satisfaction, elle lui promit pour le lendemain un conte non moins joli, et Schahriar, content de cette promesse, se leva pour aller présider son conseil.

CDXLE NUIT.

Dinarzade réveilla de bonne heure la sultane, sa sœur, qui commença en ces termes l'histoire suivante :

LE MÉDECIN

ET LE JEUNE TRAITEUR DE BAGDAD.

ON raconte qu'un médecin persan, voyageant de pays en pays, arriva dans la ville de Bagdad; il se logea dans un des khans qui y sont en si grand nombre, et y passa la nuit. Le lendemain, il se mit à parcourir la ville, à visiter les places, les marchés ; il admirait la grandeur, la magnificence des édifices, et disait souvent en lui-même qu'il n'avait jamais vu une si belle ville.

Il remarquait surtout le Tigre, joint à l'Euphrate par un canal, et qui, traversant le milieu de la ville, la divise en deux parties, l'une à l'orient, l'autre à l'occident. Ces deux parties, ou plutôt ces deux villes, sont réunies par sept ponts formés de bateaux attachés les uns aux autres, tant à cause de la largeur ordinaire de la rivière, qu'à cause des crues auxquelles elle est sujette. Ils sont toujours couverts de personnes qui vont et viennent pour vaquer à leurs affaires. On passe, en plusieurs endroits de la ville, sous des allées de palmiers et d'arbres de toute espèce, et l'on entend autour de soi une multitude d'oiseaux qui, dans leurs concerts, semblent rendre hommage à leur créateur, et chanter les louanges de l'Éternel.

En se promenant ainsi, le médecin persan passa devant la boutique d'un traiteur, dans laquelle étaient étalés des mets et des ragoûts de toute espèce. Le maître de cette boutique était un jeune homme d'environ quinze ans, dont le visage paraissait aussi beau que la lune dans son plein : sa mise était simple, mais élégante; il avait de jolis pendants d'oreille, et ses habits étaient si propres et si bien arrangés qu'ils semblaient sortir des mains du tailleur. Le médecin, en le considérant plus attentivement, fut étonné de lui voir un teint jaune, des yeux languissants, un visage pâle et défait, qui portait l'empreinte du chagrin et de la tristesse : il s'arrêta et le salua. Le jeune homme lui rendit le salut de la manière la plus honnête et la plus distinguée, et l'engagea à dîner chez lui.

Le médecin persan étant entré dans la boutique du jeune traiteur, celui-ci prit deux ou trois plats plus clairs et plus brillants que l'argent, dressa dans chaque plat des mets différents, et les servit au médecin : « Asseyez-vous un moment près de moi, lui dit le médecin : il me semble que vous êtes incommodé, et que vous avez le teint bien pâle. Quelle est votre maladie? Sentez-vous des douleurs dans quelques parties du corps, et y a-t-il longtemps que vous êtes dans cet état? »

Le jeune homme, à ce discours, poussa un profond soupir, et dit en pleurant : « Ne me demandez pas, monsieur, quel est mon mal. — Pourquoi? repartit son hôte. Je suis médecin, et assez habile, grâce à Dieu : je suis sûr que je vous guérirai, si vous voulez vous ouvrir à moi, et me faire connaître l'origine et les symptômes de votre maladie. » Le jeune homme, après avoir gémi et soupiré de nouveau, répondit :

« Dans le vrai, monsieur, je ne ressens aucune douleur, et je n'éprouve aucune incommodité; mais je suis amoureux. — Vous êtes amoureux! — Oui, monsieur; et non-seulement amoureux, mais amoureux sans espoir d'obtenir l'objet que j'aime. — Et de qui êtes-vous amoureux? Dites-moi cela. — Je vous en ai dit assez pour le moment, laissez-moi vaquer à mes affaires, et servir mes pratiques. Si vous voulez revenir cette après-midi, je vous exposerai plus au long mon état, et je vous conterai mon aventure. — Fort bien. Allez à vos affaires, de peur qu'on ne s'ennuie en vous attendant : je reviendrai vous voir ce soir. »

Après cet entretien, le médecin persan se mit à dîner. Il alla ensuite se promener, s'amusa à voir les beautés de la ville, et revint le soir chez le jeune traiteur. Celui-ci fut bien aise de le revoir, et conçut l'espérance qu'il pourrait au moins soulager sa peine et son ennui. Il ferma sa boutique et le conduisit dans la maison où il demeurait : elle était belle et bien meublée; car il avait hérité de ses parents une fortune assez considérable. Lorsqu'ils furent entrés, on servit un souper délicat et recherché. Après le repas, le médecin pria le jeune homme de lui raconter son aventure : il le fit en ces termes :

« Le kalife Motaded-Billah[1] a une fille dont la beauté peut passer pour un prodige : elle réunit à une figure charmante, à des

[1] Seizième kalife de la dynastie des Abassides, qui régna depuis l'an 892 jusqu'en 902 de l'ère chrétienne

yeux tendres et vifs tout à la fois, une démarche noble, une taille fine et délicate; enfin c'est un assemblage de toutes les perfections, et non-seulement on n'a jamais rien vu de pareil, mais même on n'a jamais entendu parler d'une beauté aussi extraordinaire. Plusieurs princes, plusieurs souverains l'ont demandée en mariage à son père; mais il l'a toujours refusée jusqu'à présent, et il est vraisemblable qu'il ne trouvera personne digne d'une aussi belle alliance.

« Tous les vendredis, lorsque le peuple se rassemble dans les mosquées, que tous les marchands et les artisans quittent leurs boutiques, qu'ils ne se donnent pas souvent la peine de fermer, cette belle personne sort du palais et se plaît à se promener dans la ville; ensuite elle se rend aux bains, et rentre dans le sérail.

« Un jour, j'eus envie de ne point aller à la mosquée avec les autres, mais de tâcher de voir la princesse. L'heure de la prière étant venue, et tout le monde étant à la mosquée, je me cachai dans ma boutique. Je vis bientôt paraître la princesse; elle était entourée de quarante esclaves, toutes plus belles les unes que les autres, et brillait au milieu d'elles comme le soleil en son midi. Les esclaves, qui se pressaient autour de leur souveraine, et soutenaient les bords de ses vêtements avec de longues baguettes d'or et d'argent, arrêtaient mes regards curieux et m'empêchaient de la contempler à mon aise. Enfin je l'aperçus un seul instant, et sur-le-champ je sentis s'allumer dans mon cœur la passion la plus vive, et couler de mes yeux quelques larmes. Depuis ce temps j'éprouve une langueur qui me consume, et mon mal s'accroît de jour en jour. »

En achevant ces mots, le jeune homme poussa un soupir si long que le médecin crut qu'il allait expirer: « Que me donnerez-vous, lui dit-il, si je viens à bout de vous unir à celle que vous aimez? » Le jeune homme l'ayant assuré que sa fortune, sa vie même seraient à sa disposition, le médecin continua ainsi:

« Levez-vous, apportez-moi une petite bouteille, sept aiguilles, un morceau de bois d'aloès, un autre de bitume de Judée, un peu de terre sigillée, deux palettes[1] de mouton, un morceau d'étoffe de laine, et des soies de sept différentes couleurs. »

Le jeune homme étant allé chercher tout cela, le médecin prit les deux palettes de mouton, traça dessus des signes et des formules magiques, les enveloppa dans le morceau d'étoffe de laine et les lia avec les soies de sept couleurs différentes; il prit ensuite la

[1] Os large et mince qui tient à l'épaule: omoplate.

petite fiole, enfonça les sept aiguilles dans le morceau de bois d'aloès, le mit dans la fiole avec le bitume de Judée, la luta avec la terre sigillée, et récita ces paroles magiques :

« J'ai frappé à la porte des dernières régions terrestres : les « génies ont appelé les génies et le prince des démons. Aussitôt « j'ai vu paraître le fils d'Amran[1], tenant un serpent, et por- « tant, en guise de collier, un dragon entortillé à l'entour de « son cou. »

« Quel est, s'est-il écrié, le téméraire qui frappe la terre, et nous « fait venir ce soir? »

« Je lui ai répondu :

« Je suis amoureux d'une jeune personne; j'ai recours à vos en- « chantements, esprits puissants et terribles : prêtez-moi votre se- « cours, et faites-moi réussir dans mon entreprise. Vous voyez « comme une telle, fille d'un tel, rejette et dédaigne mes vœux, « rendez-la sensible à mon amour ! »

« Les esprits m'ont répondu :

« Fais ce qui t'a été enseigné : place-les sur un feu vif et ardent, « et prononce sur eux ces paroles : « Quand une telle, fille d'un « tel, serait dans Caschan, dans Ispahan, ou dans le pays des sor- « ciers et des enchanteurs, que rien ne puisse la retenir, qu'elle « se rende ici, et dise, en se livrant elle-même entre mes mains : « VOUS ÊTES LE MAÎTRE ET JE SUIS VOTRE ESCLAVE. »

Le médecin répéta trois fois ces paroles; ensuite il se tourna vers le jeune homme, et lui dit : « Parfumez-vous et revêtez-vous de vos plus beaux habits : dans l'instant vous allez voir près de vous la personne que vous aimez. » En même temps il mit la fiole sur le feu.

Le jeune homme alla aussitôt se parer, sans cependant ajouter beaucoup de foi à ce que lui disait le médecin. A peine était-il de retour, qu'il vit paraître un lit sur lequel était endormie la princesse, plus belle dans son sommeil que le soleil à son lever : « Que vois-je? Quel prodige! s'écria-t-il tout interdit. — Ne vous ai-je pas promis, dit le médecin, de vous faire obtenir l'objet de vos vœux? vous voyez l'accomplissement de mes promesses. — En vérité, reprit le jeune homme, vous êtes un mortel extraordinaire, et jamais le Ciel n'a donné à personne le pouvoir d'opérer de tels prodiges. » Il baisa ensuite les mains du médecin, et lui témoigna la plus vive reconnaissance de ce qu'il venait de faire pour lui : « Je me retire, lui dit le médecin en l'interrompant : celle que vous

[1] Moïse.

aimez est entre vos mains, c'est à vous seul qu'il appartient de lui faire agréer votre amour. »

Lorsque le médecin fut sorti, le jeune amant s'approcha de la princesse. Elle ouvrit les yeux, et voyant un jeune homme à côté d'elle, lui demanda qui il était: « L'esclave de vos beaux yeux, répondit-il, le malheureux qui meurt pour vous, et qui jamais n'aimera d'autre personne que vous. » Flattée de ce langage, elle regarda le jeune homme, fut frappée de la beauté de ses traits, et sentit son cœur s'enflammer pour lui :

« Êtes-vous, lui dit-elle en soupirant, un mortel, ou un génie? Qui m'a transportée ici? — Je suis, répondit-il, le plus heureux des mortels, et je ne changerais pas ma condition pour celle des génies dont la puissance vous a transportée ici à ma prière. — Hé bien! reprit-elle, jurez-moi, mon ami, que vous leur ordonnerez de me transporter ici toutes les nuits. — Madame, répondit-il, c'est mettre le comble à mes vœux que d'assurer la durée de mon bonheur. »

Les deux amants, également épris l'un de l'autre, s'entretinrent long-temps de leur aventure, et passèrent ensemble les moments les plus délicieux.

Comme l'aurore était prête à paraître, le médecin entra dans la chambre, appela doucement le jeune homme, et lui demanda en riant comment il avait passé la nuit : « Dans un paradis de délices, répondit-il, et au milieu des houris. » Le médecin lui ayant ensuite proposé de le mener au bain, il lui demanda ce qu'allait devenir la princesse, et comment elle s'en retournerait à son palais : « Ne vous inquiétez de rien, répondit le médecin, elle s'en retournera comme elle est venue, et personne ne saura ce qui s'est passé. » En effet, la princesse s'endormit, et se retrouva, en s'éveillant, dans son palais. Elle se garda bien de rien dire de ce qui lui était arrivé, et attendit la nuit avec impatience. Elle fut encore transportée près du jeune homme, comme elle l'avait été la veille, et ce prodige se renouvela les jours suivants.

Au bout de quelques mois, la princesse, étant un matin avec la sultane, sa mère, sur la terrasse du palais, resta quelque temps le dos tourné au soleil; la chaleur lui ayant échauffé les reins, elle laissa échapper, malgré elle, plusieurs vents. Sa mère, étonnée, lui demanda ce qu'elle avait. La princesse ayant répondu qu'elle ignorait la cause de cet accident, sa mère la considéra plus attentivement, porta la main sur son ventre, et s'aperçut qu'elle était enceinte. Aussitôt elle poussa un cri, se frappa le visage, et lui demanda comment elle se trouvait dans cet état. Les femmes du palais étant accourues au cri de la sultane, elle leur ordonna d'aller chercher le kalife.

A peine le kalife eut-il appris la cause du désespoir de la sultane, qu'il entra dans une grande colère, tira son poignard, et dit à sa fille : « Malheureuse, je suis Commandeur des croyants; tous les rois de la terre m'ont demandé votre main; j'ai dédaigné leur alliance, et c'est ainsi que vous me déshonorez! J'en jure par le tombeau de mon père et par ceux de tous mes aïeux, si vous me découvrez la vérité, je vous ferai grâce de la vie; mais si vous ne me dites à l'instant ce qui vous est arrivé, quel est l'auteur du crime, et comment il est venu à bout de le commettre, je vous plonge moi-même ce poignard dans le sein. »

La princesse, effrayée, raconta à son père qu'elle était enlevée toutes les nuits dans son lit, et transportée dans une maison qu'elle ne connaissait pas, près d'un jeune homme plus beau que le jour; qu'elle était ensuite rapportée dans sa chambre au lever de l'aurore; mais qu'elle ne savait comment cela s'opérait.

Le kalife fut on ne peut pas plus étonné de l'aveu que lui faisait sa fille. Il envoya chercher son vizir, homme d'esprit, habile et intelligent, et en qui il avait beaucoup de confiance; il lui fit part de ce qu'il venait d'apprendre, et lui demanda ce qu'il croyait à propos de faire dans cette circonstance.

Le vizir, ayant réfléchi quelque temps, dit au kalife : « Prince, ce n'est qu'en employant la ruse que vous pourrez découvrir le lieu dans lequel votre fille est ainsi transportée : j'imagine un moyen simple, mais qui doit réussir : qu'on prenne un petit sac, et qu'on l'emplisse de millet; qu'on l'attache au lit de votre fille, près de la tête, et qu'on le place convenablement, en le laissant entr'ouvert, afin que, lorsque le lit de votre fille sera enlevé cette nuit, le millet se répande tant en allant qu'en revenant, et nous trace ainsi le chemin qui conduit de votre palais à la maison que vous cherchez. »

Le kalife loua beaucoup la sagacité du vizir, trouva l'expédient excellent, et ne douta pas du succès. Il en confia l'exécution à une personne intelligente, qui eut soin que la jeune princesse ne fût instruite de rien.

La nuit étant arrivée, le lit fut transporté comme à l'ordinaire. Le lendemain, au lever de l'aurore, le médecin conduisit le jeune homme au bain, suivant leur usage, et lui dit qu'on avait reconnu que la princesse était enceinte, qu'on avait fait usage d'une ruse pour découvrir sa maison, et qu'on se préparait à lui faire un mauvais parti.

Le jeune homme, sans s'effrayer, témoigna au médecin qu'il était satisfait d'avoir obtenu le bonheur auquel il aspirait, et qu'il était résigné à la mort. Il le remercia de nouveau de ses bienfaits, lui souhaita toutes sortes de prospérités, et lui conseilla de s'éloigner, et de ne pas s'exposer lui-même au danger : « Laissez le kalife, lui dit-il en finissant, disposer de ma vie comme il voudra. — N'ayez aucune inquiétude pour votre vie, lui dit le médecin : il ne vous arrivera, non plus qu'à moi, aucun mal. Je vais vous faire voir de nouvelles merveilles et des prodiges d'un autre genre. » Ces paroles tranquillisèrent le jeune homme, et lui causèrent une joie infinie. Ils sortirent ensemble du bain, et regagnèrent la maison.

Le kalife et son vizir, étant entrés de grand matin dans la chambre de la princesse, la trouvèrent de retour, et virent que le sac de millet était vide : « Assurément, dit le vizir, nous tenons le coupable. » Ils montèrent aussitôt à cheval, accompagnés d'une troupe nombreuse de soldats, et suivirent les traces du millet. Lorsqu'ils furent près de la maison, le jeune homme, entendant le bruit des hommes et des chevaux, avertit le médecin, qui lui dit : « Prenez une cuvette, emplissez-la d'eau, montez sur la terrasse, versez l'eau tout autour de la maison et descendez. » Le jeune homme fit ce que le médecin lui avait ordonné.

CDXLI^E NUIT.

Le kalife et le vizir, étant arrivés avec les soldats, trouvèrent la maison environnée d'une large rivière dont les flots agités s'entrechoquaient avec un bruit horrible : « Que veut dire ceci? dit le kalife au vizir, et depuis quand cette rivière coule-t-elle ici? — Je n'ai jamais vu de rivière ici, répondit le vizir, et je n'en connais pas d'autre dans Bagdad que le Tigre, qui coule au milieu de la ville. Il faut absolument que celle-ci soit l'effet de quelque enchantement. »

Prévenus de cette idée, le kalife et son vizir assurèrent aux soldats que l'eau qu'ils voyaient devant eux n'était qu'une illusion, une vaine apparence, et leur commandèrent de passer outre sans rien craindre. Une partie de l'armée voulut s'avancer; mais elle fut aussitôt submergée. Le vizir, reconnaissant alors son erreur, dit au kalife que le parti le plus sage était d'engager ceux qui étaient dans la maison à dire qui ils étaient, en leur promettant qu'on ne leur ferait aucun mal.

Le kalife, ayant approuvé ce conseil, fit crier à haute voix que ceux qui étaient dans la maison n'avaient qu'à se faire connaître, et qu'on ne leur ferait aucun mal. Le médecin laissa long-temps crier les gens du kalife, et dit ensuite au jeune homme : « Montez sur la terrasse, et assurez le kalife que s'il veut s'en retourner à son palais, nous irons aussitôt nous présenter devant lui. »

Le jeune homme monta sur la terrasse et annonça à haute voix ce que le médecin venait de lui dire. Le kalife, ayant entendu cette proposition, eut honte de ne pouvoir venger sur-le-champ l'enlèvement de sa fille, et de se voir encore repoussé, après avoir perdu une partie de son armée; il voulait rester, et chercher quelque moyen de pénétrer dans la maison. Le vizir lui fit observer qu'elle était habitée par des magiciens, ou des génies malfaisans; qu'il était inutile de vouloir se mesurer contre ces gens-là, et que s'ils venaient eux-mêmes se remettre entre ses mains, il pourrait les faire punir comme ils le méritaient. Le kalife, malgré ces réflexions, s'en retourna triste et mécontent.

Il y avait à peine une heure qu'il était rentré dans son palais, lorsque le médecin et le jeune homme vinrent se présenter à la porte. Il commanda qu'on les laissât entrer, et dès qu'ils furent en sa présence, il envoya chercher le bourreau, et lui ordonna de couper la tête au jeune homme. Le bourreau lui déchira le bas de sa robe, lui en banda les yeux, et tourna trois fois autour de lui en tenant le glaive levé sur sa tête, et demandant s'il devait frapper : « Cela devrait être fait, » répondit le kalife à la dernière fois.

Aussitôt le bourreau leva le bras et frappa le coup mortel; mais son bras ayant tourné malgré lui, le coup tomba sur son compagnon, qui se tenait derrière lui, et fit voler sa tête aux pieds du kalife : « Maladroit! s'écria-t-il, peux-tu être assez aveugle pour frapper ton compagnon au lieu de frapper le coupable, qui est devant toi! Regarde-le bien, et prends garde à ce que tu vas faire. » Le bourreau leva une seconde fois le bras et fit voler la tête de son fils, qui était à ses côtés. Tous ceux qui étaient présents furent saisis d'effroi.

Le kalife, ne pouvant revenir de sa surprise, demanda à son vizir ce que cela signifiait : « Grand prince, répondit celui-ci, toute votre puissance serait ici inutile : quels moyens opposer à des prestiges et à des enchantements? Celui qui enlève votre fille avec son lit, qui fait tout à coup de sa maison une île environnée d'abîmes, ne pourrait-il pas vous ôter l'empire et la vie? Je vous conseille d'aller au-devant du médecin, de le traiter honorablement, et de le prier de vouloir bien ne nous faire aucun mal. »

Le kalife vit bien qu'il n'avait rien de mieux à faire que de suivre le conseil du vizir : il ordonna qu'on fît relever le jeune homme, et qu'on lui ôtât le bandeau de dessus les yeux ; ensuite il se leva de son trône, alla trouver le médecin, et lui dit en lui baisant la main : « O le plus savant de tous les hommes ! j'étais loin de soupçonner votre mérite, et je ne savais pas posséder dans ma capitale un tel trésor. Mais si vos vertus et votre générosité égalent, comme j'aime à le croire, votre puissance, pourquoi avez-vous ainsi disposé de ma fille, et fait périr une partie de mon armée ? »

« Puissant prince, image de Dieu sur la terre, répondit le médecin, je suis étranger ; j'ai fait connaissance avec ce jeune homme en arrivant dans cette ville ; nous avons mangé ensemble. L'état de langueur dans lequel je l'ai vu, son amour pour votre fille, dont il m'a fait confidence, ont excité ma compassion et m'ont engagé à m'intéresser à lui. J'ai été bien aise aussi de vous faire connaître qui je suis, et la puissance que le Ciel m'a accordée ; mais je ne veux me servir de ses dons que pour faire le bien. J'ai recours maintenant à vos bontés, et vous supplie d'accorder votre fille à ce jeune homme : elle est née pour lui, et il est digne de la posséder. — Cela me paraît juste, dit le kalife, et nous devons d'ailleurs vous obéir. » Aussitôt il fit revêtir le jeune homme d'une robe d'un prix inestimable, le fit asseoir à côté de lui, et fit apporter pour le médecin un trône de bois d'ébène.

Tandis qu'ils s'entretenaient ensemble, le médecin, en se retournant, vit un rideau de soie sur lequel étaient représentés deux grands lions. Il leur fit un signe de la main, et aussitôt ces deux lions se jetèrent l'un sur l'autre, en poussant des rugissements semblables au bruit du tonnerre. Un moment après, il fit un nouveau signe, et l'on ne vit plus que deux chats qui jouaient ensemble :

« Que penses-tu de cela, dit le kalife à son vizir? — Prince, répondit-il, je crois que Dieu vous a envoyé ce sage pour vous faire voir des prodiges. — Hé bien ! reprit le kalife, dis-lui de m'en faire voir encore d'autres. » Le vizir ayant témoigné le désir du kalife au médecin, celui-ci demanda qu'on lui apportât un bassin plein d'eau, et proposa au vizir d'ôter ses habits, de se couvrir d'un grand voile, et d'entrer dans le bassin, lui promettant de lui faire voir des choses merveilleuses et qui le divertiraient beaucoup.

Le vizir y consentit ; mais à peine fut-il assis dans le bassin, qu'il se trouva transporté au milieu d'une mer immense et horriblement agitée : il se mit aussitôt à nager en s'abandonnant au gré des flots, qui le poussaient tantôt d'un côté tantôt d'un autre. Les forces commençaient à lui manquer, et il se croyait perdu, lorsqu'une vague s'éleva tout à coup, l'entraîna avec elle, et le porta, avec la rapidité de l'éclair, sur un rivage inconnu.

A peine fut-il sorti de l'eau, qu'il sentit flotter sur son dos une épaisse chevelure qui lui descendait jusqu'aux talons. Étonné de ce phénomène, il jette un regard sur toute sa personne, et s'aperçoit qu'il est totalement métamorphosé en femme : « Peste soit du divertissement, dit-il en lui-même ! Un vizir changé en femme est certainement une chose fort extraordinaire ; mais qu'avais-je besoin de voir s'opérer en moi pareille merveille ? Toutefois, rien n'arrive en ce monde que par la permission de Dieu : nous lui devons l'être, et nous retournerons un jour en lui [1]. »

Tandis que le vizir réfléchissait ainsi à son aventure, un pêcheur s'avança, et lui mettant la main sur l'épaule : « Heureuse journée, dit-il ; je ne m'attendais pas à une pareille capture ! La charmante personne ! C'est une fille de la mer, et le Ciel me l'envoie tout exprès pour que je la donne en mariage à mon fils : un pêcheur ne peut trouver une femme qui lui convienne mieux. — Quoi ! dit le vizir, ayant entendu ces paroles, après avoir été vizir je deviendrais la femme d'un pêcheur ! Est-ce là le sort auquel je devais m'attendre ? Qui donnera maintenant des conseils au kalife ? Qui gouvernera son empire ? Mais Dieu est le maître des événements ; il faut se résigner à sa volonté. »

CDXLII[e] NUIT.

Le pêcheur était si content de la rencontre qu'il ne songea pas à pêcher, selon sa coutume. Il emmena avec lui la fille de la mer, et la conduisit à sa cabane, qui était peu éloignée du rivage : « Bonne fortune ! dit-il à sa femme en entrant ; depuis long-temps je fais le métier de pêcheur, et jamais je n'ai été aussi heureux qu'aujourd'hui : je viens de prendre une fille de la mer. Où est notre enfant ? Cette femme est faite exprès pour lui, et je veux la lui donner en mariage. — Il est allé mener paître la vache et la faire labourer, dit la femme du pêcheur. Dans un moment il sera ici. » Le jeune homme arriva effectivement peu après.

« Peste soit de l'aventure ! dit tout bas le vizir en le voyant ; cette nuit même je vais devenir l'épouse de ce manant, et j'aurais

[1] Formules tirées de l'Alcoran, dont les mahométans se servent ordinairement pour s'exhorter à la résignation.

beau dire à ces gens-là : Que faites-vous? Vous êtes dans l'erreur, je suis le vizir du kalife; ils ne me croiraient pas, car j'ai l'apparence d'une femme. Ah! ah! à quoi me suis-je exposé? Qu'avais-je besoin de ce divertissement? »

« Garçon, dit le pêcheur à son fils, il faut que tu sois né sous une heureuse étoile : le Ciel t'envoie ce qu'il n'a jamais envoyé à personne avant toi, et ce qu'il n'enverra vraisemblablement jamais à d'autres après toi : voici une fille de la mer que je t'amène; tu es jeune, tu n'es pas marié, fais-en ta femme dès ce soir. »

Le jeune homme fut si content de la proposition, qu'il avait peine à croire que son bonheur ne fût pas un songe. Il épousa sa femme dès le soir, et la rendit enceinte. Au bout de neuf mois, elle accoucha d'un gros garçon qu'il fallut nourrir, se trouva de nouveau enceinte peu de temps après, et mit au monde successivement sept garçons.

Le vizir, fatigué de ce genre de vie, dit alors en lui-même : « Jusqu'à quand durera cette maudite et pénible métamorphose? Ne pourrai-je sortir de cet état, dans lequel je suis tombé par un excès de complaisance et de curiosité? Il faut que j'aille sur le rivage où j'ai abordé, et que je me jette dans la mer : j'aime mieux périr que de supporter plus long-temps tant de misère. » Le vizir, ayant pris cette résolution, se rendit sur le bord de la mer, et s'élança dans l'eau. Il fut aussitôt soulevé par une vague, et entraîné au milieu des flots; levant alors la tête, il se trouva assis dans le bassin, et vit devant lui le kalife, le médecin et toute l'assemblée, qui le regardaient attentivement.

Le kalife ayant demandé à son vizir ce qu'il avait vu, celui-ci se mit à rire, et lui dit : « Prince, le médecin a des secrets étonnants; j'ai vu des paradis délicieux, des houris, de jeunes garçons, des merveilles que personne n'a jamais vues : si vous voulez en juger par vous-même, vous conviendrez que rien n'est à la fois plus charmant et plus extraordinaire. »

Ce peu de mots excita la curiosité du kalife; il se déshabilla, se ceignit le corps d'un linge, et entra dans le bassin. Le médecin lui dit de s'asseoir, et aussitôt qu'il l'eut fait, il se trouva au milieu d'une mer d'une immense étendue, se mit à nager, et fut porté par une vague sur un rivage éloigné. Ayant pris terre et se voyant nu, n'ayant qu'un linge autour du corps, il dit en lui-même : « Je vois le but de ces artifices : mon vizir et le médecin se sont entendus pour me dépouiller de mon empire; ils donneront ma fille au jeune homme, et le médecin va se faire reconnaître kalife à ma place. Malheureuse curiosité! »

Tandis que le kalife faisait ces réflexions, il vit une troupe de jeunes filles qui venaient puiser de l'eau à une fontaine voisine de la mer. Il s'adressa à l'une d'entre elles, lui dit qu'il était étranger, qu'il venait de faire naufrage, et lui demanda dans quel pays il se trouvait. Elle lui dit qu'il était près de la ville d'Oman[1]; qu'il n'avait qu'à gravir la montagne qui était devant lui, et qu'il verrait la ville, qui était située au bas de la montagne.

Le kalife s'achemina de ce côté, et entra dans la ville. Les habitants le prirent pour un marchand qui venait de faire naufrage, et quelqu'un lui donna par charité un habit. Lorsqu'il en fut revêtu, il se promena dans la ville. En passant dans le marché, la faim qui le pressait fit qu'il s'arrêta devant la boutique d'un traiteur. Celui-ci le prit aussitôt pour un étranger qui venait de faire naufrage, et lui proposa d'entrer à son service, en lui promettant deux drachmes par jour et la nourriture. Le kalife, ne pouvant mieux faire, accepta la proposition. Dès qu'il eut mangé et qu'il fut installé dans le métier, il se dit à lui-même :

« Quelle étrange situation ! quel changement ! Après avoir été kalife, avoir joui d'une autorité sans bornes, avoir vécu dans la magnificence et les plaisirs, je suis aujourd'hui réduit à lécher des plats ! J'ai voulu voir des choses extraordinaires : assurément rien n'est plus extraordinaire que mon aventure ; de kalife, je suis devenu le valet d'un traiteur. Mais c'est ma faute ; qu'avais-je besoin de vouloir éprouver moi-même la puissance de ce magicien ? »

Au bout de quelques jours, le kalife passa dans le marché des joailliers ; ils étaient en grand nombre et faisaient un grand commerce dans cette ville, parce qu'on pêchait dans la mer qui en est proche beaucoup de perles, de diamants et de corail. Tandis qu'il était dans ce marché, il lui prit envie de se faire courtier, plutôt que de continuer à servir un traiteur. Le lendemain il vint au marché de grand matin, et s'annonça comme courtier.

Un homme vint à lui, tenant à la main un diamant dont l'éclat égalait celui des rayons du soleil, et dont le prix devait surpasser les revenus de l'Égypte et de la Syrie.

Le kalife, étonné de la beauté de ce diamant, demanda s'il était à vendre. On lui dit que oui ; il le prit, et le porta chez plusieurs marchands. Tous furent étonnés de sa beauté : on en offrit d'abord cinquante mille sequins ; ensuite l'on augmenta, et l'on alla jusqu'à cent mille sequins. Le kalife vint trouver celui à qui appartenait le diamant, et lui demanda s'il voulait le donner pour ce

[1] Ville d'Arabie, sur la mer des Indes, près du golfe Persique.

prix. Il y consentit, et dit au kalife de recevoir l'argent. Le kalife retourna chez le marchand qui avait offert cent mille sequins du diamant, et lui dit de lui remettre cette somme, parce que celui à qui appartenait le diamant l'avait chargé de la recevoir pour lui.

Le marchand dit que cela n'était pas régulier; qu'il ne voulait payer qu'à celui qui vendait, et non au courtier. Le kalife alla pour chercher le propriétaire; mais ne l'ayant pas trouvé, il revint chez le marchand, et lui dit qu'il était lui-même le propriétaire. Le marchand allait lui compter le prix, mais ayant regardé de nouveau ce diamant, il vit qu'il était faux : « Comment, coquin, dit-il aussitôt, tu es assez hardi pour vouloir tromper en plein marché! Tu ne sais donc pas que les fripons sont ici punis de mort? »

Les autres marchands accoururent en entendant ces paroles, se jetèrent sur le kalife, le lièrent et le conduisirent au roi d'Oman. Ce prince, ayant entendu l'accusation et l'attestation des témoins, condamna l'accusé à être pendu sur-le-champ. On lui mit d'abord une chaîne au cou, on lui découvrit la tête, et on le promena par la ville, accompagné d'un officier qui criait : « Ce traitement n'est « que le commencement de la punition de ceux qui trompent le « peuple et les marchands, dans la place publique et sous les yeux « du roi. » Le kalife, réfléchissant sur son sort, disait en lui-même :

« Je n'ai pas voulu rester au service d'un traiteur : je me suis fait courtier, et pour ma peine, je vais être pendu! Mais je ne dois pas m'en prendre à moi; tout ceci n'est que l'accomplissement de mon destin. »

Lorsqu'on fut arrivé à l'endroit où devait se faire l'exécution, on attacha la corde au cou du kalife, et l'on commença à tirer. En montant, il ouvrit les yeux et se trouva prêt à sortir du bassin, en présence du médecin, du jeune homme et du vizir, qui le regardaient. Le vizir s'avança aussitôt en riant pour lui donner la main.

« Pourquoi ris-tu? lui demanda le kalife. — Je ris de mon aventure, répondit le vizir; car j'ai été femme, je me suis marié, et j'ai eu sept enfants. — Eh bien! reprit le kalife, tu aimais tes enfants et tu en étais aimé : tu as éprouvé des peines et des plaisirs; mais moi je descends à l'heure même de la potence. » Le kalife et le vizir se racontèrent ensuite leurs aventures. Tous ceux qui étaient présents en rirent beaucoup, et s'étonnèrent de la puissance du médecin. Le kalife l'invita à rester près de lui, et le combla d'honneurs et de biens; il envoya chercher ensuite un cadi pour dresser le contrat de mariage de sa fille.

On célébra cette union par des fêtes et des réjouissances publiques. Le médecin et le jeune homme auquel il avait rendu de si grands services furent toujours étroitement unis, et jouirent toute leur vie du bonheur le plus parfait.

Scheherazade, en finissant l'histoire du médecin persan et du jeune traiteur de Bagdad, s'aperçut que le jour commençait à paraître : « Sire, ajouta-t-elle, les choses singulières que je viens de vous raconter me rappellent un prodige d'un autre genre, opéré autrefois aux yeux de toute l'Égypte, par l'adresse et l'habileté d'un vizir de l'empire d'Assyrie. Je vous la raconterai demain, si votre majesté veut bien me le permettre. » Le sultan des Indes témoigna qu'il serait bien aise d'entendre cette histoire. Scheherazade la commença le lendemain en ces termes :

CDXLIII[e] NUIT.

HISTOIRE

DU SAGE HICAR.

Sire, Sencharib, roi d'Assyrie et de Ninive, avait un vizir nommé Hicar. C'était l'homme de son temps le plus instruit dans toutes sortes de sciences, et on le surnommait avec raison le Sage, le Philosophe. L'étendue de ses connaissances, sa prudence, son habileté, en le rendant le plus ferme appui du trône d'Assyrie, faisaient tout à la fois le bonheur et le salut de l'empire.

Hicar possédait d'immenses richesses; son palais, qui ne le cédait en grandeur et en magnificence qu'à celui du monarque, renfermait dans son enceinte soixante autres palais, occupés par autant de princesses qu'il avait épousées. Malgré ce grand nombre de femmes, Hicar n'avait pas d'enfants, et cette privation lui faisait beaucoup de peine.

Un jour, il assembla les sages, les astrologues, les magiciens, leur exposa le sujet de son chagrin, et leur demanda s'il y aurait un moyen d'en faire cesser la cause. Ils lui conseillèrent de s'adresser aux dieux, et de leur offrir des sacrifices pour en obtenir des enfants. Hicar suivit ce conseil : il implora la faveur des dieux, se prosterna devant leurs images, fit fumer l'encens sur leurs autels, leur immola de nombreuses victimes; mais ils furent sourds à ses prières.

Accablé de tristesse, il sortit du temple, leva les yeux vers le ciel, reconnut son auteur, et lui dit d'une voix élevée et dans l'amertume de son cœur : « Souverain maître du ciel et de la terre, auteur de toutes les créatures, exauce ma prière : donne-moi un fils qui fasse ma consolation le reste de ma vie, qui puisse me succéder un jour, qui assiste à mon trépas, qui me ferme les yeux et qui me rende les derniers devoirs ! » A peine eut-il achevé cette prière, qu'il entendit une voix qui disait : « Parce que tu as mis d'abord ta confiance dans des images taillées, tu resteras sans enfants; mais tu as un neveu; prends Nadan, le fils de ta sœur, adopte-le, communique-lui ta science, ton habileté, ta sagesse, et qu'il soit ton héritier. »

Hicar obéit aussitôt à l'ordre du Ciel : il prit le petit Nadan, qui était encore à la mamelle, et le remit entre les mains de huit femmes choisies, auxquelles il confia le soin de sa première éducation; on le revêtit de soie, de pourpre et d'écarlate, et on l'entoura des tapis les plus précieux. Dès qu'il fut sorti de l'enfance, il grandit et se fortifia avec la rapidité d'un cèdre qui croît sur le mont Liban. On lui apprit à lire, à écrire, et on lui donna les meilleurs maîtres dans toutes sortes de sciences. Doué d'un esprit vif et pénétrant, d'une mémoire heureuse, il y fit d'abord les plus grands progrès et surpassa bientôt les espérances qu'on avait conçues de lui. Hicar lui enseignait lui-même la sagesse, plus difficile à acquérir que toutes les autres sciences, et cherchait l'occasion de le faire connaître au roi. Cette occasion se présenta bientôt d'elle-même.

Sencharib, s'entretenant un jour avec son vizir, lui dit : « Mon cher Hicar, modèle de tous les ministres, mon fidèle conseiller, dépositaire de mes secrets, soutien de mon empire, les hommes tels que toi devraient être immortels; mais je vois avec peine que tu es dans un âge avancé; ta vieillesse me fait craindre pour tes jours; et qui pourra te remplacer auprès de moi? »

« Prince, répondit Hicar, ce sont les monarques tels que vous qui devraient être immortels. Quant à moi, vous pourrez aisément me remplacer. Je vous ai quelquefois parlé du fils de ma sœur, de Nadan; je l'ai élevé dès l'enfance, je lui ai enseigné ce que l'expérience m'a appris : je crois qu'il est, dès ce moment, en état de vous servir, et qu'il mérite votre confiance. — Je veux le voir, dit le roi; et s'il est, comme je n'en puis douter, tel que tu le dépeins, je pourrai lui donner, dès ce moment, ta place. Tu conserveras les honneurs dont tu jouis à si juste titre; j'y en ajouterai même de nouveaux, et tu pourras goûter le repos dont tu as besoin et que tu as si bien mérité. »

Hicar fit aussitôt venir son neveu. Son extérieur était aimable et séduisant; le roi le considéra beaucoup, et se sentit prévenu favorablement pour lui. Il lui fit ensuite quelques questions, auxquelles il répondit avec beaucoup de justesse et de solidité. Le roi, s'adressant ensuite à Hicar, lui dit : « Je regarde Nadan comme votre fils; il mérite de porter ce nom : je veux reconnaître en lui vos services, et le rendre l'héritier de la confiance que j'avais en vous; qu'il me serve comme vous m'avez servi, et comme vous avez servi, avant moi, mon père Serchadoum, et je vous jure que je n'aurai pas de plus intime confident, de meilleur ami que lui. » Hicar se prosterna aux pieds du roi, le remercia, lui répondit du zèle et de la fidélité de Nadan, lui demanda son indulgence pour les fautes qui pourraient lui échapper, et prit congé de sa majesté.

Hicar, de retour chez lui, s'enferma avec Nadan, pour lui rappeler les leçons de sagesse qu'il lui avait données, et lui parla en ces termes :

« Honoré de la confiance du prince, vous entendrez bien des choses qu'il faudra soigneusement cacher et renfermer en vous-même : un mot révélé indiscrètement est un charbon ardent qui brûle la langue, enflamme tout le corps et le couvre d'opprobre et d'infamie.

« Il est également dangereux quelquefois de répandre une nouvelle, et de raconter ce dont on a été témoin.

« Lorsque vous aurez des ordres à donner, exprimez-vous toujours d'une manière claire et aisée à entendre; quand on vous demandera quelque chose, ne vous hâtez pas de répondre.

« Ne vous attachez pas à la magnificence et à l'éclat extérieur : cet éclat se ternit et n'a qu'un temps; mais la bonne renommée se perpétue d'âge en âge.

« Fermez l'oreille aux discours d'une femme imprudente, de peur qu'elle ne vous embarrasse dans ses filets, qu'elle ne vous couvre de honte, et ne soit cause de votre perte.

« Ne vous laissez pas séduire par ces femmes richement vêtues qui exhalent l'odeur des parfums les plus exquis; ne leur laissez prendre aucun empire sur votre cœur, et ne leur livrez pas ce qui vous appartient.

« Ne soyez pas comme l'amandier, qui pousse des feuilles avant tous les autres arbres, mais qui donne son fruit après eux.

« Soyez plutôt comme le mûrier, dont les feuilles poussent après celles des autres arbres, mais dont le fruit mûrit le premier.

« Soyez doux, modeste; n'affectez pas de marcher la tête haute, et d'élever la voix en parlant: car si c'était un avantage d'avoir la voix forte, l'âne serait le plus parfait des animaux.

« Il vaut mieux partager un travail dur et pénible avec un homme sage, que de boire et de se divertir avec un libertin.

« Répandez votre vin sur le tombeau des gens de bien, plutôt que de le boire avec les méchants.

« Attachez-vous aux hommes sages, et tâchez de leur ressembler.

« Fuyez la société des insensés, de peur que vous ne marchiez dans leurs sentiers.

« Éprouvez votre ami avant de lui ouvrir votre cœur.

« Marchez sur les épines tant que vous avez le pied sûr et léger, et tracez le chemin à vos enfants et à vos petits-enfants.

« Les places les plus élevées sont sujettes aux grands revers.

« Réparez votre vaisseau avant la tempête, si vous ne voulez pas le voir briser, et périr vous-même avec lui.

« Défiez-vous des jugements du vulgaire.

« Quand on voit un homme riche manger un serpent, on attribue cela à sa science et à son discernement : si c'est un pauvre qui en mange, on dit que c'est l'effet de la faim, du besoin.

« L'ambition croît souvent avec la fortune : soyez content de ce que vous avez, et ne désirez pas ce qui est aux autres.

« Les disgrâces sont fréquentes à la cour des rois : ne vous réjouissez pas de celles des autres.

« Si un ennemi veut vous nuire, tâchez de le prévenir en lui faisant du bien.

« Choisissez ceux que vous voulez voir, évitez de manger avec les sots, et craignez l'homme qui ne craint pas Dieu.

« L'insensé bronche et tombe; l'homme sage bronche, mais ne tombe pas, ou se relève bientôt : s'il est malade, il peut bien n'être pas guéri facilement; mais la maladie des insensés et des ignorants est incurable.

« Que votre élévation ne vous empêche pas de veiller à l'éducation de vos enfants; ayez soin surtout de les reprendre et de les corriger : la correction est dans l'éducation ce que l'amendement est dans la culture. Il faut lier la bouche du sac, mettre un frein aux animaux, et fermer exactement la porte.

« Réprimez les mauvais penchants d'un enfant avant qu'il grandisse et se révolte contre vous; sans cela, il vous fera baisser la tête dans les rues et les assemblées, et vous couvrira de honte par ses actions.

« Consultez votre cœur avant de laisser échapper une parole de votre bouche.

« Évitez d'entrer dans les querelles particulières : elles engendrent la haine, la guerre et les combats. Rendez témoignage à la vérité, si vous êtes appelé comme témoin, mais fuyez aussitôt.

« Quoique revêtu d'une grande puissance, vous devez vous attendre à rencontrer des obstacles : sachez temporiser, supporter patiemment, et n'opposez pas une vaine résistance à une force supérieure.

« Ne vous réjouissez pas de la mort de votre ennemi ; car dans peu vous serez son voisin.

« N'espérez rien de bon des sots et des insensés : si l'eau pouvait arrêter son cours, si les oiseaux pouvaient s'élever jusqu'au ciel, le corbeau devenir blanc, la myrrhe devenir aussi douce que le miel, les sots pourraient comprendre et s'instruire.

« Si vous voulez être sage, apprenez à retenir votre langue, vos mains et vos yeux.

« Laissez-vous frapper par le bâton du sage, et ne vous laissez pas caresser par un ignorant.

« Soyez modeste dans votre jeunesse, afin d'être honoré dans votre vieillesse.

« Respectez l'autorité, lors même qu'elle est inférieure à la vôtre. Ne vous opposez pas à un magistrat dans l'exercice de sa place, ni à un fleuve dans son débordement.

« Quatre choses ruinent bientôt un royaume et une armée : l'avarice d'un vizir, sa mauvaise conduite, la perfidie de ses intentions, son injustice.

« Quatre choses ne peuvent rester long-temps cachées : la science, la sottise, la richesse et la pauvreté. »

Hicar, après avoir donné ces avis à Nadan, crut qu'il allait s'appliquer à les suivre et en faire la règle de toutes ses actions ; dans cette persuasion, il le mit à la tête de ses propres affaires, lui confia l'administration de ses biens et lui donna une autorité absolue sur toute sa maison.

Content de jouir du repos qu'il désirait depuis long-temps, Hicar chérissait sa retraite ; il n'allait que de temps en temps à la cour pour présenter ses hommages au monarque, et revenait toujours chez lui avec un nouveau plaisir. Il ne tarda pas à s'apercevoir que son neveu ne répondait pas à son attente, et tenait une conduite tout opposée à celle qu'il devait tenir.

Nadan, se voyant maître absolu chez son oncle, possédant seul la confiance du souverain, se laissa bientôt éblouir par tant de grandeur et de prospérité : devenu fier et insolent, il oublia d'abord ce qu'il devait à son bienfaiteur ; il affectait de le mépriser, le traitait de vieillard ignorant et imbécile, battait ses esclaves, vendait ses meubles, ses chevaux, et disposait à son gré de toutes les choses confiées à ses soins.

Hicar, informé de l'ingratitude de Nadan, et de l'abus qu'il faisait de l'autorité qu'il lui avait donnée, ne voulut pas souffrir qu'il demeurât plus long-temps chez lui ; il crut devoir informer en même temps le roi des motifs qui l'obligeaient à cette séparation. Le roi approuva sa conduite, et témoigna au jeune vizir qu'il ne voulait pas que son oncle fût, sous aucun prétexte, troublé dans la jouissance de tout ce qu'il possédait.

Nadan, ne pouvant plus disposer de la fortune de son oncle, cessa de le voir et de lui donner aucune marque du respect et de l'attachement qu'il lui devait. Hicar, étonné de cet excès d'ingratitude, se repentit de la peine qu'il avait prise pour son éducation, et chercha à former un élève qui répondît mieux à ses bontés. Nadan avait un frère beaucoup plus jeune que lui, nommé Noudan ; Hicar le fit venir chez lui, l'éleva comme il avait élevé son frère aîné, et le mit ensuite à la tête de sa maison.

CDXLIV[e] NUIT.

La jalousie s'empara bientôt de Nadan : il ne se contentait plus de se moquer de son oncle ; il se plaignait à tout le monde qu'il ne l'avait renvoyé que pour mettre son frère cadet à sa place, et témoigna hautement qu'il en tirerait vengeance.

En effet, voyant que son crédit augmentait tous les jours, et que le roi ne se souvenait plus guère de son ancien vizir, il chercha les moyens de l'accuser et de le faire périr.

Dans ce dessein, il écrivit, au nom d'Hicar, une lettre adressée au roi de Perse, dans laquelle il l'invitait à se rendre, au reçu de sa lettre, dans la plaine de Nesrin, lui promettant de lui livrer le royaume d'Assyrie sans combat et sans résistance. Il fabriqua une lettre pareille pour Pharaon, roi d'Égypte. Il eut soin de contrefaire dans ces lettres l'écriture d'Hicar, les scella de son sceau et les jeta dans le palais.

Nadan écrivit ensuite à son oncle, au nom du roi Sencharib, une lettre dans laquelle ce prince, après avoir rappelé les anciens services d'Hicar, lui marquait qu'il en attendait de lui un nouveau, qui devait mettre le comble à tous les autres : c'était d'assembler une armée, composée des troupes qu'il lui indiquait, d'avoir soin qu'elle fût bien équipée et pourvue de toutes les choses nécessaires, et de la conduire tel jour dans la plaine de Nesrin. Sencharib, accompagné des ambassadeurs du roi d'Égypte, qui étaient à sa cour, devait se rendre le même jour dans cette plaine à la tête d'une autre armée. L'armée d'Hicar devait se mettre en mouvement, comme pour attaquer l'armée du roi aussitôt qu'elle paraîtrait. Le rassemblement de ces deux armées, cet appareil de guerre, ces évolutions militaires avaient pour but de montrer aux ambassadeurs égyptiens les forces de l'empire, et d'empêcher le roi, leur maître, auquel ils ne manqueraient pas de rendre compte de ce qu'ils auraient vu, d'attaquer les provinces d'Assyrie. Tel était le contenu de cette lettre, que Nadan fit remettre à Hicar par un des officiers du roi.

Cependant les lettres écrites au nom d'Hicar aux rois de Perse et d'Égypte, ayant été trouvées dans le palais, furent portées au roi, qui en fit aussitôt part à Nadan. Celui-ci, tout en feignant le plus grand étonnement, ne laissa pas de lui faire remarquer que c'était bien l'écriture et le sceau de son oncle : « O Hicar! s'écria le roi, que t'ai-je donc fait? Pourquoi me trahir ainsi? N'ai-je pas assez récompensé tes services, et que peux-tu espérer des rois de Perse et d'Égypte? Si j'ai cessé de me diriger par tes conseils, n'est-ce pas pour te laisser jouir du repos, et n'as-tu pas toi-même choisi ton successeur? »

Nadan, voyant l'impression que ces lettres avaient faite sur l'esprit du roi, lui conseilla de ne pas s'affliger, mais de se rendre incessamment dans la plaine de Nesrin, pour voir, par ses yeux, ce qui se passait. Le roi ayant approuvé ce conseil, Nadan vint au palais au jour indiqué dans la lettre qu'il avait écrite à Hicar au nom du roi Sencharib.

Le roi partit à la tête d'une armée nombreuse, accompagné des vizirs et des autres grands de l'empire, et se rendit dans la plaine de Nesrin. Il y trouva l'armée d'Hicar rangée en bataille. Dès que celui-ci aperçut l'armée du roi, il fit avancer la sienne, et disposa tout pour l'attaque, selon l'ordre contenu dans la lettre qu'il avait reçue. Le roi, voyant ce mouvement, ne douta pas qu'Hicar ne fût résolu de l'attaquer à force ouverte. Outré de colère, il voulait livrer bataille sur-le-champ, et tirer vengeance de cette perfidie; mais Nadan eut soin de faire sonner la retraite, conseilla au roi de retourner dans son palais, et lui promit de lui amener le lendemain Hicar chargé de chaînes, et de repousser les ennemis.

En effet, Nadan alla le lendemain trouver Hicar, lui dit que le roi était très-satisfait de la manière dont il avait exécuté ses ordres, qu'il ne doutait pas que l'aspect de ces deux armées, le bon ordre qui y régnait, la précision avec laquelle les mouvements avaient été exécutés, n'eussent fait la plus vive impression sur les ambassadeurs égyptiens; mais que pour leur inspirer encore plus de crainte, et leur donner une plus grande idée de la puissance absolue du roi sur les premiers de ses sujets, Sencharib désirait qu'il se laissât conduire au palais chargé de chaînes.

Hicar, sans se douter de ce qui se tramait contre lui, consentit, sans hésiter, aux désirs du roi. Il se fit lier les pieds et les mains, et fut ainsi conduit au palais devant le roi. Dès que le roi l'aperçut, il lui reprocha son ingratitude, sa perfidie, et lui montra les deux lettres écrites en son nom aux rois de Perse et d'Égypte.

Cette vue fit une telle impression sur le malheureux Hicar, qu'il demeura interdit : tous ses membres tremblèrent, sa raison se troubla, sa langue devint muette, toute sa sagesse l'abandonna, et il ne put proférer une seule parole pour se justifier. Le roi, le voyant la tête baissée, les yeux attachés contre la terre, fut de plus en plus convaincu de son crime. Il fit venir l'exécuteur, et lui ordonna de lui trancher la tête hors de la ville, et de la jeter loin de son corps.

Hicar eut à peine la force de demander au roi pour toute grâce d'être exécuté à la porte de sa maison, et que son corps fût remis à ses esclaves, pour qu'ils prissent soin de l'enterrer. Le roi lui accorda sa demande, et les soldats s'emparèrent aussitôt de sa personne.

Cependant Hicar, voyant son arrêt prononcé, sans qu'il eût pu rien dire pour sa défense, chercha un dernier moyen de sauver sa vie : il envoya dire à sa femme de faire habiller magnifiquement les plus jeunes de ses esclaves, de venir au-devant de lui pour pleurer sa mort, et de faire en même temps préparer une table chargée de mets et de vins de toute espèce. Shagfatni (c'était le nom de la femme d'Hicar) avait presque autant de sagesse et de prudence que son mari; elle comprit son dessein, et exécuta fidèlement ses ordres.

L'exécuteur et les soldats qui l'accompagnaient, trouvant en arrivant une table bien servie et des vins en abondance, commencèrent à boire et à manger. Hicar, les voyant échauffés par le vin, fit approcher de lui l'exécuteur, qui s'appelait Abou Shomaïk, et lui parla ainsi : « Abou Shomaïk, lorsque le roi Serchadoum, père de Sencharib, trompé par les artifices de tes ennemis, donna ordre de te faire mourir, je te pris et je te cachai dans un lieu dont moi seul avais connaissance, espérant qu'un jour le roi reconnaîtrait ton innocence, et serait fâché de s'être privé d'un serviteur fidèle. Tous les jours je cherchais à le faire revenir de son erreur et à lui dévoiler la trame ourdie contre toi. J'y parvins : il regretta ta perte, et souhaita vivement de pouvoir te rendre la vie. Je profitai de ce moment; je lui avouai ce que j'avais fait, et il fut transporté de joie en te voyant.

« Rappelle-toi aujourd'hui ce que je fis alors pour toi. Je suis victime de la fourberie de mon neveu Nadan; le roi ne tardera pas à être convaincu de l'imposture; il punira l'imposteur, et se repentira de m'avoir condamné légèrement.

« J'ai un souterrain dans ma maison, qui n'est connu que de moi et de mon épouse; permets qu'il me serve de retraite. Un de mes esclaves, qui a mérité la mort, est renfermé dans ma prison; on l'en tirera; on le revêtira de mes habits, et tu ordonneras aux soldats de le tuer à ma place. Troublés comme ils le sont par le vin, ils ne s'apercevront pas du stratagème; ainsi, tu deviendras à ton tour mon bienfaiteur, et tu obtiendras un jour du roi les plus grandes récompenses. »

Abou Shomaïk était bon et sensible. Il fut ravi de pouvoir reconnaître le service qu'Hicar lui avait rendu. Tout avait été préparé avec tant d'adresse et de secret, que le stratagème réussit parfaitement. On annonça au roi que ses ordres avaient été exécutés.

Shagfatni connaissait seule la retraite de son mari, et prenait soin de lui porter les choses dont il avait besoin; mais la crainte d'être découverte ne lui permettait pas de descendre dans le souterrain plus d'une fois par semaine. Abou Shomaïk venait aussi secrètement s'informer de temps en temps des nouvelles de son ancien bienfaiteur, et lui faire part de ce qui se passait à la cour.

La mort du sage Hicar répandit la consternation dans toutes les provinces de l'empire; personne ne le croyait coupable de la trahison qu'on lui imputait, et chacun faisait éclater à l'envi ses regrets : « Sage Hicar, disait-on, que sont devenus tes vertus, tes talents? Tu étais l'œil du monarque, le protecteur des faibles, le vengeur des opprimés; tu maintenais la tranquillité au dedans du royaume, tu assurais la paix au dehors. Aimé des Assyriens, tu étais redouté de leurs ennemis. En qui pourra-t-on trouver autant de sagesse, de prudence, et qui pourra dignement te remplacer? »

CDXLVᴱ NUIT.

Sencharib lui-même ne tarda pas à se repentir de la précipitation avec laquelle il avait fait périr Hicar. Il envoya chercher Nadan, lui commanda d'assembler les amis et les parents de son oncle, de prendre avec eux le deuil, de pleurer, de s'affliger, de se couvrir la tête de cendres, et d'observer toutes les cérémonies par lesquelles on a coutume de faire éclater la douleur publique et particulière à la mort des personnes les plus distinguées, qui sont également chères à l'état et à leurs familles.

Nadan, au lieu de faire ce que le roi lui avait commandé, réunit une troupe de jeunes gens aussi méchants que lui, les conduisit à la maison de son oncle, et leur fit servir un grand repas, où régna le désordre et la licence : on maltraita les serviteurs d'Hicar; on insulta ses esclaves; sa femme elle-même ne fut pas épargnée. Le bruit et le tumulte se firent entendre jusque dans le souterrain où Hicar était caché. Cet infortuné, pénétré d'indignation, adressait à Dieu ses prières, et le suppliait de punir cet excès d'impudence et de barbarie.

Cependant les rois voisins, ayant appris la mort du sage Hicar, se réjouirent de voir Sencharib privé de celui qui était le plus ferme appui de sa puissance. Les ennemis de l'empire en triomphèrent, et ne cherchèrent plus que des prétextes pour envahir l'Assyrie.

Le roi d'Égypte, qui avait éprouvé plus d'une fois que le sage Hicar ne le cédait en rien à ses prêtres et à ses ministres, prétendit dès lors l'emporter sur le monarque assyrien, autant en sagesse qu'en puissance. Il fit aussitôt partir pour Ninive un envoyé chargé de remettre à Sencharib la lettre suivante :

« Salut et honneur à mon frère et ami, le roi Sencharib. La « nature a mis l'Égypte au-dessus des autres pays, et ses habi- « tants, en étudiant la nature, ont surpassé tous les peuples. Une « nouvelle merveille doit frapper ici les regards de l'étranger, et « annoncer au loin toute la puissance du génie. Je voudrais bâtir « un palais entre le ciel et la terre : si l'Assyrie possède un homme « assez habile pour en être l'architecte, je vous prie de me l'en- « voyer. J'aurai aussi plusieurs questions à lui proposer. S'il vient « à bout d'exécuter mon dessein et de résoudre mes questions, je « vous paierai une somme égale aux revenus de l'Assyrie pendant « trois ans. »

Sencharib communiqua d'abord cette lettre aux grands de son empire. Ils demeurèrent tous interdits, et ne surent quelle réponse y faire. Il assembla ensuite les savants, les sages, les philosophes, les magiciens, les astrologues, et leur demanda si quelqu'un d'entre eux voulait aller trouver le roi d'Égypte, et satisfaire à ce qu'il demandait. Tous lui répondirent que le sage Hicar pouvait seul répondre autrefois à ces sortes d'énigmes, et qu'il n'avait fait part de ses connaissances et de ses secrets qu'à son neveu Nadan. Le roi, s'adressant alors à Nadan, lui demanda ce qu'il pensait de la lettre : « Prince, répondit-il, le dessein du roi d'Égypte est ridicule et impossible. Je présume que ses questions ne seront pas moins frivoles. De pareilles absurdités ne méritent pas de réponse ; il faut se contenter de les mépriser. »

Sencharib fut pénétré de douleur en voyant l'embarras et l'incapacité de tous ceux qui l'entouraient ; il déchira ses habits, descendit de son trône, s'assit sur la cendre, et se mit à pleurer sur la mort de son ancien vizir : « Où es-tu, s'écria-t-il, sage Hicar ? Où es-tu, ô le plus sage et le plus savant des hommes, toi qui possédais tous les secrets de la nature et pouvais résoudre les questions les plus difficiles? Malheureux que je suis, je t'ai condamné sur la parole d'un enfant ! Comment n'ai-je pas examiné plus attentivement cette affaire? Comment n'ai-je pas différé de prononcer ton arrêt? Je te regretterai maintenant tous les jours de ma vie, et je ne pourrai être heureux un instant. Si je pouvais te rappeler à la vie, si quelqu'un pouvait te montrer à mes yeux, la moitié de mes richesses et de mon royaume me paraîtrait une faible récompense pour un si grand service ! »

Abou Shomaïk, voyant l'affliction du roi, s'approcha de lui, se prosterna à ses pieds, et lui dit : « Prince, tout sujet qui désobéit à son maître doit être puni de mort : je vous ai désobéi, ordonnez qu'on me tranche la tête. » Sencharib, étonné, demanda à Abou Shomaïk en quoi il lui avait désobéi : « Vous m'aviez ordonné, reprit celui-ci, de faire mourir le sage Hicar ; persuadé qu'il était innocent, et que bientôt vous vous repentiriez de l'avoir perdu, je l'ai caché dans un lieu secret, et j'ai fait mourir un de ses esclaves à sa place. Hicar est encore plein de vie, et si vous voulez, je vais l'amener devant vous. Maintenant, ô roi, ordonnez ma mort, ou faites grâce à votre esclave ! »

Le roi ne put d'abord ajouter foi à ce discours ; mais Abou Shomaïk lui ayant juré plusieurs fois qu'Hicar était encore en vie, il se leva transporté de joie, ordonna qu'on le fît venir, et promit de combler de biens et d'honneurs celui qui l'avait sauvé.

Abou Shomaïk courut aussitôt au palais d'Hicar, et descendit dans le souterrain où il était caché. Il le trouva occupé à prier et à méditer. Il lui apprit tout ce qui venait de se passer, et le conduisit devant le roi.

Sencharib fut touché de l'état dans lequel il vit Hicar : son visage était pâle et défiguré, son corps maigre et couvert de poussière ; ses cheveux et ses ongles étaient devenus d'une longueur extraordinaire. Le roi ne put néanmoins retenir en le voyant les transports de sa joie : il se précipita au-devant de lui, l'embrassa en pleurant, lui témoigna sa joie de le revoir, et tâcha de le consoler et de s'excuser auprès de lui.

« Ma disgrâce, lui dit Hicar, a été l'ouvrage de la perfidie et de l'ingratitude. J'ai élevé un palmier, je me suis appuyé contre lui, et il est tombé sur moi. Mais, puisque je puis encore vous servir, oubliez les maux que j'ai soufferts, et n'ayez aucune inquiétude pour le salut et la gloire de l'empire. — Je rends grâces à Dieu, lui dit le roi, qui a vu votre innocence, et qui a conservé vos jours. Mais l'état où vous êtes m'oblige de différer un peu d'avoir recours à vos lumières et à vos conseils. Retournez chez vous, occupez-vous des soins qu'exige le rétablissement de votre santé, livrez-vous au repos et à la joie, et dans quelques jours vous reviendrez près de moi. »

Hicar fut reconduit en triomphe à son palais. Sa femme fit éclater par des fêtes le plaisir qu'elle avait de voir son innocence reconnue. Ses amis vinrent le féliciter, et il se réjouit avec eux pendant plusieurs jours. Nadan, au contraire, après avoir été témoin de l'accueil que le roi avait fait à son oncle, s'était retiré chez lui plein de trouble et d'inquiétude, et ne sachant le parti qu'il devait prendre.

Au bout de quelques jours, Hicar alla trouver le roi avec tout l'appareil de son ancienne dignité, précédé et suivi d'une nombreuse troupe d'esclaves. Le roi le fit asseoir à ses côtés, et lui donna à lire la lettre de Pharaon. Il lui apprit ensuite que les Égyptiens insultaient déjà les provinces d'Assyrie, et qu'un grand nombre d'habitants étaient passés en Égypte pour ne pas payer leur part du tribut que le vaincu devait envoyer au vainqueur.

Hicar, en lisant la lettre, avait imaginé la manière d'y répondre : « N'ayez aucune inquiétude, dit-il à Sencharib ; j'irai en Égypte, je remplirai les conditions du défi, et je répondrai aux questions de Pharaon. Je vous rapporterai ensuite le prix du vainqueur, et je ferai revenir tous ceux que la crainte de nouveaux impôts a fait passer en Égypte. Ainsi, vous triompherez, et votre ennemi n'aura en partage que la honte et la confusion. Accordez-moi seulement quarante jours, afin de préparer tout ce qui est nécessaire pour satisfaire à la demande de Pharaon. »

Le discours d'Hicar remplit de joie le roi d'Assyrie; il lui témoigna sa satisfaction et sa reconnaissance dans les termes les plus flatteurs, le nomma d'avance le sauveur de l'Assyrie, et lui assura de magnifiques récompenses.

Hicar, étant de retour dans son palais, s'occupa du moyen qu'il avait imaginé pour déjouer le défi du roi d'Égypte, et faire retomber sur lui le défaut d'exécution. Il fit venir des chasseurs, et leur ordonna de lui amener deux aiglons; il fit faire des cordons de soie longs de deux mille coudées, et deux corbeilles; on attachait ces corbeilles aux serres des aiglons, et on les accoutumait à s'envoler, en enlevant avec eux les corbeilles; on les faisait ensuite redescendre au moyen des cordons. On nourrissait les aiglons avec de la chair de mouton, et on ne leur donnait à manger que lorsqu'ils avaient enlevé plusieurs fois les corbeilles. Lorsque ces oiseaux furent accoutumés à cet exercice, et qu'ils se furent fortifiés par une nourriture abondante, on commença à charger petit à petit les corbeilles pour les rendre plus pesantes. Enfin, on y fit monter de jeunes enfants qui étaient élevés avec les aigles, et chargés seuls d'en avoir soin, et de leur donner à manger. On ne les fit d'abord enlever qu'à une hauteur médiocre, ensuite on les fit monter davantage, et enfin aussi haut que la longueur des cordons le permettait. Lorsqu'ils étaient ainsi au milieu des airs, ils criaient de toutes leurs forces: « Apportez-nous les pierres, le mortier, la chaux, afin que nous bâtissions le palais du roi Pharaon; le plan en est fait, nous sommes tout prêts, tout échafaudés; mais nous ne pouvons rien faire sans les matériaux. »

Hicar, voyant tout disposé pour l'exécution de son stratagème, voulut donner au roi le plaisir de ce spectacle, et accoutumer en même temps les enfants et les oiseaux à la vue d'une assemblée nombreuse. Le roi, suivi de toute sa cour, se rendit dans une vaste plaine; on se rangea autour d'une grande enceinte; et lorsque chacun eut pris place, Hicar fit avancer les enfants et ceux qui portaient les aigles, au milieu de l'enceinte. On attacha les corbeilles aux serres des aigles; on y fit monter les enfants; les aigles prirent leur essor, et lorsqu'ils furent parvenus au haut des airs, on entendit les enfants crier et demander qu'on leur apportât les matériaux. Le roi fut charmé de cette invention. Il fit revêtir Hicar d'une robe d'honneur du plus grand prix, et lui permit de partir pour l'Égypte.

Hicar se mit en chemin dès le lendemain. accompagné d'une

nombreuse escorte, et amenant avec lui ses aigles et ses enfants. Pharaon, informé qu'un envoyé de Sencharib se rendait à sa cour, députa pour le recevoir plusieurs de ses principaux officiers. Hicar fut conduit à son arrivée devant Pharaon, et lui adressa ce discours :

« Le roi Sencharib, mon maître, salue le roi Pharaon, et lui envoie un de ses esclaves pour répondre à ses questions, et bâtir un palais entre le ciel et la terre. Si je remplis ces conditions, mon maître recevra trois fois le revenu annuel de l'Égypte, et si je ne puis les remplir, mon maître enverra au roi Pharaon trois fois le revenu annuel de l'Assyrie. »

CDXLVIe NUIT.

Pharaon, étonné de la précision de ce discours, et de l'air simple mais assuré de l'envoyé, lui demanda quel était son nom et son rang : « Mon nom, répondit-il, est Abicam. Quant à mon rang, je suis une simple fourmi d'entre les fourmis du roi d'Assyrie. — Eh quoi! reprit Pharaon, ton maître ne pouvait-il m'envoyer quelqu'un d'un rang plus élevé, au lieu de m'envoyer une simple fourmi pour s'entretenir avec moi? — Souvent, repartit le faux Abicam, un homme obscur se fait admirer des grands, et Dieu fait triompher le faible d'un homme plus puissant. J'espère, avec son secours, satisfaire le roi d'Égypte, et résoudre ses questions. »

Pharaon congédia l'envoyé d'Assyrie, et lui dit qu'il l'enverrait chercher dans trois jours. Il ordonna à un de ses principaux officiers de le conduire dans le palais qu'on lui avait préparé, et de lui faire donner toutes les choses dont il avait besoin pour lui, pour ses gens et ses chevaux.

Le troisième jour, Pharaon se revêtit d'un habit de pourpre d'un rouge éclatant, et s'assit sur son trône, entouré des grands de son royaume, qui se tenaient dans l'attitude du plus profond respect. Il envoya chercher l'envoyé, et lui dit lorsqu'il fut en sa présence : « Réponds sur-le-champ, ô Abicam, à la question que je vais te faire. A qui ressemblé-je, et à qui ressemblent les grands de ma cour qui sont autour de moi? — Prince, répondit aussitôt Abicam, vous ressemblez au dieu Bel; et les grands qui vous environnent ressemblent aux ministres de Bel. » Pharaon, ayant entendu cette réponse, congédia l'envoyé, et lui dit de venir le lendemain.

Il se revêtit ce jour-là d'un habit de couleur rouge, et fit prendre des habits blancs aux grands de son royaume. Il fit venir l'envoyé, et lui demanda pareillement : « A qui ressemblé-je, et à qui ressemblent les grands de mon royaume? — Vous ressemblez au soleil, répondit Abicam, et les grands de votre royaume aux rayons de cet astre. » Pharaon le congédia comme la veille.

Le lendemain, il s'habilla en blanc, et commanda aux grands de son royaume de s'habiller de la même couleur. Il fit venir l'envoyé, et lui demanda : « A qui ressemblé-je, et à qui ressemblent les grands de mon royaume? — Vous ressemblez, répondit Abicam, à la lune, et les grands de votre royaume aux étoiles. » Le roi le congédia comme à l'ordinaire.

Le lendemain, il ordonna à ses courtisans de prendre des habits de diverses couleurs, et se revêtit encore d'un habit rouge. Il fit venir l'envoyé, et lui demanda : « A qui ressemblé-je, et à qui ressemblent les grands de mon royaume? — Vous ressemblez, répondit Abicam, au mois de Nisan [1], et vos courtisans aux fleurs qu'il fait éclore. »

Pharaon, qui avait été très-content des diverses réponses de l'envoyé d'Assyrie, fut enchanté de celle-ci, et lui dit : « Tu m'as comparé la première fois au dieu Bel, la seconde fois au soleil, la troisième fois à la lune, et la quatrième fois au mois de Nisan; dis-moi maintenant à qui ressemblent le roi Sencharib et les grands de son empire. — A Dieu ne plaise, répondit Hicar, que je parle de mon maître, tandis que le roi d'Égypte est assis sur son trône; si le roi veut se tenir un moment debout, je répondrai à la question qu'il me fait. »

Pharaon fut surpris de la hardiesse de ces paroles, mais ne crut pas devoir s'en offenser : il se leva, se tint debout devant l'envoyé, et lui dit : « Parle maintenant : à qui ressemblent le roi d'Assyrie et les grands de son royaume? — Mon maître, repartit Abicam, ressemble au Dieu du ciel et de la terre, et les grands qui l'entourent aux éclairs et aux tonnerres. Il commande, aussitôt l'éclair brille, le tonnerre gronde, et les vents soufflent de toutes parts; il dit un mot, le soleil est privé de sa lumière, la lune et les étoiles s'obscurcissent. Il envoie l'orage, fait tomber la pluie, détruit l'honneur de Nisan, et disperse ses fleurs. »

Pharaon, encore plus étonné de cette réponse que de celles qui l'avaient précédée, dit au faux Abicam d'un ton irrité : « Tu dois me faire connaître la vérité : tu n'es pas un homme ordinaire. Qui

[1] Avril.

es-tu? » Hicar ne crut pas devoir se cacher plus long-temps : « Je suis Hicar, répondit-il, ministre du roi Sencharib, le confident de ses pensées, le dépositaire de ses secrets, l'organe de ses volontés. — Je te crois maintenant, reprit Pharaon, et je reconnais en toi Hicar, si célèbre par sa sagesse; mais on m'avait annoncé sa mort. — Il est vrai, dit Hicar, que le roi Sencharib, trompé par les artifices des méchants, avait prononcé mon arrêt; mais Dieu a conservé mes jours. » Pharaon congédia Hicar, et le prévint qu'il désirait entendre, le lendemain, quelque chose qu'il n'eût jamais entendu, non plus que les grands de son royaume, ni aucun de ses sujets.

Hicar, retiré dans le palais qu'il habitait, écrivit la lettre suivante :

« Sencharib, roi d'Assyrie, à Pharaon, roi d'Égypte; salut.

« Vous savez, mon frère, que le frère a besoin de son frère; les « rois ont aussi quelquefois besoin les uns des autres. J'espère que « vous voudrez bien me prêter neuf cents talents d'or dont j'ai be- « soin pour la solde d'une de mes armées. »

Hicar présenta le lendemain cette lettre au roi d'Égypte : « Il est vrai, dit-il après l'avoir lue, qu'on ne m'a jamais fait une pareille demande. — Il n'est pas moins vrai, reprit Hicar, que le roi, mon maître, aura bientôt droit de vous demander cette somme. » Pharaon, plein d'admiration pour Hicar, s'écria : « Des hommes comme toi, ô Hicar, sont dignes d'être les ministres des rois! Béni soit le Dieu qui t'a donné en partage la prudence, la science et la sagesse! Mais il reste encore une condition à remplir, c'est de bâtir un palais entre le ciel et la terre. — Je le sais, répondit Hicar, et je suis prêt à faire ce que vous pouvez attendre de moi. J'ai ici d'habiles ouvriers qui sont en état de bâtir votre palais; j'espère seulement que vous me ferez préparer les pierres, la chaux, le mortier, et que vous me donnerez des manœuvres pour porter tout aux ouvriers. » Pharaon reconnut la justesse de cette demande, assura que tout cela était prêt, et annonça que l'épreuve se ferait le lendemain. Il donna en conséquence les ordres nécessaires, et marqua un lieu commode et spacieux hors de la ville.

Pharaon se rendit le lendemain au lieu du rendez-vous, accompagné de toute sa cour et d'une armée nombreuse : tout le peuple s'y était rendu dès la pointe du jour, et chacun était dans la plus grande impatience de voir ce qu'allait faire Hicar. Retiré dans une espèce de tente qu'il avait fait dresser à l'endroit au-dessus duquel devait répondre le prétendu palais aérien, il avait tout disposé secrètement pour l'exécution de son stratagème.

Tout à coup la tente s'ouvre, les aigles prennent leur essor, et les enfants sont enlevés au milieu des airs. Ils s'arrêtent à une hauteur considérable, et commencent à crier : « Apportez-nous les pierres, la chaux, le mortier, pour que nous puissions bâtir le palais de Pharaon ; nous ne pouvons rien faire sans matériaux, et nous les attendons. »

Tous les spectateurs avaient les yeux fixés sur cet appareil, et ne pouvaient revenir de leur surprise. Les enfants répétèrent plusieurs fois la même chose. Les gens d'Hicar frappaient pendant ce temps-là les manœuvres en les traitant de lâches et de paresseux, et criaient à Pharaon et à ceux qui l'accompagnaient : « Faites donc porter aux maîtres compagnons les choses dont ils ont besoin, et ne les laissez pas à rien faire. » Pharaon ne put s'empêcher de rire de cette scène ; il avoua qu'il ne pouvait faire élever les matériaux, et se reconnut vaincu. Hicar, profitant de sa surprise, lui dit que si le roi Sencharib était là, il bâtirait en un jour deux palais semblables. Pharaon, sans faire attention à ce qu'Hicar venait de dire, lui ordonna d'aller se reposer et de venir le trouver le lendemain.

Hicar s'étant rendu le matin au palais, le roi lui dit : « Sencharib, ton maître, a un cheval étonnant : lorsqu'il hennit, nos chevaux l'entendent, et se cabrent aussitôt. » Hicar, sans rien répondre dans le moment, sortit, en faisant signe qu'il allait bientôt revenir. Arrivé chez lui, il prit un chat, l'attacha et le fouetta vigoureusement. Les Égyptiens, entendant les cris du chat, furent effrayés, et allèrent rendre compte au roi de ce qui se passait[1]. Pharaon envoya chercher Hicar, et lui demanda pourquoi il battait de cette manière ce pauvre animal : « Ce chat, répondit Hicar, m'a joué un tour perfide, qui mérite bien le châtiment que je lui fais subir : le roi Sencharib m'avait donné un beau coq ; il avait une voix forte et agréable ; il connaissait toutes les heures de la nuit, et les marquait très-bien par son chant ; ce maudit chat a été cette nuit à Ninive, et a mangé mon coq. — Cela est impossible, dit Pharaon, et si l'on ne connaissait la sagesse d'Hicar, on croirait que l'âge lui fait perdre la raison : entre Memphis et Ninive il y a trois cents soixante-huit parasanges[2], comment ce chat peut-il avoir fait deux fois ce chemin dans une nuit ? — Prince, répondit Hicar, s'il y a tant

[1] Les Egyptiens avaient une vénération superstitieuse pour les chats, les chiens et quelques autres animaux.

[2] La parasange ancienne était à peu près égale à la lieue française de vingt-cinq au degré. (D'Anville, *Traité des Mesures itinéraires*, p. 95.)

de distance entre Memphis et Ninive, comment pouvez-vous entendre le hennissement du cheval du roi, mon maître? »

Pharaon sourit de la réponse d'Hicar, et lui dit : « Il y a ici une meule à moudre du blé qui vient de se casser, je voudrais que tu pusses la recoudre. » Hicar, voyant près de lui une pierre d'une espèce plus dure, la montra au roi, et lui dit : « Prince, je suis ici étranger, je n'ai pas avec moi les instruments nécessaires pour faire ce que vous désirez; mais commandez à vos ouvriers qu'ils me fassent avec cette pierre des alènes, des poinçons et des ciseaux, afin que je puisse recoudre la meule cassée. »

Pharaon ne put s'empêcher de rire de la présence d'esprit d'Hicar, et voulut lui faire une dernière question, en apparence plus sérieuse : « Sans doute, lui dit-il, un philosophe tel que toi a des secrets pour changer la nature des choses, et donner du liant aux matières qui en paraissent le moins susceptibles. Je voudrais avoir deux câbles faits de sable de rivière. »

Hicar demanda au roi de lui faire apporter deux câbles pour modèles, et quand on les eut apportés, il sortit de la salle, fit au mur qui était exposé au midi deux trous de la grosseur des câbles, et prit une poignée de sable. Le soleil étant parvenu à une certaine hauteur, ses rayons s'introduisirent par les trous. Hicar jeta du sable au-devant des rayons qui formaient des images alongées semblables à des câbles, et dit au roi de faire prendre les câbles par ses esclaves. Pharaon trouva la ruse ingénieuse, et lui dit :

« Ta sagesse, Hicar, surpasse tout ce que la renommée en publie; tu fais la force et la gloire de l'Assyrie. Heureux les souverains qui ont de tels ministres ! Tu as rempli les conditions du défi que j'avais proposé au roi d'Assyrie; je vais te faire remettre le revenu de l'Egypte pendant trois ans; j'y joindrai les frais de ton voyage, des présents pour ton maître, et les neuf cents talents qu'il m'a demandés pour la solde d'une armée. Témoigne-lui mon admiration pour sa puissance, et le désir que j'ai de vivre en bonne intelligence avec lui. Tu pourras partir dès demain. Que l'ange du salut t'accompagne et te fasse arriver sans accident à Ninive! »

CDXLVII[e] NUIT.

Pharaon fit ensuite revêtir Hicar d'une robe magnifique, et en fit distribuer d'autres d'un prix moins considérable à toutes les personnes de sa suite. Hicar se prosterna devant lui, et le pria d'ordonner encore que tous les Assyriens qui étaient passés depuis peu en Égypte fussent obligés de s'en retourner avec lui. Pharaon y consentit, et fit publier sur-le-champ une ordonnance à ce sujet. Hicar partit comblé d'honneurs et emportant avec lui des richesses et des trésors immenses. Sencharib, informé de son retour et de ses succès, alla au-devant de lui à une journée de chemin de Ninive, l'embrassa et le reçut avec les plus grands honneurs; il l'appela publiquement son père, le vengeur de l'Assyrie, la gloire de son royaume, et lui dit de choisir la récompense qu'il désirait, et de prendre s'il voulait la moitié du royaume et de toutes ses richesses. Hicar remercia le roi, et lui dit :

« Les honneurs et les biens que j'ai obtenus jusqu'ici de votre bonté me suffisent; que votre bienfaisance se porte plutôt sur celui qui a protégé mon innocence, qui a exposé ses jours pour sauver les miens, et m'a donné une seconde vie. »

Le roi lui promit d'ajouter encore aux récompenses qu'il avait déjà accordées à Abou Shomaïk. Il lui témoigna ensuite la plus vive impatience d'entendre le récit de tout ce qui s'était passé en Égypte. Hicar satisfit sa curiosité, et lui remit les présents et les tributs de Pharaon.

Au bout de quelques jours, Sencharib envoya chercher Hicar, et lui dit qu'il voulait tirer une vengeance éclatante de la trahison et des complots de Nadan. Hicar conjura le roi de lui épargner cet affront, et le pria de lui remettre entre les mains son neveu, pour qu'il le punît lui-même : « Il suffit, lui dit-il, de le retrancher du commerce des hommes; c'est un tigre qui ne pourra nuire dès qu'il sera renfermé. »

Sencharib envoya aussitôt arrêter Nadan; on le chargea de chaînes et on le conduisit chez son oncle, qui le fit descendre dans un cachot et garder étroitement. On lui portait tous les jours un pain et de l'eau; Hicar se contentait, pour toute punition, de lui reprocher sa méchanceté et sa perfidie.

« Je t'ai comblé de bienfaits, lui disait-il, j'ai pris soin de toi dès ton enfance, je t'ai élevé, je t'ai chéri, je t'ai confié l'administration de mes biens, je te regardais comme l'héritier de mes richesses, et, pour te laisser un héritage encore plus précieux, je voulais te transmettre le fruit de mon expérience, mes connaissances, ma sagesse : après tout ce que j'ai fait pour toi, tu as cherché à me perdre, à me donner la mort ; mais Dieu, qui protége l'innocence, qui console les malheureux et humilie l'orgueil des méchants, est venu à mon secours et m'a fait triompher de tes artifices. Tu as été pour moi comme le scorpion, dont le dard perce ce qu'il y a de plus dur, comme l'oiseau dont se sert l'oiseleur pour attirer les autres dans le piége.

« Reçu et éleve chez moi, tu t'es conduit avec plus de méchanceté que le chien que le froid fait entrer humblement dans une maison, et qui, après s'être réchauffé, aboie après ceux de la maison qui sont obligés de le chasser et de le battre, de peur qu'il ne les morde ; tu t'es couvert de plus d'infamie que le pourceau qui, après avoir été lavé et nettoyé, aperçoit un bourbier et se vautre dedans.

« Élevé par moi au plus haut rang, tu as employé pour me perdre le crédit que je t'avais procuré. Un vieux arbre disait un jour aux bûcherons qui l'abattaient : « Le bois de mes branches fait le manche de vos cognées, et sans moi vous ne pourriez me renverser. »

« J'espérais que tu serais pour moi un rempart contre mes ennemis, et tu creusais mon tombeau.

« Ton mauvais naturel a rendu tous mes avis inutiles. On disait un jour à un chat : « Renonce à dérober : nous te ferons un collier d'or, et nous te nourrirons avec du sucre et des amandes. — Je ne puis oublier, dit-il, le métier de mon père et de ma mère. » Quelqu'un disait un jour à un loup : « Éloigne-toi de ce troupeau ; la poussière qu'il fait lever te fera mal aux yeux. — La chair des agneaux, répondit-il, me les guérira bientôt. » On voulait apprendre un jour à lire à un loup ; mais au lieu de répéter seulement A, B, C, il disait toujours, agneau, brebis, chevreau. »

« Pardonnez-moi, disait quelquefois Nadan à son oncle, oubliez mon crime ; montrez-vous bon et généreux ; permettez que je vous serve et que je sois le dernier de vos serviteurs ; je remplirai volontiers les plus bas emplois ; je me soumettrai aux plus grandes humiliations pour expier mon forfait. »

« Un arbre, répondit Hicar, était planté sur le bord des eaux et ne portait pas de fruit ; son maître voulait le couper : « Transportez-moi ailleurs, lui dit-il, et si je ne donne pas de fruit, vous me couperez. — Tu es sur le bord des eaux, lui dit son maître, et tu ne portes pas de fruit, comment en porterais-tu si tu étais planté ailleurs? » Tu es encore jeune, Nadan ; mais la vieillesse de l'aigle vaut mieux que la jeunesse du corbeau. Tu parles de pardon; mais je n'ai demandé que tu fusses remis entre mes mains que pour te soustraire à la vengeance des lois et aux plus cruels supplices : si je pouvais te rendre la liberté, bientôt Sencharib, accusant ma faiblesse, te livrerait au glaive de la justice. Je ne veux pas user de mes droits envers toi : Dieu jugera entre nous deux, et te récompensera un jour selon tes actions. »

Nadan, accablé de ces reproches, et livré à ses remords, ne jouit pas long-temps de la vie qu'il devait à la bonté d'Hicar ; il fut suffoqué par sa propre rage, et sa fin misérable confirma la vérité de cette sentence : « Celui qui creuse une fosse à son frère y tombe « lui-même ; et celui qui tend un piége à un autre y est pris le « premier. »

La sultane ayant achevé l'histoire du sage Hicar, et craignant qu'elle n'eût pas beaucoup amusé le roi des Indes, profita de ce que le jour ne paraissait pas encore, et commença aussitôt l'histoire suivante, qui devait lui conserver la vie pendant plusieurs jours :

HISTOIRE

DU ROI AZADBAKHT, OU DES DIX VIZIRS.

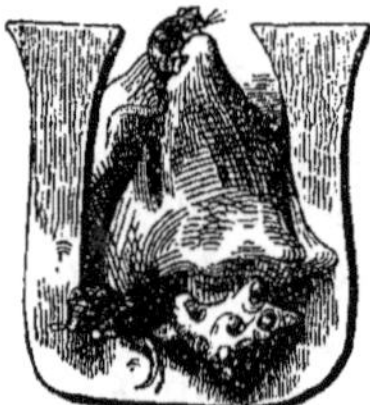

N des anciens rois de l'Inde, nommé Azadbakht [1], avait fait de grandes conquêtes et étendu fort loin sa domination. Il veillait avec soin sur toutes les parties de son empire, entretenait de nombreuses armées, et rendait exactement la justice à ses sujets. Malgré son activité et ses talents, l'étendue de ses états ne lui permettant pas de tout voir et de tout examiner par lui-même, il avait choisi dix vizirs, sur lesquels il se débarrassait du plus grand nombre des affaires ; mais, toujours jaloux de régner lui-même, il décidait seul dans les circonstances les plus importantes, après avoir pris, toutefois, l'avis de ses vizirs.

Avec une telle conduite, Azadbakht pouvait se flatter de jouir d'une prospérité durable, si, séduit et entraîné par l'amour, il n'eût abusé de son autorité, et manqué d'égards pour un de ses vizirs.

Un jour qu'Azadbakht était à la chasse, accompagné d'une suite

[1] En persan, *bonheur singulier*.

nombreuse, il aperçut un esclave noir à cheval, qui conduisait par la bride une mule richement enharnachée. Cette mule portait une espèce de litière recouverte d'une étoffe de brocart d'or, parsemée de perles et de diamants. Une troupe de cavaliers, dans l'équipage le plus leste et le plus brillant, accompagnait la litière.

Azadbakht se sépara des personnes de sa suite, et, s'étant avancé vers les cavaliers, leur demanda à qui appartenait cette litière, et quelle était la personne qu'elle renfermait. L'esclave noir répondit, sans savoir qu'il parlait au roi lui-même, que la litière appartenait à Isfehend, vizir du roi, et qu'elle renfermait sa fille, promise en mariage au roi Zadschah.

La princesse, entendant cette conversation, fut curieuse de voir la personne qui parlait à l'esclave, et entr'ouvrit le rideau de sa litière. Azadbakht l'aperçut, fut frappé de l'éclat de ses charmes, et en devint aussitôt amoureux : « Fais retourner la mule, dit-il à l'esclave noir, et reviens sur tes pas. Je suis le roi Azadbakht, et je veux devenir l'époux de cette jeune beauté. Isfehend, son père, est un de mes vizirs, et ne peut manquer d'être flatté de l'honneur que je lui fais en donnant ma main à sa fille. »

« Sire, reprit l'esclave étonné, permettez-moi que j'informe mon maître de votre dessein, afin qu'il s'empresse de donner son consentement à une alliance aussi glorieuse, et à laquelle il doit si peu s'attendre. Ce serait une chose indigne de vous, et injurieuse pour lui, si vous épousiez sa fille sans qu'il en fût instruit. — Je n'ai pas, dit le roi, le temps d'attendre que tu ailles trouver Isfehend, et que tu sois ici de retour. Il ne peut y avoir en ceci rien d'injurieux pour mon vizir, dès que c'est moi qui épouse sa fille. »

« Sire, ajouta l'esclave, permettez-moi de faire observer à votre majesté que les choses faites avec tant de promptitude, ou ne sont pas de longue durée, ou ne procurent pas un plaisir pur et solide. Puisque rien ne peut s'opposer à vos vœux, ne vous exposez pas aux suites fâcheuses qu'entraîne quelquefois la précipitation, et n'affligez pas mon maître en le comblant d'honneur : je connais sa tendresse pour sa fille, et je suis sûr qu'il sera vivement affecté de ne pas vous l'avoir donnée lui-même. »

« Isfehend, interrompit le roi, est mon mamelouk et un de mes esclaves : je m'embarrasse fort peu qu'il soit fâché ou content. » En parlant ainsi, le roi saisit lui-même la bride de la mule, fit conduire dans son palais la belle Behergiour [1] (c'était le nom de la fille d'Isfehend), et l'épousa le jour même.

[1] Ou Behergiauher, *qui a l'éclat du diamant.*

DCXLVIII[e] NUIT.

L'esclave noir et les cavaliers étant retournés près du vizir, leur maître, l'esclave se jeta à ses pieds et lui dit en pleurant : « Seigneur, depuis bien des années vous servez le roi Azadbakht avec tout le zèle dont vous êtes capable, et jamais vous n'avez rien fait de contraire à ses intérêts et à ceux de l'état; mais vous avez travaillé inutilement : le roi n'a pour vous aucune estime, ni aucun égard pour vos longs et fidèles services. — Que signifie ce discours? dit Isfehend, et quelle preuve as-tu que le roi ne fasse aucun cas de ma personne et de mes services? » L'esclave fit alors à son maître le récit de ce qui venait d'arriver.

Le vizir, en apprenant cette nouvelle, se sentit enflammé de colère, et résolut de se venger de l'affront qu'il venait de recevoir; il assembla un grand nombre de gens de guerre et leur dit : « Le roi Azadbakht ne se contente plus des femmes qui composent son sérail; il en usera bientôt envers vous comme il vient d'en user envers moi, et s'emparera de ce que nous avons de plus cher. Il ne nous reste d'autre parti à prendre que de quitter la cour, et de nous retirer dans des lieux où notre honneur soit en sûreté. »

Isfehend, pour empêcher que le roi ne soupçonnât rien de son dessein, lui écrivit en même temps une lettre conçue en ces termes :

« Je suis un de vos mamelouks, un de vos esclaves; ma fille elle-
« même était à vous, vous pouviez en disposer en maître. Que le
« Très-Haut conserve vos jours et vous accorde toutes sortes de
« plaisirs et de satisfaction! J'ai toujours été prêt à vous servir, à
« défendre les provinces de votre empire et à repousser vos enne-
« mis; je vais désormais redoubler de zèle et d'ardeur : vos intérêts
« semblent être devenus les miens depuis que ma fille est devenue
« votre épouse. »

Cette lettre était accompagnée d'un présent considérable. Le roi Azadbakht fut très-content de la lettre et du présent, et ne songea, dès ce moment, qu'à se livrer au plaisir et à la bonne chère.

Le grand vizir d'Azadbakht, plus attentif à ce qui se passait, vint un jour l'informer qu'Isfehend était vivement piqué de la manière dont s'était fait le mariage de sa fille, et travaillait secrètement à se soulever contre lui. Le roi, pour toute réponse, lui fit lire la lettre d'Isfehend. Le grand vizir eut beau représenter qu'il ne fallait pas s'en rapporter à cette lettre, et que les soumissions qu'elle renfermait étaient aussi fausses que la satisfaction qu'y faisait paraître Isfehend, Azadbakht ne fit aucune attention à ses représentations, et continua de se livrer aux plaisirs et aux amusements de toute espèce.

Cependant Isfehend écrivit sans perdre de temps à tous les émirs, leur raconta l'affront que lui avait fait le roi, en s'emparant par force de sa fille, et leur fit appréhender qu'il ne se portât envers eux à des violences encore plus grandes.

Les lettres du vizir étant parvenues dans toutes les provinces, les émirs se rassemblèrent auprès de lui, et, ayant entendu de sa bouche le récit de ce qui était arrivé à sa fille, résolurent de le venger, et convinrent de se défaire du roi. Aussitôt ils montèrent à cheval, et firent avancer leurs troupes vers la capitale avec tant de secret et de promptitude, qu'ils étaient maîtres de tout le pays lorsque le roi apprit leur arrivée.

Azadbakht, ne pouvant opposer de résistance, demanda à sa nouvelle épouse quel parti elle voulait prendre: « Celui que vous jugerez convenable, » répondit-elle. Le roi fit alors amener les deux meilleurs chevaux de son écurie: il monta sur l'un, et la reine sur l'autre; ils emportèrent avec eux autant d'or qu'ils purent, et s'enfuirent pendant la nuit du côté du Kerman, abandonnant leur capitale à Isfehend, qui entra dans la ville et s'en empara.

La reine, qui était enceinte, ne fut pas long-temps sans ressentir les douleurs de l'enfantement. C'était le soir, et ils se trouvaient alors près d'une montagne au pied de laquelle coulait une fontaine: ils descendirent de cheval. La reine mit au monde un enfant aussi beau que la lune dans son plein, détacha un de ses vêtements, dont l'étoffe était de soie brodée d'or, en enveloppa l'enfant, et lui présenta son sein. Ils passèrent la nuit dans cet endroit.

Le lendemain matin, le roi dit à son épouse: « Cet enfant, qui devait mettre le comble à mon bonheur, augmente aujourd'hui l'horreur de la position critique où nous nous trouvons: nous ne pouvons ni rester ici, ni l'emmener avec nous; forcés de l'abandonner à la Providence, prions Dieu qu'il envoie quelqu'un qui en prenne soin. » A ces mots ils versèrent l'un et l'autre un torrent de larmes, laissèrent l'enfant à côté de la fontaine, après avoir mis près de sa tête une bourse qui contenait mille pièces d'or, remontèrent à cheval et continuèrent à fuir.

Dieu permit que des voleurs, qui avaient attaqué une caravane près de cette montagne, et qui s'étaient emparés de tout le bagage des voyageurs, vinrent dans cet endroit pour partager entre eux le butin. Ayant aperçu l'étoffe de soie, ils s'approchèrent, trouvèrent l'enfant qui était emmaillotté dedans, et tout auprès la bourse remplie d'or : « Grand Dieu ! s'écria l'un d'eux saisi d'étonnement, comment cet enfant se trouve-t-il ici? Quel crime, quelle barbarie l'a fait ainsi abandonner? » Le chef des voleurs, après avoir partagé l'or à sa troupe, prit l'enfant dans ses bras, et résolut de l'élever comme son fils. Il le nourrit lui-même de lait et de dattes, jusqu'à ce qu'il fût arrivé à l'endroit où il faisait sa demeure ; et là, il lui donna une nourrice.

Le roi Azadbakht et la reine s'éloignaient toujours en faisant le plus de diligence qu'ils pouvaient, jusqu'à ce qu'ils arrivèrent à la cour de Perse. Le roi Chosroès les reçut avec les honneurs dus à leur rang, et les fit loger dans un magnifique palais. Lorsqu'il eut appris le malheur qui leur était arrivé, il leur donna une grande armée et des sommes d'argent considérables. Après être restés quelques jours à la cour de Perse, pour témoigner au roi leur reconnaissance et se remettre de leurs fatigues, Azadbakht et son épouse prirent le chemin de leurs états.

Azadbakht marchait à la tête de l'armée ; Isfehend vint à sa rencontre. On se battit de part et d'autre avec beaucoup de valeur, et la victoire fut long-temps douteuse ; enfin l'armée du vizir rebelle fut mise en fuite, et lui-même tué de la main du roi. Azadbakht rentra dans sa capitale et remonta sur le trône de ses aïeux.

Dès qu'Azadbakht se vit paisible possesseur de son royaume, son premier soin fut d'envoyer à la montagne où il avait été obligé de laisser son fils, pour voir si on ne pourrait pas découvrir ce qu'était devenu l'enfant. En vain on parcourut tout le pays d'alentour, on questionna tous les habitants ; personne n'en put donner aucune nouvelle. Le roi, fort affligé, ne cessait de regretter la perte de son fils. Plusieurs années se passèrent ainsi.

Cependant le prince, devenu grand, accompagnait les voleurs dans leurs courses et attaquait avec eux les voyageurs. Un jour, ils formèrent le projet de piller une caravane qui devait passer dans le Segestan [1]. Il y avait, parmi ceux qui composaient cette caravane, des hommes vaillants et aguerris, qui avaient avec eux beaucoup de marchandises précieuses ; ayant entendu dire que le pays était infesté par des brigands, ils se tenaient sur leurs gardes, marchaient toujours bien armés, et envoyaient devant eux des coureurs : ils furent ainsi avertis de l'approche des voleurs, et se préparèrent à les repousser.

[1] Province de Perse.

Les voleurs, qui étaient en petit nombre, furent étonnés de trouver une résistance à laquelle ils ne s'attendaient pas. Plusieurs d'entre eux furent tués; les autres furent obligés de prendre la fuite. Le jeune prince, après s'être long-temps battu, fut forcé de céder au nombre. Sa jeunesse, son courage, sa bonne mine, intéressaient en sa faveur : on lui laissa la vie, et on le mit au nombre des esclaves. La noblesse de son maintien, sa figure, son esprit, excitant de plus en plus la curiosité, on lui demanda qui il était, et comment il se trouvait parmi de semblables gens. Le jeune prince ne put répondre autre chose, sinon qu'il était fils du chef des voleurs.

La caravane, continuant sa route, arriva dans la ville où le roi Azadbakht faisait sa résidence. Dès qu'il en fut informé, il ordonna qu'on lui présentât les objets les plus rares et les plus curieux, pour choisir ceux qui lui plairaient davantage. On fit porter au palais les étoffes les plus riches, les bijoux les plus précieux, et on y mena aussi quelques esclaves, parmi lesquels était le jeune voleur dont on s'était emparé.

Le roi, après avoir tout visité rapidement, arrêta ses yeux sur le jeune homme; il fut frappé de sa figure, et demanda qui il était. Le chef de la caravane lui raconta qu'ils avaient été assaillis dans leur voyage par des brigands; qu'ils s'étaient défendus courageusement, en avaient tué une partie, mis l'autre en fuite, et s'étaient saisis du jeune homme, qui était, à ce qu'il disait, fils du chef des brigands. Cette circonstance n'empêcha pas que le jeune esclave ne plût infiniment au roi, et qu'il ne voulût l'acquérir. Il le témoigna au chef de la caravane : celui-ci le pria de l'accepter au nom de tous les voyageurs, ajoutant qu'ils étaient tous ses esclaves, et que Dieu n'avait fait vraisemblablement tomber ce jeune homme entre leurs mains que parce qu'il le destinait à sa majesté.

Le roi, fort satisfait, congédia la caravane et fit entrer le jeune homme dans son palais. Il n'avait d'abord été frappé que des agréments de sa figure; il ne tarda pas à s'apercevoir de son esprit, de sa sagacité et de l'étendue de ses connaissances; il remarqua sa générosité, son désintéressement; chaque jour il découvrait en lui de nouveaux talents, autant au-dessus de son âge que de l'origine qu'il lui supposait.

Azadbakht, enchanté des talents du jeune homme, résolut de les mettre à profit, il lui confia l'intendance de ses trésors, et ordonna que rien n'en sortît à l'avenir sans l'ordre du jeune intendant.

Le nouveau ministre s'acquitta de son emploi d'une manière qui devint bientôt avantageuse aux finances du roi. Les vizirs disposaient auparavant à leur gré des trésors de l'état; la fermeté et la vigilance du jeune intendant firent cesser leurs déprédations. Le roi s'aperçut bientôt des heureux effets de ce nouvel ordre de choses; il s'attacha tellement au jeune homme, qu'il le chérissait autant que s'il eût su qu'il était son fils : il le consultait en tout, et ne pouvait souffrir qu'il s'éloignât de lui.

Les vizirs, mécontents de la diminution de leur autorité, et jaloux de l'attachement du roi pour ce nouveau favori, avaient conçu contre lui une violente jalousie, et cherchaient tous les moyens de lui faire perdre les bonnes grâces du roi. Leurs ruses furent inutiles pendant plusieurs années : enfin le moment marqué par le destin arriva.

Le jeune intendant, s'étant un jour trouvé avec d'autres jeunes gens, but plus qu'à son ordinaire, et s'enivra. N'ayant pu dans cet état retrouver son appartement, il erra dans le palais, et fut poussé par sa malheureuse destinée dans l'appartement des femmes. Une salle magnifique se présente à lui : c'était celle où le roi avait coutume de coucher avec son épouse.

Le jeune homme, peu frappé de la magnificence de l'appartement, de la quantité de bougies qui l'éclairaient, entre, trouve un lit tout dressé, se laisse tomber dessus, et cède au sommeil qui l'accable. Des esclaves viennent peu après préparer la collation qu'on avait coutume de servir tous les soirs au roi et à la reine; elles apportent les sorbets, les confitures, disposent les cassolettes et les parfums. Le jeune homme, dormant profondément, n'entend rien, et les femmes, le voyant de loin, croient que c'est le roi qui repose.

Azadbakht avait donné ce jour-là un grand souper aux principaux seigneurs de la cour. Après le repas, il passa chez sa nouvelle épouse et la conduisit dans l'appartement où tout était préparé pour les recevoir. Le roi vit en entrant un jeune homme étendu sur son lit, et reconnut son jeune intendant. Une fureur jalouse s'empare aussitôt de ses sens : « Quelle est cette conduite? dit-il à Behergiour en la regardant d'un œil irrité. Assurément, cet esclave n'a pu s'introduire ici sans votre aveu. »

« Sire, répondit la reine d'un ton assuré, je vous jure que je ne connais pas cet esclave, et que je ne sais par quel hasard il se trouve ici. » Le roi se croyait trop assuré de l'infidélité de la reine pour croire à la sincérité de ce qu'elle lui disait.

Le jeune homme, s'étant réveillé sur ces entrefaites, aperçut le roi, sauta en bas du lit, et se jeta à ses pieds : « Traître, lui dit le roi transporté de colère, tu oses pénétrer dans l'appartement de mes femmes ! Ton audace et ta perfidie ne resteront pas long-temps impunies. » Le roi ordonna aussitôt qu'on enfermât le jeune homme et la reine dans des prisons séparées.

Le lendemain, Azadbakht envoya chercher son grand vizir ; il lui raconta l'aventure de la veille, lui témoigna la crainte qu'il avait que la reine ne fût d'intelligence avec le jeune homme, et lui demanda son avis : « Ce jeune homme, répondit malignement le vizir, est le fils d'un voleur ; il se ressent de sa mauvaise origine : celui qui élève un serpent dans son sein doit s'attendre à en être mordu. Quant à la reine, sa conduite passée, son honnêteté, sa vertu vous répondent de son innocence ; mais si le roi conserve encore quelques soupçons contre elle, qu'il me permette de l'interroger ; je me flatte d'éclaircir cette affaire et de dissiper l'inquiétude qu'elle peut causer à sa majesté. » Le grand vizir, ayant obtenu du roi la permission qu'il demandait, alla trouver la reine, et après s'être assuré, par les questions qu'il lui fit et par ses réponses, qu'elle n'avait aucune intelligence avec le jeune homme, il lui tint ce discours :

« Quelle que soit votre innocence madame, le roi a des soupçons qu'il vous importe de dissiper ; voici le moyen de le faire, et de vous justifier entièrement à ses yeux : lorsque vous paraîtrez devant le roi, dites-lui que ce jeune homme, vous ayant aperçue un jour par hasard, vous a fait peu après remettre une lettre, dans laquelle il vous proposait de vous faire présent de diamants d'un prix inestimable si vous vouliez consentir à ses désirs ; que vous avez rejeté ses offres avec indignation, et que vous avez appelé pour faire arrêter son envoyé, qui a pris aussitôt la fuite ; que, non content de cette première tentative, le jeune homme vous a fait dire encore que, si vous ne vouliez pas vous rendre à ses désirs, il s'introduirait un jour dans votre appartement ; que le roi le verrait et le ferait périr ; mais que par là il noircirait votre réputation, irriterait le roi contre vous et vous ferait perdre ses bonnes grâces. Voilà, madame, ce que vous devez dire au roi. Je vais le trouver pour lui rendre compte de ma démarche auprès de vous, et lui faire de votre part cette déclaration, en attendant que vous puissiez la lui faire vous-même. »

La reine se laissa persuader, et promit de répéter au roi ce que le vizir allait lui dire. Celui-ci se rendit aussitôt auprès du sultan, et après lui avoir certifié que la reine était innocente, et lui avoir fait part de sa prétendue déclaration, il ajouta : « Le crime de ce jeune homme mérite la plus grande punition : les bontés dont vous l'avez comblé le rendent encore plus coupable ; et cet exemple prouve bien que la nature ne peut changer, et qu'une graine amère ne peut produire que des fruits amers. »

Le roi, ayant entendu le discours de son grand vizir, déchira ses habits, commanda qu'on amenât devant lui le jeune homme et qu'on fît venir en même temps l'exécuteur.

CDXLIX[e] NUIT.

La nouvelle de l'aventure du jeune intendant s'était déjà répandue parmi le peuple : une multitude immense était rassemblée pour le voir et être témoin de ce qui allait lui arriver :

« Ingrat! s'écria le roi dès qu'il l'aperçut, je t'avais confié l'intendance de toutes mes richesses, et tu avais jusqu'ici bien répondu à ma confiance; je t'avais élevé au-dessus de tous les grands qui m'entourent : pourquoi as-tu voulu attenter à mon honneur, et es-tu entré dans l'appartement de la reine? Comment le souvenir des bienfaits dont je t'ai comblé ne t'a-t-il pas retenu? »

Le jeune homme, sans paraître effrayé de la colère du roi et des apprêts du supplice qu'il semblait ne pouvoir éviter, répondit avec tranquillité : « Sire, je n'ai pas commis volontairement et de propos délibéré l'action qui me fait paraître criminel : je n'avais aucune raison de m'introduire dans cet appartement; mais j'y ai été poussé par mon malheureux sort. Jusqu'ici j'ai tâché de me garantir de toutes fautes, et de me préserver de tout accident; mais personne ne peut surmonter son destin, et tous les efforts sont inutiles contre la mauvaise fortune. C'est ce que prouve évidemment l'exemple de ce marchand, qui devait être un jour malheureux, et dont les peines et les travaux ne purent jamais faire changer la destinée. »

« Quelle est cette histoire? dit le roi Azadbakht, et comment ce marchand devint-il malheureux pour toujours? »

HISTOIRE

DU MARCHAND DEVENU MALHEUREUX.

UE Dieu prolonge sans cesse les jours de votre majesté, sire! reprit le jeune intendant. Il y eut autrefois à Bagdad un marchand, dont toutes les entreprises réussirent d'abord au gré de ses désirs : son commerce prospérait, et ses fonds augmentaient de manière qu'avec une drachme il en gagnait cent; mais la fortune, qui l'avait long-temps favorisé, lui devint tout à coup contraire. Le marchand, qui ne soupçonnait rien de ce changement, voulant commencer à jouir de ce qu'il avait amassé, dit en lui-même : « J'ai acquis déjà de grandes richesses; cependant je me donne encore beaucoup de mal, je fais de grands voyages, et je vais sans cesse d'un pays dans un autre; il est temps que je ne sorte plus de chez moi, et que je me repose de toutes les fatigues que j'ai essuyées jusqu'à présent. Je continuerai à faire le commerce en achetant et en revendant ici diverses marchandises. »

« On était alors en été; les laboureurs avaient fait une abondante récolte de blé : le marchand prit la moitié de l'argent qu'il avait, et en acheta du blé, espérant le revendre dans l'hiver avec un bénéfice considérable.

« L'événement ne répondit pas à son attente : le blé ne valut dans l'hiver que la moitié de ce qu'il l'avait acheté. Le marchand fut très-affligé de cette baisse, et résolut d'attendre l'année suivante pour se défaire de son blé. La récolte fut encore plus belle, et le prix du blé diminua de nouveau.

« Un des amis du marchand vint alors le trouver; il lui dit qu'il ne serait jamais heureux dans le commerce du blé, et lui conseilla de vendre celui qu'il avait, à quelque prix que ce fût. Le marchand répondit que depuis long-temps il ne gagnait rien, qu'il ne pouvait se décider à perdre sur ce blé, et que, quand il devrait le garder dix ans, il ne le vendrait qu'avec avantage. En même temps, pour faire voir à son ami qu'il était bien résolu à garder encore son blé, il fit murer la porte de l'endroit où il l'avait fait entasser.

« Quelque temps après, il vint des pluies presque continuelles et si abondantes, que l'eau pénétra par le haut du magasin, qui fut presque entièrement inondé; le blé se gâta bientôt au point que l'odeur de la pourriture se faisait sentir fortement au dehors. Le marchand fut obligé de faire emporter ces grains gâtés et de les faire jeter hors de la ville. Les portefaix qu'il prit pour cela, profitant de la circonstance, se firent payer fort cher : il lui en coûta cinq cents pièces d'or pour se débarrasser de son blé.

« L'ami du marchand vint encore le trouver, et lui dit : « Je vous avais averti que vous ne seriez pas heureux dans ce commerce; mais vous n'avez pas voulu m'écouter. Vous ne feriez sûrement pas plus d'attention à ce que je pourrais vous dire maintenant; mais, de grâce, allez consulter un astrologue, et faites-lui tirer votre horoscope. »

« Le marchand, voulant montrer cette fois quelque déférence pour son ami, alla consulter un astrologue. Celui-ci demanda au marchand le jour et l'heure de sa naissance, et lui fit plusieurs autres questions; il consulta ensuite ses tables, fit quelques calculs, et tint au marchand ce langage :

« Votre horoscope annonce un bonheur peu durable : vous avez été heureux pendant quelque temps, vous ne devez plus vous attendre qu'à des revers; évitez de faire aucune entreprise : rien ne peut désormais vous réussir. »

« Le marchand se moqua en lui-même de la prédiction de l'astrologue, et forma un projet dont il croyait le succès certain : il avait, en achetant du blé, réservé la moitié de son argent comptant, et n'avait pris sur cet argent que ce qu'il lui avait fallu pour vivre depuis trois ans; celui qui lui restait était encore considérable : il en fit équiper un vaisseau, le chargea des effets et des marchandises qui lui restaient, et s'embarqua.

« La mauvaise étoile du marchand sembla pour cette fois retenir sa maligne influence : ce premier voyage ne fut pas tout à fait malheureux; le marchand obtint à peu près les rentrées qu'il attendait.

« Enhardi par cette espèce de succès, le marchand résolut de demander à divers négociants quels étaient les objets sur lesquels il y avait plus de bénéfice à faire, et dans quel pays il fallait les transporter. Les négociants lui firent connaître des marchandises sur lesquelles il pouvait gagner cent pour un, en les transportant dans un pays fort éloigné.

« Le marchand, sans hésiter, s'embarque de nouveau pour le pays qu'on lui avait indiqué. Au bout de quelques jours d'une heureuse navigation, il s'élève une tempête horrible, les voiles sont déchirées, les mâts brisés; le vaisseau, après avoir été quelque temps le jouet des flots, s'entr'ouvre et est submergé. Le marchand saisit une planche, et est heureusement porté par le vent sur un rivage d'où l'on découvrait plusieurs habitations.

« Le marchand, accablé de fatigue, rendit grâce à Dieu de lui avoir conservé la vie, et s'avança tout nu vers le plus prochain village. Il y rencontra un vieillard qui lui donna d'abord un vêtement, et lui demanda qui il était. Le marchand raconta son histoire.

« Le vieillard, vivement touché des malheurs du marchand, lui fit apporter à manger. Il lui proposa ensuite de le prendre à son service en qualité d'homme d'affaires, pour veiller aux divers travaux de l'agriculture, et lui promit cinq drachmes par jour.

« Le marchand de Bagdad remercie le vieillard, et implore pour lui les bénédictions du Ciel; il accepte avec joie l'emploi qui lui est proposé, et commence à en exercer les fonctions. Il eut soin de faire labourer, semer, moissonner, battre et cribler le grain : son maître ne se mêlait de rien, et s'en rapportait à lui sur tout.

« Au bout de l'année, le marchand pensa que son maître pourrait bien ne pas lui payer le prix dont ils étaient convenus, et imagina que le plus sûr était de mettre de côté une portion de la récolte de la valeur d'une année de ses gages, sauf à rendre cette portion à son maître s'il lui payait ses gages. Il prit donc une certaine quantité de grains qu'il cacha, et remit le reste au vieillard, en le mesurant devant lui.

« Cette opération était à peine achevée, que le vieillard dit au marchand de prendre pour lui une quantité de grains équivalente au prix dont ils étaient convenus, de la vendre, et de faire de l'argent ce qu'il voudrait. Le vieillard ajouta que tant que le marchand serait à son service, il le paierait de la même manière et avec autant d'exactitude.

« Le marchand, touché de l'honnêteté du vieillard, et ne voulant lui faire aucun tort, alla aussitôt chercher le blé qu'il avait caché; mais quelle fut sa surprise quand il vit qu'on l'avait enlevé! il en conçut un tel chagrin que le vieillard s'en aperçut et lui en demanda la cause. Le marchand ne put s'empêcher de lui avouer ce qu'il avait fait. Le vieillard irrité s'écria : « On a raison de dire qu'un malheureux ne peut se soustraire à son malheur! » S'adressant ensuite au marchand, il lui reprocha sa défiance, jura que puisqu'il s'était payé par ses mains il ne lui donnerait rien, et le renvoya aussitôt.

« Le marchand, de plus en plus affligé, marchait en pleurant le long du rivage, lorsqu'il rencontra des pêcheurs qui allaient plonger dans la mer pour y chercher des perles. Ils virent le marchand qui pleurait et lui demandèrent quel était le sujet de ses larmes. Le marchand leur ayant conté son histoire, ils le reconnurent, furent touchés de son sort, et lui dirent d'attendre un peu, qu'ils allaient plonger, et qu'ils partageraient avec lui ce qu'ils rapporteraient. Ils plongèrent en effet, et avec tant de bonheur, qu'ils remontèrent avec dix nacres, dont chacune contenait deux grosses perles.

« Les plongeurs, étonnés et transportés de joie, dirent au marchand que, pour cette fois, son bonheur était revenu, et son mauvais sort dissipé. Ils lui donnèrent dix perles, lui conseillèrent d'en vendre deux, pour former un capital qu'il ferait valoir, et de garder le reste pour s'en servir au besoin. Le marchand, au comble de la joie, prit les perles, en mit deux dans sa bouche, et cousit les autres dans sa veste.

« Tandis que le marchand cousait les huit perles dans sa veste, il fut aperçu par un voleur, qui alla aussitôt avertir ses compagnons. Ils se rassemblèrent, se jetèrent sur le marchand, lui enlevèrent sa veste, et s'enfuirent. Le marchand se consola de cet accident en pensant aux deux perles qui lui restaient. Il entra dans une ville voisine pour les vendre, et les remit à un crieur public.

« Le hasard voulut qu'on eût volé depuis peu à un joaillier de la ville dix perles absolument semblables à celles du marchand. Le joaillier, voyant les deux perles entre les mains du crieur, lui demanda à qui elles appartenaient. Le crieur montra le marchand qui les lui avait données pour vendre. Le joaillier, voyant que le marchand avait l'air pauvre et misérable, crut avoir trouvé le voleur de ses dix perles.

« Dans cette persuasion, le joaillier s'approcha du marchand, et lui demanda doucement où étaient les huit autres perles. Le marchand, de bonne foi, crut qu'on lui parlait des perles qu'il avait cousues dans sa veste, et répondit ingénument que des voleurs les lui avaient enlevées.

« A ces mots le joaillier ne douta plus que le marchand ne lui eût pris ses dix perles : il se jeta sur lui, le saisit, et le conduisit chez le juge de police. Là il l'accusa d'avoir volé ses dix perles, alléguant en preuve la ressemblance des deux perles avec les siennes, et l'aveu fait par le marchand qu'il avait eu entre ses mains les huit autres. Le juge de police, à qui le joaillier avait fait auparavant la déclaration du vol de ses dix perles, fit aussitôt donner au marchand la bastonnade, et l'envoya en prison.

« Il y avait déjà un an que le marchand de Bagdad était en prison, lorsque le hasard y fit mettre un des plongeurs qui lui avaient donné si généreusement dix perles. Celui-ci le reconnut, lui demanda pourquoi il était en prison, et, ayant appris son histoire, s'étonna du malheur qui le poursuivait sans cesse.

« Le plongeur, ayant été relâché peu après, fit connaître au roi l'innocence du marchand, et protesta lui avoir donné les perles qu'on l'avait accusé d'avoir volées. Le roi fit mettre en liberté le marchand, et le pria de raconter son histoire. Il fut si touché de ses malheurs, qu'il lui donna un logement près de son palais et lui assigna une pension.

« Le marchand, bénissant la bonté du roi, crut, pour cette fois, qu'il avait recouvré le bonheur, et qu'il allait passer tranquillement le reste de ses jours sous la protection de ce prince.

CDL[e] NUIT.

« Il y avait, dans la maison qu'habitait le marchand, une fenêtre bouchée depuis long-temps, mais d'une manière peu solide. Curieux de voir sur quel endroit donnait cette fenêtre, il ôta quelques pierres qui n'étaient posées qu'avec un mortier de terre; il s'aperçut alors que cette fenêtre donnait dans l'appartement des femmes du roi. Il fut saisi de crainte, et remit aussitôt les pierres à leur place.

« Malgré la promptitude avec laquelle le marchand avait rebouché la fenêtre, il fut aperçu par un eunuque du sérail, qui en donna aussitôt avis à son maître. Le roi, voulant s'assurer de la vérité, vint chez le marchand, et reconnut lui-même les pierres qui avaient été ôtées et remises nouvellement en place. Transporté de colère à cette vue, il dit au marchand : « Malheureux, tu voulais t'introduire dans mon harem! Est-ce ainsi que tu reconnais mes bontés? »

« Le roi, pour punir l'indiscrétion du marchand, ordonna qu'on lui crevât les yeux. L'ordre fut aussitôt exécuté, et le marchand, en recevant ses yeux dans sa main, s'écria : « Le malheur, après m'avoir ôté mes biens, s'attache à ma personne. » Réduit alors à mendier dans les rues, l'infortuné marchand déplorait son sort, et excitait la pitié des passants en répétant : « Le travail est inutile sans le bonheur, et l'on ne peut obtenir de succès qu'avec le secours du Ciel. »

« Ainsi donc, ô roi! continua le jeune intendant en s'adressant à Azadbakht, tant que la fortune m'a été favorable, tout m'a réussi; maintenant qu'elle m'est devenue contraire, tout conspire contre moi. »

L'histoire que venait de raconter le jeune intendant, son air de candeur et d'innocence, apaisèrent un peu la colère du roi : « Qu'on le reconduise en prison, dit-il; le jour est prêt à finir; demain je m'occuperai de son affaire, et il sera puni de sa témérité. »

Le lendemain, le second vizir, nommé Béhéroun, qui ne désirait pas moins que le premier de voir périr le jeune favori, se présenta devant le roi, et lui dit : « Sire, l'action de ce jeune homme est un crime horrible, une injure faite à votre personne, un attentat contre l'honneur de votre majesté. »

Le roi, entendant ce discours, ordonna qu'on amenât le prisonnier, et lui dit, quand il fut devant lui : « Malheureux, il faut que je te fasse honteusement mourir; tu as commis un crime énorme, et je dois faire en toi un exemple qui épouvante le reste de mes sujets. »

Le jeune homme répondit avec la même tranquillité que la veille : « Sire, ne vous hâtez pas de me faire périr; un mûr examen dans toutes choses est le soutien des rois, et le plus sûr garant de la prospérité et de la durée de leur empire. Celui qui n'examine pas toutes les conséquences des choses, et qui agit avec précipitation, éprouve souvent des regrets pareils à ceux du marchand qui jeta ses enfants dans la mer. Celui qui examine au contraire les conséquences des choses, et se conduit avec une sage lenteur, obtient souvent, comme le fils de ce même marchand, un bonheur auquel il ne s'attendait pas. »

« Je voudrais, dit aussitôt Azadbakht, savoir l'histoire de ce marchand? »

HISTOIRE

DU MARCHAND IMPRUDENT ET DE SES DEUX ENFANTS.

Je vais satisfaire votre majesté, répondit le jeune intendant.

« Un marchand fort riche était sur le point de faire un voyage; son épouse était alors enceinte : il lui promit de revenir avant qu'elle accouchât, lui fit ses adieux et partit.

« Après avoir parcouru plusieurs pays, le marchand arriva à la cour d'un roi qui avait besoin d'un ministre pour l'aider à gouverner et à défendre son royaume. Le marchand lui plut par son esprit et son intelligence : il lui proposa de rester à sa cour, lui donna sa confiance, et le combla de biens et d'honneurs.

« Au bout de quelque temps, le marchand, qui n'avait pu se trouver aux couches de sa femme, comme il le lui avait promis, désira d'aller la voir, et d'embrasser le fruit de leur union. Il en demanda la permission au roi, en l'assurant qu'il serait bientôt de retour : le roi consentit à son départ et lui donna une bourse qui contenait mille pièces d'or. Le marchand s'embarqua sans différer, et prit la route de son pays.

« Cependant la femme du marchand accoucha, pendant son absence, de deux enfants jumeaux. Elle attendait impatiemment son mari, et s'étonnait de ne pas recevoir de ses nouvelles. Quelques années s'étant écoulées, elle apprit que son mari était attaché au service du roi de tel pays. S'imaginant qu'il l'avait oubliée, et qu'il ne reviendrait jamais chez lui, elle prit la résolution d'aller le trouver, et emmena avec elle ses deux enfants.

« Le vaisseau sur lequel était embarquée la femme du marchand s'arrêta dans une île où le marchand lui-même venait d'aborder. Sa femme, ayant entendu dire qu'il y avait dans le port un vaisseau qui venait du pays où demeurait son mari, dit à ses enfants d'aller sur le rivage, et de demander quel était ce vaisseau. Les enfants, ayant trouvé le bâtiment, se mirent à jouer dessus sans penser à autre chose. Ils étaient si occupés de leur jeu, qu'ils laissèrent arriver la nuit, et ne songèrent ni à s'acquitter de leur commission, ni à retourner auprès de leur mère.

« Pendant ce temps-là, le marchand reposait tranquillement dans le bâtiment. Éveillé par le bruit que faisaient les enfants, il se lève pour les faire taire, et laisse tomber sa bourse parmi des ballots de marchandises. Il la cherche long-temps, ne la trouve pas, se désespère et s'arrache les cheveux. Il s'en prend alors aux enfants, et leur dit qu'ils avaient volé sa bourse; qu'il n'y avait là d'autre personne qu'eux, et qu'ils ne jouaient autour de ces ballots que pour trouver l'occasion de faire quelque friponnerie. En même temps il saisit un bâton et leur en donna plusieurs coups.

« Aux cris de ces pauvres créatures, les matelots s'assemblèrent, et dirent que les enfants de cette île étaient tous des fripons et des voleurs. Le marchand, prévenu de plus en plus, et irrité contre ces innocents, jura qu'il allait les jeter à la mer s'ils ne lui rendaient sa bourse. En effet, dès qu'il eut prononcé ce serment, il les prit, les attacha chacun à une botte de cannes à sucre, et les jeta dans la mer.

« L'épouse du marchand, voyant que ses enfants ne revenaient pas, sortit pour les chercher. En passant devant ce bâtiment, elle demanda si quelqu'un n'avait pas vu deux petits enfants de tel âge, habillés de telle manière. On lui dit que ces enfants étaient, selon toute apparence, ceux qu'on venait de jeter à la mer. Cette femme se mit aussitôt à crier : « O douleur ! ô désespoir ! votre père, mes chers enfants, ne vous verra donc jamais ! »

« Un des matelots lui demanda qui était son mari ; elle nomma le marchand, et dit qu'elle était partie pour l'aller trouver. Le marchand l'entendit, et la reconnut aussitôt. Il sortit éperdu, déchira ses habits et se frappa le visage : « J'ai fait, disait-il, périr moi-même mes enfants. Voilà le fruit de mon emportement, de ma précipitation et de mon imprudence ! »

« Le marchand, après avoir long-temps pleuré ses enfants, prit la résolution de tout quitter pour tâcher de découvrir ce qu'ils étaient devenus. Il quitta le bâtiment sur lequel il était, et en prit un autre pour commencer aussitôt à parcourir les mers voisines, et à visiter toutes les îles et toutes les côtes.

« Cependant les enfants du marchand, soutenus heureusement sur les flots par les bottes de cannes à sucre auxquelles ils étaient attachés, furent poussés par le vent sur différents rivages, après avoir été long-temps le jouet des vagues. L'un d'eux, jeté sur les côtes d'un royaume voisin, fut recueilli par un des principaux émirs de la cour, qui en informa aussitôt le roi. Ce prince, qui n'avait pas d'enfants, fut charmé de la figure de celui que le hasard lui présentait, et résolut de le faire passer pour son fils. Il ordonna à l'émir de ne rien divulguer de cette aventure, et fit répandre le bruit qu'il avait, jusqu'à présent, caché soigneusement la naissance de son fils, et qu'il l'avait fait élever secrètement pour le soustraire à certains dangers dont il était menacé par les prédictions des devins.

« La chose fut crue d'autant plus facilement, que le roi fit distribuer beaucoup d'argent parmi le peuple, et ordonna à cette occasion de grandes réjouissances. On fit paraître le jeune homme en public ; chacun fut enchanté de sa bonne mine, et il fut reconnu solennellement pour héritier de la couronne.

« Au bout de quelques années, le roi mourut, et le jeune homme lui succéda. Sa puissance s'affermit bientôt par sa bonne conduite : il se fit aimer de ses sujets et respecter de ses voisins.

« Le marchand et son épouse, après avoir long-temps parcouru les mers sans pouvoir apprendre aucune nouvelle de leurs enfants, perdirent tout espoir de les retrouver ; ils crurent qu'ils avaient été engloutis par les flots, et fixèrent leur séjour dans une île.

CDLI[e] NUIT.

« Un jour que le marchand se promenait sur la place publique, il vit un jeune esclave que le crieur allait mettre en vente. Il s'informa de son âge, et lorsqu'il l'eut appris, il dit en lui-même : « Mes fils auraient précisément le même âge ; j'ai envie d'acheter ce jeune esclave pour me consoler un peu de leur perte. » Il l'acheta en effet, le mena chez lui, et le présenta à sa femme. Celle-ci fit un cri en le voyant, et dit : « C'est un de mes enfants ! » Le marchand et sa femme, transportés de joie d'avoir retrouvé un de leurs enfants, lui demandèrent aussitôt des nouvelles de son frère. Il leur dit que les flots les avaient séparés, et qu'il ne savait ce qu'il était devenu. Cette nouvelle les affligea ; mais ils conçurent l'espoir de retrouver l'autre un jour, comme ils avaient retrouvé celui-ci.

« Le fils que le hasard venait de rendre au marchand était déjà grand, et dans l'âge de prendre un état. Ils auraient bien voulu qu'il ne s'éloignât pas d'eux ; mais son goût l'entraînait vers le commerce. Le marchand lui acheta un fonds considérable, composé des marchandises les plus précieuses. Le jeune homme partit, et arriva par hasard dans la ville où le roi, son frère, faisait sa résidence.

« Le roi, informé de l'arrivée d'un marchand pourvu des objets les plus rares, et qui pouvaient le mieux convenir à un souverain, l'invite à venir dans son palais, le fait asseoir, et s'entretient avec lui. Quoiqu'il ignorât qu'il fût son frère, la nature, qui ne laissait pas que d'agir, lui fit concevoir un secret attachement pour lui. Il lui proposa de rester à sa cour, lui promit de l'élever aux plus grands honneurs, et de lui donner tout ce qu'il désirerait.

« Le jeune marchand, flatté de l'accueil du roi, accepta ses offres. Au bout de quelque temps, voyant que le roi ne voulait pas qu'il s'éloignât, il informa son père et sa mère de ce qui lui était arrivé, et les engagea à venir le trouver. Ils se rendirent auprès de leur fils, et furent charmés de voir la faveur dont il jouissait, et le rang auquel le roi l'avait élevé. Un événement imprévu vint bientôt troubler leur joie et leur causer les plus vives alarmes.

« Le roi sortit un jour de sa capitale pour chasser, accompagné seulement de quelques personnes. Sur le soir, ne voulant pas rentrer encore dans la ville, il fit dresser une tente au milieu de la campagne, et ordonna qu'on lui servît à manger. La fatigue et l'exercice excitant son appétit, il s'abandonna aux plaisirs de la table, but plus qu'il n'avait coutume, et se laissa presque aussitôt aller au sommeil.

« Le jeune favori, voyant son maître dans cet état et mal accompagné, craignit pour la sûreté de sa personne : il voulut passer la nuit devant sa tente et lui servir de garde. Sur-le-champ il se lève, tire son épée, et se met en sentinelle devant la tente du roi. Un des pages, jaloux depuis long-temps de sa faveur et de la confiance que le roi avait en lui, le voyant ainsi l'épée à la main, lui demanda ce qu'il faisait là à l'heure qu'il était, et au milieu d'une campagne aussi tranquille : « Je veille, répondit-il, à la sûreté du roi; ses bontés à mon égard me font un devoir de craindre pour lui, lors même qu'il paraît n'y avoir rien à craindre. »

« Le lendemain matin, le page raconta à plusieurs de ses camarades l'action du favori : elle augmenta leur haine, et ils crurent avoir trouvé l'occasion de le perdre et de se débarrasser de lui. Dans ce dessein, ils se présentèrent devant le roi; l'un d'eux lui dit qu'ils avaient un avis de la plus haute importance à lui donner : « Quel est-il? » dit le roi.

« Ce jeune marchand, continua le page, qui a l'honneur d'approcher si souvent de votre majesté, et que vous avez élevé au-dessus de tous les seigneurs de la cour, a formé le dessein d'attenter à votre vie : nous l'avons vu hier soir tenant une épée nue à la main, et épiant le moment de se jeter sur vous. »

« Le roi changea de couleur à ce discours, et demanda aux pages s'ils avaient quelque preuve du dessein criminel qu'ils prêtaient à son favori. Le page qui portait la parole pour les autres répondit : « Si le roi veut ce soir faire semblant de dormir, et observer son favori, il verra de ses propres yeux la vérité de ce que nous lui avons dit. »

« Les pages allèrent ensuite trouver le favori, et lui dirent : « Le roi approuve fort votre zèle; il est très-satisfait de ce que vous avez fait hier; ce trait a encore augmenté la confiance qu'il avait en vous, et vous ne devez pas manquer d'agir de la même manière toutes les fois que la même circonstance se présentera. »

« La nuit suivante, le roi, s'étant retiré dans sa tente, fit semblant de dormir comme la veille, et attendit que le jeune homme parût pour exécuter le projet qu'il lui supposait. Il le vit bientôt s'avancer à l'entrée de la tente, et là mettre l'épée à la main. Le roi, transporté de colère, sans attendre davantage, ordonna qu'on le saisît, et lui dit : « Voilà donc la récompense de mes bontés; je t'ai témoigné une confiance particulière, et tu veux attenter à mes jours! »

« Deux des pages du roi s'avancèrent, et demandèrent s'il fallait trancher la tête au jeune marchand : « La précipitation, répondit le roi, est quelquefois dangereuse : on peut toujours punir un coupable, mais on ne peut rendre la vie à celui à qui on l'a ôtée. Il faut examiner toutes choses à loisir. » Le roi ordonna seulement qu'on conduisît le jeune homme en prison : il rentra dans la ville, et s'occupa d'autres affaires.

« Le lendemain, le roi alla encore à la chasse, et ne revint que le soir. Il semblait avoir oublié l'affaire du jeune marchand : les vizirs lui représentèrent qu'il était dangereux de tarder à punir en pareille circonstance; que l'espoir de l'impunité pouvait enhardir des ambitieux, et que déjà le peuple murmurait.

« Le roi sentit alors se ranimer sa colère : il ordonna qu'on lui amenât le jeune homme et qu'on lui tranchât la tête. On lui banda les yeux; l'exécuteur leva le glaive sur sa tête, et, s'adressant au roi, selon l'usage, lui demanda s'il devait frapper le coup mortel.

« Le roi, apercevant en ce moment un vieillard et une femme qui accouraient, les yeux baignés de larmes, et avec toutes les marques de la plus grande désolation, ordonna qu'on suspendît l'exécution, fit approcher ces inconnus, prit un papier que le vieillard lui présenta, et y lut à haute voix ces mots :

« Au nom du Dieu de bonté et de miséricorde, ne vous hâtez pas « de faire mourir ce jeune homme! Un excès de précipitation m'a « rendu cause de la mort de son frère, et maintenant je gémis de « sa perte. Si vous voulez une victime, faites-moi périr à la place « de celui-ci. »

« L'homme inconnu, qui était, comme on voit, le père du jeune marchand, était prosterné aux pieds du roi et fondait en larmes, ainsi que son épouse. Le roi, touché de ce spectacle, les fit relever, et dit au vieillard de raconter son histoire.

« Le roi eut à peine entendu quelques mots, qu'il poussa un cri, se leva de son trône, et se jetant au cou du vieillard, lui dit : « Vous êtes mon père! » Il embrassa ensuite sa mère, courut à son frère, lui arracha le bandeau de dessus les yeux et le serra dans ses bras. »

« C'est ainsi, ô roi! dit le jeune intendant en finissant, c'est ainsi que la précipitation du marchand lui causa bien des regrets, et que la sage lenteur de son fils l'empêcha de faire périr son frère, et lui fit retrouver son père et sa mère. Que votre majesté ne se hâte donc pas de me faire périr, de peur qu'elle ne se repente ensuite, et ne soit fâchée de ma mort. »

Le roi, ayant entendu l'histoire du marchand et de ses deux enfants, ordonna de nouveau de reconduire le jeune esclave en prison, et dit au vizir qu'il examinerait encore le lendemain cette affaire, et que ce retard n'empêcherait pas le coupable d'expier, par sa mort, le crime qu'il avait commis.

Le lendemain, qui était le troisième jour de la détention du jeune prince, le troisième vizir se présenta devant le roi. et lui dit : « O roi ! ne perdez pas de vue l'affaire de votre jeune intendant, et ne différez pas davantage le châtiment qu'il a mérité : son audace est connue de tous vos sujets, et l'on attend impatiemment sa punition. Faites-le périr au plus tôt, afin que l'on cesse de parler de cette affaire, et qu'on ne dise pas que le roi a trouvé un jeune homme dans l'appartement de la reine, et lui a pardonné un crime qui ne méritait pas de pardon. » Le roi, piqué de ces paroles, ordonna qu'on fît venir le jeune intendant chargé de chaînes, et lui dit : « Malheureux, tu as compromis mon honneur ; tu as porté atteinte à la réputation de la reine : il faut que je te fasse ôter la vie. »

« O roi ! reprit le jeune homme, attendez encore un peu pour venger l'injure que vous croyez avoir reçue : la patience est toujours utile, et souvent nécessaire ; elle adoucit les maux et procure quelquefois les plus grands avantages. Dieu ne manque jamais de récompenser la patience : c'est elle qui a tiré Abousaber du fond d'un puits pour le faire monter sur le trône. »

« Quel était cet Abousaber ? reprit vivement le roi ; raconte-moi son histoire. »

La sultane avait été réveillée par sa sœur plus tard que de coutume ; elle fut donc obligée de renvoyer au lendemain la suite de l'histoire des dix vizirs, au grand déplaisir du sultan et de Dinarzade, qui lui promit d'être dorénavant plus diligente.

CDLII^E NUIT.

HISTOIRE

D'ABOUSABER OU DE L'HOMME PATIENT.

IRE, dit le jeune homme, un riche fermier, nommé Abousaber, avait une femme et deux enfants. Ils demeuraient dans un village, qu'ils rendaient heureux par leur humanité et par les travaux qu'ils procuraient aux habitants : les uns cultivaient les terres d'Abousaber, les autres avaient soin de ses nombreux troupeaux.

« Un de ses gens revint un jour à la maison saisi d'effroi, et dit qu'il avait vu rôder un lion dans le voisinage. En effet, l'animal déchira le même jour quelques moutons ; il en fit autant le lendemain, et continuait tous les jours ses ravages ; les troupeaux d'Abousaber diminuaient rapidement et allaient être entièrement détruits. Sa femme, affligée d'un événement qui pouvait entraîner la ruine de leur fortune, lui dit au bout de quelques jours : « Mon ami, ce lion a déjà fait périr la plus grande partie de nos bestiaux ; monte à cheval, mets-toi à la tête de ta maison, cherche la retraite de ce féroce animal, et débarrasse-nous de ce fléau. »

« Ma femme, répondit Abousaber, prends patience : la patience est ici le parti le plus avantageux. Le lion, auteur de nos maux, est cruel, injuste et méchant : Dieu punit les injustes ; la malice du méchant retombe toujours sur lui, et la patience seule nous débarrassera de celui-ci. »

« Quelques jours après, le roi, étant à la chasse, rencontra le lion ; on le poursuivit, on l'entoura et on le tua. Abousaber, ayant appris cette nouvelle, dit à sa femme : « N'avais-je pas raison de te dire que la malice du méchant retombe sur lui ? Si j'avais voulu tuer moi-même ce lion, je n'aurais peut-être pas réussi : voilà l'avantage de la patience. »

« Quelque temps après, il se commit un assassinat dans le village qu'habitait Abousaber. Le roi, pour punir le village, le fit saccager et mettre au pillage : on enleva une grande partie de ce que possédait Abousaber. Sa femme lui dit alors : « Tous ceux qui sont auprès du roi te connaissent et sont convaincus de ton innocence ; présente une requête au roi, afin qu'il te rende tes biens. »

« Ma femme, répondit Abousaber, ne vous ai-je pas dit que le mal retombe toujours sur celui qui le fait? Le roi fait du mal, il en sera puni : quiconque prend le bien d'autrui doit se voir bientôt enlever le sien propre. »

« Un des voisins d'Abousaber, autrefois jaloux de son opulence, et qui était toujours son ennemi, entendit ces propos et en informa le roi. On enleva, par son ordre, tout ce qui restait à Abousaber, et on le chassa de sa maison avec son épouse et ses enfants.

« Comme ils s'avançaient dans la campagne, sans trop savoir où porter leurs pas, la femme d'Abousaber lui dit : « Tout ce qui nous arrive est l'effet de ta lenteur et de ta négligence. — Ma femme, répondit-il, aie patience : la patience est toujours récompensée. »

« A peine avaient-ils fait quelques pas, qu'ils furent rencontrés par des voleurs, qui leur enlevèrent le peu qu'ils avaient avec eux, les dépouillèrent de leurs habits, et emmenèrent leurs deux enfants. La femme d'Abousaber lui dit alors en pleurant : « Mon ami, laisse là tes idées; cours après les voleurs; peut-être auront-ils pitié de nous, et nous rendront-ils nos enfants. »

« Ma femme, répondait toujours Abousaber, aie patience; l'homme qui fait le mal en est toujours puni, et souvent le mal qu'il fait tourne contre lui. Si je cours après ces voleurs, l'un d'eux peut-être tirera son sabre, me tuera, et alors que deviendrais-tu? Aie patience, te dis-je : la patience est toujours récompensée. »

« En continuant leur route, ils arrivèrent à un village du Kerman[1], près duquel coulait une rivière : « Arrête-toi un instant, dit alors Abousaber à son épouse, afin que j'aille dans ce village m'informer de l'endroit où nous pourrons loger. » En disant ces mots, il laissa sa femme sur le bord de la rivière, et se rendit au village.

« Tandis qu'il était au village, un cavalier vint faire boire son cheval à la rivière; il vit la femme d'Abousaber, la trouva de son goût, et lui dit : « Montez avec moi, je vous épouserai et vous ferai un sort avantageux. — Je suis mariée, » répondit l'épouse d'Abousaber. Le cavalier, tirant alors son sabre, la menaça de la tuer si elle ne consentait pas à le suivre. La malheureuse, ne pouvant opposer de résistance, écrivit avec le bout du doigt sur le sable :

« O Abousaber! tu as perdu, par ta patience, ton bien, tes enfants,
« ta femme enfin, qui t'était plus chère que tout; te voilà seul, et
« nous verrons à quoi te servira ta patience. »

[1] Province de Perse.

« Le cavalier ne lui laissa pas le temps d'en écrire davantage : il la prit en croupe, et s'enfuit avec elle.

« Abousaber, étant de retour, et ne voyant pas sa femme, lut ce qui était écrit sur le sable. Il se mit à pleurer, et s'assit, accablé de chagrin : « Abousaber, dit-il en lui-même, c'est à ce moment qu'il faut plus que jamais t'armer de patience; mais peut-être tu es réservé à quelque épreuve encore plus rude. » Se levant ensuite, il marcha comme un homme égaré, et sans savoir où il allait. Il arriva dans un endroit où l'on faisait travailler les gens par corvée à bâtir un palais pour le roi.

« Aussitôt qu'on vit Abousaber, on le prit, et on lui dit de travailler avec les autres à bâtir le palais, ou qu'il allait être mis en prison pour toute sa vie. Abousaber se joignit aux ouvriers, et recevait par jour, pour tout salaire, un petit pain d'orge. Il travaillait ainsi depuis un mois, lorsqu'un de ses camarades se laissa tomber du haut d'une échelle et se cassa la jambe. Comme il criait et se lamentait, Abousaber s'approcha et lui dit : « Prends patience et ne pleure pas : la patience adoucira ton mal. — Et jusqu'à quand me faudra-t-il avoir patience? répondit brusquement l'ouvrier. — Aie toujours patience, reprit Abousaber; car la patience peut tirer un homme du fond d'un puits, et le faire monter sur le trône. »

« Le roi dont on bâtissait le palais était en ce moment par hasard à une fenêtre; il entendit les paroles d'Abousaber, en fut irrité, et ordonna qu'on le saisît. Il y avait dans le palais un puits, accompagné d'un vaste souterrain; le roi l'y fit descendre, et lui dit : « Insensé, tu vas voir maintenant si tu pourras sortir de ce puits et monter sur le trône. » Le roi revint le lendemain dire la même chose au malheureux Abousaber. Tous les jours il lui faisait donner un pain et lui répétait les mêmes paroles, auxquelles l'infortuné ne répondait rien.

« Le roi avait eu autrefois un frère contre lequel il avait conçu de la jalousie, et qu'il avait fait renfermer dans ce souterrain. Ce frère n'avait pu supporter long-temps l'ennui et la rigueur d'une telle captivité. Les grands du royaume, qui ignoraient sa mort, murmuraient d'une détention aussi longue, et taxaient le roi d'injustice; d'autres raisons se joignant à celle-ci, le mécontentement devint général : le roi ne fut plus regardé que comme un tyran; on se jeta un jour sur lui et on le tua.

« On alla aussitôt au souterrain, et on en fit sortir Abousaber que l'on prenait pour le frère du roi. La ressemblance qu'Abousaber avait réellement avec lui, le temps écoulé depuis que ce frère avait été renfermé, tout cela fit qu'on ne s'aperçut pas de l'erreur. Un des principaux seigneurs du royaume vint dire à Abousaber : « Nous nous sommes défaits de votre frère, dont la tyrannie était devenue insupportable, et vous allez régner à sa place. »

« Abousaber ne répondit rien, et reconnut que son élévation était la récompense de sa patience. On le revêtit des habits royaux et on le fit monter sur le trône. Abousaber fit régner avec lui la justice et l'équité; en se montrant généreux et bienfaisant, il gagna l'amour de ses sujets, et se fit obéir autant par amour que par devoir. Il ne négligeait pas les affaires du dehors; il avait soin de bien défendre ses frontières, et entretenait de nombreuses armées.

« Le roi qui avait fait enlever à Abousaber tout ce qu'il possédait, et qui l'avait chassé du village qu'il habitait, éprouva bientôt lui-même un sort pareil : un de ses voisins avec lequel il était en guerre entra dans son pays à la tête d'une armée considérable, s'empara de la capitale, et l'obligea de se dérober par la fuite à la cruauté du vainqueur.

« Ce roi fugitif, accompagné seulement de quelques officiers, vint à la cour d'Abousaber pour lui demander du secours. Ils se reconnurent à la première entrevue : « Tu vois, lui dit Abousaber, l'effet et la récompense de la patience : le Tout-Puissant te livre entre mes mains. »

« Abousaber ordonna qu'on dépouillât le roi fugitif et ses officiers de tout ce qu'ils avaient, leur fit ôter même leurs habits, et les chassa de ses états.

« Toute sa cour, l'armée et le peuple furent étonnés de ce traitement, qui paraissait si contraire à l'humanité qu'Abousaber avait montrée jusque-là, et n'en concevaient pas la raison. On se disait mutuellement : « Quelle est donc la conduite de notre souverain? Un roi voisin vient implorer son secours, et il le dépouille de tout! Ce n'est pas ainsi que les rois en agissent ordinairement. »

« Quelque temps après, Abousaber, ayant appris que des voleurs infestaient une province de ses états, envoya des troupes à leur poursuite : ils furent surpris, entourés et amenés devant lui. Il les reconnut pour les brigands qui lui avaient enlevé ses enfants. Il demanda au chef de la troupe où étaient les enfants qu'ils avaient enlevés tel jour, dans tel endroit; le chef des voleurs lui répondit :

« Sire, les voici parmi nous; les sentiments que nous avons remarqués en eux les mettent au-dessus de notre profession. Attachez-les à votre service; prenez aussi les richesses que nous avons amassées, et que nous sommes prêts à vous découvrir; nous renoncerons au métier de brigands, et nous combattrons dans vos armées pour la défense de l'empire. »

« Le roi donna ordre de faire entrer dans son appartement les deux jeunes gens. Il demanda ensuite au chef des voleurs où étaient leurs richesses. Le chef des voleurs lui indiqua les souterrains où elles étaient renfermées. Dès qu'il eut fait cette déclaration, le roi commanda qu'on lui tranchât la tête ainsi qu'à tous ses compagnons.

« Les sujets d'Abousaber murmurèrent de plus en plus contre lui : « Ce roi, disaient-ils, est encore plus injuste que son frère : ces voleurs ont découvert de grandes richesses, et offraient de renoncer à leurs brigandages; il fait grâce à deux d'entre eux, et fait mourir les autres! »

« A quelque temps de là, un cavalier vint se plaindre à Abousaber que sa femme repoussait ses caresses, et n'avait pour lui que du mépris : « Faites venir votre femme, lui dit le roi : il est juste que j'entende ses raisons. » Le cavalier sortit, et revint peu après avec son épouse. Abousaber l'eut à peine aperçue, qu'il ordonna qu'on la conduisît dans son appartement, et qu'on coupât la tête au cavalier.

« A ce nouvel arrêt, les grands et le peuple ne purent contenir leur indignation, et les murmures éclatèrent de toutes parts. Abousaber prit alors la parole, et dit :

« Grands de l'état, vizirs, et vous tous qui êtes ici présents, il est temps de vous découvrir la vérité, et de faire cesser tout à la fois et votre erreur sur ma personne, et l'étonnement que vous causent les jugements que je viens de rendre : je ne suis pas le frère de votre dernier roi. Étranger dans ces lieux, j'y venais chercher un asile; on s'empara de moi et on me fit travailler de force à la construction de ce palais. Un de mes compagnons de travail s'étant cassé la jambe, je l'exhortais à la patience en lui disant : « L'excellence de la patience est telle, qu'elle pourrait élever sur le trône un homme précipité au fond d'un puits. »

« Votre dernier roi m'entendit; il fut choqué de cette maxime, prétendit m'en prouver l'extravagance, et me fit descendre dans un puits. Vous m'en avez tiré pour me placer sur le trône; Dieu a voulu par là justifier la vérité de la maxime que mon prédécesseur traitait de folie, et récompenser la patience que j'ai montrée dans les malheurs que je vais vous raconter.

« Ce roi voisin qui venait implorer mon secours, et que j'ai renvoyé après lui avoir ôté tout ce qu'il avait, fut autrefois mon souverain. Il s'empara injustement de tous mes biens, et me chassa de mon pays : je n'ai fait qu'user envers lui de représailles, et lui faire subir la loi du talion.

« Les voleurs exécutés par mon ordre m'enlevèrent le peu que j'emportais dans mon exil, m'ôtèrent jusqu'à mes habits, et emmenèrent avec eux mes enfants. Ce sont ces deux jeunes gens que j'ai fait entrer dans le palais, et que vous avez regardés comme des voleurs à qui je faisais grâce. Quant aux brigands qui me les avaient enlevés, je ne pouvais avoir égard à leur repentir et à leurs protestations : ils avaient mérité plus d'une fois la mort, et n'étaient pas dignes de servir l'état.

« Le cavalier à qui on a tranché la tête me ravit ma femme, la seule consolation qui me restait : j'avais droit de la reprendre, et c'est elle que j'ai fait conduire dans l'intérieur du palais.

« Tels sont les motifs de la conduite que j'ai tenue dans ces dernières circonstances ; si elle vous a d'abord paru injuste et cruelle, vous devez maintenant reconnaître qu'elle est conforme aux règles de la justice et de la plus exacte équité. »

« Les grands du royaume, ayant entendu le discours d'Abousaber, se prosternèrent à ses pieds et lui demandèrent pardon des murmures qui leur étaient échappés ; ils lui témoignèrent leur admiration de la patience avec laquelle il avait supporté tant de maux, et lui protestèrent que ce qu'ils venaient d'apprendre ne faisait qu'augmenter leur attachement et leur amour pour lui. Abousaber les remercia, et s'empressa d'aller rejoindre sa femme et ses enfants. Il fit éclater la joie qu'il avait de les revoir, et dit à sa femme : « Tu vois les avantages et la récompense de la patience : ses fruits se font attendre ; mais ils sont aussi doux que ceux de la précipitation sont amers. »

« Ainsi donc, ô roi ! dit le jeune intendant à Azadbakht, quelles que soient votre grandeur et votre puissance, vous ne devez pas dédaigner de faire usage de la patience. »

L'histoire d'Abousaber, ou l'homme patient, avait un peu apaisé la colère d'Azadbakht : il donna ordre de reconduire le jeune homme en prison.

Le quatrième vizir, nommé Zouschad, se présenta devant le roi le quatrième jour, s'inclina profondément, et lui dit : « Sire, ne vous laissez pas séduire par les récits de votre jeune esclave ; tant qu'il vivra, vos sujets ne cesseront de s'entretenir de sa témérité, et vous ne pourrez jouir d'un repos assuré. — Tu as raison, vizir, dit le roi Azadbakht ; qu'on amène cet insolent, je vais lui faire trancher la tête. » Le jeune intendant fut aussitôt amené chargé de chaînes : « Malheureux, lui dit le roi, tu crois par tes discours me faire oublier ton forfait et éviter la mort par ton éloquence ; mais l'injure que tu m'as faite est trop grande pour que je puisse en perdre le souvenir, et je veux la laver aujourd'hui dans ton sang. »

« Sire, répondit le jeune homme, ma vie est entre vos mains : vous pouvez en disposer quand vous voudrez ; mais attendez encore un peu : la précipitation est le défaut de la multitude ; la patience est la vertu des souverains ; plus leur puissance est grande, plus ils doivent en user avec prudence : d'un mot vous pouvez trancher le fil de mes jours ; mais vous ne pourrez le renouer, si par hasard vous éprouvez dans la suite quelques regrets. L'histoire du prince Behezad renferme plusieurs traits qui montrent bien les dangers de la précipitation. — Hé bien ! dit Azadbakht, je consens à t'entendre encore raconter cette histoire. »

HISTOIRE

DU PRINCE BEHEZAD.

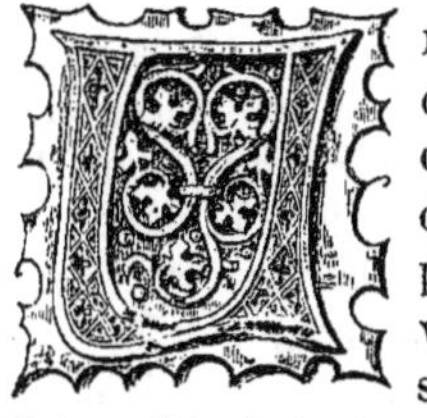

N roi de Perse, sire, continua le jeune intendant, avait un fils d'une beauté si accomplie, qu'il passait pour un prodige, et que personne dans toute la Perse ne pouvait lui être comparé. Ce jeune prince, dont l'imagination était vive et l'esprit ardent, aimait les gens instruits, surtout ceux qui avaient parcouru divers pays ; il leur faisait toutes sortes de questions et causait familièrement avec eux.

« Un jour qu'il avait réuni un grand nombre de négociants et de voyageurs, plusieurs d'entre eux s'entretenaient près de lui de sa beauté ; il prêta l'oreille à leur conversation, et entendit ces paroles :

« Le prince Behezad est le plus bel homme de toute la Perse ; mais il y a dans le Turquestan [1] une princesse qui passe pour la plus belle du monde. »

« Ce peu de mots piquèrent vivement la curiosité de Behezad ; il se tourna du côté du marchand qui parlait ainsi, et lui demanda quelle était la princesse dont il venait de faire l'éloge : « Prince, répondit le marchand, c'est la fille du roi du Turquestan : tous ceux qui ont été dans ce pays ont entendu vanter comme moi sa beauté, et l'on dit que les qualités de son esprit ne le cèdent pas aux charmes de sa personne. »

[1] Pays d'Asie, dans la grande Tartarie.

« Ces paroles firent une telle impression sur le cœur du prince Behezad, qu'il conçut aussitôt une violente passion pour la princesse : sa santé s'altéra, son visage devint pâle, et il tomba dans une mélancolie que rien ne pouvait dissiper. Le roi, son père, s'aperçut de ce changement et lui en demanda la cause. Le prince se troubla, rougit, céda aux instances de son père et lui fit l'aveu de sa passion.

« Pourquoi, lui dit alors le roi, t'abandonner à la tristesse, et te laisser ainsi consumer inutilement? La princesse dont tu es amoureux peut devenir ton épouse. Je vais la demander pour toi au roi, son père : ma puissance est égale à la sienne, et j'espère qu'il ne dédaignera pas notre alliance. »

« Dès que Behezad eut conçu l'espoir d'obtenir l'objet de sa passion, l'impatience succéda chez lui à l'abattement. Le roi de Perse envoya sur-le-champ des ambassadeurs au roi de Turquestan pour lui demander sa fille, en le priant de régler lui-même les conditions du mariage avec le prince de Perse. Le roi du Turquestan consentit à donner sa fille au prince, à condition qu'il recevrait six cent mille pièces d'or.

« Le roi de Perse envoya aussitôt tout ce qui se trouvait dans son trésor, et fit dire au roi du Turquestan qu'il enverrait incessamment chercher la princesse, et qu'il lui ferait remettre alors le reste de la somme. Il fit part de tout cela au prince Behezad, et lui dit : « Tu es maintenant assuré de posséder la princesse : il ne reste plus qu'une somme assez modique à payer à son père; je l'aurai bientôt rassemblée, et j'enverrai aussitôt chercher la princesse. »

« Ce retard rend le jeune prince furieux : il quitte brusquement son père, prend son épée, sa lance, monte à cheval, sort du palais et s'éloigne de la capitale. Il marche ainsi pendant plusieurs jours, et quitte le royaume de son père, dans le dessein d'attaquer une caravane et de se procurer ainsi plus promptement l'argent qui restait à payer pour compléter la dot de la princesse.

« Ce projet insensé eut l'issue qu'il devait naturellement avoir : Behezad, en attaquant une caravane, éprouva une résistance à laquelle il ne s'était pas attendu; il fut entouré, fait prisonnier et conduit devant le roi du Khorassan. Ce roi, frappé de la bonne mine du prince, ne voulut pas croire que ce fût un voleur : il l'engagea d'avouer qui il était, et pourquoi il s'était porté à cet excès.

« Behezad eut honte de se faire connaître, et aimant mieux mourir que de déshonorer son nom, protesta au roi qu'il n'était qu'un voleur et un brigand. Le roi, toujours persuadé, malgré cela, que ce jeune homme ne pouvait être un voleur, le fit conduire en prison, espérant découvrir un jour qui il était, et lui donna quelqu'un pour le servir.

« Quelque temps après, le bruit se répandit que le prince Behezad avait disparu. Le roi, son père, écrivit à tous ses voisins pour en apprendre des nouvelles, et leur fit en même temps la peinture du jeune prince. Le roi du Khorassan reconnut aussitôt que le jeune homme qu'on lui avait amené comme un voleur, et qu'il retenait en prison, était le prince Behezad. Il le fit venir, et lui montra la lettre du roi, son père.

« Behezad parut confus, et raconta au roi du Khorassan son aventure. Le roi lui représenta le danger auquel il s'était exposé par une conduite aussi étourdie, et lui fit sentir combien il était heureux que lui-même se fût conduit avec autant de prudence, et ne lui eût pas fait subir sur-le-champ la punition qu'il semblait mériter. Il le fit ensuite revêtir d'un habillement magnifique, et lui offrit la somme qui manquait encore à la dot de la princesse. Behezad l'ayant acceptée, le roi du Khorassan lui dit qu'il allait envoyer des ambassadeurs au roi de Perse, pour l'informer de ce qui s'était passé, et calmer son inquiétude. Il lui demanda en même temps s'il voulait les accompagner, et retourner à la cour de son père. Behezad, trop empressé d'obtenir la princesse pour songer à retourner alors en Perse, pria le roi du Khorassan de mettre le comble à ses bontés en lui permettant de se rendre directement à la cour du Turquestan :

« Si je retourne auprès de mon père, ajouta-t-il, il me faudra attendre qu'il envoie chercher la princesse, et que les envoyés soient de retour. Tout cela demandera bien du temps : je suis ici sur la route du Turquestan, j'y serai bientôt arrivé, et je recevrai sa main à la cour du roi, son père. »

« Le roi du Khorassan se mit à rire, et fut étonné de l'humeur vive et de l'impatience du jeune prince : « Je crains pour vous, lui dit-il, les suites de cette vivacité; Prenez garde qu'elle ne soit un obstacle à votre bonheur, et ne vous empêche d'obtenir l'objet de vos vœux. » Il lui fit ensuite remettre l'argent dont il avait besoin pour son voyage, le chargea de lettres de recommandation pour le roi du Turquestan, et lui donna une suite digne de son rang et de la circonstance.

CDLIII^E NUIT.

« Le prince, transporté de joie, se mit aussitôt en chemin. Il faisait la plus grande diligence, marchait nuit et jour et ne s'arrêtait que le temps nécessaire pour laisser prendre de la nourriture aux hommes et aux chevaux. Quelque court que fût ce temps, Behezad le trouvait encore trop long.

« Le roi du Turquestan, prévenu de l'arrivée du prince Behezad, envoya au-devant de lui les principaux seigneurs de sa cour, le fit loger dans un magnifique palais qui touchait au sien, et ordonna qu'on préparât tout pour le mariage de sa fille. Deux jours paraissaient indispensables pour les préparatifs; mais ce délai semble un siècle à l'amoureux Behezad : il veut absolument voir la princesse et cherche tous les moyens de satisfaire son ardeur impatiente; mais les usages de la cour du Turquestan, la vigilance de la reine, qui ne quitte pas la princesse et la tient soigneusement renfermée, rendent inutiles les diverses tentatives du prince.

« Le troisième jour, qui avait été fixé pour la cérémonie du mariage, étant enfin arrivé, le prince apprend que son appartement n'est séparé de celui de la princesse que par un mur; il l'examine avec attention, aperçoit une légère ouverture et y applique ses yeux.

« On était alors occupé de la toilette de la mariée; sa mère, s'étant aperçue que quelqu'un la regardait, prit deux fers chauds des mains des femmes qui arrangeaient ses cheveux, les introduisit dans l'ouverture et creva les yeux du prince. La douleur lui fit pousser un cri perçant; il tomba sans connaissance. Ses gens accourent à son secours, le relèvent, le rappellent à la vie, et lui demandent quel accident l'a réduit en cet état. Son malheur lui fait alors reconnaître son défaut : « C'est mon impatience, répondit-il en soupirant : dans quelques instants j'allais posséder et contempler à mon aise celle qui devait me rendre heureux; je n'ai pu attendre quelques instants; mes yeux ont voulu jouir d'avance du plaisir de la voir : ils en sont punis par la privation de la lumière. »

« C'est ainsi, ô roi! ajouta le jeune intendant, que l'impatience de Behezad lui fit perdre l'espoir d'être heureux au moment où il allait le devenir, et que la précipitation de celle qui devait être sa belle-mère la rendit elle-même l'instrument du malheur de ce prince. Considérez donc les funestes conséquences de ces défauts, et ne vous hâtez pas de me faire mourir. »

Azadbakht, ayant entendu l'histoire de Behezad, ou du prince impatient, parut réfléchir profondément : il congédia l'assemblée, et fit reconduire en prison le prévenu.

Le cinquième vizir, nommé Geherbour, se présenta le lendemain devant le roi, se prosterna humblement, et lui dit : « Sire, si vous aviez vu un de vos sujets porter un œil indiscret dans l'intérieur de votre palais, ou si seulement vous entendiez dire que quelqu'un eût eu cette audace, vous croiriez devoir lui faire arracher les yeux. Quel traitement devez-vous donc faire éprouver à celui que vous avez trouvé au milieu de votre appartement, couché sur votre lit royal, à un vil esclave qui a voulu attenter à l'honneur de la reine? Comment pouvez-vous différer de punir un tel crime, et laisser vivre un instant le coupable? Hâtez-vous de laver cet affront dans son sang. Ce conseil, sire, m'est dicté par l'amour de mon devoir, et par mon attachement pour vous; il s'agit de maintenir le respect qui vous est dû, et d'assurer la tranquillité de l'état : prolonger plus long-temps l'existence d'un tel crime, c'est porter atteinte à l'un et à l'autre. »

Azadbakht sentit alors se réveiller en lui le ressentiment de l'affront qu'il croyait avoir reçu, et se reprocha de n'être pas encore vengé. Il ordonna qu'on préparât tout pour le supplice, et qu'on amenât le jeune homme. « Malheureux, lui dit-il en le voyant, j'ai trop long-temps différé ta punition; ce retard compromet ma tranquillité et celle de l'état : tu vas subir le châtiment que tu as mérité par ton crime. »

« Je n'ai pas commis de crime, répondit le jeune intendant avec assurance, et ne crains pas pour ma vie : cette crainte est faite pour le coupable; lui seul doit redouter la punition, et quoiqu'il ait long-temps survécu à son crime, il éprouve enfin le sort du roi Dadbin et de son vizir. »

« Je ne connais pas cette histoire, dit Azadbakht. »

HISTOIRE

DU ROI DADBIN OU DE LA VERTUEUSE AROUA.

Sire, continua le jeune intendant, un roi de Tarabestan[1], nommé Dadbin, avait deux vizirs, dont l'un s'appelait Zourghan et l'autre Cardan. Zourghan avait une fille qui passait non-seulement pour la plus belle personne de son temps, mais même pour la plus sage et la plus vertueuse. Ces qualités étaient soutenues en elle par une grande piété : elle pratiquait tous les exercices de la religion, observait exactement les jeûnes, et vaquait souvent à la prière.

« Le roi Dadbin, ayant entendu parler de la beauté et des vertus d'Aroua (c'était le nom de cette personne si rare), envoya chercher le vizir, son père, et la lui demanda en mariage. Le vizir, à cette demande, se prosterna devant le roi, lui témoigna qu'il serait très-honoré de cette alliance, et le pria de permettre seulement qu'il en parlât à sa fille. Le roi y consentit, à condition qu'il lui rapporterait sur-le-champ la réponse.

« Aroua, ayant appris le dessein du roi, dit à son père : « Mon père, je ne me sens aucun goût pour le mariage ; mais si vous voulez me donner un époux, choisissez-le dans un rang inférieur au vôtre ; étant au-dessous de moi par la naissance et les richesses, il aura pour moi plus d'égards et ne prendra pas d'autre femme. Un souverain, au contraire, me préfèrera bientôt une rivale ; je serai dédaignée et traitée comme une esclave. »

« Cette réponse, portée au roi, ne fit qu'augmenter son ardeur et son impatience : « Assurez votre fille, dit-il à Zourghan, que je l'aimerai toujours. Au reste, la passion qu'elle m'inspire est telle, que, si vous ne consentez à me la donner, j'emploierai pour l'obtenir la force et la violence. »

« Zourghan fit part à sa fille des sentiments et des menaces du roi : « Mon père, dit alors Aroua, le roi veut déjà me faire sentir son pouvoir et sa tyrannie ; que serait-ce donc lorsque je serais devenue son épouse? Dites-lui que je suis liée par un vœu religieux, et que je ne puis absolument me marier. »

« Dadbin, en apprenant cette dernière résolution, fit éclater sa

[1] Province de Perse : l'ancienne Hyrcanie.

colère et menaça son vizir de lui faire trancher la tête s'il ne lui donnait sa fille.

« Zourghan, effrayé, retourne promptement chez lui et fait quelques instances auprès de sa fille ; mais, voyant qu'il ne peut vaincre sa répugnance, il cède à la tendresse paternelle et se détermine à fuir avec elle. Ils montent à cheval, et, suivis de quelques esclaves, ils prennent ensemble le chemin du désert.

« Aussitôt que Dadbin fut instruit de leur évasion, il se mit à leur poursuite, accompagné d'un grand nombre de cavaliers. Zourghan et sa fille sont atteints et arrêtés ; le roi fond avec fureur sur Zourghan, lui décharge sur la tête un coup de sa masse d'armes, et l'étend à ses pieds ; il emmène Aroua, la conduit dans son palais et la force d'accepter une main encore teinte du sang de son père.

« Aroua, quoique au désespoir de la mort de son père, et indignée de la violence que le roi lui faisait, souffrit son malheur avec patience et résignation ; elle redoubla de piété, et passait une partie des jours et des nuits à prier.

« Cependant le roi Dadbin fut obligé de faire un voyage dans une province de ses états, où sa présence était nécessaire ; avant de partir il fit venir le vizir Cardan, et le chargea de gouverner pendant son absence : « Ce que je te recommande par-dessus tout, lui dit-il ensuite, c'est de veiller sur Aroua : tu sais que pour l'obtenir il m'a fallu employer la force ; elle est ce que j'ai de plus cher au monde ; prends garde que ce trésor ne m'échappe. » Cardan, flatté de la confiance du roi, l'assura qu'il pouvait compter sur son zèle et sur sa vigilance.

« Après le départ du roi Dadbin, Cardan fut curieux de voir celle dont la garde lui était confiée ; il profita de l'autorité qu'il avait sur tout ce qui entourait la reine, et se cacha dans un endroit favorable à son dessein. Il fut ébloui de la beauté d'Aroua, et en devint tellement amoureux, qu'il en perdit le repos et la raison. Il résolut de lui faire connaître ses sentiments, et lui écrivit en ces termes :

« Madame, l'amour que j'ai conçu pour vous me consume ;
« c'en est fait de ma vie si vous n'avez pitié du malheureux
« Cardan. »

« La reine, outrée de l'insolence de ce billet, le renvoya sur-le-champ avec cette réponse :

« Le roi vous a honoré de sa confiance : tâchez de la mériter et
« soyez aussi fidèle que vous voulez le paraître. Songez aussi à votre
« épouse, et ne trahissez pas l'amour que vous lui devez. Si vous
« me tenez encore une fois le même langage, je dévoilerai votre

« honte et vous démasquerai aux yeux du public, en attendant que « le roi punisse votre perfidie. »

« Cette lettre fut un coup de foudre pour Cardan; il sentit qu'il lui serait impossible de séduire la reine, et craignit qu'elle ne rendît compte au roi de ce qui s'était passé : « La reine peut me perdre, dit-il en lui-même; il faut que je la prévienne et que je cherche un moyen de la perdre elle-même, et d'empêcher que le roi ne prête l'oreille à ce qu'elle pourrait lui dire. »

« Cardan, ayant formé cette résolution, alla au-devant du roi dès qu'il fut informé de son retour. Dadbin lui fit d'abord quelques questions sur les affaires de l'état; Cardan y satisfit et ajouta aussitôt : « Vous voyez, sire, que la tranquillité a été maintenue et la justice exactement rendue pendant votre absence. Un seul événement pourra vous affliger, et je n'ose vous en rendre compte; cependant j'ai lieu de craindre que vous ne l'appreniez par d'autres, et que vous ne me reprochiez d'avoir manqué à la confiance que vous m'avez témoignée. »

« Parle librement, dit le roi : je connais ton attachement pour moi et ton amour pour la vérité; je n'aurais pas dans un autre autant de confiance que j'en ai en toi. »

« Sire, continua Cardan, cette épouse que vous aimez tant, que vous préférez à toutes ses rivales, dont vous admirez la douceur, la modestie, la piété, qui jeûne et prie avec tant d'exactitude, vient de montrer que tous ces beaux dehors ne sont chez elle que fausseté et hypocrisie, et cachent une âme vile et corrompue. — Comment, dit le roi en frémissant, et que veux-tu dire? »

« Sire, continua le perfide Cardan, peu de jours après le départ de votre majesté, une femme de la reine vint me chercher secrètement, et m'introduisit dans un cabinet qui donnait dans l'appartement d'Aroua. Je la vis étendue sur un sofa près d'Aboukhaïr, ce jeune esclave qui appartenait à son père, et que vous avez comblé de bienfaits; ils s'entretenaient familièrement ensemble, et se donnaient mutuellement toutes les marques de la plus vive tendresse. »

« C'en est assez, vizir, interrompit le roi Dadbin, je te charge de faire étrangler Aboukhaïr; mais je veux ordonner moi-même le juste châtiment de la perfide. »

« Le roi, de retour dans son palais, envoya chercher le chef de ses eunuques : « Va, lui dit-il, dans l'appartement de la reine, et apporte-moi sa tête. — Quoi! sire, s'écria le chef des eunuques, touché de compassion et entraîné par un mouvement involontaire, vous voulez faire périr Aroua! Sans doute elle est bien coupable à vos yeux; mais ne peut-elle pas être victime de la calomnie? Au lieu de verser son sang, faites-la plutôt transporter dans un désert : si elle est coupable, elle y périra; mais si elle est innocente, Dieu lui conservera la vie. »

« Le roi approuva le raisonnement du chef des eunuques, appela un esclave et lui ordonna de faire monter aussitôt Aroua sur un chameau, et de la conduire au milieu d'un désert. L'ordre fut exécuté, et Aroua fut laissée seule, sans eau et sans provisions, au milieu d'une immense solitude.

« L'infortunée princesse, se voyant dans cette affreuse position, ne songea qu'à se préparer à la mort : elle monta sur une petite colline, dressa un autel, en plaçant quelques pierres l'une sur l'autre, et se mit à prier et à implorer la miséricorde de Dieu. Elle vit bientôt s'avancer vers elle un homme qui lui était inconnu.

« C'était un des esclaves du roi Chosroès, chargé du soin de garder ses chameaux; plusieurs de ces animaux s'étant égarés, le roi l'avait menacé de le faire périr s'il ne les retrouvait pas : il s'était enfoncé dans le désert pour les chercher, et, ayant aperçu de loin une femme, il avait été curieux de la voir de plus près. Il s'approcha donc d'Aroua, attendit qu'elle eût fini sa prière, la salua poliment et lui demanda qui elle était, et ce qu'elle faisait dans cette solitude: « Je suis, lui répondit-elle, une servante du Seigneur, occupée uniquement à le prier et à le servir. »

« Le conducteur de chameaux, frappé de la beauté de la princesse, lui proposa de l'épouser, en lui promettant d'avoir pour elle toutes sortes d'égards et de complaisances : « Je ne puis, répondit la princesse, appartenir à d'autre qu'à Dieu; mais si vous voulez avoir pitié de ma situation et me rendre un service, conduisez-moi dans un lieu qui ne soit pas entièrement dépourvu d'eau. »

« L'esclave fit monter Aroua sur son chameau, et la conduisit sur le bord d'un ruisseau qu'il avait remarqué en traversant le désert. Il lui exposa ensuite la peine dans laquelle il était lui-même, et la pria d'adresser des vœux au Ciel pour lui faire retrouver les chameaux qu'il avait perdus. La princesse le lui promit, et se mit aussitôt en prière. L'esclave s'en retourna, pénétré d'admiration pour tant de vertus et de piété, et retrouva bientôt ses chameaux.

« De retour auprès de Chosroès, l'esclave lui rendit compte de son aventure, et lui vanta la beauté de la jeune solitaire. Le roi de Perse, Chosroès, curieux de voir une personne aussi extraordinaire, sortit secrètement de son palais avec une suite peu nombreuse, et se fit conduire à l'endroit où était Aroua. Il fut étonné de sa beauté, et trouva qu'elle était encore beaucoup au-dessus de la peinture que lui en avait faite l'esclave. Il la salua respectueusement, et lui dit :

« Je suis le roi des rois, le grand Chosroès ; je viens vous offrir mon cœur et ma main. »

« Comment, lui répondit Aroua, votre majesté pourrait-elle abaisser ses regards sur une infortunée séparée du reste du monde?
— Je vous ai vue, reprit Chosroès, et désormais je ne puis vivre sans vous : si vous ne consentez à devenir mon épouse, je vais fixer ma demeure dans ce désert, me ranger sous votre obéissance, et me consacrer avec vous au service de Dieu. »

« Chosroès fit aussitôt dresser deux tentes, l'une pour lui et l'autre pour Aroua. Il se retira dans la sienne, et fit porter à la jeune solitaire la nourriture dont elle avait besoin.

« Aroua fut sensible à la délicatesse d'une telle conduite, et sentit tout le prix des sacrifices que lui faisait le roi de Perse. Elle réfléchit à la perte qu'allaient faire ses sujets, et à la désolation de sa famille, et s'efforça de le détourner de sa résolution, en parlant ainsi à l'esclave qui lui apportait à manger :

« Représentez au roi, de ma part, qu'il ne doit pas abandonner pour moi le soin de ses états, et s'arracher à la tendresse de tout ce qui l'entoure; qu'il retourne dans son palais près de ses femmes et de ses enfants. Quant à moi, rien ne m'attache plus au monde; le titre de reine ne saurait me toucher, et je dois rester en ces lieux pour y vaquer à la prière. »

« L'esclave s'étant acquitté de la commission dont il était chargé, le roi fit répondre qu'aucune considération n'était capable de changer sa résolution, et qu'il ne pouvait rien faire de mieux que de renoncer lui-même au monde. Aroua, voyant que le roi était inébranlable, ne crut pas devoir résister plus long-temps ; elle adora les desseins de la Providence, qui veillait sur elle pour venger son innocence et faire triompher sa vertu :

« L'intérêt de vos peuples, dit-elle à Chosroès, me fait un devoir de céder à vos désirs; je consens à devenir votre épouse, mais à condition que vous donnerez ordre au roi Dadbin, votre vassal, de se rendre à votre cour avec son vizir Cardan et le chef de ses eunuques. L'entretien que je veux avoir avec eux, en votre présence, vous apprendra des choses que vous ne devez pas ignorer. »

CDLIV^{e} NUIT.

« Chosroès ne put s'empêcher de témoigner à Aroua la surprise que lui causait cette demande ; elle lui fit alors un récit simple et fidèle de ses infortunes. Chosroès en fut vivement touché, et lui promit de venger son innocence, et de punir les crimes du roi Dadbin. Il fit venir une litière magnifique, et ils prirent ensemble le chemin de la capitale. Aroua fut conduite dans un palais somptueux, et reçut le titre de reine.

« Aussitôt après son retour, Chosroès envoya ordre au roi Dadbin de se rendre près de lui, accompagné de son vizir Cardan et du chef de ses eunuques. L'officier chargé de cette commission était suivi d'un nombreux corps de troupes, et devait ramener avec lui le roi Dadbin. Celui-ci fut consterné d'un ordre dont il ne pénétrait pas le motif, et son vizir n'était pas moins inquiet que lui Ils furent obligés de se mettre en marche sur-le-champ, et de faire la plus grande diligence.

« Arrivés à la cour de Perse, on les fit entrer aussitôt dans la salle où le roi donnait ses audiences ; des esclaves y apportèrent un trône sur lequel était assise Aroua, cachée par des rideaux qui l'entouraient. On plaça ce trône à côté de celui de Chosroès. Aroua tira alors le rideau qui était devant elle, et, s'adressant à Cardan :

« C'est toi, je n'en puis douter, lui dit-elle, qui, abusant de la crédulité de mon époux, m'as fait chasser honteusement de son palais. Le mensonge est ici inutile ; rends hommage à la vérité, et dis quel motif t'avait fait conjurer ma perte. »

« Cardan, confondu, baissa les yeux et répondit en pleurant : « La reine fut toujours sage et vertueuse ; je suis le seul coupable. Un amour criminel qu'elle a repoussé avec indignation, et la crainte que le roi n'en fût instruit, m'ont porté à la calomnier. Le mal retombe toujours sur celui qui l'a fait, et mon arrêt est depuis long-temps écrit sur mon front. »

« Comment, malheureux ! s'écria Dadbin en se frappant le visage, tu as trahi ma confiance et tu m'as fait sacrifier, par tes infâmes mensonges, une épouse qui m'était si chère ! Quelle mort, quels tourments un tel forfait ne mérite-t-il pas ! »

« Cardan, reprit aussitôt Chosroès, n'est pas ici le seul coupable : toi-même, Dadbin, tu mérites la mort pour avoir si légèrement ajouté foi à la calomnie, et puni ton épouse avec tant de précipitation : si tu eusses examiné, recherché la vérité, tu aurais découvert facilement le mensonge et distingué l'innocent du coupable. »

« Chosroès, s'adressant ensuite à Aroua, lui dit : « Soyez ici juge, princesse, et prononcez leur arrêt. »

« Sire, répondit Aroua, Dieu les a jugés lui-même : CELUI QUI DONNE INJUSTEMENT LA MORT SERA CONDAMNÉ A MORT; CELUI QUI MALTRAITE SERA MALTRAITÉ, ET CELUI QUI FAIT LE BIEN EN RECEVRA LA RÉCOMPENSE. Dadbin a tué injustement d'un coup de masse d'armes un père que je chérissais; son sang crie vengeance, et je dois entendre sa voix. Par les artifices du vizir Cardan, j'ai été abandonnée au milieu d'un désert : il est juste qu'il éprouve le même sort. S'il est coupable aux yeux de Dieu, il y périra de faim et de soif; et s'il pouvait être innocent, il serait préservé de la mort comme je l'ai été moi-même. Quant au chef des eunuques, il s'est montré sensible et compatissant, en conseillant au roi de ne pas me faire trancher la tête : sa conduite mérite des récompenses, et il serait à souhaiter que les rois n'accordassent leur confiance qu'à des hommes de ce caractère. »

« Chosroès fit aussitôt assommer le roi Dadbin d'un coup de masse d'armes, et donna ordre de faire monter Cardan sur un chameau, et de le conduire au milieu des déserts. Il fit ensuite approcher le chef des eunuques, le revêtit d'une robe d'honneur, et lui donna un emploi distingué.

« C'est ainsi, ô grand roi! ajouta le jeune intendant, que celui qui fait mal est toujours puni; mais celui qui est innocent ne doit rien craindre. Je n'ai commis aucun crime : j'espère que Dieu vous fera découvrir la vérité, et confondra la malice et la méchanceté de mes ennemis. »

L'histoire du roi Dadbin et de son vizir Cardan avait fait impression sur le roi Azadbakht. Il sentait s'élever dans son esprit des doutes, des soupçons, et il résolut de remettre encore au lendemain la punition du coupable.

La sage lenteur du roi Azadbakht irritait de plus en plus ses dix vizirs contre le jeune homme; ils étaient piqués de ne pouvoir réussir à se défaire de lui, et craignaient que ces retards ne leur devinssent funestes. Le lendemain, trois d'entre eux se présentèrent ensemble devant le roi, se prosternèrent à ses pieds, et lui dirent, par l'organe de l'un d'eux : « Sire, l'intérêt de l'état, et notre attachement pour votre personne, nous obligent à vous conseiller de ne pas épargner plus long-temps ce jeune esclave. A quoi bon, en effet, le laisser vivre plus long-temps? On s'étonne que son audace ne soit pas encore punie, et chaque jour il se répand de nouveaux bruits injurieux pour l'honneur de votre majesté. »

Azadbakht, reconnaissant que ses trois vizirs avaient raison, envoya chercher le jeune intendant, et lui dit : « J'ai beau différer de prononcer ton arrêt, tout le monde demande ta mort, et personne ne se présente pour prendre ta défense. »

« Sire, reprit sans s'effrayer le jeune homme, ce n'est pas des hommes que j'attends du secours, mais de Dieu : si Dieu est pour moi, je n'ai rien à redouter. Tous ceux qui mettent ailleurs leur confiance éprouvent le sort qu'éprouva long-temps le roi Bakhtzeman. »

« Cette histoire doit être édifiante, dit Azadbakht, je ne puis refuser de t'entendre. »

HISTOIRE

DU ROI BAKHTZEMAN.

E jeune homme continua ainsi : « Sire, le roi Bakhtzeman, fier de sa puissance et de l'éclat qui l'environnait, croyait n'avoir rien à craindre de l'inconstance de la fortune et de la fragilité des choses humaines : plein de confiance dans ses propres forces, il ne pensait pas à implorer dans ses entreprises le secours du Ciel ; entraîné par ses passions, il se reposait sur son vizir du soin des affaires, vivait dans la mollesse, et se livrait entièrement à la joie et aux plaisirs.

« Un des rois voisins, profitant de cette conduite, se jeta sur une des provinces de l'empire et s'en empara. Le grand vizir, en rendant compte de cet événement à Bakhtzeman, lui témoignait quelque inquiétude sur les suites qu'il pouvait avoir : « Faites avancer toutes mes troupes de ce côté-là, lui dit le roi avec confiance; levez-en, s'il le faut, de nouvelles; mettez de nombreuses garnisons dans les places fortes; encouragez mes soldats par des largesses; tâchez de corrompre ceux de l'ennemi. J'ai des trésors considérables, vous pouvez prendre tout l'argent dont vous aurez besoin pour la défense de l'empire. »

« Sire, répliqua le vizir, je n'ai négligé aucun des moyens que la prudence humaine peut suggérer; mais ces moyens ne réussissent pas toujours; Dieu est le maître des événements et peut seul donner la victoire : il faut que votre majesté ait recours à lui et implore son assistance. »

« Bakhtzeman ne fit aucune attention à ces sages remontrances. L'ennemi triompha de tous les obstacles qu'on lui avait opposés, et Bakhtzeman fut obligé de prendre la fuite. Il se retira chez un roi qui était son allié, et lui demanda du secours pour rentrer dans ses états. Ce roi généreux lui donna une somme d'argent considérable et un grand nombre de troupes. Bakhtzeman se réjouit, et dit en lui-même : « Avec de telles forces, je ne puis manquer de triompher. »

« Plein de cette confiance, Bakhtzeman marche à la rencontre de l'ennemi ; mais la victoire se déclara de nouveau en faveur de l'usurpateur : l'armée de Bakhtzeman fut mise en déroute, et il ne dut lui-même son salut qu'à la vitesse et à la vigueur de son cheval, qui, ayant traversé à la nage un fleuve très-large qui se trouvait sur son chemin, le porta heureusement sur la rive opposée.

« Non loin de ce fleuve était une ville considérable défendue par un château bien fortifié. Cette ville appartenait au roi Khadidan. Le roi fugitif se rendit à sa cour, et se fit annoncer comme un officier versé dans le métier de la guerre, qui demandait du service dans ses armées. Khadidan se sentit, en le voyant, prévenu en sa faveur. Il le reçut avec distinction, et lui donna un emploi honorable. Peu après, il s'attacha davantage à lui, et le combla d'honneurs et de présents. Bakhtzeman se serait trouvé heureux, s'il eût pu ne pas songer à ce qu'il avait été, et oublier la perte de son royaume.

« Le roi Khadidan eut dans ce temps-là une guerre à soutenir contre un de ses voisins. Il mit en campagne une armée formidable, s'arma lui-même de pied en cap, prit en main sa lance et marcha à la tête des siens. Il avait confié à Bakhtzeman le commandement de l'avant-garde. La bataille se donna : Khadidan et Bakhtzeman se conduisirent en chefs expérimentés, et firent des prodiges de valeur. Les officiers et les soldats, animés par leur exemple, montrèrent un courage et une intrépidité extraordinaire : l'ennemi fut entièrement défait et dispersé.

CDLV[e] NUIT.

« Bakhtzeman, après la bataille, élevait jusqu'aux cieux les exploits de Khadidan, et la bravoure qu'il avait montrée en s'exposant au danger comme un simple soldat : « Sire, lui disait-il, avec autant de valeur et d'habileté, et secondé par de telles troupes, vous êtes sûr de triompher de tous vos ennemis. — Comment, lui répondit Khadidan, tu te vantes d'être instruit et expérimenté, et tu crois que la victoire dépend du nombre ou de la valeur des hommes? — Oui, sire, répondit le roi détrôné, telle fut toujours mon opinion. »

« Tu te trompes grossièrement, reprit avec vivacité Khadidan : malheur, et trois fois malheur à quiconque met sa confiance en tout autre qu'en Dieu ! L'armée la plus nombreuse et la plus formidable en apparence n'est qu'un pompeux appareil, un attirail imposant que dissipe le souffle de celui qui peut seul donner la victoire. Comme toi, j'ai cru quelque temps que le succès dépendait des hommes ; mais l'expérience m'a appris le contraire. Écoute mon histoire, et reconnais ton erreur :

HISTOIRE

DU ROI KHADIDAN.

Je montai sur le trône fort jeune encore. Ébloui de ma gloire et enivré de ma puissance, j'imaginais que tous mes voisins devaient se ranger sous mes lois. Un d'entre eux se montra jaloux de conserver son indépendance ; je lui déclarai la guerre. Il n'avait qu'une poignée de monde à m'opposer ; j'étais à la tête d'une armée nombreuse, et je croyais marcher à une victoire assurée : l'événement trompa cruellement mon attente. Contraint de prendre honteusement la fuite, je fus obligé d'abandonner mes états au vainqueur, et de me retirer dans des montagnes avec cinquante hommes qui n'avaient pas voulu m'abandonner.

« La Providence me fit rencontrer dans ces montagnes un derviche, renfermé dans son ermitage et entièrement occupé des exercices et des pratiques de la religion. Je fis connaissance avec lui, et je lui racontai mon malheur : « Je ne sais, lui disais-je en finissant, ce qui a pu causer ma défaite : mon ennemi n'avait que huit cents hommes, et j'en avais huit cent mille. »

« Votre ennemi, me dit le saint personnage, mettait sa confiance en Dieu ; et vous, vous mettiez la vôtre dans le nombre de vos troupes : voilà pourquoi votre ennemi a été vainqueur et que vous avez été défait. Reconnaissez votre faute, et mettez désormais votre espoir dans le secours du Tout-Puissant. »

« Ces paroles furent pour moi un trait de lumière ; j'élevai mes regards en haut, et je gémis de l'orgueil et de la présomption qui m'avaient aveuglé jusque-là. Au bout de quelque temps, le bon derviche vint me trouver, et me dit : « Votre ennemi a cessé de placer sa confiance en Dieu ; l'orgueil s'est glissé dans son cœur ; il croit que c'est sa valeur qui l'a fait triompher : vous seul, vous pourriez aujourd'hui le mettre en déroute. »

« J'ajoutai foi au discours du derviche ; je rassemblai ma faible escorte, à laquelle j'avais inspiré des sentiments pareils aux miens, et je marchai à la rencontre des ennemis. Nous fondîmes sur eux pendant la nuit en poussant des cris épouvantables ; ils crurent que nous étions en grand nombre et prirent la fuite.

« C'est ainsi que j'ai recouvré mes états par la toute-puissance de Dieu ; c'est en lui seul aujourd'hui que je mets mon espoir, et je ne manque pas d'implorer son assistance dans toutes les guerres que j'ai à soutenir. »

« Bakhtzeman, en entendant l'histoire du roi Khadidan, crut sortir d'un long assoupissement : « Gloire à Dieu ! dont je reconnais maintenant la toute-puissance, s'écria-t-il. Votre histoire, sire, est précisément la mienne. Je vous ai caché mon nom et mes malheurs ; mais le service que vous venez de me rendre, en dissipant mon aveuglement, m'arrache mon secret. Je suis le roi Bakhtzeman ; ma confiance dans mes propres forces m'a fait perdre ma couronne, et a rendu inutiles les efforts que j'ai faits pour la recouvrer ; je veux profiter de votre exemple, et suivre désormais la route que vous avez suivie. »

« A ces mots, Bakhtzeman prit congé du roi Khadidan, et se retira dans une solitude pour y pleurer ses fautes, et s'appliquer uniquement aux exercices de la piété et au service de Dieu. Une nuit qu'il dormait tranquillement, il vit en songe un vieillard qui lui tint ce discours :

« Dieu a exaucé tes prières : il est content de ton repentir ; il t'accordera son secours, et te fera triompher de ton ennemi. »

« Le roi Bakhtzeman, plein de confiance dans cette vision, prit le chemin de son royaume. Arrivé près de sa capitale, il rencontra quelques personnes attachées au service du nouveau roi, mais qui, malgré cela, regrettaient vivement son prédécesseur : elles virent bien qu'il venait d'un pays étranger, et lui conseillèrent de ne pas entrer dans la ville.

« Le nouveau monarque, lui dit l'une d'elles, a une telle frayeur du dernier roi Bakhtzeman, qu'il fait trancher la tête à tous les étrangers, dans la crainte qu'ils ne soient, ou le roi Bakhtzeman, ou quelque émissaire de sa part.— Pourquoi craint-il Bakhtzeman? leur demanda le prince, assuré qu'il n'était pas reconnu. C'est Dieu seul qu'on doit craindre: le mal et le bien ne viennent que de lui. »

« Vous avez raison, lui dit-on, mais le nouveau roi s'embarrasse peu des jugements de Dieu; il se repose sur sa puissance et sur les troupes qui l'entourent, et cherche à conserver par la tyrannie une autorité qu'il a usurpée par la violence. Il sait que tous les cœurs sont pour Bakhtzeman, et que, s'il paraissait ici, cent mille bras se lèveraient pour le remettre sur le trône. »

« Bakhtzeman, touché de l'attachement que conservaient pour lui ces officiers de l'usurpateur, crut devoir leur déclarer qui il était. Aussitôt ils descendirent de cheval, se prosternèrent devant lui, baisèrent ses étriers, et lui demandèrent comment il osait exposer ainsi sa vie : « Je ne crains pas pour ma vie, leur répondit-il: Dieu saura, s'il veut, la conserver; c'est en lui que je mets maintenant tout mon espoir. »

« Puisqu'il en est ainsi, lui dirent-ils, vous devez triompher de l'usurpateur, qui ne met sa confiance que dans les hommes. Quant à nous, nous sommes prêts à tout tenter, et à verser pour vous jusqu'à la dernière goutte de notre sang. Nous sommes les plus intimes confidents de l'usurpateur : nous allons vous faire entrer parmi nous dans la ville, et nous vous cacherons jusqu'à ce qu'il soit temps de vous montrer. »

« Bakhtzeman s'abandonna à la fidélité de ces officiers, et leur dit de faire tout ce que le Ciel et leur dévouement leur inspireraient. Ils le firent entrer dans la ville, et le cachèrent dans la maison de l'un d'entre eux; ils assemblèrent ensuite les principaux officiers du nouveau roi, qui avaient autrefois appartenu à Bakhtzeman, et leur apprirent son retour. Ceux-ci firent éclater leur joie, et lui prêtèrent, de nouveau, serment de fidélité. On se jeta sur l'usurpateur; on lui ôta la vie, et on remit sur le trône le roi Bakhtzeman, aux acclamations de tout le peuple.

« Ce monarque, instruit par le malheur, n'oublia jamais de

quelle manière il avait recouvré l'empire : il se montra toujours soumis et religieux envers Dieu, juste et clément envers les hommes; le Ciel le combla de ses faveurs, et son règne fut une suite continuelle de succès et de prospérités. »

Le jeune intendant, en finissant l'histoire du roi Bakhtzeman, protesta de nouveau à Azadbakht qu'il mettait toute sa confiance en Dieu, qu'il n'attendait de secours que de lui, et qu'il était fermement persuadé qu'il ferait bientôt éclater son innocence. Azadbakht, touché de son air de candeur et des sentiments qu'il faisait paraître, ordonna qu'il fût reconduit en prison.

Le lendemain, qui était le septième jour depuis l'emprisonnement du jeune intendant, le septième vizir, qui se nommait Behkmal, vint trouver le roi Azadbakht, pour l'exciter à ordonner la mort du jeune intendant, en lui représentant que son crime était évident et demandait un châtiment prompt et exemplaire.

Azadbakht ordonna qu'on fît venir le coupable en sa présence, et lui dit : « Je ne puis différer plus long-temps ta punition; mon honneur et la tranquillité de l'état exigent ta mort, et tu ne peux attendre de moi aucun pardon. »

« Sire, dit le jeune intendant, plus la faute est grande, et plus il y a de mérite à pardonner; un souverain tel que vous peut aisément et sans crainte pardonner à un malheureux comme moi, quand la faute aurait éclaté aux yeux du monde entier; à plus forte raison quand les apparences seules et la malignité le condamnent. Faire grâce de la vie, c'est la plus grande grâce qu'on puisse faire : par là, la puissance des rois se rapproche de celle de la Divinité : car laisser vivre celui qu'on peut faire mourir, c'est, pour ainsi dire, rendre la vie à un mort : l'exemple du roi Beherkerd prouve que les souverains qui font usage de la clémence en sont eux-mêmes quelquefois récompensés. »

Azadbakht parut désirer d'entendre l'histoire du roi Beherkerd, et le jeune homme la raconta en ces termes.

Le jour, qui commençait à paraître, imposa silence à la sultane des Indes, qui, le lendemain, reprit la suite des contes qu'amenait si à propos l'histoire des dix vizirs.

CDLVI[E] NUIT.

HISTOIRE

DU ROI BEHERKERD.

EHERKERD était un prince puissant, redouté de ses voisins, et plus encore de ses sujets. La justice qu'il prétendait rendre à ceux-ci avec promptitude était une véritable injustice : incapable d'un mûr examen, il confondait l'innocent avec le coupable, et ne distinguait pas l'apparence du crime d'avec le crime lui-même. Ignorant l'art de proportionner les peines aux délits, il punissait les fautes les plus légères comme les plus graves, et ne faisait pas même grâce aux fautes involontaires. Jaloux de tous les droits de la souveraineté, le plus beau de ces droits celui de pardonner, était le seul dont il ne faisait jamais usage.

« Un jour que le roi Beherkerd était à la chasse, une flèche tirée imprudemment derrière lui l'atteignit et lui emporta l'oreille. Le roi, transporté de fureur, ordonna aussitôt qu'on cherchât et qu'on lui amenât le coupable. C'était un jeune officier qui, ayant vu lui-même l'effet de sa flèche, s'était évanoui et était tombé par terre sans conaissannce. On l'apporta dans cet état aux pieds du roi, qui ordonna qu'on le mît à mort. Le jeune officier, qui avait un peu repris ses esprits, se prosterna devant le roi lorsqu'il entendit prononcer sa sentence, et lui dit :

« Sire, la faute que je viens de commettre est l'effet d'une inadvertance, et non un dessein prémédité de ma part; vous pouvez me pardonner, j'implore votre clémence : pardonner est la plus belle action qu'un grand roi puisse faire; celui qui pardonne est souvent récompensé dans ce monde, et se ménage un trésor dans l'autre; conservez-moi la vie, je vous en conjure, Dieu conservera quelque jour la vôtre. »

« Le roi fut plus étonné de ces dernières paroles, qui semblaient le menacer de quelque grand danger, que touché de la prière du jeune officier; et, contre l'attente générale, il lui accorda sa grâce.

« Le jeune officier, qu'on regardait comme un simple particulier, était bien au-dessus de ce qu'il paraissait être : c'était le fils du roi d'Oman. Quelques traits de vivacité ayant excité contre lui la colère du roi, son père, il avait quitté la cour et s'était réfugié près du roi Beherkerd, où il avait pris un faux nom et obtenu du service.

« Quelque temps après l'accident qui pensa lui coûter la vie, il fut reconnu par un des sujets du roi, son père. Celui-ci, ayant été informé de la retraite de son fils, lui écrivit sur-le-champ pour l'engager à revenir, et l'assura qu'il n'avait rien à craindre de son ressentiment. La lettre était conçue dans des termes si tendres et si pressants, que le jeune prince, se confiant dans la bonté de son père, et cédant à l'amour qu'il avait lui-même pour lui, partit aussitôt. Son espérance ne fut pas trompée : son père le reçut avec les plus grands transports de joie, et lui rendit toute son affection.

« Le prince d'Oman était depuis quelques années réconcilié avec son père, lorsque le roi Beherkerd, ayant envie de se promener sur mer et de prendre le divertissement de la pêche, monta sur un vaisseau, accompagné des principaux seigneurs de sa cour. Dès que le vaisseau fut un peu éloigné de terre, il s'éleva tout à coup une horrible tempête qui l'entraîna en pleine mer et brisa ses mâts. Devenu le jouet des vents et des flots, il fut bientôt mis en pièces et submergé.

« Le roi Beherkerd échappa heureusement au naufrage, se saisit d'une planche, et fut jeté, vers la fin du jour, sur un rivage qui lui était inconnu. Quoique fatigué et affaibli par quelques blessures qu'il s'était faites en s'attachant à la planche qui l'avait sauvé, ses forces n'étaient pas encore épuisées. Ayant aperçu de loin une grande ville, il porta ses pas de ce côté : c'était la capitale du royaume d'Oman. Beherkerd ne put y arriver que fort tard; les portes étaient fermées, et il fut obligé de passer la nuit dans un cimetière.

« Le lendemain, quelques habitants du voisinage, qui allaient de grand matin à la ville, trouvèrent près de ce cimetière le corps d'un homme qui paraissait avoir été assassiné dans la nuit même. Ils aperçurent en même temps dans le cimetière un étranger vêtu d'habits déchirés et ensanglantés en plusieurs endroits : ils ne doutèrent pas qu'il ne fût l'assassin, le prirent et le conduisirent au roi d'Oman, qui ordonna qu'il fût mis en prison, en attendant qu'on eût reconnu le cadavre, et pris d'autres informations.

« Le roi Beherkerd, réfléchissant alors sur toute sa conduite, disait en lui-même : « Ce qui m'arrive aujourd'hui est la punition des injustices que j'ai commises : j'ai souvent fait périr des innocents; je vais perdre la vie à mon tour, comme auteur d'un meurtre dont je ne suis pas coupable. »

« Tandis que, livré à ses réflexions, il se promenait dans la cour de la prison, un oiseau vint se percher vis-à-vis de lui. Beherkerd, sans y penser, ramassa une pierre et la jeta à l'oiseau. La pierre ne l'atteignit point, et passa par-dessus les murs de la prison. Le fils du roi d'Oman jouait par hasard au mail dans une grande place voisine; la pierre retomba sur lui, le blessa à l'oreille, et lui fit éprouver une douleur si vive, qu'il fut quelque temps sans connaissance.

« On chercha de quel côté était partie la pierre, et on reconnut qu'elle avait été lancée par le nouveau prisonnier, déjà violemment soupçonné d'assassinat. On l'amena devant le jeune prince, qui ordonna de lui trancher la tête. Lorsqu'on lui eut ôté son turban, le jeune prince remarqua qu'il lui manquait une oreille et lui dit : « Le châtiment qu'on t'a fait subir en te coupant une oreille prouve que tu as commis plus d'un crime. »

« Beherkerd, ayant demandé la permission de se justifier, raconta l'accident qui lui avait fait perdre l'oreille, et ajouta qu'il pouvait faire mourir celui qui en était l'auteur, mais qu'il lui avait pardonné. Le prince d'Oman le regarda alors plus attentivement, le reconnut, et s'écria : « Vous êtes le roi Beherkerd ! » En même temps il courut à lui et le serra dans ses bras.

« On rendit à Beherkerd les honneurs dus à son rang, on le revêtit d'habits magnifiques, et on le fit asseoir à côté du jeune prince, qui lui demanda par quelle suite d'événements il était tombé dans une position aussi affreuse, et avait été conduit si près de la mort. Beherkerd lui fit le récit de son naufrage, et de la malheureuse rencontre qui l'avait fait passer pour assassin, et du hasard qui lui avait fait lancer une pierre par-dessus les murs de sa prison.

« Sire, lui dit le jeune prince, lorsqu'il eut achevé son histoire, rappelez-vous qu'en sollicitant mon pardon, j'osai vous promettre que Dieu récompenserait un jour votre clémence; l'événement a justifié ma prédiction, et celui à qui vous avez fait grâce de la vie est assez heureux pour pouvoir lui-même conserver aujourd'hui la vôtre. »

« Le jeune prince le conduisit ensuite près du roi, son père, auquel il apprit la manière dont il venait de reconnaître et de sauver le roi Beherkerd, et celle dont ce roi lui avait autrefois fait grâce de la vie. Les deux souverains s'embrassèrent et se témoignèrent réciproquement leur reconnaissance.

« Beherkerd, au bout de quelques jours, prit congé du roi d'Oman, et fut reconduit dans ses états par une escorte nombreuse et magnifique. Le danger que ce prince avait couru lui ouvrit les yeux, et le fit entièrement changer de conduite : il se montra lent à punir, porté à pardonner, et fut par la suite autant aimé de ses sujets qu'il en avait été jusque-là haï et détesté.

« Par cet exemple, ajouta le jeune intendant, vous voyez, ô roi! qu'il n'y a rien de plus excellent que la clémence : un seul acte de clémence sauva la vie au roi Beherkerd, amollit son cœur, y fit germer toutes les vertus, et le rendit le modèle des souverains. »

Azadbakht, ébranlé par l'histoire que venait de raconter le jeune homme, et cédant à un reste d'attachement qu'il conservait encore pour lui, fit signe de le reconduire en prison.

Le huitième jour, les dix vizirs s'assemblèrent et tinrent conseil ensemble contre le jeune homme : « Quel moyen emploierons-nous, dit l'un d'eux, pour nous défaire de ce vil esclave, de cet indigne rival, qui, par ses discours, rend inutiles nos artifices? S'il ne périt pas, nous devons craindre de périr nous-mêmes : allons donc tous ensemble trouver le roi, et réunissons nos efforts pour le décider à ordonner la mort du coupable. »

Cet avis fut approuvé de toute l'assemblée; les dix vizirs se rendirent chez le roi, se prosternèrent à ses pieds, et l'un d'eux prit ainsi la parole :

« Sire, ce jeune homme vous flatte et vous séduit par la magie de ses discours; il profite de la complaisance avec laquelle vous prêtez l'oreille à ses vaines sentences, et triomphe du succès de ses ruses. Que ne pouvez-vous entendre plutôt les discours qu'on tient autour de nous, les murmures du peuple, ses propos séditieux et injurieux à l'honneur de votre majesté! Peut-être alors vous feriez plus d'attention aux conseils que nous dictent la prudence et l'attachement que nous avons pour vous. Mais, quelque inutiles qu'aient été jusqu'à présent nos représentations, nous ne devons pas pour cela renoncer à notre devoir, et cesser de vous faire entendre la vérité. Réunis ici devant vous, tous les dix, nous vous attestons encore que ce jeune homme est coupable, et ne s'est introduit dans votre appartement que pour vous déshonorer. Si vous ne voulez pas le faire périr, chassez-le au moins de votre empire; on s'étonnera de votre indulgence, et elle aura peut-être des suites fâcheuses; mais au moins la présence de l'infâme ne souillera plus ces lieux, et ne sera plus un sujet de honte et de scandale. »

Ce discours enflamma le courroux du roi, qui donna ordre d'aller chercher le jeune homme. Lorsqu'il parut, les dix vizirs jetèrent tous ensemble un cri contre lui, et dirent : « Perfide, tu crois éviter la mort et tromper le roi par tes discours adroits; mais comment peux-tu te flatter d'obtenir le pardon d'un crime qui blesse les lois, les mœurs, la religion, et compromet à la fois la gloire du monarque et la sûreté de son empire? » Le roi ayant ordonné qu'on fît venir l'exécuteur, tous les vizirs offrirent leurs bras et se disputèrent l'honneur de servir de bourreau.

« Sire, dit alors le jeune homme en regardant avec mépris les vizirs, la rage et l'acharnement de vos vizirs contre moi découvrent évidemment la haine et la jalousie qui les animent : ils veulent se débarrasser de moi pour pouvoir, à leur gré, disposer comme autrefois de vos trésors... »

« Toi seul les accuses, dit le roi en l'interrompant, tandis qu'ils déposent tous les dix contre toi. »

« Comment peuvent-ils, reprit le jeune homme, déposer de ce qu'ils n'ont point vu? Cette circonstance montre de plus en plus leur malignité; et, si vous cédez aux efforts conjurés de leur haine, vous éprouverez infailliblement les regrets qu'éprouva le roi Ilan-Schah, lorsqu'il eut reconnu la perfidie et la scélératesse de ses trois vizirs. »

« Voyons, dit Azadbakht avec vivacité, de quelle manière le roi Ilan-Schah fut trompé par ses vizirs. »

HISTOIRE

DU ROI ILAN-SCHAH ET D'ABOUTEMAM.

ABOUTEMAM joignait à de grands biens beaucoup de sagesse, de prudence, de grandeur d'âme et de générosité : mais le pays qu'il habitait était gouverné par un monarque injuste et avare, qui n'avait aucun respect pour les lois, disposait à son gré de la fortune et de la vie de ses sujets. Craignant que le roi ne s'emparât de ses richesses, Aboutemam n'osait en faire usage. Cette contrainte lui déplut : il résolut de chercher une autre patrie, et de se retirer dans un pays où il pût jouir librement de ses biens, et mener un genre de vie conforme à son humeur noble et généreuse.

« Ilan-Schah passait pour un roi sage et équitable; Aboutemam choisit la capitale de ses états pour le lieu de sa demeure; il y fit bâtir un palais, y transporta secrètement ses richesses, et vint y fixer son séjour. Il se meubla avec magnificence, acheta un grand nombre de chevaux et d'esclaves, et fit une dépense proportionnée à sa fortune.

« Le roi Ilan-Schah entendit bientôt parler d'Aboutemam; il le fit venir et lui dit : « Je sais que vous vous êtes fixé depuis peu dans ma capitale ; je suis bien aise de pouvoir vous compter au nombre de mes sujets. Regardez ce pays comme le vôtre ; vous y trouverez la protection et la considération que vous méritez ; je désire même faire connaissance avec vous, et je veux que vous veniez me voir assidument. »

« Prince, répondit Aboutemam, ma personne et mes biens sont à votre service ; mais accoutumé à la retraite et à la vie privée, je pourrais paraître étranger à la cour, déplaire à plusieurs de ceux qui vous entourent, me faire des ennemis et exciter contre moi la jalousie. » Le roi ne voulut pas recevoir les excuses d'Aboutemam, et l'assura qu'auprès de sa personne il n'avait rien à craindre des méchants et des envieux.

« Aboutemam, forcé d'obéir au roi, venait tous les jours lui faire sa cour, et lui offrait de temps en temps des présents. Le roi ne tarda pas à reconnaître son mérite et sa prudence ; il le prit en affection, et lui confia le soin de sa maison et des affaires de son royaume. Dès lors tout se trouva dans la dépendance d'Aboutemam : le roi ne prenait conseil que de lui, rien ne se faisait que par lui ; il ordonnait et défendait, liait et déliait avec une puissance absolue.

« Le roi avait eu auparavant trois vizirs, qui ne s'éloignaient pas de sa personne ni jour ni nuit ; écartés entièrement du gouvernement depuis l'élévation d'Aboutemam, ils avaient conçu contre lui la jalousie la plus violente, et disaient souvent entre eux : « Le roi nous a ôté sa confiance pour la donner à cet étranger ; il le comble d'honneurs, n'a d'estime que pour lui, et dédaigne nos services ; nous ne devons pas souffrir plus long-temps un tel affront, et il faut absolument inventer quelque ruse pour perdre ce nouveau favori, ou l'éloigner d'auprès du roi. »

« Un jour qu'ils délibéraient sur cela, un d'eux dit aux autres : « Vous savez que le roi du Turquestan a une fille qui passe pour la plus belle personne du monde, et qu'il fait mourir tous ceux qui sont envoyés pour la demander en mariage ; parlons au roi de cette princesse, vantons-lui sa beauté, et tâchons de lui inspirer le désir de l'épouser ; il voudra savoir de nous qui il doit envoyer auprès du roi du Turquestan pour lui demander la main de sa fille : nous lui conseillerons de charger de cette demande Aboutemam : le roi du Turquestan le fera mourir comme les autres, et nous reprendrons auprès d'Ilan-Schah le rang et la faveur dont nous jouissions autrefois. »

CDLVII^E NUIT.

« Les vizirs approuvèrent cette idée, et convinrent de se trouver ensemble le lendemain auprès du roi. Ils firent tomber adroitement la conversation sur les femmes, parlèrent de la fille du roi du Turquestan, et firent à l'envi l'éloge de sa beauté. Ilan-Schah, enchanté du portrait qu'ils lui tracèrent de cette princesse, leur dit qu'il désirait l'épouser, et leur demanda qui il pourrait envoyer à la cour du roi, son père, pour faire réussir cette affaire. Les vizirs, se tournant du côté d'Aboutemam, qui était présent, conseillèrent au roi de le charger de cette commission, ajoutant que sa prudence et son habileté en garantissaient d'avance le succès.

« Le roi trouva qu'ils avaient raison; et s'adressant à Aboutemam: « Va, lui dit-il, à la cour du roi du Turquestan, et fais-lui, en mon nom, la demande de la princesse, sa fille. Prends une suite nombreuse, et emporte avec toi des présents pour le roi, la princesse et toute la cour. » Ilan-Schah fit aussitôt revêtir Aboutemam d'une robe du plus grand prix, et le congédia. Aboutemam, empressé d'obéir à son maître, fit promptement les préparatifs de son voyage et se mit en chemin. »

« Le roi du Turquestan, informé de l'arrivée d'un ambassadeur de la part du roi Ilan-Schah, envoya au-devant de lui plusieurs de ses principaux officiers, et fit préparer un superbe palais pour lui et pour sa suite. Il le reçut avec la plus grande distinction, le fit manger à sa table, lui donna des fêtes et lui procura toutes sortes de divertissements pendant trois jours. Au bout de ce temps, il le fit venir en sa présence pour apprendre le sujet de son ambassade.

« Aboutemam se présenta à l'audience du roi du Turquestan avec toutes les marques du plus profond respect, lui remit la lettre du roi Ilan-Schah, et lui offrit les présents dont il était chargé. Le monarque du Turquestan, ayant lu la lettre, dit à l'ambassadeur de se rendre à l'appartement de la princesse, afin de la voir et de s'entretenir avec elle. Aboutemam, surpris de ce discours, pensa sur-le-champ qu'on voulait mettre à l'épreuve sa discrétion, sa délicatesse et son respect pour la fille d'un grand monarque; il se rappela ce que disent les sages: « Celui qui sait réprimer ses regards, garder sa langue et retenir ses mains, est à l'abri de tout danger. » Il résolut de se conduire d'une manière qui non-seulement ne l'exposât à aucun reproche, mais qui pût même flatter l'orgueil du souverain.

« La princesse, prévenue de la visite de l'ambassadeur, l'attendait dans le plus magnifique habillement : elle était assise sur un trône éclatant, et couverte de bijoux d'or, de perles et de pierreries.

« Aboutemam, ayant été introduit, se prosterna loin du trône, et se releva ensuite en tenant les yeux baissés et les mains croisées sur sa poitrine. La princesse lui dit de lever la tête et de lui parler, mais il n'en fit rien. Elle lui répéta une seconde fois la même chose, ajoutant qu'on ne l'avait envoyé auprès d'elle que pour la voir et lui parler librement; Aboutemam ne répondit pas davantage : « Prenez, lui dit la princesse, ces vases d'or et d'argent, ces curiosités qui sont à côté de vous : ils sont destinés pour vous, et je vous en fais présent. » Aboutemam ne fit pas le moindre mouvement. La princesse, alors, outrée de dépit, s'écria qu'on lui avait envoyé un ambassadeur aveugle, sourd et muet; elle donna ordre qu'on le fît retirer, et envoya témoigner son mécontentement au roi, son père.

« Le roi du Turquestan fit venir aussitôt Aboutemam, et lui dit : « Vous venez de voir ma fille; comment la trouvez-vous? — Prince, répondit Aboutemam, je n'ai pas osé lever les yeux sur la fille d'un aussi grand monarque. — Vous lui avez sans doute, reprit le roi, demandé sa main pour le roi, votre maître? — Prince, répondit Aboutemam, je me serais bien gardé de faire cette demande à votre fille : je ne me suis pas permis de lui dire un mot. — Vous avez au moins, ajouta le roi, pris les vases d'or et d'argent que je vous destinais? — Je n'ai rien reçu, » répondit Aboutemam.

« Le roi, satisfait de la réserve et de la circonspection d'Aboutemam, se fit apporter une robe d'honneur, et l'en revêtit. Il le mena ensuite hors de la salle, lui montra un puits, et lui dit de regarder dedans. Aboutemam s'avança, et vit que le puits était rempli de têtes d'hommes.

« Ce sont, lui dit le roi, les têtes de ceux qui m'ont été envoyés avant vous pour me demander ma fille : elles sont au nombre de quatre-vingt-dix-neuf; la vôtre eût fait la centième si vous vous étiez conduit avec moins de délicatesse. Les autres envoyés ont manqué au respect qu'ils devaient, non-seulement à moi et à ma fille, mais à leur maître; j'ai jugé par leur caractère de celui de leurs souverains : un envoyé est la langue de celui qui l'envoie, et sa politesse annonce celle de son maître N'ayant donc conçu qu'une mauvaise idée de tous ces rois, je n'ai pas voulu en prendre un d'eux pour gendre, et j'ai puni comme je le devais la témérité et l'imprudence de leurs indignes émissaires. Pour vous, vous avez su vous concilier mon estime, et vous avez mérité d'obtenir ma fille. Je la donne au roi, votre maître, en considération de votre sagesse et de votre prudence. »

« Le roi fit remettre à Aboutemam de grands présents pour Ilan-Schah; il le chargea d'une lettre, par laquelle il accordait au prince la main de sa fille, et le félicitait sur le choix qu'il avait fait de son ambassadeur.

« Ilan-Schah fut au comble de la joie en voyant arriver la princesse du Turquestan : sa beauté surpassait l'idée qu'il s'en était formée; et les qualités de l'esprit, la grâce, la douceur qu'elle unissait à ses attraits, en faisaient une personne accomplie. Ilan-Schah sentit tout le prix d'un si rare trésor; persuadé qu'il devait son bonheur à Aboutemam, il lui témoigna sa satisfaction dans les termes les plus flatteurs. Les éloges contenus dans la lettre du roi, son beau-père, augmentèrent encore l'estime et l'attachement qu'il avait pour lui.

« Les vizirs, plus jaloux que jamais, et piqués de voir que ce qu'ils avaient imaginé pour se débarrasser d'Aboutemam n'avait fait qu'augmenter sa faveur et la confiance que le roi avait en lui, cherchèrent un autre moyen de le faire périr.

« Le roi avait deux jeunes pages qu'il aimait beaucoup, et qui ne s'éloignaient presque jamais de sa personne : ils couchaient la nuit près de lui, et se tenaient à ses côtés quand il prenait, l'après-midi, quelque repos. Les vizirs, les ayant un jour trouvés seuls, les tirèrent à l'écart et leur proposèrent de leur donner à chacun une bourse de mille sequins, s'ils voulaient leur rendre un service. Ces enfants ayant demandé avec empressement quel était ce service, un des vizirs leur dit :

« Aboutemam nous a fait perdre la confiance du roi; nous voudrions l'éloigner de la cour. Quand vous serez seuls avec le roi dans sa chambre, et que vous le verrez s'appuyer pour dormir, l'un de vous dira à l'autre :

« Il faut qu'Aboutemam soit bien méchant pour traiter ainsi le roi, qui l'a comblé de biens et de faveurs. — Quelle est donc sa méchanceté? dira l'autre. — Il attaque l'honneur du roi, dira le premier : il prétend que le roi du Turquestan faisait mourir tous ceux qui venaient lui demander sa fille; qu'il n'a été épargné, que parce qu'il a eu le bonheur de plaire à la princesse, et qu'elle n'est venue ici que pour l'amour de lui, et non par amour pour le roi. — Es-tu sûr de cela? dira le second. — Si j'en suis sûr? dira le premier; tout le monde le sait, mais on n'ose en parler au roi. Toutes les fois que le roi est à la chasse ou en voyage, Aboutemam va trouver la reine, et reste seul avec elle. »

« Les deux petits pages ne demandèrent pas mieux que de dire ce que voulaient les vizirs; on leur fit répéter plusieurs fois leur petite conversation, et on leur recommanda de profiter du premier moment où ils seraient seuls avec le roi. L'après-midi, le roi s'étant retiré dans sa chambre et jeté sur son sofa pour se reposer, les enfants s'approchèrent de lui et entamèrent leur dialogue. Le commencement piqua la curiosité du roi, qui n'eut garde de les interrompre, et fit semblant de dormir.

« Le dialogue fini, le roi réfléchit sur ce qu'il venait d'entendre : la jeunesse des enfants, leur innocence ne permettaient pas de soupçonner leur bonne foi; ils ne pouvaient être d'intelligence avec personne, et ils ne répétaient que ce qu'ils avaient entendu par hasard; ces réflexions persuadèrent au roi que son favori était coupable, et enflammèrent sa colère. Il se leva du sofa, feignant de se réveiller, et ordonna qu'on allât chercher sur-le-champ Aboutemam.

« Comment, lui dit-il dès qu'il l'aperçut, faut-il traiter celui qui ne respecte pas la femme d'un autre? — Il mérite, répondit Aboutemam, qu'on ne respecte pas la sienne. — Mais, reprit le roi, celui qui entre dans le palais de son souverain, et attente à son honneur dans la personne de son épouse, quelle doit être sa punition? — La mort! répondit Aboutemam. — Traître! s'écria le roi, tu viens de prononcer ton arrêt! » A l'instant il tira son poignard, le plongea dans le cœur d'Aboutemam, et l'étendit mort à ses pieds. On enleva son corps et on le jeta dans un puits destiné à cet usage.

« L'amour du roi pour son épouse l'empêcha de lui parler de l'intelligence qu'il croyait avoir découverte entre elle et Aboutemam; mais il en conçut un violent chagrin. Elle ne tarda pas à s'apercevoir de sa tristesse, et lui en demanda souvent la cause : jamais il ne voulut la lui découvrir. Il était pareillement affligé d'avoir perdu son premier vizir, et ne pouvait s'empêcher de regretter un homme qui lui avait rendu de si grands services, et pour qui il avait eu tant d'attachement et de confiance.

« Un jour, en entrant dans sa chambre, il entendit ses pages parler et faire du bruit dans un cabinet voisin; il s'approche doucement et prête l'oreille.

« A quoi nous sert cet or? disait l'un : nous ne pouvons le dépenser ni rien acheter avec. — Il m'est odieux, disait l'autre : il nous a fait commettre une mauvaise action; car nous sommes cause de la mort d'Aboutemam. Si j'avais su que le roi dût le faire ainsi périr, je n'aurais pas dit du mal de lui. Mais c'est la faute de ces méchants vizirs, qui nous ont fait dire ce qu'ils ont voulu. »

« Le roi, ayant entendu ces discours, ouvrit la porte du cabinet, et trouva les pages qui jouaient avec des pièces d'or : « Malheureux ! leur dit-il, qu'avez-vous fait, et d'où vous vient tout cet or ? » Les enfants effrayés se jetèrent à genoux, et demandèrent grâce : « Je vous ferai grâce, leur dit le roi, si vous me dites la vérité; mais elle seule peut vous sauver des effets de ma colère. »

« Ces enfants racontèrent avec naïveté tout ce qui s'était passé entre eux et les vizirs. Ilan-Schah se repentit alors d'avoir cru si facilement son favori coupable, et de l'avoir immolé avec tant de précipitation, et dans un premier mouvement de colère; il déchira ses habits, se meurtrit le visage, s'arracha la barbe et s'abandonna au plus violent désespoir.

« Hélas! s'écriait-il, j'ai immolé mon meilleur ami! Aboutemam voulait se tenir éloigné de ma cour; je l'engageai à s'attacher à moi, en l'assurant que jamais je ne prêterais l'oreille à la calomnie, qu'il n'avait rien à craindre auprès de moi; et c'est moi-même qui l'ai frappé! Cruelle destinée! Je ne puis plus maintenant que venger sa mémoire, et faire justice de ses ennemis. »

« Ilan-Schah manda aussitôt les trois vizirs, leur reprocha leur scélératesse, et leur fit couper la tête en sa présence. Il se rendit ensuite chez son épouse, lui avoua qu'il avait été d'abord trompé, et lui raconta la manière dont il avait reconnu son innocence et celle d'Aboutemam. La reine fit alors éclater le chagrin que lui avait causé la fin malheureuse du premier vizir. Les deux époux pleurèrent ensemble la mort de celui qui était cause de leur union; ils donnèrent ordre qu'on retirât son corps du puits dans lequel il avait été jeté, célébrèrent publiquement ses funérailles, et lui firent bâtir, au milieu du palais, un tombeau sur lequel ils allaient souvent répandre des larmes.

« C'est ainsi, ô roi! continua le jeune homme, qu'Aboutemam fut victime de l'envie, et que ses ennemis portèrent ensuite la peine de leur crime. J'espère que Dieu me fera pareillement triompher des envieux que me suscite la faveur dont vous m'avez honoré, et qu'il vous fera connaître mon innocence. Je ne crains pas de perdre la vie; mais je crains qu'un repentir inutile ne s'élève dans le cœur du roi et ne le tourmente. L'acharnement de vos vizirs contre moi, le désir qu'ils montraient tout à l'heure de verser eux-mêmes mon sang, décèlent assez la passion qui les anime; mon assurance et ma tranquillité, au contraire, vous montrent mon innocence : si j'étais coupable, les reproches de ma conscience enchaîneraient ma langue et troubleraient mon esprit. »

CDLVIII[e] NUIT.

Azadbakht, vivement touché de ce qu'il venait d'entendre, oublia les conseils de ses vizirs, et ne put se résoudre à faire périr encore le jeune ministre : « Qu'on le reconduise en prison, dit-il aux soldats ; demain j'examinerai de nouveau cette affaire, et rien désormais ne pourra le soustraire à la mort. »

Les vizirs, s'étant assemblés le lendemain, se disaient les uns aux autres : « Ce jeune homme rend inutiles tous nos efforts pour le perdre ; en vain nous allumons contre lui la colère du roi ; il vient toujours à bout de l'apaiser par la magie de ses discours. Cherchons encore un nouveau moyen de hâter son supplice : car tant qu'il respirera nous ne serons pas en sûreté, et nous ne pourrons goûter aucun repos. »

Les vizirs, après avoir long-temps délibéré, convinrent d'engager la reine à demander elle-même la punition du jeune homme. Ils allèrent la trouver, et l'un d'eux lui dit :

« Vous ignorez, madame, ce qui se passe autour de vous et l'injure qu'on fait à votre réputation : malgré votre rang, votre puissance, l'éclat et la grandeur qui vous entourent, la calomnie s'attache à votre personne, et vous êtes l'objet de la satire publique : des femmes parcourent les rues en jouant du tambourin, et mêlent votre nom dans leurs chansons ; on dit que vous aimez le jeune ministre, et que vous empêchez le roi de le punir ; ces discours passent de bouche en bouche, et ne cesseront de se répandre de plus en plus tant que ce jeune homme vivra. »

« Ces discours m'offensent vivement, dit la reine, et je veux les faire cesser ; je suis intéressée, je le vois, à hâter la mort de ce jeune homme ; mais que faut-il faire pour cela ? »

« Madame, lui dit un des vizirs, il faut aller trouver le roi, vous jeter à ses pieds, lui dire que vous avez appris par vos femmes les bruits qui se répandent dans la ville, et que vous ne pouvez vivre plus long-temps si ce jeune homme n'est exécuté sur-le-champ. »

La reine, entraînée par cet artifice, se leva aussitôt et se rendit chez le roi. Elle déchira ses habits devant lui, se jeta à ses pieds, et lui dit en pleurant : « Mon honneur n'est-il pas inséparable du vôtre, et peut-on attaquer ma réputation sans manquer au respect qui vous est dû? Le crime de ce jeune homme est connu de toute la ville; votre indulgence pour lui donne lieu à des bruits injurieux que je ne puis supporter plus long-temps : ordonnez sa mort, ou faites-moi périr moi-même. »

Le discours de la reine produisit l'effet qu'en attendaient les vizirs: le roi lui témoigna qu'il partageait son ressentiment, que ces bruits l'outrageaient autant qu'elle, et qu'il allait les faire cesser à l'instant. La reine s'étant retirée, on fit entrer le jeune homme.

« Malheureux! s'écrièrent les vizirs en le voyant, tu voudrais en vain prolonger maintenant tes jours; ton heure est enfin venue, et la terre elle-même a soif de ton sang. »

« Vos discours, répondit le jeune homme, et votre rage jalouse ne peuvent hâter ma mort; l'instant en est irrévocablement fixé par la Providence; rien ne saurait ni l'avancer ni le reculer : ce qui est écrit par le doigt de Dieu ne peut manquer d'arriver, et tous nos efforts, toutes nos précautions ne peuvent nous en garantir; l'histoire du roi Ibrahim et de son fils en est une preuve évidente. »

Azadbakht voulut encore entendre cette histoire, et le jeune homme la raconta en ces termes :

HISTOIRE

DU ROI IBRAHIM ET DE SON FILS.

IBRAHIM avait beaucoup agrandi par ses conquêtes l'empire qu'il avait reçu de ses ancêtres, et avait réduit sous son obéissance tous les rois, ses voisins. Chéri de ses sujets, redouté des étrangers, tout semblait concourir à son bonheur. Une seule chose l'empêchait d'être parfaitement heureux : quoiqu'il eût plusieurs femmes, et que son sérail fût rempli des plus belles esclaves, aucune ne l'avait encore rendu père. Un jour qu'occupé de cette idée, il s'affligeait en pensant que son royaume passerait un jour dans des mains étrangères, on vint lui annoncer que celle de ses femmes qu'il aimait le plus était enceinte. Cette nouvelle le remplit de joie. Il alla aussitôt trouver la princesse, l'éleva au-dessus de toutes ses autres femmes, lui donna le plus bel appartement du sérail, et la combla d'honneurs et de présents.

« Lorsque le moment où la princesse devait accoucher fut arrivé, le roi fit venir à sa cour tous les astrologues de son royaume, et leur ordonna de se préparer à tirer l'horoscope de l'enfant. La reine mit au monde un prince. On avertit aussitôt les astrologues, qui dirigèrent leurs astrolabes, observèrent l'état du ciel, la position des astres, et dressèrent le thème de la nativité. Lorsqu'ils eurent fait tous leurs calculs, ils examinèrent quelles devaient être les conséquences de la configuration céleste qu'ils avaient déterminée. Ils avaient à peine commencé cet examen, que le roi les vit changer de couleur :

« Qu'y a-t-il ? leur dit-il ; faites-moi part de tout et ne me déguisez rien. »

« Prince, lui dit l'un d'eux, l'horoscope de cet enfant nous indique que jusqu'à l'âge de sept ans il court risque d'être dévoré par un lion ; et que s'il échappe à ce danger, il est réservé à un malheur plus grand et plus affreux. »

« Les astrologues ne voulurent pas s'expliquer davantage ; mais le roi leur ordonna de nouveau de lui découvrir tout : « Prince, reprit l'un des astrologues, promettez-nous de ne nous faire aucun mal. » Le roi en ayant donné sa parole : « Cet enfant, continua l'astrologue, après avoir échappé à la fureur du lion, doit ôter la vie à son père. »

« Le roi pâlit à ces mots, et demeura quelque temps interdit ; s'étant ensuite remis, il congédia les astrologues et dit en lui-même : « Il me sera facile de faire garder soigneusement mon fils et d'empêcher qu'aucun animal n'approche de lui ; je pourrai pareillement garantir ma personne, et empêcher qu'il n'attente à mes jours : les prédictions des astrologues sont souvent fausses, et celle-ci le sera certainement. »

« Le roi Ibrahim, rassuré par ces réflexions, donna au prince une nourrice, défendit qu'on le fît sortir de son appartement, et plaça à l'entour une garde nombreuse. Malgré ces précautions, la prédiction des astrologues lui donnait des inquiétudes et troublait le bonheur de sa vie. Pour mettre encore plus son fils à l'abri des attaques du lion, il imagina de faire pratiquer secrètement une retraite sur le sommet d'une montagne inaccessible ; il y fit creuser un vaste souterrain distribué en plusieurs salles ; il les remplit de toutes sortes de provisions et autres choses nécessaires à la vie, et y fit passer une source d'eau vive qui coulait au haut de la montagne. Ce souterrain ne communiquait au dehors que par une ouverture semblable à un puits, par laquelle on fit descendre l'enfant avec la nourrice.

« Le roi se rendait tous les mois sur le bord de l'ouverture, et appelait la nourrice; elle mettait l'enfant dans une corbeille de jonc, et le faisait monter au moyen d'une poulie; le roi le recevait, l'embrassait, lui prodiguait mille caresses, et le remettait ensuite dans la corbeille.

« L'enfant avait passé plusieurs années dans ce souterrain, et était près d'avoir sept ans; vingt jours seulement restaient encore jusqu'à cette fatale époque, lorsque des chasseurs qui poursuivaient vivement un lion l'obligèrent de se réfugier sur cette montagne. Se voyant pressé de plus en plus par les chasseurs et les chiens, l'animal gagna le sommet et tomba dans le souterrain. Il se jeta d'abord sur l'enfant et le blessa grièvement à l'épaule; la nourrice étant accourue à ses cris, le lion se jeta sur elle et la mit en pièces.

« Cependant les chasseurs, étant parvenus à l'endroit où le lion avait disparu, entendirent les cris de l'enfant et de sa nourrice; ils s'approchent de l'ouverture du souterrain, aperçoivent le lion, et font pleuvoir sur lui une grêle de traits et de pierres; l'animal, accablé, est bientôt étendu sans vie. Plusieurs des chasseurs descendirent alors par la corde dans le souterrain; ils furent étonnés de trouver une femme mise en pièces et un enfant baigné dans son sang et sans connaissance. Ils le relevèrent, le rappelèrent à la vie et pansèrent sa blessure.

« Les chasseurs parcoururent ensuite le souterrain, et le trouvèrent rempli de provisions de toute espèce, de meubles précieux et de riches habillements. Résolus de s'emparer de tous ces effets, ils commencèrent à les attacher à la corde et à les enlever du souterrain, avec le secours de ceux de leurs compagnons qui étaient restés en haut. Ils firent aussi sortir l'enfant, et l'emmenèrent avec eux. L'un des chasseurs, vivement touché de son sort, le prit chez lui, se chargea d'en avoir soin et de le faire guérir de sa blessure.

« Lorsque le jeune prince fut en état de répondre aux questions qu'on pouvait lui faire, le chasseur lui demanda quels étaient ses parents, et par quelle aventure il s'était trouvé dans le souterrain; mais il ne put lui dire autre chose, sinon qu'il n'était jamais sorti de ce lieu; que sa nourrice lui donnait tout ce dont il avait besoin; que tous les mois quelqu'un venait à l'ouverture du souterrain; qu'on le faisait monter dans une corbeille, et qu'il embrassait l'inconnu qui le serrait dans ses bras, le caressait, et le faisait ensuite redescendre.

« Le chasseur, sans s'embarrasser davantage de connaître la condition de cet enfant, continua d'en prendre soin; et l'inclination qu'il s'était d'abord sentie pour lui augmentant de plus en plus, il s'appliqua à lui donner une éducation telle qu'il aurait pu la donner à son propre fils : il le fit instruire dans toutes sortes de sciences, lui apprit à monter à cheval et à manier les armes. L'enfant montra beaucoup d'adresse dans ces divers exercices ; et à l'âge de douze ans il sortait avec son bienfaiteur, et l'accompagnait à la chasse.

« Un jour qu'ils étaient très-éloignés de leur demeure, ils s'égarèrent et furent attaqués par des voleurs. Le jeune prince vit tomber à ses côtés son bienfaiteur, fut lui-même renversé d'un coup de lance et laissé pour mort. Les voleurs prirent tout ce qu'ils avaient sur eux et s'enfuirent.

« Le jeune prince, quoique dangereusement blesse, n'avait cependant pas entièrement perdu connaissance : au bout de quelques heures il ouvrit les yeux, rassembla ses forces et se releva. A peine avait-il fait quelques pas, qu'il aperçut de loin un de ces hommes qui parcourent les lieux écartés avec une pelle et une pioche sur l'épaule, et cherchent de tous côtés des trésors. Celui-ci, frappé de la bonne mine du prince, et touché de l'état dans lequel il se trouvait, suspendit la recherche dont il était occupé, s'avança vers lui et lui demanda qui il était, et comment il se trouvait réduit dans cet état. Le prince lui raconta en peu de mots son histoire, et lui dit qu'il venait d'être attaqué par des voleurs qui l'avaient dépouillé et laissé pour mort.

« L'homme aux trésors, ayant entendu l'histoire du prince, l'engagea à le suivre et lui promit de le guérir promptement. Il le conduisit à son habitation, pansa ses blessures et y appliqua des simples dont il connaissait la vertu.

« Le prince étant parfaitement rétabli, son hôte lui dit : « Réjouissez-vous, jeune homme, vous ne pouviez faire une rencontre plus heureuse que la mienne : je connais un trésor qui renferme des richesses immenses ; si vous voulez venir avec moi m'aider à en retirer quelques-unes, je vous donnerai de quoi vivre désormais dans la plus grande opulence. » Le jeune prince ayant accepte la proposition, son hôte prépara plusieurs bêtes de somme, prit des instruments et tout ce dont il avait besoin.

« Ils partirent ensemble, et après avoir marché plusieurs jours, ils arrivèrent au sommet d'une haute montagne. L'homme aux trésors prit un livre qui renfermait les indications nécessaires pour reconnaître les lieux, le lut attentivement, et se mit ensuite à fouiller en cet endroit de la montagne. Lorsqu'il fut parvenu à la profondeur de cinq coudées, il découvrit une large pierre ; il la dégagea de tous les côtés et la souleva avec le secours de son compagnon, et par le moyen d'une pince, autant qu'il était nécessaire pour pouvoir regarder et descendre dans le puits auquel elle servait de couvercle. Lorsque la pierre fut assez levée, l'un d'eux la cala solidement; ils regardèrent alors dans le puits, et virent qu'il était rempli de richesses.

« Le jeune prince voulait descendre aussitôt dans le puits; mais son hôte lui dit qu'il fallait un peu reprendre haleine, et laisser à l'air extérieur le temps de s'introduire dans le souterrain et de le rafraîchir.

« Lorsqu'ils se furent un peu reposés, l'homme aux trésors attacha une corde autour du corps du jeune prince, lui mit une bougie allumée à la main, et le descendit au fond du puits. Lorsqu'il y fut arrivé, ses yeux furent éblouis par l'éclat de l'or, de l'argent, des pierreries dont il se vit environné. Son hôte lui descendit un panier, et lui dit de le remplir de tout ce qui tomberait sous sa main. Il retira le panier quand il fut plein, mit ce qu'il renfermait sur les bêtes de somme, et le descendit de nouveau. Lorsqu'il eut chargé les bêtes de somme, il retira les cales qui soutenaient la pierre, et la laissa retomber; il la recouvrit de terre, comme elle était auparavant, et s'en alla.

« Le jeune prince, qui attendait que son hôte lui descendît le panier ou la corde pour remonter, entendit tout à coup retomber la pierre; il se crut perdu, poussa un cri et se mit à pleurer : « Quelle cruelle destinée! quelle mort affreuse, disait-il en lui-même. J'ai échappé à la fureur d'un lion, je suis sorti du souterrain où j'ai été élevé, j'ai recouvré la vie que des voleurs croyaient m'avoir ôtée, et je vais finir ici lentement mes jours, victime de la faim et du désespoir! »

« Tandis que le jeune prince s'abandonnait à ces tristes réflexions, il entendit un bruit semblable au murmure d'une fontaine. Il prête l'oreille, fait quelques pas, et s'aperçoit que le bruit augmente. Il s'avance toujours du même côté, entend bientôt le bruit des flots, et se trouve sur le bord d'une rivière considérable qui coulait avec rapidité. Le prince dit alors en lui-même :

« Puisque je ne puis éviter la mort, il m'importe peu de périr quelques moments plus tôt ou plus tard, et j'aime mieux être tout à coup submergé que de périr lentement dans ce puits. »

« En disant cela, le prince se précipita dans le fleuve. La rapidité du courant et la nature de cette eau, furent cause que son corps se soutint de lui-même à la surface, et qu'il se trouva au bout de quelque temps au milieu d'une large vallée, où cette rivière sortait de dessous terre.

« Le jeune prince avait un peu auparavant conçu quelque espérance en voyant que l'obscurité commençait à diminuer autour de lui ; il fut ravi de joie quand il se vit transporté des cavernes souterraines sous la voûte céleste. Il grimpa sur un rocher qui s'avançait dans la rivière, et gagna facilement le bord. Épuisé de fatigue, il se jeta par terre et s'endormit.

« Le prince se réveilla aux premiers rayons du jour, et n'apercevant autour de lui aucune habitation, il prit un sentier qui conduisait au haut d'un coteau ; arrivé dans la plaine, il découvrit un grand village, vers lequel il porta ses pas.

CDLIX^E NUIT.

« Les habitants s'assemblèrent bientôt autour du jeune prince, et lui demandèrent qui il était et d'où il venait. La singularité de son histoire, la manière merveilleuse dont Dieu l'avait retiré de tant de dangers, leur inspirèrent de l'attachement et de l'amour pour lui : ils voulurent qu'il restât avec eux, et s'engagèrent de pourvoir en commun à sa subsistance. Mais laissons un moment le jeune prince, et retournons au roi, son père.

« Il y avait un mois que le sultan Ibrahim n'était allé rendre visite à son fils ; il était d'autant plus empressé de le voir, que le terme fatal était près d'expirer, et que bientôt il n'avait plus rien à craindre pour ses jours. Il comptait alors le faire sortir du souterrain, et prendre d'autres précautions pour se mettre lui-même à l'abri du danger dont il était menacé. Il se rendit sur le bord de l'ouverture du souterrain, et appela la nourrice, selon son usage. Personne ne lui répondant, il fit descendre un de ses gens, qui lui rapporta qu'il avait trouvé la nourrice mise en pièces, et un lion écrasé et percé de dards ; mais qu'il n'avait pas vu l'enfant.

« Le sultan Ibrahim ne douta pas que son fils n'eût été dévoré par le lion ; il se frappa le visage et répandit un torrent de larmes. De retour dans son palais, il fit venir les astrologues, et leur annonça l'accomplissement de leur fatale prédiction :

« Prince, lui répondirent les astrologues, vous n'êtes pas assuré de ce qui est arrivé : si votre fils a été dévoré par le lion, il a subi sa malheureuse destinée, et vous n'avez rien à craindre de lui ; mais s'il a trouvé moyen de s'échapper, vous devez appréhender que sa main ne tranche le fil de vos jours. »

« Le sultan, se croyant trop certain de la mort de son fils, fit peu d'attention au discours des astrologues, et le temps le lui fit bientôt oublier entièrement.

« Le village où s'était retiré le jeune prince appartenait au sultan, son père. Les habitants s'étaient soulevés plus d'une fois contre lui, et plusieurs d'entre eux, accoutumés à porter les armes, sortaient souvent pour faire des courses dans les environs, et piller ceux qu'ils rencontraient. Le sultan, informé de ces brigandages, résolut de les réprimer, et d'empêcher qu'ils ne pussent se renouveler à l'avenir; il rassembla quelques troupes, et se mit à leur tête, dans le dessein d'investir le village, de s'emparer des plus coupables et de désarmer les autres.

« Les habitants du village, croyant n'avoir affaire qu'à quelques soldats sans chef, et ignorant que le roi lui-même marchait contre eux, voulurent repousser les premiers qui se présentèrent. Le jeune prince, s'étant saisi d'un arc, en décocha une flèche, qui alla frapper le sultan et le blessa mortellement.

« Les paysans, ayant bientôt reconnu à qui ils avaient affaire, mirent bas les armes. On s'empara de ceux qui avaient fait le plus de résistance, et on les conduisit au sultan. Ce prince, occupé du danger où il était, ordonna qu'on les retînt prisonniers, et qu'on fît venir les astrologues.

« Lorsque les astrologues furent arrivés, le sultan leur dit: « Vous m'aviez prédit que je périrais par la main de mon fils, et cependant c'est un de ces mutins qui m'a blessé. » Les astrologues répondirent au sultan sans s'étonner :

« Prince, votre fils était peut-être parmi ces mutins, et vous a lancé la flèche qui fait craindre pour vos jours. »

« Le sultan fit venir les mutins, et leur promit de leur faire grâce s'ils lui découvraient celui qui lui avait lancé la flèche : « C'est ce jeune homme, » lui dirent-ils aussitôt en montrant le jeune prince. Le sultan lui ordonna de s'approcher, et lui demanda quel était son père, et ce qu'il avait fait depuis l'enfance :

« Prince, répondit-il, je n'ai jamais connu mon père; tout ce que je sais, c'est que j'ai été élevé dans un souterrain où une femme qui m'avait nourri prenait soin de moi. Un lion tomba un jour au milieu de notre demeure, se jeta sur moi et m'enleva un morceau de l'épaule. Il me lâcha ensuite, fondit sur ma nourrice, qu'il mit en pièces, et fut tué par des chasseurs qui me firent sortir du souterrain et m'emmenèrent avec eux. »

« Le sultan, sans chercher à en apprendre davantage, demanda au jeune homme de lui montrer la morsure du lion. Le jeune prince la lui ayant montrée : « Tu es mon fils! » s'écria-t-il en le serrant dans ses bras. Il fit aussitôt assembler les grands de son royaume, et leur dit :

« Ce que Dieu a déterminé ne peut manquer d'arriver; en vain on voudrait s'opposer à ses décrets, chacun doit s'y résigner humblement : mon fils n'a fait qu'obéir à sa destinée; j'ai moi-même subi la mienne. Rendez grâces à Dieu, puisqu'il a conservé mon fils, et que mon royaume ne passera pas dans des mains étrangères. »

« Ibrahim embrassa de nouveau son fils, et lui raconta pourquoi il l'avait fait élever dans le souterrain; il prit ensuite sa couronne, la plaça sur la tête de son fils, et le fit reconnaître pour son successeur par tous ceux qui étaient présents.

« Le jeune prince ayant été reconnu roi, son père lui donna des conseils pour administrer sagement son royaume; après quoi il ne songea plus qu'à se préparer à la mort, en bénissant Dieu d'avoir conservé l'héritier de sa couronne.

« Le nouveau roi prit, après la mort de son père, les rênes de l'état : il avait été instruit à l'école du malheur et de l'adversité; il se montra digne du rang où sa naissance l'appelait.

« Ainsi, ô roi, continua le jeune ministre, autrefois chéri d'Azadbakht, mon sort dépend entièrement des décrets du Ciel : mes discours, les histoires, les paraboles que je raconte à votre majesté, ne peuvent pas plus me sauver, que la haine de vos vizirs ne peut me faire périr. »

Azadbakht, plus incertain qu'il ne l'avait encore été, resta quelque temps immobile, les yeux fixés contre terre, et sans dire un seul mot; le jeune homme, debout devant lui, attendait tranquillement ce qu'il allait prononcer. Le roi, après avoir réfléchi longtemps, fit signe qu'on le reconduisît en prison.

Le lendemain, ou le dixième jour depuis la détention du jeune ministre, était un jour de fête dans tout le royaume; dans cette fête, appelée Mihrgian [1], les grands et le peuple se présentaient successivement devant le roi, lui offraient leurs hommages, et faisaient des vœux pour la durée de son règne; ils se retiraient ensuite pour se livrer à la joie et aux plaisirs auxquels ce jour était consacré.

Les vizirs jugèrent la circonstance favorable, et résolurent d'en profiter : ils allèrent trouver les grands du royaume et les principaux d'entre le peuple, et les engagèrent à demander au roi la

[1] On peut voir la description de cette fête des anciens Persans dans les *Notes de Golius sur Alfergan*, pag. 25.

mort du jeune ministre. Tous y consentirent. Ils se présentèrent devant le roi, et lui firent les compliments d'usage. Le roi leur ayant distribué des grâces, comme il avait coutume de faire, selon le rang que chacun occupait, et voyant qu'ils ne se retiraient pas, jugea qu'ils avaient quelque chose de plus à lui dire, et leur parla ainsi :

« Expliquez-vous librement : j'aime à entendre en tout temps la vérité ; et cette circonstance, en me rapprochant de toutes les classes de mes sujets, me fournit une occasion de m'entretenir avec eux, dont je suis jaloux de profiter. »

« Sire, dit alors l'un d'entre eux, nous bénissons le Ciel de nous avoir fait naître sous votre empire : l'équité, la sagesse, la prudence éclatent dans toutes vos actions ; tous vos sujets vous louent et vous admirent ; mais il faut vous ouvrir ici leurs cœurs ; ils s'étonnent que vous prolongiez de jour en jour l'existence d'un jeune homme que vous avez comblé de vos bienfaits, et qui vous a indignement trahi. Il est entre vos mains, les lois exigent qu'il périsse, et vous prêtez sans cesse l'oreille à ses discours trompeurs ! Vous ignorez sans doute que tout le peuple s'entretient de cette affaire, et s'étonne d'une indulgence qui peut avoir les suites les plus funestes. Au nom de la justice, du respect dont nous sommes pénétrés pour votre personne sacrée et pour celle de votre auguste épouse, au nom du repos et de la tranquillité publique, nous vous demandons de ne pas différer plus long-temps la punition du coupable. »

« Je ne doute pas, répondit le roi Azadbakht, que ce que je viens d'entendre ne vous ait été dicté par votre amour et votre attachement pour moi ; le conseil que vous me donnez est sage, mais des raisons particulières m'ont engagé à tenir dans cette circonstance une conduite différente ; ma puissance est trop bien affermie pour pouvoir être ébranlée par le retard apporté à l'exécution d'un coupable. Je pourrais, si je voulais, faire périr la moitié de ceux qui sont ici ; comment donc hésiterais-je à faire périr un jeune homme que je tiens en ma puissance, dont le crime n'est que trop prouvé, et dont le crime mérite la mort ? Mais la grandeur même du crime me fait retarder sa punition ; je ne prolonge la vie du coupable que pour pouvoir lui reprocher son forfait, et en faire voir de plus en plus l'atrocité : je soulage par ces reproches répétés, et mon ressentiment, et le ressentiment que tout mon peuple doit avoir de mon injure. »

Le roi Azadbakht ordonna alors qu'on fît venir le jeune homme : « J'ai trop long-temps, lui dit-il, différé ton supplice ; tout le peuple murmure et blâme ma conduite ; le mécontentement s'est fait entendre jusqu'au pied de mon trône. Je dois aujourd'hui satisfaire l'indignation publique, et je ne veux plus entendre tes discours. »

« O roi! reprit le jeune homme, je suis cause, dit-on, que votre peuple murmure contre vous; mais si le peuple s'entretient de cette affaire, ce n'est qu'à l'instigation de vos vizirs; eux seuls fabriquent et répandent les bruits injurieux qu'ils font ensuite parvenir jusqu'à vous; mais j'espère que Dieu fera retomber sur eux leur perfidie et leur méchanceté. Pourquoi le roi se hâterait-il de me faire mourir? Je suis dans sa main comme l'oiseau dans celle du chasseur qui l'a pris : il l'étouffe s'il veut, et il lui donne la liberté s'il veut. Ce délai même dont on murmure ne vient point du roi, mais de celui qui est l'arbitre de la vie et du trépas. Si l'instant de ma mort eût été marqué plus tôt, toute la puissance du roi n'aurait pu le reculer, de même que toute la malice de vos vizirs ne peut l'avancer. C'est ce qu'éprouva le cruel Balavan, fils aîné du roi Soleïman-Schah : toute sa haine, tous ses attentats contre la vie du jeune prince, son neveu, furent inutiles : Dieu le retira des portes du trépas, et lui conserva la vie jusqu'au terme marqué par ses décrets. »

« Toutes tes ruses et tous tes discours, dit Azadbakht, seront bientôt inutiles; cependant je veux bien encore entendre le récit de cette histoire. »

Le jeune homme continua de parler en ces termes :

HISTOIRE

DE SOLEÏMAN-SCHAH.

Soleïman-Schah, roi de Perse, avait un frère qu'il aimait beaucoup et en qui il avait une grande confiance. Ce frère, si cher à son cœur, mourut, et ne laissa en mourant qu'une fille, qu'il recommanda à la tendresse de son frère. Soleïman-Schah, qui avait deux fils et n'avait pas de fille, aimait Schah-Khatoun (c'était le nom de sa nièce) comme si elle eût été sa propre fille, et prenait le plus grand soin de son éducation.

« La princesse répondit à la tendresse du roi, son oncle, et surpassa beaucoup son attente : douée des plus heureuses dispositions naturelles, elle acquit bientôt toutes les connaissances qui convenaient à son sexe et à son rang. Aux talents de l'esprit, aux qualités du cœur, elle joignait tous les agréments du corps, et pouvait passer pour la plus belle personne de son temps.

« Soleïman-Schah, voyant sa nièce en âge d'être mariée, résolut de lui faire épouser un de ses fils. Il entra un jour chez elle, fit retirer toutes les femmes de sa suite, et lui dit en l'embrassant :

« La tendresse que j'avais pour mon frère s'est portée tout entière sur vous, et augmente celle que je dois avoir pour ma nièce : je vous aime plus que si vous étiez ma fille, et je veux désormais vous appeler de ce nom. Vous connaissez les princes, mes fils; ils ont été élevés avec vous; je veux vous unir à l'un d'eux; je vous laisse la maîtresse absolue du choix; je vous donnerai pour époux celui que vous préférerez, et je le reconnaîtrai pour mon successeur. »

« La princesse, étonnée de ce discours, se leva, baisa les mains du roi, son oncle, et lui répondit :

« Sire, vous avez sur moi tous les droits d'un père, et peut-être de plus grands encore; ma soumission pour vous est sans bornes : faites vous-même ce choix, qui serait trop embarrassant pour moi; prononcez, et ma volonté suivra votre décision. »

« Je suis flatté, reprit Soleïman-Schah, de la confiance que vous me témoignez; elle augmenterait ma tendresse pour vous, si cette tendresse pouvait augmenter. Puisque vous voulez que je dispose moi-même de votre main, je la donnerai au plus jeune de mes fils : les rapports que je remarque entre vous deux me promettent l'union la mieux assortie; en l'unissant à vous, en lui laissant ma couronne, je fais tout à la fois son bonheur, le vôtre et celui de mes peuples. »

« Schah-Khatoun baissa les yeux en remerciant son oncle. Soleïman-Schah fit célébrer, quelques jours après, le mariage de sa nièce avec le prince Malik-Schah, son second fils, le désigna pour son successeur, et lui fit prêter serment par les grands et le peuple.

« Balavan, l'aîné des fils de Soleïman-Schah, aspirait à la main de sa cousine, et se croyait assuré de monter sur le trône après la mort du roi, son père; la préférence que son frère cadet obtenait lui inspira la plus violente jalousie. Le respect et la crainte qu'il avait pour son père l'obligèrent de dissimuler d'abord; mais ce feu, renfermé dans son cœur, n'en acquit que plus de force et de violence.

CDLX[e] NUIT.

« La jeune reine accoucha, au bout de neuf mois, d'un garçon aussi beau que le jour. Cet événement mit le comble au désespoir de Balavan, et le porta à commettre, pour se venger, les plus horribles forfaits. S'étant introduit la nuit dans l'appartement de son frère, il trouva la nourrice endormie, et l'enfant qui reposait près d'elle dans son berceau. Il s'arrêta pour le considérer, et, frappé de sa beauté, dit en lui-même :

« Cet enfant a toute la beauté de sa mère. Pourquoi n'est-il pas à moi? Je méritais mieux que mon frère la main de Schah-Khatoun et la couronne. »

« Cette idée ayant allumé sa fureur, il tire son poignard, et le plonge, d'une main forcenée, dans le sein de l'enfant. Il pénétra ensuite dans l'appartement de son frère, qui dormait près de son épouse, et lui perça le cœur. Il allait immoler pareillement la jeune reine; mais l'espoir de la posséder retint son bras.

« Pour satisfaire son amour, et s'assurer l'impunité des crimes qu'il venait de commettre, il fallait y ajouter le parricide : Balavan, égaré, hors de lui-même, court à l'appartement du roi, son père; mais la garde l'empêcha d'y pénétrer. Voyant alors qu'il ne pouvait échapper aux soupçons et au châtiment qu'il méritait, il sortit du palais, prit la fuite, et alla s'enfermer dans un château éloigné, où il se fortifia.

« Le deuil et la désolation se répandirent bientôt dans le palais. La nourrice, en s'éveillant, veut allaiter le jeune prince, et voit son berceau rempli de sang. Tremblante et éperdue, elle court à l'appartement du père, et le trouve étendu sans vie. Ses cris réveillèrent la reine, qui, se précipitant sur son époux et sur son fils, les embrasse tour à tour et veut les rappeler à la vie; son époux a rendu les derniers soupirs, mais son fils respire encore. Elle le prend dans ses bras, le réchauffe dans son sein, et fait venir les plus habiles chirurgiens. Ils examinent la blessure, assurent qu'elle n'est pas mortelle, et appliquent dessus les remèdes convenables. L'enfant ouvre bientôt les yeux, demande le sein de sa nourrice, et paraît hors de danger.

« Le roi Soleïman-Schah, qui était venu mêler ses larmes à celles de la jeune reine, fut étonné de ne pas voir son fils aîné partager la douleur commune, et conçut des soupçons qui se changèrent en certitude aussitôt qu'il eut appris sa fuite. Détestant cet attentat, mais plus occupé de sa douleur que du soin de le venger, il fit faire à Malik-Schah de magnifiques funérailles, et voulut que l'enfant, échappé à la fureur de Balavan, portât le nom de son père. Le jeune Malik-Schah devint alors l'objet de toutes les affections de son grand-père : il s'occupait de son éducation, conjointement avec sa mère, et ils se consolaient mutuellement en le voyant croître et se fortifier de jour en jour.

« Lorsque Malik-Schah eut atteint l'âge de cinq ans, Soleïman-Schah convoqua les grands du royaume. Il fit monter son petit-fils sur un cheval magnifique, lui fit rendre les honneurs qu'on avait coutume de lui rendre à lui-même, et le fit reconnaître solennellement pour son successeur.

« Cependant Balavan, non content de s'être mis à l'abri du ressentiment et de la vengeance de son père, cherchait encore à lui faire la guerre. Il se rendit auprès du roi d'Égypte, se présenta à lui comme un prince infortuné que la calomnie et l'intrigue avaient obligé de quitter la cour du roi, son père, et lui demanda du secours pour rentrer dans le royaume, et reprendre le rang qui lui était dû. Le roi d'Égypte, touché de ce récit, dont il ne soupçonnait pas la fausseté, le mit à la tête d'une armée nombreuse.

« Soleïman-Schah, ayant appris cette nouvelle, écrivit au roi d'Égypte pour lui dévoiler les forfaits de Balavan, et lui manda qu'il avait immolé de sa propre main son frère et son neveu qui était alors au berceau. La lecture de cette lettre fit succéder l'horreur à la compassion dans le cœur du roi d'Égypte ; il donna ordre de mettre en prison Balavan, et offrit à Soleïman-Schah de lui livrer son fils chargé de chaînes, ou de lui envoyer sa tête. Le malheureux père, ne voulant pas ôter la vie à son fils, quelque coupable qu'il fût, et persuadé que tôt ou tard il porterait la peine de son crime, répondit au roi d'Égypte en le priant d'éloigner seulement Balavan de sa cour.

« Le soudan se conforma au désir de Soleïman-Schah, et résolut de lui faire à son tour une demande. Ce qu'il avait entendu dire de Schah-Khatoun, les éloges qu'on lui avait faits de sa beauté, de son esprit, l'avaient rendu amoureux de cette princesse : il envoya un ambassadeur à Soleïman-Schah pour lui demander sa main.

« Le roi de Perse fit part de cette demande à sa nièce, et voulut savoir quels étaient ses sentiments :

« Je suis étonnée, répondit-elle en pleurant, que mon oncle me fasse une semblable question : je ne dois pas songer à prendre un époux, après avoir perdu celui qu'il m'avait donné; et comment pourrais-je m'éloigner de mon oncle, et abandonner un fils qui fait toute ma consolation? »

« Vous avez raison, reprit Soleïman-Schah; mais je dois vous faire part de mes craintes : je suis vieux, et je touche au terme de la vie; je crains que bientôt vous et votre fils ne puissiez résister aux entreprises de Balavan. J'ai marqué au soudan et aux autres rois, mes voisins, que Balavan avait immolé son neveu au berceau, et je leur ai caché que l'enfant vivait encore. Votre alliance avec le roi d'Égypte serait un puissant appui pour vous et pour ce fils qui doit me succéder. »

« La mère du jeune Malik-Schah, touchée de l'intérêt de son fils, consentit à vaincre sa répugnance, et parut disposée à suivre les conseils de son oncle. Il écrivit au soudan que Schah-Khatoun se trouvait très-honorée de son choix, et qu'elle allait se mettre en chemin pour se rendre auprès de lui.

« Le monarque égyptien alla au-devant de Schah-Khatoun, et trouva que sa beauté et son esprit surpassaient tout ce qu'on lui en avait dit. Il conçut pour elle l'amour le plus vif, lui donna le premier rang parmi les princesses qu'il avait déjà épousées, et la combla d'honneurs et de présents. Il voulut aussi témoigner sa reconnaissance au roi de Perse, en contractant avec lui la plus étroite alliance.

« Soleïman-Schah, toujours occupé d'assurer de plus en plus la couronne à son petit-fils, le fit reconnaître de nouveau pour son successeur, lorsqu'il eut atteint l'âge de dix ans, et lui fit prêter encore serment de fidélité par ses sujets. Soleïman-Schah mourut peu après cette cérémonie, et Malik-Schah monta sur le trône de Perse.

« Aussitôt que Balavan eut appris la mort de son père, il résolut de faire valoir les droits que lui donnait sa naissance; il assembla secrètement des soldats, se ménagea des intelligences dans les principales villes de la Perse et à la cour même du jeune roi, et promit de magnifiques récompenses à ceux qui se déclareraient en sa faveur. Lorsque tout fut préparé pour l'exécution de son dessein, il fit avancer ses troupes de différents côtés, et s'approcha lui-même de la capitale. Les conjurés s'emparèrent de la personne du jeune Malik-Schah, et Balavan fut reconnu roi.

« En ôtant la couronne à Malik-Schah, les principaux chefs de la conspiration ne voulurent point lui ôter la vie : les serments qu'ils avaient faits à son grand-père et à lui-même étaient si récents, qu'ils eurent horreur de tremper leurs mains dans son sang.

Ils exigèrent de Balavan qu'il n'attenterait pas aux jours de son neveu, mais qu'il se contenterait de le tenir en prison.

« Schah-Khatoun fut bientôt informée de cet événement. Depuis qu'elle s'était séparée de son fils, elle était en proie à l'ennui et à l'inquiétude, et ne songeait qu'à l'objet de sa tendresse; sa situation était d'autant plus pénible, qu'elle n'osait confier son chagrin à personne. Soleïman-Schah avait mandé autrefois au soudan que son petit-fils était mort : elle ne pouvait révéler le mystère de son existence, sans donner lieu au soudan d'accuser Soleïman-Schah de lui avoir déguisé la vérité. La nouvelle de la révolution de Perse fut pour cette malheureuse mère un coup de foudre, et l'affligea tellement, qu'elle eut peine à cacher l'excès de sa douleur.

« Il y avait quatre ans que le jeune Malik-Schah, plongé dans un obscur cachot, souffrait toutes les horreurs de la plus dure captivité. Les grands et le peuple s'entretenaient souvent de son malheur et plaignaient sa destinée; Balavan lui-même, depuis qu'il était paisible possesseur de l'empire, avait pris pour cet enfant, échappé jadis à sa fureur, des sentiments plus humains : il en parlait quelquefois, et souffrait qu'on en parlât devant lui.

« Un jour que Balavan semblait regretter, en présence de son conseil, que la politique et la sûreté de l'état ne lui permissent pas de rendre la liberté à son neveu, un de ses vizirs prit la parole.

« Il lui représenta d'abord que l'élévation de Malik-Schah, et tout ce qui avait précédé, ayant été l'ouvrage de son grand-père, et l'effet d'une aveugle prédilection, on ne pouvait l'en accuser lui-même; qu'il était trop jeune et la puissance du roi trop bien affermie pour qu'il pût exciter quelque trouble; que l'état de langueur et de faiblesse où l'avait réduit sa prison ne permettait pas de croire qu'il jouît long-temps de la vie. Le vizir ajouta que pour concilier sa clémence avec sa sûreté, le roi pouvait envoyer son neveu sur une des frontières de l'empire.

« Balavan approuva ce conseil, et résolut de donner à son neveu le commandement d'une place frontière, exposée aux attaques fréquentes des infidèles. Par là il se montrait généreux, flattait les grands et le peuple, faisait cesser une compassion dont les suites l'inquiétaient, et de plus, il espérait se défaire du jeune prince.

« Balavan fit donc sortir Malik-Schah de prison, lui protesta qu'il avait oublié tout ce qui s'était passé, le revêtit d'une robe d'honneur, et le nomma commandant de la frontière.

« Malik-Schah partit, accompagné d'une faible escorte. A peine arrivé sur la frontière, il fut attaqué par les ennemis, abandonné des siens, et fait prisonnier. Sa jeunesse, sa beauté ne purent toucher les infidèles, qui le renfermèrent dans un souterrain où étaient déjà entassés, les uns sur les autres, beaucoup de musulmans.

« La coutume des infidèles était de faire sortir de prison tous leurs captifs au commencement de l'année, et de les précipiter du haut d'une tour. Le jour fatal étant arrivé, Malik-Schah fut précipité avec les autres; mais la Providence, qui veillait sur ses jours, le fit tomber sur les corps de plusieurs de ses compagnons d'infortune : il fut seulement étourdi de sa chute, et resta long-temps sans connaissance.

« Les infidèles ne faisaient point enlever les corps des malheureux qu'ils avaient précipités; mais ils les laissaient devenir la pâture des oiseaux et des animaux carnassiers. Le jeune prince, étant resté évanoui toute la journée, revint à lui pendant la nuit.

« Il rendit aussitôt grâce à Dieu, en mettant en lui toute sa confiance; il s'éloigna des cadavres dont il était environné, et marcha jusqu'à la pointe du jour. Épuisé de faim et de fatigue, il se nourrit de feuilles et de fruits sauvages, et se cacha dans un bois. Il se remit en chemin la nuit suivante, et continua de marcher ainsi toutes les nuits, et de se retirer le jour dans les bois ou dans les rochers, jusqu'à ce qu'il fût parvenu sur les terres du roi, son oncle. Il entra alors chez quelques paysans, auxquels il raconta, sans se faire connaître, la manière merveilleuse dont il avait échappé à une mort qui paraissait assurée.

« Ces bonnes gens admirèrent la Providence, furent touchés de compassion pour le jeune prince, lui donnèrent à boire et à manger, et le retinrent pendant plusieurs jours.

« Lorsque Malik-Schah fut un peu rétabli de ses fatigues, il demanda aux paysans le chemin qui conduisait à la capitale de la Perse. Ils le lui indiquèrent, et lui fournirent encore quelques provisions pour continuer son voyage, sans se douter que celui qu'ils avaient accueilli avec tant d'humanité fût le neveu du roi Balavan.

« Le jeune prince arriva près de la capitale de Perse, épuisé de faim et de fatigue, le corps maigre et décharné, le visage pâle et défiguré, les pieds nus et ensanglantés. Avant d'entrer dans la ville, il s'assit près de la porte, sur les bords d'un bassin qui recevait les eaux d'une fontaine. A peine avait-il pris haleine, qu'il vit venir à lui plusieurs cavaliers : c'étaient des officiers du roi qui revenaient de la chasse, et voulaient faire désaltérer et reposer leurs chevaux. Dès qu'ils aperçurent le jeune voyageur, son mauvais équipage, ses vêtements délabrés devinrent l'objet de leurs conversations et de leurs railleries.

« Malik-Schah, sans se déconcerter, s'approcha de ces officiers et leur dit :

« Permettez-moi, messieurs, de vous faire une question : comment se porte le roi Balavan? »

« Es-tu fou? lui répondit un des officiers; étranger, et de plus mendiant, à ce qu'il paraît, pourquoi demandes-tu des nouvelles de la santé du roi? »

« C'est mon oncle, » reprit Malik-Schah.

« Si tu n'es pas fou, continua l'officier, assurément, mon enfant, tu es un imposteur : nous savons que le roi Balavan n'a plus de neveu. Il en eut un autrefois, mais il a été tué en combattant contre les infidèles. »

« Je suis ce neveu lui-même, repartit Malik-Schah : les infidèles ne m'ont point ôté la vie. »

« Le jeune prince fit alors tout le détail de ses aventures. Les officiers le reconnurent, lui baisèrent les mains, et le plus distingué d'entre eux lui dit :

« Vous êtes le petit-fils de notre dernier roi; vous fûtes vous-même notre roi : nous devons nous intéresser à votre conservation, faire des vœux pour votre bonheur, et vous représenter ce que l'attachement et le respect nous inspirent. Lorsque Balavan, à la prière de quelques hommes courageux et pleins de vertus, vous fit sortir du cachot où il vous tenait enfermé depuis quatre ans, et vous donna le commandement de la frontière, il savait que vous ne pouviez manquer de tomber entre les mains des infidèles, et il ne cherchait qu'à vous faire périr. Dieu vous a délivré de ce danger d'une manière miraculeuse; mais comment pouvez-vous retourner auprès de Balavan et vous remettre de nouveau sous sa puissance? Fuyez plutôt de ses états, et retirez-vous en Égypte, auprès de votre mère. »

« Malik-Schah remercia ces officiers de l'attachement qu'ils lui témoignaient, et leur dit : « Lorsque mon aïeul, Soleïman-Schah, écrivit au roi d'Égypte, pour lui accorder la main de ma mère, il ne lui dit pas que je vivais encore : ma mère aura gardé elle-même, sur mon existence, le secret qui lui avait été recommandé, et je ne puis me faire connaître en Égypte sans compromettre la bonne foi et la véracité de ma mère. »

« Vous avez raison, prince, répliqua l'officier; mais fussiez-vous obligé de rester inconnu en Égypte, et de vous attacher au service de quelqu'un, votre vie y sera du moins en sûreté. »

« Malik-Schah ayant témoigné aux officiers qu'il allait suivre leur conseil, ils lui donnèrent tout l'argent qu'ils avaient sur eux et les provisions qui leur restaient; ils l'accompagnèrent quelque temps, et prirent congé de lui en faisant des vœux pour sa conservation.

« Après un voyage long et pénible, Malik-Schah arriva en Égypte. Il s'arrêta dans le premier village qu'il rencontra, et se mit au service d'un des habitants. Son emploi était d'aider son maître dans la culture des terres et dans les autres occupations de la campagne.

« Cependant Schah-Khatoun, n'ayant reçu aucune nouvelle de Perse depuis la déposition et l'emprisonnement de son fils, était en proie à la plus cruelle inquiétude, et ne pouvait goûter aucun repos; les plaisirs de la cour d'Égypte, les fêtes par lesquelles son époux cherchait à l'amuser, n'avaient aucun attrait pour elle; elle était toujours triste et rêveuse, et n'osait confier au roi le sujet de son chagrin. Elle avait près de sa personne un esclave qu'elle avait amené de Perse, et en qui elle avait beaucoup de confiance; c'était un homme intelligent, prudent et adroit. Un jour qu'elle se trouvait seule avec lui, elle lui dit :

« Tu es attaché à mon service depuis mon enfance; tu connais mon amour pour mon fils; tu sais que je suis condamnée à me taire sur ce qui le concerne, et tu ne cherches pas à me procurer de ses nouvelles! »

« Madame, lui répondit l'esclave, l'existence de votre fils a toujours été ici un mystère, et quand il serait en ces lieux, vous ne pourriez le reconnaître, sans vous exposer à perdre les bonnes grâces du roi, qui d'ailleurs ne vous croirait pas, puisqu'il passe pour constant que vous n'avez plus de fils. »

« Tu as raison, reprit la reine; mais quand il serait réduit à garder les troupeaux, quand je ne pourrais le voir, j'aurais du moins la consolation de savoir qu'il est vivant. Prends donc dans mon trésor tout l'or et l'argent dont tu auras besoin; pars, et ramène avec toi mon fils, ou apporte moi de ses nouvelles. »

« Madame, repartit l'esclave, je suis prêt à exécuter vos ordres; mais je ne puis m'éloigner sans la permission du roi. Il voudra savoir le motif de mon voyage; il faut en imaginer un que vous puissiez lui communiquer. Dites-lui qu'après la mort de votre époux, vous avez fait enfouir plusieurs coffres remplis d'or, d'argent et de bijoux, et que vous voulez m'envoyer chercher ce précieux trésor. »

« La reine approuva ce conseil, fit part au roi de son prétendu dessein, et n'eut pas de peine à obtenir la permission qu'elle désirait.

« Le fidèle esclave partit aussitôt, déguisé en marchand. Arrivé dans la capitale de la Perse, il apprit que Malik-Schah, après être resté quatre ans en prison, en avait été tiré, et qu'il avait été envoyé sur la frontière; qu'il avait été fait prisonnier, et mis à mort par les infidèles. Pénétré de ces nouvelles, qu'il n'osait porter à Schah-Khatoun, l'esclave ne savait quel parti prendre.

CDLXI^E NUIT.

« Comme il était toujours plongé dans cette incertitude, il rencontra un des officiers auxquels le jeune prince s'était fait connaître lorsqu'il était assis près de la porte de la ville. Cet officier reconnut l'esclave, qu'il avait vu souvent près de Schah-Khatoun, lia conversation avec lui, lui parla de la reine, et lui demanda ce qu'il venait faire en Perse. L'esclave répondit qu'il était venu vendre des marchandises, et qu'il retournait en Égypte : « En ce cas, reprit l'officier, vous pourrez annoncer à Schah-Khatoun ce que je vais vous apprendre de son fils. »

« L'officier raconta alors à l'esclave la manière dont lui et plusieurs de ses camarades avaient fait la rencontre du prince, et comment il s'était échappé des mains des infidèles : « Dieu soit loué! dit en lui-même le faux marchand, celui que je ne questionnais pas m'apprend ce que je désirais le plus d'apprendre. » Il pria ensuite l'officier de ne rien dire à personne de ce qu'il venait de lui découvrir : « Je vous le promets, lui dit l'officier, qui avait remarqué la joie qu'avait fait paraître l'esclave, et je ne trahirai pas votre secret, quand même je saurais que vous n'êtes venu ici que pour apprendre des nouvelles de Malik-Schah. »

« L'esclave, assuré de la bonne foi et de la générosité de l'officier, lui peignit l'inquiétude de Schah-Khatoun, et lui dévoila le mystère de son voyage en Perse. L'officier, de son côté, lui apprit que le prince avait pris la route d'Égypte, et qu'il l'avait accompagné jusqu'à tel endroit. Il lui peignit sa situation, et lui donna tous les renseignements qui pouvaient l'aider à le trouver et à le reconnaître.

« L'esclave remercia de nouveau l'officier, et partit aussitôt pour se rendre à l'endroit qu'il venait de lui indiquer. Il continua ensuite son voyage, demandant partout des nouvelles d'un jeune homme qu'il désignait, et s'assurant, par des informations qu'il avait soin de prendre adroitement, de tous les lieux par où il avait passé. Arrivé ainsi dans l'endroit où était le prince, il ne trouva personne qui pût répondre à ses questions. Inquiet de cette circonstance, il remonta à cheval pour continuer sa route.

« Au sortir du village, il aperçut un âne attaché à un licol que tenait un enfant couché par terre et endormi profondément. Il le regarda en passant, sans autre sentiment que celui d'une pitié naturelle, et dit en lui-même :

« Si celui que je cherche était réduit à la condition de ce malheureux qui dort sur le bord du chemin, comment pourrais-je le trouver? L'âge, les fatigues, la misère ont sans doute changé tellement ses traits que je ne pourrais le reconnaître quand il serait devant moi. Hélas! je me suis abusé jusqu'ici : toute ma peine, toutes mes démarches seront à jamais inutiles. »

« Occupé de ces réflexions, l'esclave s'abandonnait au désespoir et se frappait le visage : « Peut-être, dit-il ensuite, ce malheureux n'est pas, comme on le croirait d'abord, l'enfant d'un paysan. Il faut que je sache à qui il appartient. » En disant ces mots, il revient sur ses pas, descend de cheval, et s'assied à côté de l'enfant. Il l'examine d'abord et le considère attentivement depuis la tête jusqu'aux pieds; ensuite il fait un peu de bruit et tousse plusieurs fois pour l'éveiller :

« Jeune homme, lui dit-il lorsqu'il fut relevé et qu'il se fut un peu frotté les yeux, tu demeures apparemment dans ce village, et ton père est un des habitants du lieu? »

« Je suis étranger, répondit le jeune homme : j'ai vu le jour en Perse, et je ne demeure ici que depuis peu de temps. »

« L'esclave, charmé de cette réponse, fit ensuite plusieurs autres questions au jeune homme, et reconnut bientôt celui qu'il désirait tant de rencontrer. Il se jeta à son cou, lui témoigna en pleurant la peine qu'il ressentait de le voir dans cet état, et lui apprit qu'il le cherchait par ordre de sa mère et à l'insu du roi, son époux; il lui ajouta aussitôt que sa mère devait se contenter de savoir qu'il était plein de vie, et qu'elle ne pouvait le voir d'abord et le reconnaître pour son fils.

« Malik-Schah, bien instruit des raisons qui faisaient agir sa mère, se flatta que, fixé près d'elle, il jouirait au moins d'un sort plus heureux. Il remercia l'esclave de son zèle, et lui témoigna son impatience de partir. L'esclave retourna au village, y acheta des habits et un cheval pour le prince, et ils prirent ensemble le chemin de la capitale de l'Égypte.

« Le sort qui poursuivait le jeune prince n'avait point encore épuisé contre lui tous ses traits; un nouveau malheur vint bientôt éprouver sa constance. Comme ils approchaient du terme de leur voyage, ils furent assaillis par une troupe de voleurs, qui les dépouillèrent et les jetèrent, liés et garrottés, dans une citerne où ils avaient déjà jeté d'autres malheureux qui y étaient morts de faim. L'esclave, se voyant ainsi garrotté, entouré de cadavres, et ne doutant pas que leur perte ne fût assurée, s'abandonnait à la douleur et versait des torrents de larmes; le jeune prince, au contraire, l'exhortait à la patience et lui représentait l'inutilité de ses gémissements et de ses plaintes :

« Prince, lui dit l'esclave, ce n'est pas l'image de ma mort qui fait couler mes larmes, c'est votre sort, c'est celui de votre mère que je déplore : après les malheurs que vous avez éprouvés, les maux que vous avez soufferts, faut-il que vous périssiez par une mort aussi affreuse et aussi inattendue ! — Tout ce qui m'est arrivé, répondit le prince, était écrit dans un livre dont rien ne peut être effacé; le reste de ma destinée est pareillement fixé, et si le terme de mes jours est arrivé, aucune puissance ne pourrait le retarder. »

« Deux jours et deux nuits s'étaient écoulés depuis qu'ils étaient dans cette affreuse situation; la faim avait presque entièrement épuisé leurs forces, et il ne leur restait plus qu'un souffle de vie, lorsque la Providence, qui veillait sur les jours du jeune prince, permit que le roi d'Égypte vint, en chassant, jusque dans ces lieux. Il poursuivait une gazelle, qui fut prise près de la citerne. Un de ses gens, étant descendu de cheval pour égorger l'animal, entendit sortir de la citerne des gémissements. Il en informa le roi, qui s'avança avec sa suite, et ordonna qu'on descendît dans la citerne. Le jeune prince et l'esclave étaient près de rendre le dernier soupir; on les retira, on les détacha et on leur fit avaler quelques liqueurs fortifiantes, qui ranimèrent leurs forces et les rappelèrent à la vie. Le roi reconnut, avec étonnement, l'esclave attaché au service de son épouse, et lui demanda qui l'avait mis dans cet état.

« Je revenais, dit l'esclave, suivi de plusieurs mulets chargés du trésor que la reine m'avait envoyé chercher en Perse; des brigands nous ont assaillis, dépouillés, et jetés, pieds et mains liés, dans cette citerne, où nous aurions péri comme ceux qui y ont été jetés avant nous, si le Ciel, qui a eu pitié de nous, n'eût envoyé le roi pour nous sauver la vie. »

« Quel est ce jeune homme? demanda ensuite le roi. — C'est, répondit l'esclave, le fils de la nourrice de la reine. Sa mère, peu fortunée, m'a prié de l'emmener avec moi pour vous servir; j'avais besoin de quelqu'un pour m'accompagner, et je l'ai pris. Il est actif, intelligent, et ses services pourront ne pas vous déplaire. »

« Le roi d'Égypte prit le chemin de sa capitale, accompagné du jeune homme et de l'esclave, et leur demanda, chemin faisant, des nouvelles du roi Balavan, et de quelle manière il gouvernait ses sujets. « Balavan, répondit le jeune homme, maltraite les grands et le peuple; et personne ne fait des vœux pour la durée de son règne. »

« Arrivé dans son palais, le roi alla aussitôt annoncer à la reine le retour de son esclave, et lui raconta tout ce qu'il avait dit. Lorsqu'il fut à la circonstance de la citerne, la reine changea de couleur, et fut sur le point de jeter un cri : « Qu'avez-vous? lui dit le roi, qui s'aperçut de l'impression que ce récit faisait sur elle. La perte de vos trésors peut-elle vous affecter à ce point? — Prince, répondit la reine, je vous jure, par la gloire de votre empire, que je ne suis touchée que des maux que ce fidèle serviteur a soufferts pour moi. Peut-être cette sensibilité vous paraîtra excessive; mais cet esclave m'est attaché depuis mon enfance, et il faut pardonner à mon sexe un peu de faiblesse. » Le roi témoigna à son épouse qu'il était fâché de lui avoir fait un récit trop fidèle, et se retira.

« Schah-Khatoun, se voyant seule, fit appeler son esclave; il lui raconta tout ce qui était arrivé au prince depuis sa sortie de prison, les artifices de son oncle, sa captivité, la manière miraculeuse dont Dieu l'avait soustrait à la mort, ce qui l'avait engagé à quitter de lui-même la Perse; enfin, l'état dans lequel il l'avait trouvé, et le bonheur qu'il avait eu de le reconnaître endormi sur le bord du chemin : « Qu'a dit le roi, lui demanda avec empressement Schah-Khatoun, lorsqu'il a vu avec toi un jeune homme? N'a-t-il pas voulu savoir qui il était? Que lui as-tu répondu? — Madame, répondit l'esclave, j'ai tâché de seconder vos vues, sans donner aucun soupçon de ce que vous voulez cacher : j'ai dit que c'était le fils de votre nourrice, et qu'il désirait s'attacher au service du roi. » Schah-Khatoun approuva ce stratagème, loua le zèle et la fidélité de son esclave, et lui recommanda de veiller sur son fils.

« Le roi d'Égypte, de son côté, récompensa le fidèle serviteur de la reine, attacha le jeune homme à son service, et lui confia le soin de l'intérieur du palais. Il le distingua bientôt de tous ceux qui l'approchaient; et tous les jours il lui donnait de nouvelles marques de sa confiance et de sa bonté.

« Schah-Khatoun voyait souvent son fils, mais sans oser lui parler, et ne pouvait trouver assez d'occasions de le voir : elle observait tous ses pas, et se tenait souvent pour cela aux fenêtres de son palais.

« Elle vivait depuis quelque temps dans cette pénible contrainte, lorsqu'un jour qu'elle l'attendait pour le voir passer devant la porte de son appartement, ne pouvant résister aux mouvements de la nature et à la tendresse maternelle, elle se jeta à son cou, le baisa et le pressa contre son sein.

« Un des officiers de la chambre du roi, qui sortait en ce moment, fut témoin de l'action de la reine, et en fut on ne peut plus étonné. Il rentra chez le roi en tremblant, et témoignant sa surprise par son air et ses gestes : « Qu'y a-t-il, lui dit le roi, et que viens-tu m'annoncer? — Prince, répondit l'officier, que puis-je vous annoncer de plus grave et de plus étonnant que ce que je viens de voir de mes propres yeux? Ce jeune homme, amené récemment de Perse, est l'objet des amours de la reine : je viens de la surprendre qui l'embrassait à la porte de son appartement. »

« Il serait difficile de peindre l'impression que ce peu de mots firent sur le roi d'Égypte; il resta d'abord quelque temps immobile; ensuite il devint furieux, déchira ses habits, s'arracha la barbe et se frappa le visage. Tout à coup il ordonna qu'on se saisît du jeune homme et de l'esclave qui l'avait amené, et qu'on les renfermât dans un cachot; il sortit de son appartement, se rendit chez la reine, et lui dit en l'abordant :

« Votre conduite, madame, est vraiment digne de votre naissance, et vous soutenez bien la réputation de sagesse et de vertu qui vous a fait rechercher par les rois des pays les plus éloignés : votre caractère, vos inclinations naturelles se manifestent par les plus belles actions. » Le sultan, renonçant bientôt à l'ironie, accabla la reine des plus sanglants reproches, la menaça qu'il se vengerait d'une manière éclatante de sa perfidie et du traître qui le déshonorait, et la quitta brusquement en lui témoignant le plus profond mépris.

« Schah-Khatoun était d'autant plus affligée de la colère du roi, qu'elle croyait ne pouvoir se justifier : elle n'avait jamais osé le désabuser sur la mort du jeune Malik-Schah, et ce qu'elle aurait pu lui dire en ce moment aurait passé dans son esprit pour une imposture. Dans cette extrémité, elle eut recours à Dieu, et lui adressa cette prière : « O toi que l'apparence ne peut tromper, toi qui con-
« nais le secret des cœurs, c'est de toi que j'attends quelque se-
« cours, c'est en toi que je mets toute ma confiance! »

CDLXII^E NUIT.

« Plusieurs jours se passèrent sans que le roi s'arrêtât à aucun parti ; il était triste et rêveur et ne pouvait prendre aucune nourriture. Le supplice de l'esclave et du jeune homme ne lui paraissait pas satisfaire entièrement sa vengeance ; la reine était encore plus coupable à ses yeux ; mais il ne pouvait se résoudre à lui ôter la vie : son amour pour elle semblait augmenter depuis qu'il s'était privé du plaisir de la voir ; il sentait qu'en la faisant mourir il s'exposait aux plus affreux regrets, et que peut-être il ne pourrait lui survivre.

« La nourrice du sultan, qui demeurait dans le sérail, fut alarmée du changement qu'elle remarqua sur son visage. C'était une femme prudente et expérimentée, qui passait pour connaître quantité de remèdes et de secrets, et en qui le sultan avait ordinairement beaucoup de confiance : craignant, cette fois, d'aigrir son chagrin, ou qu'il ne voulût pas lui en découvrir la cause, elle résolut de s'adresser à Schah-Khatoun, qu'elle voyait être dans le même état que le roi : « Qu'a donc le sultan? lui dit-elle un jour : il paraît accablé de tristesse, et ne prend presque plus de nourriture. — Je ne sais, » répondit Schah-Khatoun.

« La vieille nourrice ne se rebuta pas de cette réponse, et fit tant, par ses instances et par ses caresses, que la reine, après lui avoir fait promettre le secret, lui raconta son histoire et celle de son fils : « Dieu soit loué! s'écria la nourrice en se prosternant, il ne sera pas difficile de calmer la jalousie du sultan et de le détromper! »

« Ma mère, lui dit Schah-Khatoun, je vous préviens, et je vous jure par ce qu'il y a de plus sacré, que j'aime mieux périr avec mon fils que de m'exposer, en lui donnant ce nom, à me voir soupçonnée d'imposture et à m'entendre dire que je ne l'appelle ainsi que pour couvrir mon déshonneur. Ainsi, je crois que la patience et la résignation sont les seuls remèdes à mon malheur. »

« Ma fille, permettez-moi ce nom, répondit la nourrice, touchée de la constance et de la délicatesse de la reine, j'espère que Dieu fera connaître la vérité sans vous exposer au danger que vous craignez. Je vais aller trouver le sultan, et s'il le faut, je me servirai pour le détromper d'un artifice innocent. »

« Schah-Khatoun remercia la nourrice, qui se rendit aussitôt près du sultan. Elle le trouva plongé dans la plus sombre rêverie et dans le plus profond abattement : « Mon fils, lui dit-elle, après s'être assise auprès de lui et avoir gardé quelque temps le silence, l'état où je vous vois m'inquiète et me tourmente : il y a plusieurs jours que vous n'êtes sorti, que vous n'avez monté à cheval. Si je savais ce que vous avez, je pourrais peut-être y remédier. »

« Tout mon mal, répondit le sultan en soupirant, vient d'une femme perfide qui a trompé ma confiance et perdu l'estime que j'avais pour elle. Schah-Khatoun aime ce jeune Persan arrivé ici depuis peu : un de mes officiers les a vus s'embrasser; mais je saurai me venger des coupables, et bientôt leur mort servira d'exemple à ceux qui seraient assez téméraires pour vouloir les imiter. »

« Mon fils, reprit la nourrice, une femme infidèle ne mérite pas que vous vous affligiez à ce point; vous devez punir sans doute; mais il serait inutile, peut-être dangereux de vous trop hâter : la précipitation engendre bien souvent le repentir. Les coupables sont entre vos mains; ils ne peuvent vous échapper : donnez-vous le loisir d'examiner attentivement cette affaire, et de connaître à fond la vérité. »

« Est-il besoin d'examen dans cette circonstance? répondit le prince; l'amour de Schah-Khatoun pour ce jeune homme n'est-il pas constant, et n'est-ce pas elle-même qui l'a fait venir ici? »

« Cela est vrai, répliqua la nourrice; mais vous ne pouvez savoir encore qu'une partie de la vérité. Je connais un moyen assuré de pénétrer dans le cœur de Schah-Khatoun, et de tirer d'elle l'aveu de toute cette intrigue : consentez seulement à employer ce moyen. »

« J'y consens de grand cœur, répondit le sultan. Que faut-il faire pour cela? »

« Vous connaissez, continua la nourrice, l'oiseau appelé huppe, dont il est mention dans le chapitre du saint Alcoran intitulé *la Fourmi;* cet oiseau, qui rapportait au plus sage des rois ce qui se passait à la cour de la reine de Saba et lui servait de messager, lui indiquait encore les sources d'eau cachées dans les entrailles de la terre : il peut pareillement servir à révéler les plus secrètes pensées des hommes. Pour cela, il suffit de placer le cœur d'un de ces oiseaux sur la poitrine d'une personne endormie; elle répond alors dans la sincérité de son âme à toutes les questions qu'on lui fait, et dévoile ses plus secrets sentiments. »

« Le sultan, enchanté de pouvoir découvrir aussi facilement ce qu'il désirait d'apprendre, dit à sa nourrice de se procurer promptement un de ces oiseaux, et de lui en apporter le cœur.

« La nourrice se rendit d'abord chez la reine; elle lui raconta ce qu'elle avait dit au sultan, la prévint qu'il viendrait près d'elle lorsqu'il la croirait endormie, et lui dit de répondre avec hardiesse et franchise à ses questions, tout en feignant de dormir. Elle se fit ensuite apporter une huppe, en prépara le cœur et le remit au roi.

« Dès que la nuit fut venue, Schah-Khatoun témoigna qu'elle désirait se coucher plus tôt qu'à l'ordinaire, et fit semblant de dormir. Le sultan, en ayant été informé, entra dans son appartement, impatient de faire l'épreuve du secret; il s'approcha doucement du lit, plaça légèrement le cœur de la huppe sur le sein de la reine, et lui dit :

« Schah-Khatoun, est-ce ainsi que vous récompensez mon amour? — Comment! répondit-elle; quelle faute ai-je commise? »

« N'avez-vous pas, continua le sultan, fait venir ce jeune homme pour satisfaire la passion que vous avez conçue pour lui? — Il est vrai, répondit-elle, que parmi ceux qui vous approchent, je n'en connais aucun de plus aimable, de plus sage et de plus fidèle; mais comment pouvez-vous croire que j'aime un esclave? »

« Pourquoi donc, continua le roi, l'avez-vous embrassé? — Parce que c'est mon fils, répondit la reine, une portion de mon sang, et que la tendresse maternelle m'a portée à me jeter à son cou. »

« Cette réponse jeta le roi dans le plus grand étonnement.

« Comment peut-il être votre fils, continua-t-il, puisque ce fils a été assassiné par son oncle Balavan, ainsi que me l'a mandé le roi Soleïman-Schah, son grand-père? — Il est vrai, répondit Schah-Khatoun, qu'il fut assassiné; mais le coup n'était pas mortel, et il fut rappelé à la vie parce qu'il n'était pas encore parvenu au terme de ses jours. »

« Le sultan, assez satisfait de cette réponse, résolut de se servir du moyen qu'elle lui fournissait pour s'assurer de plus en plus de la vérité : il sortit de l'appartement de la reine, fit sur-le-champ venir le jeune homme, et chercha sur sa poitrine les traces de la barbarie de son oncle. La cicatrice était si bien marquée que tous ses doutes se dissipèrent; il embrassa le fils de Schah-Khatoun, le reconnut pour son propre fils, et remercia le ciel de l'avoir préservé du crime affreux qu'il allait commettre.

« Vous voyez, ô roi! continua le jeune intendant en s'adressant au sultan Azadbakht, vous voyez que Dieu seul a préservé le jeune Malik-Schah des dangers auxquels il semblait devoir infailliblement succomber. Votre esclave compte sur la même protection, encore plus que sur la bonté qui vous fait différer ma mort, et sur tout ce que je puis vous dire pour ma défense : oui, j'espère que

Dieu fera éclater dans peu mon innocence, et confondra la méchanceté de vos vizirs. »

Le roi Azadbakht, étonné de tout ce qu'il venait d'entendre, crut devoir différer encore la mort du jeune intendant, et donna ordre de le reconduire en prison; mais en même temps il se tourna du côté de ses vizirs, et leur dit :

« Ce jeune homme cherche à se soustraire à une mort certaine en vous accusant; mais je ne suis pas la dupe de cet artifice : je connais votre attachement pour moi, votre zèle pour le bien de l'état et la droiture de vos intentions; ainsi ne craignez rien pour vous : je prononce, dès ce moment, sa sentence. Faites dresser une croix hors de la ville, et qu'un héraut parcoure les rues en annonçant à haute voix le supplice de celui qui a trahi ma confiance et abusé de mes bontés. »

Les vizirs furent transportés de joie en entendant le discours du roi. A peine avait-il achevé, qu'ils prirent congé de lui, firent dresser la croix et publier la sentence. Ils passèrent ensuite la nuit dans les réjouissances, se félicitant mutuellement du succès de leur dernière ruse.

Le lendemain, qui était le onzième jour depuis la détention du jeune ministre, les dix vizirs se présentèrent de bonne heure chez le roi Azadbakht, et lui annoncèrent que le peuple était rassemblé en foule hors de la ville, et attendait impatiemment l'exécution de la sentence qu'il avait prononcée et fait publier la veille. Le roi ordonna qu'on fît venir le jeune homme. Dès qu'il parut, un des vizirs ne put s'empêcher de dire :

« Scélérat, il est temps que tu renonces à la vie, et tu ne dois plus maintenant espérer de salut! »

« Qui peut, répondit le jeune homme, cesser d'espérer dans le Tout-Puissant? Toujours il se plaît à secourir l'opprimé; souvent il attend pour le délivrer que le danger soit à son comble, et il lui fait trouver la vie au milieu de la mort. »

Le roi Azadbakht interrompit ici le jeune page : « C'est assez, lui dit-il, écouter tes discours séducteurs; l'instant de ton supplice ne peut plus être différé. » Les bourreaux se saisissent aussitôt de leur victime et l'emmènent hors de la ville, accompagné d'une garde nombreuse; le roi lui-même, suivi de toute sa cour, se rend au lieu du supplice.

Le chef des voleurs qui avait autrefois élevé le jeune homme comme son fils se trouvait par hasard dans la foule rassemblée pour être témoin de l'exécution. Il demanda quel était le criminel. On lui raconta son histoire, et de quelle manière il avait été fait prisonnier en attaquant une caravane, et amené à la cour du roi. Le chef des voleurs pensa aussitôt que ce jeune homme pouvait être celui qu'il avait élevé, et qui avait été fait prisonnier dans une circonstance toute pareille. Ses soupçons se changèrent en certitude lorsqu'il le vit paraître. Il perce aussitôt la foule, écarte les gardes, et se jette au cou du jeune homme en criant : « C'est mon fils, c'est cet enfant que je trouvai au pied de telle montagne, sur le bord de telle fontaine ! »

Azadbakht, frappé de cet événement imprévu, et surtout du discours de cet inconnu, ordonna qu'on l'amenât devant lui, et voulut qu'il lui racontât tout au long ce qu'il savait de l'histoire de ce jeune homme.

« Prince, dit l'inconnu, je sais qu'en me faisant connaître à vous je m'expose à périr; mais mon attachement pour ce jeune homme l'emporte en moi sur toute autre considération, et j'espère que la singularité de son aventure et ma tendresse pour lui toucheront le cœur de votre majesté, et exciteront envers nous sa clémence.

« Je fus autrefois chef d'une bande de voleurs. Nous trouvâmes un jour, au pied d'une montagne et sur le bord d'une fontaine, un enfant qui venait de naître, enveloppé dans une étoffe de soie; près de lui était une bourse qui contenait mille pièces d'or. Touché de compassion pour cet enfant abandonné, je le pris, je l'emportai chez moi, et je l'élevai avec autant de soin que s'il eût été mon fils.

« Lorsqu'il fut devenu grand, je l'emmenai dans nos courses et nos expéditions. Nous attaquâmes un jour une caravane composée de gens vaillants et bien armés; plusieurs des nôtres furent tués, les autres obligés de prendre la fuite; le jeune homme, que je regardais comme mon fils, eut honte de fuir et fut fait prisonnier. Depuis ce temps je le cherche inutilement de tous côtés. »

Il n'en fallait pas davantage pour convaincre le roi Azadbakht que celui qu'il allait faire périr était le fruit de son union avec la reine Behergiour. Il se précipite aussitôt de son trône, vole vers son fils, et le serre dans ses bras.

« Cher enfant! s'écrie-t-il, objet de toute ma tendresse! j'allais t'immoler moi-même, et bientôt je serais mort de douleur et de regrets! »

Il détache ensuite les liens du jeune prince, l'embrasse de nouveau, et lui met sa couronne sur la tête. Le peuple fait aussitôt éclater ses transports; l'air retentit d'un si grand nombre de cris, qu'ils épouvantent et font tomber çà et là ses légers habitants. Les tambours et les trompettes entremêlent leur bruit à ces démonstrations d'allégresse; le roi et son fils sont reconduits en triomphe et rentrent dans le palais, au bruit des fanfares et des acclamations de tout le peuple.

La reine Behergiour, informée de l'heureux événement qui vient de lui rendre un fils qu'elle ne cessait de regretter, sort à sa rencontre, se jette à son cou et l'embrasse en pleurant. Azadbakht, pour célébrer un si grand bonheur, ordonna qu'on mît en liberté tous les prisonniers, et que les réjouissances publiques durassent pendant sept jours. Il fit assembler les grands du royaume et les principaux d'entre le peuple; il monta sur son trône, et fit asseoir à côté de lui le jeune prince. On servit ensuite un repas magnifique, dans lequel on présentait aux convives des coupes d'or remplies du vin le plus exquis.

Au milieu de l'allégresse universelle, les dix vizirs seuls étaient remplis de crainte et dévorés d'inquiétude : « Vous voyez, leur dit le jeune prince en se tournant vers eux, comment la Providence est venue à mon secours, et m'a délivré du danger. » Ces mots augmentèrent la frayeur et la consternation des dix vizirs : ils avaient les yeux fixés contre terre, et gardaient un morne silence : « Pourquoi, continua-t-il, vos bouches sont-elles devenues tout à coup muettes? Qu'avez-vous fait de cette hardiesse, de cette éloquence avec lesquelles vous représentiez au roi l'indignité de ma conduite, et vous l'excitiez à venger son honneur en faisant périr un innocent? »

Les dix vizirs, confondus et atterés de plus en plus, attendaient en tremblant leur arrêt. Azadbakht prit la parole à son tour, et leur dit : « Chacun ici partage ma joie, les oiseaux même semblent célébrer mon bonheur, et remplissent le ciel de chants d'allégresse; vous seuls, ministres pervers, vous gémissez et vous détestez en secret ma félicité. Je serais aussi affligé que vous si j'eusse suivi vos conseils, et la mort seule eût pu terminer mes regrets. »

« Mon père, dit alors le jeune prince, votre justice, votre prudence, votre bonté, votre attention à rechercher et à examiner la vérité, votre lenteur à punir ont triomphé de leurs artifices, et vous ont épargné les cruels regrets que la précipitation cause trop souvent. Quant à moi, tout mon crime, aux yeux de vos vizirs, vient de mon zèle pour vos intérêts et pour ceux de votre royaume : je réprimais leur avarice et leur cupidité, en les empêchant de puiser à leur gré dans vos trésors; je suis devenu par là l'objet de leur haine, et ils s'étaient ligués pour me perdre. »

Azadbakht, avant de faire punir les dix vizirs, voulut récompenser celui à qui il était redevable de la conservation de son fils : il le félicita d'avoir renoncé depuis long-temps au genre de vie qu'il avait d'abord exercé, le fit revêtir d'une robe magnifique, et lui donna un commandement dans lequel sa bravoure pouvait être utile à l'état. Non content de lui avoir témoigné sa reconnaissance, il invita les grands de son royaume à lui donner des marques de celle qu'ils devaient éprouver eux-mêmes. Tous s'empressèrent de le revêtir de robes précieuses, tellement qu'il ne pouvait les porter toutes, et ne savait que faire de tant de largesses.

Le roi ordonna ensuite qu'on dressât neuf croix à côté de celle qui avait été dressée pour le jeune prince, et dit à ses vizirs : « Perfides conseillers, malheureux imposteurs, de quelle excuse pouvez-vous couvrir votre crime? »

« Sire, répondit l'un d'eux, nous chercherions en vain à nous excuser : nous avons voulu faire périr un rival, nous nous sommes perdus; le mal que nous lui voulions est retombé sur nous; nous avons recueilli ce que nous avions semé; nous sommes tombés dans la fosse que nous creusions sous ses pas. »

« Les délais seraient ici inutiles, reprit Azadbakht, le crime est évident, les coupables le confessent, et rien ne peut les justifier : le supplice qu'ils vont subir ne fera que mettre fin à celui qu'ils éprouvent déjà. »

Des soldats s'emparèrent aussitôt des dix vizirs, qui furent exécutés sur-le-champ. Les biens qu'ils avaient amassés, par leurs rapines et leurs exactions, furent confisqués au profit de l'état.

Azadbakht fit ensuite prêter serment de fidélité à son fils par tous les grands du royaume et les principaux du peuple; il abdiqua l'autorité souveraine, et remit en ses mains les rênes du gouvernement.

« Telle est, sire, dit Scheherazade, l'histoire des dix vizirs. Le jour, qui va paraître, ne me permet pas d'en commencer une autre. J'espère, toutefois, que votre majesté daignera m'écouter encore : j'en sais un grand nombre d'autres qui ne lui feront certainement pas moins de plaisir que celles que je lui ai déjà racontées. » Le sultan des Indes, qui s'était fait une douce habitude de l'entendre, y consentit sans peine, et, le lendemain, Scheherazade reprit le cours de ses contes de la manière accoutumée.

CDLXIII[e] NUIT.

HISTOIRE

D'ATTAF, OU L'HOMME GÉNÉREUX.

Sire, dit Scheherazade en s'adressant au sultan des Indes, il y avait à Damas, capitale de la Syrie, sous le règne du kalife Haroun Alraschild, un seigneur nommé Attaf, si libéral et si généreux, qu'il égalait et peut-être surpassait le célèbre Hatem, de la tribu de Thay, dont la générosité est tellement passée en proverbe, que son nom est devenu le nom même de la générosité [1]; ce qui a fait dire à un poète arabe que Hatem a fait perdre le nom à cette vertu.

Attaf eût pu faire perdre pareillement le nom à Hatem. Celui-ci, comme votre majesté l'a souvent entendu raconter, faisait quelquefois tuer jusqu'à quarante chameaux pour régaler ses hôtes : un jour même, n'ayant par hasard rien à offrir à un envoyé de l'empereur grec, il fit tuer pour lui son cheval, qui était d'un prix inestimable, et passait pour le plus beau cheval de toute l'Arabie [2].

Ce sacrifice était grand; mais Attaf en fit encore un plus grand lorsque, pour sauver la vie à un ami, il lui céda, comme votre majesté le verra dans cette histoire, une épouse charmante, et à laquelle il était tendrement attaché.

Le kalife Haroun, ayant un jour l'esprit fatigué par la multitude des affaires dont il venait de s'occuper, et voulant se dissiper, appela son grand vizir Giafar le Barmecide, Mesrour, chef de ses eunuques, et passa avec eux dans une galerie qui renfermait une multitude d'objets rares et curieux. Un grand nombre de ces objets étaient exposés aux regards; les autres étaient renfermés dans des coffres précieux ou dans des armoires de bois de sandal. Le kalife, sans s'arrêter à ceux qui frappaient le plus les yeux par leur ma-

[1] Les auteurs arabes, pour vanter la générosité de quelqu'un, disent qu'il est plus généreux que Hatem : *agwad min Hatem.* (*Voyez* Pococke, *Specimen*, pag. 343.) Cet Hatem mourut, selon les *Annales d'Abulfeda*, la huitième année de l'hégire, 330 de l'ère chrétienne.

[2] Hatem eut à peine fait tuer son cheval, qu'il apprit que l'envoyé était venu pour le lui demander au nom de l'empereur grec.

gnificence, dit à Mesrour de lui ouvrir une armoire. Mesrour l'ouvrit et s'éloigna un peu. L'armoire était remplie de livres, dont la plupart renfermaient des secrets merveilleux, des prédictions étonnantes.

Haroun Alraschild prend un de ces livres et lit les premières pages. Cette lecture l'attendrit; il répand quelques larmes; mais bientôt il se met à rire; peu après il recommence à pleurer, et puis à rire; enfin, il pleure encore, et rit ensuite une troisième fois.

Giafar, attentif aux diverses sensations qu'éprouvait successivement le kalife, ne put s'empêcher de lui dire : « Commandeur des croyants, quel est donc le sujet de ce livre, et pourquoi vous fait-il pleurer et rire presque en même temps, comme font ceux qui ont l'esprit aliéné ? Ce livre serait-il capable de troubler la raison la plus saine, l'esprit le plus solide et le plus judicieux qui soit au monde ? »

« Giafar, répondit le kalife, j'excuse ta curiosité ; mais la comparaison que tu fais des diverses affections que je viens d'éprouver avec ce qui arrive aux fous, est déplacée et téméraire, et le jugement que tu portes de ce livre est entièrement faux. Pour t'apprendre quel est son mérite, et te faire voir que je ne suis pas fou, sors de ma présence, et ne parais devant moi que lorsque tu seras mieux instruit, et que tu pourras me dire toi-même le contenu de cet ouvrage; tu sauras alors pourquoi j'ai pleuré et ri tout à la fois. Sors, te dis-je, et si tu parais devant moi avant de connaître la raison de ce qui te paraît aujourd'hui singulier et même ridicule, la mort la plus affreuse sera la punition de ton audace. » En disant ces mots le kalife ferma le livre, le remit dans l'armoire et en prit la clef.

L'arrêt que venait de prononcer le kalife jeta le trouble et l'effroi dans l'âme de Giafar; il sortit accablé de douleur, et se retira chez lui, marchant à pas lents, et réfléchissant à son aventure : « Quel affreux revers! disait-il en lui-même : je perds mon rang, ma fortune, et me voilà banni pour toujours de la présence du kalife : car comment pouvoir deviner ce qu'il a lu, et les motifs qui ont fait couler ses pleurs et excité ses ris? »

Giafar, plongé dans ces réflexions, allait entrer chez lui lorsque son père Iahia, le Barmecide, déjà informé de ce qui venait de se passer, s'avance à sa rencontre et lui dit :

« Mon fils, tu as eu le malheur de déplaire au kalife; mais il ne faut pas désespérer de recouvrer ses bonnes grâces et de satisfaire à ce qu'il exige de toi. Cet événement a quelque chose d'extraordinaire et de merveilleux, qui permet d'augurer ce qu'on n'oserait attendre dans une circonstance ordinaire; mais le temps peut seul nous dévoiler ce mystère, et mettre fin à ta disgrâce. Aujourd'hui le destin veut que tu t'éloignes du kalife; pars sans différer, et prends le chemin de Damas. »

« Mon père, répondit Giafar, j'ai la plus grande confiance dans vos lumières et dans votre expérience; je suis prêt à suivre votre conseil, et vais seulement dire adieu à ma femme. »

« Garde-toi, reprit Iahia, d'entrer dans ton palais : quitte à l'instant ces lieux, et obéis à l'arrêt du destin qui doit décider de ton sort, et qui a préparé les événements qui vont s'accomplir en toi. »

Giafar, docile aux avis de son père, monta aussitôt sur une mule qui se trouvait à la porte de son palais, et prit le chemin de Damas. Après un voyage long et fatigant, pendant lequel il ne lui arriva rien de remarquable, il se trouva à la pointe du jour dans cette vallée délicieuse appelée le Gouthah de Damas[1], qui s'étend à plus d'une journée de chemin à l'entour de la ville.

Quoique triste et inquiet, Giafar ne put voir sans plaisir ces lieux regardés avec raison comme le premier des quatre Ferdous, ou Paradis de l'Asie[2], et qui passent même pour avoir été autrefois le Paradis terrestre où fut placé le premier homme, lorsqu'il eut été formé de la terre grasse et féconde de cette contrée productrice. Giafar admirait ces campagnes riantes, arrosées par des rivières qui descendent de l'Anti-Liban, se partagent en plusieurs bras joints ensemble par une multitude infinie de canaux, et vont se décharger dans un lac immense; ces prairies toujours vertes, émaillées de mille fleurs qu'un printemps perpétuel fait éclore; ces arbres de toute espèce, chargés des fruits les plus beaux et les plus délicieux du monde.

Comme il approchait l'après-midi de la ville, après avoir traversé la vallée des Violettes[3], il vit venir à lui plusieurs personnes dont une l'invita, de la manière la plus polie, à mettre pied à terre. C'était Attaf, qui se promenait par hasard de ce côté-là avec plusieurs de ses amis, et qui, ayant reconnu de loin Giafar, s'était empressé de venir à sa rencontre.

Giafar descendit de sa mule : on se salua réciproquement; et, après les compliments d'usage, Attaf invita la compagnie à venir se

[1] Le mot *gouthah* désigne, en arabe, un endroit fertile, abondant en eau et planté d'arbres.

[2] Les quatre Ferdous, ou Paradis terrestres, selon les Orientaux, sont les environs de Damas; ceux de Samarcande, appelés Sogd, d'où l'on a formé le nom de Sogdiane; la vallée de Bewan, en Perse, et les bords de la rivière Obollah près de Basra.

[3] En arabe, *Wadi Albenefseg*.

reposer dans son palais, qui était peu éloigné et situé à l'entrée de la ville. On entra dans une salle magnifique dont les murs étaient revêtus de marbre : elle était ornée de tapis précieux et de sofas recouverts des plus riches étoffes; au milieu était un grand bassin d'où jaillissait un jet d'eau qui allait presque frapper le fond d'un dôme construit au-dessus.

Au bout d'environ une heure, on servit un repas composé d'un grand nombre de mets les plus exquis et les plus délicats; on apporta ensuite des bassins et des aiguières pour se laver les mains. Une troupe de musiciens entra dans la salle et exécuta un très-beau concert, après lequel on servit le dessert, qui se termina par le café.

Les convives s'étant retirés, Attaf, resté seul avec Giafar, le remercia de l'honneur qu'il lui faisait en logeant chez lui, et parut curieux de savoir quel était le motif de son voyage. Giafar ne fit aucune difficulté de s'ouvrir à Attaf, et lui raconta tout au long son aventure avec le kalife Haroun Alraschild.

Attaf, touché de la confiance de Giafar, et sensible à sa disgrâce, l'exhorta à ne point trop s'affliger, et le pria de rester dans la maison où le hasard l'avait d'abord conduit, l'assurant qu'il y serait toujours le maître, et qu'il pourrait y demeurer dix ans sans craindre de l'incommoder. En même temps Attaf fit dresser au milieu d'une salle un lit magnifique pour son hôte, et tout auprès un autre petit pour lui-même.

Giafar fut un peu surpris de cet arrangement, et demanda à Attaf s'il n'était pas marié. Attaf lui ayant répondu qu'il était marié : « Pourquoi, reprit Giafar, ne couchez-vous point auprès de votre épouse? »

« Seigneur, repartit Attaf, mon épouse ne trouvera pas mauvais ce que je fais, et ne m'en aimera pas moins. Ne serait-il pas en effet malhonnête à moi de laisser seule une personne aussi considérable que vous, et d'aller passer la nuit auprès de mon épouse; de me lever ensuite demain matin, et de me rendre seul aux bains? En agir ainsi serait, à mon sentiment, montrer un grand défaut de politesse, et manquer aux égards qu'on doit à un seigneur aussi distingué. Assurément, tant que vous me ferez l'honneur d'habiter ma maison, je ne vous quitterai pas pour aller tenir compagnie à mon épouse; mais je resterai auprès de vous jusqu'à ce que vous retourniez à Bagdad. »

Giafar ne put s'empêcher de remercier d'abord Attaf, et dit ensuite en lui-même : « Ceci est étonnant, et c'est pousser un peu loin la politesse et le désir de me faire honneur. »

Le lendemain matin, Giafar et Attaf se levèrent et allèrent ensemble au bain. Giafar, après s'être baigné, allait reprendre ses habits, mais Attaf lui en présenta d'autres plus magnifiques.

Au sortir du bain, ils trouvèrent à la porte des chevaux tout prêts. Ils montèrent à cheval, se promenèrent aux environs de la ville, visitèrent le tombeau appelé Cabralsett, et passèrent ainsi la journée d'une manière qui aurait pu amuser Giafar dans une autre circonstance. Le jour suivant, ils allèrent se promener d'un autre côté.

Quatre mois s'écoulèrent ainsi. Au bout de ce temps, Giafar, ennuyé de voir qu'il ne lui arrivait rien d'extraordinaire, et qui pût lui faire espérer la fin de son exil, s'abandonna de plus en plus à la tristesse et au chagrin. Son hôte s'en aperçut, et lui dit un jour qu'il s'affligeait au point de répandre des larmes :

« Pourquoi, seigneur, vous affliger ainsi? Cherchez plutôt à vous distraire, et dites-moi seulement ce que vous voudriez faire pour cela. »

« Il est vrai, généreux Attaf, répondit Giafar, que l'uniformité de nos plaisirs, ces promenades, qui se renouvellent tous les jours, quelque délicieux que soient les lieux que nous parcourons, ajoutent à mon ennui. J'aimerais mieux, je crois, me promener seul dans Damas, et visiter un jour la mosquée des Ommiades, qu'on regarde comme une des quatre merveilles du monde [1]. »

« Qui vous empêche, seigneur, répondit Attaf, de faire ce qui vous plaît davantage? Quelque plaisir que j'aie à vous accompagner, j'y renonce volontiers, si la solitude a pour vous plus de charmes, et peut vous procurer plus de dissipation. »

Giafar se leva aussitôt pour profiter de la liberté que lui laissait son hôte : « Prenez cette bourse, lui dit Attaf, peut-être vous en aurez besoin. » Giafar accepta sans façon la bourse, et sortit avec autant de plaisir que s'il fût sorti d'une prison.

Après avoir traversé plusieurs rues et plusieurs places publiques, Giafar se trouva près de la mosquée des Ommiades et vis-à-vis de la porte appelée Giroun, à laquelle on monte par trente degrés de marbre. En entrant dans ce temple, qui est un monument de la piété et de la magnificence de Valid, fils d'Abdalmalek, le sixième kalife de la famille des Ommiades, Giafar fut frappé de la variété des marbres, de l'éclat de l'or et des pierreries qui brillaient de

[1] Les quatre merveilles du monde, selon les auteurs arabes, sont : le phare d'Alexandrie ; le pont du Sangia, dans la partie septentrionale de la Syrie, près de l'Euphrate; l'église de Roha (Édesse), et la mosquée de Damas.

toutes parts. Lorsqu'il eut considéré à loisir toutes ces beautés, et que sa curiosité fut satisfaite, il sortit par une porte opposée à celle par laquelle il était entré, et continua de se promener dans la ville.

En passant dans une rue détournée, Giafar vit un banc commode et voulut se reposer. En face de ce banc il y avait des croisées sur lesquelles étaient des caisses remplies de giroflées, de basilics et autres fleurs de toute espèce..Giafar fut à peine sur le banc qu'il entendit ouvrir une des croisées, et vit paraître une jeune personne d'une figure charmante, faite pour enchanter tous ceux qui la voyaient.

CDLXIV[e] NUIT.

La vue de cette jeune personne fit sur Giafar une impression d'autant plus vive, qu'il eut tout le temps de la considérer à son aise tandis qu'elle arrosait, les unes après les autres, les fleurs qui étaient sur sa fenêtre.

Lorsque toutes les fleurs furent arrosées, la jeune personne regarda dans la rue; mais voyant que quelqu'un la considérait, elle se retira précipitamment et ferma la croisée. Giafar attendit long-temps pour voir si la fenêtre ne s'ouvrirait pas une seconde fois. Le soir étant venu, il voulait se retirer; mais, chaque fois qu'il allait se lever, il sentait en lui-même quelque chose qui lui disait : « Reste, peut-être elle va de nouveau paraître. »

La nuit surprit Giafar dans cette attente, et l'obligea d'y renoncer; il sortit de la petite rue, marcha quelque temps dans une autre plus grande, et reconnut de loin le palais d'Attaf. Celui-ci l'attendait depuis long-temps, et vint au-devant de lui :

« Illustre seigneur, lui dit-il, il est tard, et je craignais qu'il ne vous fût arrivé quelque chose ou que quelqu'un ne vous eût retenu chez lui. — Où pourrais-je, répondit Giafar, trouver un hôte aussi poli et aussi généreux qu'Attaf? Depuis long-temps je n'avais pas fait une promenade semblable à celle que j'ai faite aujourd'hui, et aussi propre à me dissiper et à m'amuser : voilà pourquoi je l'ai prolongée jusqu'à ce moment. »

Giafar et Attaf étant rentrés, on servit le souper. Giafar voulut prendre quelque chose comme à son ordinaire, mais il lui fut impossible de rien manger. Attaf s'aperçut que son hôte ne mangeait pas, et lui en demanda la raison : « J'avais beaucoup d'appétit lorsque je dînai, répondit Giafar; peut-être je m'y suis trop abandonné, et c'est pour cela que je ne puis souper. »

Attaf fit aussitôt desservir, et invita son hôte à se coucher. Giafar se mit au lit, mais il lui fut aussi impossible de dormir qu'il lui avait été impossible de manger; il pensait continuellement à la jeune personne qu'il avait vue à la fenêtre, poussait de profonds soupirs, et disait en lui-même : « Heureux celui qui pourra te posséder, ô soleil de beauté! lune du temps! »

Giafar passa la nuit dans ce cruel état, ne pouvant fermer l'œil et ne faisant que s'agiter et se retourner dans son lit. Il se trouva si fatigué le lendemain matin qu'il n'eut pas la force de se lever. Attaf, étonné de ne pas le voir paraître, entra dans sa chambre, et lui dit :

« Vous m'inquiétez, seigneur; il fait grand jour, et vous restez au lit! Est-ce que vous n'auriez pas bien dormi cette nuit? — C'est cela même, » répondit Giafar.

Attaf envoya aussitôt chercher le plus habile médecin de Damas, qui ne tarda pas à venir : « Qu'y a-t-il? dit-il, en s'approchant du lit de Giafar. Votre maladie ne me paraît pas dangereuse, et il ne sera pas difficile de vous guérir. Où est votre mal? — J'ai mal partout, » répondit Giafar. Le médecin prit son bras, lui tâta le pouls et en étudia le mouvement. Il connut aussitôt l'état de Giafar; mais n'osant lui dire qu'il était amoureux, il demanda du papier pour écrire ce qu'il fallait lui donner.

On apporta du papier : le médecin s'assit et fit semblant d'écrire son ordonnance. Dans ce moment on vint dire à Attaf qu'une esclave le demandait. C'était une servante qui venait de la part de son épouse, pour savoir ce qu'il fallait à dîner et à souper; car Attaf, depuis que Giafar était chez lui, n'allait pas voir son épouse.

Le médecin eut bientôt écrit son ordonnance; il la mit sous le chevet de Giafar. Attaf, après avoir donné ses ordres, rencontra en revenant le médecin, et lui demanda s'il avait écrit son ordonnance : « Oui, dit-il, et je l'ai mise sous le chevet. » Attaf le remercia et lui donna une pièce d'or.

Attaf, en rentrant dans la chambre de Giafar, n'eut rien de plus pressé que de prendre le papier qui était sous le chevet : il y lut ces mots :

« Votre hôte, seigneur Attaf, est amoureux : sachez quel est l'ob-
« jet dont il est épris, et tâchez de le lui faire obtenir; mais hâtez-
« vous, car dans quelques jours il ne serait plus temps, et tous les
« remèdes seraient inutiles. »

« Comment, dit aussitôt Attaf en s'adressant à Giafar, nous vivons ensemble, et vous me cachez ce qui se passe dans votre cœur ! Ce médecin est le plus habile de Damas, et ne peut s'être trompé sur votre état. Lisez ce billet. » Giafar lut le billet et dit à Attaf :

« Ce médecin est un homme étonnant : il ne s'est effectivement pas trompé. Hier, en me promenant dans Damas, la vue d'une jeune personne, que j'ai aperçue à sa croisée, m'a fait éprouver ce que jamais je n'avais encore éprouvé : je sens que j'en suis éperdument amoureux, que cette passion me consume, qu'elle a déjà fait en moi les plus grands ravages, et qu'elle peut m'ôter bientôt la vie. »

Giafar fit ensuite à Attaf le détail de son aventure ; il lui dépeignit la rue, l'endroit où il était resté si long-temps assis, et la croisée garnie de basilics et de giroflées, où il avait vu paraître la jeune personne ; il traça ensuite le portrait de cette beauté, peignit ses yeux, sa bouche, la tournure de son visage, l'élégance de sa taille, ses grâces, sa modestie. Attaf reconnut d'abord le lieu de la scène d'autant plus facilement qu'il avait aperçu de loin Giafar sortir de la petite rue ; il vit pareillement que la maison devant laquelle Giafar s'était reposé était un corps de logis séparé du reste de son palais, et situé au bout de ses jardins, dans lequel habitait son épouse ; le portrait de la jeune personne acheva de le convaincre que c'était son épouse, la belle Zalica, que Giafar avait vue à sa croisée, et pour laquelle il avait conçu une passion si violente.

« Que je suis heureux, dit-il aussitôt à son hôte, de pouvoir vous annoncer que je connais l'objet de votre amour, et que rien ne peut s'opposer à vos vœux ! La jeune personne que vous avez vue à la croisée vient d'être répudiée par son mari. Je vais trouver à l'instant son père pour l'engager à ne promettre sa main à personne, et je vous ferai part du succès de ma démarche. »

Attaf sortit aussitôt de l'appartement de Giafar, traversa ses jardins, et se rendit au petit palais qu'habitait son épouse, qui était en même temps sa cousine. Elle se leva dès qu'elle le vit, vint à sa rencontre, lui baisa la main, et lui dit en riant : « Mon cher Attaf, votre hôte est apparemment parti. — Non pas, répondit Attaf, mais je viens vous voir un instant pour vous prévenir d'aller, le plus tôt que vous pourrez, chez le seigneur Abdallah, votre père. Je l'ai rencontré, il n'y a qu'un moment, sur la place publique ; il m'a appris que votre mère est incommodée d'une violente colique, et désire que vous vous rendiez sur-le-champ auprès d'elle. »

L'épouse d'Attaf, affligée de cette nouvelle, se prépare aussitôt à sortir, prend avec elle plusieurs de ses esclaves, arrive à la maison de son père, et frappe à la porte. Sa mère, qui se trouvait là par hasard, ouvrit elle-même la porte : « Dieu soit loué! dit-elle en voyant sa fille, tu es bien aimable de venir ainsi nous surprendre. — C'est plutôt à moi de remercier Dieu, reprit l'épouse d'Attaf : il me paraît que vous êtes débarrassée de votre colique; j'en suis enchantée. — Ma colique, reprit la mère; que veux-tu dire? — N'avez-vous pas eu ce matin, repartit sa fille, une violente colique? — Moi! tu veux plaisanter, » dit la mère.

Pendant cette conversation, Abdallah survint : « Qu'y a-t-il donc? dit-il. Il me semble que j'entends parler de colique; quelqu'un est-il malade? — Mon père, lui dit sa fille, n'avez-vous pas rencontré tout à l'heure mon mari, et ne lui avez-vous pas dit que ma mère était incommodée d'une violente colique? — Je ne suis pas sorti d'aujourd'hui, dit le père, et je n'ai encore vu personne. »

Tandis qu'ils cherchaient à éclaircir ce mystère, ils entendirent frapper à la porte, et virent entrer des porteurs chargés de paquets : « Quels sont ces paquets? dit Abdallah. — Ce sont, repartit un des porteurs, des paquets que vous envoie le seigneur Attaf, et qui contiennent les hardes de votre fille. — Que veut dire ceci? dit Abdallah en lançant à sa fille un regard plein de courroux, et qu'avez-vous fait à votre mari pour qu'il envoie ici derrière vous tout ce qui vous appartient? — Au nom de Dieu, lui dit sa femme, arrêtez, et ne formez pas des soupçons injurieux à l'honneur de votre fille! »

Sur ces entrefaites, Attaf arriva, suivi de plusieurs de ses amis : « Pourquoi vous conduire de cette manière? lui dit son beau-père. — Seigneur, répondit Attaf, je n'ai aucun reproche à faire à votre fille, et je ne puis que rendre hommage à sa vertu, à sa candeur et à son innocence; mais un serment indiscret m'est échappé : l'événement a trompé mon attente, et m'oblige, en gémissant sur mon imprudence, à me séparer d'elle et à lui rendre sa liberté. »

Attaf remit aussitôt en pleurant à son épouse ce qui lui revenait encore, fit dresser l'acte qui lui rendait sa liberté, et s'empressa de rejoindre Giafar.

« Depuis le moment où je vous ai quitté, lui dit-il en l'abordant, jusqu'à ce moment-ci, je n'ai été occupé que de vous, et j'ai tout arrangé de manière que personne ne peut vous ravir celle dont la possession doit vous rendre la santé. Vous pouvez maintenant bannir tout souci et toute inquiétude, vous promener, aller au bain, ne songer qu'à vous divertir, jusqu'au moment où elle pourra se remarier selon les lois. »

Quelque amoureux que fût Giafar, il sentit qu'il fallait attendre que le délai rigoureux fût écoulé. Pénétré de la grandeur du service que venait de lui rendre Attaf, il lui en témoigna sa reconnaissance dans les termes les plus forts qu'il put trouver. Sa maladie se dissipa bientôt, et il ne s'occupa plus que du bonheur dont il allait jouir sous peu de temps.

Attaf, redoublant de soins et d'attentions pour son hôte, cherchait à l'amuser et à lui faire paraître le temps moins long, en lui procurant toutes sortes de plaisirs et de divertissements. Le délai étant près d'expirer, il voulut assurer le succès du mariage de Giafar, et lui communiquer le projet qu'il avait conçu pour cela :

« Mon cher seigneur, lui dit-il, pour épouser la personne dont vous êtes épris, il faut renoncer à l'incognito, paraître ici avec tout l'éclat de votre charge, et vous faire rendre les honneurs qui appartiennent au premier vizir. J'aurai soin de vous procurer les équipages, le cortége et toutes les choses nécessaires. Vous sortirez secrètement de chez moi pour vous rendre à Hems [1] ou à Hamah; j'y ferai porter vos bagages, et vous y trouverez des cavaliers bien montés. Vous enverrez ici des courriers pour annoncer que vous venez de parcourir l'Égypte, que vous parcourez maintenant la Syrie, par ordre du kalife, et que vous comptez vous rendre tel jour à Damas. On vous fera dresser des tentes hors de la ville; le gouverneur et les grands iront au-devant de vous et vous rendront leurs hommages. Vous enverrez alors chercher le seigneur Abdallah, et vous lui demanderez sa fille en mariage; il se trouvera très-honoré de votre alliance, et vous l'accordera sur-le-champ : vous ferez aussitôt dresser le contrat, et vous continuerez votre route pour Bagdad. »

CDLXVe NUIT.

Giafar, toujours résolu de s'abandonner entièrement au destin, et commençant à entrevoir dans son aventure quelque chose d'extraordinaire, et peut-être le terme de son exil, approuva les mesures que lui proposait Attaf, et le remercia de son zèle et de sa générosité. Lorsque tout fut disposé, Giafar partit secrètement.

Au bout de quelques jours, vingt cavaliers arrivèrent à Damas, et annoncèrent que le grand vizir Giafar, après avoir parcouru l'Égypte, parcourait la Syrie, par ordre du kalife, et qu'il allait passer par la capitale de la province.

Cette nouvelle se répandit bientôt parmi tous les habitants. Le

[1] Émesse.

gouverneur, Abdalmalek ebn Merouen, fit dresser des tentes hors de la ville, et alla à sa rencontre jusqu'à une demi-journée de chemin, accompagné des principaux officiers et des magistrats. Tous s'empressèrent à l'envi d'offrir à Giafar des présents, et il trouva en entrant dans sa tente un repas magnifique. Toute la ville sortit pour voir le premier vizir, et ce jour fut un jour de fête et de réjouissance publique.

Giafar, au milieu de toute cette pompe et de ces honneurs, envoya chercher le père de la jeune personne dont il était amoureux. Abdallah (c'était, comme on l'a déjà dit, le nom de ce seigneur) s'empressa de se rendre aux ordres du grand vizir et s'inclina profondément devant lui :

« Votre fille, lui dit Giafar, vient d'être répudiée par son mari. — Il est vrai, seigneur, répondit Abdallah, elle est présentement chez moi. — J'ai entendu parler, reprit Giafar, de sa beauté, de son esprit; je voudrais l'épouser. — Seigneur, reprit Abdallah en s'inclinant de nouveau profondément, je suis prêt à vous remettre entre les mains votre esclave. — Je me charge de sa dot, dit alors le gouverneur de Damas. — Et moi, je l'ai déjà reçue, » reprit Abdallah.

On dressa aussitôt le contrat de mariage. Le gouverneur invita Giafar à venir loger dans son palais; mais Giafar s'excusa, en disant qu'il devait continuer sa route le lendemain. Il prévint en même temps Abdallah de faire en sorte que sa fille fût prête à partir avec lui.

Abdallah sortit aussitôt pour annoncer à sa fille le nouveau mariage qu'il venait de conclure pour elle. Il l'aborda avec les témoignages de la plus grande joie, et lui vanta beaucoup le rang et les richesses de son nouvel époux. La fille d'Abdallah, qui aimait Attaf, vit avec peine qu'elle allait passer dans les bras d'un autre. Peu sensible aux idées de grandeur et d'ambition qui flattaient son père, elle ne lui répondit que pour lui témoigner sa soumission, et se retira dans l'intérieur de son appartement.

La nuit suivante se passa dans les plaisirs : toute la ville et les maisons de campagne des environs étaient illuminées. Les grands et le peuple étaient également enchantés de la présence du grand vizir, et du mariage qu'il venait de contracter à Damas.

Le lendemain, Giafar fit annoncer qu'il se mettrait en marche sur les trois heures après midi. Abdallah eut soin de tout préparer pour le départ de sa fille, et la fit monter dans une litière magnifique. A l'heure indiquée, les trompettes donnèrent le signal; Giafar s'avança, accompagné du gouverneur et des principaux de la ville. Derrière eux venait la litière de la nouvelle mariée, environnée de ses femmes et de ses esclaves : le reste du cortége marchait ensuite.

Lorsqu'on fut arrivé à l'endroit appelé Cobbat Alasafir, il ne voulut pas souffrir qu'on l'accompagnât plus loin : il congédia le gouverneur et les principaux de Damas, et les remercia des témoignages d'attachement qu'ils lui avaient donnés.

Le gouverneur de Damas et ceux qui l'accompagnaient rencontrèrent, en revenant de la ville, Attaf qui allait faire ses adieux au premier vizir. On se salua de part et d'autre, et le gouverneur dit à Attaf : « Nous venons de reconduire le premier vizir, et vous ne faites que de sortir ! — Je ne croyais pas, répondit Attaf, qu'il dût partir aussi promptement. Quand j'ai su qu'il était monté à cheval, j'ai rassemblé quelques-uns de mes gens, et je vais pour le joindre. — En vous hâtant, vous le trouverez encore, reprit le gouverneur, près de Cobbat Alasafir. »

Attaf fit faire diligence à sa petite troupe, et joignit bientôt Giafar. Il descendit de cheval, s'approcha du premier vizir, et lui dit : « Je rends grâces à Dieu, qui a rendu le calme et la joie à votre âme en vous donnant l'objet de vos désirs. »

« Mon cher Attaf, répondit Giafar, c'est à toi que je dois mon bonheur ; j'espère reconnaître bientôt le service important que tu m'as rendu. Je ne t'ai causé, jusqu'ici, que trop de peines et d'embarras ; retourne sur tes pas, je ne veux pas que tu passes une nuit hors de ton palais. » Attaf, craignant de se rendre importun, ou de désobliger le premier vizir en l'accompagnant plus loin, lui souhaita un heureux voyage, et reprit le chemin de Damas.

Cependant les ennemis qu'Attaf avait auprès du gouverneur cherchèrent à profiter de la circonstance pour le perdre : « Savez-vous, dit l'un d'eux, nommé Hassan, à Abdalmalek, pourquoi Attaf est parti si tard pour aller faire ses adieux au grand vizir ? — Pourquoi ? répondit le gouverneur. — C'est, reprit Hassan, pour se trouver seul avec lui, et pouvoir l'entretenir plus librement ; car le grand vizir a passé chez lui plusieurs mois incognito. C'est peut-être aussi pour voir encore une fois sa femme qu'Attaf se rend après vous auprès de Giafar. »

« De quelle femme voulez-vous parler ? dit le gouverneur. — De la femme d'Attaf, reprit Hassan ; de cette jeune femme qu'il a répudiée pour la donner au grand vizir. — Comment ! dit le gouverneur, serait-ce la belle Zalica, la plus jeune des femmes d'Attaf, celle qu'il aimait plus que toutes les autres ? — C'est elle-même, reprit Hassan : cette séparation a dû coûter à Attaf, mais que ne fait-on pas pour satisfaire son ambition ! Il espère que le grand vizir, pour prix de cette complaisance, lui fera donner le gouvernement de Damas. »

Ces discours perfides produisirent sur l'esprit du gouverneur de Damas l'effet qu'attendaient les ennemis d'Attaf : il conçut une violente jalousie contre lui, et résolut de s'en défaire sur-le-champ. Dans ce dessein, il fit cacher pendant la nuit, dans le jardin d'Attaf, le corps d'un homme qui venait d'être assassiné. Le lendemain, après quelques perquisitions, faites seulement pour la forme, dans divers endroits, on entra chez Attaf.

L'officier de police chargé de cette commission était instruit de tout et dévoué au gouverneur : le cadavre fut bientôt trouvé. On se saisit de la personne d'Attaf, on l'amena devant Abdalmalek. Il feignit le plus grand étonnement en voyant paraître Attaf conduit par l'officier de police, et parut fort attentif au rapport que lui fit cet officier.

« Savez-vous, dit ensuite Abdalmalek à Attaf, qui a tué l'homme dont on a trouvé le corps dans votre jardin ? — C'est moi qui l'ai tué, répondit Attaf. — Que vous avait-il fait? continua le gouverneur, et pourquoi l'avez-vous tué? — Seigneur, reprit Attaf, il est inutile de me faire ces questions : si je me reconnais coupable de ce meurtre, vous devez penser que c'est pour payer seul l'amende, et empêcher que mes voisins ne soient inquiétés et obligés d'en payer une partie. »

« Je ne me contente pas, reprit vivement le gouverneur, de punir le meurtre par une simple amende ; je prétends suivre exactement la loi, et juger selon ce précepte divin : « Ame pour âme[1]. »

Le gouverneur, se tournant alors du côté de l'assemblée, interpella plusieurs de ceux qui étaient présents de déposer ce qu'ils venaient d'entendre dire à Attaf. Tous déposèrent qu'il s'était reconnu coupable du meurtre : « Attaf, leur demanda ensuite le gouverneur, jouit-il de toute sa raison, ou a-t-il l'esprit aliéné ? » Tous attestèrent qu'Attaf jouissait de toute sa raison. Le gouverneur dit alors aux juges :

« Vous avez entendu les déclarations des témoins, et l'aveu fait par le coupable ; appliquez la peine portée par la loi, et prononcez la sentence. »

Les juges ne purent s'empêcher de condamner Attaf à mort, d'après sa déclaration : on fit lecture de la sentence, et le gouverneur envoya aussitôt chercher le bourreau.

[1] *Exode*, chap. 21, verset 23; *Alcoran*, surate 2, verset 175; surate 5, versets 46 et 53.

Toute l'assemblée était consternée ; le peuple, bientôt instruit de cet événement, accourait en foule, et murmurait hautement. Le gouverneur crut qu'il était prudent de ne pas faire exécuter publiquement Attaf : il parut se rendre aux instances de ceux qui l'entouraient, et commanda qu'on le conduisît en prison ; mais en même temps il fit dire secrètement au geôlier qu'il enverrait étrangler ce prisonnier la nuit suivante.

Le geôlier était attaché à Attaf, dont il avait plus d'une fois éprouvé la bienfaisance ; il fut révolté de la conduite du gouverneur, qui lui parut l'effet de la haine et de la jalousie ; il ne douta pas que, si le kalife était instruit de cette affaire, il ne reconnût l'innocence d'Attaf, et ne punît le gouverneur. Il résolut donc d'exposer sa vie pour sauver celle de son bienfaiteur, et lui donner les moyens de faire entendre ses plaintes.

Dans cette intention, le geôlier s'approcha d'Attaf et lui fit part de ce qu'il venait d'apprendre : « J'attends tranquillement la mort répondit Attaf; je voulais obliger mes voisins, et les dispenser de payer l'amende ; le service que je leur ai rendu est cause de ma mort : je dois adorer les décrets de Dieu, et me soumettre à ma destinée. — Que dites-vous? reprit le geôlier ; je veux vous sauver et sacrifier, s'il le faut, ma vie pour racheter la vôtre. Je vais d'abord briser vos chaînes ; ensuite je me ferai plusieurs blessures au visage, je déchirerai mes habits et je m'arracherai la barbe ; vous me mettrez ce tampon dans la bouche, vous sortirez de la prison, et vous vous éloignerez promptement. »

Attaf accepta les offres du geôlier, et le remercia en pleurant de sa générosité. Il sortit de prison quand tout fut exécuté, et prit aussitôt le chemin de Bagdad.

Cependant le gouverneur de Damas, empressé de se défaire d'Attaf, se rendit à la prison vers le milieu de la nuit, accompagne seulement du bourreau ; quelle fut sa surprise, lorsqu'il vit la porte ouverte, le geôlier tout couvert de sang, la barbe arrachée, les habits déchirés, et levant les mains au ciel sans pouvoir parler ! Il fit ôter le tampon qu'il avait dans la bouche, et lui demanda qui l'avait mis dans cet état :

« Seigneur, répondit le geôlier, il y a environ une heure qu'une troupe de scélérats ont brisé la porte de la prison et se sont jetés sur moi. J'ai crié de toutes mes forces, et j'ai appelé au secours ; ils m'ont mis ce tampon dans la bouche, et m'ont assommé de coups. Tandis qu'une partie de ces scélérats me traitait ainsi, les autres ont brisé les fers d'Attaf, et l'ont emmené avec eux. Ils avaient tous le visage barbouillé de noir et de rouge, et ressemblaient à des démons; de façon qu'il m'a été impossible d'en reconnaître aucun. »

Le gouverneur, au désespoir de voir sa victime lui échapper, ne savait s'il devait ajouter foi au rapport du geôlier, et demanda au bourreau ce qu'il pensait de cet événement. Celui-ci dit que le geôlier occupait depuis long-temps cette place, dans laquelle il avait succédé à son père, et que jamais il n'avait laissé échapper aucun prisonnier.

Le gouverneur, pour punir le geôlier, se contenta de lui ôter sa place. De retour dans son palais, il envoya de différents côtés des cavaliers à la poursuite d'Attaf. Ceux-ci, après avoir battu de tous côtés la campagne, revinrent au bout de plusieurs jours, sans avoir pu apprendre aucune nouvelle de celui qu'ils cherchaient.

CDLXVI[e] NUIT.

Cependant Attaf, après une marche longue et pénible à travers des déserts et des chemins détournés, n'était plus qu'à quelques journées de chemin de Bagdad, lorsqu'il fut attaqué par des brigands, qui lui ôtèrent tout ce qu'il avait sur lui. Il continua ainsi sa route, et arriva dans ce pitoyable état à la ville. Il demanda le palais du grand vizir, et s'y rendit; mais lorsqu'il voulut entrer, on le repoussa. Comme il se tenait à la porte, il vit passer un vieillard d'une figure respectable, et lui demanda s'il avait une écritoire et un calam[1] : « Oui, lui répondit le vieillard, et je vais écrire pour vous, si vous voulez. — Je vous remercie, repartit Attaf, je vais écrire moi-même. » Il prit l'écritoire, et mit par écrit à Giafar tout ce qui venait de lui arriver. Il remercia ensuite le vieillard, en lui rendant son écritoire, et s'avança vers les gardes qui étaient à la porte, en priant l'un d'eux de remettre sa lettre au premier vizir. Le garde la prit, et promit de la remettre sur-le-champ.

Au même instant, on entendit un grand bruit de tambours. Chacun se demandait ce que c'était; on apprit bientôt qu'il venait de naître un enfant au kalife, et qu'on allait faire des réjouissances publiques pendant sept jours. Aussitôt, tout fut en mouvement dans le palais : on allait, on venait, on se pressait de tous côtés.

Au milieu de ce tumulte, le soldat qui s'était chargé de la lettre d'Attaf la laissa tomber; une nouvelle garde vint se poster à la

[1] Espèce de roseau dont les Orientaux se servent pour écrire.

porte du palais; on se saisit d'Attaf, et on le conduisit en prison. Peu après, le grand vizir monta à cheval, et fit publier dans toute la ville l'ordonnance du kalife pour les réjouissances publiques qui devaient durer sept jours. Par cette même ordonnance, le kalife rendait la liberté à tous les prisonniers.

Attaf, relâché avec les autres, vit bien qu'il ne pourrait pas informer facilement Giafar de ce qui le concernait, et qu'il fallait attendre pour cela une occasion favorable. Il trouva en sortant de prison toute la ville décorée et illuminée : l'air retentissait du bruit des instruments de musique, et les rues étaient bordées, des deux côtés, de longues tables couvertes de mets de toute espèce. Attaf prit part aux repas publics, et passa ainsi les sept jours de réjouissances.

Le soir du septième jour, chacun se retira chez soi, fatigué de plaisirs; les rues devinrent aussi désertes qu'elles avaient été peuplées quelques heures auparavant, et le silence le plus profond succéda au bruit et au tumulte.

Attaf entra alors dans une mosquée pour y passer la nuit; mais après qu'on eut fait la prière du soir, un des gardes de la mosquée s'approcha de lui, et lui dit de sortir avant qu'on fermât la porte : « Laissez-moi, dit Attaf, passer la nuit dans un coin. — Cela est impossible, répondit le gardien : hier, on nous a volé un tapis, et je ne veux pas que personne couche ici cette nuit. — Je suis étranger, reprit Attaf, et ne connais personne dans cette ville; donnez-moi l'hospitalité pour aujourd'hui seulement. » Le gardien ne voulut rien écouter, et obligea Attaf de sortir.

Dès qu'Attaf fut dans la rue, il se vit poursuivi par une multitude de chiens, qui aboyaient après lui, tandis que les gardiens des marchés et des divers quartiers lui criaient de s'éloigner. Il aperçut une place couverte de débris et inhabitée, et voulut s'y cacher. En y arrivant, il rencontra sous ses pieds quelque chose qui le fit tomber; il reconnut que c'était un cadavre, et se releva tout couvert de sang.

Dans ce moment même, le lieutenant de police passa par là avec ses gens; on se saisit d'Attaf, et on le mena en prison. Mais laissons, pour un moment, Attaf déplorant son malheureux sort, et retournons à Giafar, que nous avons quitté près de Cobbat Alasafir, faisant route vers Bagdad, avec la nombreuse suite que lui avait donnée Attaf, et la jeune épouse dont il lui avait fait le sacrifice.

Après quelques heures de marche, Giafar s'arrêta dans un lieu commode pour passer la nuit. Les domestiques chargés du soin des tentes avaient pris les devants, et avaient dressé deux magnifiques pavillons, l'un pour Giafar, l'autre pour la nouvelle mariée.

Lorsque chacun fut retiré dans sa tente, Giafar, empressé de se trouver seul avec la beauté pour laquelle il avait conçu une passion aussi violente, se rendit près de Zalica. Dès qu'elle l'aperçut, elle se couvrit le visage de ses mains. Giafar la salua; elle lui rendit humblement le salut, mais sans changer d'attitude :

« Pourquoi, lui dit Giafar, me dérober la vue de ces yeux qui m'ont si bien fait sentir leur pouvoir? N'êtes-vous pas mon épouse? — Seigneur, répondit Zalica, si un prince aussi puissant que vous veut prendre la femme de celui qui lui a donné long-temps l'hospitalité, et qui a prodigué pour lui ses biens et ses richesses, je suis votre épouse, et même votre esclave. — Que signifie ce discours? répliqua Giafar, vous n'êtes pas la femme d'Attaf. »

« Je le fus, repartit Zalica, et je devrais l'être encore. Le mal dont vous fûtes atteint, après m'avoir vue arroser des fleurs à une croisée, détermina Attaf à me répudier pour me donner à vous; mais je pense que vous n'abuserez pas de la générosité de celui que je regarde toujours comme mon mari; et c'est pour cela que je me cache devant vous le visage. »

Giafar fut on ne peut plus étonné de ce qu'il venait d'apprendre : « Puisqu'il en est ainsi, dit-il après un moment de réflexion, quoique, selon les lois, vous ne soyez plus à Attaf, mais à moi, je vous regarde comme n'ayant pas cessé d'appartenir à mon ami, et j'aurai pour vous les égards et le respect que j'aurais pour ma mère ou pour ma sœur. Après être partie avec moi et avoir ici passé la nuit, vous ne pouvez retourner auprès d'Attaf, sans donner lieu à des soupçons injurieux pour votre honneur et le sien; il vaut mieux venir jusqu'à Bagdad. Vous recevrez sur la route les honneurs qu'on a coutume de rendre à l'épouse du premier vizir, et vous profiterez des présents qu'on viendra vous offrir. Arrivé à Bagdad, je vous donnerai un palais, des esclaves, des eunuques, des habillements de toute espèce, et une pension convenable à mon rang; tout cela vous appartiendra, et vous pourrez en disposer quand les circonstances nous auront appris le parti qu'il conviendra de prendre. En attendant, soyez sans la moindre inquiétude, et reposez-vous sur ma délicatesse du soin de ménager la vôtre : la passion que j'avais d'abord conçue pour vous a pris tout à coup un caractère différent, et s'est changée en une tendresse fraternelle aussi forte que mon amour était ardent. »

En achevant ces mots, Giafar s'éloigna de Zalica, et se retira dans sa tente. On se remit en route le lendemain matin. Toutes les villes par lesquelles on passait, s'empressaient de venir rendre hommage à celle qu'on regardait comme l'épouse du premier vizir, et de lui apporter des présents. Giafar lui donna en arrivant à Bagdad un palais magnifiquement meublé, qui dépendait de son sérail; il mit auprès d'elle un grand nombre d'eunuques et d'esclaves, lui fit présent de bijoux précieux, de riches habillements, et n'oublia rien de ce qui pouvait la flatter et l'amuser.

CDLXVII[e] NUIT.

Giafar avait tout lieu d'espérer que la colère du kalife serait apaisée, et que le récit des aventures qui lui étaient arrivées pendant son exil pourrait le faire rentrer dans les bonnes grâces de son maître : « D'où viens-tu? lui dit Haroun en le voyant; et où es-tu allé depuis que je t'ai ordonné de t'éloigner de ma présence? — Je suis allé à Damas, répondit Giafar. — Chez qui as-tu demeuré? lui demanda le kalife. — Chez Attaf, » répondit le vizir. Giafar raconta ensuite au kalife tout ce qui s'était passé entre lui et Attaf.

Lorsque Giafar eut achevé, le kalife appela Mesrour, lui remit une clef, et lui dit d'aller chercher le livre qu'il avait lu devant lui et son vizir quelques mois auparavant. Mesrour ayant apporté le livre, le kalife le présenta à Giafar, qui vit avec étonnement qu'il renfermait tout ce qui lui était arrivé depuis son départ de Bagdad, jusqu'au moment où il s'était séparé d'Attaf, près de Cobbat Alasafir.

« Ferme le livre, lui dit alors le kalife; je te ferai lire la suite lorsque les événements qu'elle contient seront accomplis. Jusqu'ici tu as éprouvé tout ce qui y est prédit : tu vois donc que j'avais raison de te dire de ne paraître devant moi que lorsque tu pourrais répondre toi-même à la question que tu me faisais, et me dire ce que j'avais lu; tu vois aussi pourquoi je pleurais et riais alternativement; je partageais la peine et la satisfaction que tes diverses aventures t'ont fait éprouver successivement. »

Le kalife reprit alors le livre, et dit à Mesrour de le remettre dans l'armoire : « Retire-toi maintenant chez toi, dit-il ensuite à Giafar, et reprends les fonctions de ta place; ma colère n'était qu'une colère feinte; je voulais éprouver la vérité des prédictions renfermées dans ce livre : je te rends toute mon amitié; et ton obéissance dans cette circonstance n'a fait qu'augmenter mon attachement pour toi.

Cependant Attaf, ayant passé la nuit en prison, fut conduit le lendemain devant le cadi, qui lui demanda si c'était lui qui avait tué l'homme près duquel il avait été trouvé couvert de sang : « C'est moi qui l'ai tué, répondit Attaf. — L'avez-vous fait de propos délibéré? — Oui. — Jouissez-vous de toute votre raison? — Oui. — Quel est votre nom? — Attaf. »

Le cadi envoya aussitôt faire le rapport de cette affaire au mufti, qui prononça la sentence; le greffier dressa le procès-verbal et envoya les pièces du procès au premier vizir. L'ordre de mettre la sentence à exécution fut bientôt expédié, et Attaf conduit au pied de la potence.

Le grand vizir, accompagné d'une suite nombreuse, passa par hasard en ce moment près du lieu où allait se faire l'exécution. L'officier qui devait y présider, ayant aperçu le grand vizir, courut au-devant de lui pour lui rendre ses devoirs :

« Quelle est cette exécution qui attire tant de monde? lui demanda Giafar. — Nous allons, répondit l'officier, pendre cet habitant de Damas qui a assassiné un homme. — Quel est cet habitant de Damas? reprit Giafar. — C'est un nommé Attaf, » dit l'officier.

A ce nom, Giafar jeta un grand cri, et commanda qu'on lui amenât Attaf. L'officier courut, délia la corde qui était déjà attachée au cou d'Attaf, et l'amena à Giafar, qui le reconnut, malgré l'état affreux dans lequel il était, et se jeta à son cou. Attaf reconnut de son côté Giafar, et le serra dans ses bras.

« Que veut dire ceci, mon cher Attaf? dit le vizir en pleurant. — Ma liaison avec vous, répondit Attaf, m'a conduit jusqu'ici de malheur en malheur. » A ces mots, ils tombèrent l'un sur l'autre sans connaissance. On les releva, et après qu'ils eurent repris leurs sens, Giafar fit conduire Attaf aux bains; il lui envoya un magnifique habillement, et le fit venir dans son palais.

On servit d'abord à Attaf les rafraîchissements et la nourriture dont il avait besoin; Giafar le pria ensuite de lui apprendre tout ce qui lui était arrivé depuis leur séparation près de Cobbat Alasafir.

Attaf lui raconta la perfidie d'Abdalmalek, le stratagème du geôlier qui l'avait mis en liberté, la manière dont il avait été dépouillé près de Bagdad, la tentative inutile qu'il avait faite pour lui faire savoir ses malheurs, comment il avait passé les sept jours de réjouissances publiques, le refus de le laisser la nuit dans la mosquée, enfin comment il avait été arrêté et pris pour un assassin.

Giafar raconta de son côté à Attaf de quelle manière il avait appris que Zalica était son épouse. Il le conduisit aussitôt auprès d'elle, la lui rendit, et les laissa seuls.

Zalica fit éclater sa joie en revoyant Attaf; elle se laissa tomber dans ses bras, et lui répéta plusieurs fois : « N'est-ce point ici un songe? Est-ce bien vous que je vois, mon cher Attaf? » Ces deux époux se racontèrent mutuellement leurs aventures; Zalica vanta beaucoup à son mari la manière généreuse dont Giafar s'était conduit avec elle, et elle lui fit le détail des honneurs et des présents qu'elle avait reçus.

Le lendemain Giafar se rendit de bonne heure auprès du kalife, et lui raconta l'histoire d'Attaf.

« Assurément, dit le kalife, lorsque Giafar eut fini, voilà une histoire des plus extraordinaires. » Le kalife appela en même temps Mesrour, et lui ordonna d'apporter le livre qu'il lui avait demandé quelques jours auparavant. Mesrour ayant apporté le livre, le kalife le fit donner à Giafar, et lui dit de lire. Giafar y lut tout ce qui était arrivé à Attaf.

« Tu vois, dit alors le kalife à Giafar, combien ce livre est merveilleux, et comme il mérite d'être gardé précieusement! Assuré que les événements qui y sont annoncés ne pouvaient manquer d'arriver, je t'ai ordonné de ne pas paraître devant moi avant de savoir toi-même ce qu'il renfermait : tu es parti, tu t'es abandonné à la destinée, les événements se sont développés, et tu as tout appris, ou par toi-même, ou de la bouche d'Attaf. L'idée de ce que vous deviez souffrir l'un et l'autre devait naturellement m'affliger; et j'avais quelque raison de rire, en pensant qu'il dépendait de moi de retenir ou de précipiter le cours de tant d'incidents. Ta curiosité, le jugement peu favorable que tu portais de ce livre, ont provoqué l'ordre que je t'ai donné de t'éloigner de moi, et dès lors vous deviez nécessairement éprouver tous les deux ce que vous avez éprouvé. »

Le kalife voulut ensuite voir Attaf, et commanda qu'on l'amenât. Attaf se prosterna devant lui, et fit des vœux pour la durée et la prospérité de son règne. Le kalife lui demanda ce qu'il désirait qu'il lui accordât :

« Commandeur des croyants, dit Attaf, pardonnez à Abdalmalek. — Comment, reprit le kalife, tu demandes grâce pour lui, après qu'il a voulu te faire périr? — Ce n'est pas sa faute, repartit Attaf, mais la faute de ceux qui l'ont trompé et l'ont excité contre moi par leurs perfides suggestions. Quant à moi, je lui pardonne de bon cœur, et donne au geôlier tout ce qui m'appartient. Confirmez, je vous prie, cette donation; et pour empêcher qu'Abdalmalek ne soit trompé par la suite, accordez à ce geôlier le droit de reviser tout ce que fera le gouverneur, et que rien ne se fasse dorénavant à Damas sans que mon libérateur y appose le sceau que vous voudrez bien lui envoyer. Le kalife consentit sans peine à ce qu'Attaf lui demandait; et ses ordres furent remis à un courrier qui partit sur-le-champ pour Damas.

Le bruit s'était répandu dans Damas qu'Attaf était allé à Bagdad pour porter ses plaintes au kalife; on ne doutait pas qu'Abdalmalek ne payât de sa tête le crime dont il s'était rendu coupable; on craignait même que toute la ville ne ressentît les effets de la colère d'Haroun Alraschild, et l'on attendait avec impatience des nouvelles de la capitale de l'empire. Tout le peuple alla au-devant du courrier, et fit éclater sa joie lorsqu'il fut instruit du contenu de ses dépêches.

Le gouverneur s'estima fort heureux d'avoir obtenu son pardon, et fit remettre au geôlier le sceau que lui envoyait le kalife, ainsi que la donation qui lui assurait tous les biens et toutes les richesses d'Attaf. Le geôlier, fort étonné de son élévation, écrivit à Attaf pour lui témoigner sa reconnaissance.

Giafar se chargea de dédommager son hôte et son ami: Attaf, par ses soins, se trouva bientôt dix fois plus riche qu'il n'était auparavant.

Scheherazade venait d'achever l'histoire d'Attaf, et le jour, qui paraissait, ne lui permettait pas d'en commencer une autre: « Ma sœur, lui dit Dinarzade, je vous ai souvent entendu parler des anciens héros de l'Arabie, et de leurs aventures merveilleuses; je m'étonne que vous n'en ayez encore raconté aucune au sultan. — Ma sœur, reprit Scheherazade, je me propose, si le sultan veut bien prolonger encore ma vie, de lui raconter demain l'histoire du prince Habib et de la belle Dorrat Algoase. » Le sultan Schahriar ayant témoigné qu'il écouterait volontiers cette histoire, Scheherazade la commença le lendemain en ces termes:

CDLXVIII[E] NUIT.

HISTOIRE

DU PRINCE HABIB ET DE DORRAT ALGOASE.

La tribu des Benou Helal [1] avait pour chef l'émir Selama, qui passait pour le capitaine le plus vaillant et le plus expérimenté de son temps. Il commandait à soixante-six autres tribus moins considérables, et entretenait toujours autour de sa personne mille cavaliers, qui étaient l'élite de toute l'Arabie.

Quoique l'émir Selama fût déjà avancé en âge, il n'avait pas encore d'enfant, et désirait beaucoup d'en avoir. Une nuit qu'il dormait tranquillement, il crut entendre une voix qui lui disait : « Approche-toi de ton épouse, elle concevra, et te donnera un fils. »

Selama obéit à la voix du Ciel, et son épouse, Camar Alaschraf [2], mit au monde, au bout de neuf mois, un fils aussi beau que la lune lorsqu'elle est dans son plein. L'émir, transporté de joie, prit l'enfant dans ses bras, le caressa, et l'appela Habib, ou le Bien-Aimé.

Camar Alaschraf ne voulut point que son fils suçât un lait étranger ; elle le nourrit pendant deux ans, et prit le plus grand soin de son enfance. Son père s'occupa ensuite de son éducation ; il fit venir plusieurs maîtres, choisit, dans le nombre de ceux qui se présentèrent, celui qui avait le plus de talents, et le chargea de former le cœur et l'esprit du jeune prince.

Ce maître habile sut profiter des heureuses dispositions de son élève ; le prince apprit bientôt à lire et à tracer les sept sortes d'écritures les plus usitées [3]. A l'âge de sept ans, il possédait parfaitement la grammaire, la logique et toutes les autres sciences ; il avait lu les anciennes histoires, et connaissait les généalogies des

[1] Cette tribu habitait un canton fertile en palmiers, entre Médine et Cufa. *Voyez* la *Bibliothèque orientale* de d'Herbelot, page 201.

[2] Ce nom signifie la *lune des nobles*.

[3] Dans le premier volume des *Mille et une Nuits*, nuit XLVIIIe, il est question seulement de six sortes d'écritures : en voici les noms, tirés du manuscrit de M. Galland, qui a cru devoir les omettre : *Calam alricaa, calam almahaccac, calam alrihan, calam alnaskh, calam altholth, calam altoumar.*

principales tribus arabes ; il savait par cœur les vers de tous les anciens poëtes, et en faisait lui-même avec la plus grande facilité. Son père fit alors assembler les scheiks de plusieurs tribus, leur donna un grand repas, et leur distribua des présents magnifiques. Tout le monde fut étonné de l'esprit et des connaissances du jeune prince, et l'on augura qu'il serait un jour un homme extraordinaire. Selama voulut éprouver devant l'assemblée le alent de son fils pour les vers, et lui en demanda quelques-uns. Le jeune prince répondit aussitôt au défi par deux vers, qui contenaient l'éloge de son père et du maître qui avait présidé à son éducation. Toute l'assemblée fut étonnée de la beauté et de la finesse des expressions, et convint que le prince avait autant de talents pour la poésie que pour la prose.

L'émir, transporté de joie, embrassa son fils, le serra tendrement dans ses bras, et donna ordre de faire venir son maître. Il se leva pour le recevoir, le prit par la main, le fit avancer au milieu de l'assemblée et lui dit :

« Docte et sage Abdallah, je sens tout le prix du service que tu m'as rendu, et je m'empresse de le reconnaître : je te fais présent de quatre chameaux chargés d'or, d'argent et de choses précieuses, et je te donne le commandement d'une tribu. Tu connais les principes de la justice, et tu feras le bonheur de ceux qui seront soumis à tes lois. »

« Prince, répondit Abdallah, je n'ai pas besoin des honneurs et des richesses de ce monde terrestre : il est temps de me faire connaître ; je ne suis pas un homme, mais un génie. Je tenais un rang distingué, et rendais la justice parmi les génies de mon espèce, lorsqu'une voix céleste se fit entendre à moi, et me dit :

« Va trouver l'émir Selama, qui commande aux tribus des Arabes
« de la race des Benou Helal ; prends soin de l'éducation de son
« fils, et enseigne-lui toutes les sciences. »

« J'ai obéi à cet ordre, je me suis présenté devant vous, j'ai brigué l'honneur de servir de maître à votre fils, et je l'ai obtenu. »

Lorsque Selama eut entendu ce discours, il se prosterna aux pieds du génie, et lui dit : « Puissant génie, je rends grâces à Dieu de la faveur signalée qu'il m'a faite en vous envoyant vers moi. »

Le génie fit relever l'émir Selama, tourna ses regards vers le jeune Habib, et dit en pleurant : « Si vous saviez ce qui doit arriver à ce jeune prince lorsque je ne serai plus auprès de lui !... — Que doit-il lui arriver? dit Selama avec inquiétude. — Je ne puis vous le révéler, » répondit le génie. En disant ces mots, il serra le jeune prince contre son sein, poussa un grand cri et disparut.

Habib, se voyant privé d'un maître qu'il aimait tendrement, fit éclater ses regrets dans les termes les plus touchants : « Où est-il, s'écriait-il, celui à qui je dois tout ce que je sais? Sa perte est pour moi le plus grand des maux, et je n'en puis désormais craindre d'autre. Comment pourrai-je vivre sans lui? Nuit et jour son image sera présente à mon esprit; mes yeux ne pourront goûter les douceurs du sommeil; mon cœur sera consumé de regrets, et mon corps desséché par le chagrin! »

L'émir Selama et toute l'assemblée fondaient en larmes. Tout à coup on entendit une voix qui prononça ces paroles : « Que le prince « Habib ne se laisse pas abattre par la douleur, mais qu'il songe à « remplir ses hautes destinées; il aura des combats à soutenir, des « revers à essuyer. Il est temps, après avoir cultivé son esprit, qu'il « apprenne à endurcir son corps à la fatigue, à manier les armes, et « qu'il se forme au métier de la guerre. »

Ces paroles relevèrent le courage du jeune Habib. Il essuya ses larmes et dit à son père : « Le génie qui m'a ouvert la carrière des sciences m'avertit, en me quittant, de m'élancer dans celle des armes : déjà je brûle de m'y signaler. Qu'il est beau de bien manier un cheval, de se servir adroitement de la lance et de l'épée, de sortir victorieux d'un combat, et de remplir le monde du bruit de ses exploits! »

« Mon cher Habib, dit Selama en embrassant son fils, que j'aime à voir éclater en toi cette ardeur pour la gloire! Tu dois commander un jour aux plus vaillantes tribus de l'Arabie, tu seras digne de marcher à leur tête. Mais le métier des armes demande un long et dur apprentissage; il faut te préparer aux combats par tous les exercices qui forment un vaillant chevalier; pour cela, tu as besoin d'un maître qui t'instruise par son exemple autant que par ses préceptes. Peut-être le Ciel, qui a jusqu'ici pris soin de ton éducation, achèvera-t-il lui-même son ouvrage. »

Tous les scheiks qui étaient présents désiraient servir de maître au jeune Habib; chacun d'eux tâchait, par ses discours, d'attirer l'attention de l'émir, et de fixer son choix.

Sur ces entrefaites, on vint annoncer à l'émir qu'un étranger demandait à être introduit. L'émir ayant ordonné qu'on le laissât approcher, l'étranger se présenta à l'entrée de la tente.

Il était monté sur un coursier vigoureux d'une beauté si parfaite qu'il semblait surpasser les plus beaux chevaux de l'Arabie : sa cotte de mailles, d'un tissu étroit et serré, ressemblait à celles que fabriquait le prophète David [1]; il tenait à la main une massue de la

[1] On lit dans l'Alcoran que Dieu amollissait le fer sous les doigts de David (Daoud).

pierre la plus dure, que quarante des plus fameux guerriers n'auraient pu porter; son large cimeterre était l'ouvrage d'un artiste indien, et sa lance était faite de la main du fameux Semher [1]. Il salua gracieusement l'émir et tous ceux qui l'entouraient, descendit légèrement de cheval, prit place dans l'assemblée, et adressa ainsi la parole à l'émir :

« La profession des armes eut toujours des attraits pour moi; j'ai acquis quelque expérience dans les combats : je viens vous en faire hommage, et offrir mes leçons au prince Habib. Je sens que je puis paraître téméraire en sollicitant l'honneur de servir de maître à votre fils; mais si vous voulez me permettre de me mesurer avec vous, peut-être vous trouverez que je ne suis pas tout à fait indigne de ce glorieux emploi. »

Les scheiks qui étaient auprès de l'émir Selama voulurent l'empêcher d'accepter le combat que lui proposait l'étranger, et lui représentaient que peut-être c'était un chevalier méchant et discourtois, ou même quelque génie jaloux de sa réputation, qui espérait le vaincre en employant la ruse et la perfidie. L'émir, méprisant la crainte qu'on voulait lui donner, répondit en ces termes :

« Brave chevalier, la noblesse de votre maintien, la franchise et la loyauté de vos discours, m'annoncent que je puis, sans déshonneur, accepter le défi que vous me proposez. »

L'émir ordonna aussitôt qu'on lui apportât ses armes; il se revêtit d'une cotte de mailles aussi serrée et aussi à l'épreuve que celle de l'inconnu, prit un cimeterre capable de pourfendre un rocher, et une lance longue de trente coudées, qui pouvait renverser une montagne; il se fit ensuite amener le meilleur de ses chevaux.

CDLXIX[e] NUIT.

Toute la tribu sortit de ses tentes pour être témoin du combat. Les deux guerriers descendent dans l'arène comme deux lions furieux, s'éloignent d'abord, et fondent ensuite l'un sur l'autre avec la rapidité de l'éclair; leurs lances ne peuvent résister à la violence du choc, et volent en éclats. Les deux guerriers n'ont point été ébranlés d'une atteinte aussi terrible, et mettent aussitôt l'épée à

et qu'il faisait des cuirasses très-serrées. (*Voyez* surate 34, verset 10.) Ces cuirasses sont appelées, à cause de cela, *daoudi*.

[1] Nom d'un ouvrier qui faisait des lances excellentes. *Voyez* le *Dictionnaire de Golius*.

la main. Les coups sont portés et parés de part et d'autre avec une rapidité que l'œil a peine à suivre; on s'attaque, on se presse, on s'évite, on se fuit tour à tour; l'air retentit du cliquetis des armes; un nuage de poussière couvre les combattants.

L'émir ne tarda pas à s'apercevoir qu'il avait affaire à un adversaire qui ne lui était point inférieur : il ne jugea pas à propos de pousser plus loin l'épreuve, et fit signe à l'inconnu de cesser le combat. Celui-ci, sautant en bas de son cheval, se jeta aux pieds de l'émir, et lui dit :

« Si j'ai proposé un combat à l'émir Selama, ce n'était point dans l'espoir de le vaincre; je désirais seulement ne pas lui paraître indigne de l'emploi que je sollicite auprès de son fils. »

« Brave chevalier, lui répondit l'émir, jamais je n'ai rencontré un rival aussi redoutable que vous : je voulais seulement moi-même éprouver la valeur de celui que je donnerais pour maître à mon fils, et je me félicite de pouvoir le confier à des mains telles que les vôtres. »

En disant ces mots, l'émir fit signe à son fils d'embrasser le chevalier inconnu. Le jeune prince, rempli d'admiration pour l'adresse et la valeur que ce chevalier venait de montrer, vola dans ses bras, et lui demanda son nom.

« Je m'appelle Alâbous [1], répondit le chevalier. — Ce nom, repartit aussitôt le jeune prince avec vivacité, ne saurait être qu'une contre-vérité : car, loin de paraître austère et de mauvaise humeur, comme votre nom semblerait l'indiquer, vous réunissez tout ce qui peut charmer davantage, et je sens que j'ai déjà beaucoup d'attachement pour vous. »

Alâbous sourit, et serra dans ses bras le jeune prince, qui le prit par la main et ne le quitta plus :

« Chevalier, dit l'émir, mon fils va trouver en vous un autre moi-même : j'espère qu'il profitera de vos leçons, et qu'il deviendra le plus vaillant de nos guerriers. — J'y ferai mes efforts, répondit Alâbous, et je suis d'avance assuré du succès. »

Le jeune Habib s'appliqua dès lors avec ardeur à tous les exercices du corps. Son maître l'endurcissait par degrés à la fatigue; son courage et son adresse croissaient avec ses forces ; chaque jour il faisait de nouveaux progrès, et bientôt il donna des preuves éclatantes de sa valeur dans les guerres que son père avait à sou-

[1] Ce nom signifie, en arabe, un homme qui a l'air fâché, de mauvaise humeur, comme on va le voir par ce qui suit. Il est opposé dans le texte au mot *dhahouk*, qui a l'air riant, gai.

tenir contre les tribus voisines. Il traversait la nuit les déserts, et fondait à l'improviste sur les ennemis; il défiait quelquefois les plus braves, et sortait toujours victorieux de ces combats singuliers. Sa réputation s'était déjà répandue au loin, et il passait pour le plus vaillant chevalier qu'il y eût au monde.

Le chevalier, ou plutôt le génie chargé d'apprendre au prince le métier des armes, devait le quitter aussitôt que sa mission serait remplie : Alâbous, voyant que le prince n'avait plus besoin de ses leçons, lui dit un jour, en se promenant à cheval avec lui dans la campagne :

« Mon fils, vous savez que vous devez endurer bien des fatigues, courir bien des dangers, mais vous ignorez quel doit être le prix de tant de travaux : ce prix, c'est la belle Dorrat Algoase [1], qui règne sur des milliers d'îles situées aux extrémités de l'Océan, et habitées tout à la fois par des génies et par des hommes. Ces deux espèces vivent ensemble sous ses lois dans la meilleure intelligence, et chérissent également leur reine. Elle a deux vizirs, l'un de la race des génies, l'autre de celle des hommes, qui rendent chacun la justice à leurs semblables. Plusieurs génies recherchent ardemment la main de la reine; mais votre réputation et vos exploits lui ont inspiré pour vous l'amour le plus vif. Elle sait que bien des obstacles s'opposent à cette union; mais elle espère que vous en triompherez par votre courage, et que vous ne balancerez pas à abandonner votre famille et votre patrie, pour chercher les lieux où elle fait sa résidence. »

Ce discours attendrit le cœur du jeune prince, et enflamma son courage; il pria son maître de lui faire mieux connaître celle qui seule pouvait faire désormais son bonheur. Alâbous y consentit, et lui raconta ainsi l'histoire de Dorrat Algoase :

[1] En arabe, Dorrat Algawwas, *la perle du plongeur*.

HISTOIRE

DU ROI SAPOR, SOUVERAIN DES ILES BELLOUR, DE CAMAR ALZEMAN, FILLE DU GÉNIE ALATROUS, ET DE DORRAT ALGOASE

E roi Sapor, dont l'empire s'étendait sur les îles Bellour, était le plus puissant des monarques qui régnaient aux extrémités de la mer et de l'Orient. Quoiqu'il eût successivement uni son sort à celui de plusieurs princesses, aucune ne l'avait rendu père. Cette pensée l'affligeait, et il se disait souvent à lui-même : « Que deviendra bientôt cette puissance que j'ai acquise par tant de peines et de fatigues? Que deviendrai-je moi-même lorsque je serai plus avancé en âge et que mes forces commenceront à s'affaiblir? Si j'avais un fils, il serait la consolation de ma vieillesse et le soutien de mon autorité. »

« Tandis que le roi Sapor était plongé dans ces réflexions, il vit paraître tout à coup devant lui un génie d'une figure agréable, qui le salua poliment, et lui dit :

« Je suis le génie Alâtrous, qui commande à un grand nombre d'autres génies, et je veux vous donner une preuve de mon attachement et de mon estime : je sais que vous n'avez point eu jusqu'ici d'enfants ; je viens vous indiquer le moyen d'en avoir, et vous proposer pour épouse ma fille Camar Alzeman. Elle passe, à juste titre, pour une beauté accomplie ; les plus puissants rois des génies me l'ont demandée en mariage ; mais aucun n'a pu l'obtenir. Mon estime pour vous, le désir que j'ai de remplir vos vœux les plus chers m'engagent à vous donner la préférence, et à rechercher votre alliance. Vous aimez la justice, et elle fut toujours la règle de vos actions ; j'espère que ma fille vous donnera un fils qui marchera sur vos traces ; et la naissance de cet enfant est assurée, si vous suivez les conseils que je vais vous donner : redoublez de zèle pour le maintien de l'équité ; proscrivez sévèrement l'erreur, les opinions dangereuses ; distribuez d'abondantes aumônes aux pauvres, et mettez en liberté les prisonniers. En observant fidèlement ces choses, vous obtiendrez enfin ce que vous désirez depuis longtemps. »

« Le roi des îles Bellour remercia le génie, accepta la main de sa fille, et fit dresser le contrat de son union avec la belle Camar

Alzeman. Le génie Alâtrous fit signe aux génies ailés qui l'entouraient sans être aperçus d'aller chercher sa fille. Elle parut aussitôt; son père la prit par la main, et la remit à son époux. Le roi Sapor fut ébloui de sa beauté et de la magnificence de sa parure. Il la conduisit dans le plus bel appartement de son palais, ordonna des fêtes et des réjouissances publiques pour la célébration de son mariage, et exécuta fidèlement tout ce que lui avait dit le génie, son beau-père.

« Une si belle union ne fut point stérile, et l'événement justifia bientôt la prédiction du génie : Camar Alzeman devint enceinte, et accoucha, au bout de neuf mois, d'une fille plus belle que l'astre qui préside à la nuit. On prit le plus grand soin de son enfance, et on lui fit apprendre de bonne heure toutes les sciences : Dorrat Algoase devint bientôt un prodige d'esprit et de connaissances. Elle monta sur le trône des îles Bellour après la mort du roi, son père, et un grand nombre de génies vinrent alors se ranger sous son obéissance. »

Le génie Alâbous, après ce peu de mots, piqua son cheval, et disparut. Le prince Habib, étonné de ce qu'il venait d'apprendre, retourna tout pensif vers le château qu'habitait alors l'émir Selama. Au pied de ce château était un vallon, ou plutôt un jardin délicieux planté d'arbres touffus, et arrosé par plusieurs fontaines; le prince, s'y étant enfoncé pour rêver à la belle Dorrat Algoase, aperçut tout à coup près d'un bosquet une jeune personne dont la beauté ravissante et au-dessus de toute expression semblait ne pouvoir être comparée qu'à celle des Houris. Le prince, à cette vue, se troubla et ressentit une agitation qui lui était inconnue : « Tant d'attraits, tant de grâces, dit-il en lui-même, ne peuvent appartenir à une simple mortelle. »

CDLXX^E NUIT.

Prévenu de cette idée, et craignant que cet objet charmant ne disparût, s'il croyait être aperçu, le prince résolut de se cacher, et choisit un endroit favorable à son dessein. Il y était à peine retiré, qu'il aperçut une troupe d'oiseaux de la grosseur des colombes, dont le plumage brillait des plus vives couleurs, qui vinrent s'abattre aux pieds de la belle inconnue. Ces oiseaux, qui étaient au nombre de quarante, furent aussitôt métamorphosés en autant de jeunes nymphes d'une beauté admirable, mais cependant bien inférieure à celle qui avait d'abord fixé les regards du prince. Elles s'inclinèrent profondément devant elle, et la saluèrent en l'appelant leur souveraine :

« Pourquoi, leur dit-elle, ne vous êtes-vous pas rendues ici en même temps que moi? Je vous ai dit que je voulais rendre visite à l'objet de ma tendresse, au prince Habib, fils de l'émir Selama, et je vous ai commandé de me suivre. Qui vous a retenues jusqu'à ce moment? Pourquoi faites-vous si peu de cas de mes ordres, et ne reconnaissez-vous plus mon empire? »

« Grande reine, répondirent les nymphes, nous n'avons rien de plus à cœur que de vous témoigner notre respect et notre soumission; mais nous n'avons pu suivre la rapidité du vol de la belle et tendre Dorrat Algoase. »

Le prince Habib fut transporté de joie lorsqu'il entendit prononcer le nom de Dorrat Algoase, et fut tenté de se précipiter à ses pieds; mais l'étonnement que lui avait causé tout ce qu'il venait de voir, la crainte et le respect que lui inspirait la reine des génies le retinrent encore.

« Je veux, dit Dorrat Algoase à ses nymphes, attendre ici celui que le Ciel me destine pour époux; j'ai quitté pour lui la capitale de mes états, et je viens pour le voir des extrémités du monde. Je sais qu'il se promène souvent dans ce jardin; et peut-être qu'instruit de notre commune destinée, et de la démarche que l'amour me fait faire, il viendra lui-même me chercher ici. Mais quoi! mon cœur me dit qu'il n'est pas loin, et il me semble l'apercevoir entre ces arbres qui entrelacent leurs rameaux épais. Pourquoi semble-t-il se cacher? Que craint-il de se montrer aux yeux de celle qui ne craint pas de lui avouer son amour? »

« Le prince sortit du bosquet, transporté de joie, et courut à Dorrat Algoase. Elle vint elle-même à sa rencontre, et lui adressa deux vers dont le sens était que l'amour la rendait malheureuse au milieu de sa gloire et de sa grandeur, et qu'un regard du prince faisait plus d'impression sur son cœur que les hommages et les respects de tout ce qui l'entourait.

Le prince lui répondit qu'il éprouvait les mêmes sentiments depuis que le génie Alâbous, en lui révélant le secret de leurs futures destinées, lui avait tracé le portrait de celle qui devait enflammer son courage, et le faire triompher de tous les obstacles qui s'opposaient encore à leur bonheur; il ajouta que depuis ce temps tout lui semblait insipide, et que le sommeil n'avait plus pour lui de douceurs.

Tandis qu'ils s'entretenaient ainsi, le prince Habib aperçut un oiseau d'une grosseur extraordinaire qui s'abattit devant eux. L'oiseau secoua ses ailes, et l'on ne vit plus qu'un vieillard vénérable, dont la figure portait l'empreinte d'une sagesse douce et aimable. Il s'avança vers les deux amants et se prosterna devant eux :

« Quel est ce vieillard? dit le prince à Dorrat Algoase. — C'est, répondit-elle, un de mes vizirs, celui qui m'a conduite ici. » Se tournant ensuite du côté du vizir, elle lui demanda quel motif l'avait engagé à venir avant qu'elle l'eût mandé.

« Grande reine, répondit-il, je viens vous rendre compte de ce qui se passe dans vos états : les principaux d'entre les génies demandent à vous voir. Je leur ai dit que vous étiez dans le palais, mais que des affaires indispensables ne vous permettaient pas de vous montrer. Ils ont fait éclater leur mécontentement, et se sont plaints que vous n'aviez pas pour eux les égards qu'ils prétendent mériter. Plusieurs d'entre eux, génies malfaisants et dangereux, menacent même de se révolter, et de faire soulever la nation entière des génies. »

Dorrat Algoase fut moins effrayée des menaces des génies, que fâchée de se séparer du prince Habib :

« Que ne puis-je, lui dit-elle, vous emmener avec moi, et serrer dès ce moment les nœuds d'une union qui doit faire notre bonheur! Mais les destins s'y opposent : vous ne pouvez être à moi qu'après avoir supporté bien des peines et des fatigues. Pensez à moi dans les moments les plus périlleux ; que le souvenir de Dorrat Algoase, et de ce qu'elle vient de faire pour vous, enflamme votre courage, et vous élève au-dessus de la condition des enfants d'Adam. »

La reine des génies dit ensuite à son vizir de se disposer à la transporter dans ses états. Il reprit aussitôt la forme d'un oiseau d'une grosseur prodigieuse; la reine s'assit sur son dos, salua le prince Habib, et s'éloigna rapidement, accompagnée des nymphes qui volaient autour d'elle sous la forme d'oiseaux plus petits.

« Le prince Habib, après avoir suivi des yeux son amante aussi long-temps qu'il lui fut possible, la perdit de vue : il demeura quelque temps immobile, tourné du côté où elle avait disparu, et ne put s'empêcher ensuite de verser un torrent de larmes.

Cependant l'émir Selama et son épouse, inquiets de ne pas voir le prince, leur fils, le cherchaient de tous côtés. Étant entrés dans le jardin, ils entendirent de loin ses gémissements, et le trouvèrent baigné de larmes et presque sans connaissance. Ils lui firent respirer de l'eau de rose, et lui prodiguèrent les plus tendres soins. A peine eut-il ouvert les yeux, qu'il recommença à pleurer. Son père et sa mère en firent d'abord autant; ils lui demandèrent ensuite quel malheur lui était arrivé, et quel sujet faisait couler ses larmes.

Le prince leur raconta naïvement son aventure avec Dorrat Algoase. Ils en furent on ne peut pas plus étonnés, et se rappelèrent aussitôt la prédiction du génie qui avait pris soin de son enfance; ils pensèrent que les dangers dont le prince avait été menacé n'étaient autres que ceux auxquels devait l'exposer la conquête de Dorrat Algoase. Ils cherchèrent, néanmoins, à le détourner de cette entreprise: « Oublie, lui dit son père, tout ce que tu viens de voir; renonce à un amour téméraire, et qui peut être cause de ta perte. »

« La mort seule, reprit le prince avec l'accent le plus passionné, peut m'y faire renoncer: elle serait moins affreuse pour moi que la douleur que j'éprouve en me voyant séparé de ma princesse. Je ne veux vivre désormais que pour la chercher; et je ne puis m'arracher des lieux où j'ai eu le bonheur de la contempler, que pour voler vers ceux qu'elle habite. »

L'émir Selama vit bien qu'il fallait flatter la passion de son fils: il lui promit d'envoyer de tous côtés des guerriers vaillants et expérimentés, pour découvrir dans quelle contrée régnait la belle Dorrat Algoase:

« C'est à moi seul, lui dit le prince, qu'il est réservé de chercher mon amante, et de soutenir les combats et les épreuves qui doivent me rendre digne d'obtenir sa main; donnez-moi seulement quelques chameaux chargés d'or et d'effets précieux que je puisse lui offrir en présents, et aussitôt je me mets en chemin. Si Dieu conserve mes jours, et met le comble à mon bonheur, je reviendrai en goûter auprès de vous les douceurs; si, au contraire, le terme de ma vie est proche, vous devez adorer les décrets du Tout-Puissant: croyez, au reste, que, si je restais près de vous, le chagrin et l'amour m'auraient bientôt consumé. Laissez-moi donc partir et remplir ma destinée: car, depuis que j'ai été conçu dans le sein de ma mère, il est écrit sur mon front que je dois traverser les déserts, franchir les montagnes, parcourir toutes les terres et les mers.

Le prince récita ensuite des vers qui peignaient l'excès de sa passion: « Mon cœur, y disait-il, est oppressé; le chagrin me dévore; son absence me fait verser des larmes de sang. Vous qui la voyez, portez-lui mes vœux, et faites-lui connaître les tourments que j'endure. »

L'émir Selama, voyant qu'il était inutile de s'opposer au dessein de son fils, donna en pleurant les ordres nécessaires pour son départ : quatre chameaux portaient les présents destinés à la belle Dorrat Algoase, et vingt chevaliers des plus intrépides devaient accompagner le prince jusqu'aux frontières de l'Iémen.

Habib se revêtit d'une cuirasse pareille à celle de David, et demanda ses armes. Elles lui furent apportées par ses écuyers, qui lui amenèrent en même temps un superbe cheval arabe qu'il avait coutume de monter.

Le jeune prince avait à peine fait quelques milles, qu'il sentit son cœur soulagé, et son esprit plus tranquille. Il fit part des sentiments qu'il éprouvait à ses compagnons, et leur récita deux vers analogues à sa situation, dans lesquels il disait : « L'impatience et le chagrin me consumaient ; je sens diminuer mon ennui, et s'accroître mon ardeur : je cours après l'objet de mon amour, et je le demande à tous ceux que je rencontre. »

Les chevaliers qui accompagnaient le prince Habib étaient depuis long-temps jaloux de sa réputation, et n'avaient consenti à le suivre que pour ne pas désobéir à l'émir, son père, dont ils redoutaient la puissance ; au bout de quelques jours de marche, ils conçurent l'infâme projet d'ôter la vie au prince, et de s'emparer des présents qu'il destinait à son amante. Pour cacher leur crime, ils devaient dire à l'émir Selama que son fils avait succombé à la violence de sa passion.

Il était plus facile de former un projet aussi lâche que de l'exécuter ; n'osant attaquer le prince à force ouverte, ces traîtres convinrent d'attendre la nuit, et de profiter du moment où il serait endormi. On se trouva le soir dans un vallon agréable ; ils prièrent le prince de s'y arrêter et d'y passer la nuit, afin qu'ils pussent prendre quelque repos. Le prince y consentit ; mais ses perfides compagnons attendirent en vain qu'il se livrât au sommeil ; toujours occupé de l'objet de ses amours, le prince ne voulut pas même se coucher, et passa la nuit à se promener et à veiller à l'entour de sa petite troupe.

L'un de ces traîtres, plus accoutumé au crime et plus acharné que les autres à la perte du prince, leur dit qu'il connaissait un moyen infaillible de l'endormir, et se chargea lui-même de l'exécution. Il avait avec lui quelques gros d'une poudre assoupissante ; il épia un moment favorable et en mêla dans la boisson du prince ; l'infâme stratagème ne réussit que trop bien ; le prince éprouva d'abord un violent mal de tête, accompagné d'étourdissements ; ses paupières s'appesantirent, ses yeux se fermèrent, il tomba dans une profonde léthargie.

Assurés du succès de leur crime, ils étaient partagés sur la manière dont ils l'exécuteraient; les uns voulaient égorger le prince; les autres, ayant horreur de tremper leurs mains dans son sang, proposaient de l'enterrer dans l'état où il était. Le plus jeune de ces chevaliers, nommé Rabia, qui n'osait témoigner ouvertement l'horreur que lui inspirait cet assassinat, mais qui voulait tâcher de sauver la vie du prince, leur dit alors :

« Plusieurs de nous répugnent, avec raison, à tremper leurs mains dans le sang du prince, mais veulent lui ôter la vie par un autre moyen; nous pouvons, sans en venir à cette extrémité, satisfaire notre haine, nous débarrasser d'un maître orgueilleux, et nous emparer de ses richesses. Ce prince ne reprendra peut-être jamais l'usage de ses sens, et certainement il ne pourra revenir à lui qu'après un laps de temps considérable. Que pourra-t-il faire lorsqu'il sera seul, sans provisions, et que nous lui aurons enlevé ses armes et son cheval? Il périra infailliblement en voulant, comme nous ne pouvons en douter, poursuivre son entreprise; mais, au moins, ces mains, qui ont serré celles de l'émir en lui jurant de défendre la vie de son fils, ne se seront point trempées dans son sang. »

CDLXXI[e] NUIT.

Les perfides chevaliers se laissèrent persuader par Rabia; ils prirent l'épée, l'armure et le cheval du prince, emportèrent les provisions, les bagages, et s'éloignèrent en faisant la plus grande diligence. Ils délibérèrent de nouveau en chemin sur la manière dont ils annonceraient à l'émir la mort de son fils, et convinrent de lui dire qu'en traversant un jour un désert au milieu de l'ardeur brûlante du midi, le prince avait succombé à l'excès de la fatigue et au feu qui le consumait, et était tombé tout à coup sans connaissance; qu'ils l'avaient relevé, et avaient fait pour le secourir tout ce que leur zèle et leur attachement avaient pu leur inspirer; mais que tous leurs efforts avaient été inutiles, et qu'ils n'avaient pu le rappeler à la vie. Ils convinrent encore que, si l'émir leur demandait pourquoi ils ne lui avaient point rapporté le corps de son fils, ils répondraient que la chaleur l'avait corrompu, et qu'ils avaient craint que la vue d'un cadavre infect n'augmentât sa douleur et celle de son épouse.

Arrivés près du camp, les vingt chevaliers prirent toutes les marques extérieures du plus grand deuil, et entrèrent en pleurant et en poussant de grands gémissements. Ils étaient précédés par l'un d'eux, conduisant un cheval qui baissait tristement la tête. L'émir, les ayant vus arriver de loin, s'avança au-devant d'eux, empressé de savoir des nouvelles de son fils; mais quelle fut sa surprise lorsqu'il les vit couverts d'habits lugubres, le visage baigné de larmes, et qu'il reconnut le cheval du prince! Les plus noirs pressentiments s'élèvent alors dans son âme, et l'empêchent de parler. Les chevaliers se prosternent à ses pieds, et l'un d'eux lui dit:

« Seigneur, votre fils n'a pu résister aux fatigues d'un long voyage et à l'excès d'une passion qui ne lui laissait goûter aucun repos. Consumé pendant quelques jours par une fièvre lente, nous l'avons vu tomber au milieu de nous, en traversant dans l'ardeur du jour des sables brûlants. Nous nous sommes précipités pour le secourir, et nous lui avons prodigué les soins qu'il avait droit d'attendre de notre attachement; mais tous nos efforts ont été inutiles : il a expiré dans nos bras, en prononçant le nom de Dorrat Algoase. »

Dès que l'émir Selama eut appris cette nouvelle, il arracha ses habits, se couvrit la tête de poussière, et s'écria : « O douleur! ô désespoir! je t'ai perdu, mon cher Habib, toi dont la naissance mit le comble à mes vœux, toi qui faisais la gloire et le bonheur de ton père! Devais-tu périr ainsi à la fleur de ton âge? Était-ce là le destin réservé à tant de valeur? »

La mère du prince accourut à ces tristes accents, et dit aux chevaliers : « Pourquoi ne m'avez-vous pas rapporté le corps de mon fils? Je l'aurais enseveli de mes mains, et je lui aurais rendu les derniers devoirs. »

« Madame, lui répondit celui qui s'était chargé de porter la parole, la nature du mal auquel le prince a succombé était telle, et la chaleur si excessive, que son corps, devenu d'abord méconnaissable, répandit bientôt une odeur dont les effets ne pouvaient manquer d'être funestes; nous l'avons recouvert de sable, et nous lui avons rendu tous les honneurs que la circonstance permettait de lui rendre. »

« Je veux, reprit la mère du prince Habib, savoir le nom de l'endroit où vous l'avez enterré; je m'y rendrai, quelque éloigné qu'il soit, et je l'arroserai de mes larmes. »

« Madame, répondit le chevalier, cet endroit est situé au milieu d'un désert immense que personne n'avait encore osé traverser, et que nous n'avons jamais entendu nommer. »

La mère du prince, cédant alors à son désespoir, se frappa le visage et fit retentir l'air de ses cris. Les deux époux prirent le deuil, se couchèrent sur la cendre, et furent plusieurs jours sans vouloir goûter de nourriture. Toutes les tribus qui obéissaient à l'émir regrettèrent vivement le prince, et témoignèrent publiquement leur douleur; chacun prit le deuil, et crut avoir perdu son appui, son défenseur.

Cependant l'effet de l'odieuse poudre s'étant dissipé au bout d'environ deux jours, le prince sortit de son assoupissement au moment où le soleil commençait à s'élever sur l'horizon, et lançait ses premiers feux sur la terre. Le jeune Habib porte autour de lui ses regards, et ne voit qu'une solitude affreuse et immense; ses compagnons, ses armes, son coursier, tout a disparu. Indigné d'une si lâche trahison, il ne perdit pas pour cela courage :

« Dieu puissant, s'écria-t-il, c'est toi seul que j'implore, toi seul tu peux me secourir dans cette extrémité! Je m'abandonne à ta providence; dispose à ton gré de mes jours, mais surtout affermis mon cœur; donne-moi la force et la patience qui font tout supporter avec courage. »

Le prince Habib, en portant au loin ses regards, aperçut au delà d'une plaine immense de sable quelque chose de noir qui lui parut être un grand amas de tentes, ou une ville considérable; il se mit aussitôt en chemin, dans l'espoir d'arriver à un lieu habité avant que la chaleur devînt plus forte. Le sable, dans lequel s'enfoncent ses pas, rend sa marche lente et pénible; mais son courage s'accroît par les difficultés : plongé dans un océan embrasé, dévoré en même temps par l'ardeur du soleil, il n'est occupé que de la grandeur et de la beauté de son entreprise; les vers se présentent en foule à son esprit sur un si beau sujet; il chante à la fois les attraits de la gloire, son empire sur les cœurs généreux, et les charmes de la beauté, qui ne sont pas moins puissants sur les âmes sensibles.

Le soleil, au milieu de sa course, dardait sur la terre des rayons de feu, et l'objet vers lequel le prince dirigeait ses pas paraissait toujours aussi éloigné; l'excès de la chaleur et de la fatigue épuisait ses forces, mais ne ralentissait pas son ardeur. Il vit alors l'air s'obscurcir au-dessus de sa tête, et quelque chose semblable à un nuage qui paraissait s'abaisser; il distingua peu à peu un oiseau blanc d'une grosseur extraordinaire qui s'abattit devant lui. Ne doutant pas que ce ne fût un libérateur que lui envoyait Dorrat Algoase, il s'approcha de l'oiseau. Il remarqua que ses pieds étaient semblables à des troncs de palmiers; il en saisit un, et s'y attacha fortement. L'oiseau, prenant aussitôt son essor, le porta rapidement vers l'objet qui de loin lui avait paru comme un point noir : c'était une montagne dont le sommet se perdait dans les nues.

L'oiseau s'arrêta doucement sur le penchant de la montagne, et disparut. Le prince, ayant fait quelques pas, aperçut une vaste caverne dont une sombre horreur semblait défendre l'entrée; il résolut d'y pénétrer. A peine y fut-il entré, qu'il entendit une voix qui l'appelait avec force, et vit paraître devant lui le génie Alâbous : il tenait de la main gauche un baudrier auquel était suspendu un large cimeterre, ouvrage des génies; de la main droite il tenait une coupe d'or, remplie d'une eau propre à réparer les forces épuisées. Il la présenta au prince, qui la prit et la but tout entière.

Le prince, charmé d'avoir retrouvé le génie, lui raconta son entrevue avec Dorrat Algoase, et le remercia de lui avoir révélé le secret de sa destinée, en lui faisant connaître le bonheur qui l'attendait :

« Ce bonheur est encore loin de vous, lui dit le génie : un espace immense, des mers orageuses vous séparent de la beauté qui fait l'objet de vos vœux; il vous faudra, pour parvenir jusqu'à elle, braver des dangers de toute espèce, triompher de monstres effroyables, surmonter des obstacles capables de faire pâlir les plus braves, et de glacer les cœurs les plus intrépides. Que ne puis-je vous transporter sur-le-champ auprès d'elle! Mais ma puissance ne s'étend pas jusque-là : je ne puis plus, maintenant, qu'une seule chose en votre faveur : c'est, si vous le voulez, de vous reporter en un clin d'œil au sein de votre famille, dans les bras de votre père et de votre mère. » Le génie, en prononçant ces mots, regarda tendrement le prince Habib, et le serra contre son sein.

« Je n'ai pas, lui répondit le prince avec vivacité, quitté volontairement ma famille; je n'ai pas déjà bravé la mort, et je ne suis pas parvenu jusqu'ici, pour retourner honteusement sur mes pas : rien ne peut désormais ébranler ma résolution; je veux obtenir l'objet de mes vœux, ou mourir glorieusement. »

Le génie Alâbous, voyant le courage et la fermeté du prince, lui parla en ces termes : « Cette caverne renferme les trésors de Salomon, fils de David; je dois empêcher que personne n'entre ici sans sa permission, et je ne puis en sortir que par son ordre. Ces trésors sont renfermés dans quarante salles situées à droite et à gauche d'une immense galerie; il ne tient qu'à vous de considérer à loisir toutes ces richesses, et de repaître vos yeux du spectacle éblouissant d'un amas prodigieux d'or, d'argent, de diamants, de perles et de rubis : en fouillant sous la porte qui donne entrée dans la galerie, vous trouverez les clefs de toutes les portes.

« Si, peu jaloux du spectacle de tant de richesses et de magnificence, vous voulez franchir la galerie sans vous arrêter, vous verrez à l'autre extrémité un rideau auquel sont attachées quatre-vingts agrafes; prenez garde de lever ce rideau avant d'avoir garni toutes les agrafes avec du coton que je vous donnerai.

« Lorsque vous aurez levé ce rideau, vous verrez une porte d'or à deux battants, au-dessus de laquelle sont tracés des caractères talismaniques, des figures mystérieuses, dont il faut, avant de passer outre, comprendre la signification. Prenez garde encore, lorsque vous aurez ouvert la porte, de la repousser rudement; ne regardez pas derrière vous, et ne vous laissez pas effrayer par les génies et les monstres auxquels la garde de cet endroit est confiée.

« Au delà de cette porte vous verrez une mer sans cesse agitée, qui renferme un nombre infini de merveilles. Vous vous tiendrez sur le rivage, vous appellerez le premier vaisseau qui passera devant vous, et vous lui ferez signe de vous prendre à bord. Je ne puis vous en dire davantage; je ne sais ce qui doit vous arriver ensuite; et c'est aujourd'hui, mon cher Habib, la dernière fois que je m'entretiens avec vous. »

CDLXXII[E] NUIT.

Ce discours remplit de joie le jeune prince; il prit la main du génie, la baisa, et le remercia des avis qu'il venait de lui donner: « Recevez cette épée, dit alors le génie, en présentant au prince le baudrier qu'il tenait; elle est d'une trempe divine, et ne trompera jamais votre courage. » Le prince prit l'épée, se revêtit d'une armure que lui donna en même temps le génie, lui dit adieu et partit.

Le prince, en s'avançant dans la caverne, parvint à la première porte dont lui avait parlé le génie; il creusa sous le seuil, et trouva un sac de cuir décoloré et noirci par le temps, qui renfermait plusieurs clefs. Il prit la première qui se présentait à lui: c'était celle de la galerie: il y entra, et aperçut bientôt devant lui une clarté vive et brillante. Il marcha droit vers cette clarté, et arriva près du rideau.

Au-dessus était une lame d'émeraude, ornée de perles et de diamants, dont l'éclat remplissait cet immense souterrain; sur cette plaque étaient tracés des emblèmes symboliques qui exprimaient ces deux vérités, que le prince, qui en était déjà pénétré, comprit facilement: LE MONDE N'EST QUE VANITÉ ET ILLUSION; LA PATIENCE ET LE COURAGE TRIOMPHENT DE TOUT.

Le prince s'approcha du rideau pour remplir de coton, selon le conseil du génie Alâbous, les agrafes dont il était entouré. Il vit alors fondre sur lui une multitude infinie de génies, de fantômes et de monstres de toute espèce; il entendit de tous côtés des cris effrayants, et se trouva environné de flammes et de fumée. Sans s'embarrasser des dangers qui semblaient le menacer, il exécuta soigneusement les ordres du génie, leva ensuite le rideau, et aperçut une porte qu'il ouvrit facilement. Tous les fantômes disparurent aussitôt.

Le prince, se croyant alors à l'abri de tout danger, oublia le dernier conseil du génie, et laissa retomber la porte avec bruit. Tous les monstres l'assaillirent alors de nouveau, en poussant des cris affreux, et répétant à l'envi :

« Misérable mortel, pourquoi viens-tu troubler notre repos et « souiller nos demeures? Si l'armure dont tu es revêtu ne rendait « notre fureur inutile, la mort la plus prompte serait la récompense « de ton audace. Mais peut-être ton courage ne sera pas aussi à l'é« preuve que tes armes. »

En parlant ainsi, les génies redoublent d'efforts, et prennent toutes sortes de formes pour jeter le trouble dans l'âme du prince, et glacer son cœur d'effroi : d'affreux serpents lancent sur lui leurs dards avec d'horribles sifflements; des lions rugissants, des tigres furieux se jettent sur lui; des précipices s'entr'ouvrent sous ses pas, le tonnerre éclate autour de lui, le ciel s'écroule, la nature entière est bouleversée. Le prince, toujours inébranlable, et inaccessible à la crainte, s'avance tranquillement; les génies reconnaissent alors leur impuissance, se taisent et disparaissent.

Le prince, marchant avec plus de liberté et de promptitude, arriva bientôt sur les bords de cette mer dont les flots étaient sans cesse agités. Il regarda de tous côtés, et ne vit paraître aucun vaisseau. Il attendit inutilement tout le jour, et passa la nuit dans la plus cruelle impatience. L'aurore vint ranimer le lendemain son espoir ; mais son attente ne fut pas moins vaine que le jour précédent. Il souffrait depuis trois jours toutes les horreurs de la faim et de la soif, lorsque, le quatrième jour, il vit, au lever de l'aurore, sortir du sein des flots deux nymphes qui s'entretenaient ensemble :

« Savez-vous qui est assis là sur le bord de la mer? disait l'une. — Je l'ignore, répondit l'autre. »

« C'est le prince Habib, reprit la première. Il est épris des charmes de la reine Dorrat Algoase, et cherche à pénétrer jusqu'aux lieux où elle fait sa demeure. — Comment, répondit la seconde, peut-il aspirer à Dorrat Algoase, et espérer de parvenir jusqu'à elle? Il ne sait donc pas qu'elle est séparée de lui par un océan dangereux qu'on ne peut traverser en un an, et sur lequel on est exposé à mille périls, auxquels les hommes les plus expérimentés ne peuvent échapper? Qu'en dites-vous, ma sœur? croyez-vous qu'il puisse venir à bout de son entreprise? »

« Pourquoi pas, répondit la première; les dangers qu'il a déjà surmontés donnent lieu de croire qu'il triomphera de ceux qui lui restent à courir; mais il doit s'écouler encore bien du temps jusqu'à ce qu'il obtienne l'objet de ses vœux. »

Le prince Habib fut transporté de joie de ce qu'il venait d'entendre; il oublia la faim et la soif qui le pressaient. Dans ce moment, une troisième nymphe sortit des flots, et demanda aux deux premières quel était le sujet de leur entretien. Lorsqu'elle eut appris qu'elles s'entretenaient du prince, elle leur dit :

« Une de mes cousines vient de me venir voir; je lui ai demandé si elle avait vu passer quelque vaisseau; elle m'a dit qu'elle en avait vu un poussé par un vent frais, qui le portait de ce côté. »

Les trois nymphes, ayant fini leur entretien, se plongèrent dans la mer, et disparurent. Le peu de mots prononcés par la troisième nymphe avaient mis le comble à la joie du prince. Il aperçut bientôt un vaisseau, appela les matelots, et leur fit signe de venir le prendre. On lui envoya une chaloupe qui le rendit à bord du navire.

Dès qu'il y fut entré, les marchands qui le montaient lui demandèrent qui il était. Le prince leur dit qu'il satisferait leur curiosité dès qu'il aurait pris quelque nourriture. Les marchands lui donnèrent à manger; et il leur dit, lorsqu'il eut un peu apaisé la faim dont il était dévoré, qu'il était lui-même marchand, que son vaisseau avait été brisé par la tempête, que tous ses compagnons avaient péri, qu'il s'était sauvé sur une planche, et que depuis trois jours il attendait un vaisseau sur ce rivage. Les marchands, ne soupçonnant pas de déguisement dans le récit du prince, cherchèrent à le consoler, et lui promirent de réparer la perte qu'il venait de faire.

Au bout de quelques jours, il s'éleva un vent contraire qui entraîna le vaisseau loin de la route qu'il devait suivre. Le pilote, obligé de céder à la violence du vent, assembla les marchands, et leur fit part de ce qui se passait. Les marchands l'exhortèrent à avoir courage, lui firent espérer que le vent contraire cesserait bientôt, et qu'il pourrait reprendre sa route. Quelque temps après, il survint un calme profond; le vaisseau cessa tout à coup d'avancer, et resta immobile.

Le pilote demanda aux marchands si quelqu'un d'eux connaissait la mer dans laquelle ils se trouvaient; tous avouèrent que jamais, dans aucun de leurs voyages, ils n'avaient été jetés dans ces parages. Le pilote tint alors aux marchands ce langage :

« Je ne connais pas moi-même cette mer par expérience; mais, selon mon estime, nous devons être dans la mer Verte. Tous ceux qui y entrent ne manquent jamais, dit-on, d'y périr, parce qu'elle est habitée par des monstres et des génies malfaisants. Le plus redoutable de ces monstres, celui qui, selon toute apparence, retient en ce moment le vaisseau, s'appelle Gaschamscham. Placé dans ces lieux par Salomon lui-même, il enlève, les uns après les autres, tous ceux qui montent les vaisseaux, et les dévore. »

« Cessez, dit le prince Habib en interrompant le pilote, de vouloir nous effrayer : ce génie, quelque redoutable qu'il soit, n'est pas invincible, et j'espère vous délivrer tous d'entre ses mains. »

CDLXXIII^E NUIT.

Les marchands, que le discours du pilote avait consternés, ne savaient s'ils devaient ajouter foi aux promesses du prince. Il leur dit de l'attacher à une corde par le milieu du corps, et s'élança ainsi dans la mer, tenant à la main son cimeterre.

Le prince était à peine sous les flots, qu'il vit s'avancer le monstre prêt à le dévorer. Il leva son cimeterre, et lui en déchargea sur la tête un coup si furieux, qu'il le fendit en deux. Le prince, en agitant la corde à laquelle il était attaché, avertit alors les marchands de le remonter à bord; ce qu'ils firent aussitôt. Le vaisseau partit à l'instant avec la rapidité d'un trait lancé par un bras vigoureux.

La surprise et la joie des marchands furent extrêmes, quand ils se virent délivrés de ce danger. Ne sachant comment témoigner leur reconnaissance au prince, ils lui offrirent de lui donner tout ce qu'ils possédaient. Le prince ne voulut rien accepter. Le plus âgé d'entre les marchands reconnut alors qu'il y avait quelque chose de merveilleux dans cette aventure, et que celui qu'ils prenaient pour un simple marchand comme eux devait être un homme extraordinaire. Il conjura le prince de ne pas leur cacher plus long-temps la vérité, et de leur apprendre qui il était réellement. Le prince refusa long-temps de se faire connaître; mais le vieux marchand le pressa avec tant d'instances, que le prince ne put s'empêcher de céder à ses désirs, et lui fit le récit de toutes ses aventures.

Le vaisseau continuant toujours de voguer avec rapidité, le pilote reconnut bientôt les parages où il se trouvait : « Réjouissez-vous, dit-il aux marchands, votre vie est maintenant en sûreté; nous avons heureusement traversé les mers les plus dangereuses, et nous sommes près d'aborder à la capitale du roi Sapor, qui règne sur les îles Bellour. »

En effet, on aperçut bientôt un rivage sur lequel s'élevait une ville considérable. Le vaisseau entra heureusement dans le port. Il fut aussitôt entouré par une multitude infinie de canots, qui venaient pour mettre à terre les passagers, et décharger les marchandises.

Cependant Dorrat Algoase, depuis son retour dans la capitale de ses états, ne pouvait goûter de repos, ni prendre, pour ainsi dire, de nourriture: toujours occupée de son amant, elle s'alarmait des dangers auxquels il s'exposait pour elle. Tandis que, plongée dans ces réflexions, elle s'abandonnait à une douce rêverie, un génie vint lui annoncer qu'il était entré dans le port un vaisseau sur lequel était le prince Habib.

La reine, au comble de la joie, promit au génie de le récompenser de cette bonne nouvelle, et ordonna aussitôt des réjouissances dans toute la ville : elle voulut que l'air retentît du son des instruments de musique, et que l'on étendît des tapis précieux et des étoffes de soie dans toutes les rues par lesquelles le prince devait passer; elle envoya ensuite une troupe nombreuse de gardes et d'esclaves au-devant de lui, pour l'amener dans le palais.

On ne peut exprimer quelle fut la joie du prince lorsqu'il se vit possesseur de celle pour laquelle il soupirait depuis si long-temps : les fatigues qu'il avait supportées, les dangers qu'il avait courus, lui semblèrent alors bien peu de chose; et le prix qu'il obtenait lui parut infiniment supérieur aux travaux qui le lui avaient mérité.

Le prince, parvenu au comble de ses vœux, trouva bientôt qu'il manquait encore quelque chose à son bonheur : il pensait qu'il ne reverrait jamais sa famille, et cette idée l'affligeait. Il s'en ouvrit un jour à Dorrat Algoase, qui lui dit de ne pas s'attrister, et lui promit que dans le jour même il reverrait les auteurs de ses jours.

Dorrat Algoase fit aussitôt venir son vizir, et lui annonça qu'étant obligée de s'absenter quelque temps, elle l'avait choisi pour lui confier les rênes du gouvernement. Elle fit ensuite assembler les principaux d'entre les génies, et leur fit connaître celui qu'elle avait choisi pour gouverner en son absence. Tous les génies lui protestèrent qu'ils obéiraient au vizir comme à elle-même. La reine leur témoigna sa satisfaction, et les congédia. Elle dit ensuite au vizir de se préparer à la transporter avec le prince dans le jardin où il l'avait autrefois conduite. Le vizir prit aussitôt la forme d'un oiseau d'une grandeur et d'une force extraordinaires; la reine et le prince s'assirent sur son dos, traversèrent les airs, et se trouvèrent en un clin d'œil dans le jardin où ils s'étaient vus pour la première fois.

L'émir Selama et son épouse, Camar Alaschraf, s'entretenaient alors, comme ils faisaient ordinairement lorsqu'ils étaient seuls, du fils qu'ils croyaient avoir perdu, et qu'ils ne cessaient de regretter; tout à coup ils le virent paraître avec Dorrat Algoase. A cette vue, qu'ils prirent d'abord pour une illusion, des torrents de larmes coulèrent de leurs yeux. Le prince se jeta à leur cou, en les assurant que c'était leur cher Habib qui les embrassait; il leur présenta la reine des génies, et leur raconta ses aventures.

L'émir Selama et son épouse se livrèrent alors à la joie la plus vive, et firent annoncer à toutes les tribus le retour du prince Habib. L'émir donna à cette occasion des repas magnifiques, et reçut les félicitations de tous les scheiks; il fit distribuer de grandes aumônes aux pauvres, et ordonna des fêtes qui durèrent pendant sept jours. Le dernier jour, le prince Habib fit dresser des potences pour les vingt chevaliers qui l'avaient si indignement trahi, et il les y fit attacher.

Selama ne jouit pas long-temps du plaisir de revoir son fils; il mourut peu après son arrivée. Habib fit faire de magnifiques funérailles à son père, et donna des marques de la plus vive douleur.

Habib se fit ensuite reconnaître en qualité d'émir par la tribu des Benou Helal et par les soixante-six autres tribus qui obéissaient à son père; cette cérémonie fut accompagnée des acclamations de la multitude, qui fit des vœux pour la gloire et la durée de son règne. L'émir Habib ne cessa pas pour cela de régner sur les îles Bellour. La belle Dorrat Algoase donna le jour à plusieurs princes, qui partagèrent entre eux les états de leur père, après sa mort.

Scheherazade ayant achevé l'histoire du prince Habib et de Dorrat Algoase, sa sœur Dinarzade lui dit : « Je ne sais, ma sœur, si le sultan des Indes sera de mon avis; mais il me semble que j'entends toujours vos récits avec un nouveau plaisir. » Le sultan témoigna qu'il pensait comme Dinarzade; et Scheherazade annonça aussitôt qu'elle raconterait le lendemain l'histoire de Naama et de Naam.

CDLXXIV^E NUIT.

HISTOIRE

DE NAAMA ET DE NAAM.

IRE, dit Scheherazade au sultan des Indes, Rabia était un des plus riches et des plus distingués habitants de Koufa. La naissance d'un fils, en lui procurant le seul bien qui lui manquait, vint mettre le comble à son bonheur. Rabia prit l'enfant dans ses bras dès qu'il fut au monde, leva les yeux au ciel, et il lui donna le nom de Naama Allah [1]. Ce fils, dès sa plus tendre enfance, devint l'objet de tous les soins et de toutes les complaisances de son père, empressé de satisfaire ses moindres désirs, et d'aller au-devant de tout ce qui pouvait l'amuser et lui plaire.

Un jour que Rabia se promenait sur la place où l'on vend les esclaves, il aperçut une femme de bonne mine et encore jeune, qui tenait entre ses bras une petite fille de la figure la plus charmante et la plus jolie du monde : « Combien l'esclave et son enfant? dit Rabia en s'adressant au courtier. — Cinquante sequins, répondit le courtier. — Les voici, reprit Rabia; remettez-les au propriétaire de l'esclave, et dressez sur-le-champ l'acte de vente. » L'acte étant achevé, Rabia paya au courtier son droit de commission, et emmena avec lui l'esclave et son enfant.

L'épouse de Rabia, le voyant entrer à la maison ainsi accompagné, lui demanda quelle était cette femme : « C'est une esclave, répondit Rabia, dont je viens de faire l'acquisition. Sa petite fille m'a paru charmante, et je crois qu'elle deviendra un jour la plus belle personne de l'Arabie et de la Perse : elle est à peu près de l'âge de Naama, et ils pourront jouer ensemble. »

« Vous avez bien fait de l'acheter, dit l'épouse de Rabia; cette petite fille me plait aussi beaucoup. Quel est ton nom? dit-elle ensuite à l'esclave. — Madame, je m'appelle Taoufic. — Et la petite fille? — Elle se nomme Saad [2]. — Tu as raison de l'appeler ainsi, car tu es heureuse d'avoir une aussi jolie petite fille; mais il faut que nous lui donnions aussi un nom de notre choix. »

« Comment, dit l'épouse de Rabia à son mari, voulez-vous nom-

[1] Ou Nimat Allah, *grâce, bienfait de Dieu.*

[2] Bonheur.

mer cet enfant? — Je m'en rapporte à vous sur cela, répondit-il. — J'ai envie, dit son épouse, de l'appeler Naam. — Eh bien, soit, reprit Rabia. Ce nom ressemble à celui de Naama ; vous ne pouviez en choisir un plus convenable, et qui me fût plus agréable. »

Naama et Naam, élevés ensemble jusqu'à l'âge de dix ans, croissaient à l'envi l'un de l'autre en beauté et en perfection, et se donnaient réciproquement les doux noms de frère et de sœur. Rabia prit alors son fils en particulier, et lui dit : « Mon fils, Naam n'est pas votre sœur, mais votre esclave ; je l'ai achetée pour vous lorsque vous étiez encore au berceau ; vous ne devez plus, dès ce moment, l'appeler votre sœur. — Si cela est, répondit le jeune homme, je puis donc l'épouser. »

Naama courut sur-le-champ informer sa mère de ce qu'il venait d'apprendre, et du dessein qu'il avait formé : « Mon enfant, lui dit cette bonne mère, aussi complaisante que son époux pour les désirs de son fils, Naam est votre esclave, vous pouvez en disposer à votre gré. » Naama, satisfait de cette réponse, s'empressa de faire conclure son mariage avec Naam. Il en devint éperdument amoureux, et passa plusieurs années dans l'union la plus douce et la plus délicieuse.

Naam méritait effectivement l'affection de son époux ; elle joignait aux charmes de la figure et à l'élégance de la taille une humeur douce et aimable, et un esprit développé par l'éducation la plus soignée ; elle lisait avec une grâce infinie, et jouait de toutes sortes d'instruments ; sa voix touchante remuait tous les cœurs quand elle s'accompagnait de la guitare et du tambourin, dont elle jouait si parfaitement, qu'elle surpassait les meilleurs maîtres de son temps ; enfin Naam pouvait être regardée, avec raison, comme la personne la plus belle et la plus accomplie de Koufa.

Un jour qu'elle était assise auprès de son époux, et qu'ils prenaient ensemble le sorbet, elle se mit à préluder sur sa guitare, et à chanter ces vers :

« Puisqu'un maître généreux me comble de ses bienfaits et de « ses faveurs, je ne puis craindre désormais aucun revers ; il est « mon épée et mon bouclier ; lui seul fait mon bonheur : que m'im« porte le reste des humains? »

Naama témoigna vivement à son épouse le plaisir qu'il avait à l'entendre, et la pria de continuer, en s'accompagnant du tambourin. Elle reprit ainsi :

« Oui, j'en jure par la vie de celui qui règne sur mon âme, je « tromperai l'espoir de ceux qui portent envie à sa félicité ; je serai « toujours soumise à ses moindres volontés ; je me réjouirai sans

« cesse du bonheur que j'ai de le posséder, et son amour ne sortira « jamais de mon cœur. »

Naama, de plus en plus transporté de joie, ne pouvait trouver d'expressions assez fortes pour peindre son ravissement. Chaque jour il entendait son épouse chanter, et s'accompagner de la guitare ou du tambourin, et chaque jour il l'entendait avec un nouveau plaisir.

Mais tandis que ces jeunes époux coulaient ensemble d'aussi heureux jours, Hegiage[1], gouverneur de Koufa pour le kalife Abdalmalek-Ebn-Merouan, ayant entendu vanter les charmes et les talents de Naam, conçut le projet de l'enlever et de la remettre entre les mains du kalife. Il croyait lui faire un présent d'autant plus agréable, qu'il était bien sûr que le kalife n'avait dans son sérail aucune femme dont la beauté pût être comparée à celle de Naam, et qui chantât aussi bien qu'elle.

Hegiage, pour venir à bout de son dessein, fit venir une vieille femme dont il avait souvent éprouvé, dans ces sortes d'occasions, l'adresse et l'habileté; il lui ordonna de s'introduire dans la maison de Rabia, de faire connaissance avec Naam, et de trouver quelque moyen de l'enlever; la vieille promit d'obéir au gouverneur.

Le lendemain, la vieille s'affubla d'un vêtement de laine grossière, passa un chapelet à gros grains autour de son cou, et s'appuya sur un bâton au haut duquel était attachée une gourde; dans cet équipage, elle s'achemina vers la maison de Rabia, récitant assez haut pour être entendue quelques prières, et répétant souvent :

« Gloire à Dieu, louange à Dieu, il n'y a pas d'autre Dieu que « lui, toute force et toute puissance appartient à Dieu, très-haut, « très-grand. »

Arrivée devant la maison, à l'heure de la prière du midi, elle frappa à la porte. Le portier vint ouvrir, et lui demanda ce qu'elle voulait :

« Je suis, dit la vieille, une pauvre servante de Dieu; je me trouve surprise par l'heure de la prière du midi, et je voudrais entrer dans cette sainte et respectable maison pour y faire ma prière. — Bonne femme, lui dit le portier, cette maison n'est point une mosquée ni un oratoire; c'est la maison de Naama, fils de Rabia. — Je le sais, reprit la vieille, et je connais très-bien de réputation cette maison et ceux qui l'habitent; car, telle que vous me voyez, je suis attachée au palais du kalife : j'en suis sortie seulement depuis

[1] Célèbre capitaine arabe, gouverneur, et pour ainsi dire maître absolu de l'Irak et de plusieurs autres provinces, sous le kalife Abdalmalek, le cinquième de la dynastie des Ommiades. (*Voyez* la *Bibliothèque orientale* de d'Herbelot, page 442.)

peu par esprit de dévotion, et pour m'acquitter de quelques pèlerinages. »

« Tout cela est fort bon, dit le portier; mais je ne puis vous laisser entrer. » La vieille insista, et dit en élevant la voix de plus en plus: « Comment, on empêchera d'entrer chez Naama, fils de Rabia, une personne comme moi, qui pénètre à toute heure dans le palais des princes et des grands! » Naama, qui entendit ces paroles, se mit à rire; il sortit, fit signe au portier de laisser entrer, et conduisit la vieille à l'appartement de sa femme.

CDLXXVᴱ NUIT.

La vieille fut vivement frappée de la beauté de Naam; elle la salua profondément et lui dit: « Je vous félicite, madame, d'avoir reçu du Ciel en partage tant de grâces et d'attraits, et d'être unie à un époux qui peut passer lui-même pour un modèle de beauté. » Elle se mit ensuite en prières et ne cessa de faire ses génuflexions et ses adorations jusqu'à ce que la nuit fût arrivée.

La jeune esclave lui dit alors: « Ma bonne mère, reposez-vous un peu. — Madame, répondit la vieille, celui qui veut être heureux dans l'autre monde doit souffrir dans celui-ci. » Naam, ayant fait apporter à manger, dit à la vieille: « Prenez un peu, ma bonne, de ce que je vous présente; priez Dieu de toucher mon cœur, et de répandre sur moi sa miséricorde. — Vous êtes jeune, madame, lui répondit la vieille; à votre âge, on doit jouir des douceurs de la vie: Dieu, j'en suis sûre, touchera un jour votre cœur: car on lit dans le saint Alcoran, que Dieu pardonnera à ceux et à celles qui ont embrassé la foi, parce qu'il est bon et miséricordieux. »

Naam s'entretint ainsi quelque temps avec la vieille, et dit ensuite à son mari: « Je voudrais que vous fissiez quelque chose en faveur de cette bonne vieille, car elle porte la piété empreinte sur son visage. — Eh bien! répondit-il, faites-lui préparer une salle, pour qu'elle puisse s'y retirer, et ayez soin que personne n'en approche et ne trouble ses exercices de piété. Peut-être que Dieu, à sa considération, nous comblera de ses bienfaits, et ne permettra point que nous soyons jamais séparés. »

La vieille passa toute la nuit à lire et à prier; au point du jour, elle vint trouver Naam et Naama, leur souhaita le bonjour, et voulut prendre congé d'eux: « Où allez-vous, ma bonne? lui dit Naam. Mon mari m'a ordonné de vous faire préparer une salle où vous serez seule, et où vous pourrez prier à votre aise. — Que Dieu, dit, la vieille, prolonge vos jours et vous comble de ses bénédictions! Je vais visiter les mosquées, les oratoires, les tombeaux des plus dévots personnages, et j'aurai soin de prier pour vous. Permettez-moi seulement de venir vous voir quelquefois, et recommandez à votre portier de me laisser entrer. » La vieille étant sortie, Naam, dont elle avait déjà su gagner la confiance, et qui ne soupçonnait rien de son perfide dessein, fut si fâchée de son départ qu'elle ne put s'empêcher de pleurer.

La vieille alla trouver sur-le-champ Hegiage, qui, dès qu'il l'aperçut, lui demanda où elle en était. Elle lui raconta ce qui s'était passé, et lui avoua qu'elle n'avait jamais vu une aussi belle personne. Il lui promit de la récompenser magnifiquement si elle réussissait dans son entreprise. La vieille exagéra les difficultés qu'elle aurait à surmonter, et demanda un mois de délai. Le gouverneur le lui accorda.

La vieille retourna le lendemain chez Naama, et continua d'aller voir fréquemment les deux jeunes époux, qui lui donnaient tous les jours de nouvelles marques de respect et d'affection : tous les gens de la maison, de leur côté, lui faisaient des caresses et s'empressaient de la bien recevoir.

Un jour que la vieille se trouva seule avec la jeune esclave, elle lui dit : « Que ne pouvez-vous, madame, venir avec moi visiter les mosquées et les lieux saints! Vous y verriez des vieillards respectables et des femmes pieuses qui demanderaient au Ciel tout ce que vous pourriez souhaiter. — Je voudrais de tout mon cœur vous y accompagner, » répondit Naam. Se tournant ensuite vers sa belle-mère, elle lui dit : « Demandez, je vous prie, madame, à mon mari qu'il me laisse sortir avec vous et la vieille, pour aller visiter les mosquées, et nous trouver au milieu des pauvres et des serviteurs de Dieu. »

La belle-mère témoigna qu'elle serait bien aise de remplir elle-même cette pratique de dévotion, et promit d'en parler à son fils. Naama étant rentré sur ces entrefaites, la vieille s'approcha de lui, lui baisa la main, fit l'éloge de sa bonté, de sa générosité, et sortit en faisant des vœux pour lui.

CDLXXVI[e] NUIT.

Le lendemain, la vieille revint, et profitant du moment où Naama n'était point à la maison, elle alla trouver la jeune esclave, et lui dit : « Nous avons passé toute la soirée d'hier à prier pour vous. Sortons ensemble aujourd'hui ; venez passer un moment avec nos saints personnages ; nous serons de retour avant que votre maître ne soit rentré. » Naam, s'adressant à sa belle-mère, la pria de lui permettre de sortir un moment, avant que son mari ne rentrât : « Je n'ai point encore prévenu Naama, dit la belle-mère, et je crains qu'il ne soit fâché s'il sait que vous êtes sortie. — Madame, dit la vieille, nous ne ferons qu'entrer dans la mosquée la plus voisine, et nous ne tarderons pas à revenir. »

La vieille ne fut pas plutôt sortie avec la jeune esclave, qu'elle la conduisit au palais d'Hegiage, à qui elle fit aussitôt savoir son arrivée. Hegiage, étant entré dans la chambre où la vieille avait déposé Naam, fut extrêmement surpris de sa beauté : jamais il n'avait rien vu de si parfait et de si régulier. Naam, en l'apercevant, baissa son voile.

Hegiage fit appeler sur-le-champ un de ses officiers, et lui ordonna de monter à cheval avec cinquante cavaliers, de faire monter la jeune esclave sur un de ses meilleurs chameaux, de la conduire à Damas, et de la remettre entre les mains du kalife Abdalmalek-Ebn-Merouan ; il le chargea de plus d'une lettre pour ce prince, et lui prescrivit de lui en rapporter la réponse, et de faire la plus grande diligence.

L'officier s'empressa d'exécuter ces ordres : il s'empara de la jeune esclave, la fit monter sur un chameau, et partit. Pendant la route, Naam ne fit que pleurer et gémir de se voir ainsi séparée de son époux.

Arrivé à Damas, l'officier demanda la permission de parler au kalife, et lui remit la lettre dont il était chargé. Ce prince, l'ayant lue, demanda où était la jeune esclave. L'officier la lui présenta et la remit entre ses mains.

Le kalife la fit conduire dans un appartement particulier, et alla sur-le-champ annoncer à son épouse que Hegiage venait de lui acheter, pour mille sequins, une esclave de la famille des princes de Koufa : « Cette esclave, ajouta-t-il, vient d'arriver en même temps que cette lettre. » Son épouse lui témoigna sa satisfaction d'apprendre une nouvelle qui paraissait lui être aussi agréable.

La sœur du kalife étant entrée dans l'appartement où était la jeune esclave, et l'ayant aperçue, s'écria : « Le maître à qui vous appartenez n'aurait point fait un mauvais marché, quand même il vous aurait payée cent mille pièces d'or. » Naam, sans faire attention à ces paroles, lui dit : « Au nom de Dieu, madame, daignez m'apprendre quel est ce palais, à quel prince il appartient, et le nom de la ville où je me trouve. »

« Vous êtes, lui répondit la princesse, dans la ville de Damas; ce palais est celui de mon frère, le kalife Abdalmalek-Ebn-Merouan. Mais vous m'interrogez comme si vous ignoriez tout cela. — En vérité, madame, répondit Naam, je l'ignorais absolument. — Comment! reprit la princesse, celui qui vous a vendue et qui a touché le prix de votre liberté ne vous a-t-il pas informée que le kalife venait de vous acheter? »

A ces mots, des larmes abondantes couvrirent le visage de la jeune esclave; elle maudit la ruse infâme dont elle était la victime, et dit en elle-même : « Si je parle, personne ne voudra me croire, et peut-être je serai bientôt réclamée par celui qui a seul des droits sur moi. »

Comme Naam paraissait extrêmement fatiguée du voyage, la sœur du kalife la laissa reposer tout le reste de la journée; le lendemain elle lui apporta du linge, des robes, un collier de perles et des bracelets, et voulut qu'elle s'en parât en sa présence.

Le kalife, étant entré sur ces entrefaites, alla s'asseoir à côté de Naam, qui se cacha aussitôt le visage avec les mains. La princesse ayant fait à son frère l'éloge de la beauté et des perfections de la nouvelle esclave, il la pria de ne point lui dérober la vue de tant d'attraits.

Naam n'eut aucun égard aux prières du kalife, et resta constamment dans la même attitude; mais ses bras, exposés aux regards du prince, firent naître en lui la passion la plus vive. Il dit à sa sœur qu'il reviendrait dans trois jours, et ajouta : « J'espère que cette jeune beauté fera, d'ici là, connaissance avec vous, et qu'elle sera plus sensible à l'amour qu'elle a su m'inspirer. »

Lorsque le kalife fut sorti, Naam se mit à réfléchir de nouveau sur sa situation, et à gémir de se voir ainsi séparée de son maître. Le soir, la fièvre la prit; elle ne voulut goûter aucune nourriture, et bientôt ses traits et sa beauté s'altérèrent. Le kalife, informé de son état, en conçut un violent chagrin : il envoya chercher les médecins les plus habiles, et les accompagna chez la jeune esclave;

mais aucun d'eux ne put découvrir la source de son mal, ni trouver les moyens de le soulager.

La situation de Naama était absolument la même que celle de son esclave : en rentrant chez lui, il s'assit sur un sofa, et appela sa chère Naam ; comme elle ne répondait point, il se leva avec précipitation, et se mit à l'appeler plus fort ; mais personne ne vint ; car toutes les esclaves s'étaient cachées, craignant les effets de la colère de leur maître. Naama se rendit à l'appartement de sa mère, et la trouva la tête appuyée sur ses mains, dans l'attitude d'une personne qui réfléchit profondément : « Ma mère, s'écria-t-il, où est Naam ? — Mon fils, lui répondit-elle, elle est aussi bien que si elle était avec moi ; elle est sortie avec la bonne vieille pour aller visiter les pauvres, et elle doit bientôt rentrer. — Elle n'a pas coutume de sortir ainsi, reprit vivement Naama. Et à quelle heure est-elle sortie? — Dans la matinée, lui dit-elle. — Comment, ma mère, avez-vous pu lui accorder cette permission? — C'est elle qui l'a voulu, mon fils. »

Naama sortit de chez lui tout hors de lui-même, et alla trouver le commandant de la garde : « C'est vous, lui dit-il en l'abordant, qui, par une ruse perfide, m'avez fait enlever mon esclave; mais je vais aller me plaindre au kalife, et l'informer de votre conduite. — Qui donc vous a enlevé votre esclave? dit le commandant de la garde. — C'est une vieille femme, faite de telle et telle manière, couverte d'une robe de bure, et qui porte ordinairement un chapelet à la main. »

Le commandant reconnut à ce portrait la vieille dont se servait quelquefois le gouverneur, et se douta qu'elle n'avait agi que par ses ordres ; mais la politique l'empêchant de rien faire connaître à Naama : « Conduisez-moi vers cette femme, lui dit-il, et je vais vous faire rendre votre esclave. — Je ne sais où elle demeure, dit Naama. — En ce cas, reprit le commandant, comment la découvrir? Dieu seul sait où elle peut être. »

« Vous pouvez, continua Naama, me faire retrouver mon esclave, et je vais de ce pas porter mes plaintes contre vous au gouverneur. »

Naama se rendit en effet au palais de Hegiage. Comme son père était un homme des plus puissants de Koufa, il eut bientôt accès : « Que voulez-vous, Naama ? » lui dit Hegiage, dès qu'il l'aperçut. Naama raconta ce qui venait de lui arriver. Hegiage fit venir le commandant de la garde, et lui demanda où pouvait être l'esclave de Naama, fils de Rabia.

CDLXXVII[e] NUIT.

Le commandant n'eut garde de paraître savoir quelle était la vieille qui avait enlevé l'esclave, et répondit que Dieu seul connaissait ce qui était caché : « Montez à cheval, lui dit Hegiage, parcourez avec soin les chemins, et cherchez de tous côtés cette esclave si chère à son maître. » Se tournant ensuite vers Naama : « Si votre esclave ne vous est pas rendue, lui dit-il, vous pourrez en prendre dix des miennes à votre choix, et autant de celles du commandant des gardes, pour vous indemniser de votre perte. — Allons donc, cria-t-il au commandant, courez après l'esclave de Naama. » Le commandant de la garde sortit, et fit semblant d'exécuter l'ordre qu'il venait de recevoir.

Naama se retira chez son père, accablé de chagrin et en proie au plus violent désespoir : quoiqu'il n'eût encore que quatorze ans, et que ses joues fussent à peine couvertes d'un léger duvet, la vie lui paraissait insupportable; il versait des torrents de larmes, et ne voulait plus revoir les lieux qui lui rappelaient des souvenirs trop chers.

Sa mère, vivement affectée de son état, passa la nuit tout entière à pleurer et à gémir avec lui. Son père cherchait en vain à le consoler, en lui disant que, selon les apparences, c'était le gouverneur qui avait fait enlever son esclave, et que peut-être il pourrait bientôt la recouvrer. Le jeune homme, insensible à tout, était incapable de goûter aucune consolation ; son chagrin s'accrut au point que sa raison se troubla ; il ne savait plus ce qu'il disait, et ne connaissait plus ceux qui entraient chez lui. Il languit dans cet état pendant trois mois. Rabia fit inutilement venir auprès de son fils les plus habiles médecins ; ils s'accordèrent tous à dire que la présence seule de la jeune esclave était capable de le sauver.

Un jour que Rabia, de plus en plus inquiet sur l'état de son fils, désespérait presque de sa vie, il entendit parler d'un fameux médecin persan, très-habile en astrologie, qui venait d'arriver à Koufa; il pria sa femme de le faire venir : « Peut-être, lui dit-il, ce médecin trouvera quelque moyen pour sauver notre enfant. » On alla aussitôt chercher le médecin; lorsqu'il fut entré, Rabia le fit asseoir auprès du lit de son fils, et le pria d'examiner la maladie.

Le médecin persan prit la main du jeune homme, tâta ses membres les uns après les autres, et ayant fixé attentivement les traits de son visage, il se mit à sourire, et dit au père : « La maladie de votre fils a son siége dans le cœur. — Vous avez raison, dit Rabia surpris. » Et aussitôt il raconta au médecin ce qui venait d'arriver à Naama.

« La jeune esclave dont vous me parlez, dit le médecin, est maintenant ou à Basra ou à Damas; et nous n'avons point d'autre moyen de sauver votre fils, que de le réunir avec elle. — Si vous pouvez en venir à bout, dit Rabia, toute ma fortune est à votre disposition, et je vous promets de vous faire le sort le plus heureux. »

« Ce qui me regarde, dit le Persan, est ce qu'il y a de moins pressé. » Et se tournant vers Naama : « Ayez bon courage, mon enfant, lui dit-il, bientôt vous serez satisfait. » Il demanda ensuite à Rabia s'il pouvait disposer de quatre mille pièces d'or. Rabia les alla aussitôt chercher, et les lui remit entre les mains.

« Mon dessein, dit alors le médecin, est de mener votre fils à Damas, et je vous jure de n'en pas revenir sans l'esclave à laquelle il est si attaché. » Il adressa ensuite la parole à Naama, et lui demanda comment il s'appelait. Ayant appris qu'il s'appelait Naama : « Allons, Naama, lui dit-il, levez-vous un peu, et ayez confiance en la Providence, qui doit vous réunir incessamment à votre esclave; en attendant, modérez le chagrin qui vous dévore; prenez un peu de nourriture, et tâchez de recouvrer vos forces pour être en état de supporter la fatigue du voyage; car, dans huit jours, il faudra nous mettre en chemin. »

Le médecin persan s'occupa bientôt des préparatifs du départ; il se fit donner des présents de toute espèce; il demanda encore six mille sequins pour compléter la somme de dix mille sequins qu'il jugea nécessaire pour l'exécution de son projet, et fit préparer les chevaux, les chameaux, et tous les bagages dont ils avaient besoin.

Au bout de huit jours, Naama dit adieu à son père et à sa mère, et partit avec le médecin persan. Ils s'arrêtèrent à Alep pour prendre des renseignements sur la jeune esclave; mais ils ne purent en obtenir aucun. Étant arrivés à Damas, ils s'y reposèrent pendant trois jours.

Le médecin persan loua ensuite une boutique qu'il fit arranger avec la plus grande magnificence : elle était entourée d'armoires ornées de plaques d'or, et remplie de vases de la porcelaine la plus fine, dont les couvercles étaient d'argent; le devant de la boutique était garni de bocaux de cristal remplis d'huiles précieuses, de breuvages et de drogues de toute espèce.

Le médecin persan eut soin de faire placer au milieu de la boutique son astrolabe et la planche sur laquelle il faisait ses calculs astronomiques; il s'habilla ensuite en médecin, d'une manière magnifique, et fit prendre à Naama une chemise de la toile la plus fine, une tunique de satin, brodée en soie, et une ceinture rayée des plus brillantes couleurs : « Dorénavant, lui dit-il, vous ne m'appellerez plus que votre père, et je ne vous appellerai plus que mon fils. »

Tout le peuple de Damas se porta vers la boutique du médecin persan, pour en admirer la richesse et l'élégance, et surtout pour voir Naama, qui charmait tout le monde par la beauté et la régularité de ses traits. Le Persan n'adressait la parole au jeune homme qu'en turc, et celui-ci ne lui répondait qu'en cette langue. On ne parla bientôt dans toute la ville que du médecin persan; de tous côtés on venait le consulter sur toutes les espèces de maladies, et il possédait des remèdes pour toutes. A la seule inspection de l'urine du malade, il connaissait le genre de mal dont il était attaqué, donnait le remède qui devait le guérir, et prescrivait le régime qu'il devait suivre. Il devint en peu de temps l'oracle de tout le monde; sa réputation se répandit dans toute la ville, et pénétra jusque dans les palais des grands.

Un jour qu'il était occupé à préparer ses drogues, une vieille dame, montée sur une mule dont la selle était brodée en argent, s'arrêta devant sa boutique, et lui fit signe de venir lui donner la main pour l'aider à descendre. Le médecin s'avança poliment vers elle, lui donna la main, et la fit entrer dans sa boutique.

« Vous êtes sans doute, monsieur, lui dit-elle, le médecin persan arrivé dernièrement d'Arabie en cette ville? » Sur sa réponse affirmative, elle lui dit qu'elle avait une fille attaquée d'une maladie dangereuse, et en même temps lui présenta le flacon où était renfermée l'urine de la jeune personne. Lorsqu'il l'eut considérée avec attention, il demanda à la vieille quel était le nom de sa fille : « Car, dit-il, il faut que je tire son horoscope, afin de connaître le moment favorable pour lui faire prendre le breuvage qui doit lui rendre la santé. — Elle s'appelle Naam, » dit la vieille.

A ce nom, le médecin se mit à réfléchir et à compter sur ses doigts, et regardant fixement la vieille : « Madame, lui dit-il, je ne puis prescrire de remède à votre fille sans savoir le nom de la ville où elle est née; cela est absolument nécessaire pour que je puisse calculer la différence des climats et l'influence de l'air atmosphérique : je vous prie donc de me faire connaître l'endroit où elle a été élevée, et l'âge qu'elle a maintenant. — Elle a quatorze ans, dit la vieille, et elle a été élevée dans la ville de Koufa. — Depuis quel temps, reprit le médecin, est-elle dans ce pays? — Depuis quelques mois, » répondit la vieille.

Naama, présent à cet entretien, n'en perdait pas une syllabe et était dans une extrême agitation; le médecin et lui s'entre-regardaient et se faisaient des signes d'intelligence : « Prenez telle et telle chose, lui dit le médecin, et préparez-en une potion. » La vieille jeta dix pièces d'or sur le comptoir, et regarda plus attentivement le jeune homme, occupé à préparer la potion : « Mon Dieu, le beau jeune homme ! dit-elle au médecin. Est-ce votre esclave ou votre fils? — Madame, c'est mon fils, » lui répondit-il.

Lorsque Naama eut fini son ouvrage, il écrivit un petit billet, dans lequel il instruisait Naam de son arrivée par ce vers :

« En découvrant les lieux que vous habitez, je sens augmenter
« mon amour et mon tourment. »

Il glissa adroitement le billet dans une boîte qui contenait le breuvage; il cacheta cette boîte, et, ayant écrit son nom dessus, il la présenta à la vieille, qui la prit, et, les ayant salués, s'en retourna au palais du kalife.

En entrant dans l'appartement de la jeune esclave, elle lui présenta la boîte, et lui dit qu'elle venait de voir un médecin persan fort habile, arrivé tout récemment à Damas, et de le consulter sur la maladie dont sa chère Naam était atteinte : « Il a parfaitement compris l'espèce de votre mal, poursuivit-elle, et il a ordonné à son fils de préparer pour vous le breuvage renfermé dans cette boîte. Il n'y a point dans Damas de jeune homme plus beau ni mieux fait que le fils de ce médecin, ni de boutique comparable à la sienne. »

Naam prit la boîte des mains de la vieille. A peine eut-elle jeté les yeux sur le couvercle, qu'elle reconnut l'écriture et le nom de son cher maître. Elle changea de couleur à cette vue, et ne douta point que le maître de cette boutique ne fût venu exprès de Koufa pour s'informer de ce qu'elle pourrait être devenue. Elle pria la vieille de lui faire le portrait du jeune homme dont elle venait de lui parler. Celle-ci s'en acquitta parfaitement; elle lui dit qu'il s'appelait Naama, qu'il avait un signe sur le sourcil droit, qu'il était vêtu de la manière la plus élégante, et qu'il avait la plus belle figure que l'on pût voir.

Pendant ce discours, Naam prenait le breuvage, et souriait aux traits dont la vieille embellissait sa peinture : « En vérité, dit-elle, ce breuvage me fait le plus grand bien; il m'inspire de la gaieté, et je me sens beaucoup mieux.—Quel heureux jour, s'écria la vieille, et que j'ai bien fait d'aller consulter ce médecin ! » Naam ayant ensuite témoigné qu'elle désirait manger quelque chose, la vieille courut appeler une esclave, et s'empressa de faire servir les mets les plus délicats.

CDLXXVIIIe NUIT.

Dans ce moment, le kalife entra dans l'appartement de la jeune esclave, et la voyant occupée à manger, il lui témoigna le plaisir que lui causait le retour de sa santé : « Souverain Commandeur des croyants, lui dit la vieille, la satisfaction que vous fait éprouver le rétablissement de votre esclave, vous la devez à un médecin qui vient d'arriver en cette ville. Personne ne connaît mieux que lui toutes les espèces de maladies : une seule ordonnance suffit pour les guérir radicalement. — Portez, dit le kalife, une bourse de mille pièces d'or à ce médecin, pour la cure qu'il a opérée. » Le kalife sortit peu après, et la vieille s'empressa de porter les mille pièces d'or au médecin persan. La vieille, en présentant la bourse, lui dit que la jeune personne qu'il avait guérie n'était point sa fille, mais l'esclave favorite du kalife. Elle lui remit en même temps une lettre que Naam venait d'écrire. Le médecin donna cette lettre à Naama, qui la prit avec un trouble et un saisissement difficile à exprimer. Cette lettre était conçue en ces termes :

« L'esclave, privée de sa félicité, déchue de son bonheur, séparée « de son bien-aimé, a reçu le billet qu'il lui a envoyé, et lui répond « par ces vers :

« En recevant votre lettre, mes doigts en ont tracé d'eux-mêmes « la réponse. Parfumez-vous et livrez-vous à l'espoir. Moïse fut re- « mis à sa mère, et la robe de Joseph fut rendue à son père. »

En lisant ces vers, les yeux du jeune homme étaient baignés de larmes. La vieille s'en aperçut, et témoigna sa surprise au médecin :

« Comment ne pleurerait-il-pas ? lui dit-il ; cette jeune personne est son esclave, et il l'aime avec passion : car, madame, je dois vous avouer la vérité ; ce jeune homme n'est point mon fils, c'est celui de Rabia, de la ville de Koufa. La lettre qu'il a écrite à Naam a pu seule rendre la santé à cette jeune personne, qui n'avait point d'autre maladie que le chagrin de se voir séparée de son cher maître. Prenez, madame, ces mille pièces d'or, et comptez sur une récompense plus généreuse, si votre cœur se laisse toucher de pitié pour ces amants infortunés : vous êtes la seule personne qui puisse arranger cette affaire, et c'est sur vous que se fondent toutes nos espérances. »

La vieille, un peu étonnée, mais encore plus flattée de cette confidence, demanda à Naama s'il était effectivement le maître de la jeune esclave. Celui-ci le lui ayant affirmé, elle lui avoua que Naam ne cessait de parler de lui. Le jeune homme lui ayant raconté toutes ses aventures, la vieille en fut vivement touchée, et l'assura qu'elle allait travailler de tout son cœur à les réunir. Elle remonta aussitôt sur sa mule, et s'en retourna promptement au palais.

En entrant dans l'appartement de la jeune esclave, la vieille la fixa en souriant, et lui dit : « Vous convient-il de vous affliger ainsi, et de vous rendre malade pour Naama, fils de Rabia, de la ville de Koufa? — Grand Dieu! s'écria Naam, tout est découvert! — Rassurez-vous, lui dit la vieille ; je n'abuserai point du secret qu'on m'a confié : je veux faire votre bonheur à tous deux, et j'exposerais ma vie pour y réussir. »

La vieille retourna peu après chez Naama : « Je viens, lui dit-elle, de voir votre esclave et de m'entretenir avec elle : l'amour qu'elle a pour vous ne le cède point à celui que vous avez pour elle ; et la passion du kalife, à laquelle elle est insensible, prouve que rien ne peut ébranler sa constance. Je médite un projet qui doit vous plaire ; mais il faut pour l'exécution vous armer de hardiesse et de courage : je vais chercher un moyen de vous introduire dans le palais du kalife, et de vous procurer un tête-à-tête avec votre esclave ; car pour elle, il lui est impossible de sortir. — Que Dieu seconde vos bonnes intentions, dit Naama, et vous récompense comme vous le méritez! »

La vieille, ayant quitté Naama, revint au palais, et dit à la jeune esclave que son maître venait de lui témoigner le plus ardent désir de la voir, et lui demanda quels étaient ses sentiments à cet égard : « Je le souhaite autant que lui, » dit en soupirant Naam.

La vieille sortit bientôt après avec un petit paquet sous son bras, dans lequel elle avait renfermé un collier de perles, des bijoux, et tout ce qui est nécessaire à la toilette d'une femme ; elle se rendit en diligence chez Naama, et le pria de passer dans l'arrière-boutique, afin de pouvoir être seuls ; là, elle lui peignit le visage et les bras, et lui teignit les cheveux : elle lui fit prendre une tunique et un pantalon de soie, lui mit un bandeau sur la tête, et le para exactement comme une jeune esclave du sérail.

Quand la vieille eut fini, elle examina Naama de la tête aux pieds sous ce nouveau vêtement, et s'écria : « En vérité, je n'ai jamais vu une figure aussi charmante ; il est même plus beau que son esclave. Marchez devant moi, lui dit-elle ensuite, avancez le côté gauche, inclinez un peu le côté droit, affectez un air nonchalant, et donnez du mouvement à votre robe. »

Lorsqu'elle l'eut bien instruit, et qu'elle le vit en état de jouer son rôle, elle lui dit : « Je viendrai vous prendre demain au soir pour vous mener au palais ; ne vous effrayez pas à la vue des esclaves, et de ceux qui les commandent ; faites bonne contenance, baissez la tête, et n'adressez la parole à personne ; j'aurai soin de répondre pour vous. »

Le lendemain au soir, la vieille vint prendre Naama, et se rendit avec lui au palais du kalife. Elle entra la première ; mais quand le jeune homme, qui marchait derrière elle, voulut passer, le portier l'arrêta. La vieille le regarda de travers, et lui dit qu'il était bien hardi d'oser arrêter Naam, l'esclave favorite du kalife, à la santé de laquelle ce prince prenait tant d'intérêt. Le portier, interdit, laissa entrer Naama, qui pénétra sans opposition avec la vieille jusque dans la cour intérieure du palais.

« Rassurez-vous, lui dit-elle alors, entrez hardiment, et prenez à gauche ; ayez soin de compter les appartements devant lesquels vous passerez, et entrez dans le sixième où tout est disposé pour vous recevoir. Surtout ne vous effrayez pas ; et si quelqu'un vous adressait la parole, et voulait causer avec vous, gardez-vous de répondre et de vous arrêter. »

Comme ils approchaient de la porte intérieure du harem, le chef des eunuques noirs les arrêta, et demanda à la vieille quelle était cette esclave : « C'est, répondit-elle, une esclave que ma maîtresse veut acheter. — On ne peut entrer ici, dit l'eunuque, sans la permission du kalife. Retournez sur vos pas ; les ordres que j'ai reçus sont précis, et ne renferment point d'exception ; je ne la laisserai point entrer. »

« Faites donc attention à ce que vous faites, répliqua la vieille ; ne voyez-vous pas que je badinais en vous parlant d'une esclave que ma maîtresse voulait acheter : cette esclave-ci est Naam, favorite du kalife ; elle commence à se rétablir, et vient de sortir un peu pour sa santé. Au nom de Dieu, ne l'empêchez pas de rentrer, le kalife vous ferait couper la tête s'il venait à apprendre que vous avez refusé l'entrée du harem à son esclave favorite. » La vieille faisant aussitôt semblant de s'adresser à Naam : « Entrez, Naam, dit-elle, ne faites pas d'attention à cela, et n'en parlez pas, je vous prie, à la princesse. »

Naama, baissant alors la tête, entra dans le harem ; mais au lieu de prendre à gauche, il prit à droite ; et au lieu de compter cinq appartements, il en compta six, et entra dans le septième.

CDLXXIX[e] NUIT.

C'était un appartement richement meublé : les murs étaient couverts de tapisseries de soie brodées en or; le bois d'aloès, l'ambre et le musc brûlaient dans des cassolettes d'or, et exhalaient les parfums les plus délicieux; au milieu de cet appartement était une espèce de trône couvert de brocart, sur lequel Naama s'assit.

Pendant que le jeune homme était occupé de ce qu'il voyait, et qu'il réfléchissait sur son aventure, la sœur du kalife entra, suivie d'une de ses esclaves. Quand elle aperçut Naama assis sur le trône, elle s'approcha de lui, et le prenant pour une jeune esclave, elle lui demanda qui elle était, et qui l'avait introduite dans cet appartement. Mais elle n'en put tirer aucune réponse.

« Si vous êtes une des esclaves du kalife, mon frère, dit la princesse, et qu'il soit fâché contre vous, je vous promets de lui parler en votre faveur, et de vous faire rentrer dans ses bonnes grâces. »

La sœur du kalife; voyant que Naama gardait toujours le plus profond silence, ordonna à son esclave de se tenir à la porte de l'appartement, et de ne laisser entrer personne; s'étant ensuite approchée de plus près du jeune homme déguisé, elle fut surprise de sa beauté; et lui adressant de nouveau la parole :

« Jeune esclave, dit-elle, apprenez-moi donc qui vous êtes, quel est votre nom, et dites-moi qui a pu vous introduire dans mon appartement. Je ne me rappelle pas vous avoir jamais vue dans ce palais. »

Naama ne répondant pas, la princesse, pour gagner sa confiance et l'engager à parler, voulut lui faire quelques caresses. Elle s'aperçut aussitôt qu'il n'était point une femme, et voulut lui arracher le voile qui lui couvrait le visage pour connaître qui il était: « Madame, s'écria Naama, je suis un esclave; de grâce achetez-moi, et me prenez sous votre protection. »

« Ne craignez rien, dit la princesse; mais dites-moi qui vous êtes, et qui vous a introduit dans mon appartement. — Princesse, répondit-il, on m'appelle Naama; je suis né dans la ville de Koufa, et j'ai risqué ma vie pour retrouver mon esclave Naam, qu'on m'a enlevée par la plus infâme de toutes les ruses. » La princesse le rassura; et ayant appelé son esclave, elle lui ordonna d'aller chercher Naam.

La vieille s'était déjà rendue à l'appartement de la jeune esclave, et lui avait demandé en entrant si son maître était arrivé. Quand la jeune esclave lui eut dit qu'elle ne l'avait pas vu, la vieille soupçonna qu'il s'était sans doute égaré, et qu'il était entré dans un autre appartement que celui qu'elle lui avait indiqué. Elle communiqua ses craintes à Naam, qui s'écria tout effrayée : « C'en est fait de nous, nous sommes perdus! » Comme elles étaient toutes deux occupées à réfléchir sur leur situation, l'esclave de la princesse entra, et dit à Naam que la princesse voulait lui parler, et qu'elle eût à se rendre sur-le-champ à son appartement. Naam s'étant levée pour obéir, la vieille lui dit à l'oreille : « Votre maître est certainement chez la princesse, et tout est découvert. »

La sœur du kalife, en voyant arriver la jeune esclave, lui dit avec bonté : « Votre maître s'est trompé d'appartement, et est entré dans le mien au lieu d'entrer dans le vôtre; mais n'ayez aucune crainte, je ferai en sorte d'arranger tout ceci. »

A ce discours, Naam commença à respirer, et remercia la princesse de la protection qu'elle daignait leur accorder. Naama, en voyant sa chère esclave, s'élança vers elle, et la serra contre son cœur : la joie qu'ils éprouvèrent les fit tomber sans connaissance dans les bras l'un de l'autre. Lorsqu'ils eurent repris leurs sens, la princesse les fit asseoir à ses côtés, et se mit à chercher avec eux le moyen de les tirer du mauvais pas où ils se trouvaient engagés :

« Madame, dit Naam, notre destinée est maintenant entre vos mains. — Vous n'avez rien à redouter de ma part, répondit affectueusement la princesse, et je ferai, au contraire, tout ce qui dépendra de moi pour éloigner le danger qui, dans toute autre circonstance, pourrait vous menacer. » Puis, se tournant vers son esclave, elle lui ordonna de leur apporter à manger, et de servir des rafraîchissements.

Cet ordre ayant été exécuté, la princesse leur présenta elle-même plusieurs choses, et les invita à se livrer librement au plaisir qu'ils avaient de se revoir. Ces amants passèrent une partie de la soirée à se féliciter mutuellement sur leur réunion, et à célébrer la joie et le bonheur dont leur âme était enivrée. La princesse était vivement touchée de ce spectacle, et prenait plaisir à voir éclater leur tendresse :

« Jamais, disait Naama, je n'ai passé de moments plus doux; et peu m'importe maintenant ce qui doit arriver. — Vous aimez donc bien cette esclave? lui dit la sœur du kalife.—Vous le voyez, madame, répondit Naama, le danger auquel je m'expose en ce moment prouve assez l'excès de mon amour.—Et vous, Naam, dit la sœur du kalife à la jeune esclave, vous aimez donc bien votre maître? — Madame, répondit Naam, c'est cet amour qui a été cause de la langueur dans laquelle je suis tombée. » La princesse invita ensuite Naam à jouer de la guitare, et lui en fit apporter une. Naam, après l'avoir accordée, préluda un moment, et chanta ensuite, en s'accompagnant, quelques vers, dans lesquels elle témoignait à la princesse la reconnaissance dont elle était pénétrée pour ses bontés. Naam passa ensuite la guitare à Naama, qui, après avoir chanté des vers sur le même sujet, la présenta à la princesse. Elle ne fit pas difficulté de prendre l'instrument, et chanta elle-même quelques vers sur le bonheur des vrais amants.

Tandis que cette scène se passait, le kalife Abdamalek-Ebn-Merouan entra tout à coup dans l'appartement de la princesse; les deux amants se levèrent aussitôt, et se prosternèrent aux pieds du kalife, qui les fit relever avec bonté. Ses regards se portèrent avec complaisance sur Naam, et ayant aperçu une guitare auprès d'elle, il la félicita sur l'heureux retour de sa santé; jetant ensuite les yeux sur Naama déguisé, il demanda à sa sœur quelle était la jeune esclave qu'il voyait assise auprès de Naam.

« Souverain Commandeur des croyants, lui répondit la princesse, c'est une jeune personne qui a passé ses premières années auprès de votre esclave favorite, et sans laquelle la vie lui est insupportable. »

« En vérité, dit le kalife, cette esclave est charmante, et elle est aussi belle que Naam; dès demain je lui ferai préparer un appartement auprès de celui de sa compagne, et je lui enverrai les parures qui pourront lui faire plaisir, en considération de l'amitié que Naam a pour elle. »

La princesse fit servir aussitôt des rafraîchissements devant le kalife, qui venait de s'asseoir; il prit quelque chose, et engagea Naam à jouer de la guitare. Elle le fit, et chanta des vers à la louange du kalife. Ce prince s'amusa beaucoup à l'entendre; lorsqu'elle eut fini, il la remercia du plaisir qu'elle venait de lui procurer, et lui fit des compliments sur l'étendue et la beauté de sa voix.

CDLXXXe NUIT.

Vers le milieu de la nuit, la princesse adressa ainsi la parole à son frère : « Souverain Commandeur des croyants, Naam, à peine convalescente, doit être extrêmement fatiguée d'avoir chanté, et d'avoir pris part, toute la soirée, à la conversation ; si vous le trouvez bon, je vais vous raconter une histoire que j'ai lue autrefois. » Le kalife lui ayant témoigné le plaisir qu'il aurait à l'entendre, la princesse reprit ainsi :

« Seigneur, il y avait autrefois dans la ville de Koufa un jeune homme appelé Naama, fils de Rabia, qui possédait une esclave dont il était éperdument amoureux ; cette esclave, qui avait été élevée avec lui, le payait du plus tendre retour. A peine l'eut-il épousée, que la fortune, toujours inconstante, lui fit éprouver le plus affreux des malheurs : on vint un jour lui enlever son esclave dans sa propre maison ; le ravisseur la vendit dix mille pièces d'or à un prince très-puissant, qui fit vainement tous ses efforts pour s'en faire aimer.

« Naama, au desespoir de la perte de son esclave, abandonna sa famille, sa fortune et sa maison pour aller s'informer de ce qu'elle était devenue, et pour tenter tous les moyens possibles de se réunir à elle : il s'exposa aux plus grands dangers, et risqua même sa vie pour se procurer ce bonheur. A peine venait-il de la retrouver, que le prince qui l'avait achetée, les ayant surpris ensemble, se hâta de décider de leur sort, et voulut les faire mourir sans délai....

« Que pensez-vous, seigneur, dit la princesse en s'interrompant, de la promptitude de ce prince et de son peu d'équité ? »

Le kalife répondit que puisque le prince avait tout pouvoir sur eux, il aurait dû leur pardonner, et cela pour trois raisons : la première, parce que ces deux jeunes gens s'aimaient passionnément ; la seconde, parce qu'ils se trouvaient dans son palais, et sous sa puissance ; et la troisième, parce qu'il avait plus de moyens que ce jeune homme de se procurer une autre esclave · « Ce prince, ajouta-t-il, a commis une action indigne d'un souverain. »

« Daignez maintenant, dit la princesse à son frère, écouter un moment ce que Naam va nous chanter. » Alors la jeune esclave se mit à peindre, dans des vers passionnés, les tourments qu'éprouvent deux cœurs unis par le plus doux des sentiments, mais que la rigueur du destin a séparés. Sa voix touchante fit tant de plaisir au kalife, qu'il lui en témoigna sa satisfaction par les compliments les plus flatteurs.

La princesse, saisissant le moment favorable, lui dit qu'un grand roi n'avait que sa parole, et que le jugement qu'il avait une fois prononcé devenait irrévocable. Ayant ensuite ordonné à Naam et à Naama de se lever : « Souverain Commandeur des croyants, dit-elle à son frère, vous voyez devant vous les deux infortunés dont vous venez de plaindre la destinée : Naam est la jeune esclave que Hegiage-Ebn-Ioussef a enlevée à son époux pour vous l'envoyer. Il vous en a imposé dans sa lettre, en vous annonçant qu'il l'avait achetée dix mille pièces d'or. Naama, que vous voyez devant vous, caché sous les habits d'une jeune esclave, est véritablement son maître et son époux. Au nom de vos glorieux ancêtres, j'oserais vous prier, seigneur, d'avoir compassion de leur jeunesse, et de leur pardonner la faute qu'ils ont commise ; vous trouverez au fond de votre cœur la récompense de la pitié généreuse que vous leur aurez témoignée : songez qu'ils sont tous deux en votre pouvoir, qu'ils ont eu l'honneur de manger à votre table, et que c'est votre sœur qui vous conjure d'épargner leur sang. »

Le kalife répondit avec émotion : « Vous avez raison, ma sœur; j'ai prononcé sur cette affaire, vous savez que je ne reviens jamais sur le jugement que j'ai une fois porté. » Se tournant ensuite vers Naam : « C'est donc là votre maître? lui dit-il.—Oui, seigneur, » répondit respectueusement la jeune esclave

« N'ayez aucune crainte, dit le kalife avec bonté, je vous accorde volontiers votre pardon à tous les deux. Mais, Naama, comment avez-vous découvert que votre esclave était ici, et comment avez-vous fait pour vous y introduire? »

« Seigneur, répondit le jeune homme, daignez écouter le récit de mes infortunes; je jure, par vos glorieux ancêtres, que je ne vous en cacherai aucune circonstance. »

Alors Naama raconta au kalife ce qui lui était arrivé; les obligations qu'il avait au médecin persan et à la vieille; comment cette dernière l'avait introduit dans le palais, et de quelle manière il s'était égaré.

Le kalife, surpris de ce qu'il venait d'entendre, fit venir le médecin persan, le fit revêtir d'une robe d'honneur, et lui donna une place distinguée à sa cour. Il lui fit épouser une esclave charmante, et lui dit obligeamment qu'il voulait toujours garder près de sa personne un homme qui avait autant d'adresse et d'intelligence, et dont les talents pouvaient lui être aussi utiles. Il combla de bienfaits Naam et Naama, ainsi que la vieille. Pendant sept jours, ce ne furent que fêtes et réjouissances dans le palais ; au bout de ce temps, le kalife accorda à Naam et à Naama la permission de retourner à Koufa. Rabia et son épouse furent transportés de joie en revoyant leur fils, et le serrèrent long-temps dans leurs bras.

L'histoire de Naama et de Naam était à peine achevée, que Scheherazade, profitant du temps qui lui restait encore, commença celle d'Alaeddin, dont elle se doutait bien que le sultan des Indes voudrait entendre la suite :

HISTOIRE D'ALAEDDIN.

L y avait autrefois en Egypte un marchand nommé Schemseddin, qui faisait un commerce fort étendu, et qui jouissait du plus grand crédit par son exactitude à tenir sa parole. Il possédait d'immenses richesses, avait un grand nombre d'esclaves à son service, et tenait le premier rang parmi les négociants du Caire, qui l'avaient choisi pour leur syndic.

A tous ces avantages, Schemseddin joignait celui d'avoir une épouse qu'il aimait beaucoup, et qui le payait du plus tendre retour ; mais, quoiqu'ils fussent mariés depuis plus de vingt ans, ils n'avaient point encore eu d'enfants.

Cette privation affligeait sensiblement Schemseddin ; il s'en prenait secrètement à sa femme ; mais il n'avait jamais osé lui adresser sur cela le moindre reproche. Un jour qu'il était assis dans son magasin et qu'il regardait ses voisins, qui avaient tous plus ou moins d'enfants, il sentit plus vivement le chagrin de n'en pas avoir, et se trouva par conséquent plus indisposé contre son épouse.

C'était un vendredi : Schemseddin se rendit aux bains, et, après s'être baigné, il se fit parfumer, raser la tête et arranger la barbe, comme il avait coutume de faire tous les vendredis. Tandis qu'il était entre les mains du garçon de bain, il prit le miroir et se mit à considérer sa figure ; sa barbe, qui commençait à grisonner, augmenta le chagrin qu'il éprouvait de se voir sans enfants : il s'en retourna chez lui avec beaucoup d'humeur.

L'épouse du marchand, qui savait l'heure où il devait rentrer, avait eu l'attention de se baigner aussi, et de se parer de ses plus beaux habits pour le recevoir. Quand il rentra, elle s'avança vers lui avec empressement et lui souhaita le bonsoir ; mais il la reçut fort mal, et lui dit qu'il n'avait pas besoin de son bonsoir.

Interdite d'un accueil aussi froid, elle fit servir le souper, et le pria de se mettre à table : « Je ne veux rien manger, » lui répondit-il. En même temps il repoussa du pied la table où le souper était servi : « Pourquoi donc, lui dit-elle, ne voulez-vous pas souper, et quel sujet vous donne tant d'humeur aujourd'hui ? »

« Vous-même, répondit le marchand avec aigreur : ce matin, en ouvrant mon magasin, j'ai vu tous les marchands, nos voisins, entourés de leurs enfants, et je me suis dit en moi-même : « J'ai été bien bon de jurer à ma femme, la première nuit de nos noces, que je n'en épouserais point d'autre qu'elle, qu'aucune esclave ne deviendrait sa rivale ; enfin que je ne passerais jamais une nuit hors de chez moi : je ne prévoyais pas alors que ma femme serait stérile, et ne me donnerait jamais d'enfants. »

« Qu'appelez-vous stérile ? lui répondit la femme en colère ; c'est plutôt vous qui ne pouvez avoir d'enfants ! »

Le marchand, étonné de cette repartie et du ton d'assurance avec lequel elle fut faite, commença à concevoir quelques soupçons sur ce qui le concernait, et dit à sa femme : « Serait-il possible, et n'y aurait-il pas, en ce cas, quelque spécifique qui pût me faire avoir des enfants ? Je suis prêt à l'acheter, quel qu'en soit le prix, et à en faire l'essai. »

« Je crois, lui répondit sa femme, qu'il y a de ces spécifiques, et vous en trouverez, je pense, chez les apothicaires. »

Le marchand passa toute la nuit à réfléchir sur ce que sa femme venait de lui dire : ils étaient tous deux intérieurement fâchés des reproches qu'ils s'étaient adressés mutuellement. Le mari se leva de grand matin, et se rendit au marché. Étant entré chez un apothicaire, il le salua, et lui demanda s'il avait quelque drogue qui eût la propriété de faire avoir des enfants : « J'en avais il n'y a pas longtemps, lui répondit l'apothicaire ; mais je n'en ai plus : j'ai tout vendu. Si vous voulez vous donner la peine de passer chez mon voisin, peut-être aura-t-il ce que vous cherchez. »

Le marchand alla de boutique en boutique, répétant sa demande à chaque apothicaire qu'il rencontrait ; mais tous lui rirent au nez et se moquèrent de lui. Voyant que sa course était inutile, il revint s'asseoir dans sa boutique, le cœur accablé de tristesse.

CDLXXXI[e] NUIT.

Le chef des courtiers, homme adroit et rusé, nommé Scheikh Mohammed, l'ayant aperçu, le salua et lui demanda la cause de l'abattement où il le voyait plongé. Le marchand lui raconta la conversation qu'il avait eue la veille avec sa femme, et se plaignit beaucoup de ce qu'étant marié avec elle depuis plus de vingt ans, il n'en avait point encore eu d'enfant : « Elle prétend que c'est ma faute, ajouta-t-il, et m'a fait chercher toute la matinée une drogue qui ait la propriété de faire avoir des enfants ; mais il m'a été impossible d'en trouver. »

« J'ai votre affaire, dit Mohammed ; mais quelle récompense donnerez-vous à celui qui pourra vous procurer le bonheur d'être père, après plus de vingt ans de mariage ? — Comptez, répondit le marchand, sur toute ma reconnaissance et sur ma générosité. » Scheikh Mohammed lui demanda préalablement un sequin, et, au lieu d'un, le marchand lui en présenta deux.

Mohammed prit alors un grand vase, dans lequel il mit de la cannelle, du girofle, du cardamome, du gingembre, du poivre blanc, et quelques autres drogues ; il y joignit de la poudre de crocodile de montagne, et ayant broyé tout cela ensemble, il le fit bouillir dans d'excellente huile d'olive ; il prit ensuite trois onces d'encens mâle, et une petite mesure d'une certaine graine noire ; il mêla le tout avec du miel, et en fit une espèce de pâte qu'il renferma dans le vase. Il présenta le vase au marchand, et lui dit de faire usage de ce qu'il contenait, en guise de beurre frais, après avoir mangé de la viande de mouton et des pigeons domestiques : « Vous aurez soin, ajouta-t-il, de boire un grand verre de vin par-dessus. »

Le marchand, résolu de suivre exactement ce conseil, apporta à sa femme du mouton et des pigeons, qu'il la pria de faire cuire pour le souper, et lui remit le vase qui renfermait la drogue que Mohammed avait préparée, en lui recommandant d'en avoir grand soin.

Le soir étant venu, on servit le souper. Le marchand, après avoir fait honneur au mouton et aux pigeons, demanda le vase qu'il avait apporté, mangea, au grand étonnement de sa femme, presque tout ce qu'il contenait, et but par-dessus un grand verre de vin de Chypre ; après ce souper, le marchand et sa femme se mirent au lit.

Au bout de quelques mois, la femme du marchand s'aperçut qu'elle était enceinte. Le moment de ses couches étant arrivé, on appela une sage-femme, qui la délivra heureusement d'un beau garçon. La sage-femme, en bonne musulmane, n'oublia pas, en détachant l'enfant, de prononcer le nom d'Ali et de Mahomet; elle lui cria ensuite de toutes ses forces dans les oreilles : « Allah acbar[1] ! » et le donna à sa mère, qui lui présenta le sein. L'enfant le prit très-bien, téta long-temps, et s'endormit.

Au bout de trois jours, la femme du marchand fut en état de se lever; le marchand entra dans l'appartement, félicita son épouse sur sa convalescence, et voulut voir l'enfant. Quand on le lui présenta, il fut surpris de sa beauté et de sa force; car, quoiqu'il n'eût que deux jours, on aurait dit en le voyant que c'était un enfant d'un an :

« Quel nom lui avez-vous donné? dit le marchand à sa femme. — « Si c'eût été une fille, répondit-elle, je lui en aurais déjà donné un; mais puisque c'est un garçon, c'est à vous de le nommer. »

C'était alors la coutume de donner aux enfants les noms qu'on entendait prononcer par hasard : le marchand ayant entendu dans ce moment quelqu'un crier dans la rue : « Seigneur Alaeddin ! » il dit qu'il voulait appeler son fils Alaeddin; il lui donna ensuite le surnom d'Aboulschamat, à cause d'un signe que l'enfant avait sur chaque joue. Le petit Alaeddin ne connut pendant deux ans et demi d'autre nourriture que le lait; il marcha de bonne heure, et devenait de jour en jour plus fort et plus vigoureux. Plus il profitait, plus son père, qui l'aimait à l'excès, et qui était un peu crédule, craignait qu'il ne lui arrivât quelque accident; il appréhendait surtout pour lui les regards malins des envieux. Pour l'y soustraire, il résolut de le faire élever dans un souterrain, et de ne l'en laisser sortir que quand sa barbe serait entièrement poussée. En conséquence, il le remit entre les mains d'une esclave et d'un vieux serviteur, qu'il chargea d'avoir soin de lui, de l'amuser, et de lui donner tout ce qui lui était nécessaire.

Quand Alaeddin eut atteint l'âge de sept ans, son père le fit circoncire, et fit venir un savant pour lui apprendre à écrire, lui expliquer l'Alcoran, et l'initier dans les sciences. Le jeune Alaeddin se livra dans sa retraite avec application à l'étude, et fit de grands progrès.

Le vieux serviteur ayant un jour oublié de fermer après lui la

[1] *Dieu est très-grand.* L'avantage de ces contes étant de faire connaître les usages des Orientaux, j'ai cru devoir conserver les détails qui se trouvent ici, qu'on chercherait vainement dans des ouvrages plus sérieux.

porte du souterrain, Alaeddin, profitant de cette occasion, monta les degrés et entra par hasard dans l'appartement de sa mère, où il y avait ce jour-là un grand cercle de dames de la première distinction.

A l'apparition de ce jeune homme, qui s avançait comme un esclave ivre, ces dames baissèrent promptement leur voile, et dirent à sa mère : « Comment, madame, pouvez-vous laisser entrer cet insolent, au mépris de la pudeur et des lois sacrées du prophète? »

« Mesdames, leur répondit-elle, ce jeune homme est mon fils; c'est le fils de mon mari Schemseddin, syndic des marchands de cette ville. — Mais, madame, répliquèrent-elles, jamais nous ne vous avons connu d'enfant! »

« Mon mari, répondit l'épouse du marchand, craignant pour son fils les regards funestes de l'envie, l'a fait élever, jusqu'à présent, dans un souterrain d'où il vient de s'échapper je ne sais comment: car notre intention était de le tenir renfermé jusqu'à ce qu'il eût atteint l'âge viril. » Les dames, satisfaites de cette réponse, la félicitèrent de tout leur cœur d'avoir un si bel enfant.

Le jeune homme, étant sorti de l'appartement de sa mère, entra dans la cour intérieure de la maison, et ayant aperçu plusieurs esclaves qui menaient une mule à l'écurie, il leur demanda quelle était cette mule. Un de ces esclaves lui dit que c'était la mule de son père, sur laquelle ils l'avaient conduit à son magasin, et qu'ils ramenaient à l'écurie.

Alaeddin demanda avec vivacité quel était l'état de son père, et le même esclave lui ayant appris qu'il était le syndic des marchands du Caire, il courut chez sa mère, et lui fit la même question :

« Mon fils, lui répondit-elle, votre père est le syndic des marchands du Caire, et le prince des Arabes de ce pays. A la tête de son magasin est un esclave qui ne le consulte que sur le prix des marchandises qui excèdent la valeur de mille pièces d'or; il a la liberté de vendre à sa fantaisie toutes celles qui sont d'un prix inférieur. Aucune marchandise étrangère, de quelque qualité qu'elle soit, ne peut entrer dans ce pays sans passer entre les mains de votre père; c'est lui seul qui en règle la destination, et aucun ballot ne saurait sortir de cette ville sans sa permission. L'étendue de son commerce et la confiance dont il a su s'environner lui ont procuré des richesses incalculables. »

CDLXXXII^e NUIT.

« Dieu soit loué, s'écria Alaeddin, de m'avoir donné pour père un homme aussi distingué! Mais, madame, pourquoi donc m'avez-vous fait élever dans un souterrain, et m'y avez-vous laissé renfermé si long-temps? »

« Nous ne vous y avons placé, mon cher fils, lui répondit sa mère, que pour vous soustraire à la maligne influence des regards des méchants : car ce qu'on dit des funestes effets de cette influence n'est que trop véritable; c'est elle qui conduit tant de personnes au tombeau. »

« Ma mère, reprit Alaeddin, il n'y a point d'asile qui puisse soustraire les hommes aux décrets de la Providence, et ce qui est écrit dans le ciel doit nécessairement arriver. Nous sommes tous destinés à mourir; mon père, plein de santé aujourd'hui, peut nous être enlevé demain; et si je veux prendre sa place, les marchands pourront-ils ajouter foi à mes paroles quand je leur dirai : « Je suis Alaeddin, fils de Schemseddin. » Ne m'objecteront-ils pas, avec raison, que jamais ils ne lui ont connu d'enfant? Et le trésor public ne viendra-t-il pas me dépouiller de tous les biens de mon père? Promettez-moi donc, madame, d'engager mon père à me prendre avec lui, à me lever une boutique, et à m'initier dans tous les détails du commerce. »

La mère d'Alaeddin promit à son fils d'employer le crédit qu'elle avait sur l'esprit de son mari, pour l'engager à souscrire à la demande qu'il venait de faire. Le marchand, étant entré sur ces entrefaites, et ayant trouvé son fils dans l'appartement de sa femme, demanda à celle-ci pourquoi elle l'avait fait sortir du souterrain :

« Ce n'est pas moi, répondit-elle, qui l'ai fait sortir; l'esclave chargé de le servir a oublié de fermer la porte. Votre fils est sorti, et est monté chez moi dans un moment où j'étais en grande compagnie.

Après cette explication, la femme du marchand l'informa de la conversation qu'elle venait d'avoir avec son fils. Le marchand promit de l'emmener le lendemain avec lui, et lui recommanda de faire attention à la manière dont se traitent les affaires, et à étudier la politesse en usage parmi les marchands.

Alaeddin, au comble de la joie, attendit le lendemain avec impatience. Son père le conduisit au bain dès le matin, et lui donna un habillement magnifique. Après le déjeûner, il le fit monter sur une mule, et prit avec lui le chemin du quartier des marchands.

En voyant passer leur syndic, suivi d'un beau jeune homme qu'ils ne connaissaient pas, les marchands se mirent à jaser sur son compte, et à concevoir la plus mauvaise opinion de ses mœurs: « Notre syndic, disaient-ils, n'a-t-il pas de honte de se conduire ainsi à son âge? » Le naquib, ou chef des marchands, qui jouissait d'une grande considération parmi eux, leur dit aussitôt : « Nous ne devons pas souffrir qu'un homme qui s'affiche ainsi publiquement soit désormais notre syndic. »

Les marchands avaient alors coutume de se réunir tous les matins dans le marché, où leur naquib leur lisait le premier chapitre de l'Alcoran, et de se rendre au magasin de leur syndic, auquel ils souhaitaient le bonjour après lui avoir fait une seconde lecture de ce même chapitre; ils se séparaient ensuite, et chacun d'eux retournait à ses affaires.

Schemseddin, étant entré dans son magasin, et ne voyant point venir les marchands comme à leur ordinaire, appela le naquib, et lui en demanda la raison: « Tous les marchands, lui répondit le naquib, sont décidés à vous déposer de votre charge de syndic, et c'est pour cela qu'ils ne viennent pas vous lire le chapitre d'usage. — Quelle raison, reprit vivement Schemseddin, peut les porter à me faire cet affront? »

« Ce jeune homme qui vous accompagne, répondit le naquib, a blessé leurs regards; vous êtes déjà sur l'âge, et vous occupez le premier rang parmi les marchands : ce jeune homme n'est point un esclave, et n'appartient point à votre femme; vous avez tort de lui marquer publiquement tant d'affection. »

« Que dis-tu, malheureux! s'écria Schemseddin, tu oses ainsi parler de mon fils! — Mais, dit le naquib, jamais nous ne vous avons connu d'enfant. »

« C'est, reprit Schemseddin, parce que je redoutais pour lui les regards funestes des envieux, et que je l'ai fait élever dans un souterrain. Mon intention n'était point de l'en faire sortir avant que sa barbe ne fût entièrement poussée; mais sa mère n'a pas voulu l'y retenir davantage, et hier elle m'a pressé de lui lever une boutique et de lui apprendre le commerce.

Le naquib, ayant entendu ces paroles, s'empressa de réunir les marchands, et de venir avec eux devant le syndic pour lui lire le chapitre d'usage. Ils le félicitèrent tous sur ce qu'ils venaient d'apprendre au sujet de ce jeune homme, et firent des vœux pour la prospérité du père et du fils. Un d'entre eux, s'adressant à

Schemseddin, lui dit que les pauvres, à la naissance d'un garçon ou d'une fille, avaient coutume d'inviter, en signe de réjouissance, leurs parents et leurs amis à venir manger la bouillie avec eux. Schemseddin comprit ce que voulait dire le marchand, et répondit que son intention était aussi de les réunir tous dans un de ses jardins.

Il fit en conséquence meubler, le lendemain matin, une salle basse et un appartement au premier dans son jardin, où il fit porter tout ce qui était nécessaire pour un grand festin; il ordonna de dresser deux tables, l'une dans la salle basse, et l'autre dans l'appartement du premier; et ayant pris sa ceinture, et ordonné à son fils de prendre aussi la sienne, il lui dit: « A mesure que les vieillards entreront, je les recevrai et je les ferai placer à la table qui est au premier; pour vous, mon fils, ayez soin de recevoir les jeunes gens à mesure qu'ils se présenteront; faites-les placer à la table qui est dans la salle basse. »

« Pourquoi donc, mon père, dit Alaeddin, avez-vous fait préparer deux tables, l'une pour les pères, et l'autre pour les enfants? C'est que les jeunes gens, répondit Schemseddin, seront plus libres étant seuls, et que les hommes seront bien aises de se trouver tous ensemble. » Alaeddin, satisfait de cette réponse, s'empressa d'exécuter les ordres de son père, et de faire les honneurs de la salle des jeunes gens.

Le repas fut servi avec magnificence et profusion, et les convives s'y amusèrent infiniment. Après qu'on eut pris le sorbet et brûlé des parfums, les vieillards se mirent à converser sur divers sujets d'histoire et de littérature.

Pendant la conversation, un marchand, nommé Mahmoud Albalkhy, dévot à l'extérieur, mais impie et libertin au fond de l'âme, descendit dans la salle où étaient les jeunes gens; il y vit Alaeddin, fut frappé de sa bonne mine, et conçut pour lui une passion honteuse. Il fit en même temps réflexion qu'il ne pourrait faire connaissance avec ce jeune homme tant qu'il serait chez son père, et résolut de lui inspirer le dessein de voyager, se promettant bien de suivre ses pas, et de chercher l'occasion de se lier avec lui.

Alaeddin ayant été obligé de sortir pour quelques instants, Mahmoud Albalkhy profita de cette occasion, s'adressa aux jeunes gens, et leur dit que s'ils pouvaient déterminer Alaeddin à voyager avec lui, il ferait présent à chacun d'eux d'un habillement magnifique. Les jeunes gens ayant accepté sa proposition, il les quitta, et fut rejoindre sa compagnie.

Alaeddin étant rentré, tous les jeunes gens allèrent à sa rencontre, et l'ayant fait asseoir au milieu d'eux, ils se mirent à parler de commerce. Un d'entre eux, adressant la parole à celui qui était assis à côté de lui, lui demanda comment il s'était procuré les fonds dont il était actuellement possesseur :

« Lorsque j'eus atteint l'âge de puberté, répondit le jeune homme à qui cette question était adressée, je pressai mon père de m'acheter des marchandises; mais comme il ne pouvait rien m'avancer, il me dit de m'adresser à un négociant de ses amis, de lui emprunter mille pièces d'or, de les convertir en marchandises, et de m'appliquer à acquérir toutes les connaissances qui peuvent faire réussir dans le négoce. Je suivis son conseil : je m'adressai à un marchand qui me prêta mille pièces d'or, avec lesquelles j'achetai des étoffes, et je partis pour la Syrie. J'y vendis mes marchandises avec assez de bonheur; car je gagnai deux cents pour cent. Voyant mon capital doublé, je pris des marchandises de Syrie que je fus vendre à Alep, où je fis encore de bonnes affaires. J'ai continué mon commerce jusqu'à ce jour, et je suis parvenu, à force de soins, à me faire un capital de dix mille pièces d'or. »

Chacun des jeunes gens raconta une histoire à peu près pareille, jusqu'à ce qu'enfin le tour d'Alaeddin arrivât :

« Vous connaissez tous, leur dit-il, mon histoire; elle n'est pas longue : ce n'est que de cette semaine que je suis sorti du souterrain où j'ai été élevé, et je n'ai fait qu'aller et venir du magasin à la maison, et de la maison au magasin. »

« Vous devez, lui dit un des jeunes gens, avoir bien envie de voyager? »

« Qu'ai-je besoin de voyager? reprit Alaeddin; ne puis-je pas rester tranquille chez moi sans me donner tant de peine? »

Les jeunes gens se mirent à rire de sa réponse, et le taxèrent entre eux, mais assez haut pour qu'il pût l'entendre, de couardise et de timidité. Il ressemble, disait l'un, au poisson qui meurt hors de l'eau : il ne pourrait vivre s'il quittait la maison paternelle. — Il ne sait pas, disait un autre, que ce sont les voyages qui forment les hommes, qu'on ne s'instruit qu'en voyageant, et qu'un marchand qui n'a pas parcouru les pays les plus éloignés ne peut pas savoir le commerce, ni jouir dans son état d'aucune considération. »

Ces railleries piquèrent si vivement Alaeddin, qu'il sortit sur-le-champ les larmes aux yeux, monta sur sa mule, et rentra chez lui le cœur serré. Sa mère l'aperçut, et voyant qu'il avait l'air chagrin, lui demanda ce qui lui était arrivé.

Alaeddin rendit compte à sa mère de la conversation qu'il venait d'avoir avec les jeunes marchands, des railleries qu'ils s'étaient permises sur son compte, et lui témoigna qu'il voulait absolument voyager. Sa mère tâcha d'abord de le détourner de ce dessein; mais voyant qu'elle ne pouvait réussir, elle lui demanda où il avait dessein d'aller : « Je veux, répondit Alaeddin, me rendre à Bagdad, où, selon ce que je viens d'entendre, l'on pourrait facilement doubler son capital. »

Quoique sensiblement affligée de se séparer d'un fils qu'elle aimait tendrement, la mère d'Alaeddin lui promit de parler à son père, et de l'engager à lui donner une pacotille proportionnée à sa fortune. Alaeddin, déjà impatient de partir, conjura sa mère de lui donner elle-même des objets dont elle pouvait disposer, et de les faire emballer sur-le-champ. Elle y consentit, fit venir des esclaves, et les envoya chercher des emballeurs, qui firent dix ballots des étoffes qu'elle leur donna.

CDLXXXIII[e] NUIT.

Cependant Schemseddin, étant entré dans la salle basse, et ne voyant pas son fils, demanda aux jeunes gens ce qu'il était devenu; ayant appris qu'il les avait quittés brusquement et était monté sur sa mule pour retourner au logis, il fit seller sur-le-champ sa monture, et courut après lui. Ayant aperçu en entrant les dix ballots, il demanda à sa femme à qui ils appartenaient. Celle-ci lui raconta ce qui était arrivé à son fils avec les jeunes marchands, et le dessein où il était de voyager.

Schemseddin, se tournant alors vers son fils, lui représenta les fatigues et les dangers des voyages, et lui dit que les sages conseillaient de ne pas même s'éloigner de chez soi à la distance d'un mille. Le jeune homme persista dans sa résolution, et alla jusqu'à dire que, si on ne voulait pas le laisser partir, il se ferait derviche, et irait demander l'aumône de contrée en contrée :

« Je ne m'opposerai pas davantage, mon fils, à votre désir, reprit Schemseddin; je suis bien éloigné d'être pauvre, et de ne pouvoir vous fournir les moyens de voyager de la manière la plus agréable et la plus avantageuse; je possède, au contraire, des richesses considérables. » Schemseddin conduisit son fils dans tous ses magasins, où il lui montra des étoffes précieuses et des marchandises propres à chaque pays; elles étaient renfermées dans quarante ballots, sur chacun desquels était une étiquette, qui marquait que le prix de chaque ballot était de mille pièces d'or.

« Prends, mon fils, lui dit-il, ces quarante ballots, et les dix que ta mère t'a faits, et pars sous la sauvegarde et la protection de Dieu. Cependant je ne puis te dissimuler mes craintes : en allant à Bagdad, tu seras obligé de passer par la forêt du Lion, et de descendre dans la vallée de Benou Kelab ; ces endroits sont très-dangereux : on n'entend parler que des assassinats qu'y commettent tous les jours les Arabes Bédouins qui infestent toutes les routes. »

Alaeddin ne répondit autre chose, sinon qu'il s'en remettait à la volonté de Dieu, par rapport à ce qui pourrait lui arriver. Son père, le voyant absolument déterminé, l'emmena avec lui au marché où l'on vend les bêtes de somme.

Ils y rencontrèrent un akam, ou entrepreneur pour le transport des bagages, nommé Kemaleddin, qui n'eut pas plutôt aperçu Schemseddin, qu'il descendit de dessus sa mule et vint le saluer : « Seigneur, lui dit-il, il y a long-temps que vous n'êtes venu nous voir, et que vous ne m'avez procuré l'occasion de vous offrir mes services. — Chaque chose a son temps, répondit Schemseddin ; celui des voyages est passé pour moi ; mais mon fils, que vous voyez, a l'intention de voyager, et je serais bien aise que vous voulussiez l'accompagner, et lui servir de père. »

L'akam ayant consenti volontiers à cette proposition, Schemseddin lui remit cent pièces d'or pour les distribuer à ses esclaves ; il acheta ensuite soixante mules, et fit l'emplette d'un cierge pour le déposer sur le tombeau du bienheureux Abdalkader-Algilani [1]. Il recommanda à son fils d'obéir exactement à l'akam, et de le regarder désormais comme son père. Étant rentré chez lui, suivi de ses esclaves et des mules qu'il avait achetées, il fit préparer un grand festin, et voulut que cette soirée-là se passât dans la joie.

Le lendemain matin, il fit présent à son fils de dix mille pièces d'or, et lui dit de s'en servir dans le cas où, en arrivant à Bagdad, il ne trouverait pas l'occasion de vendre ses marchandises d'une manière avantageuse. Quand les mules furent chargées, Alaeddin dit adieu à ses parents, et sortit du Caire avec l'akam.

Mahmoud Albalkhy, qui épiait tout ce qui se passait, avait aussi disposé de son côté tout ce qui était nécessaire pour voyager ; et le jour même du départ d'Alaeddin, il avait fait partir ses bagages, et dresser ses tentes hors des murs de la ville. Schemseddin, qui ne se doutait pas de ses desseins perfides, lui avait fait présent d'une

[1] Docteur musulman dont la sainteté est en grande réputation. (*Voyez* la *Bibliothèque orientale* de d'Herbelot, p. 5

bourse de mille pièces d'or, dès qu'il avait appris qu'il se disposait à aller à Bagdad, et lui avait recommandé son fils d'une manière particulière.

Alaeddin et Mahmoud se rencontrèrent à quelque distance du Caire. Mahmoud avait fait dire adroitement au cuisinier d'Alaeddin de ne rien apporter pour son maître : il profita de la circonstance pour offrir au jeune homme et à ceux qui l'accompagnaient, les rafraîchissements qu'il avait lui-même fait apporter en abondance.

La petite caravane, s'étant mise en marche, traversa heureusement le désert, et déjà s'approchait de Damas. Mahmoud, outre la maison qu'il avait au Caire, en avait une à Damas, une troisième à Alep et une quatrième à Bagdad.

Comme la caravane était campée sous les murs de Damas, Mahmoud envoya un de ses esclaves à Alaeddin pour l'inviter à venir manger chez lui. L'esclave trouva le jeune homme assis dans sa tente et occupé à lire ; s'étant avancé, et l'ayant salué respectueusement, il lui dit que son maître le priait de lui faire l'honneur de venir se rafraîchir chez lui. Alaeddin ne voulut point se rendre à cette invitation sans avoir auparavant consulté l'akam Kemaleddin, qui lui tenait lieu de père. Celui-ci lui conseilla de n'en rien faire, et de ne point interrompre leur voyage. Le docile Alaeddin partit sur-le-champ, et arriva bientôt à Alep avec tous ses gens.

Mahmoud Albalkhy, ayant rejoint la caravane, fit préparer à Alep un grand festin, et envoya prier Alaeddin de s'y rendre. Le jeune homme consulta encore son guide ; mais en homme prudent il ne voulut point qu'on s'arrêtât. Ils partirent aussitôt d'Alep, et marchèrent à grandes journées vers Bagdad. A quelque distance de cette ville, Mahmoud envoya encore une fois un esclave à Alaeddin pour l'inviter à venir dîner chez lui. Le jeune homme en demanda la permission à son guide, qui la lui refusa positivement.

Alaeddin, piqué de ce refus, voulut se rendre à une invitation réitérée tant de fois ; il s'arma de son cimeterre, et s'avança vers la tente de Mahmoud. Le vieux marchand le reçut de la manière la plus polie et la plus amicale, et lui fit servir les mets les plus délicats.

Lorsque le repas fut fini, et qu'on se fut lavé les mains, Mahmoud se pencha vers Alaeddin et voulut l'embrasser. Le jeune homme le repoussa, et lui demanda avec surprise l'explication d'une pareille conduite. Celui-ci balbutia quelques mots, et voulut une seconde fois l'embrasser. Alaeddin, rempli d'indignation, tira son cimeterre, et adressa les reproches les plus sanglants au vieillard : « Scélérat, lui dit-il, j'avais tant de confiance en toi que les marchandises que j'aurais vendues à un autre au poids de l'or, je te les aurais données presque pour rien; mais dorénavant je ne veux plus avoir aucun commerce avec toi. »

En finissant ces mots, Alaeddin s'éloigna de la tente de Mahmoud, et revint vers Kemaleddin, à qui il raconta ce qui venait de se passer; il lui dit ensuite qu'il ne voulait plus voyager de compagnie avec cet odieux vieillard:

« Mon fils, lui dit Kemaleddin, je vous avais bien dit de ne point vous rendre à son invitation; mais la résolution que vous prenez de vous séparer de lui si brusquement n'est pas sage : car, si vous le quittez, notre caravane deviendra trop peu nombreuse pour pouvoir nous rendre sans danger jusqu'à Bagdad. »

« N'importe, repartit Alaeddin, je ne veux jamais le revoir. » Et aussitôt il fit charger les bagages, et voulut qu'on se remît en route.

Lorsque la petite caravane fut descendue dans la vallée de Benou Kelab, Alaeddin donna l'ordre d'y dresser les tentes. En vain Kemaleddin lui représenta le danger qu'il y avait à s'arrêter dans cet endroit, et l'assura qu'ils avaient encore assez de temps devant eux, s'ils faisaient diligence, pour arriver à Bagdad avant qu'on en fermât les portes : « car, ajouta-t-il, on les ferme tous les soirs au coucher du soleil, et on ne les ouvre qu'au grand jour, parce que les habitants craignent sans cesse que les Persans ne viennent surprendre la ville, et ne jettent dans le Tigre tous les livres qui traitent des sciences. »

Alaeddin s'obstina à rester, et répondit qu'il n'était point venu dans ces contrées simplement pour y commercer, mais pour s'y amuser et voir du pays. Comme son guide lui peignait vivement tout ce qu'il avait à craindre de la part des Arabes Bédouins, il lui répondit avec fierté : « Lequel est le maître, de vous ou de moi? Je ne veux entrer dans Bagdad qu'en plein jour, afin de me faire connaître des habitants, et d'étaler à leurs yeux mes marchandises et mes richesses. » Kemaleddin ne crut pas devoir insister davantage et dit à Alaeddin : « Conduisez-vous maintenant comme vous voudrez; je vous ai fait les représentations qu'il était de mon devoir de vous faire : je crains que vous ne reconnaissiez, mais trop tard, la sagesse de mes conseils. »

CDLXXXIVe NUIT.

Alaeddin ordonna de décharger les mules, et de dresser les tentes Vers le milieu de la nuit, il fut obligé de se lever, et aperçut quelque chose qui brillait dans le lointain ; il vint aussitôt en informer son guide, et lui demanda ce que ce pouvait être. Kemaleddin se leva ; et en examinant attentivement, il vit que cette lumière était produite par l'éclat des lances et des cimeterres dont une troupe d'Arabes Bédouins était armée.

Ils se virent bientôt investis par les brigands, qui fondirent sur eux en criant : « O fortune ! O butin ! » Kemaleddin leur cria de son côté : « Retirez-vous, fuyez loin d'ici, infâmes voleurs, les plus vils et les plus méprisables des Arabes ! » Et en même temps il s'avança à leur rencontre ; mais le chef de la troupe, nommé le scheikh Aglab-Abou-Nab, lui porta un si rude coup de lance, que le fer traversa sa poitrine de part en part, et le renversa mort à l'entrée de sa tente. Le sacca [1], ou serviteur chargé d'abreuver les animaux, s'étant ensuite présenté devant les brigands, en criant pareillement et en faisant éclater son mépris pour eux, un Arabe le frappa sur le cou avec son cimeterre, et l'étendit mort à ses pieds.

Alaeddin, saisi de terreur à ce spectacle, resta immobile dans un coin de sa tente, et échappa ainsi à la fureur des brigands. Les Bédouins massacrèrent impitoyablement tous ses gens, rechargèrent promptement les mules, les attachèrent à la queue l'une de l'autre, et s'éloignèrent.

Alaeddin, ayant repris ses esprits, dit en lui-même : « Les brigands peuvent revenir, et ne m'épargneront pas s'ils m'aperçoivent. » Il ôta donc son habit, ne garda que sa chemise et son caleçon, et se jeta ainsi par terre, au milieu du sang et des cadavres dont la terre était jonchée.

Comme les Bédouins s'éloignaient avec leur butin, Abou-Nab leur demanda si la caravane qu'ils venaient d'attaquer venait d'Égypte, ou si elle sortait de Bagdad. Quand ils lui eurent dit qu'elle venait d'Égypte, il les invita à retourner sur le champ de bataille : « Car, dit-il, je soupçonne fort que le chef de cette caravane n'est pas mort. »

Les Bédouins revinrent aussitôt sur leurs pas, et se mirent à

[1] Porteur d'eau.

retourner et à frapper les esclaves avec la pointe de leurs lances. Quand ils arrivèrent auprès d'Alaeddin, un d'eux, qui s'aperçut qu'il était en vie, s'écria : « Ah! ah! tu contrefais donc le mort! mais attends, je vais bientôt t'expédier. » En disant cela, il se mit en devoir de lui enfoncer sa lance dans la poitrine.

Dans cet instant critique, Alaeddin, ayant adressé une fervente prière au bienheureux Abdalkader-Algilani, aperçut une main qui détournait la lance du Bédouin de sa poitrine sur celle de son guide, l'akam Kemaleddin. Le Bédouin retira sa lance avec violence, et revint sur Alaeddin; mais la même main dirigea le coup sur la poitrine du sacca; et le brigand, croyant avoir frappé sa victime, rejoignit ses camarades, qui s'éloignèrent au plus vite.

Alaeddin, ayant levé la tête, et voyant que les Arabes avaient disparu avec leur butin[1], se leva et se mit à courir de toutes ses forces. Abou-Nab, s'étant retourné dans ce moment, s'écria : « Camarades, je vois quelqu'un s'enfuir! » Un des brigands se détacha aussitôt de la bande, et cria de toutes ses forces : « Tu as beau fuir, je t'aurai bientôt attrapé. » En même temps il piqua son cheval, et courut à toute bride sur Alaeddin.

Alaeddin aperçut alors devant lui un réservoir d'eau, près duquel était une citerne; il grimpa vivement sur le mur de cette citerne, s'y étendit de tout son long, et fit semblant de dormir; il se recommanda à Dieu, et le supplia de le dérober à tous les regards. Le Bédouin s'étant approché de lui, et s'étant dressé sur ses étriers pour le saisir, Alaeddin fit une seconde prière semblable à celle qu'il venait de faire; aussitôt un scorpion sortit de son trou et piqua si vivement la main du Bédouin, qu'il se mit à appeler ses camarades, et à leur crier qu'il était mort. Les brigands, étant accourus et l'ayant trouvé étendu par terre, le remirent sur son cheval, et s'informèrent de l'accident qui venait de lui arriver.

Ayant appris qu'il avait été piqué par un scorpion, ils craignirent que cet endroit n'en fût rempli, et ne songèrent qu'à s'enfuir; ils emmenèrent promptement leur camarade, et rejoignirent le reste de la troupe, qui disparut bientôt. Pour Alaeddin, comme il était accablé de fatigue, il s'endormit profondément sur le mur de la citerne.

Cependant Mahmoud Albalkhy, après le brusque départ d'Alaeddin, avait fait charger ses bagages, et avait continué sa route vers Bagdad; arrivé dans la forêt du Lion, il éprouva un sentiment de joie à la vue des cadavres dont il vit la terre couverte. Comme il

[1] Mot à mot, *que les oiseaux s'étaient envolés avec leur proie.*

approchait du réservoir et de la citerne, sa mule, pressée par la soif, se pencha pour boire; mais voyant dans l'eau l'ombre d'Alaeddin, elle recula tout effrayée. Mahmoud, ayant levé les yeux, aperçut Alaeddin en chemise et en caleçon, qui dormait sur le bord de la citerne. L'ayant réveillé, il lui demanda qui pouvait l'avoir réduit dans un si triste état. Alaeddin lui ayant dit que c'étaient les Arabes Bédouins, le vieux marchand le consola, l'invita à descendre, et le fit monter sur une de ses mules. Ils prirent ensemble le chemin de Bagdad, où ils arrivèrent d'assez bonne heure. Mahmoud conduisit Alaeddin à sa maison, et le fit entrer dans une salle de bain. Au sortir du bain, il l'introduisit dans un appartement où l'or brillait de tous côtés, et qui était meublé d'une manière magnifique: « Les Arabes vous ont tout pris, lui dit-il; vous avez perdu vos richesses et vos bagages; mais, si vous voulez être docile, je vous donnerai plus de richesses que vous n'en possédiez. »

On servit un souper délicat; Mahmoud et Alaeddin se mirent à table. Après le repas, le vieux marchand s'approcha du jeune homme, et voulut l'embrasser; mais celui-ci le repoussa et lui dit avec fermeté:

« Je croyais vous avoir fait assez connaître l'horreur que m'inspirent de pareils sentiments, pour vous obliger à y renoncer. » Mahmoud, sans se rebuter encore, crut pouvoir profiter de l'état malheureux où était Alaeddin, et lui fit entendre que les habillements, la mule, les marchandises qu'il devait lui donner, méritaient de sa part quelque reconnaissance: « Garde tes vêtements, ta mule et tes marchandises, répondit fièrement Alaeddin, et fais-moi ouvrir la porte pour que je m'éloigne à jamais de ta présence. » Mahmoud, déconcerté par la résolution d'Alaeddin, lui fit ouvrir les portes.

Alaeddin, ayant fait quelques pas dans la rue, se trouva près d'une mosquée, et se retira sous le vestibule. Au bout de quelque temps, il aperçut de loin une lumière qui paraissait se diriger vers l'endroit où il était. Il reconnut bientôt que cette lumière était produite par les flambeaux qu'on portait devant deux marchands, dont l'un était un vieillard d'une figure majestueuse, et l'autre un jeune homme:

CDLXXXVᴱ NUIT.

« Mon cher oncle, disait le jeune homme au vieillard, au nom de Dieu rendez-moi ma cousine ! — Je vous ai déjà dit plusieurs fois, lui répondit le vieillard, que cela était impossible : n'avez-vous pas vous-même fait prononcer le divorce ? »

Le vieillard, ayant aperçu en ce moment Alaeddin, fut surpris de sa beauté et de sa bonne grâce, et le salua d'une manière bienveillante. Alaeddin lui ayant rendu très-poliment son salut, le vieillard lui demanda qui il était :

« Je me nomme Alaeddin, répondit-il ; je suis fils de Schemseddin, syndic des marchands du Caire. Ayant fait connaître à mon père l'envie que j'avais de faire le commerce, il m'a fait préparer cinquante ballots de marchandises et d'étoffes précieuses, et m'a donné dix mille pièces d'or. J'ai quitté le Caire, et j'ai dirigé ma route vers ces contrées ; mais à peine suis-je entré dans la forêt du Lion, qu'une troupe d'Arabes Bédouins est venue attaquer ma petite caravane, et m'a enlevé tout ce que je possédais. Je viens d'entrer dans cette ville, ne sachant où passer la nuit ; j'ai aperçu cette mosquée, et je suis venu me mettre à l'abri sous le vestibule. »

« Que diriez-vous, dit le vieillard, qui l'avait écouté attentivement, si je vous donnais un habit complet du prix de mille pièces d'or, une mule qui en vaudrait autant, et une bourse garnie d'une pareille somme ? »

« Quel serait le but d'une pareille générosité ? » demanda Alaeddin.

« Vous voyez ce jeune homme, reprit le vieillard en montrant le jeune marchand ; c'est le fils de mon frère, dont il était l'idole ; j'ai une fille que j'aime aussi avec passion, nommée Zobéide, qui, outre sa grande beauté, possède au suprême degré le talent de la musique ; je l'ai mariée à mon neveu, qui en est devenu passionnément amoureux ; mais elle n'a jamais pu le souffrir. Piqué de son indifférence, il a demandé trois fois le divorce, et l'a quittée. Maintenant il veut la reprendre, et me fait supplier par tout le monde de la lui rendre ; je lui ai répété déjà plusieurs fois que cela était impossible tant qu'un autre homme ne l'aura pas épousée et répudiée, et je me suis engagé à chercher un étranger pour lui rendre ce service, afin qu'on glose moins sur son compte. Puisque le hasard nous fait vous rencontrer ici, et que vous êtes étranger, venez avec nous chez le cadi, nous dresserons le contrat de votre mariage avec ma fille ; vous passerez la nuit avec elle, et demain matin, quand vous l'aurez répudiée, je vous donnerai tout ce que je vous ai promis. »

Alaeddin dit en lui-même : « Ne vaut-il pas mieux passer la nuit dans un bon lit, auprès d'une jolie femme, que de la passer dans la rue ou sous un vestibule? » En conséquence, il accepta la proposition, et se rendit avec eux chez le cadi, qui, charmé de sa bonne mine, prit aussitôt le plus vif intérêt à ce qui le regardait : « Que voulez-vous? dit le cadi en s'adressant au vieillard. — Je veux, répondit celui-ci, marier ma fille avec ce jeune homme, mais à condition qu'il la répudiera demain matin, et la rendra à son premier mari : pour cela, je veux qu'il s'engage à payer demain à ma fille une dot de cinquante mille pièces d'or : l'impossibilité où il est de payer cette somme le forcera de remplir la convention, et alors je m'engage à lui donner un habillement complet du prix de mille pièces d'or, une mule de la même valeur, et une bourse qui renferme une pareille somme. »

Comme ils étaient tous d'accord sur ces articles, le cadi passa le contrat, et remit entre les mains du père de la jeune fille l'obligation d'Alaeddin. Le vieillard emmena avec lui son nouveau gendre, lui fit présent d'un habillement magnifique, et le conduisit à sa maison. Il entra d'abord chez sa fille pour la prévenir, et lui dit, en lui montrant l'obligation qu'il avait à la main, qu'il venait de la marier à un jeune homme charmant, nommé Alaeddin Aboulschamat. Après lui avoir recommandé de le bien recevoir, il la quitta et se retira dans son appartement.

Le cousin de cette jeune dame avait mis dans ses intérêts une vieille intrigante qui allait souvent la voir; il fut trouver cette vieille, et l'engagea à employer quelque ruse pour empêcher sa cousine de recevoir Alaeddin : « Car, disait-il, dès qu'elle aura jeté les yeux sur ce beau jeune homme, elle ne voudra plus me revoir. »

La vieille rassura le cousin, et lui promit d'éloigner Alaeddin. En effet, elle fut trouver sur-le-champ ce dernier, et lui tint ce discours :

« L'intérêt que m'inspirent votre jeunesse et votre bonne mine m'engage à vous donner, mon fils, un conseil dont je désire que vous fassiez votre profit : la jeune dame que vous venez d'épouser a un extérieur qui peut séduire, mais je vous conseille de ne pas l'approcher. Je vous dirai plus, votre santé court le plus grand risque, si vous avez quelque commerce avec elle ; laissez-la, croyez-moi, se coucher seule, et gardez-vous de vouloir partager son lit. »

« Pourquoi donc, demanda Alaeddin surpris, et quel danger ma santé peut-elle courir auprès d'une jeune dame ? »

« Tout son corps, reprit la vieille, est couvert d'une lèpre dégoûtante, qu'elle vous communiquerait infailliblement, si vous aviez l'imprudence de la toucher le moins du monde. — Je puis bien vous assurer, dit vivement Alaeddin, que je me tiendrai à une telle distance de cette belle, qu'elle ne pourra me rien communiquer. »

La vieille, ayant laissé Alaeddin dans une disposition si favorable à ses intentions, alla trouver la jeune dame, et lui fit le même conte qu'elle venait de faire à Alaeddin : « Soyez bien tranquille, ma bonne, lui dit Zobéide, je profiterai de votre avis. Cet étranger pourra coucher seul, s'il veut, et demain matin il aura la complaisance de s'en aller comme il est venu. » La jeune dame, ayant ensuite appelé une de ses esclaves, lui ordonna de mettre le couvert, et de faire souper Alaeddin.

Après avoir mangé avec appétit, Alaeddin fut s'asseoir dans un coin de l'appartement, et lut à haute voix le chapitre de l'Alcoran, intitulé *Yas* [1]. La jeune dame, l'ayant écouté attentivement, trouva qu'il avait la voix fort belle, et dit en elle-même :

« La vieille a été vraisemblablement induite en erreur par ceux qui lui ont dit que ce jeune homme était attaqué de la lèpre : ceux qui sont atteints d'une telle maladie n'ont assurément pas une voix aussi pure et aussi fraîche que la sienne ; tout ce qu'elle est venue me conter à son sujet n'est que mensonge et fausseté. »

La jeune dame, sentant alors moins d'éloignement pour Alaeddin, voulut l'engager à s'approcher d'elle : elle prit une guitare fabriquée dans les Indes, et, déployant une voix si harmonieuse que les oiseaux mêmes s'arrêtaient au milieu des airs pour l'écouter, elle chanta ces deux vers :

« J'aime un faon au regard tendre, à la démarche légère, qui
« tantôt me fuit, et tantôt me poursuit. Qu'on est heureuse de pos-
« séder un tel faon ! »

Alaeddin, charmé au delà de toute expression, répondit aussitôt par ce vers :

« Que j'aime cette taille élégante, et ces roses qui brillent sur ses
« joues ! »

La jeune dame, sensible à ces compliments, leva son voile, et

[1] C'est le trente-sixième chapitre de l'Alcoran. Ce chapitre traite principalement de la résurrection, et celui qui le lit dévotement mérite autant que s'il avait lu vingt-deux fois l'Alcoran tout entier.

laissa voir les traits les plus réguliers et la figure la plus séduisante. Comme Alaeddin paraissait frappé de sa beauté, elle s'avança vers lui; Alaeddin la repoussa doucement; elle découvrit alors, à ses yeux, deux bras aussi blancs que la neige, aussi polis que l'ivoire. Alaeddin, de plus en plus transporté, voulut à son tour s'approcher de la jeune dame : elle le pria de s'éloigner, en lui disant que, comme il était attaqué de la lèpre, son voisinage pouvait être dangereux pour elle.

Alaeddin, tout étonné, demanda à la jeune dame quelle était la personne qui avait pu lui faire un pareil conte : « C'est, lui dit-elle une vieille femme qui vient souvent ici. — Bon, reprit Alaeddin, c'est sûrement elle qui m'a dit aussi que vous étiez attaquée de la même maladie. » Les deux époux reconnurent alors le stratagème, et ne craignirent plus de se donner mutuellement des marques de la tendresse qu'ils avaient conçue l'un pour l'autre.

CDLXXXVI^E NUIT.

Le lendemain matin, Alaeddin trouva que son bonheur avait passé avec la rapidité de l'oiseau qui fend l'air, et se plaignit de la nécessité où il se trouvait de se séparer de son épouse : « Je n'ai plus que quelques moments à jouir de votre présence, » lui dit-il les larmes aux yeux. La jeune dame l'ayant prié de s'expliquer :

« Votre père, dit-il, m'a fait contracter une obligation de cinquante mille pièces d'or pour votre dot : si je ne le paie pas, il me fera conduire en prison; et maintenant je ne possède pas la moindre partie de cette somme. »

« Vous avez cependant des moyens de défense, lui dit Zobéide. — Cela est vrai, répondit Alaeddin; mais comment faire sans argent? »

« Cela est moins difficile que vous ne pensez, reprit Zobéide; rassurez-vous et montrez de la fermeté. Prenez toujours ces cent pièces d'or : si j'en avais davantage, je vous les offrirais de tout mon cœur; mais mon père, qui affectionne beaucoup son neveu, m'a pris tout ce que je possédais, pour me forcer de retourner avec lui. L'huissier du tribunal va sans doute venir vous trouver de leur part dans le courant de la matinée; si mon père ou le cadi voulaient vous forcer à prononcer le divorce, demandez-leur hardiment quelle est la religion qui peut contraindre celui qui se marie le soir à répudier sa femme le lendemain matin. En même temps faites un petit présent à chacun des juges; approchez-vous respectueusement du cadi; mettez-lui dix pièces d'or dans la main, et soyez sûr qu'ils prendront tous vivement vos intérêts. Si on vous demande pourquoi vous ne voulez pas accepter les mille pièces d'or, la mule et le vêtement stipulés dans le contrat que vous avez passé hier, répondez que chaque cheveu de la tête de votre femme est plus précieux pour vous que mille pièces d'or; que vous avez pris la ferme résolution de ne jamais vous séparer d'elle, et que vous ne voulez recevoir ni mule, ni vêtement; et si mon père exigeait le paiement de la dot, dites-lui que vous vous trouvez trop gêné dans ce moment pour le satisfaire. »

Pendant qu'ils s'entretenaient ainsi, ils entendirent frapper assez fort à la porte de la rue. Alaeddin, étant descendu pour ouvrir, aperçut l'huissier du tribunal qui venait l'inviter, de la part de son beau-père, à se rendre à l'audience. Alaeddin lui demanda, en lui mettant cinq pièces d'or dans la main, s'il y avait une loi qui le forçât à répudier le matin la femme qu'il avait épousée la veille. L'huissier lui répondit qu'il n'existait aucune loi de cette espèce, et s'offrit poliment à lui servir de défenseur, dans le cas où il ne serait pas en état de se défendre lui-même.

Ils se rendirent ensuite tous deux à la salle d'audience. Le cadi exigea d'Alaeddin le paiement de la dot, puisqu'il refusait de répudier la jeune dame. Celui-ci, sans se déconcerter, demanda qu'on le fît jouir du délai accordé par la loi. Le juge lui fit l'observation que ce délai n'était que de trois jours :

« Trois jours ne me suffiront pas, dit Alaeddin, j'en demande dix. » Comme cette demande était raisonnable, on la lui accorda, mais sous la condition qu'à l'expiration de ce terme, il paierait la dot, ou qu'il répudierait sa femme.

Alaeddin, ayant accepté l'alternative, sortit de l'audience, se pourvut de viande, de riz, de beurre et des autres provisions nécessaires pour le souper. Étant rentré chez lui, il raconta à la jeune dame ce qui venait de se passer. Zobéide lui dit qu'il arrivait des choses bien étonnantes dans l'intervalle du soir au matin, et qu'en attendant elle allait donner ses ordres pour le souper. En effet, elle fit bientôt servir une table chargée des mets les plus délicats et des liqueurs les plus exquises.

Sur la fin du repas, Alaeddin pria Zobéide de lui chanter un air en s'accompagnant de la guitare. La jeune dame s'empressa de le satisfaire; elle prit l'instrument, et en tira des sons si harmonieux, que les murs même de l'appartement parurent sensibles à ses accords.

Tout à coup ils entendirent heurter assez rudement à la porte de la rue. Alaeddin alla ouvrir, et aperçut quatre derviches dans une attitude suppliante. Leur ayant demandé ce qu'ils voulaient, un d'entre eux lui répondit :

« Seigneur, nous sommes des derviches étrangers dans cette ville, et nous désirerions passer la nuit chez vous. Dès le point du jour nous reprendrons notre route. Vous attirerez sur vous les bénédictions de Dieu, en nous accordant cette faveur ; et peut-être n'en sommes-nous pas indignes : car il n'y a pas un seul d'entre nous qui ne sache par cœur les poëmes et les vers les plus fameux, et qui ne soit amateur passionné de la musique et des instruments. »

« Je suis obligé de consulter quelqu'un sur la demande que vous me faites, » leur dit Alaeddin. Et sur-le-champ il vint informer Zobéide de ce qui se passait. Zobéide lui dit de les laisser entrer.

Alaeddin les ayant introduits, il les fit asseoir et les traita avec beaucoup de politesse : « Seigneur, lui dirent-ils, notre état ne nous empêche pas de jouir des plaisirs de la société, et il ne faut pas que nous interrompions vos plaisirs : en passant auprès de votre maison, une musique délicieuse se faisait entendre, et quand nous sommes entrés, elle a cessé tout à coup. Oserions-nous vous demander si la personne qui l'exécutait était une esclave blanche ou noire, ou quelque jeune dame de distinction ? »

« C'est mon épouse, » répondit Alaeddin. Aussitôt il lui raconta son aventure, la manière dont son beau-père lui avait fait contracter une obligation de cinquante mille pièces d'or, et l'embarras où il se trouvait pour les payer, n'ayant pu obtenir qu'un délai de dix jours.

« N'ayez aucune inquiétude, lui dit un des derviches ; je suis le chef de quarante derviches sur lesquels j'exerce une puissance absolue ; je les engagerai facilement à me procurer les cinquante mille pièces d'or dont vous avez besoin ; je vous les remettrai, et vous pourrez remplir l'engagement que vous avez contracté avec votre beau-père. Mais si c'était un effet de votre complaisance de nous faire entendre la voix de la jeune dame, vous nous procureriez une jouissance bien douce : car la musique est, pour de certaines personnes, aussi agréable que les mets les plus exquis, et, pour d'autres, c'est un délassement qu'ils préfèrent à tout. »

CDLXXXVII^E NUIT.

Le derviche qui faisait de si belles promesses était bien en état de les réaliser : car c'était le kalife Haroun Alraschild lui-même, accompagné du vizir Giafar, du scheikh Mohammed-Abou-Naouas[1], et de Mansour, exécuteur de ses jugements. Le kalife, ayant ce soir-là l'esprit fatigué, avait fait venir ces personnages pour se distraire, et parcourir avec eux les rues de Bagdad. Ils s'étaient déguisés en derviches; et en passant auprès de la maison d'Alaéddin, ils avaient entendu l'air qu'exécutait Zobéide. Le kalife, enchanté de la beauté de la voix, et des sons harmonieux de l'instrument, avait été curieux de connaître et d'entendre à loisir la personne qui possédait à un si haut degré le talent de la musique.

Alaeddin ayant consenti à la demande des derviches, ils passèrent toute la nuit à s'amuser, et à converser de la manière la plus spirituelle. Le lendemain matin, le kalife glissa sous le coussin sur lequel il était assis une bourse de cent pièces d'or, et se retira avec ses compagnons. Zobéide ayant aperçu, en levant le coussin, la bourse qui était dessous, la porta à son mari, et lui dit qu'elle soupçonnait un des derviches de l'avoir glissée, à leur insu, avant de s'en aller, sous le coussin où elle venait de la trouver. Alaeddin la prit, et alla acheter la viande, le riz, et les autres provisions. nécessaires pour passer cette seconde soirée.

Quand on eut allumé les bougies, il dit à sa femme qu'il croyait que les derviches lui en avaient imposé, et qu'ils ne lui apporteraient pas les cinquante mille pièces d'or. Pendant qu'il parlait encore, les derviches vinrent frapper à la porte. Zobéide lui dit d'aller ouvrir; et lorsqu'il les eut fait monter dans son appartement, il leur demanda s'ils venaient remplir la promesse qu'ils lui avaient faite :

« Nos confrères, lui dirent les derviches, n'ont pas voulu se prêter à ce que nous désirions; mais ne craignez rien; demain, dans la matinée, nous ferons une opération de chimie pour nous procurer cet argent. Laissez-nous seulement jouir, ce soir, du plaisir d'entendre chanter votre épouse; car la complaisance qu'elle a eue pour nous hier nous fait désirer vivement de l'entendre encore. »

[1] Poëte célèbre sous le règne du kalife Haroun, qui lui avait donné un appartement dans son palais.

Zobéide, ayant pris sa guitare, s'empressa de les satisfaire, et les charma par les sons qu'elle tira de cet instrument. Ils passèrent la nuit dans la joie et le plaisir, et au point du jour, le kalife, ayant mis une seconde bourse de cent pièces d'or sous le coussin, s'en retourna au palais avec ses compagnons.

Les derviches continuèrent à venir ainsi passer la soirée chez Alaeddin, et le kalife ne manqua jamais de déposer une bourse de cent pièces d'or sous le coussin.

Le dixième jour, le kalife envoya chercher un des plus fameux marchands de Bagdad, et lui ordonna de préparer sur-le-champ cinquante ballots des plus riches étoffes et des marchandises qui viennent ordinairement d'Égypte, et de mettre sur chaque ballot une étiquette qui indiquât que le prix en était de mille pièces d'or. Ce prince manda ensuite un de ses esclaves auquel il fit remettre un vêtement magnifique et une cuvette d'or avec son aiguière. Il lui confia le soin des cinquante ballots, et lui donna en même temps une lettre adressée à Alaeddin, en lui commandant de se rendre avec les ballots dans une rue qu'il lui désigna, et de s'informer où était la maison du syndic des marchands, qui était en même temps le beau-père d'Alaeddin : « Quand tu auras trouvé la maison, ajouta le kalife, tu demanderas au syndic où demeure le seigneur Alaeddin, ton maître. » Le kalife informa ensuite l'esclave des autres choses qu'il devait dire pour bien jouer son rôle, et s'acquitter habilement de sa commission.

Ce jour-là même, le cousin de Zobéide était venu trouver le père de cette jeune dame, et l'avait invité à se rendre avec lui chez Alaeddin, pour le forcer à répudier sa cousine. Comme ils s'y rendaient tous deux, ils aperçurent un esclave monté sur une mule, qui conduisait cinquante autres mules chargées de ballots d'étoffes riches et précieuses. Ayant demandé à l'esclave pour qui étaient ces ballots, il leur répondit qu'ils appartenaient à son maître, Alaeddin Aboulschamat; et aussitôt il ajouta :

« Le père de mon maître lui avait donné des marchandises, et l'avait envoyé à Bagdad; mais des voleurs arabes l'ont attaqué dans la forêt du Lion, et lui ont enlevé tout ce qu'il possédait. Cette funeste nouvelle étant parvenue à son père, il m'a envoyé vers lui avec ces cinquante mules, et m'a chargé de lui remettre une somme de cinquante mille pièces d'or, un paquet qui renferme un habillement complet, aussi riche que celui dont les voleurs l'ont dépouillé, une pelisse de martre zibeline et une cuvette d'or avec son aiguière. »

Le père de la jeune dame, étonné de cette rencontre, et émerveillé du détail de tant de richesses, s'empressa de dire à l'esclave qu'il était le beau-père d'Alaeddin, et lui proposa de le conduire à la maison qu'il cherchait.

Dans ce moment, Alaeddin, renfermé avec son épouse, se livrait aux plus cruelles réflexions, et était en proie au plus violent désespoir; ayant entendu tout à coup un grand bruit à la porte de la rue, il s'écria : « Ma chère Zobéide, c'est assurément ton père qui envoie ici les archers et les gens de justice, pour me forcer à me séparer de toi! — Voyez, lui dit Zobéide, quels peuvent être ces gens-là. »

Alaeddin descendit les degrés à pas lents, et ouvrit tristement la porte. Il fut d'abord étonné de voir son beau-père à pied, accompagné d'un esclave abyssin, monté sur une mule; mais il le fut encore bien davantage, quand cet esclave, dont la figure, quoique noire, ne laissait pas d'avoir quelque chose d'agréable, sautant légèrement à terre, vint lui baiser la main.

« Que veux-tu? lui demanda Alaeddin. — Seigneur, lui répondit l'esclave, je suis le serviteur de mon maître Alaeddin Aboulschamat, fils de Schemseddin, syndic des marchands du Caire. Son père m'a envoyé vers lui avec cette lettre de créance. » En même temps il présenta une lettre à Alaeddin, qui la reçut avec empressement, l'ouvrit et y lut ce qui suit :

« Schemseddin, syndic des marchands du Caire, à son fils bien-
« aimé, Alaeddin Aboulschamat,

SALUT :

« Je viens d'apprendre, mon cher fils, la funeste nouvelle du
« combat où tous tes gens ont péri et dans lequel on t'a ravi tout ce
« que tu possédais; mais console-toi, je t'envoie cinquante autres
« ballots des plus riches étoffes de mon magasin, une mule, une
« pelisse de martre zibeline, et une cuvette d'or avec son aiguière.
« Bannis donc de ton cœur les inquiétudes que tu peux avoir con-
« çues; les richesses qu'on t'a enlevées t'ont servi de rançon. Ta
« mère et tous les gens de la maison jouissent d'une parfaite santé
« et te font bien leurs compliments. J'ai appris aussi, mon cher
« fils, qu'on venait de te faire épouser une jeune dame, nommée
« Zobéide, habile musicienne, à condition que tu la répudierais,
« et que dans le dessein seulement de t'y contraindre, on t'avait
« fait contracter une obligation de cinquante mille pièces d'or pour
« la dot. J'ai confié cette somme à ton fidèle esclave Selim, qui

« doit te la remettre entre les mains, ainsi que les cinquante bal-
« lots de marchandises.

« SCHEMSEDDIN. »

Après avoir lu cette lettre, Alaeddin se tourna vers son beau-père, et lui dit : « Prenez les cinquante mille pièces d'or stipulées pour la dot de Zobéide, et négociez à votre profit les cinquante ballots de marchandises, en me tenant compte seulement du capital. » Le père de Zobéide, sensible à la générosité d'Alaeddin, ne voulut pas, néanmoins, en profiter : « Je ne puis rien accepter de ce que vous m'offrez, lui dit-il. Quant à la dot, elle appartient à ma fille, et vous pouvez en faire tous les deux ce que bon vous semblera. »

Comme Alaeddin et son beau-père étaient occupés à faire entrer les ballots, Zobéide demanda à son père à qui ils appartenaient :

« Ma chère fille, répondit le vieillard, ils appartiennent à Alaeddin, ton époux : son père vient de les lui envoyer pour le dédommager de la perte de ceux que les Arabes lui ont enlevés. Il lui a envoyé en outre une somme de cinquante mille pièces d'or, un paquet renfermant des objets précieux, une pelisse de martre zibeline, une mule, et une cuvette d'or avec son aiguière de même métal. Vous pouvez tous les deux disposer de ces objets à votre fantaisie, et la dot en particulier est entièrement à ta disposition. »

Alaeddin ouvrit aussitôt la cassette, et en tira les cinquante mille pièces d'or qu'il remit à son épouse.

Le cousin de la jeune dame, stupéfait et confondu de ce qui venait d'arriver, et voyant toutes ses espérances renversées, demanda avec humeur à son oncle s'il n'était plus disposé à forcer Alaeddin de lui rendre sa femme :

« Cela est maintenant impossible, répondit le vieillard ; car la loi est tout en faveur d'Alaeddin, qui, comme vous le voyez, a rempli ses engagements. »

CDLXXXVIII^E NUIT.

Le cousin, atterré par cette réponse, s'en retourna chez lui le désespoir dans l'âme; il tomba bientôt malade, et mourut de chagrin au bout de quelque temps.

Après avoir fait entrer les ballots, Alaeddin alla faire les provisions nécessaires pour un repas semblable à ceux des soirées précédentes. Etant de retour, il dit à Zobéide: « Je ne m'étais pas trompé dans mes conjectures; ces derviches sont des imposteurs qui m'ont fait des promesses en l'air : vous voyez comme ils ont tenu leur parole! »

« Cessez d'avoir une aussi mauvaise opinion d'eux, lui répondit sa femme: vous êtes le fils du syndic des marchands du Caire, et cependant hier encore vous ne possédiez pas la plus petite pièce de monnaie; dans quel embarras ces derviches, pauvres comme ils sont, ne doivent-ils donc pas être pour se procurer cinquante mille pièces d'or? »

« Dieu merci, nous n'avons plus besoin d'eux, reprit Alaeddin; ils n'ont qu'à venir maintenant, je leur fermerai la porte au nez. »

« Pourquoi donc? dit Zobéide; je suis persuadée, au contraire, que c'est leur présence qui nous a porté bonheur; et chaque soir ne glissaient-ils pas, à notre insu, une bourse de cent pièces d'or sous un coussin? »

A la fin du jour, quand les bougies furent allumées, Alaeddin pria son épouse de prendre son luth, et de jouer un de ses airs favoris. Zobéide, qui se plaisait à prévenir ses moindres désirs, s'empressa de le satisfaire; elle accorda son instrument, et se mit à chanter. Dans ce moment, on frappa assez rudement à la porte de la rue. Zobéide pria son mari d'aller voir ce que c'était. Lorsqu'il eut ouvert, et qu'il eut aperçu les derviches: « Ah! ah! s'écria-t-il en riant, entrez, messieurs les imposteurs, entrez. »

Les derviches s'étant assis, Alaeddin fit servir la collation: « Seigneur, lui dit l'un d'eux, l'impossibilité où nous nous sommes trouvés de faire ce que nous voulions n'empêche pas que nous ne prenions le plus vif intérêt à ce qui vous regarde: racontez-nous donc, de grâce, ce qui vous est arrivé avec votre beau-père. »

« Dieu, répondit Alaeddin, nous a comblés de plus de faveurs que nous n'avions osé l'espérer! »

« Nous en sommes charmés, reprit le faux derviche; car nous

étions fort inquiets par rapport à vous ; et vous devez être persuadé que si nous avions pu rassembler la somme que nous vous avions promise, nous l'aurions fait de tout notre cœur. »

« Dieu m'a procuré les moyens de me tirer d'affaire, dit Alaeddin : mon père vient de m'envoyer cinquante mille pièces d'or, et cinquante ballots des étoffes les plus précieuses, chacun de la valeur de mille pièces d'or, comme le porte l'étiquette qui est dessus ; il m'a aussi envoyé un habillement complet fort riche, une pelisse de martre zibeline, une mule, un esclave, et une cuvette d'or avec son aiguière ; en outre, je viens de me réconcilier avec mon beau-père ; et ce qui met le comble à ma félicité, c'est de posséder une femme charmante, dont je suis tendrement aimé. Vous voyez donc que Dieu ne m'a pas abandonné dans cet instant critique. »

Alaeddin ayant achevé ces paroles, le kalife fit semblant d'avoir besoin de sortir un moment ; le vizir Giafar, se penchant alors vers Alaeddin, l'avertit de ne rien dire qui pût blesser ses hôtes, et surtout celui qui venait de sortir. Alaeddin lui demanda pourquoi il lui donnait un pareil avis : « Il me semble, ajouta-t-il, que je vous ai témoigné à tous autant d'égards et de politesse que j'en pourrais témoigner au kalife. »

« La personne qui vient de sortir, reprit Giafar, est le kalife lui-même ; je suis le vizir Giafar, et l'un des deux personnages que vous voyez à côté de moi est le scheikh Mohammed-Abou-Naouas, et l'autre est Mansour, exécuteur des jugements de sa majesté. »

Alaeddin parut fort étonné de cette aventure, et ne savait que penser :

« Seigneur Alaeddin, poursuivit le vizir, faites-moi le plaisir de réfléchir un moment, et de me dire combien il y a de journées de chemin entre le Caire et Bagdad. » Alaeddin répondit qu'il y en avait quarante-cinq : « Comment donc, reprit Giafar, vos marchandises ont-elles pu faire ce trajet en dix jours? Comment est-il possible que votre père ait été informé de votre désastre, qu'il ait fait emballer les étoffes que vous avez reçues, et qu'elles vous soient parvenues dans l'espace de dix jours, lorsqu'il en faut quarante-cinq pour les apporter seulement du Caire ici? »

« Vous avez raison, seigneur, s'écria Alaeddin, mon erreur était grossière : je me perds maintenant dans tout ceci, et je n'y connais plus rien. »

« Tout cela, dit le vizir, s'est fait par ordre du souverain Commandeur des croyants ; c'est lui-même qui vous a fait tous ces présents, par l'affection extrême qu'il a conçue pour vous. »

Le kalife étant rentré sur ces entrefaites, Alaeddin se jeta à ses pieds et lui témoigna sa vive reconnaissance : « Dieu prolonge les jours de votre majesté, s'écria-t-il, et répande à jamais ses bienfaits sur elle, pour la générosité dont elle a usé envers son esclave! »

Le kalife, ayant fait relever Alaeddin, le pria de lui faire entendre encore une fois la voix de Zobéide, pour le récompenser de ce qu'il venait de faire pour eux. Zobéide s'empressa de répondre à une invitation aussi flatteuse ; elle prit son luth, et chanta d'une manière si ravissante, que le kalife ne pouvait se lasser de l'entendre. Il passa une partie de la nuit dans cet amusement, et il invita Alaeddin, en se retirant, à se rendre le lendemain au divan.

Alaeddin se rendit donc le lendemain au divan, accompagné de dix esclaves qui portaient chacun sur leurs têtes un bassin rempli des objets les plus précieux. En entrant, il se prosterna le visage contre terre ; et s'étant relevé, il adressa un compliment très-flatteur au kalife, qui était assis sur son trône, environné de toute sa cour. Il le supplia ensuite d'accepter les présents qu'il venait lui offrir.

Le kalife fit à Alaeddin l'accueil le plus gracieux, et reçut avec plaisir ce qu'il lui présentait ; il le fit revêtir d'une robe d'honneur, le nomma sur-le-champ syndic des marchands de Bagdad, et lui fit prendre place au divan en cette qualité

Dans ce moment, le beau-père d'Alaeddin, qui était auparavant revêtu de cette charge, étant entré dans la salle, et ayant aperçu son gendre assis à sa place, et couvert d'une robe d'honneur, prit la liberté de demander au kalife ce que cela signifiait.

« Je viens de nommer Alaeddin, répondit ce prince, syndic des marchands : les charges et les dignités n'appartiennent pas exclusivement et pour toujours à ceux qui en sont revêtus, et j'ai jugé à propos de vous déposer. »

«Votre majesté a très-bien fait, dit le vieillard ; au surplus, l'honneur qu'elle vient de faire à mon gendre rejaillit sur moi, et c'est Dieu même qui a dirigé son choix ; il élève, quand il lui plaît, les petits aux plus grands honneurs : combien de fois n'a-t-on pas vu les grands venir baiser la main de celui qu'ils dédaignaient la veille ! »

CDLXXXIXe NUIT.

Le kalife ayant confirmé, par un ordre exprès, l'élection d'Alaeddin, et ayant remis cet ordre entre les mains du lieutenant de police pour le faire exécuter, celui-ci le donna à un de ses officiers, qui publia dans le divan que désormais on eût à reconnaître Alaeddin Aboulschamat comme syndic des marchands, et à lui rendre les honneurs et l'obéissance qu'on lui devait en cette qualité.

Vers la fin du jour, lorsque le divan fut congédié, le lieutenant de police, précédé d'un crieur, et marchant devant Alaeddin, parcourut en grande pompe les rues de Bagdad; le crieur publiait dans tous les carrefours que le kalife venait de nommer syndic des marchands le seigneur Alaeddin Aboulschamat, et que lui seul maintenant pouvait remplir les fonctions de cette place.

Le lendemain, Alaeddin leva une superbe boutique, à la tête de laquelle il mit un de ses esclaves, qu'il chargea des détails du commerce. Pour lui, il ne s'occupait que du soin d'assister régulièrement au divan. Un jour qu'il venait de s'y rendre comme à son ordinaire, un des officiers du kalife vint annoncer à ce prince la mort soudaine d'un de ses conseillers intimes.

Le kalife envoya aussitôt chercher Alaeddin, le fit revêtir d'un caftan[1], et lui donna la place de celui qui venait de mourir, avec une pension de mille pièces d'or. Alaeddin, attaché de plus près à la personne du kalife, s'avança de plus en plus dans ses bonnes grâces.

Un jour qu'il était au divan, un émir, tenant une épée à la main, vint annoncer au kalife la mort du chef du conseil suprême des Soixante. Ce prince fit aussitôt revêtir Alaeddin d'un superbe caftan, et le nomma chef du conseil des Soixante. Comme le personnage qui venait de mourir ne laissait après lui ni femme ni enfants, Alaeddin, par ordre du kalife, hérita de tous ses esclaves et de tous ses trésors, à condition seulement qu'il prendrait soin de ses funérailles. Le kalife ayant agité son mouchoir, le divan se sépara.

En sortant de la salle du divan, Alaeddin trouva une compagnie de quarante hommes des gardes du prince, qui se disposaient à l'escorter par honneur, et dont le chef, nommé Ahmed Aldanaf, vint se placer à ses côtés. Alaeddin, qui connaissait le pouvoir

[1] Robe d'honneur.

de cet officier, et la confiance que le kalife avait en lui, profita de cette occasion pour l'engager à se lier étroitement ensemble, et à vouloir bien le regarder comme son fils. Ahmed Aldanaf, qui s'était senti de l'inclination et de l'attachement pour Alaeddin du moment qu'il l'avait vu paraître à la cour, fut flatté de sa demande, et y consentit volontiers; il lui promit même, pour lui donner une marque éclatante de l'intérêt qu'il prenait à lui, de le faire escorter par ses soldats toutes les fois qu'il se rendrait au divan, ou qu'il en sortirait.

Alaeddin, comblé d'honneurs à la cour du kalife, se rendait tous les jours près de ce prince, avec lequel il vivait dans la plus étroite intimité. Un soir qu'étant rentré chez lui, après avoir congédié les soldats d'Ahmed Aldanaf, il était assis près de son épouse, elle le quitta, en disant qu'elle allait revenir dans l'instant. Peu après un cri perçant se fit entendre. Alaeddin sortit pour voir d'où partait ce cri; et trouva sa chère Zobéide étendue par terre. Il s'approcha d'elle pour la relever; mais quelles furent sa surprise et son horreur, quand il s'aperçut qu'elle était déjà privée de sentiment!

L'appartement du père de Zobéide était en face de celui d'Alaeddin; le vieillard, ayant entendu le cri de sa fille, ouvrit sa porte, et demanda à son gendre ce que cela voulait dire : « Vous n'avez plus de fille, s'écria Alaeddin, ma chère Zobéide n'est plus! »

Le vieillard, quoique profondément affligé lui-même de la perte de sa fille, fut tellement affecté de la douleur dont son gendre paraissait pénétré, qu'il chercha à le consoler, et lui dit que la dernière marque qu'ils pouvaient donner de leur affection à la personne qui venait de leur être enlevée d'une manière si soudaine et si funeste, était de prendre soin de ses funérailles. Ils s'occupèrent donc l'un et l'autre à lui rendre les derniers devoirs, et cherchèrent à se consoler mutuellement. Mais laissons maintenant Zobéide dormir en paix; peut-être aurons-nous occasion de revenir sur cette catastrophe.

Alaeddin prit le deuil, et s'abandonna tellement à sa douleur, qu'il cessa tout à fait d'aller au divan. Le kalife, étonné de son absence, demanda au vizir Giafar la raison pour laquelle Alaeddin ne venait plus au palais :

« Souverain Commandeur des croyants, répondit le vizir, c'est le chagrin de la perte de son épouse qui l'en empêche : il est occupé jour et nuit à la pleurer. — Il faut aller le voir, » dit le kalife.

Le kalife et Giafar, s'étant aussitôt déguisés tous deux, se rendirent à la demeure d'Alaeddin. Ils le trouvèrent assis, la tête appuyée sur ses deux mains, et enfoncé dans ses tristes pensées. Alaeddin se leva pour les recevoir; et ayant reconnu le kalife, il se jeta à ses pieds. Ce prince le fit relever avec bonté, et lui dit affectueusement qu'il pensait sans cesse à lui : « Que Dieu prolonge les jours de votre majesté! » s'écria Alaeddin les yeux baignés de larmes.

« Pourquoi, dit le kalife à Alaeddin, avez-vous cessé de venir nous voir, et vous êtes-vous absenté si long-temps du divan? — Sire, répondit Alaeddin, je suis inconsolable de la perte de mon épouse Zobéide. »

« Il ne faut pas vous abandonner ainsi à la douleur, reprit le kalife, et vous devez vous soumettre aux décrets de la Providence: les larmes que vous versez sont inutiles, et ne pourront pas rendre la vie à votre épouse. — Je ne cesserai de la pleurer, dit Alaeddin, en poussant un profond soupir, que quand la mort nous aura réunis pour jamais. »

Le kalife, en le quittant, lui recommanda expressément de se rendre au divan comme à l'ordinaire, et de ne pas le priver plus long-temps de sa présence.

Touché de la bonté du prince, Alaeddin monta le lendemain à cheval, et se rendit au divan. En entrant dans la salle, il se prosterna la face contre terre. Le kalife, en l'apercevant, descendit de son trône, et s'avança pour le faire relever; il le reçut de la manière la plus distinguée, et lui fit reprendre sa place ordinaire : « J'espère, lui dit-il avec bonté, que vous serez des nôtres ce soir. »

Après le divan, le kalife, en rentrant au sérail, fit appeler une esclave, nommée Cout Alcouloub [1], et lui dit : « Alaeddin vient de perdre son épouse Zobéide, qui, par ses talents pour la musique, faisait le charme de sa vie, et bannissait la tristesse de son cœur; je désirerais que vous fissiez entendre ce soir, sur votre luth, quelque morceau de musique qui pût l'égayer un moment. »

Le soir, Cout Alcouloub, cachée derrière un rideau, ayant accordé son luth, s'accompagna avec tant de grâce, et chanta d'une manière si ravissante, que le kalife, enthousiasmé, se tourna avec vivacité vers Alaeddin, et lui demanda ce qu'il pensait du talent de cette esclave :

« Elle chante fort bien, répondit Alaeddin; mais sa voix ne me fait pas la même impression que celle de Zobéide. — Je le conçois, reprit le kalife; mais enfin sa voix vous plaît-elle? »

« Sire, répondit-il avec embarras, il faudrait que je fusse bien difficile à contenter, pour ne pas avoir quelque plaisir à l'entendre. — Eh bien, reprit le kalife, c'est un présent que je vous fais, je vous

[1] La nourriture des cœurs.

la donne, ainsi que toutes les esclaves qui sont à son service. » Alaeddin, de plus en plus surpris, s'imagina que le kalife voulait s'amuser, et se retira chez lui frappé de cette idée.

Le lendemain le kalife entra dans l'appartement de Cout Alcouloub, et lui dit qu'il venait de la donner à Alaeddin, ainsi que toutes les femmes qui étaient à son service. L'esclave en fut charmée : car ayant eu le loisir d'examiner Alaeddin à travers le rideau qui la dérobait à ses regards, elle l'avait trouvé fort à son gré et n'avait pu s'empêcher de l'aimer.

Le kalife commanda aussitôt de transporter tous les effets de Cout Alcouloub chez Alaeddin, et de l'y conduire elle-même. On la fit monter en litière, ainsi que toutes ses femmes, qui étaient au nombre de quarante, et on l'installa dans le palais d'Alaeddin, pendant que celui-ci était au divan, qui fut très-long ce jour-là ; car le kalife ne leva la séance qu'à la fin du jour, et revint fort tard au sérail.

En entrant chez Alaeddin, accompagnée de quarante de ses femmes, Cout Alcouloub avait fait placer des deux côtés de la porte deux des gardes du kalife, et leur avait prescrit d'annoncer son arrivée à Alaeddin, quand il se présenterait, et de le prier de passer chez elle.

Alaeddin, qui ne pensait déjà plus à Cout Alcouloub, fut fort surpris, en rentrant chez lui, de trouver à sa porte deux gardes du kalife : « Qu'est-ce que cela signifie? dit-il en lui-même. Ne me trompé-je point? Est-ce bien là ma maison? »

CDXC^E NUIT.

Les deux gardes s'étant avancés dans ce moment, et ayant baisé respectueusement la main à Alaeddin, l'un d'eux lui dit : « Nous sommes au service de Cout Alcouloub, favorite du kalife ; elle nous charge de vous annoncer que ce prince vient de vous la donner, ainsi que toutes ses femmes ; elle vous prie de vouloir bien passer chez elle. »

« Allez dire à votre maîtresse, répondit Alaeddin, qu'elle est la bienvenue ; mais prévenez-la en même temps que, tant qu'il lui plaira de rester chez moi, je ne prendrai point la liberté d'aller la voir ; car CE QUI CONVIENT AU MAÎTRE NE CONVIENT PAS A L'ESCLAVE. Priez-la aussi, de ma part, de vouloir bien me dire quelle était la somme qu'elle touchait chaque jour par ordre du kalife. »

Les deux gardes, s'étant acquittés de leur commission, revinrent dire à Alaeddin que la pension de Cout Alcouloub était de cent pièces d'or par jour : « J'avais bien besoin, dit-il alors en lui-même, que le kalife me fît un pareil présent ! »

Cout Alcouloub resta assez long-temps chez Alaeddin, qui lui faisait remettre exactement tous les matins cent pièces d'or. Un jour que, tout entier à la douleur et aux regrets que lui causait la perte de Zobéide, il avait manqué de se rendre au divan, le kalife dit à Giafar :

« Vizir, n'ai-je pas fait présent à Alaeddin de Cout Alcouloub pour le consoler de la perte de son épouse? Pourquoi donc ne vient-il pas nous voir comme à son ordinaire? »

« Sire, répondit le vizir, on a bien raison de dire qu'un amant oublie bientôt ses anciens amis auprès de sa maîtresse. »

Giafar ne tarda pas à être détrompé; car ayant été le lendemain rendre visite à Alaeddin, celui-ci lui fit part de ses chagrins, et lui dit : « Qu'ai-je donc fait au kalife pour l'engager à me donner Cout Alcouloub? Je me serais fort bien passé d'un pareil présent. »

Le vizir, ayant répondu à Alaeddin que c'était l'extrême affection du kalife pour lui qui l'avait porté à lui donner cette esclave, lui demanda en confidence s'il allait quelquefois la voir : « En vérité, répondit Alaeddin, je ne l'ai pas encore vue, et je vous promets que je ne la verrai jamais. » Le vizir l'ayant prié de lui expliquer la raison d'une pareille retenue, il lui dit pour toute réponse : CE QUI CONVIENT AU MAÎTRE NE CONVIENT PAS A L'ESCLAVE.

Giafar ne manqua pas de faire part de ce qu'il venait d'apprendre au kalife, qui voulut sur-le-champ aller voir Alaeddin avec son vizir. Alaeddin, les ayant aperçus, alla au-devant du prince, se jeta à ses pieds et lui baisa les mains. Le kalife, ayant remarqué sur son visage l'empreinte du plus profond chagrin, lui dit en le faisant relever :

« Vous verrai-je donc toujours accablé de tristesse, mon cher Alaeddin? Est-ce que Cout Alcouloub n'a rien fait pour vous consoler? — Souverain Commandeur des croyants, répondit Alaeddin, CE QUI CONVIENT AU MAÎTRE NE CONVIENT PAS A L'ESCLAVE. Je vous jure que je n'ai point approché d'elle, et que je n'en approcherai jamais; et si j'osais vous demander une grâce, ce serait de me dispenser de la garder plus long-temps. — Je voudrais bien la voir un moment, » dit le kalife.

Alaeddin s'empressa de conduire le kalife à l'appartement de Cout Alcouloub. Ce prince, en entrant, lui demanda si Alaeddin était venu la voir. Cout Alcouloub lui ayant dit qu'elle avait prié Alaeddin de passer chez elle, mais qu'il n'avait pas voulu se rendre à son invitation, le kalife ordonna sur-le-champ de la reconduire au sérail; et ayant invité Alaeddin à venir le voir, il rentra bientôt lui-même dans son palais.

Alaeddin, content d'être délivré de Cout Alcouloub, passa la nuit un peu plus tranquillement qu'à son ordinaire, et reprit le lendemain son rang au divan. Le kalife fit appeler son trésorier, et lui ordonna de remettre dix mille pièces d'or au grand vizir Giafar. « Vizir, dit-il à celui-ci, je vous charge d'aller au bazar, et d'y acheter pour Alaeddin une esclave du prix de dix mille pièces d'or. » Le vizir se disposa à exécuter l'ordre du kalife sur-le-champ; et ayant pris Alaeddin avec lui, ils se rendirent tous deux au marché des esclaves.

Pour l'intelligence de la suite de cette histoire, il faut savoir que le wali, ou lieutenant de police de Bagdad, nommé l'émir Khaled, avait, de son épouse Khatoun, un fils excessivement laid, appelé Habdalum Bezaza. Ce fils, quoique ayant atteint sa vingtième année, était encore extrêmement ignorant, et ne s'était adonné à aucun des exercices convenables aux jeunes gens de son rang; car à peine savait-il se tenir à cheval: bien différent en cela de son père, qui passait pour un des meilleurs cavaliers de son temps, et qui s'était toujours fait distinguer par ses manières polies, ses connaissances et sa bravoure.

Bezaza ayant atteint l'âge de songer au mariage, sa mère eut envie de le marier, et fit part de son projet à son mari. Celui-ci, qui connaissait tous les défauts de son fils, représenta à sa femme que leur enfant étant si disgracié de la nature, du côté du corps et de l'esprit, ils ne pourraient jamais trouver de jeune personne qui voulût l'épouser. La réponse de Khatoun fut: « Il faut lui acheter une esclave. »

Le hasard voulut que le jour où le grand vizir Giafar et Alaeddin allèrent au bazar pour y acheter une esclave fût précisément celui où l'émir Khaled et son fils s'y rendirent dans le même dessein. Au moment de leur arrivée, le crieur tenait par la main une jeune esclave de la plus grande beauté, dont la taille svelte et dégagée, la fraîcheur et la modestie frappèrent tellement le vizir, qu'il en offrit sur-le-champ mille pièces d'or. Lorsque le crieur passa auprès de l'émir Khaled, son fils Habdalum Bezaza ayant aperçu cette esclave en devint tout à coup éperdument amoureux, et supplia son père de la lui acheter.

Khaled, ayant fait signe au crieur de s'approcher, lui demanda quel était le nom de cette esclave. Ayant appris qu'elle s'appelait

Jasmin, et qu'on en offrait déjà mille pièces d'or, il se tourna vers son fils, et lui dit que s'il voulait l'acheter il fallait enchérir. Habdalum Bezaza dit au crieur qu'il en offrait une pièce d'or de plus. Alaeddin la mit aussitôt à deux mille pièces d'or; et chaque fois que le fils de l'émir enchérissait d'une pièce, Alaeddin en offrait mille de plus.

Habdalum Bezaza, indigné de voir qu'on osait enchérir sur lui, demanda au crieur, d'un air hautain, le nom de l'enchérisseur : « C'est le grand vizir Giafar, répondit celui-ci; il veut acheter cette esclave pour le seigneur Alaeddin Aboulschamat. » Dans ce moment, Alaeddin ayant offert dix mille pièces d'or, le maître de l'esclave la lui adjugea, et fut aussitôt payé par ordre du vizir. Alaeddin ne se vit pas plutôt en possession de cette belle personne, qu'il lui donna la liberté, l'épousa et l'emmena chez lui.

CDXCI[e] NUIT.

Le crieur, après avoir reçu sa récompense, repassa devant l'émir Khaled et son fils, et leur apprit qu'Alaeddin avait acheté l'esclave dix mille pièces d'or, qu'il lui avait rendu la liberté, et venait de l'épouser.

Bezaza s'en retourna chez lui, désespéré de cette nouvelle. A peine était-il arrivé, qu'il se sentit dévoré d'une fièvre violente, et fut obligé de se mettre au lit. Sa mère, qui ne savait pas encore ce qui venait de se passer, lui demanda quelle était la cause de sa maladie : « Achetez-moi Jasmin, » lui répondit-il d'une voix faible. Sa mère, le croyant en délire, lui promit, pour l'apaiser, de lui acheter un beau bouquet de jasmin dès que le marchand de fleurs passerait : « Il est bien question de bouquets! s'écria-t-il avec impatience, c'est l'esclave Jasmin que je vous demande; sans elle je ne puis plus vivre. »

La mère de Bezaza, empressée de le satisfaire, alla trouver son mari, qui lui apprit quelle était Jasmin, et comment son fils en était devenu amoureux. Khatoun, n'écoutant que la tendresse maternelle, ne put s'empêcher de faire quelques reproches à son mari, d'avoir laissé acheter par un autre une esclave que son fils désirait avec tant d'ardeur : « Ce qui convient au maître, répondit l'émir, ne convient pas à l'esclave : il ne m'a pas été possible de l'acheter, puisque Alaeddin Aboulschamat, chef du conseil suprême des Soixante, désirait l'avoir. »

La maladie d'Habdalum Bezaza devenait plus grave de jour en jour; sa mère, voyant qu'il ne voulait plus rien prendre, et qu'il allait périr d'inanition, se revêtit d'habits lugubres, et fit paraître toutes les marques du plus grand deuil et de la plus profonde tristesse. Tandis qu'elle s'abandonnait ainsi à l'excès de sa douleur, elle reçut la visite d'une femme qu'on appelait la mère d'Ahmed Comacom, le voleur.

Cet Ahmed Comacom devant jouer un assez grand rôle dans la suite de cette histoire, il est nécessaire de le faire ici connaître. Exercé au vol et à la filouterie depuis sa jeunesse, il était devenu si adroit, qu'il aurait pu enlever de dessus les sourcils le collyre qu'on y applique, sans que la personne s'en aperçût; hardi et dissimulé avec cela, il avait su cacher si bien ses mauvaises inclinations, et gagner la confiance de quelques gens en place, qu'on l'avait nommé commandant du guet; mais comme il volait et pillait le peuple au lieu de le défendre, le wali, en ayant été informé, le fit garrotter et conduire devant le kalife, qui le condamna à perdre la tête.

Ahmed Comacom, qui connaissait l'humanité du vizir Giafar, et qui savait que son intercession auprès du kalife n'était jamais vaine, le fit supplier de vouloir bien s'intéresser pour lui.

Lorsque le vizir en parla au kalife, ce prince lui dit : « Puis-je rendre à la société un pareil fléau, et laisser un libre cours à tant de brigandages? — Sire, dit le vizir, condamnez-le à une prison perpétuelle. L'inventeur des prisons fut un homme sage : ce sont des tombeaux où sont ensevelis tout vivants ceux que le bien public prescrit de retrancher de la société. »

Le kalife se rendit au sentiment de son vizir; il commua la peine de mort portée contre Ahmed Comacom en une prison perpétuelle, et fit écrire sur la chaîne : CONDAMNÉ AUX FERS JUSQU'À LA MORT.

On avait donc renfermé Ahmed Comacom pour le reste de ses jours; et sa mère, en même temps qu'elle avait, par suite de la pitié qu'elle inspirait, un libre accès dans la maison de l'émir Khaled, wali de Bagdad, prenait soin de porter à manger à son fils dans sa prison, et lui reprochait souvent de n'avoir point suivi les avis qu'elle lui avait autrefois donnés :

« Ma mère, lui dit-il un jour, personne ne peut éviter sa destinée; mais vous qui allez et venez chez le wali, tâchez d'engager son épouse à lui parler en ma faveur. »

La vieille étant donc entrée dans l'appartement de la femme du wali, et l'ayant trouvée habillée de deuil, et plongée dans la plus profonde tristesse, lui en demanda le sujet : « Ah! ma bonne, s'écria-t-elle, je vais perdre mon cher fils Habdalum Bezaza! » La vieille s'étant informée de la cause de la maladie, la femme du wali lui raconta ce qui était arrivé à Bezaza. La vieille jugea l'occasion favorable pour obtenir la liberté de son fils, et résolut d'en profiter.

« Madame, dit-elle à la femme du wali, je connais un moyen assuré de rendre la vie à votre fils : Ahmed Comacom est capable d'enlever l'esclave Jasmin, et de la lui remettre entre les mains; mais malheureusement il est condamné à une prison perpétuelle. Tâchez de lui faire rendre la liberté; employez pour cela tout le crédit que vous avez sur l'esprit de votre mari, et je vous promets que votre fils sera bientôt satisfait. »

La femme du wali remercia la vieille, et lui promit de faire tout son possible pour obtenir la liberté de Comacom. En effet, elle parla dès le même jour à son mari, lui témoigna que Comacom était pénétré du plus sincère repentir, déplora le sort de sa malheureuse mère, et finit en lui disant : « Si vous parvenez à faire rendre la liberté à ce prisonnier, vous ferez une bonne œuvre, qui, je n'en doute pas, attirera sur nous les bénédictions du Ciel, et rendra la santé à mon cher Bezaza. »

Le wali se laissa toucher par les prières et les larmes de son épouse. Il se rendit le lendemain matin à la prison d'Ahmed Comacom, et lui demanda s'il se repentait sincèrement de sa vie passée, et s'il était dans la ferme résolution de se mieux conduire à l'avenir.

Ahmed Comacom répondit d'un ton hypocrite, que Dieu avait touché son cœur depuis long-temps; que s'il était rendu à la société, il tâcherait, par la régularité de sa conduite, par son zèle à poursuivre les méchants et par son attachement inviolable à ses devoirs, de réparer les fautes qu'il avait commises, et d'effacer la mauvaise opinion qu'on pouvait avoir conçue de lui. Sur cette assurance, le wali le fit sortir de prison, et l'emmena au divan, sans cependant oser prendre sur lui de faire briser ses chaînes.

En entrant dans la salle, le wali se prosterna la face contre terre, et présenta ensuite au kalife Ahmed Comacom, qui s'avança en agitant ses chaînes.

« Comment, malheureux, lui dit le prince avec indignation, tu respires encore? — Sire, répondit Comacom, la vie de l'infortuné semble se prolonger avec ses souffrances. »

CDXCII^e NUIT.

« Émir Khaled, s'écria le kalife, pourquoi avez-vous amené ce scélérat devant moi? — Souverain Commandeur des croyants, répondit le wali, sa pauvre mère, privée de tout secours, et qui n'a d'espérance qu'en lui, supplie votre majesté de faire ôter les chaînes à ce malheureux, qui se repent de ses fautes, et de le rétablir dans la place qu'il occupait avant sa disgrâce. »

« Se repent-il sincèrement de sa conduite passée? » demanda le kalife.

« Souverain monarque du monde, répondit Comacom, Dieu est témoin de la sincérité de mon repentir et du désir que j'ai de réparer le mal que j'ai commis. »

Le kalife, naturellement bon, touché du sort de la mère de ce malheureux, fit venir un forgeron pour rompre ses chaînes. Non content de lui rendre la liberté, il le fit revêtir d'un caftan, et le rétablit dans ses fonctions, en lui recommandant de se mieux conduire à l'avenir, et de ne jamais s'écarter des sentiers de la droiture et de l'équité.

Ahmed Comacom, au comble de la joie, se prosterna devant le kalife, et pria Dieu de lui accorder un règne long et heureux. On fit aussitôt proclamer dans Bagdad qu'Ahmed Comacom venait d'être rétabli dans la charge qu'il possédait auparavant.

Quelques jours s'étaient écoulés depuis l'élargissement de Comacom. La femme du wali, ayant vu la vieille, la pressa de remplir les promesses qu'elle lui avait faites au sujet de son fils. Celle-ci alla aussitôt trouver Comacom, qui était alors occupé à boire, lui représenta vivement les obligations qu'il avait à la femme du wali, et lui dit : « C'est à cette dame seule que tu dois ta liberté, et elle ne s'est intéressée en ta faveur, que d'après l'assurance que je lui ai donnée que tu enlèverais l'esclave Jasmin, actuellement en la possession d'Alaeddin, pour la remettre à son fils qui en est passionnément amoureux. » Ahmed Comacom promit à sa mère de s'occuper de cette affaire dans la nuit même

Cette nuit était précisément la première du mois; et le kalife avait coutume de la passer auprès de son épouse, après l'avoir sanctifiée par un acte de bienfaisance, comme de rendre la liberté à un esclave de l'un ou de l'autre sexe, ou à quelqu'un de ses gardes. Le kalife avait encore l'habitude, avant de passer dans l'appartement de Zobéide, de déposer sur un sofa son manteau royal, son chapelet, le sceau de l'état et ses autres bijoux. Il avait surtout un flambeau d'or, enrichi de trois gros diamants, auquel il était très-attaché. Ce soir-là, ayant remis ces objets sous la surveillance de ses gardes, il s'était retiré d'assez bonne heure dans l'appartement de la sultane Zobéide.

Ahmed Comacom, ayant attendu que la nuit eût épaissi ses voiles, et que l'étoile de Canopus eût perdu peu à peu son éclat, profita du moment où tous les mortels étaient plongés dans les douceurs du sommeil, et où Dieu seul pouvait être témoin de ses actions. Il tira son épée, et s'avança vers le pavillon où était l'appartement du kalife. Ayant dressé une échelle contre le mur, il monta hardiment au-dessus de l'appartement; et étant parvenu à soulever une des planches du plafond, il trouva les gardes endormis, et descendit doucement. Ayant fait respirer aux gardes une poudre soporifique, il se saisit du manteau royal, du chapelet, du mouchoir, du sceau de l'état et du flambeau d'or, enrichi de diamants. Il sortit aussi heureusement qu'il était entré, et dirigea sur-le-champ ses pas vers le palais d'Alaeddin Aboulschamat.

Alaeddin était couché cette même nuit près de sa chère Jasmin. Ahmed Comacom, s'étant introduit furtivement dans son appartement, leva un des carreaux de marbre du plancher, et ayant fait un trou, il y déposa les effets qu'il avait pris chez le kalife, après les avoir entortillés dans un mouchoir; il ne se réserva que le flambeau d'or, enrichi de diamants. Ayant replacé le carreau de marbre comme il l'avait trouvé, il parvint à s'évader sans que personne l'eût aperçu.

Comacom se rendit alors à la maison du wali. Chemin faisant, il regardait le flambeau, et se disait en lui-même : « Quand je voudrai m'amuser à boire, je placerai ce flambeau devant moi, et je verrai la liqueur de mon verre briller de tout l'éclat de l'or et des diamants dont il est enrichi. »

Le lendemain matin le kalife trouva ses gardes endormis par l'effet de la poudre qu'Ahmed Comacom leur avait fait respirer. Il les réveilla, et voulut prendre les objets qu'il avait déposés sur le sofa. Il fut surpris de ne rien trouver, et se mit aussitôt dans une colère terrible. S'étant habillé tout de rouge, pour montrer à tous les yeux son indignation, il se rendit au divan, et s'assit sur son trône, environné de tout l'appareil de sa puissance.

Le grand vizir Giafar, étant entré et s'étant aperçu que le kalife était irrité, se prosterna respectueusement le visage contre terre, et dit : « Que Dieu préserve votre majesté de tout mal, et éloigne d'elle tout ce qui peut lui déplaire et exciter son courroux! -- Vizir, dit le kalife, le mal est grand! — Qu'est-il donc arrivé, sire, » demanda Giafar?

Comme le kalife allait raconter à son vizir l'événement qui avait excité sa colère, le wali entra dans la salle, suivi d'Ahmed Comacom.

« Émir Khaled, lui dit le prince, dans quel état se trouve Bagdad aujourd'hui? — Sire, répondit-il, tout est calme et tranquille. — Vous m'en imposez, reprit le kalife. — Souverain Commandeur des croyants, reprit humblement l'émir en se prosternant, oserai-je demander à votre majesté le sujet de l'agitation où je la vois? »

Le kalife lui raconta ce qui s'était passé, et ajouta : « Je vous ordonne de faire vos diligences pour me rapporter tous ces effets. Votre vie me répond de votre exactitude à exécuter mes ordres. — Sire, répondit le wali, avant de prononcer ma sentence, ne serait-il pas juste de punir de mort Ahmed Comacom? Personne ne doit mieux connaître les voleurs et les traîtres que celui qui est chargé de les rechercher et de les poursuivre. »

A ces mots, Ahmed Comacom, s'étant avancé, dit au kalife : « Souverain Commandeur des croyants, vous pouvez dispenser l'émir Khaled du soin de retrouver les objets qu'on vous a dérobés; je me charge de cette commission, en vous suppliant, néanmoins, de m'adjoindre deux juges et deux témoins; car celui qui a commis une pareille action ne redoute pas sans doute votre puissance, et encore moins celle du wali ou de tout autre. »

Le kalife approuva la demande de Comacom, et dit qu'il voulait que, dans la recherche qui allait se faire, on commençât par visiter son propre palais, ensuite celui du grand vizir et ceux des membres du conseil suprême des Soixante. Ahmed Comacom ayant fait observer que peut-être le voleur avait l'honneur d'approcher souvent la personne du kalife, ce prince jura sur sa tête qu'il ferait mourir le coupable, dût-il être son propre fils.

Ahmed Comacom eut soin de se munir de l'ordre exprès du kalife, pour pouvoir pénétrer sans obstacle dans toutes les maisons, et les fouiller. Armé d'un gros bâton ferré par le bout, il commença ses recherches par visiter les palais des soixante membres du conseil suprême, ainsi que celui du grand vizir Giafar. Il parcourut ensuite les maisons des chefs de la garde du kalife, et des principaux seigneurs de la cour, et se rendit enfin à celle d'Alaeddin Aboulschamat.

CDXCIII^E NUIT.

Alaeddin, qui était dans l'appartement de sa femme, entendant un grand bruit dans la rue, descendit promptement, ouvrit la porte, et aperçut le wali, accompagné de tous ses gens.

« Qu'y a-t-il donc de nouveau, seigneur Khaled? » demanda-t-il avec empressement. Le wali lui ayant fait part de l'ordre dont il était chargé : « Vous pouvez entrer, lui dit Alaeddin, et faire dans ma maison toutes les recherches que vous jugerez convenables. »

« Je vous demande mille excuses, seigneur, dit le wali un peu embarrassé, vous êtes au-dessus de tout soupçon, et à Dieu ne plaise qu'une personne comme vous puisse se rendre coupable de perfidie et de trahison. — Exécutez votre commission, répliqua Alaeddin : aucune considération ne doit vous en dispenser. »

Le wali, les juges et les témoins entrèrent donc dans la maison d'Alaeddin, conduits par Comacom, qui dirigea leurs recherches vers l'appartement où il s'était introduit pendant la nuit. S'étant approché du carreau de marbre sous lequel il avait enfoui les objets qu'il avait volés lui-même, il laissa tomber exprès son lourd bâton ferré sur ce carreau, qui se brisa en éclats. L'émir Khaled, ayant aperçu quelque chose de brillant, s'écria : « Seigneur Alaeddin, c'est Dieu même qui a dirigé nos pas vers cet endroit; car nous venons de découvrir un trésor qui vous appartient : approchez, et venez voir ce qu'il peut renfermer. »

Tous les gens du wali s'étant réunis, et ayant reconnu les objets volés, on dressa un procès-verbal, qui constatait que ces objets avaient été trouvés enfouis dans la maison d'Alaeddin Aboulschamat. Les gens du wali se jetèrent ensuite sur Alaeddin, lui arrachèrent son turban, et, lui ayant garrotté les mains derrière le dos, mirent le scellé sur tous ses effets.

Ahmed Comacom ne perdit pas de vue l'exécution de son projet principal : il monta rapidement à l'appartement de la belle Jasmin, l'en arracha avec violence, quoiqu'elle fût enceinte, et la conduisit à la vieille, en lui recommandant de la remettre sur-le-champ entre les mains de Khatoun, femme du wali; ce qui fut exécuté sur-le-champ.

Quand Habdalum Bezaza aperçut celle qu'il aimait si éperdument, il sentit renaître ses forces et fit paraître la joie la plus vive. Il voulut s'approcher d'elle pour lui témoigner la satisfaction qu'il éprouvait en la voyant; mais Jasmin, indignée, lui dit que s'il ne s'éloignait pas sur-le-champ, elle ne répondait pas des mouvements que sa vue lui inspirait : « Je me tuerais plutôt, s'écria-t-elle, que d'appartenir à un monstre tel que toi ! — Belle Jasmin, dit Habdalum tout tremblant, de grâce, n'attentez pas à une vie qui m'est si précieuse. »

La femme du wali, voulant calmer l'agitation violente où elle voyait la belle Jasmin, lui dit avec douceur : « Souffrez, belle esclave, que mon fils puisse vous témoigner toute l'ardeur que vous lui avez inspirée; il ne peut plus vivre sans vous. — Malheureux ! s'écria Jasmin, puis-je donc appartenir à la fois à deux maîtres? Et depuis quand les chiens entreraient-ils impunément dans la demeure des lions? »

Habdalum Bezaza, au désespoir, se laissa tomber sur un sofa, et fit craindre plus que jamais pour sa vie. A cette vue, la femme du wali, furieuse, s'avança vers l'esclave : « Malheureuse, lui dit-elle, tu veux donc me priver de mon fils? Mais tu ne jouiras pas longtemps de ma douleur ; bientôt ton Alaeddin finira ses jours honteusement sur un gibet. »

« Eh bien ! s'écria Jasmin, je m'estimerai heureuse de lui prouver mon amour en le suivant au tombeau ! »

Khatoun, à ces paroles, suffoquée par la colère, s'élança sur Jasmin, lui arracha ses riches habits, ses parures, ses bijoux, et la fit revêtir d'une chemise de poil et d'une robe de bure grossière ; elle la condamna à servir dans la cuisine, et la mit au rang de ses plus viles esclaves, en lui disant que désormais son emploi serait de fendre du bois, d'éplucher les ognons et les légumes, et de faire du feu sous la marmite.

Jasmin répondit tranquillement à Khatoun que l'emploi le plus vil et les travaux les plus rudes lui sembleraient toujours préférables à la vue de son odieux fils. Les esclaves dont la belle Jasmin était devenue la compagne ne furent pas insensibles à son sort : sa douceur, sa patience et sa résignation touchèrent tellement leurs cœurs, qu'elles s'empressèrent à l'envi de la soulager dans le service pénible qu'elle était obligée de faire.

Cependant le wali et ses gens, chargés des effets volés, emmenaient avec eux l'infortuné Alaeddin Aboulschamat, et le conduisaient au divan, où le kalife était assis sur son trône, environné de toute sa cour. Quand le wali lui présenta son manteau royal et ses autres effets, ce prince lui demanda chez qui il les avait retrouvés : « Chez Alaeddin Aboulschamat, répondit le wali. » A ces paroles, le kalife irrité ayant ouvert le paquet, et ne trouvant pas le flambeau d'or orné de pierreries, lança sur Alaeddin un regard furieux : « Malheureux ! lui dit-il, qu'est devenu mon flambeau ? »

« Sire, répondit Alaeddin avec fermeté, je puis vous protester que je n'ai jamais touché aux effets que l'on m'accuse d'avoir volés, et qu'il m'est impossible de vous donner des renseignements sur aucun d'eux. »

« Traître, lui dit le kalife, c'est donc là la récompense des faveurs dont je t'ai comblé? Je t'avais donné toute ma confiance, et tu m'as trahi ! »

Le kalife commanda ensuite au wali de faire pendre Alaeddin, et de le conduire sur-le-champ au lieu du supplice.

Le wali et ses gens emmenèrent Alaeddin, et s'avancèrent vers le lieu de l'exécution, précédés d'un crieur qui publiait dans toutes les rues par où ils passaient : « Voilà la récompense de ceux qui osent trahir les kalifes de la maison des Abbassides. » Tout le peuple de Bagdad se porta avec empressement vers la place où allait se faire l'exécution.

Cependant Ahmed Aldanaf, qui chérissait Alaeddin comme son fils, ignorant ce qui se passait, était tranquillement assis dans un de ses jardins, lorsqu'un des buvetiers du divan arriva tout hors d'haleine : « Seigneur, lui cria-t-il, tandis que vous êtes assis tranquillement ici, un précipice s'est ouvert sous les pieds de votre meilleur ami. — Qu'y a-t-il donc de nouveau ? demanda Ahmed Aldanaf surpris. — On conduit dans ce moment Alaeddin à la potence, » répondit le buvetier. Ahmed, s'étant informé du crime qu'on lui imputait, se tourna vers son ami, le capitaine Schouman, et lui demanda avec inquiétude ce qu'il pensait de cette affaire : « Seigneur, répondit celui-ci, je jurerais sur ma tête qu'Alaeddin est innocent, et que tout cela n'est qu'une ruse infernale de ses ennemis, qui cherchaient à le faire périr. Il n'y a pas un instant à perdre pour le sauver ; et je vais, si vous voulez, vous en fournir le moyen. »

En effet, Hassan Schouman se rendit à la prison, et ordonna au geôlier de lui remettre sur-le-champ un des criminels condamnés à mort, et confiés à sa garde. Par bonheur le criminel que lui remit le geôlier avait un peu de la tournure d'Alaeddin. Lui ayant couvert la tête d'un voile, Ahmed Aldanaf le plaça entre lui et un de ses gardes, nommé Ali Alzibac Almisri, et se rendit en diligence au lieu où Alaeddin allait être exécuté. Ayant percé la foule et s'étant approché très-près du bourreau, il lui marcha assez rudement sur le pied : « Seigneur, lui dit celui-ci, reculez-vous un peu, et laissez-moi la facilité de faire mon devoir. — Malheureux ! dit Ahmed Aldanaf, prends l'homme que je te présente, et exécute-le à la place d'Alaeddin Aboulschamat, qui est innocent du crime qu'on lui impute : souviens-toi qu'Isaac fut racheté par un bélier. » Le bourreau, n'osant répliquer, s'empara de l'homme qu'on lui présentait, et le pendit à la place d'Alaeddin.

Ahmed Aldanaf et Ali Alzibac Almisri emmenèrent avec eux Alaeddin, et, ayant traversé la foule sans être reconnus, se rendirent heureusement à la maison du premier. Comme Alaeddin témoignait sa reconnaissance à son bienfaiteur, celui-ci l'interrompit, et lui reprocha vivement d'avoir commis une action aussi basse. Alaeddin lui protesta qu'il était innocent du vol qu'on lui imputait, et qu'il ne savait comment ces objets s'étaient trouvés cachés chez lui.

CDXCIVe NUIT.

« Pardonnez mon emportement, lui dit alors Ahmed ; le trouble que votre danger m'a causé a pu seul me dicter des reproches indignes de vous et de moi : j'avais bien pensé d'abord que tout ceci n'était qu'un stratagème abominable, l'ouvrage de la haine et de la scélératesse. Puisse l'auteur de cette perfidie être un jour puni comme il le mérite ! Quoi qu'il en soit, mon cher Alaeddin, vous ne pouvez rester maintenant à Bagdad : car les rois ne reviennent pas volontiers sur les jugements qu'ils ont une fois portés, et il est presque impossible que celui qu'ils cherchent puisse leur échapper. J'ai dessein de vous conduire à Alexandrie ; c'est un lieu sûr et de facile accès, où vous pourrez facilement vous cacher. »

« Je suis prêt à vous suivre, lui dit Alaeddin, et je m'abandonne entièrement à vous pour la conservation d'une vie que vous venez de sauver. »

Ahmed Aldanaf, se tournant alors vers Hassan Schouman, lui dit : « Si le kalife me demande, vous lui répondrez que je suis allé faire ma ronde dans les provinces. »

Ahmed Aldanaf et Alaeddin s'éloignèrent à l'instant même de Bagdad. A quelque distance de la ville, ils rencontrèrent deux juifs, percepteurs du kalife dans cette province, qui étaient montés chacun sur une mule. Ahmed Aldanaf leur ayant demandé, d'un ton d'autorité, la recette qu'ils venaient de faire, ils refusèrent d'abord de la lui donner ; mais quand il leur eut dit qu'il était le receveur-général de la province, ils s'empressèrent de lui remettre chacun cent pièces d'or.

Ahmed Aldanaf, craignant ensuite que les rapports que pourraient faire les deux juifs ne compromissent sa sûreté et celle d'Alaeddin, ne crut pas devoir leur laisser la vie : il s'empara de leurs mules, monta sur l'une et donna l'autre à Alaeddin.

Ils arrivèrent ainsi près de l'endroit où ils devaient s'embarquer, et y passèrent la nuit dans un caravansérail. Le lendemain matin, Alaeddin vendit sa mule, et ayant confié celle d'Ahmed Aldanaf au portier de l'endroit où ils avaient couché, ils se rendirent tous deux au port d'Aïasse[1], et s'embarquèrent sur un vaisseau qui faisait voile pour Alexandrie, où ils abordèrent en peu de temps.

Comme ils parcouraient les rues de cette ville, ils entendirent un crieur qui mettait à l'enchère une petite boutique attenant à un magasin qui donnait sur la rue; l'enchère était en ce moment à neuf cent cinquante drachmes. Alaeddin en ayant offert mille, le marché fut bientôt conclu; car cette boutique appartenait au trésor public.

Alaeddin, ayant reçu les clefs de la boutique, l'ouvrit sur-le-champ, et il fut très-satisfait de la voir toute meublée. Il trouva dans le magasin toutes sortes d'armures, des boucliers, des sabres, des épées, des mâtures, des voiles, des ballots de toile de chanvre, des ancres, des cordages, des valises, des sacs pleins de coquillages et de pierreries servant à orner les harnais, des étriers, des masses d'armes, des couteaux, des ciseaux, et autres choses de cette espèce: car le maître de la boutique, qui venait de mourir, faisait le métier de brocanteur.

Alaeddin ayant pris possession de cette boutique et du magasin, Ahmed Aldanaf lui conseilla de s'occuper du commerce, et de se résigner à la volonté de Dieu. Ayant passé trois jours avec Alaeddin, il prit congé de lui le quatrième jour pour retourner à Bagdad, et lui recommanda de rester dans cette boutique jusqu'à ce qu'il vînt le retrouver, et lui rapporter des nouvelles du kalife, avec un sauf-conduit de la part de ce prince; il lui promit en même temps de s'occuper jour et nuit à découvrir celui qui lui avait joué un tour aussi perfide; et lui ayant dit un dernier adieu, il s'embarqua pour Aïasse, où il arriva en peu de temps, poussé par un vent favorable.

Ahmed Aldanaf, ayant ensuite repris sa mule, se rendit en diligence à Bagdad, et rejoignit Hassan Schouman et sa compagnie des gardes. Comme il était souvent obligé de parcourir les provinces les plus éloignées de l'empire, le kalife n'avait pas été étonné de son absence. Il reprit son service ordinaire, et s'occupa sans relâche

[1] Vulgairement Laïasse, sur le golfe du même nom, autrefois le golfe d'Issus.

des recherches qui pouvaient lui faire découvrir l'auteur du vol fait au kalife, et le mettre en état de prouver l'innocence de son cher Alaeddin. Mais revenons un moment au kalife.

Ce prince, se trouvant seul avec Giafar, le jour où Alaeddin devait être exécuté, dit à ce ministre : « Que dis-tu, vizir, de l'action d'Alaeddin? Est-il possible de concevoir tant de bassesse et de perfidie? »

« Sire, répondit Giafar, vous l'avez puni comme il le méritait, et votre majesté ne doit plus s'occuper de ce malheureux. »

« N'importe, dit le kalife, j'aurais envie de le voir attaché au gibet. »

Le kalife se rendit donc avec son vizir à la place publique. Ayant levé les yeux sur celui qu'on venait d'exécuter, il crut s'apercevoir que ce n'était pas Alaeddin : « Vizir, s'écria-t-il, qu'est-ce que cela veut dire? Ce n'est certainement pas là Alaeddin. — Pourquoi donc, sire? » demanda Giafar.

« Alaeddin était petit, reprit le kalife, et celui que je vois est fort grand.— Sire, répondit Giafar, le corps de ceux qu'on pend s'allonge toujours un peu. »

« Mais, poursuivit le kalife, Alaeddin avait la peau fort blanche, et le visage de cet homme est tout noir. — Souverain Commandeur des croyants, repartit Giafar, vous n'ignorez pas que la mort défigure les hommes, et donne aux cadavres une teinte livide et noirâtre. »

Malgré tous les raisonnements de son vizir, le kalife voulut qu'on détachât le corps du gibet : on le visita et on trouva écrit sur sa poitrine le nom des deux scheikhs[1].

« Eh bien! vizir, dit le kalife, persistes-tu encore dans ton sentiment? Tu sais qu'Alaeddin était sunnite, et ce malheureux, tu le vois, était sectateur d'Ali. »

« Dieu seul, s'écria le vizir, connaît ce qui est caché, et je vois effectivement qu'il est bien difficile de décider si ce cadavre est celui d'Alaeddin ou de quelque autre. »

Le sultan des Indes ne put s'empêcher de sourire en entendant les réponses naïves du bon Giafar au kalife. Le jour paraissant, il se leva pour aller présider son conseil, et la nuit suivante, Scheherazade reprit son récit en ces termes :

[1] Hassan et Hossaïn, les deux fils aînés d'Ali.

CDXCVᵉ NUIT.

Le kalife, ayant ordonné de rendre les derniers devoirs au corps, rentra dans son palais, et le soin des affaires de l'empire effaça bientôt de son esprit le souvenir d'Alaeddin. Voyons donc ce qui se passait dans la maison du wali.

Habdalum Bezaza ne profita pas du crime qui l'avait rendu possesseur de l'esclave d'Alaeddin : l'amour et le désespoir de voir sa passion si mal payée de retour le firent descendre en peu de temps au tombeau.

L'infortunée Jasmin, ayant atteint le terme de sa grossesse, accoucha d'un enfant beau comme le jour. Ses compagnes lui ayant demandé quel nom elle voulait lui donner : « Hélas ! répondit-elle, si son père vivait, il le nommerait lui-même ; mais puisqu'il n'est plus, je veux que ce cher enfant s'appelle Aslan. »

Jasmin allaita elle-même le petit Aslan, et ne le sevra qu'au bout de deux ans et demi, lorsqu'il se traînait déjà de tous côtés sur ses petites mains, et commençait même à marcher tout seul.

Un jour que Jasmin était occupée, comme à son ordinaire, au service de la cuisine, le petit Aslan, qui grimpait déjà partout, ayant aperçu l'escalier qui conduisait au salon, se mit à monter les degrés du mieux qu'il put, et vint en sautant près de l'endroit où l'émir Khaled était assis.

Le wali, surpris de la beauté de cet enfant, et charmé de sa gentillesse, le prit entre ses bras, et le fit asseoir sur ses genoux. En considérant attentivement ses traits, il fut étonné de sa ressemblance avec Alaeddin Aboulschamat.

Jasmin, inquiète de ne pas voir son fils autour d'elle, le chercha d'abord dans la cuisine et dans les cours ; mais ne le trouvant nulle part, elle s'avisa de monter au salon, et fut extrêmement surprise, en entrant, de voir l'émir Khaled qui le tenait sur ses genoux, et s'amusait à jouer avec lui. L'enfant, en apercevant sa mère, voulut aller se jeter à son cou ; mais le wali le retint entre ses bras, et demanda à Jasmin à qui il appartenait :

« C'est mon fils, seigneur, répondit Jasmin en tremblant. — Quel est donc son père? reprit vivement le wali. — C'est l'infortuné Alaeddin Aboulschamat, répondit Jasmin. Maintenant cet enfant n'a plus d'autre père ni d'autre protecteur que vous. »

« Quoi ! dit le wali, je m'intéresserais au fils d'un traître ! — Ah !

seigneur, s'écria Jasmin, connaissez mieux mon maître et mon époux! Alaeddin ne fut point un traître; c'était un des plus fidèles et des plus zélés serviteurs du kalife, et jamais il n'eut la pensée de trahir la confiance de son maître. »

Le wali, touché du sort de cet enfant, et sentant augmenter l'amour qu'il avait d'abord conçu pour lui, dit à sa mère: « Quand votre fils sera plus grand, et qu'il vous demandera qui est son père, dites-lui que c'est l'émir Khaled, wali de Bagdad. »

Jasmin, charmée de ce qu'elle venait d'entendre, éleva son fils avec le plus grand soin. Dès qu'il eut atteint l'âge de sept ans, le wali le fit circoncire, et lui donna les maîtres les plus habiles, qui s'appliquèrent à l'envi à développer son intelligence, et à l'instruire d'une manière convenable au fils d'un des premiers émirs de la cour du kalife. Le wali se réserva le soin de lui apprendre lui-même à monter à cheval et à faire des armes; et toutes les fois qu'il faisait faire des évolutions à ses soldats, il l'emmenait avec lui, et le formait ainsi à tous les exercices militaires.

A l'âge de dix-huit ans, le jeune Aslan était un cavalier parfait. Les principaux seigneurs de la cour, le regardant comme le fils de l'émir Khaled, et charmés de son air noble et distingué, lui faisaient l'accueil le plus flatteur. Ahmed Comacom ne fut pas des derniers à lui faire sa cour; il sut même tellement s'insinuer dans ses bonnes grâces, qu'ils devinrent bientôt inséparables.

Un jour qu'ils étaient tous deux à la taverne, Ahmed Comacom tira de son sein le flambeau d'or, enrichi de pierreries, que le kalife avait tant regretté; il le plaça devant lui, mit dessus son verre, et s'amusa à considérer, à travers la liqueur, l'éclat de l'or et des diamants. Il répéta plusieurs fois cet amusement, but ainsi plusieurs coups, et s'enivra.

Aslan, charmé lui-même à la vue d'un bijou si précieux, pria Comacom de lui en faire présent: « Cela m'est impossible, » lui dit Comacom.

« Impossible! Pourquoi donc cela? demanda Aslan avec curiosité. — Je ne peux pas vous le donner, répondit Ahmed; car il a été déjà cause de la mort d'un homme. — De quel homme? reprit Aslan étonné. — D'un étranger qui était venu dans ce pays, et que le kalife avait élevé au rang de chef du conseil suprême des Soixante. Il se nommait Alaeddin Aboulschamat. — Mais comment ce flambeau a-t-il été cause de la mort de cet homme? — Vous aviez un frère, dit Ahmed Comacom, en baissant la voix, appelé Habdalum Bezaza; quand il fut en âge de se marier, votre père, l'émir Khaled, voulut lui acheter une esclave... »

Là-dessus, Ahmed Comacom se mit à raconter à Aslan ce qui s'était passé au sujet de l'esclave Jasmin, la funeste passion d'Habdalum Bezaza, le vol fait au kalife, le dépôt des effets volés dans la maison d'Alaeddin, et le supplice de celui-ci.

Aslan, surpris au dernier point de ce qu'il venait d'entendre, et commençant à soupçonner la vérité, dit en lui-même : « Cette esclave Jasmin est celle-là même qui m'a donné le jour, et mon père ne peut être autre que le malheureux Alaeddin Aboulschamat. » Rempli de cette idée, il se lève avec indignation, et quitte brusquement Ahmed Comacom.

Comme il s'en retournait chez lui précipitamment, il rencontra le capitaine Ahmed Aldanaf. Frappé du port et de l'air de ce jeune homme, Ahmed s'arrêta, et dit tout haut : « Mon Dieu, comme il lui ressemble! — De qui parlez-vous donc, seigneur? demanda Hassan Schouman, qui l'accompagnait. Qui peut vous causer une pareille surprise? — C'est ce jeune homme, répondit Ahmed : il est impossible de ressembler davantage à Alaeddin Aboulschamat. »

Ahmed Aldanaf, s'étant approché d'Aslan, le pria de vouloir bien lui dire le nom de son père : « Mon père, répondit Aslan, est l'émir Khaled, wali de Bagdad. »

« Et votre mère, reprit Ahmed Aldanaf avec intérêt, voudriez-vous bien me dire aussi son nom? — Ma mère, répondit Aslan, est une des esclaves du wali, appelée Jasmin. — O ciel! s'écria Ahmed, Jasmin est votre mère! Apprenez, puisqu'il est ainsi, que votre père est certainement Alaeddin Aboulschamat. Au reste, allez trouver votre mère, et interrogez-la : elle vous apprendra bien des choses qu'il est nécessaire que vous sachiez. »

Aslan, de plus en plus surpris, alla trouver sa mère, et, s'étant enfermé seul avec elle, la pria de lui dire le nom de son père : « Votre père, mon fils, répondit Jasmin avec émotion, est l'émir Khaled, wali de Bagdad. — Non, non, s'écria Aslan, vous me trompez, c'est Alaeddin Aboulschamat. »

CDCXVIᴱ NUIT.

A ce nom, prononcé avec feu, et qui lui rappelait de si douloureux souvenirs, Jasmin se mit à fondre en larmes, et demanda à son fils quelle était la personne qui avait pu lui découvrir un secret qu'elle cachait depuis si long-temps au fond de son cœur : « C'est Ahmed Aldanaf, » répondit-il. Et alors il raconta à sa mère tout ce qui venait de se passer.

« Mon fils, dit Jasmin, quand Aslan eut achevé son récit, la vérité se découvrira sans doute un jour, et le mensonge sera confondu. Oui, mon cher fils, Alaeddin Aboulschamat est votre père; et l'émir Khaled, qui vous en a tenu lieu jusqu'ici, et qui vous a fait élever avec tant de soin, n'est que votre père adoptif. »

Aslan, certain de son origine, s'empressa d'aller trouver Ahmed Aldanaf. Il lui baisa les mains en l'abordant, et lui dit : « Jasmin m'a confirmé ce que vous m'avez annoncé le premier; sa bouche a prononcé le nom de mon père, le nom d'Alaeddin. Je connais l'attachement que vous aviez pour lui, et je viens vous supplier de m'aider à venger sa mort, à punir son assassin. — Quel est son assassin? demanda Ahmed Aldanaf étonné. — C'est l'infâme Comacom, répondit Aslan. — Comment donc, mon fils, avez-vous fait cette découverte? » reprit Aldanaf.

« J'ai vu, dit Aslan avec véhémence, j'ai vu entre les mains de Comacom le flambeau d'or, orné de pierreries, qui a été volé au kalife. Surpris de l'éclat de ce bijou, je le lui ai demandé; mais il n'a pas voulu me le donner : « Ce flambeau, a-t-il dit, a déjà coûté la vie à quelqu'un. » Et il m'a raconté de quelle manière il l'avait dérobé au kalife, avec d'autres effets, et avait été les enterrer dans l'appartement de mon père. »

« Mon fils, dit Ahmed Aldanaf, il faut user de prudence dans cette conjoncture, et tâcher de vous faire connaître avantageusement du kalife, avant de lui rien découvrir. Retenez bien ce que je vais vous dire : quand vous verrez l'émir Khaled prendre son uniforme et s'armer de toutes pièces, priez-le de vous faire habiller comme lui, et de vous permettre de l'accompagner. Lorsque vous serez en présence de toute la cour, tâchez de vous distinguer par quelque trait de bravoure ou par quelque action d'éclat qui vous fasse remarquer du kalife. Si ce prince vous dit : « Aslan, je suis content de toi, demande-moi ce que tu voudras, » suppliez-le alors de vous venger de l'assassin de votre père. Trompé par la commune opinion, il vous répondra que votre père se porte bien; informez-le alors, sans hésiter, que vous êtes le fils d'Alaeddin Aboulschamat, que l'émir Khaled n'est que votre père adoptif, et racontez-lui, dans le plus grand détail, votre aventure avec Ahmed Comacom. Pour prouver ce que vous avancez, suppliez-le de faire fouiller sur-le-champ ce scélérat. »

Aslan, muni de ces instructions, rentra chez l'émir Khaled; et l'ayant trouvé tout prêt à se rendre à une revue que devait passer le kalife, il le pria de le faire habiller comme lui, et de le mener à la revue. L'émir, qui aimait le jeune Aslan comme s'il eût été réellement son fils, consentit volontiers à sa demande. Ils se rendirent dans une plaine hors de la ville, où le kalife avait fait dresser des tentes et des pavillons magnifiques; toute la cour s'y trouva rassemblée, et l'armée y était déjà rangée en bataille.

Pendant la revue, Aslan se tint constamment auprès de l'émir Khaled. Après quelques évolutions militaires, on voulut donner au prince le spectacle du jeu de mail : on apporta des boules et des mails, et plusieurs cavaliers se mirent à faire preuve d'adresse en se renvoyant réciproquement les boules.

Parmi ces cavaliers, se trouvait un homme envoyé secrètement par des ennemis du kalife, et qui était venu dans le dessein de le tuer : il saisit une boule, et la frappa de toutes ses forces, en la dirigeant droit au visage du prince. Aslan, attentif à tout ce qui se passait autour du kalife, détourna le coup, et renvoya la boule avec tant de vigueur vers celui qui l'avait lancée, qu'il l'atteignit au milieu de la poitrine, et le renversa de dessus son cheval.

Le kalife s'aperçut du danger qu'il avait couru, et dit tout haut: « Béni soit celui à qui je suis redevable de la vie! » Le jeu cessa aussitôt; tous les officiers descendirent de cheval, et lorsqu'on eut apporté des siéges, le kalife ordonna de faire comparaître devant lui le téméraire qui avait osé diriger la boule sur sa personne.

« Cavalier, lui dit-il, qui a pu te pousser à commettre un pareil attentat? Es-tu ami ou ennemi? »

« Ennemi, répondit fièrement le cavalier, et j'en voulais à ta personne. »

« Pour quelle raison? demanda le prince. Tu n'es donc pas un vrai musulman? »

« Non pas musulman comme tu l'entends, répondit-il; mais je me fais gloire d'être sectateur d'Ali. »

A ces mots, le kalife, rempli d'indignation, ordonna qu'on le fît mourir sur-le-champ. Se tournant ensuite vers Aslan : « Brave jeune homme, lui dit-il, je te dois la vie, demande-moi ce que tu voudras. »

« Souverain Commandeur des croyants, dit Aslan en s'inclinant respectueusement, je vous conjure de me venger de l'assassin de mon père. — Mais ton père, le voilà, reprit le prince en montrant l'émir Khaled, et Dieu merci il se porte bien. »

« Vous êtes dans l'erreur, sire, repartit Aslan, l'émir Khaled n'est que mon père adoptif : je suis le fils de l'infortuné Alaeddin Aboulschamat. — Le fils d'un traître ! » dit vivement le kalife.

« Mon père, répondit le fils d'Alaeddin, ne fut jamais un traître, mais bien le plus fidèle et le plus dévoué de vos serviteurs. — Ne m'a-t-il pas volé mon manteau et mes bijoux les plus précieux ? » dit le kalife.

« Souverain Commandeur des croyants, dit Aslan avec fierté, mon père ne fut jamais un voleur. Je supplie votre majesté de me dire si son flambeau d'or, enrichi de pierreries, s'est trouvé parmi les bijoux qu'on lui a rapportés. — Je n'ai jamais pu le retrouver, » répondit le kalife surpris de cette demande.

« Eh bien ! sire, continua Aslan, je l'ai vu ce flambeau entre les mains d'Ahmed Comacom. Je le lui ai demandé ; mais il n'a pas voulu me le donner : « Ce flambeau, a-t-il dit, a déjà coûté la vie à quelqu'un. »

Là-dessus Aslan raconta au kalife la passion d'Habdalum, fils de l'émir Khaled pour la jeune esclave Jasmin, et la maladie qui en fut la suite ; de quelle manière Ahmed Comacom était sorti de prison, et comment il avait volé le manteau royal, le flambeau d'or et les autres bijoux : « Sire, ajouta-t-il en terminant son récit, je vous conjure donc encore une fois, par tout ce qu'il y a de plus sacré, de me venger de l'assassin de mon père. »

Le kalife donna aussitôt l'ordre d'arrêter Ahmed Comacom, et de l'amener en sa présence. Lorsqu'il aperçut ce scélérat, il se tourna vers ses gardes, et chercha des yeux Ahmed Aldanaf. Ne le voyant pas, il dépêcha quelqu'un pour le faire venir ; et quand il parut, il lui commanda de fouiller Comacom.

Aldanaf, ayant porté la main dans le sein de Comacom, en retira le flambeau d'or enrichi de pierreries. A cette vue, le kalife, irrité, s'écria : « Traître, d'où te vient ce bijou ? — Je l'ai acheté, répondit effrontément Comacom. — Tu es un imposteur, dit le prince avec indignation ; c'est pour faire périr Alaeddin Aboulschamat, le plus fidèle de mes serviteurs, que tu as commis une pareille atrocité. »

CDXCVIIᴱ NUIT.

Le kalife ordonna aussitôt qu'on donnât la bastonnade à Comacom. Après quelques coups, il avoua qu'il était l'auteur du vol, et fut conduit en prison.

Le kalife, soupçonnant que l'émir Khaled était de connivence avec Comacom, voulait aussi le faire arrêter. « Souverain Commandeur des croyants, dit le wali, je suis innocent du crime dont vous me soupçonnez : je n'ai fait qu'exécuter vos ordres en conduisant Alaeddin à la mort, et je vous jure que je n'ai eu aucune connaissance de la trame ourdie contre lui ; Ahmed Comacom aura imaginé cet affreux stratagème pour s'emparer de l'esclave Jasmin ; mais je n'en ai aucune connaissance. »

Le wali, en achevant ces mots, se tourna vers Aslan, et lui dit : « Si vous êtes sensible à l'amour que je vous ai témoigné, et au soin que j'ai pris de vous depuis votre enfance jusqu'à ce jour, c'est à vous d'intercéder pour moi. »

Le jeune homme, touché de la situation où il voyait son bienfaiteur, s'empressa d'implorer la clémence du kalife en sa faveur. Ce prince demanda au wali ce qu'était devenue Jasmin, mère d'Aslan. Ayant appris qu'elle était toujours restée chez lui : « Ordonnez, lui dit-il, à votre femme de la faire habiller d'une manière convenable au rang que tenait son époux, et de lui rendre sur-le-champ la liberté. Pour vous, allez lever les scelles que vous avez mis dans le palais d'Alaeddin, et faites rendre à son fils tous les effets et toutes les richesses qu'il possédait. »

Le wali exécuta ponctuellement les ordres du kalife ; il se rendit chez lui, et prescrivit à sa femme de remettre Jasmin en liberté, et de l'habiller convenablement ; ensuite il alla lui-même lever les scellés qui étaient sur les effets d'Alaeddin, et remit toutes les clefs du palais à Aslan.

Le kalife, non content de ces actes de justice, dit à Aslan de lui demander, encore une fois, ce qu'il voudrait, et qu'il le lui accorderait sur-le-champ. Aslan ayant répondu qu'il n'avait qu'une chose à désirer, c'était de revoir son père : « Hélas! mon fils, dit le prince les yeux baignés de larmes, ton père n'est plus! Que je voudrais moi-même qu'il fût encore en vie, et que je donnerais volontiers à celui qui m'annoncerait cette bonne nouvelle tout ce qu'il pourrait me demander ! »

A ces mots, Ahmed Aldanaf, s'étant prosterné aux pieds du kalife : « Souverain Commandeur des croyants, dit-il, puis-je parler sans crainte? — Vous le pouvez, » répondit le prince.

« J'ose assurer votre majesté, reprit Ahmed, qu'Alaeddin Aboulschamat est plein de vie, et se porte parfaitement bien. — Que dites-vous là! s'écria le kalife en reculant de surprise. — Sire, reprit Aldanaf, je jure par votre tête sacrée que je viens de dire la vérité. J'ai arraché à la mort Alaeddin en faisant exécuter un criminel à sa place, et je l'ai conduit à Alexandrie, où je lui ai acheté une boutique. — Je veux le voir, dit le kalife transporté de joie; partez sur-le-champ pour Alexandrie, et amenez-le ici. » Ahmed Aldanaf s'inclina profondément, en témoignant qu'il était prêt à obéir, et qu'on ne pouvait le charger d'une commission plus agréable. Le prince lui fit remettre une bourse de mille pièces d'or, et il se mit en route pour Alexandrie.

Alaeddin Aboulschamat s'occupait dans cette ville à vendre les divers objets qui garnissaient sa boutique. Il en avait déjà vendu un grand nombre, lorsqu'il aperçut, dans un coin assez obscur, une petite bourse de cuir; l'ayant ramassée et secouée, il en vit sortir une pierre précieuse assez grosse pour remplir le creux de la main, et qui était suspendue à une petite chaîne d'or; cette pierre avait cinq faces, sur chacune desquelles étaient gravés des noms et des caractères magiques assez semblables aux traces que les fourmis font en rampant sur la poussière. Surpris de trouver chez lui un pareil bijou, Alaeddin reconnut aisément que c'était un talisman; mais il eut beau en frotter les cinq faces, aucun génie ne parut à ses ordres. Rebuté de voir tous ses efforts inutiles, il suspendit cette pierre précieuse dans sa boutique, et se mit à rêver à la situation où il se trouvait.

Un consul, ou négociant franc, qui passait dans la rue, ayant aperçu la perle qu'Alaeddin venait de suspendre, s'approcha de sa boutique, et lui demanda si cette perle était à vendre : « Tout ce qui est dans ma boutique est à vendre, seigneur, répondit Alaeddin. — Eh bien! dit le consul, je vous en offre quatre-vingt mille ducats. — Je ne veux point la céder à ce prix. — En voulez-vous cent mille? »

« Je les accepte, dit Alaeddin, ébloui d'une pareille offre. — Bien vendre et bien livrer, reprit le consul, c'est tout ce que peut faire un marchand; actuellement c'est à moi de vous payer. — Je suis prêt à recevoir votre argent, répondit Alaeddin. — Vous sentez, continua le consul, que je ne puis vous apporter une pareille somme : vous n'ignorez pas que la ville d'Alexandrie est remplie de brigands et de soldats insolents; mais si vous voulez vous donner la peine de venir jusqu'à mon vaisseau, je vous gratifierai, par-dessus le marché, d'une pièce de camelot, d'une pièce de satin, d'une autre de velours, et d'une de drap à votre choix.

Alaeddin, ayant consenti à cette proposition, remit la pierre précieuse entre les mains du consul, ferma sa boutique, et en confia les clefs à un de ses voisins, en le priant de vouloir bien s'en charger jusqu'à son retour: « Je vais, lui dit-il, accompagner ce consul à son vaisseau, pour toucher le prix d'une pierre que je viens de lui vendre; si par hasard je tardais un peu, et que le seigneur Ahmed Aldanaf, qui m'a amené ici, et établi dans cette boutique, arrivât pendant mon absence, je vous prie de lui remettre les clefs, et de l'informer de la raison pour laquelle je suis sorti. »

Alaeddin suivit donc le consul jusqu'à son vaisseau. Dès qu'ils furent montés à bord, on leur présenta des siéges; le consul se fit apporter sa cassette, en tira la somme convenue, et la remit à Alaeddin, ainsi que les quatre pièces d'étoffe qu'il lui avait promises: « Voudriez-vous, lui dit-il ensuite, me faire le plaisir d'accepter un morceau, et de vous rafraîchir? — Je prendrai volontiers une tasse de sorbet, si vous en avez, » répondit Alaeddin.

Le consul, ou plutôt le capitaine, qui s'était déguisé en marchand pour mieux tromper Alaeddin, fit signe à un de ses domestiques d'apporter le sorbet; mais il avait eu soin d'y jeter auparavant une poudre soporifique dont Alaeddin ressentit l'effet sur-le-champ; car il n'eut pas plutôt vidé la tasse, qu'il tomba à la renverse sur son siége.

Les matelots, prévenus de ce qu'ils devaient faire, levèrent aussitôt l'ancre, et déployèrent les voiles; le vent, qui les favorisait, les porta bientôt en pleine mer. Le capitaine, ayant ordonné d'emporter Alaeddin de dessus le tillac, et de le descendre dans le vaisseau, lui fit respirer une poudre dont la vertu détruisait l'effet de celle qu'il avait prise.

Alaeddin, en ouvrant les yeux, demanda avec étonnement où il était. Le consul, devenu capitaine, lui répondit avec un sourire amer: « Vous êtes maintenant en mon pouvoir. — Qui êtes-vous? lui demanda Alaeddin? — Je suis le capitaine de ce vaisseau, répondit le Franc, et je suis venu de Gênes à Alexandrie pour vous enlever et vous conduire à la bien-aimée de mon cœur. »

On signala quelques jours après un vaisseau marchand, monté par quarante négociants d'Alexandrie. Le capitaine commanda aussitôt de lui donner la chasse. L'ayant atteint et pris à l'abordage, il le fit remorquer, et continua sa route vers la ville de Gênes.

Avant d'entrer dans le port, le capitaine se fit descendre à terre, et s'avança seul vers la porte d'un palais qui donnait sur le bord de la mer. Une jeune dame, couverte d'un grand voile, et dont il était impossible de distinguer les traits, s'étant présentée à cette porte, lui demanda s'il apportait la pierre précieuse, et s'il avait amené avec lui celui qui en était possesseur. Le capitaine lui dit qu'il avait heureusement exécuté les ordres qu'elle lui avait donnés, et lui remit la pierre précieuse entre les mains. Il revint ensuite au vaisseau, qui entra triomphant dans le port.

CDXCVIII[e] NUIT.

Le roi du pays, ayant été informé de l'arrivée du capitaine, se rendit sur son bord, accompagné de ses gardes, et lui demanda si son voyage avait été heureux : « Très-heureux, répondit le capitaine; car j'ai capturé un vaisseau marchand, monté par quarante et un musulmans. » Le roi ordonna qu'on les fit descendre à terre : ils sortirent du vaisseau, enchaînés deux à deux, traversèrent une partie de la ville, et furent conduits dans la salle du conseil. Le roi les suivait à cheval, accompagné du capitaine et des principaux seigneurs de sa cour.

Le roi, s'étant assis sur son trône, et ayant fait placer le capitaine à côté de lui, sur un siége plus bas, fit avancer les pauvres musulmans, et demanda au premier qui se présenta d'où il était. Il n'eut pas plutôt répondu qu'il était d'Alexandrie, que le bourreau, d'après un signal du prince, lui fit voler la tête de dessus les épaules. Le second, le troisième et les suivants, jusqu'au quarantième, ayant tous fait la même réponse, éprouvèrent le même sort.

Il ne restait plus qu'Alaeddin Aboulschamat, qui, témoin du triste sort de ses compagnons d'infortune, déplorait leur commun malheur, et attendait son tour, en priant Dieu d'avoir pitié de lui : « C'en est fait de toi, pauvre Alaeddin, disait-il en lui-même; dans quel maudit piége t'es-tu laissé prendre? »

« De quel pays es-tu, musulman? lui demanda le roi d'un air sévère. — D'Alexandrie, répondit-il. — Bourreau! faites votre devoir! » cria le roi.

Déjà le bourreau avait le bras levé, et allait abattre la tête d'Alaeddin, lorsqu'une vieille religieuse s'avança tout à coup jusqu'au pied du trône, et s'adressant au roi, qui s'était levé, ainsi que toute l'assemblée, pour lui faire honneur :

« Prince, lui dit-elle, ne vous avais-je pas dit de penser au couvent, lorsque le capitaine amènerait quelques captifs, et d'en réserver un ou deux pour le service de l'église? »

« Vous venez un peu tard, ma mère, répondit le roi ; cependant en voici encore un qui reste, vous pouvez en disposer. »

La religieuse, s'étant tournée vers Alaeddin, lui demanda s'il voulait se charger du service de l'église, ajoutant que s'il ne voulait pas s'en charger, elle allait le laisser mettre à mort comme ses autres camarades. Alaeddin consentit à suivre la religieuse, qui sortit avec lui de l'assemblée, et le conduisit sur-le-champ à l'église.

Arrivé sous le vestibule, Alaeddin demanda à sa conductrice quelle était l'espèce de service qu'elle exigeait de lui :

« Au point du jour, lui dit-elle, vous prendrez cinq mulets, que vous conduirez dans la forêt voisine, et là, après avoir abattu et fendu du bois sec, vous les en chargerez, et vous le rapporterez à la cuisine du couvent; ensuite vous ramasserez les nattes et les tapis, vous les battrez et les brosserez, et, après avoir balayé et frotté le pavé de l'église et les marches des autels, vous étendrez les tapis et les replacerez comme ils étaient; après cela, vous criblerez deux boisseaux de froment, vous les moudrez, et après avoir pétri la farine, vous en ferez de petits pains pour les religieux du couvent; puis vous éplucherez vingt-quatre boisseaux de lentilles, et vous les ferez cuire; vous remplirez d'eau les quatre bassins, et vous en porterez dans les trois cent soixante auges de pierre qui sont dans la cour; quand cela sera fait, vous nettoierez les verres des lampes, vous les remplirez d'huile, et vous aurez grand soin de les allumer au premier coup de la cloche; ensuite vous préparerez trois cent soixante-six écuelles, dans lesquelles vous couperez vos petits pains, vous verserez dessus le bouillon des lentilles, et vous irez porter une écuelle à chaque religieux et à chaque prêtre du couvent. Ensuite.... »

« Ah! madame, s'écria Alaeddin en l'interrompant, remenez-moi, de grâce, au roi, et qu'il me fasse mourir s'il le veut. »

« Rassurez-vous, lui dit la religieuse; si vous vous acquittez exactement de votre devoir, je vous promets que tout ira bien, et que vous ne vous en repentirez pas; si, au contraire, vous mettiez de la négligence dans votre service, je me verrais forcée de vous remettre entre les mains du roi, qui vous ferait mourir sur-le-champ. »

La religieuse l'ayant quitté dans ce moment, Alaeddin fut s'asseoir dans un coin, et se mit à rêver à sa triste situation. Il y avait dans cette église dix pauvres aveugles estropiés; un d'entre eux ayant entendu marcher Alaeddin, le pria de lui donner le pot-de-chambre. Alaeddin se vit obligé de lui donner le pot-de-chambre, et de le vider ensuite : « Dieu bénisse, dit l'aveugle, le serviteur de cette église ! »

La vieille religieuse, étant rentrée sur ces entrefaites, demanda avec humeur à Alaeddin pourquoi il ne s'était pas acquitté de tous ses devoirs : « Eh ! madame, répondit-il, quand j'aurais cent bras, il me serait impossible de faire tout ce qu'on exige de moi ! — Pourquoi donc, imbécile, vous ai-je amené ici? reprit la vieille ; n'est-ce pas pour faire ce que je vous ai prescrit? »

La vieille religieuse se radoucit un peu, et dit à Alaeddin. « Prenez, mon fils, prenez ce bâton (c'était un bâton de cuivre, au haut duquel était une croix), sortez de l'église, et si vous rencontrez le wali de cette ville, arrêtez-le, et dites-lui : « Je te requiers pour le service de l'Église : prends ces cinq mules, et va dans la forêt les charger de bois sec. » S'il fait résistance, tuez-le sur-le-champ sans rien craindre ; car je me charge des conséquences que cela pourrait avoir. Si vous apercevez le grand vizir, courez à lui, frappez la terre avec ce bâton devant son cheval, et dites-lui : « Je vous somme, au nom du Messie, de faire ce que le service de l'Église exige. » Vous obligerez ainsi le vizir de cribler le blé, de le moudre, de tamiser la farine, de la pétrir, et d'en faire de petits pains ; et quiconque refusera de vous obéir, tuez-le sur-le-champ sans crainte ; car je me charge de tout. »

Alaeddin ne manqua pas, dès le lendemain, de profiter de l'avis que venait de lui donner la vieille. Aucun de ceux auxquels il s'adressa n'osèrent se refuser à ce qu'il exigeait d'eux, et il se vit par là soulagé des ouvrages les plus pénibles. Il passa ainsi dix-sept ans, contraignant à son gré et mettant en réquisition les grands et les petits pour le service du monastère. Un jour qu'il était occupé à laver et à frotter le pavé de l'église, la vieille religieuse entra, et lui commanda brusquement de s'éloigner :

« Où voulez-vous que j'aille? lui répondit-il. — Il faut, mon ami, dit la vieille, que vous alliez passer la nuit à la taverne, ou chez quelqu'un de vos amis. — Pourquoi donc, repartit Alaeddin, voulez-vous me faire sortir de l'église? — C'est, répondit la vieille, parce que la fille du roi veut y venir faire ses prières ce soir ; et comme il n'est permis à personne de se trouver sur son passage, je me vois forcée de vous congédier pour cette nuit. »

Ce discours excita la curiosité d'Alaeddin, qui dit en lui-même, tout en faisant semblant d'obéir à l'ordre de la religieuse : « Je me garderai bien de sortir de cette église, à laquelle je suis attaché depuis si long-temps, dans une circonstance aussi intéressante; je veux jouir de la vue de la princesse, et savoir si les femmes de ce pays ressemblent aux nôtres, ou bien si elles les surpassent en beauté. » Alaeddin, au lieu de sortir de l'église, chercha un endroit favorable à son dessein, et se cacha dans un coin d'où il pouvait tout observer à son aise.

CDXCIX[E] NUIT.

La princesse ne tarda pas à paraître. Alaeddin, ébloui de sa beauté, soupira plusieurs fois, et crut voir la lune dans tout son éclat sortir du sein des nuages. Après l'avoir long-temps considérée, il porta ses regards sur une femme qui l'accompagnait, et entendit la princesse qui lui disait : « Eh bien, ma chère Zobéide, commencez-vous à vous accoutumer à vivre avec moi? » Alaeddin, ayant entendu prononcer le nom de Zobéide, fixa plus attentivement la jeune dame; mais quelle fut sa surprise en reconnaissant son épouse, sa chère Zobéide, qu'il croyait morte depuis si long-temps!

La princesse prit alors une guitare, et, la présentant à Zobeide, la pria de chanter un air en s'accompagnant de cet instrument : « Il m'est impossible de chanter, madame, répondit Zobéide, avant que vous ayez accompli la promesse que vous m'avez faite depuis si long-temps. — Que vous ai-je donc promis? reprit la princesse. — Vous m'avez promis, madame, repartit Zobéide, de me réunir à mon époux, à mon fidèle Alaeddin Aboulschamat. — Cessez de vous affliger, Zobéide, dit la princesse, et livrez-vous à la joie : l'instant qui doit vous réunir à ce que vous avez de plus cher n'est peut-être pas si éloigné que vous le pensez. Chantez-nous donc un air vif et gai, pour célébrer cette heureuse réunion. — Où est-il? où est-il? demanda vivement Zobéide. — Il est dans ce coin, lui répondit tout bas la princesse, qui avait aperçu Alaeddin, et il ne perd pas un mot de notre entretien. »

Zobéide, au comble de la joie de ce qu'elle venait d'apprendre, et pouvant à peine retenir ses transports, chanta un air si tendre, et s'accompagna d'une manière si ravissante, qu'Alaeddin, hors de lui, s'élança tout à coup vers elle, et la serra contre son cœur. Zobéide et son époux, trop faibles pour soutenir les mouvements tumultueux et passionnés qui s'élevaient dans leurs âmes, tombèrent sans sentiment dans les bras l'un de l'autre.

La princesse et ses femmes s'empressèrent de les secourir. Lorsqu'ils furent revenus à eux, la princesse les félicita sur leur réunion :

« Madame, lui dit Alaeddin, c'est à vous, je le vois, que je suis redevable de mon bonheur. » Jetant ensuite des regards passionnés sur son épouse : « Vous respirez encore, ma chère Zobéide, » lui dit-il.

« Jamais, cher époux, répondit-elle d'une voix émue, je n'ai cessé de vivre et de soupirer après l'instant qui devait nous réunir. Je fus dérobée à votre amour, et transportée en ces lieux, par un de ces génies qui obéissent aux génies d'un ordre supérieur. Le fantôme que vous prîtes pour moi était celui d'un autre génie, qui, ayant pris ma taille et mes traits, feignit d'être mort. Quand vous l'eûtes déposé dans le tombeau, il en sortit aussitôt après, et revint trouver sa souveraine, la princesse Husn Merim, ma bienfaitrice, que vous voyez devant vous. Lorsque j'ouvris les yeux, et que je l'aperçus à mes côtés, je lui demandai pourquoi l'on m'avait amenée ici.

« Madame, me répondit-elle, le sort me destine à devenir l'épouse d'Alaeddin Aboulschamat; daignez me permettre de partager avec vous son cœur. Je viens de découvrir, par la puissance de mon art, qu'un grand malheur est prêt à fondre sur sa tête; et comme il m'est impossible de m'y opposer, j'ai voulu du moins vous en dérober la vue, et je vous ai fait transporter ici pour pouvoir nous consoler mutuellement d'une séparation qui n'aura qu'un temps. Vos talents pour la musique charmeront nos ennuis, » ajouta-t-elle obligeamment.

« Je suis donc restée auprès de cette aimable princesse, jusqu'au moment où je viens de vous retrouver dans cette église. »

Husn Merim, s'adressant alors à Alaeddin, lui demanda s'il consentait à la recevoir pour épouse : « Hélas! madame, répondit-il, je suis musulman et vous êtes chrétienne! — La bonté de Dieu a levé cet obstacle, seigneur, dit la princesse : il y a déjà dix-huit ans que je suis musulmane et pénétrée des principes de l'islamisme; je le regarde comme la seule véritable religion. — Je voudrais, reprit alors Alaeddin en soupirant, retourner à Bagdad. »

« Seigneur, reprit la princesse, c'est l'arrêt du destin, et bientôt vos vœux seront accomplis. Ayant découvert les malheurs qui vous menaçaient, et auxquels il ne m'était pas permis de vous soustraire, j'ai attendu que le cours en fût terminé; maintenant je puis vous apprendre des choses que vous ignorez, et qui vont vous combler de joie. Sachez donc, seigneur, que vous avez un fils âgé de dix-huit ans, nommé Aslan, qui remplit le poste que vous occupiez auprès du kalife. La vérité a paru dans tout son jour, et les complots de la méchanceté et de la perfidie ont été confondus; Dieu a fait retomber sur la tête du coupable le châtiment dû à son crime: on a découvert celui qui a volé les effets du kalife. C'est l'infâme Ahmed Comacom, qui maintenant est chargé de fers, et enfermé dans un noir cachot. Sachez, seigneur, que c'est moi qui vous ai fait parvenir la pierre précieuse renfermée dans la petite bourse de cuir que vous avez trouvée dans votre boutique. C'est moi qui ai donné l'ordre au capitaine de me rapporter cette pierre précieuse, et de vous amener avec lui. Ce capitaine, épris du peu d'attraits que le Ciel m'a donnés en partage, voulait m'épouser; mais je lui déclarai que jamais je ne le rendrais maître de ma personne, à moins qu'il ne m'apportât la pierre, et ne m'amenât celui qui en était possesseur. Je lui donnai cent bourses pour la racheter, et le fis partir, déguisé en négociant. Quand le roi, mon père, après la mort de vos quarante compatriotes, voulut vous faire trancher la tête, c'est encore moi qui envoyai cette vieille religieuse pour vous sauver la vie. »

« Ah! madame, s'écria Alaeddin, combien ne vous dois-je pas! Le don de votre main mettra le comble à tous vos bienfaits. »

Après que la princesse eut renouvelé entre les mains d'Alaeddin sa profession de foi et d'attachement à la religion de Mahomet, il la pria de lui faire connaître les vertus de la pierre précieuse qu'elle possédait, et de quelle manière elle était d'abord parvenue entre ses mains:

« Seigneur, répondit la princesse, cette pierre est un véritable trésor: elle est douée de cinq propriétés que je vous ferai connaître, et qui nous serviront en temps et lieu. La mère du roi, mon père, instruite dans tous les secrets de l'art magique, sachant déchiffrer parfaitement les talismans les plus compliqués, et pouvant pénétrer à son gré dans les trésors de tous les rois de la terre, la trouva un jour par hasard dans un trésor où elle était conservée avec le plus grand soin. Quand je fus devenue grande, et que j'eus atteint ma quatorzième année, on me fit étudier l'Évangile; mais ayant lu le nom de Mahomet (que Dieu répande sur lui ses grâces et ses bénédictions!) dans les livres sacrés du Pentateuque, des Évangiles, des Psaumes et de l'Alcoran, je crus en lui, je devins musulmane, et je fus intimement convaincue qu'on ne pouvait adorer d'une manière convenable le Dieu très-haut, que dans la religion musulmane, qui est la seule véritable religion. Ma grand'mère, étant tombée malade, me donna cette pierre précieuse, et m'en découvrit les cinq vertus. La maladie de ma grand'mère ayant augmenté, mon père vint la voir comme elle était sur le point d'expirer, et la supplia de lui découvrir, par la puissance de son art, quels étaient les événements qui devaient lui arriver, et de quelle manière surtout il terminerait sa carrière :

« Mon fils, lui dit-elle, il vaudrait mieux pour vous ignorer l'avenir, que de chercher à le pénétrer ; mais puisque vous me forcez, par vos prières, à vous dire la vérité, sachez que vous devez périr de la main d'un étranger qui viendra d'Alexandrie. »

D^{e} NUIT.

« Mon père jura dès lors de faire mourir tous les habitants d'Alexandrie qui tomberaient au pouvoir de ses sujets. Il fit venir le capitaine qui vous a conduit ici, lui ordonna d'attaquer tous les vaisseaux musulmans qu'il rencontrerait, de s'en emparer, et de mettre à mort tous les prisonniers qu'il reconnaîtrait pour être d'Alexandrie. Le barbare capitaine ne se conforma que trop bien à cet ordre sanguinaire : car il a déjà fait périr autant de musulmans qu'il a de cheveux sur la tête. Après la mort de ma grand'mère, je voulus connaître quel était celui que le Ciel me destinait pour époux ; et par les secrets de mon art, je reconnus que ce devait être le seigneur Alaeddin Aboulschamat, le confident et l'ami du kalife Haroun Alraschild. Les temps sont accomplis, seigneur, et je m'estime heureuse de toucher au moment qui doit combler tous mes vœux. »

Alaeddin, surpris et touché de ce discours, fit éclater sa joie de devenir l'époux d'une princesse qui lui avait rendu de si grands services, et que le Ciel avait comblée de tant de faveurs ; mais en même temps il lui témoigna de nouveau le vif désir qu'il avait de retourner à Bagdad. La princesse lui dit qu'elle allait tout préparer pour leur départ, et le pria de la suivre. Elle le conduisit au palais par des chemins qu'elle seule connaissait, l'enferma dans un des cabinets de son appartement, et se rendit chez son père. »

Ce prince était alors à table ; il montra beaucoup de joie de voir sa fille, et l'invita à rester auprès de lui pour lui tenir compagnie. Husn Merim y ayant consenti, le roi fit retirer tout le monde et s'enferma seul avec elle. La princesse, profitant de la circonstance et de la bonne humeur où elle le voyait, lui versa si souvent à boire qu'elle parvint à l'enivrer. Lorsqu'elle le vit au point où elle le souhaitait, elle lui présenta un verre de liqueur, dans lequel elle avait jeté une certaine dose d'une poudre assoupissante. Le prince ne l'eut pas plutôt vidée qu'il tomba à la renverse, privé de sentiment.

La princesse courut aussitôt à son appartement, fit sortir Alaeddin du cabinet où elle l'avait caché, et lui raconta ce qu'elle venait de faire. Alaeddin se fit aussitôt conduire à l'appartement du prince, lui lia fortement les pieds et les mains, et lui fit respirer une poudre propre à dissiper l'effet de celle qu'il avait avalée.

En reprenant ses esprits, le roi fut très-étonné de se trouver garrotté, et de voir un étranger qu'il ne reconnaissait pas. Alaeddin, prenant aussitôt la parole, lui reprocha sa cruauté envers les musulmans, et lui dit que le seul moyen d'expier tant de crimes était d'embrasser l'islamisme. Le roi rejeta cette proposition avec horreur, et s'emporta en blasphèmes contre Mahomet. Alaeddin, ne pouvant alors contenir son indignation, tira son poignard, lui en perça le cœur et l'étendit mort à ses pieds.

Alaeddin écrivit ensuite un billet, dans lequel il exposait brièvement les événements qui venaient d'avoir lieu, et la manière merveilleuse dont Dieu avait puni la barbarie du roi; il déposa ce billet sur le front du cadavre, et retourna joindre la princesse.

Husn Merim s'était emparée, pendant ce temps-là, des objets les plus précieux, et ne songeait plus qu'à s'éloigner. Elle prit la pierre précieuse qu'elle gardait soigneusement, et ayant fait remarquer à Alaeddin un sofa gravé sur une de ses facettes, elle frotta un peu cette facette; aussitôt un sofa parut devant eux. Elle s'y assit la première, fit asseoir à ses côtés Alaeddin et Zobéide, et prononça ces paroles : « PAR LA VERTU DES CARACTÈRES MAGIQUES TRACÉS SUR CETTE PIERRE, JE SOUHAITE QUE CE SOFA S'ÉLÈVE DANS LES AIRS. » Sur-le-champ le sofa s'éleva dans les airs, et les porta rapidement au-dessus d'une vallée profonde. La princesse ayant tourné vers la terre la face de la pierre où le sofa était gravé, et les quatre autres vers le ciel, ils descendirent aussitôt avec rapidité dans la vallée. La princesse alors frotta la face qui représentait une tente, et ils virent se dresser devant eux une tente superbe, sous laquelle ils se mirent à couvert.

Comme la vallée où ils se trouvaient n'était qu'un désert affreux, où il n'y avait pas une seule goutte d'eau, la princesse tourna quatre faces de la pierre vers le ciel, et mit au-dessous celle qui représentait un fleuve, en souhaitant de le voir paraître. Ils aperçurent aussitôt une vaste étendue d'eau dont les vagues s'entreheurtaient et venaient se briser à leurs pieds. Après s'être lavés et purifiés dans cette eau merveilleuse, ils firent leur prière et se désaltérèrent. Ensuite la princesse frotta la face où était représentée une table toute servie, et souhaita de la voir paraître. Aussitôt une table, chargée des mets les plus délicats et les plus recherchés, se trouva dressée devant eux; ils s'en approchèrent, et se mirent à manger et à boire, en s'entretenant du bonheur qu'ils allaient bientôt goûter.

Cependant le fils du roi, étant entré le lendemain dans l'appartement de son père, recula d'abord d'horreur en le trouvant baigné dans son sang; s'étant ensuite approché, et ayant aperçu le petit billet qu'Alaeddin avait écrit, il le ramassa et le lut. Rempli d'étonnement et d'indignation, il courut aussitôt chez sa sœur; mais ne l'ayant pas trouvée, il se rendit précipitamment à l'église pour questionner la vieille religieuse. Ayant appris qu'elle n'avait pas vu la princesse ni Alaeddin depuis la veille, il rassembla un grand nombre de soldats, leur raconta ce qui venait de se passer, et leur commanda de monter à cheval sur-le-champ pour poursuivre les fugitifs. S'étant mis à leur tête, ils firent tant de diligence qu'ils arrivèrent en peu de temps à la vallée, et aperçurent de loin la tente sous laquelle la princesse, Alaeddin et Zobéide se reposaient.

Husn Merim, ayant en ce moment levé les yeux, aperçut un nuage épais de poussière, et reconnut bientôt son frère, à la tête d'une troupe de soldats, qui criaient : « Arrêtez, perfides, vous ne pouvez maintenant nous échapper ! » Elle se tourna vers Alaeddin, et lui demanda s'il était en état de tenir tête à tous ces gens-là :

« Hélas ! madame, répondit Alaeddin, je n'ai jamais combattu de ma vie; et quand je serais le plus vaillant des hommes, il me serait impossible de résister à tant de monde. »

La princesse ayant frotté un côté de la pierre précieuse qui représentait un cheval et un cavalier, on vit aussitôt sortir du sein de la terre un cavalier tout armé, qui chargea avec tant de furie le prince et ses soldats, qu'il les dispersa et les mit en fuite en un clin d'œil.

DI[e] NUIT.

Lorsque le repas fut terminé, la princesse demanda à Alaeddin où il voulait se rendre. Alaeddin lui ayant répondu que son intention était d'aller d'abord à Alexandrie, ils se replacèrent sur le sofa, qui les transporta en un instant dans une caverne aux environs de cette ville, où ils s'arrêtèrent. Alaeddin alla chercher de grands voiles pour les dames; il les fit ensuite entrer dans la ville, et les conduisit à sa boutique, où ils trouvèrent Ahmed Aldanaf.

Ahmed fut charmé de revoir Alaeddin ; il lui raconta, dans le plus grand détail, tous les événements qui s'étaient passés depuis qu'il avait été obligé de s'éloigner de Bagdad, et lui fit part des dispositions du kalife à son égard, et du désir que son fils Aslan avait de le voir.

Alaeddin, de son côté, surprit beaucoup Ahmed Aldanaf par le récit de ses aventures. S'étant défait le lendemain de sa boutique, il ne songea plus qu'à continuer son voyage. Quoiqu'il eût le plus grand désir d'embrasser son fils et de se rendre aux instances du kalife, qui le pressait de revenir à la cour, il résolut, néanmoins, d'aller auparavant au Caire pour voir son père et sa mère. Ils se placèrent en conséquence tous ensemble sur le sofa, qui les déposa en un clin d'œil dans une rue du Caire assez étroite.

Alaeddin, ayant frappé à la porte de la maison où il avait passé son enfance, entendit avec un plaisir inexprimable la voix de sa mère, qui demanda, sans ouvrir : « Qui est là ? Que veut-on à d'infortunés parents qui ont perdu ce qu'ils avaient de plus cher au monde ? — C'est votre fils Alaeddin, cria-t-il. — Alaeddin, dit-elle avec un soupir, est mort il y a long-temps ! — Ma mère, dit-il en élevant la voix, de grâce, ouvrez-moi, je suis votre fils Alaeddin. »

A ces mots, qui pénétrèrent son âme de la joie la plus vive, la pauvre mère ouvrit la porte avec précipitation. Son fils se jeta dans ses bras et ne s'en arracha que pour tomber dans ceux de son père. Quand les premiers transports de la joie et de la tendresse se furent calmés, Alaeddin présenta à ses parents ses deux épouses et son ami Ahmed Aldanaf.

Au bout de trois jours, Alaeddin témoigna à ses parents le désir qu'il avait de se rendre avec eux à Bagdad. Ils voulurent d'abord l'engager à rester au Caire; mais Alaeddin leur ayant représenté qu'il était obligé de retourner à la cour, ils consentirent à le suivre.

Alaeddin fit donc tout préparer pour leur départ. et en peu de jours il se rendit à Bagdad avec son père et sa mère, ses deux femmes et Ahmed Aldanaf.

Haroun Alraschild, ayant été informé de l'arrivée d'Alaeddin, alla au-devant de lui, accompagné d'Aslan et des principaux seigneurs de sa cour, et le reçut à bras ouverts. Ayant ensuite fait venir Ahmed Comacom, chargé de fers, il dit à Alaeddin : « Je n'ai laissé vivre jusqu'à présent ce scélérat, qu'afin que vous puissiez le punir vous-même. » Enflammé de colère à la vue d'un homme qui avait causé tous ses malheurs, Alaeddin tira son cimeterre et lui fit voler la tête de dessus les épaules.

Le kalife voulut ensuite entendre de la bouche d'Alaeddin le récit des aventures qui lui étaient arrivées depuis le fatal événement qui les avait séparés. Alaeddin s'empressa de le satisfaire. Lorsqu'il eut achevé, le kalife le félicita de ce qu'il allait devenir l'époux de la princesse Husn Merim, et voulut que le contrat de mariage fût dressé en sa présence. Il y eut à cette occasion des fêtes et des réjouissances qui durèrent pendant sept jours; Alaeddin fut de nouveau comblé d'honneurs, et son fils devint chef du conseil suprême des Soixante.

Les malheurs que le favori venait d'éprouver augmentèrent l'attachement que son maître avait pour lui; il lui témoignait une confiance sans bornes que rien ne put par la suite altérer.

Alaeddin, heureux à la cour par la faveur constante du kalife, ne le fut pas moins dans tout ce qui l'entourait : Jasmin, dont l'amour s'était montré si fidèle, Zobéide et Husn Merim, vécurent toutes les trois dans la meilleure intelligence, et lui furent toutes également chères.

Scheherazade, en racontant l'histoire d'Alaeddin Aboulschamat, s'était aperçue que le sultan des Indes avait écouté fort attentivement ce qui concernait la princesse Husn Merim, le talisman qu'elle possédait, et ses vertus extraordinaires; elle pensa qu'il n'écouterait pas avec moins de plaisir les aventures merveilleuses d'Abou Mohammed Alkeslan, et s'empressa de les lui annoncer. Le sultan consentit volontiers à entendre le lendemain ce récit, qu'elle continua, selon l'usage, les nuits suivantes.

DII^{e} NUIT.

HISTOIRE

D'ABOU MOHAMMED ALKESLAN.

N jour que le kalife Haroun Alraschild était assis sur son trône, environné de toute sa cour, un esclave, tenant à la main un diadème d'or brodé de perles et enrichi de diamants, s'avança jusqu'au pied du trône, et frappant la terre de son front : « Souverain Commandeur des croyants, dit-il, Zobéide, votre illustre épouse, m'a ordonné de venir vous présenter ses hommages. Votre majesté sait qu'elle s'occupe depuis long-temps à finir ce diadème ; il n'y manque plus que le diamant du milieu ; elle a cherché dans tous vos trésors un diamant assez gros pour remplir son dessein ; mais toutes ses perquisitions ont été inutiles.

Le kalife ordonna aussitôt à ceux de ses principaux officiers qui étaient présents de chercher de tous côtés les plus beaux diamants. Ils obéirent ; mais ils n'en purent trouver aucun digne de couronner le riche diadème formé par Zobéide. Le kalife, piqué de voir que les recherches qu'il avait fait faire n'étaient pas plus heureuses que celles de la princesse, dit avec humeur : « Comment, la moitié de la terre est soumise à ma puissance, et je ne possède pas dans mes trésors un diamant tel que le désire mon épouse ! Allez, informez-vous chez tous les joailliers de Bagdad s'ils en ont un qui puisse la satisfaire. »

Les joailliers, interrogés, répondirent tous qu'on ne pouvait trouver un pareil diamant que chez un homme de Basra, nommé Abou Mohammed Alkeslan. Le kalife commanda aussitôt à un de ses vizirs d'envoyer un exprès à l'émir Mohammed Alzobéidy, gouverneur de Basra, avec ordre de faire conduire sur-le-champ à Bagdad cet Abou Mohammed Alkeslan.

Mesrour, chef des eunuques, chargé de cette dépêche, fit tant de diligence, qu'il arriva en peu de temps à Basra. S'étant présenté devant l'émir, et l'ayant informé du sujet de son arrivée, celui-ci s'empressa d'exécuter l'ordre du kalife, et envoya quelques-uns de ses officiers avec Mesrour jusqu'à la maison d'Abou Mohammed Alkeslan.

Mesrour ayant frappé à la porte de la rue, un esclave vint ouvrir : « Va dire à ton maître, lui dit Mesrour, que le souverain Commandeur des croyants le demande. » L'esclave ayant informé son maître de ce qui se passait, Abou Mohammed Alkeslan vint lui-même recevoir Mesrour et ceux qui l'accompagnaient.

Ayant appris d'eux plus particulièrement le sujet de leur venue, il les invita à entrer ; mais ils le refusèrent, sous prétexte que l'ordre du kalife ne pouvait souffrir aucun délai, et que ce prince attendait impatiemment son arrivée : « Du moins, permettez-moi, leur dit Alkeslan, de me mettre en état de paraître décemment devant sa majesté ; cela ne sera pas long, et je vous prie d'entrer pour vous reposer un moment. »

Mesrour et ceux qui l'accompagnaient, s'étant, après bien des difficultés, rendus à cette invitation, aperçurent à droite et à gauche, en entrant sous le vestibule, des portières de soie verte, brodées en or depuis le haut jusqu'en bas. Abou Mohammed Alkeslan ordonna à un de ses esclaves de les conduire à un bain magnifique. placé dans l'intérieur de la maison.

Les murs et le pavé de ce bain étaient incrustés d'or et d'argent ; un superbe bassin de marbre blanc, rempli d'une eau parfumée avec de l'essence de roses, était creusé au milieu, et des esclaves, élégamment vêtus, s'empressaient d'obéir au moindre signal qu'on leur faisait.

Mesrour et ses compagnons, s'étant lavés et parfumés, furent revêtus d'habits tissus d'or et de soie, et introduits ensuite dans l'appartement du maître de la maison. Ils le trouvèrent assis sur un sofa magnifique, et appuyé sur des coussins où l'or brillait de toutes parts ; au-dessus de sa tête s'élevait un dais de brocart d'or, brodé de perles et de diamants.

Abou Mohammed Alkeslan reçut Mesrour de la manière la plus distinguée, et le fit asseoir à ses côtés. On apporta un repas, composé des mets les plus délicats et les plus recherchés ; ces mets étaient servis dans des plats d'or et de porcelaine de la Chine, et la magnificence qui régnait partout était telle, que Mesrour ne put s'empêcher de s'écrier qu'il n'en avait jamais vu de pareille à la cour même du kalife.

Après avoir passé très-agréablement la soirée, Mesrour et ceux qui l'accompagnaient reçurent, de la part d'Abou Mohammed, une bourse de mille pièces d'or. Le lendemain matin on les revêtit chacun d'une robe de soie verte, brodée et ornée de franges d'or, et l'on s'empressa de leur faire les mêmes honneurs que la veille.

Mesrour, étant entré dans l'appartement d'Abou Mohammed

Alkeslan, le prévint qu'il ne pouvait pas rester plus long-temps à Basra. Mohammed le pria de passer encore ce jour-là chez lui, et lui promit de se tenir prêt à partir le lendemain matin. Effectivement, dès qu'il fut jour, on lui amena une mule couverte d'une selle de brocart d'or, enrichie de perles et de diamants. Il monta dessus, alla prendre congé de l'émir Abou Mohammed Alzobéidy, et sortit sur-le-champ de Basra, accompagné de Mesrour, qui disait en lui-même : « Le kalife sera bien surpris quand il verra Abou Mohammed dans un équipage aussi riche et aussi brillant ; il ne manquera pas, sans doute, de lui demander d'où peut lui venir une fortune aussi prodigieuse. »

Arrivé à Bagdad, Mesrour s'empressa de présenter Abou Mohammed Alkeslan au kalife. Ce prince le reçut avec bonté, le fit asseoir auprès de lui, et lui permit de l'entretenir : « Souverain Commandeur des croyants, dit Alkeslan, j'ai pris la liberté d'apporter quelques petits présents à votre majesté, et je la supplie de me permettre de les lui offrir. »

Haroun Alraschild ayant demandé quels étaient ces présents, un esclave s'avança, chargé d'un petit coffre, et vint le déposer aux pieds de son maître. Alkeslan, l'ayant ouvert, en tira plusieurs arbres artificiels, dont la tige et les branches étaient d'or, les feuilles d'émeraudes, et les fruits de rubis, de topazes et de perles éblouissantes par leur blancheur ; il en tira ensuite, l'un après l'autre, beaucoup d'autres présents magnifiques qui s'y trouvaient renfermés par enchantement.

Le kalife, étonné de ce prodige, le fut encore bien davantage quand Alkeslan ouvrit une seconde cassette qu'on venait de lui apporter, et en fit sortir un pavillon de soie, brodé de perles et de rubis ; le fond en était d'or, enrichi d'émeraudes et de topazes, et les colonnes qui le soutenaient étaient faites d'un bois précieux des Indes. Ce superbe pavillon était orné de franges où brillaient les émeraudes et les saphirs ; on y voyait représentées au naturel les figures d'une multitude d'oiseaux et de bêtes sauvages de toutes espèces, dont le plumage et le poil étaient formés de perles, de rubis, d'émeraudes, de saphirs, de topazes, et de toutes sortes de pierres précieuses, mêlées et nuancées avec le plus grand art.

DIII^E NUIT.

Le prince, de plus en plus surpris et ébloui par la vue de tant de richesses, ne savait ce qu'il devait penser de tout cela, lorsqu'Abou Mohammed Alkeslan lui dit : « Souverain Commandeur des croyants, ce n'est pas un sentiment de crainte, mais plutôt un sentiment de convenance, qui me porte à vous faire de pareils présents : j'ai pensé que des objets aussi précieux ne pouvaient convenir à un simple particulier comme moi et ne devaient appartenir qu'à votre majesté, et pour vous faire voir que la crainte n'entre pour rien dans l'hommage que je vous fais, je vais, si vous voulez me le permettre, vous montrer d'autres merveilles qui vous feront connaître une partie de ma puissance. »

Le kalife ayant accepté cette proposition avec joie, Abou Mohammed Alkeslan s'approcha d'une fenêtre, et s'inclina légèrement en remuant les lèvres et levant les yeux vers la balustrade qui régnait autour du palais : la balustrade parut aussitôt s'incliner elle-même, comme pour lui rendre le salut. Abou Mohammed Alkeslan ayant ensuite fait un signe des yeux, toutes les portes des appartements, qui étaient fermées à la clef, parurent s'agiter ; et quand il eut prononcé quelques paroles qu'on ne distingua pas, on entendit tout à coup le ramage d'une infinité d'oiseaux qui semblaient lui répondre.

Haroun, surpris au dernier point de tout ce qu'il voyait et entendait, demanda à l'habitant de Basra d'où pouvait lui venir un pouvoir aussi merveilleux, et s'il n'était pas cet Abou Mohammed Alkeslan, si fameux par sa paresse, dont le père, chirurgien dans des bains publics, était mort dans la plus profonde misère, ne laissant pas une obole à sa femme et à son fils :

« Sire, répondit Alkeslan, l'obscurité de ma naissance, mon ancienne pauvreté, et la paresse dans laquelle j'ai long-temps vécu, ajoutent au merveilleux de mon histoire ; elle est remplie d'événements si étonnants, qu'elle mériterait d'être écrite en caractères d'or, et méditée de tous ceux qui aiment à s'instruire par l'exemple, et à profiter des événements arrivés aux autres. Si votre majesté veut me permettre de la lui raconter, je ne doute pas qu'elle ne la trouve intéressante. »

Le kalife ayant témoigné qu'il entendrait ce récit avec beaucoup de plaisir, Abou Mohammed Alkeslan commença en ces termes :

« Mon père était effectivement un pauvre chirurgien, qui exerçait sa profession dans les bains publics; et tout ce qu'on a raconté à votre majesté de mon excessive paresse est l'exacte vérité : car, dans mon enfance, j'étais si paresseux, que quand je dormais, ce qui m'arrivait souvent, si le soleil venait à donner à plomb sur ma tête, je n'avais pas le courage de me lever pour aller me mettre à l'ombre.

« J'avais atteint ma quinzième année quand mon père mourut, et me laissa, ainsi que ma mère, dans la plus profonde indigence. Cette pauvre femme était obligée de faire le métier de servante dans le voisinage pour pouvoir subsister; et malgré la détresse où elle se trouvait, elle avait cependant la bonté de m'apporter à boire et à manger, tandis que je n'avais pas honte de rester couché toute la journée.

« Ma mère vint un jour me trouver, tenant dans sa main cinq pièces d'argent, fruit de ses épargnes, et me tint ce discours :

« Mon fils, je viens d'apprendre que le scheikh Aboul Mozaffer est sur le point de partir pour faire un voyage à la Chine. C'est un homme rempli de charité pour les pauvres, et très-connu par sa probité : fais un effort sur toi-même, mon enfant, lève-toi; viens avec moi lui porter ces cinq pièces d'argent, et le prier de t'acheter dans ce pays de la Chine, dont on raconte tant de merveilles, quelque chose qui puisse t'être utile. Si tu ne veux pas te lever et venir avec moi, je te jure que je ne reviendrai plus te voir, et que je te laisserai mourir de faim et de soif. »

« Je vis bien, par ce discours, que ma mère était révoltée de ma paresse; je craignis l'effet de ses menaces, et je crus devoir faire un effort pour me tirer de l'engourdissement où je vivais; car je ne crois pas qu'il y eût alors sur la terre un animal plus paresseux que moi : je dis donc à ma mère : « Hé bien, ma mère, aidez-moi à me mettre sur mon séant. » Tandis qu'elle me rendait ce service, je gémissais et fondais en larmes, à cause de la violence que j'étais obligé de me faire.

« Je priai ensuite ma mère de m'apporter mes souliers; elle eut la complaisance de me les mettre elle-même aux pieds, et de me prendre par-dessous les bras pour m'aider à me lever; elle ne cessa de me pousser pour me faire marcher, et de me tirer par la manche de mon habit, que lorsque nous fûmes arrivés sur le bord de la mer, où nous trouvâmes le scheikh Aboul Mozaffer.

« Je saluai ce scheikh, et lui demandai, le plus poliment qu'il me fut possible, si c'était lui qui s'appelait Aboul Mozaffer; car j'avouerai à ma honte que je ne connaissais pas de vue cet excellent homme. Sur sa réponse affirmative, je le priai de vouloir bien se charger des cinq pièces d'argent que je lui présentais, pour m'en acheter quelque chose dans le pays où il allait.

« Le scheikh, surpris de ma demande, se tourna vers ses compagnons de voyage, et leur demanda s'ils me connaissaient : « Oui, seigneur, lui répondirent-ils, c'est Abou Mohammed Alkeslan, si renommé pour sa paresse, que c'est sans doute aujourd'hui pour la première fois qu'il est sorti ; car on ne l'a jamais vu hors de sa maison. »

« Aboul Mozaffer reçut volontiers mes cinq pièces d'argent, et me promit en riant de s'acquitter de la commission dont je le chargeais. Je le remerciai, et m'en revins aussitôt chez moi, appuyé sur le bras de ma mère.

« Aboul Mozaffer, accompagné d'un grand nombre de marchands, se mit en mer, et, après une navigation assez heureuse, débarqua sur les côtes de la Chine. Quand chacun se fut défait de ses marchandises, et en eut acheté d'autres, on mit à la voile pour revenir à Basra.

« Il y avait déjà trois jours que le vaisseau voguait en pleine mer, quand Mozaffer ordonna tout à coup de virer de bord. Les marchands, surpris d'une pareille manœuvre, en demandèrent la raison : « Vous rappelez-vous, leur dit Aboul Mozaffer, la commission dont ce pauvre Abou Mohammed Alkeslan m'avait chargé? Eh bien! je l'ai totalement oubliée! Il faut nécessairement que nous retournions lui acheter quelque chose qui puisse lui être utile, pour m'acquitter de la promesse que je lui ai faite. »

« De grâce, seigneur, répondirent les marchands à Aboul Mozaffer, ne nous forcez point à retourner sur nos pas ; l'espace que nous avons parcouru est trop considérable, pour nous exposer pour si peu de chose aux mauvais temps que nous avons déjà essuyés, et aux dangers que nous avons évités si heureusement jusqu'ici. »

« Comme Aboul Mozaffer ne voulait rien entendre, et persistait toujours dans son dessein, les marchands lui offrirent de doubler chacun la somme que je lui avais remise. Aboul Mozaffer trouva la proposition si avantageuse pour moi, qu'il l'accepta.

DIV^{E} NUIT.

« Les marchands continuèrent leur route, et abordèrent dans une île extrêmement peuplée, où l'on faisait un commerce considérable de perles et de diamants. Ayant jeté l'ancre dans une rade fort commode, ils descendirent tous à terre pour négocier leurs marchandises.

« En se promenant dans le bazar, Aboul Mozaffer aperçut un homme assis, qui avait autour de lui un grand nombre de singes, parmi lesquels s'en trouvait un qui était tout pelé. S'étant arrêté pour les examiner, il remarqua que lorsque ces animaux voyaient que leur maître n'avait pas l'œil sur eux, ils se jetaient tous sur leur pauvre camarade, et le maltraitaient d'une manière étrange. Quand leur maître s'en apercevait, il se levait, et les battait pour les faire finir ; mais il avait beau châtier et enchaîner les plus mutins, dès qu'il avait le dos tourné ils recommençaient leur manége.

« Aboul Mozaffer, touché de voir ce pauvre singe tourmenté de la sorte, s'approcha de son maître, et lui demanda s'il voulait le lui vendre : « Je vous en offre, dit-il, cinq écus que m'a remis un jeune orphelin pour lui acheter quelque chose. — J'y consens très-volontiers, répondit le maître du singe, et je souhaite que cet achat soit avantageux à votre protégé. » Mozaffer, ayant payé la somme convenue, emmena l'animal avec lui, et ordonna à un de ses esclaves de le conduire à bord du navire, et de l'attacher sur le tillac.

« Quand les marchands eurent fini leurs emplettes, ils remirent à la voile, et cinglèrent vers une autre île, où ils n'eurent pas plus tôt abordé, qu'ils se virent entourés de barques de plongeurs, qui venaient leur offrir leurs services. Ces hommes s'étant jetés à l'eau pour quelques pièces de monnaie, le singe, qui les vit faire, s'agita tellement, qu'il parvint à se détacher, et s'élança dans la mer à leur exemple.

« Bon Dieu ! s'écria Aboul Mozaffer, en voyant disparaître le singe, que dira ce pauvre Abou Mohammed Alkeslan qui ne verra pas seulement l'animal que j'avais acheté pour lui? »

« Les plongeurs ayant bientôt reparu sur l'eau, le singe revint aussi avec eux, tenant entre ses pattes plusieurs nacres de perles, qu'il vint déposer aux pieds d'Aboul Mozaffer. Celui-ci, surpris d'une pareille action, ne put s'empêcher de croire que ce singe ne fût un être extraordinaire, et qui cachait quelque mystère.

« Les marchands, ayant remis à la voile, essuyèrent une forte tempête, qui les écarta de leur route, et les jeta sur la côte d'une île, appelée l'île des Zinges[1], dont les habitants étaient nègres et anthropophages. Lorsque ces sauvages aperçurent le vaisseau, ils vinrent l'assaillir de tous côtés dans leurs barques, s'en emparèrent, garrottèrent les marchands, et les conduisirent devant leur roi. Ce prince féroce ordonna de faire rôtir un certain nombre de ces malheureux, et se reput de leur chair avec les principaux de ses sujets; le reste des marchands, après avoir été témoin du malheur de leurs compagnons, fut enfermé dans une hutte, et attendait, en pleurant, le même sort.

« Vers le milieu de la nuit, le singe, qu'on avait laissé en liberté, s'approcha d'Aboul Mozaffer, et le délivra de ses liens. Celui-ci s'avança aussitôt à tâtons vers ses infortunés camarades, qui, s'imaginant qu'il s'était lui-même détaché, s'écrièrent: « Le Ciel prend pitié de nous, Aboul Mozaffer, puisqu'il a permis que vous puissiez briser vos liens, et que vous soyez notre libérateur. — Mes amis, leur dit-il, ce n'est point moi qui ai brisé mes liens, mais le singe que j'ai acheté pour Mohammed Alkeslan. Je compte, pour témoigner ma reconnaissance à cet animal, lui donner une bourse de mille pièces d'or. — Chacun de nous lui en donnera autant, s'écrièrent-ils tous, s'il nous rend un pareil service. »

« Le singe n'eut pas plutôt entendu ce que venaient de dire les marchands, qu'il se mit à les détacher les uns après les autres. Dès qu'ils se virent libres, ils se rendirent à bord de leur vaisseau, dont, heureusement, les sauvages n'avaient rien emporté; ils déployèrent aussitôt les voiles, et s'éloignèrent précipitamment d'un endroit qui avait pensé leur être si funeste.

« Quand les marchands furent en pleine mer, Aboul Mozaffer les fit ressouvenir de la promesse qu'ils avaient faite au singe, et chacun d'eux s'empressa d'y satisfaire; il tira lui-même mille pièces d'or de sa cassette, et les joignit à ce que les marchands lui avaient remis, ce qui fit une somme très-considérable. Le vent, qui avait fait heureusement quitter aux marchands l'île des Zinges, continua de leur être favorable, et ils abordèrent à Basra, après quelques jours de traversée.

« Le bruit du retour des marchands se répandit aussitôt dans la ville; ma mère vint me trouver en diligence, et me dit: « Lève-toi vite, mon fils, lève-toi; Aboul Mozaffer est arrivé; cours le saluer,

[1] Peut-être l'île de Zanzibar, près de la côte du Zanguebar, ou de la Cafrerie.

et lui demander ce qu'il t'a apporté. Peut-être est-ce quelque chose dont tu pourras tirer parti. »

« Aidez-moi donc, dis-je à ma mère en me frottant les yeux, aidez-moi, de grâce, à me mettre sur mes jambes : il y a loin d'ici au port, et vous savez que je ne vais pas vite. »

« Ma mère me souleva et me soutint jusqu'à ce que je fusse affermi sur mes jambes ; je fis ensuite un effort sur moi-même, et je m'acheminai vers le bord de la mer, où j'arrivai enfin après m'être embarrassé plus d'une fois dans mes habits.

« Dès qu'Aboul Mozaffer m'aperçut, il accourut vers moi, et me salua comme son libérateur et celui de ses compagnons de voyage : « Prenez ce singe, me dit-il, je l'ai acheté pour vous ; allez m'attendre chez votre mère ; je ne tarderai pas à vous suivre. »

DV[e] NUIT.

« Surpris d'un pareil discours, et de l'accueil que je venais de recevoir, je pris le singe, et m'en retournai, en disant en moi-même : « Voilà, ma foi, une belle emplette que vient de faire pour moi Aboul Mozaffer, et qui me sera d'une grande utilité ! » Quand j'arrivai chez moi, je dis à ma mère : « La belle chose que le commerce ! Toutes les fois que vous me verrez dormir, ayez grand soin de me réveiller pour que j'aille courir au port. Regardez, ajoutai-je en lui montrant le singe, voyez quelle marchandise on m'a rapportée de la Chine ! »

« A peine étais-je assis, que plusieurs esclaves d'Aboul Mozaffer entrèrent, et me demandèrent si j'étais Abou Mohammed Alkeslan. J'avais à peine répondu oui, que j'aperçus Mozaffer lui-même qui les suivait. Je me levai aussitôt, et m'avançai pour lui baiser la main ; mais il ne m'en donna pas le temps ; il se jeta à mon cou, et m'invita à l'accompagner jusque chez lui. Quoique assez mécontent, j'acceptai néanmoins sa proposition, ne voulant pas désobliger un homme qui me faisait tant de caresses.

« Lorsque nous fûmes arrivés à la maison d'Aboul Mozaffer, il ordonna à deux de ses esclaves d'aller chercher la somme qui m'était destinée. Ils obéirent sur-le-champ et rentrèrent peu de temps après chargés de deux cassettes assez lourdes :

« Voilà, mon fils, me dit Mozaffer en m'en présentant les clefs, de quelle manière Dieu a fait fructifier les cinq pièces d'argent dont vous m'aviez chargé ; la somme contenue dans ces deux cassettes vous appartient : retournez chez vous; ces deux esclaves ont ordre de vous suivre. »

« Charmé au delà de toute expression de ce que je venais d'entendre, je témoignai ma vive reconnaissance au généreux Aboul Mozaffer, et je retournai chez ma mère, à qui la vue des deux cassettes causa la plus agréable surprise :

« Vous voyez, mon fils, me dit-elle, que la Providence ne vous a pas abandonné; méritez donc ses bienfaits, en faisant tous vos efforts pour vous défaire de cette indolence et de cette paresse dans laquelle vous avez vécu jusqu'ici. » Je promis à ma mère de suivre son conseil; et le changement heureux qui venait de s'opérer dans ma situation me fit aisément tenir parole.

« Mon singe, cependant, paraissait s'attacher davantage à moi de jour en jour; il venait s'asseoir sur le sofa où j'étais assis, et quand je prenais mes repas, il mangeait et buvait avec moi; mais ce que je trouvais d'inconcevable dans sa conduite, c'est qu'il disparaissait dès le point du jour, et ne revenait jamais avant midi : il entrait alors dans ma chambre, tenant entre ses pattes une bourse de mille pièces d'or qu'il déposait à mes pieds, et venait s'asseoir à mes côtés. Il continua ce manége si long-temps, que je devins excessivement riche; j'achetai des terres et des maisons de campagne; je fis construire plusieurs palais avec de vastes jardins, et je m'entourai d'un grand nombre d'esclaves de l'un et de l'autre sexe.

« Un jour que mon singe était assis à mes côtés comme à son ordinaire, je le vis regarder avec curiosité à droite et à gauche, comme pour s'assurer que nous étions seuls : « Qu'est-ce que cela veut dire? » pensai-je en moi-même. Mais jugez de ma surprise, souverain Commandeur des croyants, quand je le vis remuer les lèvres, et que je l'entendis prononcer distinctement mon nom.

« Effrayé de ce prodige, j'étais prêt à m'élancer hors de l'appartement, lorsqu'il me dit : « Ne craignez rien, Abou Mohammed, et ne soyez pas étonné de m'entendre parler : je ne suis pas un singe ordinaire. »

« Qui es-tu donc? » m'écriai-je.

« Je suis, me répondit-il, du nombre des génies rebelles. L'état de misère dans lequel vous viviez m'a touché de compassion, et je suis venu vers vous pour vous en faire sortir. Vous pouvez vous faire une idée de mon pouvoir par les richesses que je vous ai prodiguées : richesses si immenses que vous n'en connaissez pas vous-même l'étendue; mais j'ai dessein de faire encore plus pour vous, je veux vous faire épouser une femme dont la beauté surpasse tout ce que l'imagination peut se figurer de plus ravissant. »

« Comment pourrai-je obtenir la main de cette belle personne? » lui demandai-je avec vivacité.

« Écoutez attentivement, reprit-il, ce que je vais vous dire. Vous vous habillerez demain de la manière la plus riche et la plus magnifique; vous monterez sur votre mule, couverte d'une selle d'or, brodée de perles et de diamants, et vous vous rendrez au bazar où l'on vend les fourrages. Là, vous vous informerez où est le magasin du schérif; vous entrerez chez lui, et vous lui direz que vous venez demander sa fille en mariage. S'il vous objecte que vous n'êtes pas assez riche pour prétendre à la main de sa fille, que vous êtes sans naissance et sans considération personnelle, présentez-lui une bourse de mille pièces d'or; s'il en demande davantage, offrez-lui toutes les richesses qu'il pourra désirer, et ne craignez point de vous compromettre en offrant au delà de vos facultés : j'aurai soin de pourvoir à tout, et je vous mettrai à portée de remplir vos engagements. »

« Charmé d'une pareille ouverture, je promis de suivre de point en point les instructions de mon singe. Effectivement, dès que le jour parut, je mis mes habits les plus magnifiques, je montai sur une mule couverte d'une selle d'or, et je me rendis au bazar où l'on vend les fourrages. Ayant facilement trouvé le magasin du schérif, je descendis chez lui et le saluai. Mon extérieur et les esclaves dont j'étais entouré lui en ayant imposé, il me rendit mon salut avec politesse, et me demanda s'il pouvait faire quelque chose pour m'obliger :

« Seigneur, répondis-je au schérif, mon bonheur et mon repos sont entre vos mains : j'ai entendu parler de votre fille de la manière la plus avantageuse, et je viens vous la demander en mariage. »

« Pardonnez-moi, me dit le schérif, si j'ose m'informer de votre naissance, de votre rang et surtout de vos facultés; je n'ai pas l'honneur de vous connaître, et l'on ne peut marier une fille sans être instruit de toutes ces choses. »

« Je tirai alors de mon sein une bourse de mille pièces d'or, et je la présentai au schérif : « Voilà, lui dis-je, ma naissance et ma qualité; l'homme riche n'a pas besoin d'autre recommandation; l'argent répond à toutes les objections. Vous connaissez ce mot du Prophète : « La meilleure ressource c'est l'ARGENT. » Un de nos poëtes a heureusement exprimé en quatre vers les avantages de la richesse :

« Quand un riche parle, chacun s'écrie : « Vous avez raison, »
« lors même qu'il ne sait ce qu'il dit.

« Quand un pauvre parle, on répond : « Cela est faux, » lors
« même qu'il a pour lui la raison.

« L'argent, dans tous les pays, fait admirer et respecter les « hommes.

« C'est une langue pour celui qui veut parler, et une flèche pour « celui qui veut tuer. »

« A ces mots, le schérif baissa les yeux et se mit à réfléchir ; un moment après il me dit : « Puisqu'il est ainsi, trouvez bon, seigneur, que je vous demande encore deux mille pièces d'or. — Vous allez être obéi, » lui dis-je. Aussitôt je dépêchai un de mes esclaves chez moi ; il revint un moment après, chargé de plusieurs bourses pareilles à celle que j'avais d'abord présentée au schérif.

« A la vue de l'or que je fis briller à ses yeux, le schérif parut satisfait ; il se leva, et ordonna à un de ses esclaves de fermer le magasin ; ayant ensuite rassemblé ses parents et ses amis, il fit dresser mon contrat de mariage, et me promit que les noces se célèbreraient chez lui dans dix jours, et que dans dix jours il me rendrait l'heureux possesseur de sa fille.

DVI^E NUIT.

« Transporté de joie, je m'en retournai chez moi, et m'étant renfermé seul avec mon singe, je lui fis part du succès de mon mariage. Il me félicita sur le bonheur dont j'allais jouir, et donna les plus grands éloges à la manière dont je m'étais conduit.

« La veille du jour fixé par le schérif, mon singe, m'ayant trouvé seul, m'aborda avec un air d'inquiétude et d'embarras qu'il avait peine à dissimuler : « Demain, me dit-il, tous vos vœux seront comblés ; puis-je espérer qu'en commençant à jouir du bonheur que je vous ai préparé, vous voudrez bien me rendre un service? Si vous me l'accordez, vous pourrez exiger de moi tout ce que vous voudrez. »

« Qu'est-ce que c'est? lui dis-je assez surpris ; parlez, je n'ai rien à vous refuser. »

« Dans l'appartement où vous devez passer la nuit avec votre épouse, me répondit-il en baissant la voix, est pratiqué un cabinet, sur la porte duquel est un anneau de cuivre ; au-dessous de cet anneau vous trouverez un petit paquet de clefs, à l'aide desquelles vous pourrez ouvrir la porte. En entrant dans ce cabinet, vous apercevrez un coffre de fer dont les quatre coins sont surmontés de quatre petits drapeaux enchantés ; dans ce coffre est un bassin de cuivre rempli d'or et de pierreries, à côté duquel il y a onze serpents; au milieu du bassin est attaché un coq d'une blancheur éblouissante. A côté du coffre, vous apercevrez un cimeterre; ramassez-le, tuez le coq, mettez en pièces les quatre drapeaux, renversez le coffre, et sortez ensuite pour aller rejoindre votre épouse. Voilà tout ce que j'exige de vous pour les services que je vous ai rendus, et pour ceux que je me propose de vous rendre encore. »

« Je promis de me conformer à ce que désirait le singe, sans chercher à en pénétrer les motifs. Le lendemain je me rendis à la maison du schérif; et après la cérémonie du mariage, on m'introduisit dans l'appartement de mon épouse. J'aperçus aisément la porte et l'anneau dont le singe m'avait parlé.

« Quand je me trouvai seul avec mon épouse, et qu'elle eut levé son voile, je restai muet d'étonnement à la vue de tant de beautés et de perfections réunies : jamais la nature n'avait formé une créature plus charmante. La régularité de ses traits, sa taille, son maintien, sa rougeur, son sourire, firent une telle impression sur moi, que j'oubliai presque le singe et ses instructions.

Cependant, la voix de la reconnaissance s'étant fait entendre à son tour, je ne voulus pas m'endormir avant d'avoir exécuté ce que m'avait demandé mon bienfaiteur : sur le minuit, voyant mon épouse profondément endormie, je me lève avec précaution, je détache les clefs qui étaient sous l'anneau de cuivre, et ayant ouvert le cabinet, je ramasse le cimeterre que je trouve à mes pieds, j'égorge le coq, je mets en pièces les quatre petits drapeaux enchantés, et je renverse le coffre.

« Dans ce moment, mon épouse se réveille en sursaut, et apercevant la porte du cabinet ouverte, et le coq étendu sans vie à mes pieds : « Grand Dieu ! s'écrie-t-elle, me voilà donc la victime de ce génie perfide ! » A peine avait-elle prononcé ces paroles, que le génie rebelle, qu'elle paraissait craindre, parut tout à coup dans l'appartement, et l'enleva à mes yeux.

« Les cris de mon épouse et les miens réveillèrent le schérif, qui entra dans l'appartement, et devina facilement le sujet de ma frayeur en ne voyant plus sa fille, et en apercevant la porte du cabinet ouverte.

« Malheureux Abou Mohammed, me dit-il en s'arrachant les cheveux, hélas! qu'avez-vous fait! Est-ce donc là la récompense que vous destiniez à ma fille et à moi, pour la manière dont nous avons agi à votre égard? J'avais composé moi-même ce talisman; je l'avais placé dans ce cabinet pour empêcher ce maudit génie d'exécuter ses sinistres projets sur ma fille; depuis six ans, il avait fait de vains efforts pour s'emparer d'elle; mais c'en est fait, maintenant, je n'ai plus de fille; je n'ai plus aucune consolation dans le monde..... Allez donc, sortez à l'instant d'ici; car il m'est impossible de souffrir votre vue plus long-temps. »

« Je me retirai chez moi profondément affligé d'avoir été l'instrument de la perte d'une personne qui m'était devenue si chère, quoique je ne l'eusse vue que quelques instants. Je cherchai partout mon singe pour lui raconter mon aventure; mais toutes mes perquisitions furent inutiles. Je reconnus alors que c'était lui qui m'avait enlevé mon épouse, après m'avoir engagé par ses insinuations perfides à briser le talisman qui mettait obstacle à l'exécution de ses desseins sur elle. Furieux d'être la dupe de ce génie rebelle, je déchirai mes vêtements, je me meurtris le visage, et je résolus de ne pas rester plus long-temps dans un pays où j'avais perdu ce que j'avais de plus cher au monde.

« Je sortis donc de la ville, je m'enfonçai dans un désert, et je marchais encore lorsque la nuit me surprit. Ne sachant où j'étais ni où j'allais, je cherchais alors quelque abri pour me mettre à couvert, quand j'aperçus au clair de la lune, et tout près de moi, deux énormes serpents, l'un roux et l'autre blanc, qui se battaient. Touché de compassion, sans savoir pourquoi, en faveur du serpent blanc, je ramassai une grosse pierre, et la lançant de toutes mes forces, je visai si juste que j'écrasai la tête de l'autre serpent.

« Le serpent blanc s'enfuit aussitôt en sifflant, et disparut à mes yeux; mais il revint un moment après, accompagné de dix autres serpents aussi blancs que lui. Ils s'approchèrent de l'animal terrible que j'avais étendu mort sur la poussière, et après l'avoir mis en pièces, et ne lui avoir laissé que la tête, ils prirent la fuite, et s'éloignèrent avec la rapidité d'une flèche.

« Comme j'étais occupé à réfléchir sur la singularité de cette aventure, j'entendis tout près de moi, sans néanmoins voir personne, une voix qui prononça ce vers :

« Ne crains pas la fortune et ses rigueurs : le Ciel te « promet le bonheur et la joie. »

DVII[e] NUIT.

« Cette voix, qui semblait sortir du sein de la terre, me glaça de frayeur au lieu de me rassurer : seul dans ce lieu désert, je ne savais si je devais fuir ou rester, quand j'entendis distinctement une autre voix prononcer derrière moi ces deux autres vers :

« MUSULMAN, TOI QUI AS LE BONHEUR DE PARLER LA LANGUE DE
« L'ALCORAN, CALME TA FRAYEUR ET NE CRAINS RIEN DE SATAN
« ET DE SES COMPLICES : TU ES SOUS LA SAUVEGARDE DES GÉNIES
« FIDÈLES, DONT LA RELIGION EST LA MÊME QUE LA TIENNE. »

« Au nom du Dieu que vous adorez comme moi, m'écriai-je, faites-moi donc connaître plus particulièrement qui vous êtes ! »

« A peine avais-je achevé ces paroles, que je vis paraître un fantôme vêtu d'une longue robe blanche, qui me tint ce discours :

« NOUS AVONS ÉPROUVÉ VOTRE BIENFAISANCE ET VOTRE GÉNÉ-
« ROSITÉ ; TOUS LES GÉNIES FIDÈLES A DIEU ET A SON PROPHÈTE
« PARTAGENT NOTRE RECONNAISSANCE. SI VOUS AVEZ BESOIN DE
« NOUS, PARLEZ, NOUS SOMMES PRÊTS A VOUS SECOURIR ET A FAIRE
« POUR VOUS TOUT CE QUI SERA EN NOTRE POUVOIR. »

« Hélas ! m'écriai-je, qui a plus besoin que moi de secours, et qui éprouva jamais un malheur semblable au mien ? Y a-t-il sur la terre un infortuné plus à plaindre que moi ? »

« N'êtes-vous pas Abou Mohammed Alkeslan ? me demanda le génie. — Il n'est que trop vrai ! lui répondis-je en poussant un profond soupir. — Hé bien, me dit-il, consolez-vous, vous avez trouvé des protecteurs. Sachez que je suis le frère du serpent blanc à qui vous venez de rendre un si grand service en le débarrassant de son ennemi. Nous sommes quatre frères issus du même père et de la même mère, et tous quatre nous sommes disposés à vous servir et à vous témoigner notre reconnaissance. Le génie caché sous la figure du singe avec lequel vous avez vécu si long-temps est un des génies rebelles à Dieu ; sans la ruse qu'il a employée, jamais il n'aurait pu se rendre maître de votre épouse, pour qui ce perfide avait conçu depuis long-temps une passion effrénée. Il avait tenté plusieurs fois de l'enlever ; mais le talisman que le schérif, son père, avait composé, a toujours mis obstacle à l'exécution de son projet jusqu'au moment où vous l'avez brisé. Quoiqu'il soit maintenant le maître de la destinée de cette belle personne, nous ne désespérons pas, cependant, de vous rapprocher d'elle et de faire périr son ravisseur : le service que vous nous avez rendu nous fait un devoir d'employer toute notre puissance pour vous servir dans cette occasion. »

« En finissant ces paroles, le génie poussa un cri si terrible, que la terre en fut ébranlée et que j'eus beaucoup de peine à me tenir sur mes pieds. Une troupe de gens armés ayant paru aussitôt, il leur demanda s'ils savaient où le singe s'était retiré : « Il a fixé sa résidence, répondit l'un d'eux, dans la ville d'Airain, dans cette ville que le soleil n'éclaire jamais de ses rayons. »

« Abou Mohammed, me dit le génie, je vais vous donner un de nos esclaves pour vous conduire ; il vous enseignera les moyens que vous devez employer pour retrouver la jeune dame que vous avez épousée ; mais faites bien attention à ne pas prononcer le nom de Dieu en traversant avec lui les airs ; car cet esclave est du nombre des génies révoltés qui sont soumis à notre puissance ; et si, par hasard, vous oubliez de suivre le conseil que je vous donne, il disparaîtra aussitôt, et vous courrez risque, en tombant, de perdre la vie. »

« Je montai donc sur le dos du génie rebelle, en me promettant bien de faire la plus grande attention à ce qui m'était prescrit ; il m'enleva rapidement dans les airs, et me fit perdre bientôt la terre de vue ; je n'aperçus plus qu'un espace immense, où les astres, semblables à de hautes montagnes, faisaient autour de moi leurs révolutions ; et je m'élevai si haut, que j'entendis distinctement les concerts des anges, qui chantaient des hymnes au pied du trône du Tout-Puissant. Mon conducteur m'expliquait la nature et les propriétés des objets qui s'offraient de toutes parts à ma vue ; il m'entretenait sans cesse du nombre infini des choses créées, pour éloigner de mon esprit l'idée du Créateur, et s'efforçait, par ses vains raisonnements et ses discours, de m'empêcher d'exprimer mon admiration pour tout ce que je voyais, en prononçant le nom de Dieu.

« Tout à coup un esprit céleste, couvert d'un manteau bleu d'azur, et dont les chèveux blonds tombaient en grosses boucles sur ses épaules, se présenta devant moi ; son visage était éclatant de lumière, et il tenait à la main une lance d'où jaillissaient de toutes parts des étincelles de feu : « Abou Mohammed, me dit-il, prononce sur-le-champ la formule : Il n'y a point d'autre Dieu que le souverain Auteur de toutes choses, ou je vais te frapper de ma lance. » Effrayé de sa menace, j'oubliai toutes mes résolutions, et proférai les paroles qui devaient causer ma perte. Soudain l'ange de lumière frappa de sa lance le génie rebelle, et le réduisit en cendres. Pour moi, je descendis aussitôt rapidement vers la terre et tombai dans les flots.

« Étourdi de ma chute, je restai quelque temps sous l'eau ; ayant ensuite repris mes esprits, je me mis à nager de toutes mes forces ; mais j'aurais infailliblement perdu la vie, si je n'eusse été aperçu par quelques matelots qui se trouvaient par hasard dans une barque, à peu de distance de l'endroit où j'étais tombé. Ils vinrent aussitôt à mon secours, et m'ayant saisi par mes habits, ils parvinrent à me mettre à bord.

« Ces hommes parlaient un langage qui m'était tout à fait inconnu : ils m'adressèrent plusieurs fois la parole ; mais je leur fis comprendre, par signes, que je ne les entendais pas. Vers le soir, ils jetèrent leurs filets à la mer, et attrapèrent une grande quantité de poissons, qu'ils firent rôtir, et dont je mangeai avec grand appétit. Le lendemain matin, ils cinglèrent vers la terre, où nous débarquâmes ; ils me conduisirent ensuite dans une ville très-peuplée, et me présentèrent à leur roi, qui me reçut de la manière la plus flatteuse et la plus distinguée. M'étant informé du nom de la ville où je me trouvais, j'appris qu'elle s'appelait Henad, et que c'était une des villes maritimes les plus considérables de la Chine.

« Le roi recommanda expressément à un de ses vizirs de prendre le plus grand soin de moi, et de me faire voir toutes les curiosités du pays. On me raconta que dans les anciens temps les habitants de cette ville étaient livrés à toutes sortes de superstitions, et que, pour les punir, Dieu les avait métamorphosés en pierres. Ce qui me surprit le plus, fut la beauté des arbres fruitiers, qui croissaient aux environs en si grande quantité, que je ne me rappelle pas en avoir jamais autant vu de pareils ailleurs.

« Je passai environ un mois à m'amuser et à me divertir dans cette ville. Un jour que je me promenais sur les bords du fleuve qui en baigne les murs, j'aperçus un cavalier qui venait à toute bride de mon côté : « N'êtes-vous pas Abou Mohammed Alkeslan ? » me demanda-t-il quand il fut près de moi. Sur ma réponse affirmative, il me dit de ne pas m'effrayer, qu'il était un de mes amis, et qu'il voulait me témoigner sa reconnaissance pour un service que je lui avais rendu.

DVIII^e NUIT.

« Qui êtes-vous donc? lui demandai-je avec surprise. — Je suis, me répondit-il, le frère du serpent blanc, et je viens vous apprendre que vous n'êtes pas fort éloigné du lieu où votre épouse est renfermée. » En même temps il me couvrit de son manteau et me fit monter derrière lui. Il partit comme un éclair, et nous nous enfonçâmes dans une vaste forêt.

Après avoir galopé assez long-temps, il s'arrêta tout à coup, et me fit descendre de cheval : « Vous voyez ces deux montagnes, me dit-il; côtoyez-les jusqu'à ce que vous aperceviez la ville d'Airain; mais gardez-vous bien de vouloir y entrer avant que je vienne vous revoir, et que je vous donne un moyen d'y pénétrer sans danger. » En disant cela il disparut, et me laissa dans une solitude épouvantable.

« Je marchai péniblement dans une plaine aride où, sans doute avant moi, aucun mortel n'avait encore pénétré, et j'aperçus enfin la ville dont le génie m'avait parlé. Les murs en étaient d'airain et si élevés qu'ils se perdaient dans les nues. Je m'en approchai, et j'en fis le tour, dans le dessein de découvrir un endroit par où l'on pût y entrer; mais toutes mes recherches furent inutiles. Dans ce moment, le frère du serpent blanc parut devant moi, et me présenta une épée enchantée, avec laquelle je pourrais, me dit-il, pénétrer dans la ville sans être aperçu. Je pris l'épée, et le génie disparut sans me laisser le temps de lui répondre.

« Un bruit confus de voix ayant peu après frappé mes oreilles, je me retournai, et j'aperçus une troupe d'hommes qui avaient les yeux au milieu de la poitrine. Dès qu'ils me virent, ils s'approchèrent de moi, et me demandèrent qui j'étais et qui avait pu m'amener en cet endroit. Je satisfis à leurs questions et je leur racontai mes aventures. Ils me dirent que la jeune dame dont je venais de leur parler était effectivement renfermée avec le génie rebelle dans la ville d'Airain, mais qu'ils ignoraient de quelle manière il l'avait traitée : « Quant à nous, ajoutèrent-ils, vous n'avez rien à craindre de notre part; car nous sommes attachés au service du frère du serpent blanc. Si vous voulez pénétrer au delà de ces murs, allez vers cette fontaine, examinez de quel côté vient l'eau, et suivez son cours : il vous conduira dans la ville; c'est le seul chemin que vous puissiez prendre pour y entrer.

« Je suivis le conseil des génies. et j'aperçus un aqueduc; j'y entrai, et j'en parcourus toute la longueur. A peine avais-je fait quelques pas hors de l'aqueduc, que je vis mon épouse dans une immense prairie, assise sur un coussin de brocart d'or, et couverte d'un voile de soie dont les bords représentaient un superbe jardin, planté d'arbres chargés de fruits d'or et de perles.

« Dès qu'elle m'aperçut, elle se leva avec empressement, et me demanda qui avait pu m'introduire dans un lieu inaccessible à tous les mortels. Quand mes premiers transports furent calmés, je lui racontai dans le plus grand détail ce qui m'était arrivé depuis notre séparation, et je la priai de satisfaire à son tour ma curiosité, et de m'indiquer, s'il lui était possible, les moyens qu'il fallait employer pour sa délivrance.

« L'extrême passion que ce maudit génie a conçue pour moi, me dit mon épouse, ne lui a pas permis de me rien cacher de ce qui peut lui nuire ou lui être utile : il m'a dévoilé tous ses secrets, et j'ai appris de sa propre bouche qu'il y a près d'ici un talisman qui soumet à sa puissance tout ce que cette ville contient dans ses murs. Au moyen de ce talisman, rien ne résiste à ses ordres. Il est renfermé dans une colonne...... — Où est cette colonne? m'écriai-je vivement en l'interrompant. — La voilà, me dit-elle en me la montrant du doigt : c'est là que la puissance de notre ennemi est concentrée. »

« Enchanté de connaître un secret qui pouvait m'être aussi utile, e m'informai exactement en quoi consistait ce talisman : « C'est un aigle, me dit mon épouse, sur lequel sont gravés des caractères que je ne connais pas. Si vous pouvez parvenir à vous en rendre maître, approchez-vous sur-le-champ d'un réchaud ardent, jetez-y quelques pincées de musc, et présentez l'aigle à la fumée qui s'en élèvera : tous les génies paraîtront alors devant vous, prêts à exécuter ce que vous voudrez leur commander. »

« Je m'avançai aussitôt vers la colonne sans crainte d'être aperçu, à cause de l'épée enchantée qui me rendait invisible, et m'étant emparé de l'aigle, je voulus éprouver aussitôt sa vertu. Les génies s'étant présentés devant moi, je leur ordonnai de retourner pour le moment à leur poste, et de se tenir prêts à m'obéir à l'avenir, toutes les fois que j'aurais besoin de leur ministère. Je retournai auprès de mon épouse, et lui demandai si elle voulait m'accompagner. Elle y consentit avec joie. Nous sortîmes par le même chemin par où j'étais entré, et nous allâmes rejoindre les hommes extraordinaires qui me l'avaient indiqué. Je les priai de m'enseigner la route que je devais prendre pour retourner dans mon pays; ils le firent de la meilleure grâce du monde, et poussèrent même la complaisance jusqu'à me conduire sur le bord de la mer, où ils me fournirent un vaisseau et des provisions.

« Nous montâmes dans le vaisseau, qui était près de mettre à la voile; le vent nous fut constamment favorable, et nous arrivâmes fort heureusement à Basra. Le schérif, charmé de revoir sa fille bien-aimée, nous reçut à bras ouverts, et nous combla d'amitiés et de caresses.

« Après m'être reposé quelque temps des fatigues que j'avais essuyées, je m'enfermai seul un jour dans mon appartement; je pris l'aigle que j'avais conservé avec le plus grand soin, et je me mis à faire les fumigations nécessaires; aussitôt les génies accoururent de toutes parts, et se prosternèrent devant moi. Je leur ordonnai de transporter à Basra toutes les richesses, les pierreries et les diamants qui étaient renfermés dans la ville d'Airain : ce qu'ils exécutèrent avec toute la promptitude imaginable.

« Voulant ensuite me venger du génie rebelle qui avait pris, pour me tromper si cruellement, la forme d'un singe, je commandai aux génies fidèles de m'amener sur-le-champ cet esprit pervers. Il se présenta devant moi d'un air humble et suppliant, mais je ne me laissai pas toucher par ses prières : après lui avoir fait les reproches que sa trahison méritait, je le fis enfermer dans un vase de cuivre scellé avec du plomb, et le fis jeter à la mer.

« Depuis ce moment nous jouissons, mon épouse et moi, de la tranquillité la plus parfaite, et rien ne manque à notre bonheur : tous les souhaits que je puis former sont aussitôt accomplis, et toutes les richesses que je puis désirer me sont apportées sur-le-champ par les génies soumis à mes ordres. Telles sont, souverain Commandeur des croyants, les faveurs singulières que je tiens de la bonté divine et dont je ne cesse de lui rendre grâces. »

Le kalife Haroun Alraschild, charmé du récit d'Abou Mohammed Alkeslan, accepta d'autant plus volontiers les présents qu'il lui avait offerts, qu'il avait remarqué parmi ces présents plusieurs diamants dont la grosseur et la beauté surpassaient de beaucoup les désirs de Zobéide. Il donna, de son côté, à Abou Mohammed les marques les plus éclatantes de sa générosité et de sa bienveillance, et le renvoya à Basra, comblé d'honneurs et de bienfaits.

« Ma sœur, dit Dinarzade, aussitôt que la sultane eut achevé l'histoire d'Abou Mohammed Alkeslan, vous savez que le sultan aime beaucoup ces aventures qui arrivaient au kalife Haroun Alraschild, lorsqu'il sortait le soir de son palais; je me souviens de vous avoir entendu parler d'une rencontre qu'il fit, et dans laquelle il fut un moment tenté de douter s'il était le véritable kalife de Bagdad, le souverain

Commandeur des croyants. — Vous voulez parler, ma sœur, répondit Scheherazade, de l'histoire d'Aly Mohammed, le joaillier, ou du faux kalife; je me la rappelle très-bien, et je pourrai vous la raconter demain, si le sultan des Indes veut bien encore me laisser la vie. » L'annonce que venait d'entendre Schahriar avait excité sa curiosité; il résolut, pour la satisfaire, de différer de nouveau la mort de la sultane.

DIXᴱ NUIT.

La sultane des Indes commença l'histoire qu'on va lire en ces termes:

HISTOIRE

D'ALY MOHAMMED, LE JOAILLIER, OU DU FAUX KALIFE.

Le kalife Haroun Alraschid, étant sorti secrètement un soir de son palais, comme cela lui arrivait quelquefois, déguisé en marchand, et accompagné de Giafar et de Mesrour, qui avaient pris le même déguisement, parcourut avec eux plusieurs quartiers de Bagdad, et se trouva sur les bords du Tigre. Ayant aperçu un vieillard assis dans une barque, le kalife s'approcha de lui, le salua très-poliment, et le pria, en lui présentant une pièce d'or, de les prendre dans sa barque, et de les promener un moment sur le fleuve.

« Seigneur, répondit le vieillard en mettant dans sa poche la pièce qu'on lui avait offerte, il m'est impossible de vous procurer ce plaisir; car le kalife Haroun Alraschild vient ici tous les soirs prendre le frais et se promener en gondole : il est accompagné d'un héraut qui publie à haute voix : « DÉFENSE A TOUTES PERSONNES, DE QUELQUE RANG ET DE QUELQUE QUALITÉ QU'ELLES SOIENT, GRANDS OU PETITS, JEUNES OU VIEUX, DE TRAVERSER LE TIGRE, SOUS PEINE DE PERDRE LA TÊTE, OU D'ÊTRE ATTACHÉES AU MAT DE LEUR VAISSEAU. » Vous arrivez justement au moment où sa gondole va passer, et je vous conseille de vous retirer sur-le-champ. »

Le kalife et Giafar, fort étonnés de ce qu'ils entendaient, présentèrent chacun une pièce d'or au vieillard, et le prièrent de les laisser entrer sous des planches qui formaient une espèce de cabane au milieu de son bateau, en attendant que la gondole fût passée. Le vieillard prit les deux pièces d'or en se recommandant à Dieu, fit entrer le kalife et ses compagnons dans son bateau, et s'éloigna un peu du rivage. A peine avait-il donné quelques coups d'aviron, qu'ils virent s'avancer au milieu du Tigre une gondole décorée avec la plus grande magnificence, et éclairée par un grand nombre de torches et de flambeaux.

« Ne vous l'avais-je pas bien dit? » s'écria le vieillard tout tremblant. Ayant aussitôt quitté son aviron, il fit passer les faux marchands sous les planches qui couvraient une partie de son bateau, et étendit à l'entour une toile noire, à travers laquelle ils pouvaient jouir de la vue du spectacle qui s'offrait à leurs regards.

Sur le devant de la gondole était un esclave tenant une cassolette d'or pur, où brûlait du bois d'aloès : il était couvert d'une tunique de satin rouge, rattachée par une agrafe d'or sur une de ses épaules; il avait sur sa tête un turban d'une mousseline extrêmement fine, et portait en bandoulière un petit sac de soie verte, brodé en or, où était renfermé le bois d'aloës qu'il mettait dans sa cassolette. Un autre esclave, vêtu de la même manière, et chargé d'une fonction pareille, était assis à l'autre extrémité de la gondole.

A droite et à gauche étaient rangés deux cents esclaves couverts d'habits magnifiques, et au milieu d'eux s'élevait un trône d'or, sur lequel était assis un jeune homme dont la grâce et la beauté effaçaient l'éclat dont il était environné. Il était vêtu d'une robe noire brodée d'or et de diamants. Il avait au-dessous de lui un homme qui ressemblait parfaitement au grand vizir Giafar; derrière lui, un esclave, debout, l'épée nue à la main, jouait, à s'y méprendre, le rôle de Mesrour, chef des eunuques. Autour de lui paraissaient rangés ses courtisans et ses favoris, au nombre de vingt.

Le kalife, extrêmement surpris d'un pareil spectacle, dit à son grand vizir : « Que penses-tu de cette aventure? — Souverain Commandeur des croyants, répondit Giafar, je ne reviens pas de mon étonnement, et je ne conçois rien à une pareille rencontre. — C'est sans doute, reprit le kalife, un de mes fils, Almamoun, ou Amin, qui veut s'amuser. » Comme la barque passait dans ce moment à peu de distance de l'endroit où ils se trouvaient, le kalife fixa avec plus d'attention le jeune homme assis sur le trône d'or. Ses traits et sa beauté, sa taille et son maintien, une certaine dignité répandue sur toute sa personne, et le cortége dont il était entouré, le charmèrent au point qu'il ne put s'empêcher de dire à Giafar :

« En vérité, vizir, il me semble voir la pompe et la magnificence qui m'environne au milieu de ma cour; il n'y manque absolument rien. Ne dirait-on pas que c'est toi-même que voilà (en montrant le personnage qui était en face du jeune homme)? Ne prendrait-on pas cet esclave pour Mesrour, et ces courtisans ne ressemblent-ils pas exactement à ceux qui m'entourent? Je l'avoue franchement, ce que je vois ici embarrasse mon esprit, et je ne sais si je rêve ou si je suis éveillé. »

« Je suis dans la même perplexité, répondit le vizir, et mes idées se confondent tellement, que si je ne me trouvais pas auprès de votre majesté, je serais tenté de douter en ce moment si je suis le véritable Giafar. »

La barque s'étant éloignée et ayant bientôt disparu à leurs yeux, le vieillard, qui était resté muet et tout tremblant pendant qu'elle passait, s'écria en reprenant son aviron : « Dieu soit loué! heureusement personne ne nous a aperçus, et nous sommes maintenant hors de danger ! »

« Vieillard, reprit Haroun, ne nous as-tu pas dit que le kalife vient prendre le frais tous les soirs sur le Tigre? — Oui, seigneur, répondit le vieillard, et depuis un an il n'a jamais manqué d'y venir exactement. — Hé bien, bonhomme, continua le kalife, si tu veux nous faire le plaisir de nous attendre ici demain, à pareille heure, nous te donnerons cinq pièces d'or pour ta peine. Comme nous sommes étrangers dans ce pays, nous ne serons pas fâchés de jouir des plaisirs et des divertissements qu'il pourra nous procurer, et surtout nous serons flattés de pouvoir nous promener sur le canal. »

Le vieillard, entraîné par l'appât du gain, promit au kalife, qu'il prenait, ainsi que ses compagnons, pour des marchands étrangers, de se trouver le lendemain au même endroit, à l'heure convenue, et il les mit à terre en les comblant de bénédictions.

Le kalife, Giafar et Mesrour reprirent le chemin du palais, et y rentrèrent aussi secrètement qu'ils en étaient sortis. Ils quittèrent le costume de marchands, et reprirent chacun leurs vêtements ordinaires. Le lendemain, le divan s'étant assemblé, les vizirs, les émirs, les gouverneurs des provinces et tous les grands de l'empire vinrent rendre leurs hommages ordinaires au kalife, qui prolongea la séance jusqu'à la fin du jour.

Lorsque chacun se fut retiré, le kalife dit à Giafar : « Allons, vizir, je suis impatient de voir l'autre kalife. — Mesrour et moi, répondit le vizir en riant, nous sommes prêts à aller présenter nos respects à sa majesté. » S'étant alors déguisés tous les trois en marchands, comme la veille, ils sortirent du palais par une porte secrète qui donnait sur le Tigre, et s'approchèrent gaiement de la rive, où ils trouvèrent le vieillard, qui les attendait dans sa barque.

A peine y étaient-ils entrés, qu'ils aperçurent de loin la gondole du faux kalife qui s'avançait vers eux. L'ayant considérée avec attention, ils virent, quand elle s'approcha d'eux, qu'elle était bordée de deux cents esclaves différents de ceux de la veille, et ils entendirent le héraut publier à haute voix la défense accoutumée : « Parbleu, dit le kalife, je n'aurais jamais pu croire une pareille chose si je n'en avais été moi-même témoin, et si je n'avais entendu cette proclamation de mes propres oreilles. Vieillard, ajouta-t-il ensuite en s'adressant au patron, tiens, prends ces dix pièces d'or, et conduis-nous derrière eux. Tu n'as rien à craindre : car l'éclat des flambeaux qui éblouissent leurs regards les empêchera de nous distinguer, dans l'obscurité, à une certaine distance d'eux, et nous pourrons aisément les observer sans qu'ils s'en aperçoivent. »

Le vieillard prit les dix pièces d'or, détacha sa barque et la dirigea dans l'ombre produite par la gondole que montait le faux kalife. Lorsqu'ils furent hors de la ville, et qu'ils eurent gagné les maisons de plaisance et les jardins qui sont aux environs, la gondole s'approcha du rivage, et aborda au fond d'un golfe qui formait un bassin naturel au-devant d'une terrasse magnifique, éclairée, ainsi que les jardins qui étaient au delà, par une multitude infinie de feux de diverses couleurs.

Le faux kalife, ayant sauté légèrement à terre, monta sur une mule qu'on lui tenait toute prête, et s'avança au milieu de deux files d'esclaves qui portaient des flambeaux, et qui faisaient retentir l'air de ces mots : « Vive le souverain Commandeur des croyants ! Que Dieu prolonge son règne et le comble de ses bénédictions ! »

Haroun Alraschild, Giafar et Mesrour, étant descendus à quelque distance sur le rivage, s'approchèrent du cortége et se mêlèrent dans la foule. Quelques esclaves ayant aperçu trois personnages qu'ils ne connaissaient pas, et qui paraissaient être des marchands, les arrêtèrent, et les conduisirent sur-le-champ au faux kalife :

« Qui êtes-vous? leur demanda-t-il en les fixant attentivement. Comment êtes-vous venus jusqu'ici, et quelle affaire peut vous y amener à l'heure qu'il est ? »

« Seigneur, répondit Giafar, nous sommes des marchands étrangers qui retournons dans notre pays. Nous sommes partis ce soir de Bagdad, dans l'intention de marcher toute la nuit ; nous suivions notre chemin lorsque vos gens nous ont rencontrés. Ils se sont saisis de nous, et nous ont amenés devant vous. »

« Rassurez-vous, leur dit le faux kalife avec bonté, vous n'avez rien à craindre puisque vous êtes étrangers ; mais si, par malheur, vous eussiez été de Bagdad, je vous aurais fait trancher la tête sur l'heure. » Se tournant ensuite vers son grand vizir : « Chargez-vous de ces marchands, lui dit-il, car je les invite ce soir à souper avec moi. »

Le grand vizir, ayant fait une profonde inclination en signe d'obéissance, fit placer les trois marchands à ses côtés, et le cortége continua de s'avancer vers un superbe palais, dont le faîte se perdait dans les nues, et que sa structure et son élégance auraient fait prendre pour la demeure d'un des plus puissants monarques de la terre.

La porte principale était de bois d'ébène recouvert de lames d'or; au-dessus de cette porte on lisait ces deux vers gravés en lettres d'or :

« Salut et bénédiction à ce palais : c'est le séjour du bonheur et « des plaisirs.

« Toutes les merveilles de l'art et de la nature s'y trouvent réu- « nies; en vain on tenterait de les décrire. »

Cette porte donnait entrée dans un vestibule soutenu par des colonnes de marbre, au milieu duquel était un bassin, aussi de marbre, d'où s'élevaient plusieurs jets d'eau; on passait de là dans différents appartements décorés de tapis et de rideaux d'un travail achevé, et l'on parvenait ensuite dans une vaste salle où étaient rangés des siéges d'or massif, recouverts de coussins de brocart d'or et de soie.

DX^E^ NUIT.

Le cortége étant entré dans cette salle, le faux kalife se plaça sous un dais de soie verte, brodé de perles et de diamants, au-dessous duquel était un trône d'ivoire rehaussé d'or, dont l'éclat et la magnificence le disputaient à ceux des Khosroès et des Césars. Le dais était entouré de rideaux de soie jaune relevés avec grâce, et qui se baissaient à volonté avec une promptitude merveilleuse.

Le faux kalife s'étant assis sur son trône, on plaça devant lui l'épée royale, et tous les courtisans se rangèrent au-dessous. On apporta ensuite plusieurs tables couvertes des mets les plus recherchés. Après que chacun eut mangé, on desservit, et l'on présenta à laver dans des bassins d'or. On apporta ensuite à boire; l'on mit sur la table une multitude de vases de toute espèce, plus riches et plus précieux les uns que les autres, et l'on servit à la ronde les vins les plus exquis.

L'esclave qui versait à boire aux convives, étant parvenu au kalife

Haroun, voulut remplir sa coupe; mais ce prince la retira avec précipitation, et attira par là sur lui les regards du faux kalife.

« Pourquoi donc votre camarade ne veut-il pas boire? demanda-t-il à Giafar. — Il y a long-temps, seigneur, répondit Giafar, qu'il n'a fait usage de cette boisson. — Hé bien! reprit le faux kalife, il ne faut pas le gêner. Il y a ici toutes sortes de liqueurs; qu'il demande librement celle qu'il a coutume de boire. » Haroun Alraschild ayant demandé une autre liqueur, le faux kalife l'invita obligeamment à lui faire raison toutes les fois que son tour de boire arriverait.

Ils passèrent ainsi une partie de la soirée à boire et à se divertir. Lorsque le vin eut commencé à échauffer les têtes, Haroun Alraschild dit à Giafar : « Mon étonnement augmente de plus en plus; jamais on n'a servi dans mon palais un festin aussi somptueux ni aussi magnifique que celui où nous assistons ce soir. Je voudrais bien savoir, dès à présent, quel est ce jeune homme. »

Le faux kalife, voyant Haroun et Giafar s'entretenir tous deux à voix basse, dit à Giafar : « Vous devez savoir, mon hôte, que parler bas avec ses voisins est, dans les assemblées, le défaut ordinaire de la malignité. »

« La malignité, repartit aussitôt Giafar, ne peut trouver à s'exercer ici : mon camarade me disait qu'il avait parcouru beaucoup de pays, qu'il avait été admis à la cour des plus puissants monarques, qu'il avait vécu familièrement avec les grands; mais que nulle part il n'avait reçu d'accueil aussi flatteur ni aussi distingué que celui que votre majesté a daigné lui faire ce soir, et que jamais tant de grandeur et de magnificence n'avait frappé ses regards. Il me fait observer seulement qu'il a entendu répéter souvent à Bagdad : Rien de plus agréable en buvant que d'entendre de la musique. »

Le discours de Giafar fit sourire le faux kalife, qui frappa aussitôt sur la table. La porte de la salle s'étant ouverte sur-le-champ on vit paraître un esclave noir qui portait un siége d'ivoire incrusté d'or; il était suivi d'une jeune esclave d'une beauté parfaite, qui tenait entre ses mains un luth fabriqué dans les Indes. La jeune esclave, s'étant assise sur le siége d'ivoire qu'on avait mis au milieu de la salle, accorda son instrument, et après avoir préludé sur vingt-quatre tons, elle rentra dans celui par lequel elle avait débuté, et chanta les paroles suivantes :

« L'amour vous parle par ma bouche, et vous dit que je vous aime.

« Tout atteste la violence de ma passion : mon cœur est blessé, « et les larmes coulent en abondance de mes yeux.

« Avant de vous voir, je ne connaissais pas l'amour : tôt ou tard « il faut succomber à son destin. »

Le faux kalife parut fort agité, et comme hors de lui-même, tandis que la jeune esclave chantait; à peine eut-elle achevé, qu'il poussa un grand cri et déchira sa robe du haut en bas. Les rideaux suspendus autour de lui se baissèrent aussitôt, et on lui apporta une autre robe plus riche que la première. Le jeune homme, s'en étant revêtu, se remit comme il était auparavant, et l'on continua à se divertir et à boire à la ronde.

Lorsque le tour du faux kalife fut venu, et qu'on lui eut présenté la coupe, il frappa, comme la première fois, sur la table; la porte s'ouvrit, et l'on vit entrer un esclave noir, portant un siége d'or massif, accompagné d'une jeune esclave plus belle que la précédente. Elle s'assit sur le siége qu'on lui présenta, accorda le luth qu'elle tenait entre ses mains, et se mit à chanter ces paroles :

« Comment supporter l'état où je suis? Le feu de l'amour me
« consume, et mes larmes forment un déluge perpétuel.

« La vie n'a plus de charmes pour moi : quel plaisir peut goûter
« un cœur navré de tristesse? »

Ces vers firent sur le faux kalife le même effet que les premiers : il poussa un grand cri, et déchira sa robe du haut en bas; les rideaux suspendus autour du trône s'abaissèrent; il se revêtit d'une autre robe, reprit sa place comme auparavant, et invita les convives à boire de nouveau. Lorsque son tour fut venu, il frappa pour la troisième fois sur la table. La porte s'ouvrit comme à l'ordinaire; une jeune esclave, dont la beauté surpassait celle des deux précédentes, s'avança le luth à la main, précédée d'un esclave noir, s'assit au milieu de la salle, et chanta ces vers :

« Cessez vos vains reproches, et traitez-moi avec plus de justice :
« mon cœur ne peut renoncer à vous aimer.

« Ayez pitié d'un malheureux dévoré d'ennui, que vous avez ré-
« duit en esclavage.

« Je succombe à la violence du mal qui me consume : vous seule
« pouvez m'arracher à la mort.

« O beauté dont l'image remplit mon cœur, comment vous ou-
« blier pour m'attacher à une autre! »

DXI^E NUIT.

Le jeune homme habillé en kalife parut, tandis qu'on chantait ces vers, plus violemment agité qu'il ne l'avait encore été : il poussa, lorsqu'ils furent achevés, des cris si lamentables, que le kalife et Giafar furent touchés de compassion. Il se calma, néanmoins, bientôt après, et l'on continua de verser à boire. Une quatrième chanteuse, ayant paru au signal du jeune homme, fit entendre ces paroles :

« Quand finira cet éloignement et cette injuste haine? Quand « pourrai-je retrouver le bonheur dont j'ai trop peu joui?

« N'avons-nous pas vécu ensemble dans la plus douce union, et « fait envier à d'autres notre félicité?

« La fortune cruelle nous a séparés; mais mon cœur est toujours « près de vous.

« Quand les liens qui nous attachent l'un à l'autre seraient anéan- « tis, jamais je ne cesserais de vous aimer. »

Le jeune homme ne put résister à l'impression que firent sur lui ces vers, en lui rappelant vivement un amour malheureux : après avoir jeté un grand cri et déchiré ses habits comme auparavant, il s'évanouit et se laissa tomber à la renverse. Ses esclaves étant accourus pour le secourir, et ayant oublié de baisser le rideau, dans le trouble que cet événement leur causa, Haroun Alraschild s'aperçut que son corps était tout couvert de marques de coups de fouet : « Vizir, dit-il tout bas à Giafar, après avoir considéré quelque temps ce spectacle, qu'est-ce que cela veut dire? Ce jeune homme, si aimable et si intéressant en apparence, ne serait-il qu'un infâme brigand, et personne ne pourra-t-il ici m'instruire de ses aventures? »

Le jeune homme, étant revenu de son évanouissement, et s'étant revêtu d'autres habits, s'assit sur son trône, et se mit à converser avec les convives comme auparavant. Ayant par hasard jeté les yeux sur Haroun et Giafar, et les voyant causer ensemble, il leur demanda ce qu'ils pouvaient avoir de si important à se communiquer pour se parler ainsi continuellement à l'oreille :

« Sire, répondit Giafar, ce que me disait mon camarade peut, sans crainte, se répéter tout haut. En qualité de marchand, il a parcouru les principales villes du monde; il a fréquenté les cours des rois et des souverains; mais jamais il n'a vu chez aucun prince une prodigalité semblable à celle dont vous venez de nous rendre témoins en déchirant successivement plusieurs robes, dont la moindre vaut plus de cinq cents pièces d'or. »

« Chacun, reprit le faux kalife, peut disposer à son gré de ses richesses et de ce qui lui appartient; ce que vous venez de voir est une des manières dont je témoigne ma libéralité à ceux qui m'entourent : chaque robe que je déchire est pour quelqu'un des convives, qui reçoit, s'il veut, en échange cinq cents pièces d'or. »

Giafar répondit aussitôt par ces deux vers:

« Tout ce que vous possédez est au reste des hommes : les bien-
« faits ont bâti leur palais dans le creux de votre main.

« S'ils fermaient ailleurs leurs portes, vos doigts sauraient aisé-
« ment les ouvrir. »

Le compliment du grand vizir charma tellement le faux kalife, qu'il le fit revêtir à l'instant même d'un riche cafetan, et lui fit donner une bourse de mille pièces d'or.

On recommença ensuite à boire et à se divertir. Haroun Alraschild prenait cependant peu de part à la joie qui animait tous les convives, et était toujours occupé du spectacle qui avait frappé ses regards. Ne pouvant plus réprimer sa curiosité, il ordonna à Giafar de demander au jeune homme pour quel motif on l'avait ainsi déchiré à coups de fouet. Le vizir ayant représenté à son maître qu'une pareille demande pouvait être déplacée dans ce moment, et qu'il devait attendre au lendemain pour s'instruire de ce qu'il désirait savoir : « J'en jure par ma tête, lui répondit Haroun, et par le tombeau d'Abbas [1], si tu n'interroges à l'instant ce jeune homme, tu ressentiras bientôt les effets terribles de mon courroux. »

Le faux kalife, ayant en ce moment regardé Haroun et Giafar, leur demanda quel était le sujet de leur altercation : « Ce n'est rien, sire, répondit Giafar en tâchant d'éluder la question. — Je veux absolument le savoir, reprit le faux kalife, et je vous conjure de ne me rien cacher. »

« Mon camarade, dit alors Giafar, croit avoir aperçu sur votre corps des marques de coups de fouet : cette vue l'a singulièrement étonné : « Comment, m'a-t-il dit, un kalife peut-il avoir été ainsi maltraité? » Mon camarade désirerait connaître la cause d'un événement aussi extraordinaire, et j'espère que votre majesté voudra bien lui pardonner sa hardiesse et sa curiosité. »

Le faux kalife, loin de paraître offensé d'une pareille question, dit en souriant : « Je vois bien, seigneurs, que vous êtes des personnages d'un rang supérieur à celui que votre extérieur annonce,

[1] Oncle de Mahomet, dont descendaient les kalifes Abbassides

et je soupçonne fort que celui d'entre vous qui manifeste une curiosité si vive est le kalife Haroun Alraschild lui-même, qui, pour s'amuser, a quitté son palais, déguisé en marchand, ainsi que son grand vizir Giafar, et Mesrour, le chef de ses eunuques. »

« Bannissez, seigneur, une pareille pensée de votre esprit, s'écria vivement Giafar en l'interrompant; de pauvres marchands comme nous ne méritent pas qu'on les honore d'un pareil soupçon. »

« Si mon soupçon est bien fondé, reprit le jeune homme, cette rencontre est ce que je désirais le plus, et j'espère qu'elle mettra fin à mon malheur. Quoi qu'il en soit, continua-t-il en souriant, je commencerai par vous dire que je ne suis point le souverain Commandeur des croyants; je ne me fais ainsi appeler, et je ne prends tous les soirs ce costume que pour me distraire, et charmer les tourments que me fait éprouver une personne plus belle que les astres. Quoique séparé d'elle, ses grands yeux noirs, ses joues de rose, les arcs de ses sourcils sont toujours présents à mon esprit. Mais, avant de vous parler d'elle, je dois vous faire connaître qui je suis.

« Je m'appelle Aly, fils de Mohammed, le joaillier. Mon père, qui était un des plus riches marchands de Bagdad, me laissa à sa mort maître d'une fortune immense, consistant en or et en argent, en pierreries, en rubis, en émeraudes et en diamants de toute espèce; je possédais de vastes jardins et des terres d'un revenu considérable, et j'avais à mon service un grand nombre d'esclaves de l'un et de l'autre sexe.

« Un jour que j'étais dans mon magasin, occupé à régler mes comptes avec mes commis et mes serviteurs, une jeune dame, montée sur une mule, et accompagnée de trois jeunes esclaves d'une grande beauté, s'arrêta devant ma porte, descendit légèrement à terre, entra dans mon magasin et s'assit : « N'êtes-vous point, me dit-elle, le seigneur Aly, fils de Mohammed, le joaillier? »

« Prêt à vous obéir, madame, lui répondis-je. Qu'y a-t-il pour votre service? »

« Auriez-vous, reprit-elle, un collier de diamants qui pût me convenir? »

« Madame, lui dis-je, je vais vous faire apporter tous ceux que j'ai chez moi : si quelqu'un d'eux vous convient, votre esclave s'estimera trop heureux; si, au contraire, il n'en est aucun qui soit de votre goût, ce sera pour votre esclave un malheur bien sensible. »

DXIIE NUIT.

« J'avais dans mon magasin cent colliers de diamants ; je les fis apporter les uns après les autres, et je les étalai devant elle. Lorsqu'elle les eut tous bien considérés, elle me dit qu'elle n'en trouvait aucun à son goût, et qu'elle en désirait un plus riche et plus beau que ceux qu'elle venait de voir.

« Je possédais encore heureusement un petit collier que mon père avait acheté cent mille pièces d'or, et qui surpassait en éclat tout ce que les plus puissants monarques avaient de plus précieux : « Je suis désolé, madame, lui dis-je, qu'aucun des objets que je vous ai montrés ne puisse vous convenir : il ne me reste plus qu'un petit collier de perles fines et de diamants, mais si beau et d'un travail si achevé, que je ne crois pas qu'aucun grand de la terre en possède un pareil. — Voyons-le, me dit-elle avec empressement. »

« La jeune dame n'eut pas plutôt vu le petit collier que j'étais allé chercher, qu'elle s'écria : « Voilà justement le collier que j'ai toujours désiré. De quel prix est-il? — Mon père, lui dis-je, l'a payé cent mille pièces d'or. — Hé bien! je vous en offre cinq mille de plus : êtes-vous content? me dit-elle. — Madame, m'écriai-je, le collier et son maître sont entièrement à votre disposition. — Vous êtes trop galant, seigneur, dit-elle en se levant. Si vous voulez me faire l'honneur de m'accompagner jusque chez moi, je vous ferai compter le prix de votre collier, et peut-être ne vous repentirez-vous pas de votre complaisance. »

« Je me levai aussitôt, transporté de joie, et ayant ordonné à mes esclaves de fermer mon magasin, je présentai la main à la jeune dame, pour l'aider à remonter sur sa mule, et je l'accompagnai jusqu'à la porte d'une maison de grande apparence, où elle descendit, en me priant d'attendre un moment, jusqu'à ce qu'elle eût fait avertir son banquier. A peine était-elle entrée dans la maison, qu'une jeune esclave vint m'inviter à entrer sous le vestibule, en me disant qu'il ne convenait pas qu'une personne comme moi restât à attendre à la porte. Un moment après, une autre esclave vint me dire que sa maîtresse me priait de passer dans le salon pour recevoir mon argent. J'entrai dans la maison, précédé de l'esclave, qui me conduisit dans le salon, et me fit asseoir.

« Au milieu du salon était un trône d'or, surmonté d'un dais, et entouré de rideaux de soie. J'étais à peine assis, que les rideaux s'ouvrirent, et me laissèrent voir la jeune dame, qui parut, à mes yeux éblouis, comme un astre rayonnant de lumière. Sa beauté était encore relevée par l'éclat d'une parure magnifique, et surtout par la richesse du collier que je lui avais vendu. La vue de tant d'attraits fit sur moi une impression si vive, que je parus un moment interdit et immobile.

« Aussitôt que la jeune dame m'aperçut, elle se leva de dessus son trône, et s'avança vers moi d'un air riant: « Seigneur Aly, me dit-elle, votre douceur et votre honnêteté me plaisent infiniment.— Madame, lui répondis-je, enhardi par un accueil aussi gracieux, c'est à vous seule qu'il appartient de plaire: car vous réunissez tout ce qui peut captiver les cœurs, et il est impossible de vous voir sans éprouver l'effet de vos charmes. »

« La jeune dame parut plus sensible à mon compliment que je n'aurais osé l'espérer. Je crus reconnaître qu'elle ne m'avait pas vu d'un œil indifférent, et elle m'en donna bientôt elle-même l'assurance: « Il est inutile, me dit-elle, de vous cacher plus long-temps les sentiments que vous m'avez inspirés; la manière dont je vous reçois vous montre assez à quel point vous m'intéressez. »

« Ces mots furent comme un trait de feu qui pénétra jusqu'au fond de mon cœur. J'eus peine à contenir mes transports, et je lui peignis avec vivacité tout l'amour dont je me sentais embrasé:

« Savez-vous, me dit alors la jeune dame, à qui vous adressez ce langage? — Madame, lui répondis-je, cette connaissance ne pourrait rien changer à mon amour. — Apprenez, reprit-elle, que ma naissance et mes sentiments ne me permettent d'écouter d'autre amour qu'un amour honnête et légitime. Je suis la princesse Dounia, fille d'Iahia Ebn Khaled al Barmaki, et sœur du grand vizir Giafar. »

« Ce discours me causa une surprise extrême; je fis quelques pas en arrière, et tâchai de m'excuser en disant: « Pardonnez, madame, mon indiscrétion; pardonnez un aveu que j'aurais pour jamais renfermé dans mon âme, si j'avais connu plus tôt le haut rang dans lequel vous êtes née. Les bontés que vous avez daigné me témoigner m'ont aveuglé, je l'avoue; elles seules peuvent me servir d'excuse. »

« Ne cherchez pas à vous excuser, reprit en riant la princesse: je ne vous aurais pas fait la première l'aveu de mes sentiments, si je n'avais dessein de vous prendre pour époux. Puisque nos deux cœurs s'entendent si bien, rien ne saurait s'opposer à notre union. Je puis disposer de ma personne, et le cadi ne me refusera pas son ministère. » En achevant ces mots, la belle Dounia commanda qu'on allât chercher le cadi et des témoins.

« Lorsque le cadi et les témoins furent arrivés, Dounia leur dit :

« Le seigneur Aly, ici présent, fils de Mohammed, le joaillier, m'a demandé ma main, je la lui ai accordée, et j'ai reçu en dot le collier que voici. » Le contrat étant dressé, le cadi se retira, et l'on servit un repas composé des mets les plus exquis et les plus délicats. Dix jeunes esclaves, toutes d'une rare beauté, vêtues de la manière la plus élégante, s'empressaient de prévenir nos moindres volontés.

« Sur la fin du repas, la princesse Dounia ordonna aux jeunes esclaves de chanter. L'une d'elles commença ainsi :

« Mon cœur et mes vœux sont soumis à votre empire; je ne dé-
« sire autre chose au monde que de vous plaire

« Qu'il est doux de passer sa vie près de l'objet qu'on aime, de
« le voir, de l'entendre, et de pouvoir sans cesse lui dire tout ce
« que sa beauté nous inspire! »

« Les autres esclaves célébrèrent pareillement dans leurs chants notre union et mon bonheur. Lorsqu'elles eurent fini, la princesse Dounia prit elle-même un luth, et chanta ces vers :

« J'en jure par le plaisir qu'on goûte auprès de vous, mon amour
« est égal à l'ardeur brûlante du midi. Ayez pitié d'une esclave aux
« yeux de laquelle vous effacez le reste des hommes.

« Le reflet de la liqueur contenue dans ce verre donne à votre
« visage l'éclat de la rose, mêlé à la beauté du myrte. »

« Lorsqu'elle eut achevé, elle me présenta l'instrument. Je le pris, et je répondis par ce compliment à celui qu'elle m'avait adressé :

« Le Ciel vous a donne en partage la beauté tout entière : qui
« pourrait vous être comparé ?

« Vos yeux sont faits pour enchaîner tous les mortels : j'ai res-
« senti leur pouvoir magique.

« Vos joues rassemblent le feu et l'eau, et les roses y croissent
« naturellement.

A peine Scheherazade finissait de prononcer ces mots que le jour vint l'interrompre. Le sultan et Dinarzade en témoignèrent leur mécontentement, car ce conte leur faisait beaucoup de plaisir : aussi attendirent-ils avec impatience la nuit suivante. Le lendemain, la sultane des Indes reprit son récit, en faisant toujours parler le fils du joaillier.

DXIII^E NUIT.

« Je vivais ainsi depuis un mois, renfermé avec la belle Dounia, uniquement occupé du bonheur de la posséder, et oubliant auprès d'elle mon magasin, mes esclaves, mes connaissances, et le soin de mes affaires : « Mon cher Aly, me dit un jour la princesse, il faut nécessairement que je sorte aujourd'hui pour aller au bain ; mais j'exige de vous la promesse de rester sur ce sofa, ou du moins de ne pas sortir de ce salon avant mon retour. Comme c'était un bonheur pour moi de satisfaire ses moindres désirs, je lui jurai, sans peine, de lui obéir à cet égard. Sur cette assurance elle partit, accompagnée de toutes ses esclaves.

« A peine était-elle au bout de la rue, que la porte du salon s'ouvrit ; une vieille femme s'avança vers moi, et me dit en s'inclinant profondément : « Seigneur Aly, la sultane Zobéide, ma maîtresse, désire vous entretenir un moment : elle a entendu parler de votre mérite, surtout de votre talent pour la musique, et elle brûle d'envie de vous entendre chanter. — Il m'est impossible de sortir, répondis-je à la vieille, avant le retour de ma chère Dounia. — Y pensez-vous, seigneur, reprit la vieille, et voulez-vous, en vous refusant aux désirs de la sultane Zobéide, exciter sa colère et vous exposer aux effets de son ressentiment ? Vous connaissez sa puissance et le crédit qu'elle a sur l'esprit du kalife ; votre refus peut avoir les plus dangereuses conséquences pour vous et pour votre épouse. Venez, croyez-moi, parler à la sultane ; vous serez de retour dans un moment. »

« Je me levai aussitôt, quoique avec répugnance, pour suivre la vieille, qui marchait à grands pas devant moi. Elle me conduisit au palais de la sultane, et me fit entrer dans son appartement.

« C'est donc vous, dit la sultane en me voyant, qui avez su fixer le cœur de la princesse Dounia ? — Madame, lui répondis-je, votre esclave a été assez heureux pour attirer sur lui les regards de la princesse. — Je n'en suis pas surprise, reprit la sultane, j'ai beaucoup entendu parler de votre bonne mine et de vos talents ; votre extérieur ne dément pas l'éloge qu'on m'a fait de vous en vous peignant sous les traits les plus aimables. Je désirerais pareillement connaître vos talents pour la musique, et vous entendre chanter seulement un air. »

« Je m'inclinai profondément en signe d'obéissance. On m'apporta aussitôt un luth, et je chantai ce couplet, que j'avais composé pour ma princesse :

« Le cœur d'un amant est dévoré par son amour, et son corps est « en proie à la langueur qui le consume.

« Le Ciel a remis entre mes mains un astre que j'adore, lors « même qu'il se couvre de nuages.

« Je suis soumis à toutes ses volontés, et je chéris, dans toutes « ses actions, celle qui m'est chère. »

« Zobéide trouva les vers fort à son gré, et m'adressa des compliments très-flatteurs sur la beauté et la pureté de ma voix : « Je ne veux pas vous retenir plus long-temps, me dit-elle ensuite, votre épouse peut rentrer pendant votre absence, et je serais désolée que votre complaisance pour moi vous brouillât avec elle. » Je pris donc congé de la sultane en faisant des vœux pour son bonheur ; et, précédé de la vieille, je me hâtai de regagner le palais de la princesse.

« Malheureusement pour moi, mon épouse était déjà de retour. J'entrai en tremblant dans ce salon, dont je ne devais pas sortir, et je la trouvai couchée sur le sofa, paraissant dormir profondément. Je m'approchai doucement, et m'assis auprès d'elle ; mais, malgré toutes les précautions que je prenais pour ne pas la réveiller, elle ouvrit les yeux, et m'ayant aperçu, elle me donna un si furieux coup de pied qu'elle me jeta par terre : « Perfide, me dit-elle, c'est donc ainsi que tu tiens tes promesses ! Tu as été chez la sultane Zobéide, malgré le serment que tu m'avais fait de ne pas sortir? Si je n'écoutais que mon ressentiment et ma jalousie, je ferais mettre le feu au palais de la sultane, et je l'ensevelirais sous ses débris.

« Dounia se leva ensuite d'un air furieux, et appela Sawab. Je vis aussitôt paraître un grand esclave noir, tenant une épée nue à la main : « Sawab, lui dit-elle, saisis ce traître, ce perfide, et tranche-lui la tête sur-le-champ. »

« Sawab se mit aussitôt en devoir d'exécuter cet ordre barbare : il me saisit au collet d'une main vigoureuse, me banda les yeux, et était prêt à me faire voler la tête de dessus les épaules, lorsque toutes les jeunes esclaves se précipitèrent aux pieds de leur maîtresse, et la supplièrent de ne pas me faire périr : « Madame, lui disaient-elles, il ne connaissait pas encore votre caractère ; sa faute n'a point été préméditée ; c'est une faute involontaire dans laquelle il a été entraîné, et qui ne mérite pas la mort. — Je veux bien, dit la princesse, après s'être long-temps fait prier, ne pas verser son sang ; mais il faut qu'il soit puni et qu'il porte des marques de ma vengeance, qui lui rappellent sans cesse son crime et sa trahison.

Dépouille-le, dit-elle à l'esclave noir, et donne-lui sur-le-champ cent coups de fouet. »

« L'esclave ne s'acquitta que trop bien de l'ordre qu'il venait de recevoir : il me déchira les flancs et les épaules de la manière la plus barbare, et me mit dans un état capable de toucher de pitié le cœur le plus cruel ; mais la princesse, insensible à mes cris, lui ordonna de me mettre à la porte, et me signifia de ne plus reparaître chez elle. Comme j'étais étendu par terre, baigné dans mon sang, et qu'il m'était impossible de me lever seul, deux esclaves robustes me prirent entre leurs bras, me portèrent dans la rue, où ils me laissèrent étendu, presque sans connaissance, et refermèrent la porte sur eux.

« Je repris peu à peu mes esprits ; je me levai avec beaucoup de peine, et je marchai ou plutôt je me traînai jusqu'à ma maison. Je fis venir un chirurgien, qui pansa mes plaies et les guérit ; mais il ne put faire disparaître les traces des coups que vous avez aperçues sur mon corps.

« Lorsque je fus parfaitement rétabli, et que j'eus pris plusieurs bains, je me rendis à mon magasin, et je vendis toutes mes marchandises ; j'achetai quatre cents esclaves, si bien choisis, que les plus grands princes n'en possèdent pas de plus beaux et de mieux faits. Deux cents de ces esclaves devaient m'accompagner un jour, et les autres le lendemain. Je leur distribuai les divers emplois de la cour, et je leur assignai des pensions.

« Je fis ensuite construire la gondole dans laquelle vous m'avez vu, qui me coûta douze cents pièces d'or, et j'imaginai de venir me promener tous les soirs sur le Tigre, en me faisant passer pour le kalife. J'espérais que ce stratagème, venant bientôt à la connaissance du grand Haroun Alraschild, exciterait sa curiosité, et me procurerait bientôt l'occasion de lui raconter ma funeste aventure. Depuis près d'un an j'attends cette heureuse occasion, et pendant tout cet espace de temps je n'ai appris aucune nouvelle de celle qu'il m'est impossible d'oublier, et sans laquelle je ne puis plus vivre. »

Le jeune homme, en achevant ces mots, répandit un torrent de larmes, et récita des vers qui peignaient fortement la violence de son amour.

DXIVE NUIT.

Le kalife Haroun Alraschild fut vivement touché de cette aventure, et se promit bien de faire en cette occasion un acte de justice, et de rendre au jeune homme le seul bien qui pouvait faire son bonheur. Il lui témoigna l'intérêt que son récit lui avait inspiré, et lui demanda la permission de se retirer, ainsi que ses compagnons. Le jeune homme ne voulut pas les laisser partir sans qu'ils eussent accepté quelques présents, qui devaient, disait-il, leur rappeler le souvenir de ses malheurs et de la soirée qu'ils avaient passée ensemble. Ils les acceptèrent, prirent congé de lui, et rentrèrent secrètement au palais. Avant de se retirer dans son appartement, le kalife donna ordre à Giafar de lui amener le jeune homme dès qu'il ferait jour.

« Le vizir se transporta le lendemain de grand matin chez Aly, et le prévint que le kalife désirait lui parler. Le jeune homme, entendant prononcer le nom du kalife, fit l'éloge de ses vertus, et témoigna beaucoup de joie de paraître en sa présence. Il partit aussitôt avec Giafar, qui le fit entrer dans l'appartement où Haroun les attendait. Le jeune homme reconnut aussitôt le kalife, qu'il avait rencontré la veille déguisé en marchand. Il ne parut aucunement déconcerté de cette découverte, se prosterna la face contre terre, et adressa au prince un compliment très-agréable, qui finissait par ces vers.

« Votre cour est un temple [1] qu'on visite sans cesse, le sol en est « plus foulé que celui qui entoure le puits de Zemzem [2].

« Pourquoi ne pas faire publier partout : C'est ici le séjour d'A- « braham [3], Haroun est un autre Abraham? »

Haroun Alraschild ne put s'empêcher de sourire. Il reçut fort bien le jeune homme, le fit asseoir à ses côtés, et lui témoigna qu'il était très-sensible à ses malheurs. Le jeune homme rougit, et pria le kalife de lui pardonner le stratagème dont il s'était servi pour les lui faire connaître. « Voulez-vous, lui dit alors le kalife, que je vous réunisse à votre épouse? — O Ciel! s'écria le jeune homme en ver-

[1] Il s'agit ici de la *Kaaba* ou *Maison carrée* de La Mekke, où tous les mahométans doivent aller une fois en pèlerinage.

[2] Nom d'un puits près de la Kaaba, dont les pèlerins doivent boire de l'eau.

[3] Les mahométans croient que la Kaaba a été construite par Abraham et Ismaël. (*Voyez* l'Alcoran, surate 2, verset 126.)

sant des larmes de joie, et pouvant à peine contenir ses transports, je serai aujourd'hui le plus heureux des hommes, si la princesse Dounia veut bien consentir à me recevoir pour époux, et je tâcherai, par tous les moyens possibles, d'effacer de sa mémoire le souvenir de la faute que j'ai commise en contrevenant à ses ordres! »

Le kalife, de plus en plus convaincu de l'extrême passion que le jeune homme avait conçue pour la princesse, se tourna vers Giafar, et lui dit : « Allez, vizir, chercher votre sœur, et me l'amenez sur-le-champ. » Le vizir obéit, et rentra bientôt après accompagné de sa sœur : « Belle Dounia, lui dit le kalife, reconnaissez-vous ce jeune homme? — Sire, répondit en souriant Dounia, comment pourrais-je le connaître? — Il est inutile de feindre, reprit le kalife, je suis informé de tout, et je sais toutes les circonstances de cette aventure, depuis la première jusqu'à la dernière. — Ce qui s'est passé, repartit Dounia en rougissant, était écrit dans le livre des destinées. J'en demande pardon à Dieu et à votre majesté. — Puisque vous convenez de vos torts, dit le kalife en souriant, le cadi va prononcer votre sentence, et vous condamner à la peine que vous avez méritée. »

Le cadi et les témoins étant arrivés, Aly reçut des mains du kalife la princesse Dounia, et l'épousa une seconde fois. Ils passèrent le reste de leurs jours dans une union parfaite, et le kalife mit Aly au nombre de ses plus intimes confidents.

Scheherazade termina ainsi l'histoire d'Aly, fils de Mohammed.

« J'en ai entendu le récit avec plaisir, dit Schahriar ; j'ai beaucoup ri de l'étonnement du kalife Haroun, en se voyant si magnifiquement et si bien représenté, et je le loue non-seulement de ne s'être pas fâché de se voir usurper son titre, mais encore d'avoir rendu au bonheur un jeune infortuné qui conservait un amour si vif pour la dame dont il avait reçu un traitement si cruel et si peu mérité. — Sire, reprit la sultane des Indes, si votre majesté le permet, je lui raconterai l'histoire d'un prince d'Égypte qui éprouva bien des traverses dans ses amours. — J'y consens volontiers, répondit le sultan, mais le jour est près de paraître, et je vois avec regret qu'il faut renvoyer ce plaisir à la nuit suivante. — Dinarzade, dit Scheherazade à sa sœur, je vous prie d'être demain plus diligente que vous ne l'avez été aujourd'hui. »

DXV^e NUIT.

Scheherazade, réveillée de bonne heure par sa sœur, remplit la promesse qu'elle avait faite la veille au sultan des Indes, et, au grand contentement de Dinarzade, qui aimait beaucoup les contes, commença l'histoire suivante.

HISTOIRE

DE BEDIHULDGEMAL, FILLE DU ROI DES ESPRITS, ET DE SEIFUL-MULOUK, FILS DU ROI D'ÉGYPTE [1].

On lit dans l'histoire de l'ancienne Égypte que le roi Hasm, fils du roi Ahnand, faisait observer une discipline très-exacte dans ses nombreuses armées, que ses richesses étaient immenses, et que le nombre de ses sujets était si grand qu'on ne pouvait les compter; en un mot, que sa puissance était redoutable : car il avait quatre cents villes fortes avec un nombre infini de palais et de jardins royaux.

Ce prince était si bon et si juste, qu'on trouve dans les annales de l'Égypte un événement de son règne qui donne une juste idée de son caractère.

Un jour, un jeune homme d'une beauté ravissante, nommé Ahmenttevail, peu capable, à cause du vin qu'il avait bu, de sentir les conséquences de ce qu'il faisait, vint se purifier dans un canal qui lavait le pied d'un des palais du roi; une des plus belles esclaves de ce prince l'aperçut, et sa beauté fit une telle impression sur son cœur qu'elle lui jeta une pomme. Ahmenttevail la ramassa et fut, à son tour, frappé de l'éclat des charmes les plus piquants; son visage, aussi brillant que le soleil, le brûla au milieu des eaux. Elle lui demanda son nom et le lieu de sa demeure : il satisfit sa curiosité; et quand elle lui eut appris aussi qu'elle se nommait Aziz, elle se retira. Quelques jours après Aziz fit savoir à Ahmenttevail par un eunuque, le temps et le lieu qu'elle avait choisi pour le voir; il vola plus promptement au rendez-vous que le faucon ne fend les airs, et son empressement fut payé par des plaisirs impossibles à décrire. Leur commerce fut quelque temps secret.

[1] Ce conte a été traduit de l'arabe par M. de Caylus.

Le roi demanda un jour à ses courtisans quel était le mets qui leur paraissait le plus exquis; il y en eut un qui l'assura que de petits oiseaux, cuits avec du sucre, du poivre, du girofle, du piment, du safran, avec de l'huile d'amandes douces, étaient la meilleure chose qu'on pût manger. Le roi, surpris de ce mélange, parut douter de sa bonté. Le courtisan courut chez lui faire le ragoût qu'il avait tant vanté, et le porta au roi, qui le trouva si bon, qu'il en envoya une partie à la belle Aziz; celle-ci, de son côté, le partagea avec Ahmenttevail, et ce dernier pria un de ses amis d'en venir manger avec lui. Mais il fut bien étonné de trouver dans le corps d'un de ces petits oiseaux un diamant de toute beauté et du plus vif éclat.

Ce faux ami, jaloux du bonheur de tous les autres hommes, se douta de la vérité, et rendit compte au roi et du ragoût et du diamant, jugeant bien que lui seul pouvait être intéressé à cette aventure, et qu'il reconnaîtrait l'esclave qui le trahissait.

Ce rapport fit tout l'effet que ce méchant homme avait prévu, et le roi ordonna qu'on amenât Ahmenttevail en sa présence. En arrivant devant le trône, il aperçut la belle Aziz, debout et dans l'abattement de la plus profonde douleur. Le roi, après avoir fait retirer tout le monde, se tourna du côté de son esclave, et lui dit: « Tu es bien ingrate! Quelle raison a pu te porter à me trahir? Quoi! les égards que j'ai eus pour toi, les préférences que je t'ai accordées, et les bienfaits que je n'ai cessé de répandre sur toi, n'ont pu toucher ton cœur! Comment, du moins, n'as-tu pas redouté mon courroux? »

« Prince, répondit la belle Aziz, deux choses m'ont fait manquer à mon devoir: le destin le voulait ainsi, et l'amour s'est emparé de mon cœur. En cet état, je l'avoue, j'ai oublié vos bienfaits, et je n'ai point redouté votre courroux: un cœur rempli d'amour peut-il connaître la crainte et le danger? Je suis coupable, punissez-moi, je le mérite depuis long-temps; je suis préparée aux effets de votre vengeance. »

Cette réponse et ce mépris de la mort étonnèrent le roi Hasm; il réfléchit quelque temps, et s'adressant à Ahmenttevail, il lui demanda d'où il était: « Je suis de votre capitale, lui répondit-il. — Tu n'ignores donc pas qui je suis? continua le prince. Qui peut t'avoir rendu assez téméraire pour aimer une de mes femmes? — Je connais, reprit Ahmenttevail, toute la grandeur de ma faute, je conviens que la cruauté que tu dois exercer sur moi est légitime; mais j'ai conçu pour ton esclave une passion violente; elle a répondu à mes vœux, je n'ai plus rien à désirer dans ce monde; je m'attends à souffrir les plus cruels supplices ; mais je mourrai content puisque j'ai possédé un si grand bien. »

Le roi fut interdit de cette réponse ; il ordonna cependant qu'on lui amenât l'eunuque qui avait favorisé la belle Aziz : « Malheureux esclave ! lui dit-il, je t'avais confié mon honneur et la garde de celle que j'aimais le plus, pourquoi m'as-tu trahi ? — Elle m'a gagné par ses présents, répondit l'eunuque ; y a-t-il quelqu'un que les richesses ne puissent corrompre ? » Hasm ordonna que l'on fît venir le faux ami d'Ahmenttevail. Ce faux ami venu, le roi lui reprocha d'avoir trahi l'amitié, et d'avoir rendu sa honte publique ; en même temps il donna ordre qu'on le menât au supplice. Se tournant ensuite vers les trois autres coupables : « Je vous pardonne, leur dit-il, à cause de votre sincérité : je donne la liberté à l'eunuque, et la belle Aziz à Ahmenttevail. » Il accompagna cette belle action d'un riche présent qui fit la fortune de ces heureux amants qu'un mariage unit pour jamais.

Un prince si généreux, qui savait vaincre ses passions et faire le bonheur de ses sujets, n'avait d'autre chagrin sur le trône que celui de n'avoir point d'enfants ; la mort les lui avait tous enlevés. Il commençait à vieillir, et bien convaincu qu'il ne pouvait plus espérer de successeur, il forma la résolution d'abandonner les affaires de son royaume, et de se retirer dans un endroit écarté de son palais. Il se couvrit de mauvais habits, mit sur sa tête un vieux bonnet, et défendit, sous peine de la vie, qu'on vînt l'interrompre pendant les quarante premiers jours qu'il voulait passer dans la solitude et dans le recueillement de la prière. Cette conduite étonna tout le monde, et le peuple commençant à murmurer, trois de ses grands vizirs, au nombre desquels était Edrenouck, pour lequel il avait le plus d'estime, résolurent de braver la sévérité du roi, plutôt que de lui laisser ignorer le danger que sa retraite lui faisait courir. Ils forcèrent la garde des eunuques, et parvinrent jusqu'à la retraite du roi, qu'ils trouvèrent en prières : « Prince, lui dirent-ils, nous vous apportons nos têtes ; nous désobéissons à vos ordres sacrés, que ne méritons-nous pas ? Mais aussi que ne devons-nous pas faire pour sauver des jours aussi précieux que les vôtres ? Quelle crainte, quelle réflexion doit empêcher vos vizirs de vous instruire de ce qui se passe ? Sachez, sire, que vos peuples sont prêts à se soulever, et que vos armées sont au moment de se révolter. » Le roi les regarda d'abord avec étonnement, ensuite avec bonté ; il les fit relever et leur dit : « Vous vous avouez coupables, je vous pardonne ; mais que m'importe que mon royaume me soit enlevé ? il y a trop long-temps que je règne. De quoi me sert la soumission de tant de peuples, puisque je n'ai point d'enfant qui puisse hériter de mes états! — Seigneur, répondirent alors les vizirs, votre humilité devant le Seigneur est un devoir dont vous pouvez vous acquitter sur le trône, et qui lui sera d'autant plus agréable, qu'il est plus rare au poste élevé que vous occupez; mais songez qu'il n'est point de retraite paisible pour un roi qui a régné, comme vous, trop bien e trop long-temps : tout usurpateur doit le priver de la vie en s'emparant de sa couronne. Croyez-nous donc, ne désespérez pas des bontés du Tout-Puissant; régnez, et gouvernez votre royaume aussi sagement que vous l'avez fait jusqu'ici. »

Le roi Hasm, qui commençait à être frappé de leurs raisons, acheva de se déterminer par les astrologues que les vizirs envoyèrent chercher, et qui assurèrent le roi qu'il aurait un enfant, mais que ce ne pouvait être qu'avec la princesse Cathan, fille de Heumr, roi de l'Arabie Heureuse. Le roi, avalant à longs traits le miel de l'espérance, renonça à la retraite, fit aux astrologues et à ses trois vizirs de magnifiques présents, et donna de suite les ordres afin de faire partir Edrenouck, pour aller demander la belle Cathan. Il voulut le faire paraître en Arabie avec un éclat qui répondît à sa grandeur : il fit tirer de ses trésors la charge de cinquante chevaux des plus belles étoffes de toile d'or; il choisit cent esclaves, les plus beaux des deux sexes, qu'il chargea chacun d'une bourse, qu'ils devaient présenter au roi Heumr, avec un beau collier de perles, et sept diamants qui brillaient la nuit, pour être offerts à la princesse. Ces présents ne lui paraissant pas encore suffisants, il fit prendre dans ses écuries cinq cents de ses plus beaux chevaux, parmi lesquels il y en avait cent d'Arabie; il les fit couvrir de harnais d'or massif, ornés de pierreries. Cette magnifique ambassade était si nombreuse, qu'en arrivant sur les frontières de l'Arabie Heureuse, elle épouvanta tous les peuples; le roi Heumr fut alarmé lui-même des récits qu'on lui en fit : on l'assurait qu'une armée formidable d'Égyptiens venait fondre sur ses états. Il envoya, pour s'instruire de la vérité, un officier de sa garde, qui fut reçu avec la plus grande magnificence, et renvoyé chargé de riches présents par Edrenouck, qui ne fut accueilli que par les acclamations des peuples, et ne reçut que des fêtes jusqu'à la capitale, auprès de laquelle il établit son camp. L'ambassadeur eut une prompte audience, et présenta la lettre de son maître; elle était conçue en ces termes :

Le jour vint interrompre le récit de Scheherazade : « Demain, dit-elle au sultan des Indes, je ferai connaître à votre majesté le contenu de la lettre du roi d'Égypte. »

DXVI^E NUIT.

LETTRE D'HASM, ROI D'ÉGYPTE, A HEUMR, ROI DE L'ARABIE HEUREUSE.

« Ma gloire est obscurcie, il manque quelque chose à mon bon-« heur, et le grand Prophète ne me promet tout ce que je désire « qu'en obtenant l'alliance du grand et à jamais célèbre Heumr, roi « de l'Arabie Heureuse. Edrenouck, mon premier vizir, vous té-« moignera, seigneur, que la belle Cathan est la seule femme qui « puisse me rendre heureux. »

Le roi de l'Arabie porta la lettre à son front, reçut les présents qu'Edrenouck lui présenta avec la vénération qu'ils méritaient, et lui répondit : « Je remplirai les vœux du roi, votre maître. » Il fit revêtir le vizir d'une robe très-riche, le fit manger à ses côtés, et lui fit servir tout ce que l'Arabie avait de plus rare. Edrenouck fut toujours logé dans le palais, et traité avec une magnificence sans égale, pendant que le roi de l'Arabie fit préparer des présents plus riches encore que ceux qu'il avait reçus; il fit au roi d'Égypte la réponse suivante :

LETTRE DU ROI HEUMR AU ROI HASM.

« Si j'avais cent filles plus belles les unes que les autres, vous se-« riez le maître de choisir celle qui vous plairait le mieux : je n'en « ai qu'une; je vous l'envoie, souverain seigneur; disposez-en comme « vous pouvez faire de tout ce que Dieu m'a donné. »

Il remit à Edrenouck la dot de sa fille, qui consistait en sept cents éléphants chargés des plus belles étoffes de Bengiali, du Kiambaï, et d'un nombre infini de raretés dont on ne pouvait estimer la valeur. L'équipage de sa fille était superbe; il y joignit des esclaves sans nombre, et le vizir Edrenouck arriva sans aucun accident sur les frontières de l'Égypte. Hasm envoya au-devant de la princesse tous les seigneurs de sa cour, pour l'accompagner jusqu'à son palais. Ce prince fut enchanté en la voyant, et son cœur ressentit tous les feux de l'amour. Il l'épousa le jour même de son arrivée. Bientôt elle devint grosse, et malgré toutes les inquiétudes que ressent un mari vieux pendant la grossesse de sa femme, la reine mit au monde un fils. Cet événement donna lieu à de grandes réjouissances. Les fêtes, les présents, en un mot les trésors de l'Égypte ouverts furent les moindres preuves du contentement que le roi éprouvait de cette faveur du Ciel.

Le hasard voulut que le même jour il naquît un fils au vizir Edrenouck. Le roi admit ce grand ministre à sa table, et lui dit après le repas : « Faites apporter votre fils dans mon palais ; je veux confier la nourriture du mien à votre femme, je donnerai le vôtre à la mienne, et quand mon fils sera roi, son frère de lait deviendra son vizir. » La volonté du roi fut exécutée ; son fils fut nommé Seifulmulouk, et celui du vizir, Saïd.

Les astrologues qu'on avait fait assembler pour assister à la naissance du prince tirèrent son horoscope, et trouvèrent que les premières années de sa jeunesse seraient remplies d'aventures fâcheuses et extraordinaires : l'idée de ces malheurs troubla le roi pendant quelques moments ; mais la joie d'avoir un fils, qu'il désirait depuis si long-temps, lui persuada que les astrologues pouvaient se tromper : car la confiance ou la méfiance que l'on a pour les prédictions dépendent beaucoup de la situation du cœur.

Les deux enfants furent élevés dans le palais avec tous les soins que peuvent prendre de tendres mères, qui, s'aimant mutuellement, inspirèrent à leurs enfants, dès le berceau, la plus tendre amitié l'un pour l'autre. Ils vécurent dans le sérail jusqu'à l'âge de sept ans ; alors on les en fit sortir pour leur faire apprendre les sciences, et tous les exercices qui convenaient à leur naissance. Quand la raison eut dissipé les ténèbres de l'enfance, le roi se plaisait à leur entretien ; il était presque toujours avec eux, et il avait pour l'un et pour l'autre une amitié presque égale. Saïd méritait ces tendres sentiments : il était si bien né, il témoignait tant d'attachement pour celui qui devait être son maître, que malgré l'amitié dont le jeune prince lui donnait des preuves, il ne sortait jamais des bornes de la soumission et du respect qui lui convenait. Seifulmulouk avait de son côté toutes les perfections que peut donner un bon naturel joint à l'éducation la plus complète ; mais l'amitié qu'il avait pour Saïd en était la preuve et le triomphe.

Le prince avait à peine dix-huit ans, que le roi, qui n'était occupé que des présents qu'il pouvait lui faire, se souvint d'un vieux coffre qu'il avait fait mettre autrefois dans son trésor. Il en fit la description à son trésorier, lui commanda de l'apporter, et, s'adressant au prince : « Emportez-le, il renferme des choses qu'on m'a dit être très-précieuses ; il y en a même quelques-unes qui doivent avoir appartenu au grand roi Salomon. » Seifulmulouk, de retour dans son appartement, fit l'ouverture du coffre, et trouva qu'il renfermait des étoffes d'or, des vases et des bassins du même métal, avec une bague de la plus grande beauté, sur laquelle il y avait des caractères hébraïques gravés, et qu'il trouva juste à son doigt. Il était seul quand il examina les richesses de ce coffre. Ainsi, Saïd ne put savoir l'effet que produisit sur le cœur du prince un portrait qu'il trouva dans le fond du coffre. D'abord qu'il l'eut considéré, il conçut pour la femme qu'il représentait la plus violente passion : il tomba dans une mélancolie dont le roi et toute la cour furent bientôt extrêmement inquiets ; la solitude seule plaisait à son cœur, et Saïd, cet ami si cher, qui couchait toujours avec le prince, fut un jour bien étonné de ne le point trouver à ses côtés en s'éveillant ; son inquiétude fut d'autant plus forte, qu'il était alarmé du secret que le prince lui faisait de sa mélancolie. Il se leva rempli de crainte, et trouva le prince dans son cabinet, baigné de larmes ; il lui fit les plus vives instances pour obtenir sa confidence, mais elles furent inutiles. Cependant le changement arrivé dans l'humeur du prince faisait d'autant plus craindre pour sa santé, qu'elle commençait à être altérée. Le roi s'écriait à tous les instants : « Les prédictions des astrologues commenceraient-elles à se vérifier ? Mais qu'a-t-il, ce fils si cher ? » car il ne répondait rien à toutes les questions qu'on lui faisait ; il paraissait même qu'il en était importuné. Dans cet état le roi fit assembler son conseil ; il y fut résolu qu'on ordonnerait des prières publiques, et qu'on attacherait à ce prince quantité de passages de l'Alcoran. Ces remèdes, quoique très-bons et très-utiles, n'ayant apporté aucun soulagement, on manda les médecins les plus habiles, qui convinrent tous que le mal n'avait que la mélancolie pour principe, et que le danger du prince était d'autant plus grand, que la médecine n'avait point de remède pour cette maladie. Enfin le prince faisant craindre pour ses jours, tous les grands de la cour s'assemblèrent, et décidèrent que Saïd demanderait au prince, avec de nouvelles instances, le sujet de son chagrin ; ajoutant que, s'il ne pouvait l'obtenir, il fallait qu'il fît semblant de se tuer. Le roi approuva cet avis.

Saïd, après l'avoir imploré en vain, dit au prince : « Quoi ! seigneur, vous m'aimez, vous dites que les sentiments d'amitié vous sont connus, et vous pouvez refuser d'instruire un ami qui peut du moins vous soulager dans votre peine, si vous daignez lui en faire confidence ! Non, s'écria-t-il, je ne le vois que trop, et je ne voulais pas le croire, l'amitié n'est pas faite pour les princes ; je veux me punir de l'avoir ressentie pour vous, et d'être ainsi la dupe de mon cœur. »

A ces mots, il tira son poignard. Il était si véritablement touché, que l'histoire rapporte qu'il se serait véritablement frappé, si le prince ne se fût jeté sur lui avec transport, et ne lui eût saisi le bras : « Cher Saïd, n'attentez pas à vos jours ! s'écria-t-il, que deviendrais-je si je vous perdais ? Vous serez satisfait. »

Son visage se couvrit alors d'une rougeur qui prouvait l'embarras de son cœur : « Mais comment avouer, reprit-il, un sentiment qui me fera perdre votre estime et celle des gens sensés ? Regardez le sujet du trouble de mon cœur, » lui dit-il en lui montrant le fatal portrait. Saïd applaudit à son choix, flatta sa passion, et lui dit : « Il n'y a point de princesse dans l'univers que l'on puisse refuser au prince d'Égypte. — Mais elle m'est inconnue, reprit Seifulmulouk, je ne connais que son portrait ; il y a peut-être cent ans que cet objet n'existe plus : jugez de ma honte et de ma douleur. »

DXVII[E] NUIT.

Saïd comprit alors le mystère de la conduite du prince, et prévoyant tout l'embarras que cette triste aventure allait lui causer, il examina avec une extrême attention la boîte qui renfermait cette fatale peinture : au milieu des fleurs et des ornements qui entrelaçaient les pierres précieuses dont elle était entourée, il découvrit quelques caractères, et se persuada qu'il pourrait en avoir l'explication. Après bien des recherches, il trouva un savant, retiré dans une montagne non loin de Memphis, qui lui dit : « Ces caractères m'apprennent que c'est le portrait de Bedihuldgemal, fille du roi d'Irem. »

Saïd, cependant, avait averti le roi Hasm de tout ce qui s'était passé, et l'amélioration de la santé du prince avait indiqué le soulagement que son ami lui procurait. Il lui fit part ensuite du nom et du pays de la princesse :

« Où la trouver ? s'écria le roi avec douleur. Qui sait si elle vit encore ? Peut-être n'a-t-elle jamais existé ; il se peut encore qu'elle soit un esprit : j'ai quelque idée d'en avoir entendu parler sur ce ton. Jamais elle ne voudra de mon fils. Fatal portrait ! continua-t-il, comment s'est-il trouvé dans ce coffre ? Je me souviens qu'un sage, peu de temps après la naissance de mon fils, pour reconnaître quelque plaisir que je lui avais fait, m'en fit présent comme d'une chose bien singulière, et qu'il me recommanda de le garder avec soin. Que pourrons-nous faire, mon cher Saïd ? — Je flatterais toujours la passion du prince, lui répondit Saïd, en lui promettant d'envoyer de tous les côtés du monde, pour apprendre des nouvelles de cette princesse. Peut-être vous en saurez en effet, peut-être aussi que dans cet intervalle le prince se guérira d'une passion si légèrement fondée. »

Le roi approuva ce conseil, et fit partir deux cents personnes des plus distinguées pour aller à la recherche de la fille du roi d'Irem. Cette démarche produisit quelque calme dans l'esprit du prince; il promit, de son côté, un chameau chargé d'or et des honneurs sans nombre à celui qui lui en apporterait des nouvelles.

Le vizir Edrenouck, sensible à l'état où l'amour du prince réduisait le roi, et plus sensible encore aux malheurs inévitables dont l'Égypte était menacée si Seifulmulouk venait à mourir, voulut essayer de ramener son esprit par des exemples convaincants; il lui fit demander audience, et le pria d'écouter le récit d'une histoire arrivée au prince du Korassan. Seifulmulouk y consentit par condescendance, et le vizir prit ainsi la parole :

HISTOIRE

DE NAZ-RAYYAR, GOUVERNEUR DE BABYLONE, ET D'UN PRINCE DU KORASSAN.

JADIS le Korassan était gouverné par un roi prudent et éclairé, dont le fils se distinguait aussi par une sagesse consommée. Ce prince aperçut un jour, en revenant de la chasse, beaucoup de monde assemblé dans une des places de la ville; il en demanda la raison, et on lui dit que ceux qui se préparaient à partir pour la Mekke attiraient la curiosité du peuple, en attendant la grande caravane qui devait passer incessamment. Ce récit réveillant en lui le saint désir qu'il avait toujours conservé de faire un voyage recommandé par la loi, il pria sur-le-champ son père de trouver bon qu'il se joignît à cette caravane.

« Cette proposition causa au roi la plus vive douleur; mais ce fut en vain qu'il essaya d'en détourner son fils. Il fit donc préparer tout ce qui convenait à un homme de son rang; dans le peu de temps qui lui restait, il embrassa son fils en répandant beaucoup de larmes, et lui recommanda de voir à Babylone Naz-Rayyar, son ami, gouverneur de cette ville.

« Le voyage du prince fut heureux dans les commencements; mais il s'écarta de la caravane quand il fut auprès de Babylone; des voleurs l'attaquèrent et le blessèrent. Ceux qui l'accompagnaient, malgré tous leurs efforts, ne purent opposer aux voleurs qu'une faible résistance, et ceux qui survécurent à cette fatale rencontre portèrent le prince à Babylone, chez Naz-Rayyar.

« Le prince s'étant acquitté de la commission du roi, son père, auprès du gouverneur, celui-ci eut pour lui tous les soins imaginables· indépendamment de l'hospitalité qu'il exerçait avec zèle, parce qu'elle est un des préceptes de notre religion, que n'aurait-il point fait par rapport au souvenir que le roi du Korassan lui conservait? De plus, il reconnut les qualités personnelles de ce jeune prince. Les richesses de Naz-Rayyar étaient si grandes qu'on ne pouvait les compter, et sa bonne réputation était encore plus considérable que ses richesses : il ne négligea rien de tout ce qui pouvait amuser et dissiper le prince pendant sa convalescence.

« Un jour le prince, en revenant du bain et prêt à rentrer dans la maison de son ami, leva les yeux et fut frappé de la beauté d'une femme qu'il aperçut à la fenêtre d'une maison qui ne lui parut avoir aucune communication avec celle de Naz-Rayyar. Il conçut pour elle un si violent amour que son âme, portée tout entière dans ses yeux, suspendit toutes ses autres fonctions et le rendit immobile; Naz-Rayyar, que le hasard conduisit au même endroit, le trouva dans cette situation. Les questions qu'il lui fit le tirèrent d'un état qu'il attribua d'abord à la chaleur du bain, que sa santé ne lui permettait peut-être pas de supporter encore; mais le prince lui dit : « Vous vous trompez, seigneur; lorsque j'y pensais le moins je suis tombé dans des filets dont il est impossible que je m'arrache. Je sens que je mourrai, si je ne possède la beauté dont la première vue m'a réduit dans la situation où vous m'avez trouvé. » Alors il lui dépeignit la femme qu'il avait vue, et lui montra la fenêtre à laquelle elle avait paru. « Elle appartient à un de vos voisins, ajouta le prince; sans doute vous la connaissez; ainsi vous pouvez trouver aisément les moyens de m'en rendre possesseur. » Naz-Rayyar, quoiqu'un peu ému de ce discours, sans que le prince pût s'apercevoir de l'altération de son visage, lui dit : « Ne désespérez pas de votre guérison, dans quatre mois vous serez satisfait. » Quoique le terme lui parût long, cette réponse mit le prince au comble de la joie, et l'espérance s'empara de son cœur.

« Cependant Naz-Rayyar fit appeler sa femme, car c'était elle en effet dont le prince lui avait parlé, et lui dit : « Nous ne pouvons plus vivre ensemble, il faut nous séparer : prenez chez moi, non-seulement tout ce que vous m'avez apporté, mais encore tout ce qui est à votre gré, et retournez chez votre père. »

« Cette femme, accoutumée à l'amour d'un mari qui ne vivait que pour elle, qui éprouvait les mêmes sentiments pour lui, et qui s'attendait à le trouver aussi tendre, aussi empressé qu'il l'était encore quelques moments auparavant, fut accablée de douleur à ce discours auquel elle n'était point préparée : « Qu'ai-je entendu, mon cher Naz-Rayyar? s'écria-t-elle; comment, en aussi peu de moments, votre cœur a-t-il changé, et comment ai-je pu mériter votre haine? me soupçonnez-vous de quelque infidélité? — Non, reprit Naz-Rayyar, je ne vous reproche rien, mais le destin le veut ainsi; croyez que ce n'est pas sans douleur que je me sépare de vous; obéissez-moi pour la dernière fois, et n'abusez pas de l'état où je suis : un rien pourrait détourner ma vertu, et annuler la résolution que j'ai prise. » Sa femme fit encore quelques efforts pour le ramener; mais, voyant qu'ils étaient inutiles, elle prit les mille pièces d'or qu'elle avait apportées en dot, et se retira chez son père, nommé Bezzas, un des plus riches marchands du pays. Le malheur de sa fille le pénétra de douleur : « De quel crime es-tu donc coupable? lui demanda-t-il. — D'aucun, lui répondit-elle; ou du moins je l'ignore. » Bezzas accourut chez Naz-Rayyar, pour lui demander le sujet de son divorce : « Si ma fille est coupable, je la punirai, lui dit-il; si elle est innocente, pourquoi nous faites-vous un affront si sanglant? » Naz-Rayyar lui protesta de nouveau qu'il n'avait rien à lui reprocher; il ajouta même qu'il ne l'avait jamais tant aimée, et qu'enfin son cœur était percé du glaive de la séparation. Bezzas, ne pouvant tirer d'autres éclaircissements, ne douta pas que la tête de son gendre ne fût dérangée, et se retira très-peu satisfait. »

Les premiers rayons du jour avaient déjà pénétré dans les appartements du sultan, sans que ce prince s'en fût aperçu, tant il écoutait attentivement le récit de Scheherazade; mais le silence de la sultane l'avertit que l'heure de la prière était venue : « Cette histoire m'intéresse vivement, dit-il, et j'en entendrai la suite avec plaisir. — Sire, répondit la princesse, demain, si ma sœur me réveille de bonne heure, votre majesté pourra peut-être en connaître la fin, qui ne lui procurera pas moins de satisfaction. » Le sultan acheva de s'habiller, et quitta l'appartement. Le lendemain, faisant toujours parler le vizir Edrenouck au fils du roi d'Égypte, la sultane des Indes poursuivit en ces termes :

DXVIII[e] NUIT.

« Cependant Naz-Rayyar, en attendant que les quatre mois que la loi prescrit pour les divorces fussent expirés, faisait tout son possible pour amuser l'impatience du prince et sembla redoubler ses attentions pour lui. Quand ce temps fut arrivé, il dit au prince : « Je vais, seigneur, exécuter la promesse que je vous ai faite; celle dont votre cœur est épris est la fille de Bezzas, un des plus riches marchands de cette ville; vous connaissez sa beauté, je vous réponds de sa vertu; j'ai ici une femme qui n'attend que vos ordres pour en faire la demande. Mon trésor vous est ouvert, vous pouvez en prendre tout ce qu'il vous plaira. Le prince, pénétré de reconnaissance, embrassa mille fois son ami; il se conduisit par ses conseils et obtint la fille de Bezzas, qui rendit d'autant plus de grâces à Dieu, quand on lui fit la demande de sa fille, qu'on ne lui demanda point de dot, et qu'il s'écria dans les transports de sa joie : « Seigneur, je vous remercie d'avoir donné à ma fille, que Naz-Rayyar avait injustement répudiée, un mari qui le retient lui-même à ses pieds. »

« Le prince, pour rendre toute la ville témoin de son amour, fit les préparatifs de ses noces avec un éclat et une magnificence extraordinaires. Tous les officiers de sa maison venaient d'arriver du Korassan avec des chameaux chargés d'or, pour le reconduire dans son royaume avec toute la splendeur de son rang : non-seulement il reçut de quoi payer tout ce qu'il avait emprunté de Naz-Rayyar, mais une grande quantité de riches présents que le roi lui envoyait, en reconnaissance de l'accueil qu'il avait fait à son fils, et des soins qu'il s'était donnés pour lui. Naz-Rayyar fit, de son côté, un présent magnifique au prince du Korassan, qui le força d'accepter un superbe diamant qu'il portait ordinairement à son doigt; tout cela se passa la veille des noces. Le matin qu'elles devaient être célébrées, le prince reçut de Naz-Rayyar un billet conçu en ces termes :

« Tout ce que j'ai de plus cher est à vous, disposez-en. Vous par-
« tez pour le Korassan; permettez-moi, prince, de n'être pas témoin
« de votre départ, et d'aller où quelques affaires m'appellent impé-
« rieusement. Assurez le roi, votre père, d'un attachement inviolable
« et d'une reconnaissance à toute épreuve. »

« Le prince fut surpris de ce billet, il en fut même affligé; il semblait que l'absence de son ami diminuât son bonheur; mais les choses étaient trop avancées et son amour trop violent pour attendre le retour de Naz-Rayyar, dont l'absence n'était pas limitée. Il dit à tous ses officiers qu'il partirait le lendemain, et monta sur un trône avec son épouse. Dans le moment que la cérémonie du mariage fut célébrée, la fille de Bezzas, voyant sa vanité satisfaite, ressentit quelques mouvements de joie; son amour-propre, en quelque sorte vengé, lui fit dire en passant la main sur son visage : « Je vous remercie, ô mon Dieu ! Naz-Rayyar est puni. » Le prince fut étonné de ces paroles, et quand tout le monde fut retiré, il dit à son épouse : « Ne me dissimulez rien, je veux savoir ce que voulait dire ce qui vous est échappé quand je vous ai placée sur le trône. »

« Elle refusa d'abord de satisfaire sa curiosité; mais enfin le prince lui ayant dit qu'il ne passerait point avec elle des jours tranquilles si elle avait quelque chose de caché pour lui, elle lui dit que son nouveau mariage la vengeait du procédé de Naz-Rayyar, dont elle lui fit le récit. Ce prince, plus au fait qu'elle-même, et trouvant la générosité de son ami d'autant plus grande, qu'il ne lui avait pas fait seulement entrevoir l'obligation qu'il lui avait, sentit, mais trop tard, une imprudence qu'il se reprocha. On ignorait le lieu de la retraite de son ami : ses esclaves disaient qu'il avait fait les dispositions pour un très-long voyage; le prince avait de plus indiqué son départ pour le lendemain; il ne pouvait plus différer, et les lettres qu'il avait écrites à son père avaient annoncé son arrivée et celle de sa femme : toutes ces raisons l'obligèrent à partir. Mais ne voulant point être moins généreux que son ami, il résolut de se vaincre lui-même, et de ne point toucher à sa femme. Quelque peine qu'il lui en coûtât, il sut y parvenir : il l'accabla de toutes les attentions qu'elle pouvait désirer; et malgré l'amour qu'elle conservait pour Naz-Rayyar, elle était étonnée d'une modération dont elle ne pouvait concevoir la raison.

« Ce fut en agissant d'après cette résolution que le prince arriva sans obstacle dans le Korassan. Il trouva son père, qui, ne désirant plus rien dans ce monde, après l'avoir embrassé, se démit de son royaume en sa faveur, et ne fut plus occupé le reste de ses jours, qui ne furent pas de longue durée, que de la prière et de la contemplation des choses célestes.

« Le prince, devenu roi, combla la fille de Bezzas de riches présents, et la voyait souvent, mais toujours en présence de sa mère, entre les mains de laquelle il l'avait remise en arrivant.

« Naz-Rayyar, de retour à Babylone, y rapporta la tristesse qui ne l'avait point quitté depuis qu'il s'était séparé de sa femme. Il négligea ses affaires, le désordre s'y mit; ses richesses lui avaient attiré des envieux, et les ministres, profitant de ce que l'envie débitait contre lui, trouvèrent moyen de le dépouiller de tous ses biens, et de lui ôter son gouvernement; en un mot, cet homme si noble, si considéré, fut obligé d'avoir recours à la charité des fidèles pour arriver dans le Korassan : il ne lui restait de tant d'immenses richesses que le diamant qu'il avait reçu du prince, et qu'il avait toujours voulu conserver.

« Tout accoutumé que l'on soit dans les Indes à ces affreuses révolutions par les exemples fréquents, elles sont cependant toujours terribles à soutenir. Toutefois, Naz-Rayyar prit la chose comme un homme qui connaissait la fortune, d'autant plus aisément qu'il disait : « J'irai dans le Korassan, je me présenterai au roi; il sera sans doute touché de ma misère et de l'état où je suis réduit. » Mais il n'osait s'avouer qu'il se disait aussi: « Je reverrai peut-être ma femme. »

« Il arriva enfin dans le Korassan, après des peines incroyables. Quand il fut à la porte du palais, il dit aux premiers officiers qu'il rencontra : « Je vous prie de porter ce diamant à votre maître; rendez-lui compte de l'état où vous me voyez, et dites-lui que j'attends ses ordres. » L'officier s'acquitta de la commission; le roi comprit d'abord que la fortune persécutait son ami. Il s'approcha d'une fenêtre et fut pénétré de le voir dans un si cruel état. Il dit à l'officier d'aller sur-le-champ faire donner son troupeau de moutons à celui qui l'avait chargé de ce diamant, de lui ordonner d'en prendre soin, et de venir lui en rendre compte au bout de l'année.

« Naz-Rayyar fut extrêmement surpris de recevoir un ordre pareil: « Est-ce là, s'écria-t-il, la reconnaissance qu'il me témoigne de tout ce que j'ai fait pour lui? Hélas! mon sort est si cruel qu'il ne me permet pas de désobéir à ces ordres, et qu'il ne me reste pas d'autre parti à prendre! J'irai donc habiter les montagnes, et commander aux animaux : il est plus doux mille fois de vivre avec eux qu'avec les hommes. » Il prit les troupeaux en compte, sortit de la ville, fit paître les brebis, et se nourrit du lait qu'elles lui fournirent. Les maladies ou les tigres lui enlevèrent tout son troupeau dans le courant de l'année; il revint donc au palais sans un seul mouton, et le roi lui fit donner un autre troupeau. L'infortuné berger ne fut pas plus heureux cette seconde année; il ne conserva pas plus de moutons, et se présenta au palais du roi, qui, sans le voir, le traita comme les années précédentes. Cette troisième année fut heureuse pour Naz-Rayyar; son troupeau tripla; il revint et fit instruire le roi de son heureux succès. Ce prince, comprenant alors que son ami n'était plus en butte aux coups de la fortune, et qu'elle s'était enfin lassée de le persécuter, ordonna qu'on le conduisît au bain, qu'on lui donnât ses propres habits, et qu'on le ramenât au palais. Les ordres du roi furent exécutés, et quand il sut qu'il était près d'arriver, il courut au-devant de lui, l'embrassa, le conduisit dans un palais qu'il avait fait préparer, et lui fit présent de cent pièces d'étoffes, de dix caisses pleines d'or et de cinquante chevaux arabes. Indépendamment de tout ce qui pouvait lui être nécessaire, il lui envoya vingt esclaves et quinze filles de la Chine, d'une beauté surprenante.

« Naz-Rayyar voulut témoigner sa reconnaissance au roi, qui lui dit : « Que ne vous dois-je point? cependant, pour détruire l'impression qu'a dû vous faire la façon dont je vous ai reçu, il est juste que je vous en donne l'explication. Quand j'ai su votre arrivée et l'état où vous étiez réduit, j'ai vu sans peine que la fortune vous persécutait; j'ai voulu que le terme de votre malheur fût expiré pour exécuter les desseins que j'avais sur vous, et, pour en être assuré, je vous ai confié mes troupeaux. Ce que vous avez souffert m'a fait plus souffrir que vous; mais enfin je puis aujourd'hui, sans exposer mes peuples au danger de partager votre infortune, vous prier de gouverner mon royaume avec moi : je vous fais mon vizir, et je suis assuré que mes affaires prospèreront entre vos mains autant que le dernier troupeau. Je ne doute point encore que l'esprit et les sentiments généreux que le Ciel vous a si amplement départis, joints aux réflexions que vous avez faites pendant ces trois dernières années, ne vous aient rendu plus capable du gouvernement que tout autre au monde. »

DXIX[e] NUIT.

« Naz-Rayyar voulut encore remercier le roi; mais le prince lui dit : « Ce que je viens de faire ne mérite aucune reconnaissance : je crois utilement travailler pour mon peuple en vous choisissant; mais pour m'acquitter en mon particulier, je veux vous faire épouser ma sœur. — Cet honneur est si fort au-dessus de moi, répondit Naz-Rayyar, que je n'oserais y prétendre. — Vous en êtes plus digne que vous ne pensez, dit le roi, ne vous opposez pas davantage à ce que j'ai dessein de faire. » Et Naz-Rayyar lui dit qu'il était prêt à obéir.

« Le roi fit assembler son conseil et tous les grands de sa cour, et prenant par la main la fille de Bezzas, qui était couverte de son voile : « Voilà ma sœur, je jure par le saint Alcoran que je l'ai toujours regardée comme telle. » La surprise de la femme fut si grande en reconnaissant son mari, qu'elle tomba évanouie. Le roi fit sortir tout le monde, et Naz-Rayyar, pour la secourir, leva son voile, et reconnut ce qu'il avait tant aimé. La voir et tomber aussi sans connaissance fut une même chose. Le roi se retira, et quand ils eurent repris leurs sens, ils s'embrassèrent les larmes aux yeux, les paroles ne pouvant exprimer la tendresse de leur cœur. Après ces premiers témoignages de leur constance, qui ne leur permirent pas de songer aux questions qu'ils avaient à se faire, la curiosité qui suit ordinairement l'amour les porta à se raconter leurs aventures. La fille de Bezzas apprit à son mari que le roi l'avait toujours regardée comme une sœur, et qu'heureusement il avait appris le motif de leur séparation le jour même de ses noces : « Je vous ai toujours aimée, dit Naz-Rayyar. — Mais vous m'avez sacrifiée, lui répondit sa femme. — Que ne m'en a-t-il pas coûté pour remplir les devoirs de l'hospitalité et de l'amitié? s'écria Naz-Rayyar : n'en parlons plus, tous les sacrifices que j'ai pu faire sont récompensés, puisque je ne serai jamais séparé de vous. »

« Le roi fit préparer un grand festin auquel il invita les deux époux ; il fit des vœux pour la prospérité de leur réunion, et déclara Naz-Rayyar son premier vizir. Ce ministre se jeta aux pieds du roi : « Je croyais, lui dit-il, que j'étais l'homme le plus généreux, par ce qu'il m'en avait coûté ; mais votre majesté surpasse les autres monarques en vertus. — Je sais combien je vous suis inférieur en ce même point, répondit le roi ; je n'oublierai jamais tout ce que vous avez fait pour moi à Babylone ; la fille de Bezzas en est un témoin convaincant : vivons heureux et amis.... » Ce qu'ils firent pendant le cours d'une longue vie, que les habitants du Korassan regrettent encore.

« Vous voyez, prince, reprit Edrenouck, qu'il y a des exemples dans le monde qui prouvent que l'on a pu vaincre l'amour, et je souhaite que celui-ci puisse faire impression sur l'esprit d'un prince né pour le bonheur de l'Égypte. » Mais voyant que Seifulmulouk ne lui répondait que par des discours généraux, il jugea plus à propos de se retirer, et de laisser produire au temps les impressions que son histoire pouvait faire. Cependant s'étant aperçu que le prince, au bout de quelques mois, était dans la même situation, il résolut de faire une seconde tentative. Il se rendit chez le prince, et après lui avoir parlé de son amour avec le plus vif intérêt et la plus aimable douceur, il le pria de lui montrer le portrait qui l'avait séduit. Le vizir lui donna les éloges qu'il méritait, et lui dit : « Ce n'est pas assurément, prince, que je veuille faire une comparaison avec ce portrait vraiment incomparable, mais il me fait souvenir de celui qu'une esclave, que j'ai eue dans mon sérail, m'a autrefois montré : c'était celui d'une princesse des Indes, qui n'était pas sans doute aussi belle que Bedihuldgemal; mais elle avait la physionomie modeste, le regard doux et la vertu peinte sur son front à un tel degré que je ne pouvais me lasser d'admirer tous ses traits. L'esclave, après m'avoir laissé long-temps dans une erreur qui me plaisait, me dit : « Voyez, par ce que je vais vous conter, si l'on doit juger les personnes sur la physionomie. » Je vous en ferai le récit au nom de l'esclave, poursuivit Edrenouck, si vous croyez qu'il puisse vous amuser. » Le prince y consentit assez froidement, et le vizir prit ainsi la parole :

HISTOIRE

DE CHADUL, PRINCESSE DE L'INDE.

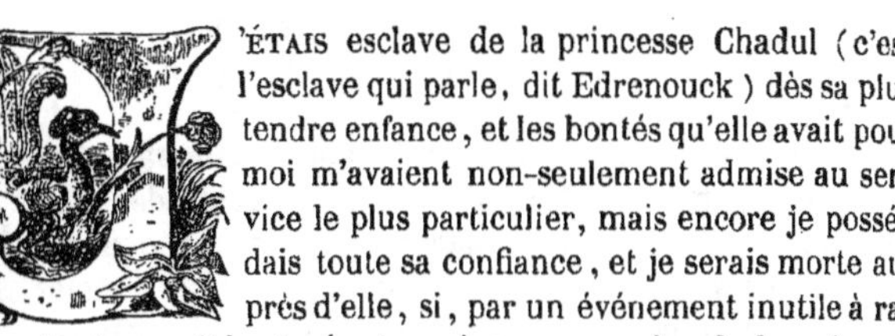

J'ÉTAIS esclave de la princesse Chadul (c'est l'esclave qui parle, dit Edrenouck) dès sa plus tendre enfance, et les bontés qu'elle avait pour moi m'avaient non-seulement admise au service le plus particulier, mais encore je possédais toute sa confiance, et je serais morte auprès d'elle, si, par un événement inutile à raconter, je n'eusse été enlevée et vendue aux marchands de qui vous m'avez achetée. Quand Chadul fut parvenue à l'âge de quinze ans, la vivacité de son caractère se développa, et lui faisait chercher sans cesse ce qui pouvait l'amuser; souvent même elle se déguisait pour aller aux bains [1].

« Un jour, en venant de prendre ce divertissement, elle aperçut un jeune tailleur, qui lui fit tant d'impression et qui lui parut si beau, qu'elle m'ordonna de le suivre et de le conduire dans son appartement le plus tôt possible. Je voulus vainement lui faire quelques représentations, le ton dont elle me parla m'obligea de lui obéir. Je suivis le tailleur, et je l'engageai aisément à me suivre, en lui proposant de me faire un habit. Quand il fut dans l'appartement de la princesse, elle lui fit apporter à manger, s'assit à ses côtés, l'embrassa plusieurs fois; mais l'embarras du jeune homme était si grand, et sa pudeur, sa honte ou sa faiblesse si forte, qu'il

[1] Les bains sont les lieux où les femmes ont le plus de liberté : elles y mangent, elles y jouent entre elles, et s'y trouvent moins retenues que dans leurs maisons.

refusa ses caresses, et les repoussa même avec une sorte de mépris. La princesse, du moins à ce qu'elle m'a toujours dit, feignit de se mettre en fureur, et poussa sa main contre lui, sans penser qu'elle tenait encore le couteau qu'elle avait pris pour le servir à table. Ce jeune homme en fut malheureusement atteint au cœur, et si cruellement, qu'il en mourut sur-le-champ. La princesse m'appela pour l'aider dans ce cas pressant : notre premier soin fut de cacher le corps, ensuite elle me recommanda de ne rien négliger pour le faire enlever. Ces commissions étaient délicates et n'étaient nullement de mon goût ; j'espérai cependant que cette aventure rendrait la princesse plus réservée : elle me le promit dans les premiers instants de son embarras. Après y avoir beaucoup pensé, je ne trouvai point de meilleur expédient, pour me défaire du tailleur, que de m'adresser à un Arabe nommé Uboulouk : c'était un soldat de la garde, dont j'avais entendu citer la force et le caractère vif et prompt à la repartie ; j'espérai que son emploi et sa gaieté lui fourniraient les moyens de tromper la vigilance des autres gardes.

« Je trouvai en effet les moyens de le faire entrer dans le palais, et de le conduire à la princesse, qui lui donna cinquante sequins, et lui dit : « Emporte ce coffre, » en lui montrant celui dans lequel était renfermé le tailleur. « Je ne puis vous obéir, répondit-il, si vous ne me montrez ce qu'il contient : l'appartement des femmes est une chose de trop grande conséquence pour exposer des jours aussi précieux que les miens. »

« Ce fut en vain que la princesse redoubla ses instances ; cinquante autres sequins qu'elle lui donna ne produisirent pas davantage ; il fallut ouvrir le coffre :

« Ta curiosité est maintenant satisfaite ; va-t-en, prends ce coffre, et pars au plus tôt. — Je ne suis pas encore assez instruit, répondit Uboulouk, en s'asseyant sans aucun respect ; mais je commence à m'en douter, et plus je vois ce cadavre, plus je veux savoir dans le plus grand détail à quoi je m'expose ; enfin, puisque je dois l'emporter, je ne dois pas ignorer quel est ce corps, comment et pourquoi il se trouve ici, et surtout qui l'a mis dans cet état. — Tu l'as vu, il ne s'agit que de l'emporter, reprit la princesse avec impatience. »

DXXE NUIT.

« Uboulouk lui laissa dire, aussi bien qu'à moi, tout ce qui nous parut capable de le persuader; il n'en fut point ému, et quand nous eûmes cessé de parler : « Je saurai, nous dit-il, ce que je vous ai demandé, ou je ne l'emporterai pas. »

« La princesse fut donc obligée de lui tout avouer : « Voilà qui est fort bien, lui dit l'Arabe, je ne ferai point ce que vous attendez de moi que je ne fasse ce que vous attendiez du tailleur. — Insolent! s'écria la princesse, ne crains-tu pas mon ressentiment? — Non, lui répondit-il froidement; vous êtes assez embarrassée du tailleur; que feriez-vous encore de moi dans la même situation? — Cela peut être, répliqua la princesse; mais de quel front oses-tu me faire une pareille proposition? — Vous n'avez pas imaginé vous abaisser, lui répondit Uboulouk, en prenant un tailleur; qu'avait-il au-dessus de moi? Au contraire, je suis d'une condition plus noble.

« Chadul, voyant qu'elle était des deux côtés dans un égal danger, me pria de la tirer de ce mauvais pas, et de satisfaire l'Arabe. Je résistai : « Uboulouk a raison, lui dis-je : c'est vous, princesse, que cette affaire regarde uniquement; c'est donc à vous de vous en tirer. »

« Ainsi Chadul fut obligée de consentir à ses désirs; et le soldat, ayant enveloppé le coffre de quelques vieilles hardes, trouva moyen de tromper la vigilance de ses camarades, et de se débarrasser du corps, dont nous n'entendîmes plus parler.

« Uboulouk, non content d'avoir déshonoré la fille de son roi, voulut rendre sa honte publique. Un jour qu'il faisait la débauche avec des gens de la garde du palais, il se vanta, dans la chaleur du vin, d'avoir une maîtresse fort au-dessus de celles qu'ils avaient jamais eues et qu'ils pourraient avoir. Plus on se moqua de lui, et plus il s'échauffa : il en vint au point de parier cinquante sequins, et quand il eut nommé la fille du roi, ses camarades étonnés lui dirent : « Pense à ce que tu dis, songe à la distance qu'il y a d'elle à toi. — Vous ne voulez pas me croire? leur dit-il; je parie cinquante autres sequins que je la ferai venir tout à l'heure ici. »

« Le pari fut accepté : il entra dans le palais et trouva la princesse qu'il pria de le suivre pour lui faire gagner son pari. Le roi, malheureusement, se trouvait dans une chambre si près d'elle, qu'Uboulouk l'ayant menacée d'élever la voix, ce qui suffisait pour la perdre si elle continuait à lui refuser sa demande, elle fut obligée d'y consentir. La rage qu'elle avait dans le cœur contre un homme si dangereux ne lui faisant respirer que vengeance, elle prit un gros morceau d'opium, et le suivit.

« Elle trouva en effet plusieurs hommes qui, malgré l'état où le vin les avait mis, furent étonnés de la voir paraître, et qui voulurent se lever par respect. Mais Ubouluk, qui faisait les honneurs, leur dit de ne point se contraindre pour elle, et quand il eut pris les cent sequins du pari, il lui commanda de leur servir à boire.

« Ce fut alors que la princesse eut peine à souffrir tant d'insolence; mais elle eut aussi la facilité de mettre de l'opium dans la bouteille qu'on lui donna. Le vin qu'ils avaient déjà bu rendit son effet plus prompt, et la mit en état de s'assurer bientôt de la vengeance qu'elle méditait: aussi elle leur perça le cœur à tous, et surtout au perfide Ubouluk.

« Après cette juste et sanglante expédition, la princesse revint dans son palais, sans avoir donné le moindre soupçon de son absence. Le lendemain, on apprit avec étonnement ce massacre; mais quelques perquisitions qu'on fît, on ne put en découvrir l'auteur. Quelque temps après, le père de Chadul conclut le mariage de sa fille avec un prince voisin de ses états, et la princesse, ne pouvant absolument refuser cette alliance, fit faire plusieurs copies de son portrait. Et c'est, ajouta Edrenouk, une de ces copies qu'elle m'avait fait admirer.

« La princesse m'ordonna, poursuivit l'esclave, de donner ces copies à différents marchands d'esclaves, en leur promettant le prix qu'ils demanderaient d'une esclave vierge, à peu près de son âge, et qui lui ressemblerait. L'espoir d'une récompense qui n'avait point de bornes produisit son effet. Un marchand m'en présenta une dont la ressemblance m'étonna; on lui donna tout ce qu'il voulut, après qu'on l'eut examinée et qu'on l'eut trouvée telle qu'on la désirait. La princesse la déroba avec un soin extrême aux regards de ses esclaves et de ses eunuques : je demeurai seule dans le secret, et pour éviter les accidents, elle n'eut point d'autre lit que le mien.

« Chadul, cependant, ne négligea rien pour gagner son amitié; elle se flatta bientôt d'y être parvenue, et ce fut alors qu'elle s'ouvrit à elle, et la pria d'occuper sa place dans le lit de son mari la première nuit de ses noces. L'esclave y consentit: on la coucha aux côtés du roi, qui fut très-satisfait. Quelques moments après, la princesse, fort attentive à tout ce qui se passait, voyant son mari endormi, s'approcha du lit, et dit à l'esclave : « Lève-toi, c'en est assez, je te donnerai ce que je t'ai promis, et je reconnaîtrai le service que tu m'as rendu. — Je suis auprès de mon mari, repondit l'esclave, que demandez-vous? — Quoi! perfide, reprit la princesse à voix basse, c'est ainsi que tu me trompes! »

« Loin de continuer la conversation, elle embrassa le prince, et ses caresses, qui le réveillèrent, obligèrent la princesse à se retirer. Chadul, dans son extrême embarras, jugea qu'elle avait affaire à une femme qu'elle ne pourrait chasser d'auprès de son mari sans se perdre elle-même. Elle prit aussitôt son parti, descendit dans les cuisines, ramassa tout le bois qu'elle put trouver, et y mit le feu.

« L'incendie se propagea promptement; on accourut de tous côtés pour l'éteindre; le prince se leva pour donner les ordres nécessaires, et monta sur une terrasse, où l'esclave le suivit. La princesse, qui les observait, s'approcha d'eux, et trouva le moment de conjurer le prince, son époux, de ne pas s'exposer, l'assurant que sa présence n'était pas nécessaire dans un endroit que le feu gagnait déjà. Persuadé par ses conseils, le prince se retira, et la princesse poussa si à propos l'esclave perfide, qu'elle tomba dans les flammes et en devint la proie.

« Chadul feignit d'être fort affligée de la mort de l'esclave; le roi s'empressa d'essuyer ses larmes. On éteignit le feu, et rien n'empêcha Chadul de goûter les douceurs du sommeil dans les bras de son époux. Depuis ce temps, elle a vécu tranquille et a donné trois enfants mâles à son époux, qui n'a pas eu le moindre soupçon de ce qui était arrivé à sa femme avant qu'il l'eût épousée; il en a jugé sur la physionomie : « Voyez, seigneur, reprit alors le vizir, quelle a été son erreur, et combien les jugements des hommes peuvent être trompeurs. »

Seifulmulouk ne fut nullement touché de cette histoire, et ne daigna pas même faire la moindre application sur les dangers qu'il pouvait courir : il n'y a point d'amant qui ne se croie excepté de la loi commune, et la prévention de l'amour n'est pas un de ses moindres inconvénients.

DXXIe NUIT.

Cependant les deux cents personnes que le roi Hasm avait envoyées dans toutes les parties du monde revinrent quand l'année fut expirée. Les uns avaient visité la Grèce, la Kiovanie; les autres avaient parcouru l'Asie et l'Afrique; mais leurs peines avaient été inutiles, et ils ne rapportèrent qu'un état circonstancié des plus belles filles qu'ils avaient trouvées dans leurs voyages. Moins le prince eut d'espérance, plus sa douleur augmenta quand il vit que toutes les recherches avaient été sans fruit:

« Je n'ai rien épargné pour vous contenter, lui dit le plus tendre des pères; il est à présumer que vous aimez un fantôme, un objet idéal; la beauté dont vous êtes épris n'existe point sur la terre, et l'on n'a pas même dans toutes les parties du monde la moindre connaissance du pays d'Irem. Comment donc pouvoir y parvenir? Comment obtenir cette beauté imaginaire? Ce qu'il y a de certain, c'est que les larmes et le désespoir ne sont pas les moyens de réussir. Voilà, mon cher fils, l'état exact de l'âge et des qualités de toutes les beautés qui sont dans le monde connu: choisissez celle qui vous plaira le plus. — Rien ne peut me faire oublier Bedihuldgemal, reprit le prince avec vivacité; quand celles que vous m'offrez seraient plus belles que le soleil, elles ne peuvent la chasser de mon souvenir, et je préfère l'idée de ma princesse à la possession de toutes les autres. Mais, seigneur, j'ai encore espoir de la trouver. Je n'ai plus qu'une grâce à vous demander; si vous me l'accordez, je n'aurai plus rien à désirer du meilleur des pères. Cette grâce m'est nécessaire pour ne point mourir, » ajouta le prince en versant un torrent de larmes.

Le roi, le voyant si cruellement tourmenté, lui promit de lui accorder sa demande: « Permettez-moi, lui dit le prince, de parcourir moi-même le monde; je serai peut-être plus heureux que vos envoyés; mon cœur du moins me le dit, et ce cœur sera satisfait. » Ce fut en vain que le bon roi voulut s'opposer à cette résolution: il fut obligé de donner les ordres nécessaires pour ce départ. Rien ne peut exprimer la douleur du père en embrassant ce cher fils; le deuil de l'Égypte fut général et sincère: car le prince était généralement aimé et méritait de l'être. Enfin le prince s'embarqua sur la mer Rouge et monta la superbe flotte que le roi, son père, avait fait équiper. La jeunesse la plus brillante, les soldats les plus aguerris et les meilleurs astrologues s'embarquèrent avec le prince.

La flotte traversa heureusement la mer Rouge, et après quelque temps de navigation elle aborda dans un port de la Chine. Faquefour, qui y régnait alors, ayant appris l'arrivée du prince, lui rendit tous les honneurs dus à son rang; non content de la réception magnifique qu'il lui fit dans son palais, il eut assez de confiance en lui pour accepter une fête superbe que Seifulmulouk lui donna sur son vaisseau. Faquefour, étonné de la tristesse qui obscurcissait les grâces et la beauté du prince, voulut en savoir la raison. Le prince lui demanda des nouvelles de Bedihuldgemal, fille du roi d'Irem. Le roi lui protesta que la princesse et le pays lui étaient inconnus: « Mais, ajouta-t-il, il y a dans mes états un homme âgé de cent soixante-dix ans qui peut seul, je crois, satisfaire votre curiosité. »

Aussitôt il ordonna qu'on allât le chercher. Le vieillard fut conduit avec beaucoup de diligence en présence du roi, qui lui fit devant le prince des questions sur l'Irem et sur la princesse. Le vieillard avoua qu'il ne lui restait qu'une idée confuse de ce pays, dont il avait entendu parler dans sa jeunesse: « Mais, dit-il ensuite, allez à Kebr, le port le plus fréquenté par les marchands de tous les pays de l'univers; vous y trouverez un nommé Madehour qui pourra contenter votre curiosité. » Le vieillard indiqua la route qu'il fallait tenir pour se rendre à Kebr, et ajouta qu'il fallait au moins trente jours pour y arriver.

Avec ces renseignements le prince d'Égypte prit congé du roi; ils se quittèrent en se jurant une éternelle amitié. Après une heureuse navigation pendant vingt-cinq jours, il survint une tempête, ou plutôt un de ces ouragans qui font tant de ravages dans la mer des Indes, et le prince eut non-seulement la douleur de voir périr l'élite de la nation égyptienne, mais il eut encore celle d'être témoin de la perte du vaisseau sur lequel Saïd avait passé la veille : il le vit s'ouvrir et s'abîmer dans les flots.

Ce funeste accident le rendit insensible à sa propre satisfaction: plongé dans une profonde douleur, il ne s'aperçut pas que son vaisseau, meilleur ou plus heureux, avait seul résisté à la tempête. Il fut tiré de l'abîme affreux de ses pensées par l'attaque d'un vaisseau que ses officiers avaient d'abord pris pour un bâtiment marchand, mais qui était un corsaire noir. Celui-ci, profitant du désordre que la tempête avait causé sur les vaisseaux du prince, l'attaqua et le prit malgré la bravoure du prince et le dévouement de ses officiers et de tous ceux qui se trouvaient avec lui. Seifulmulouk se vit enfin prisonnier avec un seul homme de sa suite : tous les autres avaient péri dans le combat.

Le prince, chargé de fers, fut conduit sur une montagne par les noirs, et il fut présenté à leur roi. C'était un homme extrêmement grand, dont les yeux brillaient comme des étoiles. Il était assis sur son trône; le prince lui parut un mets si délicat, qu'il l'envoya à la princesse, sa fille, avec celui qui l'accompagnait, lui conseillant de les garder l'un et l'autre, comme des mets propres à rétablir sa santé, et lui faire perdre le dégoût qui la tourmentait depuis quelque temps.

La princesse noire fut sensible à la grâce et à la beauté du prince, et sa vue produisit sur la santé de cette princesse le même effet que le cœur occupé produit sur le tempérament; elle l'aima donc et se porta bien, malgré le jeûne austère qu'elle avait observé pour conserver l'un, parce qu'elle l'aimait, et l'autre de crainte que l'objet de son amour ne s'ennuyât.

Quelques jours après, le roi, son père, lui demanda comment elle avait trouvé les esclaves dont il s'était privé pour elle; elle lui répondit qu'elle les avait trouvés excellents, et qu'il y en avait un surtout qui l'avait guérie de tous ses maux. Cependant la princesse ne fut occupée que du soin de plaire à son nouvel esclave; mais eût-elle été plus aimable, le prince n'en aurait pas été plus touché; il fut même long-temps à s'apercevoir de l'impression qu'il avait produite sur le cœur de la princesse noire; il ne s'en aperçut qu'un jour qu'elle se présenta à lui le visage blanchi de chaux, et les sourcils noircis avec du charbon : elle avait imaginé ce moyen pour lui plaire, mais il ne lui réussit pas.

Enfin le prince lui paraissant insensible, elle fut plusieurs fois au moment de l'immoler à la vengeance de ses charmes méprisés. Elle ordonna seulement qu'il fût obligé à travailler aux ouvrages les plus pénibles. Ses ordres furent exécutés avec tant de rigueur, on lui fit porter des fardeaux si lourds de pierres et autres objets, que bientôt son dos ne fut plus qu'une large plaie.

Enfin le prince résolut de mourir plutôt que de rester plus long-temps à souffrir de pareils tourments. Son compagnon et lui travaillaient assez près de la mer; ils parvinrent à construire un radeau, sur lequel ils montèrent après l'avoir muni des provisions nécessaires.

Ils abordèrent dans une île où ils trouvèrent des fruits et divers autres rafraîchissements; ils se couchèrent au pied d'un arbre. Quand la nuit fut venue, ils virent sortir de la mer une infinité de poissons de différentes couleurs et de différentes tailles, qui mangèrent des fruits, jouèrent sur le sable, et rentrèrent à la pointe du jour dans leur élément.

Le prince, voyant qu'il ne pouvait apprendre dans cette île des nouvelles de Bedihuldgemal, résolut de se confier encore à la mer. Quelques jours après son embarquement, son compagnon mourut, et le prince, accablé de ce nouveau malheur, arriva dans l'île de Sandal et d'Aloès. C'était le plus grand danger qu'il pût courir: cette île est remplie de fourmis qui l'eussent indubitablement dévoré, si par bonheur ce n'eût pas été le temps de la retraite de ces terribles animaux.

Ces fourmis sont grosses comme des dogues et beaucoup plus carnassières : elles dévorent tout ce qu'elles trouvent; et quand les marchands, que l'ardeur du gain conduit dans cette île pour couper les bois précieux qu'elle renferme, arrivent, ils sont obligés, pour avoir assez de temps pour les couper et les emporter, de s'y trouver avant la saison qui oblige les fourmis à se retirer.

DXXII[e] NUIT.

Ils parcourent l'île sur des chevaux très-agiles, et jettent des morceaux de viande à celles qui les poursuivent, pour avoir la liberté de marquer les arbres qui leur conviennent, et qu'ils viennent ensuite prendre quand l'île est débarrassée de ces animaux carnassiers.

Seifulmulouk, dans une île si dangereuse, accablé des plus tristes pensées, désolé de ne pouvoir rien apprendre de l'objet de ses recherches, regrettant son ami Saïd, était prêt à se livrer au désespoir. Un jour, il aperçut un oiseau grand comme un chameau, dont la tête était noire, les jambes vertes, et qui paissait comme les quadrupèdes. Résolu de ne plus s'aventurer sur la mer, il s'attacha doucement à un pied de l'oiseau; il ferma les yeux de crainte que l'élévation du vol ne lui fît tourner la tête.

L'oiseau en effet s'envola et emporta le prince. Il a toujours ignoré le chemin que l'oiseau lui fit faire; mais ce qu'il avait craint lui arriva: car il ouvrit les yeux, et, soit à cause de la fatigue, soit à cause du défaut de respiration, la faiblesse lui fit lâcher les mains, la corde qui le tenait attaché se cassa, et il est certain qu'il eût péri, si l'oiseau, qui l'avait très-bien aperçu, n'eût plongé son vol avec plus de rapidité qu'il ne tombait et ne l'eût reçu sur son dos, sans lui faire aucun mal. Cet oiseau avait intérêt de ménager le prénce, car il le porta tout de suite sur un arbre immense qui renfermait son nid, et le donna à manger à ses petits qui se préparèrent à le dévorer.

C'était fait du prince, s'il ne fût survenu un grand serpent qui renversa le nid et mangea tous les petits de l'oiseau. Seifulmulouk, quoique étourdi de sa chute, ne laissa pas que de se relever, trop heureux d'avoir échappé à une mort certaine. Après avoir marché quelque temps, il aperçut une montagne dont la mer battait le pied, et sur laquelle brillait un palais éclatant par sa magnificence. Avec une peine infinie il gravit la montagne, et se trouva devant la porte du palais. Il fit de grands efforts pour détacher une clef qui lui parut être celle de la porte, et qui ne tenait cependant qu'à un clou. Enfin, sa bague toucha le talisman sans qu'il s'en aperçût, et rien ne l'empêcha plus de prendre la clef.

Il ouvrit la porte du palais; il y entra, et ses yeux furent éblouis de tout ce qu'il vit de richesses. Il parcourut un appartement immense, au fond duquel il trouva une fort belle fille, couchée sur un trône et couverte d'un tapis magnifique. Le prince la considéra quelques moments; mais surpris de ne l'avoir pas réveillée par le bruit qu'il avait fait, il ne douta point qu'une pierre gravée, sur laquelle sa tête était appuyée, ne fût encore un talisman qui lui causait un sommeil si profond; il y toucha, et aussitôt la jeune fille se leva sur son séant :

« Que me voulez-vous encore, cruel Sedifbach? dit-elle en s'éveillant à moitié; pourquoi me tourmenter toujours ? » Mais un instant après, reconnaissant son erreur : « Qui êtes-vous? dit-elle au prince; comment vous trouvez-vous ici ? »

« Belle princesse, lui dit Seifulmulouk, je suis un malheureux que l'amour persécute encore plus que la fortune; daignez m'apprendre les raisons de tout ce que je vois dans ce palais que vous paraissez occuper seule? »

« Je suis fille du roi de Serendib. Ce prince n'a que trois filles; nous avions, mes sœurs et moi, un jardin qui faisait notre unique amusement; un bassin de marbre qui recevait une fontaine nous servait souvent à prendre les plaisirs du bain. Il y a peut-être un an (car le sommeil cause un peu de dérangement dans mes dates) que nous étions déshabillées pour nous baigner, lorsqu'il s'éleva tout à coup un vent terrible qui causa une poussière si épaisse, qu'on ne distinguait aucun objet.

« Dans ce moment, nous vîmes un homme, qui me saisit malgré mes cris, et me porta dans ce palais. Quand nous y fûmes arrivés, il me dit qu'il était fils d'un roi des esprits, et frère de Kilsem, aujourd'hui sur le trône : « Je vous ai vue, ajouta-t-il, et au même instant je vous ai aimée. — Vous ne pouvez espérer de me plaire, lui répondis-je, qu'en me reportant tout à l'heure dans l'endroit où vous m'avez prise. — Tant que je vous aimerai, belle Méliké (c'est ainsi qu'on me nomme), rien ne pourra me séparer de vous, me dit-il avec vivacité; j'aurai du moins la satisfaction de vous avoir en ma puissance. »

« Mes prières furent inutiles, et, voyant que je ne voulais pas répondre à son amour, il m'endormit aussitôt dans la situation où vous m'avez trouvée. Le génie vient une fois par mois m'éveiller comme vous avez fait, et je crois toujours, chaque fois qu'il me réveille, n'avoir dormi qu'une nuit. Mais, prince, êtes-vous un autre esprit, et avez-vous autant de pouvoir que Sedifbach? Hélas! c'est peut-être lui qui veut connaître mes sentiments sous un déguisement si agréable? Hé bien! connaissez-les dans toute leur étendue : jamais je n'aimerai Sedifbach. — Non, princesse, je suis tel que je vous en ai fait l'aveu, lui répondit le prince, et je ne suis pas capable de changer de forme, quand j'en aurais le pouvoir : mes malheurs m'ont conduit ici ; j'ignore comment j'ai pu rompre les enchantements qui m'environnent. »

Pour achever de convaincre la princesse, Seifulmulouk lui raconta l'abrégé de son histoire; car ils craignaient l'un et l'autre l'arrivée de l'esprit, la princesse ne pouvant savoir la date de son dernier voyage. Quand le prince eut fini son histoire, Méliké lui dit : « Je puis vous donner des nouvelles de Bedihuldgemal. »

Le prince, à ces mots, baisa la terre en action de grâces, et transporté de la joie la plus vive, il conjura Méliké de le tirer de la plus grande peine que jamais homme eût éprouvée.

« Pendant la grossesse de ma mère, reprit la princesse, il se répandait une odeur de musc, dont tout le palais était embaumé; quand le terme de sa grossesse approcha, mon père fit dresser une tente dans un endroit délicieux de son parc, pour la faire accoucher, et la soulager des incommodités de la chaleur, et surtout pour éviter le danger de l'odeur dont le palais était rempli.

« Un instant après ses couches, on laissa ma mère seule, et elle vit descendre d'un arbre une belle femme, qui lui dit : « Je vous ai des obligations que je ne pourrai jamais reconnaître : il y a longtemps qu'une jalousie de mon mari, très-mal fondée assurément, l'a porté à m'enchanter sur cet arbre. Mon mari et moi nous sommes des esprits; cependant je ne puis comprendre comment il s'est laissé aller à une idée si déraisonnable. Enfin le projet de vous faire abandonner votre palais par l'odeur du musc a réussi, et la fumée de votre manger vient de rompre un enchantement qui, sans la circonstance de vos couches au pied de cet arbre, aurait été d'une longueur infinie : mon mari ne le pouvait plus rompre lui-même; il a fait d'inutiles efforts, car j'ai eu depuis long-temps la consolation de voir qu'il m'a rendu justice. Mais avant de retourner dans l'Irem, mon pays, donnez-moi la petite Méliké, dont vous venez d'accoucher; je veux la nourrir moi-même, et pour vous assurer de l'envie que j'ai de vous la rapporter quand je l'aurai sevrée, je vous laisse ma fille Bedihuldgemal, dont je suis accouchée sur cet arbre. »

« Ma mère y consentit : la femme esprit me reçut dans ses bras, et remit son enfant à la reine, dans un berceau garni de rubis. Ma mère prit tant d'amitié pour la jeune Bedihuldgemal, qu'elle ne voulut point la rendre à sa mère, quand celle-ci me rapporta à elle, sans lui avoir fait jurer de l'amener plusieurs fois dans l'année.

« Bedihuldgemal mérite qu'on l'aime ainsi, car elle est accomplie. Vous voyez, prince, que si je pouvais retourner chez mon père, il me serait aisé de vous la faire voir, et de vous convaincre de tous ses agréments. »

« La chose ne vous sera pas difficile, s'écria le prince, partons! »

« Ce départ me paraît de la plus grande difficulté, lui répondit la princesse; car, vous-même, je ne sais comment vous pourrez sortir d'ici; vous allez en juger : si cette île n'avait pas été inaccessible, Sedifbach n'en eût pas fait choix pour m'y retenir; il a eu soin de s'en assurer; la façon dont nous y sommes arrivés me confirme dans cette idée. Quand je lui ai demandé combien il y avait loin d'ici au pays des hommes, il m'a répondu que pour lui il n'y avait qu'une médiocre distance, mais qu'il y en avait une très-considérable suivant le calcul des hommes. Quoiqu'il ait répondu avec peine à plusieurs questions que je lui ai faites, voici ce que j'en ai pu savoir : je lui demandai son âge; il me dit qu'il avait sept cents ans : « Mais où se cache votre âme, lui dis-je, pour vivre si longtemps? » Cette question le fâcha; il me répondit avec assez de brutalité que cela devait m'être fort indifférent. Je lui dis en pleurant : « Ne m'avez-vous pas fait assez de mal en me séparant d'avec mes parents, sans me témoigner aussi peu de confiance? Que craignez-vous de ma curiosité? »

DXXIII^E NUIT.

« Sedifbach sentit bien que les refus n'étaient pas un moyen de me plaire ; il me dit donc : « Tout inutile qu'il vous puisse être de savoir où se retire mon âme, pour vous prouver l'excès de mon amour et de ma confiance, sachez qu'il y a dans un cercueil de verre un pigeon dans lequel mon âme est renfermée, et que ce cercueil est au fond de la mer. L'anneau de Salomon présenté à la surface de cet élément peut seul l'en faire sortir. Celui qui aurait cet anneau serait maître de mon sort. »

« Ah ! princesse, s'écria Seifulmulouk, vous serez délivrée : voici la bague. C'est sans doute elle qui a détruit les talismans qui m'auraient empêché de vous voir jamais. L'amour dont je suis uniquement occupé m'a fait oublier la vertu de cette bague. Allons, princesse, ne perdons point de temps, craignons tout d'un ennemi dangereux. »

La princesse le suivit ; ils arrivèrent bientôt sur le bord de la mer, et d'abord que l'anneau eut été présenté, le cercueil de verre parut ; le prince l'ouvrit, et saisissant le pigeon il lui coupa la tête, en disant : « Plût à Dieu pouvoir ainsi traiter tous les mauvais esprits ! »

A peine cette exécution était-elle achevée, qu'il s'éleva un vent terrible, et qu'ils virent tomber du sang à leurs pieds, avec un corps et une tête séparée. Méliké la reconnut avec plaisir pour être celle de Sedifbach ; le prince fit alors avec plus de tranquillité un radeau sur lequel il transporta des raisins, des grenades et ce qu'il put rassembler de provisions. Ensuite, profitant d'un vent favorable, it s'embarqua avec la princesse. Ils s'éloignèrent bientôt du rivage à l'aide d'une voile dont le prince avait eu soin de se pourvoir.

Après quelques jours de navigation ils rencontrèrent un vaisseau qui vint à eux pour leur donner du secours. Méliké reconnut avec plaisir que ce vaisseau venait de Vafir, et qu'il appartenait au roi Tadjermulouk, un de ses oncles.

Les gens du vaisseau la reconnurent pour la nièce de leur roi, se prosternèrent devant elle, et, suivant ses ordres, la conduisirent à Vafir. Méliké y fut reçue avec des transports de joie infinis, et d'après les obligations qu'elle dit avoir au prince d'Égypte, ce prince partagea le bon accueil qu'on fit à Méliké.

Le roi de Vafir dépêcha un courrier au roi de Serendib, pour lui faire part du retour de sa fille. Ce bon père partit aussitôt pour la venir chercher. Il combla de présents le prince d'Égypte, et lui donna une superbe pelisse.

Le roi de Serendib ne fit pas un long séjour à Vafir ; il en partit promptement pour retourner dans ses états ; et, ne pouvant plus se séparer de Seifulmulouk, il l'emmena avec lui à Serendib, et ne négligea rien pour lui en rendre le séjour agréable.

Un jour, Seifulmulouk, en revenant de la chasse, aperçut dans la foule un jeune homme qui ressemblait à son ami Saïd. Il le fit venir devant lui, et lui demanda de quel pays il était : « Je suis Égyptien et mon nom est Saïd ; il y a trois ans que je souffre éloigné de mon pays. » Le prince fut si touché de retrouver son ami, et sentit si vivement le reproche que l'état où il le voyait faisait à son cœur, qu'il ne put s'empêcher de lui sauter au cou et de le serrer dans ses bras. Ils éprouvèrent tous les deux la joie la plus vive de se revoir.

Quand le prince eut fait à Saïd le récit de tout ce qui lui était arrivé, celui-ci lui dit à son tour que, lorsque la tempête eut brisé le vaisseau sur lequel il se trouvait, il s'était sauvé sur des débris que la mer poussa contre une île :

« J'étais désespéré de me voir séparé de mon prince ; cependant l'espérance de le retrouver un jour ne m'abandonna pas, et cet espoir me donna de nouvelles forces. Les fruits de l'île étaient excellents et réparèrent aisément la fatigue que j'avais essuyée en mer ; mais je ne fus pas long-temps à me repentir du séjour que j'y avais fait.

« Je n'avais pas remarqué que cette île était remplie de singes ; quand je m'en aperçus, ils ne me causèrent aucune crainte ni aucune méfiance ; leurs sauts et leur agilité me donnaient un spectacle amusant. Ils profitèrent, un jour, de mon sommeil pour me saisir ; ils m'enfermèrent ensuite dans une cage de bois, qu'ils suspendirent à un arbre, autour duquel ils faisaient la garde en dansant et en poussant des cris épouvantables. Ils ne me donnèrent d'abord que de l'herbe à manger ; mais ma cage étant tombée un jour d'un grand vent, je passai les bras à travers les barreaux pour attraper quelques fruits.

« Les singes, voyant que je les aimais, ne m'en laissèrent plus manquer. Cependant ils s'ennuyèrent de me garder, et s'étant tout à fait écartés, je rompis ma cage, et je pris la fuite. Je me chargeai de tous les fruits que je pus ramasser sur mon chemin ; je me dirigeai vers le rivage, où je trouvai encore les débris qui m'y avaient apporté. J'en profitai et je me remis en mer. Le lendemain je vis un vaisseau ; je fis des signes à l'équipage ; l'on m'envoya une chaloupe pour me prendre. »

« Ce vaisseau était monté par des hommes noirs qui me parurent d'une grande férocité. Un vent contraire les poussa sur la côte d'Human, et ils y périrent presque tous. Les gens du pays firent esclaves ceux qui avaient échappé au naufrage, et me délivrèrent. J'ai vécu plus d'un an réduit à travailler pour y vivre. Enfin j'ai trouvé une caravane de marchands qui venaient dans cette ville, et je l'ai suivie en conduisant les chameaux. J'étais résolu de courir l'univers pour vous retrouver, et de ne point retourner en Égypte sans avoir appris de vos nouvelles. »

Le prince, après ce récit, embrassa Saïd, lui donna ses plus beaux habits et le mena lui-même au roi de Serendib, qui obligea Saïd de lui raconter son histoire. Seifulmulouk présenta ensuite son ami à Méliké, qui ressentit à sa première vue ce charme secret et cette douce illusion que le prince des esprits n'avait jamais pu lui inspirer. Saïd éprouva le même sentiment pour elle.

Seifulmulouk fut charmé de voir son ami aimer la sœur de Bedihuldgemal ; il ne pouvait rien lui arriver qui lui fît envisager un plus agréable avenir ; leur amour croissait chaque jour, et le prince, voyant leur bonheur sans envie, désirait ardemment d'en éprouver un pareil.

Enfin, Méliké lui annonça que sa sœur devait arriver le lendemain. Quelle joie pour un prince autant éperdu d'amour ! mais il se méfiait de lui-même et craignait de ne pouvoir plaire à Bedihuldgemal. Elle arriva enfin, et quand elle eut embrassé la reine, sa nourrice, et Méliké qu'elle nommait sa sœur, ces jeunes princesses s'entretinrent en particulier. Méliké raconta à Bedihuldgemal tous les maux que le génie lui avait faits, et les obligations qu'elle avait au prince d'Égypte : « Mais ce qui m'engage, ajouta-t-elle, à l'aimer peut-être plus encore, c'est l'amour qu'il a pour vous. »

Alors elle lui conta, avec la vivacité que donne la reconnaissance, tout ce que le prince avait souffert pour l'amour d'elle.

Bedihuldgemal fut touchée de ce récit, mais elle ne voulut pas consentir à se laisser voir au prince : « Que dirait Chesbal, mon père, répliqua-t-elle, s'il venait à savoir que j'eusse fait une telle démarche ? Ces anciens esprits ne veulent pas que l'on communique avec tant de facilité. Je sais gré au prince, continua-t-elle, de tout ce qu'il a souffert pour moi, je suis touchée des services qu'il vous a rendus ; mais ne me sachez pas mauvais gré si je refuse l'entrevue que vous me demandez pour lui ; à quoi nous conduirait-elle ? vous savez que je ne pourrais l'épouser. »

Tout ce que Méliké put obtenir de sa sœur, c'est qu'elle verrait le prince et qu'il ne la verrait pas : « J'y consens, lui dit Bedihuldgemal, pourvu qu'il l'ignore. »

Méliké le lui promit, et voici l'arrangement qu'elle fit pour cette entrevue. Dans certaines saisons, on abandonne les maisons de la ville pour habiter des tentes qui renferment toutes les commodités de la vie. La cour était alors campée dans un grand parc. Méliké vint chercher le prince d'Égypte dans sa tente, le fit passer assez près de celle de sa sœur pour en être vu et entendu. Le prince parlait à Méliké de son amour pour Bedihuldgemal avec tant de tendresse et de sincérité, que celle-ci en fut émue, et que son esprit commença à n'avoir plus que de faibles droits sur son cœur.

DXXIV[E] NUIT.

Ces sentiments étaient tout nouveaux pour la princesse; les esprits en ressentent peu de pareils; elle en fut touchée, mais elle résista long-temps à se laisser voir au prince. Elle fit, cependant, des voyages plus fréquents à Serendib qu'elle n'en avait encore fait; elle consentit à recevoir des lettres du prince, qui la charmèrent parce qu'elle n'y trouvait que du sentiment.

La douleur de ne pas voir la princesse causa une maladie à Seifulmulouk, et le réduisit dans un état dont Méliké sut faire à la princesse des peintures aussi vives que touchantes, et qui engagèrent celle-ci à sortir une nuit de sa tente pour s'approcher de celle du prince. Elle le vit en effet qui pleurait d'amour en considérant son portrait; la tendre pitié qui précède ordinairement l'amour la saisit; elle fut alarmée de voir qu'elle aimait malgré elle, et le combat de son cœur avec son esprit la fit tomber évanouie.

Le cri qu'elle fit en tombant fit accourir le prince avec un flambeau. Que devint-il en reconnaissant la belle Bedihuldgemal? Il s'assit à ses côtés, leva doucement sa tête, et la posa sur ses genoux; ses joues luisantes comme la lune le mirent si fort hors de lui-même, qu'il l'embrassa en répandant des larmes d'amour.

La princesse reprit ses sens, et surprise de la situation où elle se trouvait, elle prit son voile pour cacher sa rougeur et son embarras : « Ah! prince, lui dit-elle, qu'avez-vous fait? — Beauté du monde, lui répondit-il, pardonnez à l'amour le plus tendre; souffrez que je vous admire; laissez-moi parler. — Je ne dois point vous entendre, » lui dit la princesse. Seifulmulouk la pria au nom de l'amitié qu'elle avait pour sa sœur, et ses prières furent si touchantes, qu'elle lui donna audience. Quand il eut exprimé son amour, Bedihuldgemal lui répondit : « On m'a assuré que la fille du roi Zimpar vous aimait. — Je ne la connais pas, reprit le prince avec vivacité ; n'écoutez pas ce que vous diront les esprits, si vous voulez être heureuse en amour ; ils sont méchants ; les sentiments tendres leur sont non-seulement inconnus, mais il semble qu'ils en soient jaloux, et qu'ils ne s'occupent que des moyens de les détruire. — On dit, répliqua la princesse, que tous les hommes sont infidèles. — Peut-on l'être en vous aimant? » lui répondit le prince.

Bedihuldgemal fit d'autres réflexions, manifesta de nouvelles craintes sur les difficultés qui s'opposeraient à leur union ; Seifulmulouk parvint à les détruire, et la princesse, à moitié persuadée, répandait cependant un torrent de larmes causées par les retours que l'esprit lui faisait faire sur elle-même ; la réflexion lui peignait les engagements qu'elle prenait et les embarras dans lesquels elle se précipitait.

Ces larmes que la princesse répandait mirent Seifulmulouk au désespoir. Enfin, Bedihuldgemal, touchée de tant de marques d'amour, lui dit : « Prince, je vous aime malgré toutes les raisons qui sembleraient devoir s'y opposer ; mais j'éprouve les plus vives inquiétudes sur vous : sachez, prince, que sept mille esprits ont juré votre perte, et qu'ils ne veulent vous laisser aucun repos qu'ils n'aient vengé la mort de Sedifbach. — Je ne crains plus rien puisque vous m'aimez, lui répondit le prince, quand il y aurait encore mille fois plus d'esprits acharnés contre moi. — Il faut aussi, lui dit-elle, que vous alliez voir mon aïeule Surouchanuam ; elle seule peut obtenir le consentement de mes parents. »

A ces mots la princesse quitta le prince d'Égypte ; leurs adieux furent des plus tendres, et Seifulmulouk rentra dans sa tente plein d'espérance et de joie ; la princesse, au contraire, ne pouvait revenir de l'étonnement que lui causaient sa nouvelle démarche et les engagements qu'elle venait de prendre.

Méliké la rassura sur toutes ses craintes : « Vous ne devez pas être étonnée d'aimer, lui dit-elle ; songez qu'une mortelle vous a nourrie, et vous a rapprochée de l'humanité. Consolez-vous, vous aimez Seifulmulouk, et j'aime Saïd : nous avons fait un bon choix, ne pensons qu'à nous rendre heureuses. »

Bedihuldgemal chargea des esprits esclaves de conduire le prince d'Égypte dans la ville de Simine, par-delà la mer de Diouchan, où Surouchanuam faisait sa résidence ordinaire. Leurs adieux furent tendres; Méliké obtint que Saïd resterait à la cour de Serendib.

Le prince, car les esprits voyagent rapidement, arriva en peu de jours à Simine. Les esprits esclaves l'abandonnèrent dès qu'il y fut entré. La ville lui parut être la plus brillante de toutes celles qu'il avait vues jusqu'alors : la terre était d'argent, les maisons étaient bâties d'émeraudes et de rubis, on n'y voyait que des bois de sandal et d'aloès; les tentes de toutes les couleurs, et faites avec les plus riches étoffes, étaient, dans cette saison, mêlées avec ces superbes palais. Il en distingua une plus magnifique que les autres, et il comprit que c'était celle de la reine-mère; il y tourna ses pas. Il y trouva cette princesse assise sur un trône d'or massif, et revêtue d'habits couverts des plus beaux diamants. Il se prosterna devant elle : « Qui vous a donné la témérité de venir jusqu'ici? lui dit-elle, vous êtes le premier homme qui ait eu cette hardiesse. »

Le prince, effrayé d'un accueil si sévère, lui conta les malheurs et les dangers auxquels il s'était exposé pour le seul portrait de sa petite-fille.

La reine lui dit: « Votre mariage est impossible, et n'a même jamais eu d'exemple. » L'inconstance des hommes d'ailleurs, ajouta-t-elle, y mettrait toujours un obstacle qu'elle ne pourrait s'empêcher de représenter au roi, son fils, si jamais il avait la faiblesse d'être tenté de favoriser une telle union.

Le prince, frappé comme d'un coup de foudre à ces mots redoutables, tomba sans connaissance. Il est bon de savoir que Bedihuldgemal avait prévenu son aïeule, et que celle-ci ne parlait au prince de cette manière que pour éprouver son amour: car elle était la meilleure femme du monde et d'un excellent naturel; aussi se repentit-elle bientôt d'avoir poussé si loin son épreuve; elle le fit revenir avec de l'eau de roses et lui dit: « Prince, votre amour pour ma petite-fille m'a touchée, ainsi que le récit des dangers que vous avez courus pour l'amour d'elle; vous en êtes digne, et loin de m'opposer à votre mariage, je vais ne rien négliger pour le faire réussir. Venez dans l'Irem, et vous jugerez de la sincérité de mes paroles. »

Ils partirent en effet, et leur voyage ne fut ni long ni fatigant. En arrivant, elle dit au prince de l'attendre dans les jardins du palais, pendant qu'elle irait trouver le roi Chesbal, son fils. La reine lui fit un récit exact de tout ce que le prince lui avait appris; elle ne lui déguisa point le tendre retour dont sa fille payait les sentiments du prince: « Enfin, dit-elle, si vous trouvez que son esprit réponde aux sentiments élevés que je lui ai trouvés, vous ne pouvez faire une meilleure alliance: un homme tel que ce prince doit, à mon sens, l'emporter sur les princes des esprits qui pourraient vous solliciter pour obtenir votre alliance. »

Le roi Chesbal voulut voir lui-même le prince, car Surouchanuam lui avait avoué qu'elle l'avait amené avec elle. Le roi ordonna qu'on le fît venir; mais les esprits chargés de cet ordre cherchèrent en vain le prince d'Égypte.

La reine-mère et le roi, son fils, furent vivement affligés en apprenant que le prince avait disparu. Bedihuldgemal, qui avait quitté Serendib après le départ du prince, en fut bientôt instruite; elle jura de le retrouver, ou de ne jamais rentrer dans ses états.

Tant de soins furent d'abord inutiles, car les trois frères de l'esprit dont le prince avait coupé la tête l'avaient rencontré dans les jardins du palais de Chesbal, seul, rêvant à son amour, et se repaissant des plus flatteuses espérances.

DXXVᵉ NUIT.

Le prince ne s'aperçut point que l'anneau de Salomon était tombé de son doigt; dénué de ce secours, qui l'avait jusqu'ici mis à couvert de toute insulte, les génies, ses ennemis, le rencontrèrent, et lui demandèrent si ce n'était pas lui qui avait coupé la tête de Sedifbach.

Le prince, les reconnaissant pour des esprits, avec lesquels il jugea que la feinte était inutile, convint de la vérité. Aussitôt ils l'enlevèrent dans les airs, et le portèrent sur une montagne, où, après l'avoir lié, en lui annonçant sa condamnation, mille esprits s'assemblèrent pour assister à son supplice. On ne voulut point le faire mourir sur-le-champ, dans la crainte de rendre ses souffrances trop courtes; mais on se contenta de le faire garder à vue par quatre esprits plus méchants que l'enfer, qui préparaient sous ses yeux les instruments qui devaient servir à son supplice; mais le plus cruel de tous était de leur entendre dire qu'il ne verrait plus Bedihuldgemal, que son père avait fait enfermer, pour la punir de la faiblesse qu'elle avait eue de l'aimer.

Cependant Chesbal envoya de tous côtés des espions pour savoir ce que le prince était devenu. Enfin il découvrit l'endroit où il avait été transporté. Les princesses déterminèrent aisément le roi à assembler une armée de quatre cent mille esprits, pour marcher contre le roi de Kilsem.

Ce prince, de son côté, apprenant ces préparatifs, assembla une nombreuse armée. Ces deux armées formidables s'étant mises en marche au milieu des airs, le roi de Kilsem envoya à Chesbal un ambassadeur, pour lui demander pour quel sujet il lui déclarait la guerre : « Vous avez pris, répondit Chesbal, un homme dans mes états, sans savoir si je le trouvais bon : indépendamment de ce que cet homme m'est cher, je me plains de ce procédé ; ainsi je veux que vous me rendiez ce prisonnier, et que vous me fassiez réparation, pour la violation dont vous vous êtes rendu coupable envers moi. »

« Il a tué le frère de notre roi, lui répondit l'ambassadeur ; rien ne peut nous engager à le rendre, et nous voulons venger sa mort. »

Chesbal fut affligé de cette réponse, qui, réellement, méritait quelque réflexion. Mais Bedihuldgemal, qui s'était mise à la tête de l'armée, engagea le combat sans attendre l'issue de la négociation. Les deux armées se joignirent, les foudres et les tonnerres éclairèrent cette bataille aérienne. Le roi de Kilsem fut pris et conduit devant Chesbal : « Cruel, lui dit ce prince, si tu as fait périr le mortel que je t'ai fait réclamer, tu dois t'attendre à tout. »

Le roi de Kilsem, touché de l'état où lui parut être Bedihuldgemal, les rassura sur le sort du prince d'Égypte. Il fit aussitôt partir un génie, auquel il donna sa bague, pour preuve de l'ordre qu'il portait, et quelques moments après on le vit arriver chargé de Seifulmulouk.

Chesbal, Surouchanuam, et surtout Bedihuldgemal, lui témoignerent le plaisir que son retour leur causait : « Je vous retrouve fidèle, lui dit le prince ; tout ce que j'ai souffert n'est donc rien. »

Chesbal voulut éprouver son gendre futur, et juger s'il méritait, par son esprit, de devenir son allié : il dit au roi de Kilsem d'interroger le prince. Celui-ci s'en excusa quelque temps ; mais cédant aux instances de Chesbal, il demanda au prince d'Égypte quelle était la chose la plus naturelle à l'homme : « La mort, lui répondit le prince. — Qu'y a-t-il de plus à souhaiter dans le monde ? — La santé. — Quel est le plus grand nombre des hommes ou des femmes sur la terre ? — Les femmes, parce qu'il y a un nombre infini d'hommes qui leur ressemblent par leur mollesse. — Quand arrivera le jour du jugement ? — Dieu le sait, » répondit Seifulmulouk.

Les rois, charmés de ces réponses, donnèrent beaucoup d'éloges à ce prince. Enfin, Chesbal, ne voyant rien qui pût s'opposer au bonheur de sa fille et au désir de sa mère, consentit au mariage des deux amants. Le roi de Kilsem fut renvoyé libre dans ses états, avec de riches présents. Le mariage se fit avec beaucoup d'éclats au milieu de tous les grands esprits de la cour du roi Chesbal, que Seifulmulouk avait séduits par ses grâces aisées et naturelles.

Quand les premiers jours du mariage furent passés, Chesbal dit à son gendre : « Votre père est fort âgé, il voudrait vous voir avant de mourir ; de plus vous vous devez à un royaume que le Ciel vous a confié, partez donc pour aller le gouverner. Nous pourrons nous voir quand il vous plaira : les voyages les plus longs ne sont pas pénibles pour nous. »

On chargea mille esprits subalternes d'or, de diamants et de toutes sortes de richesses ; et le prince et Bedihuldgemal partirent, accompagnés d'une escorte nombreuse et brillante. Le voyage fut heureux, et l'on arriva bientôt à Serendib, où ils séjournèrent assez de temps pour obtenir du roi de cette ville la main de Méliké pour Saïd. Quand ils voulurent se rendre en Égypte, le roi de Serendib leur donna une armée nombreuse pour les escorter, après les avoir comblés des présents les plus rares.

Ils arrivèrent enfin en Égypte, où Seifulmulouk trouva le roi, son père, qui n'avait plus qu'un souffle de vie. Il fut au moment de mourir de joie en apprenant l'arrivée et le mariage de son fils. Aussitôt il envoya tout le peuple d'Egypte au-devant de la princesse, et remit à son fils la couronne au moment qu'il l'embrassa : « Le Ciel m'est témoin, lui dit-il, qu'il y a long-temps que je ne la garde que pour vous. »

Édrenouk remit également à son fils Saïd les sceaux de l'empire. Le roi Hasm mourut quelques jours après son abdication ; Seifulmulouk eut une nombreuse postérité, et vécut plus de cent cinquante ans dans la plus grande union avec Bedihuldgemal.

L'aurore commençait à paraître au moment où Scheherazade terminait l'histoire du prince d'Égypte : « Elle m'a fait beaucoup de plaisir, dit le sultan des Indes, par la variété des événements. » Dinarzade témoigna la même satisfaction à sa sœur, et loua beaucoup la fécondité de sa mémoire : « Sire, reprit la sultane des Indes, si votre majesté le permet, je lui raconterai, la nuit suivante, comment un roi de Perse, désespéré de la perte d'une épouse chérie, trouva un soulagement à sa douleur par la sagesse d'un philosophe indien. Cette histoire est toute moralité ; elle est dépouillée de tout merveilleux ; mais elle est courte, et ne fatiguera pas long-temps votre majesté, que mes récits ont accoutumée à voir la morale embellie de tous les charmes de la féerie et de l'imagination » Le sultan y consentit, et quitta l'appartement.

DXXVIe NUIT.

Scheherazade, pour tenir la promesse qu'elle avait faite, se recueillit quelques instants, et commença l'histoire suivante :

LE SAGE KOULAI,

OU L'ART DE RESSUSCITER LES MORTS [1].

FERIDOUN, roi de Perse, avait vu mourir entre ses bras la belle Irandocte, la plus chérie de ses femmes, et voulait suivre au tombeau cette tendre et vertueuse épouse. Déjà il avait passé trois jours et trois nuits sans vouloir prendre de nourriture, sans se livrer aux douceurs du sommeil, et sans autre compagnie que son désespoir. Déjà la mort se préparait à frapper cette nouvelle victime.

Feridoun était un prince aimant la vertu, gouvernant sagement ses sujets, estimé et respecté des rois, ses voisins. Aussitôt que le peuple apprit l'état languissant de son roi, il fut saisi de la crainte de le perdre : toutes réjouissances cessèrent, des prières publiques furent ordonnées, et les mosquées étaient remplies d'un peuple immense qui demandait avec ferveur à Dieu la santé d'un roi si justement aimé.

Au milieu de la consternation générale, un philosophe indien, nommé Koulai, que le monarque persan honorait de sa confiance, entra tout à coup dans le réduit lugubre où ce prince s'était confiné : « Roi des rois, lui dit ce sage ami, daignez m'écouter un moment. Je ne viens point irriter votre douleur par des consolations frivoles : je viens vous annoncer le retour prochain du bien que vous n'espérez plus. Bientôt, n'en doutez point, bientôt la reine elle-même essuiera les pleurs qu'elle fait couler : elle vivra, elle fera encore votre bonheur et le nôtre... Je vois l'étonnement où ce discours vous jette ; mais sachez, seigneur, que je viens de découvrir dans les écrits d'un ancien sage un moyen de rappeler à la vie la belle Irandocte, un moyen sûr, et qui paraît aussi simple que facile. Il ne s'agit que de trouver trois personnes parfaitement heureuses, et de graver leurs noms sur le tombeau de la reine. La vertu seule

[1] Ce conte a été traduit du persan par M. l'abbé Blanchet.

de ces trois noms suffira pour vous rendre votre auguste épouse, et à vos sujets leur reine et leur mère. »

« Je veux vivre, s'écria le roi, je veux vivre encore pour tenter cette expérience merveilleuse. Cherchez, choisissez vous-même, sage Koulai, ces heureux mortels dont vous avez besoin; s'ils me rendent ma chère Irandocte, je serai plus heureux moi seul qu'ils ne peuvent l'être tous trois ensemble. »

Il fit publier aussitôt dans toutes les parties de son empire que tous ceux qui jouissaient d'un vrai bonheur eussent à se présenter devant le sage Koulai; qu'ils répondissent sincèrement à toutes ses questions, et lui laissassent leurs noms correctement écrits; qu'à leur prompte obéissance en tous ces points le Ciel avait attaché la vie du roi et la résurrection de la reine. On promettait au reste de grands honneurs et de grandes récompenses à ceux par le moyen desquels on obtiendrait ce bonheur.

A peine eut-on fait cette proclamation dans la grande place d'Estekar, qu'un jeune homme arriva presque essoufflé chez le philosophe indien, et lui dit brusquement : « Je m'appelle Kobad.... voilà mon nom bien écrit.... ressuscitez la reine. » Il reprit haleine, et il ajouta : « Mais dès aujourd'hui, s'il se peut; je vous avertis que demain peut-être mon nom n'aura pas le même pouvoir. »

« Pourquoi cette précipitation? » lui demanda Koulai.

« Seigneur, reprit Kobad, j'adore la charmante Ménoulon, la plus charmante créature que le Ciel ait formée! mais oserai-je vous le dire? puis-je proférer ce blasphème? La divine Ménoulon n'est pas exempte des caprices que l'on reproche à son sexe. Hier elle me bannit inhumainement de sa présence; elle me rappelle aujourd'hui. Je suis aujourd'hui le plus heureux des hommes; que sais-je si demain.... »

« J'entends, interrompit le sage; vous êtes le plus heureux des hommes tant que vous êtes aimé de la divine Ménoulon, et elle vous aime ou elle vous chasse selon le temps qu'il fait; voilà une étrange félicité! J'aimerais mieux, pour moi, une fièvre intermittente : les accès sont réglés, et l'on sait à quoi s'en tenir. Franchement, seigneur Kobad, remportez votre nom : il ne peut rien pour la résurrection de la reine. »

Deux amants se présentèrent quelques jours après, et furent beaucoup mieux reçus. Depuis plus de quatre ans, Zalzer et Balkis avaient conçu l'un pour l'autre l'estime la mieux fondée, l'amour le plus raisonnable et le plus tendre. Cet amour, toujours traversé, avait enfin vaincu tous les obstacles : ils s'étaient épousés ce jour-là même; et ce fut du pied de l'autel, où ils avaient assuré leur bonheur, qu'ils vinrent en faire une peinture vive et touchante devant le sage ministre. Ce philosophe en parut enchanté; mais il fit comprendre aux nouveaux mariés qu'il convenait de soumettre à quelque épreuve une félicité dont la date était si récente: « L'épreuve, leur dit-il, ne sera ni longue ni pénible: jouissez pendant huit jours du plaisir de vous voir et de vous posséder; mais jouissez-en sans interruption, sans distraction, dans une solitude parfaite. Vous vous suffisez l'un à l'autre : pour deux cœurs bien épris, le reste du monde est peu de chose. »

Charmés de ces conseils, les deux époux coururent goûter toutes les délices d'un tête-à-tête de huit jours. Qu'elles furent douces, qu'elles furent vives pendant la première journée! Le lendemain elles le furent moins; le jour d'après on s'ennuya; le lendemain on se querella; et le cinquième jour on se quitta.

Après les deux époux, deux hommes de peu d'apparence, qui avaient l'air assez triste, vinrent demander à Koulai un moment d'audience. Ils étaient frères, et ce fut l'aîné qui porta la parole: « Nous sommes, dit-il, sans naissance, sans amis et presque sans fortune; et dans la petite ville que nous habitons, à peine sommes-nous connus de nos voisins: en un mot, seigneur Koulai, nous ne sommes pas heureux, il s'en faut de beaucoup; mais, s'il plaisait au roi, nous le serions bientôt, et même plus qu'il ne faudrait pour ressusciter la reine. Il ne s'agirait que de donner à mon frère le gouvernement de notre petite ville, et à moi, dont les inclinations sont moins nobles et plus sensées, il suffirait de me faire compter vingt mille pièces d'or. »

« Ce que vous demandez est très-faisable, repondit Koulai; j'en parlerai au roi, qui ne vous refusera pas si peu de chose; mais souffrez que j'y mette une condition. Il faut que vous m'ameniez, vous, un homme riche de vingt mille pièces d'or; vous, le gouverneur d'une ville, petite ou grande, et que ces deux personnes soient parfaitement contentes de leur état. Je fais alors votre affaire, et la résurrection de la reine est immanquable : au lieu de trois heureux que nous cherchons, nous en aurons quatre, ce qui vaudra encore mieux. »

DXXVII[e] NUIT.

Les deux frères se chargèrent gaiement de la commission, et promirent de revenir bientôt, chacun avec un camarade; mais ils ne revinrent point : ils ne trouvèrent, l'histoire dit, que des riches qui voulaient s'enrichir davantage, et des gouverneurs de villes qui demandaient des gouvernements de provinces.

Ce fut par de pareils expédients que Koulai se débarrassa d'une foule de visionnaires, qui promettaient tous d'être heureux s'ils pouvaient avoir une terre, une charge, un titre honorifique; mais parmi tant d'âmes vaines ou intéressées, il lui vint enfin des frontières de la Perse un galant homme qui ne demandait rien, qui ne désirait rien.

« Seigneur, lui dit ce fortuné mortel, j'aime uniquement le plaisir, mais je l'aime sagement, et pour mieux le goûter, je le varie, je le modère, je m'en prive même quelquefois. Je suis jeune encore, je jouis d'une santé excellente et d'un bien considérable : ajoutez à cela une humeur douce et gaie, des amis qui ne me gênent point, une maîtresse charmante que je n'aime ni trop, ni trop peu; et jugez d'après tout cela si j'ai raison de me croire parfaitement heureux. »

« Vous avez raison, sans doute, et j'avoue qu'à votre place, j'aurais grand'peur de mourir. »

« Eh! mais... j'en ai bien aussi quelque peur : les biens de la vie seraient trop peu de chose à nos yeux, si l'on ne craignait pas de les perdre, et si cette idée ne venait pas de temps en temps verser un peu d'amertume dans leur jouissance. »

« Fort bien, dit Koulai; mais quand on y pense, les plaisirs de la vie sont-ils bien purs? sont-ce de vrais biens, quand cette crainte les empoisonne? »

« Je ne songe à la mort que le moins possible, » répliqua l'homme de plaisir.

« Faites mieux encore, n'y songez point du tout, dit le sage philosophe; ou, ce qui n'est guère moins difficile, trouvez un secret pour ne point mourir. Je pourrai alors faire inscrire votre nom sur le tombeau d'Irandocte... Encore, ne sais-je. »

L'homme de plaisir s'en retourna, en tâchant de ne plus penser à la mort; mais cela même, c'était y penser. Koulai songea tout de bon à finir cette espèce de comédie où il jouait depuis plus de trois mois un rôle assez fatigant. Il alla trouver le roi, dont la douleur était devenue déjà plus traitable; et il ne craignit point de lui avouer le peu de fruit de ses recherches :

« Mais après tout, lui dit ce prince, qu'avons-nous besoin de tant de perquisitions et d'interrogatoires? Que ne mettez-vous tout d'un coup sur le tombeau de la reine les noms de deux de vos confrères et le vôtre tout le premier ? »

« Hélas! seigneur, les philosophes sont hommes comme les autres : ils se trompent souvent et ils mentent quelquefois. Pour ce qui me regarde, j'ai travaillé trente ans à acquérir la sagesse et le vrai bonheur; et il n'est que trop vrai que je ne possède ni l'un ni l'autre. »

« Mais, repartit le roi, personne n'est donc constamment heureux? »

« Non, seigneur, puisqu'il faut enfin vous l'avouer; personne ne peut être heureux sur cette terre que le Ciel a maudite. L'héroïne que vous pleurez, sire, comprit de bonne heure cette vérité triste et en même temps salutaire : elle se soumit courageusement à l'arrêt du Ciel; et en usant bien d'une vie mêlée de plaisirs et de peines, elle en a mérité, sans doute, une meilleure. O roi des rois! imitez votre auguste épouse, et cessez enfin de vous affliger de son bonheur. »

Le roi, toute réflexion faite, sut bon gré au philosophe du stratagème et de l'intention : il ne songea plus à ressusciter la reine, et il se consola, comme on se console ordinairement : le temps, la dissipation et de nouvelles peines lui firent oublier les peines passées.

« Cette petite histoire est charmante, dit Schahriar à la sultane des Indes, et loin de m'ennuyer, comme vous paraissiez le craindre, elle m'a beaucoup intéressé. Mais, ajouta le sultan, la nuit est peu avancée, et si votre mémoire peut vous fournir un nouveau conte, je l'écouterai avec plaisir. » Scheherazade, flattée que le sultan l'invitât lui-même à raconter une nouvelle histoire, commença celle qui suit en ces termes :

HISTOIRE

DE NAERDAN ET DE GUZULBEC [1].

USSENDGIAR, riche marchand de pierreries, habitait Erzeroum; il était déjà avancé en âge, et, de toutes ses femmes, il n'avait obtenu qu'une fille. Si elle ne pouvait le satisfaire du côté des espérances de son commerce, elle le rendait heureux par les grâces et la beauté dont la nature l'avait ornée, en même temps qu'elle avait rendu son esprit susceptible de tous les talents.

Elle n'avait que six ans lorsqu'Ali, surnommé Timur, qui avait toujours été un des amis d'Hussendgiar, vint à mourir, ne laissant aucune fortune à son fils unique, malgré la réputation qu'il avait toujours eue d'être riche. En rendant les derniers soupirs entre les bras d'Hussendgiar, Ali lui recommanda son fils, unique objet de ses regrets. Hussendgiar s'en chargea avec plaisir; ce fut d'abord sans autre vue que de satisfaire à l'amitié; mais Naerdan (c'était le nom du fils de Timur-Ali) le mérita bientôt lui-même. Son intelligence était au-dessus de son âge, et la douceur de son caractère le faisait aimer. La reconnaissance fut le premier sentiment de son cœur.

Hussendgiar s'applaudissait du legs que lui avait fait son ami, et partageait sa tendresse entre Naerdan et Guzulbec, sa fille unique. Ils étaient élevés ensemble, et la liberté qu'ils avaient de se voir, de partager les mêmes amusements, ou plutôt les charmes naissants de Guzulbec et le mérite de Naerdan, firent naître dans leurs cœurs un goût et un penchant que rien dans la suite ne put détruire.

Hussendgiar s'en aperçut, mais loin de s'opposer à leurs sentiments il paraissait les approuver. Le Ciel, qui lui avait refusé un successeur, lui en donnait un dans le fils de son ami, qui s'en rendait plus digne de jour en jour, et Hussendgiar avait le plaisir de former un élève au gré de ses désirs.

Quand Naerdan, qui se trouvait de fort peu d'années plus âgé que Guzulbec, eut atteint l'âge de douze ans, on ne lui permit plus de la voir : elle fut renfermée dans l'appartement des femmes, et Naerdan fut confié à ceux qui devaient lui donner une éducation convenable aux desseins qu'Hussendgiar avait formés pour son établissement.

[1] Traduit par M. de Caylus.

Cette séparation lui fut infiniment sensible; mais elle le fut bien plus à Guzulbec, qui, moins distraite que lui, ne s'occupa plus que d'un amour dont la privation de ce qu'elle aimait lui faisait sentir toute la violence. Il s'accrut long-temps dans la solitude, et n'osant écrire à son amant, elle n'avait d'autre ressource, pour le faire lire dans son cœur, que les salams qu'elle lui envoyait par un esclave qui en ignorait le sens mystérieux. Le premier qu'elle lui fit tenir fut un petit paquet de gingembre [1]: c'était faire de grandes avances, sans doute, mais sa passion était trop vive pour la tenir long-temps renfermée dans son sein. Elle tremblait dans l'attente de la réponse; elle craignait de n'être plus aimée. Quelle fut sa joie lorsqu'on lui apporta un petit morceau de drap bleu [2]! Ce signe n'exprimait pas, il est vrai, un sentiment aussi tendre qu'elle l'aurait désiré; mais enfin on ne l'avait pas oubliée; on l'aimait encore.

Le charme de cette idée dura peu de temps: il fit place à des regrets et à des désirs d'autant plus vifs, qu'elle ne doutait point que Naerdan ne les partageât. Guzulbec se plaignait de la contrainte qu'on lui imposait, et souvent des soupçons jaloux se glissaient involontairement dans son cœur.

Cependant Naerdan, parvenu à l'âge de quinze ans, sentit à tel point les avantages du commerce, et profita si bien des leçons qu'il avait reçues, que la reconnaissance qu'il avait pour Hussendgiar, jointe à son intelligence naturelle, lui fit avoir un soin particulier des affaires de son bienfaiteur. Hussendgiar les lui confia entièrement pendant le cours de plusieurs voyages qu'il fit aux Indes; elles prospérèrent entre ses mains, et la vente des marchandises qu'il lui avait laissées dans ses magasins d'Erzeroum produisit encore plus de profit à Hussendgiar que ses voyages.

Cependant Naerdan, par une délicatesse et une fidélité rares à trouver dans un cœur amoureux, avait rompu le commerce de messages qu'il avait avec Guzulbec pendant l'absence de son bienfaiteur; son amour ne s'éteignit pas, mais il sut lui imposer silence, et il en sacrifia tous les dehors à la probité. Il n'osait plus prétendre à épouser la fille de son maître, à qui le Ciel, contre toute espérance, venait enfin d'accorder un fils. Cette générosité, loin de diminuer l'amour de Guzulbec, ne servit qu'à l'entretenir.

Hussendgiar, dans la joie que lui donnait la naissance de son fils, ne pouvait tarir en même temps sur les louanges que Naerdan méritait. Il disait publiquement que l'héritier que le Ciel venait de lui

[1] Mon cœur ne brûle que pour toi.
[2] Je suis toujours amoureux de toi.

accorder était seul capable de déranger les projets qu'il avait formés en sa faveur ; ajoutant que sa vertu, sa droiture et son intelligence l'auraient sans cela déterminé à lui donner sa fille et tous ses biens, mais qu'il espérait faire la fortune d'un de ses amis en lui donnant un pareil gendre.

Ces paroles engagèrent Cara Mehemmet, beau-frère d'Hussendgiar, à lui demander Naerdan pour sa fille ; il prétendait même conclure ce mariage aussitôt qu'il serait de retour d'un voyage aux Indes qui devait l'occuper au moins huit à neuf mois. Comme il était joaillier de sa profession, Naerdan accepta cette proposition, non par aucun désir de richesse et d'établissement, mais pour se guérir d'un amour qu'il ne pouvait plus regarder que comme une ingratitude.

DXXVIII^e NUIT.

Ces nouvelles parvinrent aux oreilles de Guzulbec ; elles navrèrent son cœur de douleur. Elle envoya inutilement plusieurs messages, employa divers emblèmes pour peindre aux yeux de Naerdan son amour, ses peines et sa jalousie ; elle ne put faire changer de résolution le trop vertueux Naerdan.

Guzulbec, au désespoir, ne sachant à qui s'adresser dans son infortune, confia sa douleur à une vieille juive, qui lui vendait souvent des bijoux étrangers. La vieille parut sensible à son état, mais plus encore à la récompense qu'elle lui promit, si elle pouvait empêcher le mariage de Naerdan : « Prends tout ce qui est en mon pouvoir, lui dit tendrement Guzulbec ; que Naerdan n'épouse point la fille de Mehemmet, et je te jure, par le saint Prophète, que je ne possède rien qui ne soit à toi. Que n'ai-je tous les trésors de l'Inde, pour t'engager à me servir ! » La vieille la quitta en lui promettant de la secourir, et en l'assurant qu'elle aurait bientôt de ses nouvelles.

Le jour suivant, Hussendgiar rencontra dans les rues d'Erzeroum Cara Mehemmet, qui n'en était parti que depuis quatre mois ; il lui témoigna sa surprise d'un si prompt retour. Cara Mehemmet lui dit qu'il avait trouvé un de ses correspondants à moitié chemin du lieu où il voulait aller ; qu'il lui avait remis les fonds qu'il avait dans l'Inde, d'une façon très-avantageuse, et qu'il était résolu à ne plus s'exposer à de si grandes fatigues, que son grand âge ne lui permettait plus de supporter ; qu'il voulait enfin jouir dans sa patrie d'un repos que ses richesses pouvaient lui procurer.

Hussendgiar le fit souvenir de l'engagement qu'il avait pris avec lui pour le mariage de Naerdan et de sa fille. Mehemmet lui dit qu'il était prêt à le remplir, mais qu'il voulait que les noces se fissent dans une maison de campagne dont il avait fait depuis peu de temps l'acquisition. Hussendgiar y consentit sans peine. Ils partirent sur-le-champ pour aller chercher Naerdan ; ils le trouvèrent occupé des affaires d'Hussendgiar. Cara Mehemmet lui dit : « Mon fils, si vous voulez me suivre, je vous ferai voir ma fille ; elle n'est âgée que de quinze ans, et vous l'épouserez si elle vous convient. »

Naerdan lui répondit avec politesse, mais cependant avec froideur, et les suivit avec une espèce de joie, dans l'espérance de détruire, par ce moyen, une passion à laquelle il croyait ne devoir plus s'abandonner.

Cara Mehemmet les conduisit hors des portes de la ville. Hussendgiar, en lui voyant prendre ce chemin, lui dit : « A propos, mon ami, que signifie cette maison, que je ne connais pas? — Il faut jouir de ses richesses, lui répondit Mehemmet; vous verrez de quelle façon ma nouvelle maison est ornée; depuis long-temps je me fais un plaisir de l'étonnement que vous allez avoir. Le mariage de ma fille avec Naerdan est le terme du mystère que je vous ai fait jusqu'aujourd'hui d'une retraite délicieuse dont je vais jouir paisiblement, en laissant à Naerdan tous les soins de mon commerce et tous les avantages qu'il me donnait. »

En achevant ces mots, ils arrivèrent devant une maison dans laquelle il y avait deux portiers. Naerdan fut étonné de voir un grand nombre de pages au pied de l'escalier : ils étaient magnifiquement vêtus; leurs chemises étaient de soie, leurs culottes de satin, leurs jupons de taffetas des Indes, leurs cafetans de taffetas ondé, et leurs ceintures garnies de pierres précieuses taillées aux Indes. Ces pages marchèrent devant eux avec respect, et les conduisirent dans une salle d'audience richement meublée. Quand ils eurent pris place sur le sofa, on leur apporta du café et des confitures, et bientôt après on leur servit un repas splendide : les plats étaient d'argent, et le linge brodé avec un goût exquis.

Après le dîner, Cara Mehemmet pria Hussendgiar de passer dans une autre chambre, pour le laisser seul avec Naerdan, avec lequel il avait à traiter d'affaires particulières. Hussendgiar sortit; Cara Mehemmet ouvrit une porte qui donnait dans l'appartement de ses femmes, et il appela sa fille. Elle répondit sur-le-champ avec une voix aussi douce que celle d'un ange, et si agréable, qu'elle causa même une sorte d'émotion à Naerdan.

Cette beauté ne tarda pas à paraître, et fit voir des charmes ravissants; car l'éclat de son teint surpassait celui de la lune quand elle est dans son plein. Quand elle fut arrivée auprès de son père, elle se jeta à ses genoux, et les embrassa en disant : « Que souhaitez-vous, mon père, de votre esclave ? »

« Je suis charmé, lui répondit-il, de vous trouver dans les dispositions que je souhaitais. Je veux vous donner en mariage à Naerdan, que vous voyez : y consentez-vous? »

« J'ai déjà dit à mon père que son esclave fera toute sa volonté : elle est prête non-seulement à épouser Naerdan, qu'il lui présente, mais encore le dernier de ses serviteurs : le plaisir d'obéir à mon père et à mon seigneur fera toujours la plus grande satisfaction de mon âme. »

En achevant ces mots, elle sortit de la chambre : « Hé bien! mon fils, dit alors Cara Mehemmet, que pensez-vous de ma fille? En êtes-vous content ? »

« Quel est l'homme, lui répondit Naerdan, à qui une semblable beauté pourrait ne pas plaire? »

Cara Mehemmet, satisfait de cette réponse, envoya promptement chercher l'iman du quartier, et tirant ensuite une bourse dans laquelle il y avait trois mille sequins : « Prenez cet argent, mon fils, et quand je vous demanderai en présence de l'iman ce que vous apportez en mariage à ma fille, vous me répondrez trois mille sequins, et pour lors vous me donnerez cette bourse pour son douaire. »

L'iman ne se fit point attendre; il arriva suivi du maître d'école et du cadi. On servit aussitôt la table, et sur la fin de ce second repas, Mehemmet dit à l'iman : « Je donne ma fille à Naerdan que vous voyez, s'il a trois mille sequins pour assurer son douaire. »

Hussendgiar voulut aussitôt les donner, mais Naerdan présenta la bourse que son beau-père lui avait donnée; et cette affaire, n'éprouvant aucune autre difficulté, fut bientôt terminée. Le cadi dressa le contrat, et la cérémonie de l'iman fut encore suivie d'un nouveau repas. Quand on fut à la fin, Naerdan s'approcha d'Hussendgiar et lui dit : « Je ne dois pas coucher seul cette nuit; ne serait-il pas à propos que j'allasse aux bains? »

DXXIX^e NUIT.

Mehemmet voulut savoir ce que désirait son gendre. Quand il l'eut appris, non-seulement il approuva son dessein, mais il l'assura que cette purification était nécessaire après la cérémonie de l'iman. Il appela des esclaves qui conduisirent Naerdan aux bains délicieux que l'on avait préparés dans la maison même, et il demeura toujours à table avec les autres convives. Naerdan vint l'y retrouver, et son beau-père le fit entrer dans l'appartement des femmes, et coucher avec sa nouvelle épouse.

Quand il eut éprouvé les plaisirs qui devaient, selon lui, bannir Guzulbec de son cœur, il sentit avec chagrin qu'il ne lui était pas moins attaché qu'auparavant.

Ces idées l'occupèrent quelque temps, mais enfin il fut obligé de se livrer au sommeil. Le jour ne le réveilla pas tant encore qu'un besoin pressant, qu'il ne pouvait cependant satisfaire, n'osant se lever, ni faire le moindre mouvement, de peur de réveiller sa belle épouse dont la tête était appuyée sur son bras. Enfin, ne pouvant plus se retenir, il retira son bras le plus doucement qu'il lui fut possible; mais quelle fut sa surprise, quand il vit cette belle tête, cette tête, un des chefs-d'œuvre de la nature, se détacher du corps, et tomber en bas du lit en roulant jusqu'à la porte. A cet affreux spectacle, il oublia tous ses besoins, et demeura immobile d'étonnement.

Il était depuis quelque temps dans cette cruelle situation, lorsque Méhemmet envoya savoir comment les nouveaux mariés avaient passé la nuit. On trouva la porte fermée : le malheureux Naerdan n'était pas en état de l'ouvrir, ni même d'entendre frapper, car il avait perdu l'usage de ses sens. On fut donc obligé de l'enfoncer; la tête et le sang que l'on aperçut firent pousser de grands cris aux esclaves, et ces cris attirèrent Cara Mehemmet, qui fit aussitôt venir le cadi. On mit Naerdan en prison et on le chargea de fers, pour le livrer bientôt au supplice.

Les mauvaises nouvelles, qui courent toujours avec tant de rapidité, instruisirent bientôt Guzulbec de ces tristes événements; elle eut le cœur percé en apprenant le danger que courait son amant. La juive ne fut pas long-temps sans se présenter devant elle. Elle lui dit en l'abordant : « Hé bien ! êtes-vous contente? vous ne devez plus craindre de rivale.... »

« Ah! cruelle! lui répondit Guzulbec, rends-lui la vie, et

n'expose pas les jours de Naerdan. Tu ne pourras échapper à ma juste vengeance, » poursuivit-elle, en la regardant avec des yeux animés par la fureur, que dans de pareilles situations les caractères les plus doux n'expriment pas d'une façon moins terrible que les plus emportés.

La juive se retira promptement.

Cependant Hussendgiar ne fut pas plutôt informé du malheur de Naerdan, car il ne pouvait le croire capable d'aucun crime, qu'il se rendit à la prison : il accourait pour le consoler et savoir quel service il pourrait lui rendre. Naerdan lui fit le récit de son aventure, sur laquelle Hussendgiar ne sut quel jugement porter, et il sortit promptement pour chercher les moyens de travailler à sa justification, sans, toutefois, trop savoir comment il pourrait réussir.

Son premier soin fut d'aller trouver Cara Mehemmet dans sa nouvelle maison, où le malheur était arrivé, pour s'informer de ce qu'on y disait; mais il fut bien surpris de ne pas trouver la moindre trace de ce superbe bâtiment, et de voir à sa place une vieille masure, dans laquelle il aperçut un vénérable vieillard, qui lui demanda ce qu'il cherchait : « Je cherche, lui dit Hussendgiar, une grande maison, qui, ce me semble, était encore hier ici. »

« Il est vrai qu'il y en avait une, reprit le vieillard, mais tu vois clairement qu'il n'y en a plus. Ton étonnement cessera, poursuivit-il après un moment de silence, quand tu sauras que je suis un génie, et que l'amour de ta fille pour Naerdan m'a touché. J'ai pris la figure d'une vieille juive, pour en être mieux éclairci; j'ai pris encore celle de Cara Mehemmet, qui ne doit arriver que ce soir dans cette ville; j'ai fait élever cette maison dans laquelle tu as soupé hier, et dans laquelle on a célébré les prétendues noces de Naerdan. Va lui promettre ta fille, ajouta-t-il d'un ton sévère : un honnête homme dans ta famille vaut mieux que tous les trésors. Naerdan aura soin de ton fils; sa vertu fera tout prospérer dans ta maison. Si tu ne m'accordais pas une demande si juste, je te ferais repentir mille fois par jour de tes refus. »

Hussendgiar promit au génie tout ce qu'il exigeait de lui, et l'esprit aérien lui dit : « Tu peux aller trouver le cadi qui a fait mettre Naerdan en prison; obtiens de lui qu'il vienne ici, et quand il aura visité les lieux, et qu'il les aura trouvés si différents de ce qu'ils étaient ce matin, il ne pourra douter que l'aventure de Naerdan ne soit un enchantement, et pour lors tu pourras aisément obtenir de lui la liberté de celui qui est détenu injustement. »

Hussendgiar obéit au vieillard : tout se passa comme il l'avait prévu. L'arrivée du véritable Cara Mehemmet, qui, dans ce moment, parut à cheval, suivi de tous ses esclaves, confirma le cadi dans la vérité du rapport qu'on lui faisait. Il rendit nulle la parole qu'Hussendgiar avait exigée de Mehemmet, de donner sa fille à Naerdan. Ce tendre amant fut rendu à la constante Guzulbec, et le Ciel, qui les avait protégés, combla leur amour de toutes les félicités.

Le jour ne paraissant point encore, Scheherazade, avec l'agrément du sultan des Indes, commença l'histoire suivante :

HISTOIRE

DE DGERBERI, LE PORTE-FAIX [1].

L y avait à Bagdad un lapidaire, nommé Abdullah Dgerberi, qui n'avait qu'un fils, auquel il fit donner la meilleure éducation possible. Sentant l'ange de la mort s'approcher de lui, Abdullah fit venir ce fils, objet de toutes ses affections, pour avoir le plaisir de l'embrasser : il eut encore le temps de lui donner quelques conseils, dont il croyait que sa jeunesse pouvait avoir besoin. Après lui avoir fortement recommandé de ne jamais s'écarter des divers préceptes de la religion, il le conjura, sur toutes choses, de ne point penser la veille à ce qu'il devait faire le lendemain. Il mourut en embrassant son fils, qui n'avait pas encore vingt ans accomplis.

Le jeune Dgerberi ne conserva pas long-temps le chagrin qu'il aurait dû éprouver de la mort d'un si bon père. Indépendamment des beaux meubles et des maisons dont il hérita, il trouva dans un souterrain de la maison cinq cent mille sequins contenus dans cinquante vases de porphyre. Cette somme parut les trésors de l'Inde à un jeune homme qui n'avait aucune idée des richesses, il se livra donc à toutes sortes de dépenses : il acheta des femmes pour ses plaisirs, et voulut qu'elles fussent parées avec magnificence ; il tint table ouverte pour tous les jeunes gens de son âge, qui lui faisaient continuellement la cour, et qui nourrissaient sans cesse sa vanité par les éloges qu'ils donnaient à sa libéralité, à sa musique, à la bonté de ses vins et à la délicatesse de sa table.

Une telle conduite eut bientôt dissipé cette riche succession. Quand il eut vendu les vases, il vendit les maisons de ville et de

[1] Traduite par M. de Caylus.

campagne, et conserva les femmes le plus long-temps qu'il lui fut possible. Mais enfin il fut obligé de s'en défaire pour payer ce qu'il devait, car son cœur aimait la droiture, et il ne voulait rendre personne la dupe de ses folles dépenses et du crédit qu'on lui avait accordé.

Il se trouva donc, en peu de temps, sans biens et, par conséquent, sans amis. Heureusement pour lui, la nature l'avait doué d'une force et d'une santé que les plaisirs n'avaient point altérées; ainsi, n'ayant aucune ressource, il se fit porte-faix, et bientôt il fut préféré à tous ceux qui exerçaient cette profession dans Bagdad, à cause des poids énormes qu'il portait, de son intelligence, de sa probité et de la gaieté avec laquelle il faisait son travail: car, au conseil de son père, qui lui avait recommandé de ne pas penser la veille à ce qu'il devait faire le lendemain, il ajouta l'habitude d'oublier le jour tout ce qu'il avait fait la veille. Aussi ne fut-il pas long-temps sans s'estimer l'homme le plus heureux de la ville: son travail, qu'il faisait sans peine, lui suffisait; il ne dépendait plus des plaisirs dont il avait été l'esclave; il connaissait la fausseté des amis et leur ingratitude; il était considéré dans son état; il ne travaillait qu'autant qu'il le fallait pour sa subsistance; enfin il n'avait ni femmes ni enfants: c'était là sans doute un véritable bonheur.

En revenant, au milieu de la nuit, d'une maison de campagne où il avait porté un ballot, il entendit, en suivant les bords du Tigre, la voix d'une femme, qui semblait partir du milieu du fleuve; elle disait: Au nom de Dieu, secourez-moi!.. Le son de cette voix était si touchant, que Dgerberi n'hésita pas à quitter promptement ses habits et à se jeter dans le fleuve.

Les premiers rayons du jour se faisant apercevoir, la sultane des Indes remit à la nuit suivante la continuation de son récit.

DXXX[e] NUIT.

Il fut assez heureux, malgré la rapidité du courant, pour sauver cette infortunée, qui était au moment de perdre ses forces et d'être submergée. Il la porta à terre; et quand elle fut un peu remise de sa frayeur, cette dame le pria de l'accompagner jusqu'à sa maison, qu'elle lui indiqua. Dgerberi y consentit. Il entendit, en arrivant à la porte de cette maison, des enfants qui pleuraient, et qui demandaient leur mère; ils entrèrent. La femme qu'il venait de sauver lui parut alors d'une beauté ravissante; elle le fit asseoir, fit allumer du feu pour sécher ses habits, et lui conta son aventure, qu'elle interrompit bien des fois, pour lui témoigner l'excès de sa reconnaissance:

« Il y a six mois, lui raconta cette dame, qu'une femme âgée entra dans ma maison et me dit: « Je n'ai jamais manqué d'entendre la prédication que l'on fait dans la grande mosquée; mais aujourd'hui il m'est survenu des affaires qui m'ont empêchée de faire ma purification : vous savez que je ne puis entrer dans la mosquée sans avoir rempli ce devoir. Je vous prie, continua-t-elle, de me prêter un pot à l'eau.

« Je lui accordai ce qu'elle me demandait: elle se purifia, se rendit à la mosquée, et vint ensuite me remercier. Je voulus la retenir à dîner, ne pouvant mieux faire, selon moi, que d'attirer dans ma maison une femme qui me paraissait vivre si dévotement, et que je pourrais engager à prier Dieu pour mon mari, qui est absent. Mais elle refusa, en me disant: « Ma fille, je prierai Dieu de vous récompenser du plaisir que vous m'avez fait; mais il ne convient pas à une femme de mon âge de manger hors de chez elle. »

« Après m'avoir donné mille bénédictions, elle me quitta. Depuis ce temps elle est venue tous les vendredis me rendre visite, à l'heure ordinaire; elle y vint avant-hier et me dit: « Vous m'avez souvent proposé de passer quelques moments avec vous; si vous voulez, je répondrai ce soir à votre invitation; je souperai avec vous, et nous passerons ensuite la nuit à prier pour le retour de votre mari: mais cependant j'y mets pour condition que nous partirons demain de très-bonne heure, et que vous viendrez avec moi dans une maison de campagne, où l'on doit faire les fiançailles d'une de mes parentes. Je me charge encore de vous ramener chez vous. »

« J'acceptai cette invitation, et nous partîmes au point du jour;

nous trouvâmes un bateau qui nous attendait pour nous faire passer le Tigre, et nous arrivâmes dans un endroit peu habité. Un vieillard décrépit et très-mal vêtu se trouva à notre sortie du bateau, et nous conduisit à une bergerie, où nous trouvâmes une quinzaine de femmes assemblées. Malgré le bon accueil qu'elles me firent en entrant, tout ce que j'aperçus me donna du soupçon et me persuada que la vieille m'avait trompée. Je lui demandai, avec beaucoup d'inquiétude, où pouvait être la noce qu'elle m'avait annoncée. Elle m'assura qu'elle se ferait le soir, quand les amants de toutes les filles que je voyais seraient arrivés : « Alors, ajouta-t-elle, nous souperons ensemble, nous boirons du bon vin, et vous irez consommer le mariage avec celui que vous trouverez le plus à votre gré. »

« Il ne m'en fallut pas davantage pour voir l'abîme où cette méchante vieille m'avait entraînée; cependant je me contraignis, et je cachai ma douleur. Je m'adressai à Dieu, et lui demandai sa protection dans un si grand danger : cette prière dissipa mon trouble, et je dis à la vieille, avec une grande liberté d'esprit : « Je vous suis obligée de m'avoir conduite dans un lieu où je trouverai plus de plaisir que dans ma solitude. » Ce discours trompa la vieille, et nous ne parlâmes, le reste du jour, que des plaisirs que la nuit devait amener.

« Quand le soleil fut couché, je vis arriver de différents côtés une vingtaine de voleurs, qui étaient la plupart estropiés. Ils saluèrent la vieille, et lui demandèrent pourquoi elle avait été si long-temps sans les venir voir. Elle s'en excusa sur les soins qu'elle s'était donnés pour me procurer à eux. Ensuite elle me présenta, et tous convinrent que jamais elle ne leur avait amené une femme qui fût plus à leur gré.

« On servit le souper, et l'on ne me donna point d'autre place que les genoux du chef de ces voleurs, sur lesquels je fus obligée de m'asseoir. Je ne fis aucune difficulté, j'affectai même d'être de très-belle humeur. J'étais cependant toujours occupée des moyens d'échapper au malheur dont j'étais menacée : quand je vis que celui auquel j'étais tombée en partage me croyait autant d'amour pour lui qu'il en avait pour moi, je feignis d'avoir besoin de sortir. La vieille prit un flambeau pour me conduire hors de la maison : « Je savais bien, me dit-elle, que vous ne seriez pas long-temps en colère contre moi : il faut commencer par se fâcher, c'est l'usage; mais demain vous me remercierez encore de meilleur cœur. »

« Je ne daignai pas répondre à cette malheureuse; mais voyant que j'étais assez éloignée de la maison pour exécuter le dessein que je méditais, je trouvai le moyen d'éteindre la lumière, comme par hasard, et je la priai d'aller la rallumer : elle y consentit. Alors je courus du côté où nous étions débarqués. Je n'y étais pas encore arrivée, que j'entendis la voix de plusieurs de ces malheureux, qui couraient après moi, qui m'appelaient, et qui disaient que l'on ne pouvait pas leur échapper aussi aisément que je m'en flattais. Ces discours redoublaient ma frayeur; j'ai eu recours à Dieu dans ce terrible moment, et je lui ai dit : « Mon Dieu! vous connaissez la droiture de mon cœur; je préfère une mort violente, mais vertueuse, à la douceur d'une vie criminelle. »

« En achevant ces mots, j'ai fermé les yeux, et me trouvant sur un endroit assez élevé, je me suis lancée dans le fleuve. Vous m'avez entendue, et Dieu s'est servi de vous pour me sauver. Je n'oublierai jamais le service que vous m'avez rendu, et j'aurai toujours pour vous le même respect que j'ai pour mon père. »

Ensuite elle lui donna un riche tapis et cent sequins, en lui disant qu'elle était bien fâchée de ne pouvoir lui offrir davantage. Dgerberi n'accepta que le tapis, en l'assurant qu'il était trop heureux que Dieu l'eût choisi pour une si bonne œuvre, et il se retira.

Dgerberi était d'une si grande force et le travail l'avait si fort augmentée, que les porte-faix de Bagdad, fâchés de voir qu'il faisait à lui seul plus d'ouvrage qu'eux tous ensemble, et que les habitants attendaient plutôt que de ne pas l'employer, prirent le parti de venir le trouver, et lui dirent : « Dgerberi, veux-tu ne plus travailler, et passer ta vie dans le repos? Nous nous engageons alors à te donner dix aspres[1] par jour. »

Dgerberi y consentit, et les porte-faix furent exacts à lui payer cette somme; il en vécut tranquillement, et leur tint, à son tour, la parole qu'il leur avait donnée. Mais l'oisiveté énerva ses forces que le travail avait entretenues : son tempérament s'altéra, et il tomba malade. Comme il n'avait jamais pensé au lendemain, il fut bientôt réduit à la misère. Les porte-faix, le voyant si faible, ne voulurent plus tenir leurs engagements.

Dans son malheur, Dgerberi eut recours à Dieu. Pendant qu'il dormait, le saint prophète lui apparut, et lui dit : « Dgerberi, tu n'as été malade que pour n'avoir pas continué d'employer tes forces, et pour ne les avoir pas rapportées à Dieu : humilie-toi, travaille, et tu les retrouveras. » Dès le moment son cœur fut touché, et sa santé se rétablit; mais il était encore trop faible pour reprendre sa profession avec autant d'avantages qu'il l'avait exercée, et surtout pour se venger des porte-faix.

[1] Petite monnaie.

Il était un jour assis devant la porte du palais du grand vizir, lorsqu'une femme éplorée vint s'asseoir à ses côtés, pour attendre l'heure de l'audience de ce ministre; Dgerberi lui demanda le sujet de ses larmes: « Hélas! dit-elle, hier on a assassiné mon fils; il est venu tomber à ma porte, percé de plusieurs coups, et il est mort sans avoir eu le temps de nommer son assassin. Il était mon unique ressource. Je viens prier le vizir de faire retrouver son meurtrier, pour ne pas laisser au moins sa mort sans vengeance. — Avez-vous quelque éclaircissement à lui donner? lui dit Dgerberi. — Hélas! non, dit-elle, et c'est ce qui redouble mon chagrin. Je suis veuve d'un marchand, mon fils était jeune; j'espérais qu'il serait mon appui. Le vizir me dira sans doute que dans une ville aussi grande que Bagdad, il est difficile de découvrir le meurtrier d'un homme, si l'on n'a pas quelques renseignements à donner. — Écoutez-le avec le respect dû à sa dignité, répondit Dgerberi; mais s'il ne trouve pas d'expédient pour vous tirer de peine, dites-lui que Dgerberi le porte-faix vous a assuré que s'il était vizir, il saurait trouver le meurtrier de votre fils. »

La mère désolée ne compta pas beaucoup sur un si faible secours; cependant elle le remercia. Tout ce qu'ils avaient prévu arriva; le vizir même, fatigué des pleurs de cette femme, ordonna qu'on la fît sortir; mais elle, tombant à ses pieds, lui dit: « Seigneur, daignez consulter Dgerberi le porte-faix, et je connaîtrai celui qui a tué mon fils. — C'est du moins un éclaircissement que tu me donnes; tu l'accuses donc d'avoir assassiné ton fils? — Non, seigneur, lui répondit la femme; mais il m'a dit que, s'il était vizir, il saurait trouver le moyen de découvrir l'assassin. »

Le vizir, se tournant aussitôt du côté de ses officiers, leur ordonna d'aller chercher cet habile homme, de le conduire devant lui, ajoutant que, s'il ne tenait pas parole, il serait puni de façon à le corriger de sa présomption.

DXXXI^e NUIT.

Les officiers ne furent pas long-temps à amener Dgerberi en présence du vizir : « Connais-tu cette femme? lui dit-il, en voyant paraître le porte-faix. — Non, seigneur, lui répondit celui-ci. — Tu connaissais donc son fils? — Encore moins. — As-tu quelque connaissance de son meurtrier? — Aucune. — Comment veux-tu donc le retrouver? lui dit le vizir avec impatience. — Si j'avais votre autorité, ajouta Dgerberi avec assurance, je saurais demain matin quel est celui qui a tué le fils de cette femme. — Je te la donne jusque-là, reprit le vizir; et, pour en être instruit, tu peux ordonner tout ce qu'il te plaira; mais si tu ne réussis pas, je te ferai donner cinq cents coups de bâton. — J'y consens, lui répondit le porte-faix.

Dgerberi ordonna de suite à un officier de justice d'aller à la mosquée la plus voisine de la maison qu'habitait la mère désolée, et d'y arriver au moment que le jour serait près de tomber, pour attendre à la porte le muezin qui crie sur le minaret, avec ordre de lui donner en sortant quelques soufflets, de lui lier les mains, et de le conduire devant lui. L'officier suivit exactement les ordres de Dgerberi.

Quand le muezin fut en sa présence, il lui fit des excuses de ce qu'on l'avait maltraité, et voulut qu'on lui donnât dix sequins pour le consoler; ensuite il fit sortir tout le monde, et ordonna au muezin de dire à tous ceux qui lui demanderaient pourquoi il avait été arrêté, qu'il avait été pris pour un autre; puis il lui recommanda, sur toutes choses, d'appeler à la prière pendant la nuit, et de descendre aussitôt du minaret, pour répondre à ceux qui viendraient savoir pourquoi il avait appelé à une heure aussi indue avec ordre de bien remarquer celui qui viendrait le premier lui faire cette question.

Le muezin se retira très-content, et fit tout ce qui lui avait été ordonné. Il n'eut pas plutôt appelé à la prière, qu'un jeune homme accourut, et lui demanda pourquoi on l'avait arrêté la veille. Le muezin lui répondit simplement qu'on l'avait pris pour un autre.

Quand on eut rendu compte à Dgerberi de ce qui s'était passé, il se fit amener le jeune homme qui avait témoigné une si grande curiosité, et lui fit donner une si forte bastonnade, qu'il avoua, dans le plus grand détail, de quelle façon il avait assassiné celui que l'on avait trouvé mort. Il ajouta que la crainte d'être découvert, le rendant attentif à tout ce qui se passait d'extraordinaire, l'avait engagé à venir s'informer du motif qui avait fait annoncer la prière à une heure inaccoutumée, tout lui étant devenu suspect après le crime qu'il avait commis.

Dgerberi, suivant la loi, livra le meurtrier à la mère de celui qu'il avait assassiné. Elle demanda sa mort, qui lui fut accordée.

Le vizir, frappé de l'esprit et du jugement de Dgerberi, voulut savoir son histoire; celui-ci la lui conta. Ce ministre lui reprocha d'avoir embrassé une profession aussi vile que celle de porte-faix, et le détermina à entrer dans les troupes que le kalife envoyait contre les Guèbres. Le vizir était bien aise d'avoir l'air de récompenser le mérite, tandis qu'il envoyait loin de Bagdad un homme que le kalife pourrait approcher de sa personne et des charges, si jamais il en entendait parler.

Dgerberi fit des prodiges de valeur et de courage dans ses campagnes contre les Guèbres; mais, se confiant trop en sa force, il fut fait prisonnier; et dans le temps que ses ennemis délibéraient sur le genre de mort qu'ils lui feraient subir, pour se venger des maux qu'il leur avait faits, après avoir dit le cent quinzième chapitre de l'Alcoran, il brisa ses chaînes, il étouffa le geôlier, qui voulut s'opposer à sa fuite, et, dans la crainte de retomber entre les mains de ses ennemis, il se jeta dans les déserts, où il vécut longtemps de fruits et de racines; enfin il se trouva dans une forêt, sur les bords de la mer, et monta sur un arbre pour dormir en sûreté et se garantir des bêtes féroces qui auraient pu venir l'attaquer.

Quand la nuit fut venue, il vit sortir de la mer un taureau noir, qui poussait des mugissements épouvantables, et qui s'approcha de l'arbre sur lequel il était monté. Il remarqua que cet animal laissa tomber de sa bouche une pierre qui éclaira toute la forêt, et qui lui servit à choisir les herbes qui lui convenaient le plus, comme le safran et les hyacinthes.

Dgerberi, qui avait été élevé au milieu des pierreries, dont son père avait fait un grand commerce, ne douta pas que ce qu'il voyait ne fût une véritable escarboucle, pierre précieuse et rare dont il avait si souvent entendu parler, sans en avoir encore vu. Frappé de l'éclat et de la grosseur de celle-ci, il ne fut occupé, quand il fut un peu remis de la frayeur que le taureau noir lui avait causée, que des moyens de s'emparer d'une aussi grande merveille.

Quand le jour parut, le taureau noir reprit la pierre, et rentra dans la mer. Dgerberi descendit de l'arbre, fit sa prière, cueillit des fruits, en mangea, et se rendit ensuite sur le bord de la mer, où il détrempa de la terre qu'il eut soin de porter sur l'arbre sur lequel il avait dormi la veille. Le taureau noir vint comme le premier jour : il posa la pierre à terre, et quand il fut un peu éloigné pour chercher sa nourriture, selon son goût, Dgerberi jeta sur la pierre la boue qu'il avait amassée. Le taureau noir, ne voyant plus de clarté, se précipita dans la mer, après avoir poussé des mugissements épouvantables, et Dgerberi s'empara de l'escarboucle, qui n'avait pas sa pareille dans le monde.

Content de cette fortune, il ne pensa plus qu'à retourner dans sa patrie. Il fut assez heureux pour trouver un vaisseau qui le conduisit jusqu'à Ormus; il traversa toute la Perse, et sachant que le roi de cette contrée était fort curieux de pierres précieuses, et qu'il en rassemblait de tous les côtés de l'univers, il se fit annoncer à ce monarque, comme un homme qui pouvait lui présenter le plus beau morceau en ce genre qu'il eût jamais vu.

Ce prince était alors avec un marchand joaillier de Balsora, qui l'étonnait par la quantité, la magnificence et la beauté des pierreries qu'il lui faisait voir. Le roi, bien aise de confondre la vanité d'un marchand qui se faisait annoncer d'une manière si pompeuse que Dgerberi, ordonna qu'on le fît entrer au moment même où on lui montrait ce qu'il croyait de plus beau dans l'univers.

Dgerberi parut précisément lorsque le marchand de Balsora disait au roi : « Votre majesté ne doit point être étonnée si je lui montre tous ces chefs-d'œuvre de la nature : quand elle saura de quelle façon ils me sont parvenus, elle trouvera la chose toute simple. »

Le roi lui ayant témoigné qu'il apprendrait avec plaisir comment il avait rassemblé tant de richesses, le marchand reprit la parole et dit : « Mon père était pauvre, et pêcheur de profession. Nous étions avec lui, mes trois frères et moi, dans son bateau, nous jetâmes nos filets, après avoir invoqué le grand Prophète pour avoir une pêche favorable, et ce fut avec une peine infinie que nous les retirâmes, tant leur poids était énorme. Enfin nous parvînmes à les tirer à terre, et notre surprise fut extrême en apercevant un poisson qui avait la figure humaine. Mon père nous proposa de le porter à la ville, et de le montrer pour de l'argent; mais cet homme marin, après nous avoir regardés, comme s'il nous avait entendus, nous étonna beaucoup quand il prit la parole : « Je suis, nous dit-il, un habitant des eaux et créature de Dieu tout comme vous; donnez-moi la liberté; n'abusez point du sommeil qui m'a fait tomber dans vos filets; si vous m'accordez cette grâce, je ne vous demande que très-peu de temps pour vous apporter de quoi faire une fortune considérable.

« L'homme marin nous attendrit par ses prières; il jura par le saint nom de Dieu qu'ils étaient douze mille musulmans dans la mer, et qu'il en allait engager un grand nombre à rassembler les présents qu'il voulait nous faire, pour prix de la liberté que nous lui accorderions. Nous consentîmes à ce qu'il nous demandait; il nous dit adieu, en nous priant de nous trouver deux jours après au même endroit où nous étions, et nous le vîmes aussitôt se replonger dans la mer.

« Nous fûmes exacts au rendez-vous. L'homme marin parut suivi de plusieurs autres hommes de son espèce, qui même avaient l'air d'être très-soumis devant lui ; ils étaient chargés d'une prodigieuse quantité de pierreries, que nous présenta l'homme auquel nous avions rendu la liberté. Les pierres que vous voyez, sire, sont de ce nombre. Nous avons quitté notre métier de pêcheur, après avoir établi notre père de façon que rien ne puisse lui manquer; mes trois frères et moi, nous avons partagé en quatre lots tout ce que nous avait donné l'homme marin ; nous avons entrepris le commerce de joaillerie dans les différentes villes que nous avons choisies pour notre établissement. »

« La beauté des pierreries prouve la vérité de cette histoire, reprit le roi avec admiration ; puis se tournant vers Dgerberi, il lui dit: « Que réponds-tu à ce que tu viens de voir et d'entendre? Sans doute que l'examen de tant de richesses t'empêchera de me montrer la pierre que tu m'as fait annoncer avec tant d'éloges? »

« Sire, lui répondit Dgerberi, quand je n'aurais pas promis de faire voir à votre majesté une des merveilles du monde, cette histoire et toutes les pierreries qui sont sous mes yeux m'y auraient engagé. Les aventures de ce marchand et les miennes prouvent que le hasard est plus favorable pour faire trouver les plus belles choses que les recherches les plus pénibles. »

Alors il lui montra son escarboucle merveilleuse. Le roi en fut ébloui; le marchand de Balsora renferma promptement toutes ses pierreries, et se retira. Dgerberi dit au roi: « Prince, ce morceau devant appartenir, sans doute, au plus grand monarque de la terre, ne doit point sortir de votre cour: je supplie votre majesté de l'accepter, et je suis trop heureux que la fortune m'ait choisi pour vous le présenter. »

Le roi, flatté de ce discours, et touché de cette générosité, dit à son vizir de lui donner d'abord cinq cent mille drachmes d'argent, mille pièces de brocart, deux chevaux et dix vestes d'honneur. « Ce n'est pas tout, dit le roi : je veux savoir comment cette superbe escarboucle est tombée entre tes mains. — Non-seulement votre majesté le saura, répondit Dgerberi, mais aussi tout ce qui est arrivé à un de ses plus fidèles esclaves, si elle a la complaisance de lui donner un moment d'audience.

Le roi y consentit: Dgerberi lui raconta tout ce qui lui était arrivé, et le roi, charmé de tous les bons sentiments qu'il découvrit en lui, ne voulut plus s'en séparer et le fit son vizir, le sien ne lui convenant plus pour quelque raison particulière. Dgerberi posséda cette charge pendant long-temps, et la remplit avec honneur jusqu'à sa mort.

Le jour parut comme la sultane finissait l'histoire de Dgerberi. Schahriar, en se levant, accueillit favorablement la promesse que lui fit Scheherazade de lui en raconter une autre le lendemain; ce qu'elle fit à la manière accoutumée, et dans les termes suivants:

DXXXII^E NUIT.

LES OISEAUX

DE LA MONTAGNE DE KAF [1].

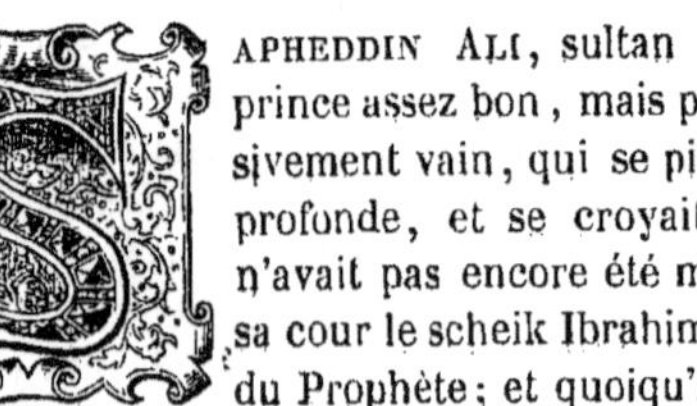

SAPHEDDIN ALI, sultan de Damas, était un prince assez bon, mais peu religieux et excessivement vain, qui se piquait d'une politique profonde, et se croyait habile, parce qu'il n'avait pas encore été malheureux. Il avait à sa cour le scheik Ibrahim, surnommé le favori du Prophète; et quoiqu'il ne s'avisât guère de consulter ce saint docteur, quoiqu'il ne crût point au don des miracles dont le Ciel l'avait doué, il respectait du moins, avec toute l'Asie, l'éminence de ses vertus et la sublimité de son savoir.

Un jour, qu'il s'entretenait avec lui familièrement, il lui dit: « Favori du Prophète, que pensez-vous de la prospérité de mon règne, et des fondements sur lesquels je l'ai appuyée? J'ai étudié les hommes en philosophe et en roi, et je me flatte de les bien connaître: c'est pour cela que je n'ai pu me décider à confier le sceau et l'épée de l'État à l'émir Morad, votre ami: il ne manque pourtant ni de bon sens ni de bravoure, et je conviens avec vous qu'il a toutes les vertus d'un bon musulman; mais, mon cher docteur, ce

[1] Traduit du persan par l'abbé Blanchet.

n'est pas là l'étoffe dont on fait un vizir. J'ai préféré Schabour, en qui j'ai trouvé des idées plus étendues et des principes moins gênants, du génie, de l'activité, de l'adresse, tout ce qu'il fallait, enfin, pour entrer dans mes vues et pour les suivre. L'événement a justifié mon choix : en suivant le plan que je lui ai tracé, Schabour a battu le sultan d'Alep ; il lui a enlevé ses plus fortes places, et l'a réduit à signer la paix aux conditions un peu dures que j'ai prescrites. Il me ramène actuellement l'armée victorieuse, dont il a ordre de licencier en chemin la meilleure partie.

« Pendant que mon vizir jouait à la frontière un rôle assez brillant pour s'en laisser peut-être éblouir, je tenais à portée de mon cimeterre une tête qui me répondait de sa fidélité : la tête de son fils, à qui j'avais donné, sans affectation, le gouvernement de ma capitale. Je veillais de près aux affaires du dedans ; j'éclairais la conduite des émirs, des gens de loi, de mes trésoriers surtout, et je contenais le peuple, que la rigueur des impôts faisait murmurer. Enfin, après une guerre heureuse, qui n'a point trop appauvri mon épargne, j'ai, grâces à mes soins, des ministres habiles et fidèles, des troupes invincibles, un peuple accoutumé à la patience et au travail, un peuple qui me craint, et qui m'aimera, sans doute, dès que je lui aurai fait goûter les douceurs de la paix. Convenez donc, docteur, que la prudence humaine, dont vous dites tant de mal, ne laisse pas que d'avoir son prix et son utilité. Je ne lis pas, comme vous, ce qui est écrit sur la table de lumières ; mais je m'imagine qu'on y lit en gros caractères : MALHEUR AUX IMPRUDENTS ! »

« N'en doutez point, seigneur, répondit le sage Ibrahim, et sachez qu'on y lit aussi : MALHEUR AUX SUPERBES ! Hélas ! votre prudence et votre prospérité sont peut-être également vaines ! mais, en les supposant réelles, sont-elles à vous, et ne les tenez-vous pas du Ciel l'une et l'autre ? Avez-vous pu, sans lui, connaître le vrai et faire le bien ? O sultan de Damas ! que penseriez-vous d'un aveugle qui dirait : JE VOIS LE CHEMIN, ou d'un paralytique qui se vanterait d'y marcher ? »

Le sultan sourit de cette grave remontrance, qu'il traita de pieuse incartade ; mais il n'eut pas le temps d'y répondre : on vint lui annoncer que l'émir Morad, arrivé de l'armée, demandait à lui faire part, dans le moment même, d'une nouvelle de la plus haute importance. L'émir entra donc, et dit sa nouvelle, qui ne pouvait, en effet, être ni plus importante ni plus fâcheuse : Schabour avait publié l'ordre qui lui enjoignait de licencier la plus grande partie des troupes ; mais le perfide ne s'était pas pressé de le mettre à exécution : les soldats murmurèrent, comme il l'avait prévu, contre un congé sans motif, qui les renvoyait à de vils travaux dont ils avaient perdu l'habitude; et le vizir, sous prétexte d'éteindre le feu de la sédition, fit tout ce qu'il fallait pour l'étendre de plus en plus : il blâma mollement les mutins, il parut les plaindre, et, s'ouvrant davantage à quelques-uns de leurs officiers, il parla du trésor de Sapheddin; il fit entendre que si on lui en donnait la clef tout le monde serait content.

Cependant il s'approchait toujours de Damas, et il n'en était plus qu'à deux petites journées, lorsque, voyant les choses au point où il les voulait depuis long-temps, il leva le masque, et fit révolter toute l'armée : en un mot, il venait d'être proclamé sultan.

En vain Morad avait tenté de s'opposer à la révolution; il avait vu une poignée de braves qui s'étaient joints à lui, taillés en pièces par les rebelles; et préférant enfin le salut de son maître à la gloire de mourir comme ces fidèles guerriers, il s'était fait jour, le cimeterre à la main, et venait annoncer en hâte au sultan le danger qui menaçait sa propre personne :

« Hélas! seigneur, ajouta-t-il, ce danger est encore plus pressant que vous ne pensez : Togrul, le digne fils de Schabour, a séduit les habitants de votre capitale; il a corrompu jusqu'à vos gardes, et il n'attend, m'a-t-on dit, qu'un courrier de son père, pour porter sur vous ses mains criminelles. Ce courrier est peut-être déjà aux portes de Damas, et, pour sauver votre tête sacrée, je n'ai que le moment où je vous parle. O mon auguste maître! souffrez que je vous conduise à la forteresse de Mervat, où le brave Sélim commande en votre nom, sous mes ordres : là vous pourrez attendre que le Ciel veuille changer le cœur des rebelles, ou confondre leur audace; là, du moins, vous n'aurez pas un soldat qui ne mette son bonheur à mourir à vos pieds, s'il ne peut parvenir à vous défendre. »

DXXXIII[e] NUIT.

Frappé de ce coup terrible, Sapheddin ne répondit au fidèle Morad que par un regard, où se peignaient la douleur et la reconnaissance. Il se tourna ensuite vers le scheik, comme pour lui demander son avis dans une conjoncture aussi critique : « Partons, lui dit le saint homme, partons, seigneur, sans différer; recevons le mal qu'Allah nous envoie, et attendons le bien qu'il nous réserve. »

A l'instant même, le sultan chargea Morad de tenir des chevaux prêts, à une porte du sérail, où il se rendit lui-même, accompagné du scheik et déguisé en esclave. Ils partirent tous trois; et courant toujours par des chemins peu fréquentés, ils arrivèrent heureusement à Mervat, sur les frontières de la Palestine.

Cependant Schabour marchait sur Damas, avec l'armée complice de sa rebellion. Il y fut reçu aux acclamations du peuple, toujours ami et toujours dupe de la nouveauté; mais ces vains applaudissements ne le consolèrent point de la fuite du sultan. Schabour, comme tous les grands coupables, pensait qu'un grand crime n'est funeste à son auteur que quand il n'ose ou ne peut le consommer. Ainsi, dès qu'il sut que Sapheddin s'était jeté dans Mervat, il détacha un gros corps de cavalerie pour bloquer étroitement cette forteresse, en attendant qu'on l'assiégeât dans les formes. S'il eût pu s'éloigner de la capitale, où il fallait affermir son usurpation, il ne se fût fié qu'à lui-même d'un siége si important; mais il crut devoir s'en reposer sur Togrul, qu'il fit partir peu de jours après, en lui donnant ses meilleures troupes et ses plus habiles officiers.

Togrul jura de reprendre le fugitif qui lui était échappé, et commença le siége, d'une manière à faire juger qu'il ne serait pas long. Effectivement, malgré la vigilance de Morad, malgré le courage de la garnison, animée par son exemple, et par la présence du sultan, la place fut attaquée avec tant d'ardeur et de succès, que le vingt-cinquième jour tout fut prêt pour donner l'assaut. Ce jour-là, dès le grand matin, cinquante éléphants, rangés en bataille, de front et chargés de tours, avancèrent lentement jusque sur les bords du fossé, où, défilant à droite et à gauche, ils démasquèrent l'armée rebelle dont ils avaient couvert l'approche. Elle était de trente mille hommes, et formait une longue colonne divisée en trois corps, qui, se suivant de près et se soutenant l'un l'autre, marchaient avec autant d'ordre que de résolution.

Les assiégés, réduits à quelques centaines de combattants, virent de dessus la brèche cet appareil formidable avec une morne intrépidité, sans frayeur et sans espérance : « Mourons, dit le sultan au scheik, cédons à mon malheur, puisqu'il m'arrache les armes secrètes que je préparais. En arrivant ici, je dépêchai à Damas un officier de la garnison, chargé de lettres et d'instructions pour quelques émirs estimables que le torrent de la révolution a sans doute entraînés malgré eux. J'en envoyai un autre au sultan de Jérusalem, pour l'inviter à ne pas trahir la cause des rois, et à prévenir les suites du mauvais exemple que mes soldats donnent aux soldats des monarques voisins. J'espérais qu'avec un peu plus de temps, ces mesures.... »

« Le temps n'y ferait rien, interrompit l'homme de Dieu ; vos mesures, seigneur, ont échoué. Le sultan de Jérusalem ne vous craint plus, et il ne vous pardonne pas la paix ruineuse et humiliante que vous avez imposée au sultan d'Alep, son ancien allié. Il a répondu à votre envoyé qu'il s'en rapportait à la décision du Ciel ; qu'il vivrait en bon voisin avec le prince qu'on verrait assis sur le trône de Damas. L'autre officier a été découvert et arrêté en arrivant ; et les lettres dont vous l'aviez chargé pour vos amis secrets ne serviront qu'à désigner au tyran les têtes qu'il doit abattre.

— Mourons donc, s'écria de nouveau Sapheddin ; le Ciel laisse triompher le crime et mon ennemi ; le Ciel, qui devrait me venger, veut me perdre.

— Non, prince, reprit gravement le saint docteur, non, le Ciel veut vous sauver, et ce que vous lui rendez moins facile, il veut vous corriger de votre orgueil, et vous instruire : il pouvait prévenir vos malheurs, il pouvait les réparer soit par les moyens que vous avez choisis, soit par d'autres du même ordre, mais ce même orgueil se fût obstiné à méconnaître sa Providence. Ce qu'elle eût fait pour vous, en se cachant sous le voile des événements humains, vous l'eussiez attribué aux hommes, et surtout à vous-même : « La reconnaîtrez-vous, du moins, dans le prodige dont vous allez être spectateur? Levez les yeux, prince, et voyez l'armée auxiliaire qu'elle vous envoie des extrémités du monde. »

Le sultan leva les yeux, et vit arriver du côté de l'Orient une armée d'oiseaux, moins nombreuse que celle des assiégeants, mais rangée dans le même ordre, et qui s'étendit sur leurs trois divisions, comme un triple nuage. Ces oiseaux, plus gros que les aigles, et plus noirs que les corbeaux de nos contrées, tenaient chacun trois cailloux, un dans leur bec et deux dans leurs serres, et sur chaque caillou était écrit le nom du rebelle qu'il devait frapper. A la tête de l'avant-garde et hors du rang, le général de l'armée aérienne se faisait remarquer par son plumage pourpre et blanc, à la noblesse de son maintien et à la fierté de son vol. Deux oiseaux bleus, de moindre apparence, volaient à sa suite, et pouvaient passer pour ses aides-de-camp. Ces derniers jetèrent un grand cri, qui fut le signal du massacre universel. En un instant, les pierres fatales tombèrent à leur destination : les têtes proscrites furent écrasées; et dans toute l'armée ennemie il ne resta de vivant que le général, qui se mit à fuir vers Damas avec une vitesse égale à sa frayeur. Le général oiseau prit son vol du même côté ; ses deux officiers s'abattirent aux pieds du scheik; et l'armée victorieuse, mêlant ses cris aux cris de joie des assiégés, revola vers la région du Ciel, d'où elle était venue.

Le sultan, ravi de sa délivrance, quoiqu'un peu fâché que sa politique n'y entrât pour rien, céda au sentiment de religion qu'un bonheur inespéré fait naître dans l'âme la moins pieuse : « Puissance d'Allah, s'écria-t-il, vous égalez sa bonté! Qui peut vous comprendre l'une ou l'autre? ô docteur! je l'avoue enfin : tout est difficile à l'homme, et rien n'est difficile à Dieu. — Bientôt, seigneur, vous le verrez encore mieux, répondit Ibrahim. Laissons aux défenseurs de Mervat le soin de recueillir les dépouilles, et suivons, si vous m'en croyez, le malheureux chef de cette armée de morts; voyons ce que produira dans votre capitale l'étrange nouvelle qu'il est réduit à y porter lui-même. »

En même temps, le saint docteur frappant la terre du pied, on en vit sortir un petit char d'ébène, où le sultan consentit à s'asseoir près de lui. Quatre longues tresses de soie s'attachaient sur le devant à quatre anneaux d'or, et formaient à l'autre bout deux colliers légers et commodes; les oiseaux bleus y passèrent le cou, en prenant un essor proportionné à la longueur de leurs traits; et le char roula rapidement sur le chemin de Damas. Au reste, le char et l'attelage étaient enveloppés d'un nuage léger, transparent du dedans au dehors, comme ces étoffes claires qu'on applique aux jalousies des sultanes; en sorte que, sans être vus, les deux voyageurs apercevaient distinctement tous les objets. Ils virent donc, à peu de distance devant eux, le fils de Schabour, fuyant à toute bride, et l'oiseau vainqueur qui, réglant son vol sur la course du cheval, semblait garder à vue son fugitif : « Favori du Prophète, dit alors Sapheddin, que dois-je penser du libérateur que le Ciel m'a choisi? Quel est cet oiseau merveilleux ? d'où vient-il ? où a-t-il levé l'armée volante qui vient de disparaître? »

Le saint docteur répondit : « Prince, votre libérateur est le si-

morgue, cet oiseau immortel à qui le Ciel a donné l'intelligence et la parole, qui lit le saint Alcoran sans commentaire, et qui se déclara prosélyte du Prophète long-temps avant que le Prophète fût né. Il règne sur la montagne de Kaf, et c'est de là qu'il vous a amené lui-même un détachement de sa nombreuse armée. Cette montagne, qui environne la terre comme un cercle d'émeraudes, est peuplée d'animaux prodigieux, dont les espèces nous sont inconnues, et de créatures raisonnables, plus parfaites que les enfants d'Adam. C'est là qu'habitent les peris et les perises, les dives mâles et femelles, les génies bons et mauvais; c'est là, comme dans un arsenal secret, qu'Allah tient en réserve les machines extraordinaires de sa providence. Hélas! prince, vous l'avez réduit à les employer pour vaincre l'orgueil de votre fausse sagesse : profitez au moins, seigneur, du prodige que vous lui coûtez, et gémissez d'en avoir eu besoin. »

Pendant que Sapheddin écoutait attentivement les instructions d'Ibrahim, Togrul courait vers Damas avec tant de rapidité, qu'il y arriva le soir du même jour. Il trouva le peuple dans la grande place, occupé des fêtes qu'y donnait l'usurpateur, à l'occasion de son couronnement. La foule s'écartant par respect, Togrul, toujours suivi du char invisible, parvint au pied d'une estrade superbement ornée, où paraissait Schabour, environné d'une cour brillante et assis sur un trône d'or : « Venez, prince, venez mettre le comble à la joie publique, cria le tyran à son fils; sachons de vous-même les détails de votre victoire, et le sort de notre ennemi. »

Togrul monta sur l'estrade, comme un criminel sur l'échafaud, et conta brièvement sa malheureuse histoire, l'extrémité où il avait réduit la ville, l'apparition des oiseaux noirs, et l'entière destruction de son armée : il finit en montrant au haut des airs le général ennemi, qui semblait ne l'avoir suivi jusqu'à Damas que pour attester un événement si peu croyable :

« Qu'on me donne mes flèches, s'écria Schabour en s'élançant hors de son trône. Lâche, avant de te poignarder, je veux percer, à tes yeux, ce monstre ridicule que tu m'annonces comme ton vainqueur. »

Alors l'oiseau immortel, ouvrant les serres, laissa tomber sur le père et le fils deux cailloux énormes qu'il leur gardait, et, d'une voix qui ébranla les minarets, il fit entendre ces paroles : « GLOIRE A DIEU! MALHEUR AUX TYRANS ET A LEURS COMPLICES! »

Les spectateurs, effrayés de ce prodige, s'appliquèrent la menace : ils se prosternèrent la face contre terre, en demandant pardon de leur révolte; puis, se relevant comme de concert, ils firent retentir la place de ces cris sans cesse répétés : « VIVE LE SULTAN SAPHEDDIN

ALI! LES COEURS DE SES ESCLAVES SONT DANS SES MAINS; QUE LES TÊTES DE SES ENNEMIS SOIENT SOUS LA PLANTE DE SES PIEDS. »

A ces marques de repentir que le Simorgue attendait, il revola paisiblement à la montagne de Kaf; les oiseaux bleus se dételèrent et le suivirent. Le nuage qui enveloppait le char se dissipant tout à coup, on vit paraître le légitime sultan et le favori du Prophète. Sapheddin alla s'asseoir sur le trône que ses infidèles sujets avaient préparé pour Schabour. De là, jetant sur eux un regard sévère, ce bon prince eut pitié de leur confusion et de leur frayeur; il fit signe au scheik, qui se tenait debout sur l'estrade, de rassurer ce peuple éperdu :

« Musulmans, dit alors le sage Ibrahim, Allah et le sultan connaissent la sincérité de votre repentir; ils vous aiment et vous pardonnent. Souvenez-vous de la faute qu'ils ont oubliée, et n'y voyez plus qu'un nouveau motif de fidélité : et vous, sublime sultan, faites servir à votre bonheur et au nôtre les lumières et les vertus que le Ciel vous a données; mais défiez-vous des illusions de la sagesse mondaine, qui s'embarrasse dans ses propres subtilités, et appelle de loin les malheurs, par les précautions même qu'elle prend contre lui. Soyez prudent sans raffinement et sans inquiétude, et quand vous aurez fait tout ce qui dépend de vous, attendez tout du Ciel, comme si vous n'aviez rien fait. »

Sapheddin fit de ces maximes la règle de sa conduite; il donna la place de Schabour au vertueux Morad; il n'entreprit rien d'important sans consulter ce sage vizir et le favori du Prophète : en un mot, le sultan fut désormais un prince religieux, vraiment sage, et d'autant plus sage qu'il crut moins l'être.

« Cette histoire est, d'un bout à l'autre, une leçon salutaire pour les rois, » dit Schahriar à la sultane, qui cessait en ce moment de parler : « Sire, répondit-elle, votre majesté se montre chaque jour digne d'en apprécier la morale, par son exactitude à remplir tous ses devoirs de roi et de bon musulman. Demain, si elle le permet, j'en commencerai une autre, qui, sans être moins intéressante, l'amusera peut-être davantage. — Je l'entendrai avec plaisir, » dit le sultan des Indes. Et il se leva pour aller vaquer aux soins de son empire.

DXXXIVe NUIT.

Scheherazade commença en ces termes l'histoire qu'elle avait promis, la veille, de raconter au sultan des Indes :

HISTOIRE DE LA CORBEILLE [1].

L'HISTOIRE ancienne nous fournit l'exemple d'un jeune roi, nommé Kemseraï, recommandable par toutes sortes de bonnes qualités : il n'était occupé que du bonheur de ses sujets ; la justice était l'unique règle de ses actions ; les pauvres avaient plus d'accès auprès de lui que les riches. La connaissance du passé, qui forme ordinairement les grands princes, faisait l'objet principal de son étude : ainsi, ne voulant ignorer aucun des événements considérables qui arrivaient dans les divers royaumes de l'Asie, il avait fait bâtir un caravansérail que l'on pouvait, avec raison, regarder comme un palais superbe : c'était là qu'il recevait les étrangers. Kemseraï les faisait servir de sa propre table ; ils avaient des esclaves de l'un et de l'autre sexe, qui n'étaient destinés qu'à prévenir leurs désirs et leurs besoins. Les étrangers séjournaient donc dans sa capitale, sans avoir d'autre assujettissement que celui d'entretenir le roi de leurs propres aventures, ou de celles dont ils pouvaient avoir connaissance.

C'est ainsi que le roi coulait tranquillement des jours filés d'or, et qu'il régnait heureusement dans un monde où tout est périssable. La fortune, lasse enfin de le combler de ses faveurs, qu'il méritait si bien, l'abandonna.

Le repos de son âme, le calme que ses bonnes actions répandaient sur toute sa personne, l'aimable gaieté sans laquelle on ne le voyait jamais, disparurent : une agitation que rien ne pouvait calmer, une profonde inquiétude et une continuelle préoccupation d'esprit succédèrent à l'humeur la plus égale et la plus douce ; ses yeux perdirent leur vivacité, et la pâleur s'empara de son teint. Bientôt il parut comme une belle fleur qui fait, le matin, l'ornement d'un jardin, mais que l'intempérie de l'air flétrit et fait mourir presque au

[1] Traduite par M. de Caylus.

moment qu'elle a commencé de vivre. L'altération de sa santé et celle de son esprit faisaient déjà craindre à tous les seigneurs de sa cour que, malgré sa grande jeunesse, ils auraient bientôt le malheur de le perdre et de pleurer sur son tombeau, lorsqu'une fuite imprévue le déroba tout d'un coup aux yeux de ses sujets. Les grands de son royaume ne négligèrent rien pour s'instruire de son sort; mais voyant que tous leurs soins étaient inutiles, ils se déterminèrent à former un conseil qui gouvernât pendant son absence. Douze lunes s'étaient écoulées lorsqu'on le vit revenir au moment que l'on s'y attendait le moins. Le roi était vêtu de noir, sa tristesse était excessive, et rien ne pouvait l'adoucir; enfin son insensibilité pour tout ce qui tient à la vie devint telle qu'on n'en avait jamais eu d'exemple.

Les grands de son royaume et ses vizirs vinrent demander ses ordres; mais il ne voulut leur en donner aucun. Son indifférence etait si grande, qu'il ne démêla pas l'attachement singulier dont ses sujets lui donnaient tant de preuves. Cependant le prince était si fort aimé, que le conseil ne voulut point élire d'autre roi, et qu'il résolut d'attendre pendant dix ans que le jeune monarque eût retrouvé son esprit, son caractère aimable, enfin toutes les qualités qui l'avaient fait adorer. Quelques instances que l'on pût faire, pour l'engager au moins à demeurer dans sa capitale, furent inutiles; il avait pris le parti de s'en éloigner. Le prince, voyant qu'il lui était impossible de faire accepter son abdication, se retira dans une petite maison bâtie sur une montagne solitaire, qu'il choisit pour y finir ses jours, sans autre compagnie que celle d'une de ses sœurs, nommée Zahidé. Cette princesse aimait tendrement son frère depuis son enfance; sa beauté, sa jeunesse et son esprit étaient encore moins recommandables en elle que sa piété et son attachement pour le saint Alcoran, qu'elle savait absolument par cœur.

On ignorait le sujet des chagrins du roi : il avait constamment refusé d'en instruire ceux qui avaient été à portée de lui faire des questions là-dessus. Après avoir été quelque temps dans sa retraite, il tomba dangereusement malade, sans vouloir être servi et soulagé que par les soins de Zahidé, sa sœur, qui redoubla ses prières pour obtenir la guérison d'un frère qu'elle chérissait uniquement. Son amitié ne l'aveugla point sur l'inutilité des remèdes; et voyant le moment fatal qui allait lui fermer pour toujours la paupière, elle s'approcha de son lit et le conjura, au nom de leur tendre amitié, de lui confier le sujet de sa tristesse : « Prince, que les malheurs ont accablé, lui dit-elle, pourquoi ne voulez-vous pas m'apprendre le sujet de vos douleurs? ces douleurs que vous ressentez, je les ressens plus vivement encore; daignez prendre quelque confiance en moi, je trouverai peut-être quelque remède à vos maux. Qui sait même si le grand prophète, touché de ma douleur, ne m'inspirera pas le moyen de vous soulager? »

Le roi lui répondit en poussant de profonds soupirs : « Mon histoire est plus longue que celle de Feredbaad [1] et plus triste que celle de Wamakweazza [2]. Je veux bien cependant accorder ce que vous me demandez aux tendres soins que vous prenez de moi et à l'amitié que vous m'avez toujours témoignée. Je vais donc vous apprendre le sujet de mes malheurs : vous allez savoir comment j'ai passé en un instant de la joie à la tristesse, et comment enfin mon cœur a ressenti les coups redoutables du glaive de l'affliction. Tout ce que je pourrai vous dire ne vous donnera jamais qu'une légère idée de mes aventures : il n'y a pas de termes assez forts pour exprimer ce que j'ai vu ; mais vous le voulez, je vais vous satisfaire.

« Vous savez que dans les temps heureux de ma vie, je passais une partie de mes journées avec des étrangers, qui me racontaient leurs propres aventures ou celles dont ils avaient pu s'instruire. Dans le nombre des voyageurs qui remplissaient sans cesse mon caravansérail, je trouvai une espèce de derviche vêtu de noir. Malgré la tristesse de ces vêtements, je distinguai sa figure, qui était aussi intéressante que sa conversation était agréable ; elle me paraissait même, selon la façon de parler d'un de nos poëtes, comme une mer de charmes dans laquelle je me plongeais avec plaisir : c'était comme un jardin de roses, qui répandait une odeur d'amitié dont mon cœur était épris. J'étais enfin enchanté des histoires qu'il me racontait, tant l'art de bien parler lui était naturel ; mais il refusait toujours de m'apprendre par quelle raison il était sans cesse plongé dans la plus profonde rêverie, et ce qui l'engageait à porter un si grand deuil.

« Je ne négligeais rien pour le séduire par mes présents : je lui donnai des habits superbes, des ceintures de diamants, des bourses d'or et d'argent ; en un mot, je mis tout en usage pour l'engager à me satisfaire : ma persévérance et mon importunité le touchèrent encore plus que tous mes dons : « Vous voulez donc, me dit-il enfin, avec un redoublement de douleur, vous voulez savoir ce qui m'est arrivé? Il me serait plus aisé de vous expliquer l'histoire de l'oiseau

[1] *Consolation dans l'affliction :* c'est un livre arabe d'Ali et Hassan, et surnommé *Tenoukhi* de Tenouk, une des tribus arabes.

[2] C'est un roman écrit en vers persans, qui contient les amours de Wamak et d'Azza, célèbres amants qui vivaient avant Mahomet.

Anka [1] que de vous persuader de mes malheurs; désirez bien plutôt que de telles aventures soient à jamais oubliées, et craignez sur toutes choses de vouloir en être convaincu par vous-même. » Je continuai mes instances; je redoublai mes caresses, et voici ce qu'il me raconta :

« La ville de Medhouchan est située dans le royaume de la Chine; presque tous ceux qui l'habitent sont célèbres par leur tristesse : ils ne quittent jamais le noir; et tous les étrangers que leur malheur ou la plus grande témérité attirent dans cette ville trouvent difficilement les moyens de lier aucune société. Enfin, ce n'est que dans cette ville que l'on peut s'instruire du malheur que j'éprouve ; c'est là que l'on peut trouver le juste sujet de mes douleurs et de la passion dont mon cœur est déchiré, et que l'on pourra se convaincre de la vérité de mon état, que tous les récits ne pourraient faire croire. » En achevant ces mots, le derviche me salua, prit tous les présents que je lui avais faits, et me laissa tourmenté de la plus vive curiosité.

« L'obscurité de cette histoire, et le peu de détails dont elle avait été accompagnée, ne servirent qu'à redoubler le désir que j'avais de connaître des choses si singulières. Je ne fus donc plus occupé que de l'envie de juger par moi-même d'une chose aussi peu commune; et le désir, qui fut la source du changement de mon caractère, s'accrut au point que je ne pus m'empêcher d'entreprendre le voyage de Medhouchan. »

[1] C'est un oiseau que les Persans appellent *rimurg*, et les Arabes *anka*, et que nous traduisons par *griffon*. Cet oiseau, selon les Orientaux, est monstrueux ; il parle toutes sortes de langues; il est raisonnable, et il est capable de religion. Thamurath, le troisième roi de Perse, de la première dynastie, selon les Piehdatiens, fut transporté sur cet oiseau dans les régions imaginaires. Les Orientaux disent que depuis long-temps l'anka s'est retiré sur la montagne de Kaf, qui entoure le monde, et que cet endroit est inconnu. C'est ce qui leur fait dire : « Autant vaudrait-il vous enseigner la demeure de l'anka, ou vous donner de ses nouvelles. »

DXXXVe NUIT.

« J'emportai beaucoup de pierreries; je partis déguisé, et je pris le chemin de la Chine avec une satisfaction sans égale; je fis une diligence incroyable. Les soins que j'avais pris pour n'être reconnu de personne me réussirent parfaitement. Enfin, j'arrivai dans le royaume de la Chine, où la plus funeste curiosité me conduisit avec une ardeur extrême. La vue de cette terre me charma, puisqu'elle devait satisfaire cette fatale curiosité; je ne fus pas long-temps sans trouver une caravane à laquelle je me joignis: elle me conduisit au milieu de ce grand empire, et je la quittai pour suivre le chemin de Medhouchan, où j'arrivai après avoir souffert avec joie toutes les fatigues d'un si long et si pénible voyage.

« Presque tout le peuple de cette ville était en effet vêtu de noir, comme le derviche me l'avait annoncé; la tristesse la plus profonde régnait de tous les côtés : on n'y recevait aucun accueil; on n'attirait aucun regard; et tous ceux qui portaient le deuil marchaient, pour vaquer à leurs affaires, les yeux baissés, la tête couverte de leur bonnet, et pour ainsi dire enfoncée dans leurs habits. Je fus donc obligé de passer plusieurs jours dans le khan où j'étais descendu, sans avoir d'autre occupation que celle de me promener dans la ville, et de chercher quelqu'un qui voulût répondre à mes questions.

« J'avais employé tous les moyens possibles pour entretenir ceux que je voyais vêtus de deuil, mais ils ne m'écoutaient pas, ou ne me répondaient que par un profond soupir. Je me persuadai qu'un homme qui ne serait pas en deuil se montrerait plus disposé à me répondre. Ainsi je fis connaissance, au bout de quelques jours, avec un jeune marchand : il était affable pour les étrangers, il chantait à merveille, et jouait également bien de plusieurs instruments; son visage était plus beau que le soleil. Il fut si content de ma conversation, qu'après m'avoir fait beaucoup d'honnêtetés, il voulut absolument me conduire dans sa maison.

« J'acceptai ses offres; et le premier jour que j'y vins loger, il donna un grand repas, où je fus traité avec autant de goût que de magnificence. Je devins en peu de temps son ami et son confident. Voyant qu'il éludait toujours les questions que ma curiosité m'engageait à lui faire sur la tristesse et le deuil que je voyais répandus dans la ville, j'embrassai un jour ses genoux et le suppliai, par l'hospitalité qu'il exerçait si généreusement envers moi, de m'instruire à cet égard, et de ne pas rendre inutile un aussi grand voyage, que je n'avais entrepris que dans cette intention. Ce jeune homme m'écouta avec beaucoup de chagrin et me répondit avec le ton de l'amitié et de l'intérêt : « Cessez, mon frère, de vouloir être instruit d'une chose qui ne peut que vous causer une peine infinie; imitez-moi, je n'ai jamais voulu la connaître moi-même : l'état auquel j'ai vu réduits ceux qui tentaient cette aventure, la gaieté et leurs agréments perdus, m'ont rendu sage à leurs dépens. Soyez-le, je vous conjure par mes conseils; comptez que ce que vous me demandez ne peut vous être que dangereux, sans vous être d'aucune utilité. »

« Ce refus ne faisant qu'augmenter encore ma curiosité, je lui contai mon histoire, je ne lui cachai point mon état ni ma condition. Cet aveu lui fit avoir plus d'égards à mes prières : il eut compassion de mon opiniâtreté, et me dit avec un souris amer, mais plein de bienveillance : « L'ami de mon cœur, on ne peut vous expliquer ce mystère; pour en être instruit, il faut sortir de la ville; c'est alors, suivant ce que l'on m'a dit, que tout sera dévoilé à vos yeux. — Partons dans ce moment, » lui dis-je avec vivacité.

« Il eut pitié de mon état : il me précéda et je le suivis. Nous arrivâmes dans un lieu désert assez près de la ville; la solitude de ce canton inspirait une secrète horreur. Quand nous eûmes marché quelque temps, nous aperçûmes un palais ruiné, au milieu duquel on voyait une corbeille suspendue par une corde qui paraissait attachée à la partie la plus élevée d'un dôme à moitié ruiné. Le jeune marchand me présentant la corbeille, et me regardant avec des yeux baignés de larmes : « Placez-vous, me dit-il, dans cette corbeille, et puisque vous le voulez absolument, déliez le nœud qui embarrasse votre cœur. » A peine y fus-je entré, que je me vis enlevé avec la rapidité de l'éclair ; elle était égale à celle du griffon qui prend son essor dans le plus haut des airs. Je fus en un instant si prodigieusement élevé, que bientôt je touchai le ciel; je voulus regarder la terre; mais quel fut mon étonnement en voyant que cet univers, si vaste auparavant pour moi, ne me paraissait qu'un point. Ce fut alors que je me repentis de ma témérité; mais il n'était plus temps ! De qui pouvais-je attendre du secours au milieu des airs? Je m'abandonnai donc au désespoir et je baissai la tête, en disant à la fortune : « Frappe, cruelle, je suis prêt à recevoir tes coups. »

« J'étais dans cette terrible situation d'esprit, lorsque la corbeille s'arrêta dans un lieu de délices, et se posa au milieu d'un jardin qui surpassait en beauté le soleil même. Je descendis promptement d'une voiture qui m'avait causé tant d'alarmes; aussitôt elle s'éleva dans les airs, et je la perdis de vue. Jugez si mon inquiétude fut bientôt changée en plaisir quand je me trouvai dans un parterre émaillé de mille fleurs différentes, et dont le mélange présentait un spectacle agréable, pendant que l'odorat jouissait des parfums des plus rares.

« Je rendis des actions de grâces à Dieu, qui m'avait conduit si heureusement dans ce charmant paradis. Après avoir traversé ce jardin, j'en trouvai un autre qui n'était rempli que de rosiers en fleurs; mille oiseaux témoignaient par leurs chants le plaisir qu'ils avaient de l'habiter : on voyait, au milieu de ce second jardin, un grand bassin dont les eaux, plus claires que le cristal, se répandaient avec un doux murmure dans un nombre infini de canaux bordés de roses et de violettes. Des vents doux et rafraîchissants caressaient les fleurs de ce délicieux jardin, et de superbes peupliers paraissaient fiers de l'ombre qu'ils y répandaient; le fond du bassin était plus clair que les flambeaux que l'on porte devant les rois de l'Inde, et ses bords étaient ornés des plus riches tapis : on en voyait de brodés en or, d'autres de brocatelle, d'autres, enfin, dont le goût surpassait la magnificence. On découvrait dans un coin du jardin un trône d'or, couvert d'une tente de satin, environné de superbes sofas : un grand nombre de vases, remplis de sorbets et de vins exquis, étaient placés aux deux côtés de ce trône. La délicatesse des tables, que l'on voyait dressées à l'ombre de ces beaux arbres, semblait rivaliser avec le luxe et la magnificence; elles étaient couvertes d'un nombre infini de mets délicieux, destinés plutôt à ranimer un voluptueux languissant qu'à réparer les forces d'un voyageur.

« Je ne fus pas long-temps à apaiser la faim et la soif ardente dont j'étais dévoré. Après avoir réparé mes forces épuisées par les fatigues d'un long voyage, je rendis encore grâces à Dieu de toutes ses bontés; et je choisis l'ombre d'un peuplier pour goûter le repos dont j'avais besoin, et pour réfléchir sans trouble sur tout ce que je voyais d'opposé aux idées que le derviche et le marchand m'avaient voulu donner. Je ne pouvais concevoir leur erreur, car ils m'avaient paru trop honnêtes gens pour vouloir en imposer; enfin, comme on se flatte aisément, je me persuadai que j'éprouvais des distinctions qu'aucun autre n'avait encore méritées.

« Il était nuit quand je me réveillai. Je vis alors paraître, à travers l'obscurité des arbres, plusieurs flambeaux dont la lumière était plus brillante que celle des étoiles; j'entendis un bruit confus dans les airs, et j'aperçus un grand nombre de jeunes filles dont la beauté me parut admirable. Leur modestie, relevée par mille agréments naturels, aurait attendri les cœurs les plus insensibles, et leur éclat surpassait celui des anges même : leur sein était blanc et sentait aussi bon que le jasmin; leurs sourcils ressemblaient à des arcs bandés; leurs visages étaient plus brillants que la lune; leurs cheveux flottaient négligemment sur leurs épaules, dont la blancheur faisait honte à l'ivoire même, et que les anges auraient désirées et enviées. Chacune de ces beautés portait un flambeau plus blanc que la neige, et cette lumière servait à mieux distinguer tant de grâces et tant de merveilles.

« Au milieu d'elles, j'aperçus une princesse superbement vêtue, dont la beauté surpassait de beaucoup la magnificence et la richesse de sa parure : ses yeux étaient semblables à ceux d'un jeune cerf; elle avait les cheveux aussi noirs que ceux d'une Indienne, et le teint aussi blanc que celui d'une Grecque. Elle s'avança avec autant de grâces que de majesté, et se plaça sur son trône d'or. Aussitôt elle détacha son voile, et toutes les jeunes filles qui la suivaient, semblables à des étoiles, restèrent debout devant elle pour la servir. Au premier désir qu'elle témoigna, elles dressèrent des tables qu'elles couvrirent de confitures : les plats d'or et d'argent parurent en un moment de tous côtés, et leur éclat était balancé par le cristal qui renfermait les liqueurs, dont le brillant égalait celui des diamants du Mogol. Quelques-unes de ces belles vierges s'empressaient de servir la princesse; les autres semblaient se disputer l'honneur de charmer ses oreilles par la musique la plus tendre et la plus mélodieuse. »

En cet endroit, Scheherazade interrompit son discours : les premiers rayons du jour avaient déjà pénétré dans les appartements du sultan. Ce prince parut désirer vivement de connaître la suite de cette merveilleuse histoire, et la sultane la reprit, le lendemain, en ces termes :

DXXXVI[e] NUIT.

« Cependant cette reine des belles ne disait pas un seul mot : les vins exquis et le son des instruments furent pendant quelque temps son unique plaisir. Enfin elle leva ses beaux yeux, et s'adressant à une des vierges de sa suite, elle lui dit avec un son de voix délicieux : Allez promptement parcourir le jardin, et si vous y trouvez quelque étranger, conduisez-le devant moi. »

« La jeune fille obéit ; elle se lève et parcourt le jardin comme un vent léger qui donne la vie aux fleurs et aux fruits. Elle fit plusieurs tours inutiles ; mais enfin elle me trouva au pied du peuplier que je n'avais point quitté. Elle s'approcha de moi et me dit, en me saluant : « Levez-vous, étranger, la reine vous demande. »

« Je la suivis sur-le-champ, et j'arrivai bientôt devant le trône de la princesse. Je l'assurai que je me trouverais heureux d'être le dernier de ses esclaves ; ensuite croisant les bras sur ma poitrine, je demeurai debout devant cette divine beauté. Je n'osais la regarder, tant j'avais été d'abord ébloui de ses charmes. La princesse ne tarda pas à m'adresser la parole, avec une douceur infinie ; elle me dit avec toutes les marques d'amitié : « Étranger, prenez place sur ce sofa, et rassurez-vous : nous ne méprisons point les étrangers qui ont autant de politesse, et qui paraissent avoir autant d'esprit que vous en témoignez. »

« J'obéis ; alors elle me fit présenter un vase rempli d'une liqueur si délicieuse, que je me sentis un homme nouveau, aussitôt que je l'eus avalée. Ainsi j'oubliai bien vite toutes les impressions tristes que l'on m'avait données sur un si beau lieu. La princesse fit recommencer la musique ; les musiciennes se rangèrent autour d'elle, et leurs concerts furent souvent interrompus par mes applaudissements.

« Pendant ce temps, deux jeunes esclaves faisaient passer à la ronde des coupes d'or, remplies de vins exquis. Bientôt après, toutes ces beautés se levèrent, et elles dansèrent avec autant de grâce et de précision qu'elles en avaient mis dans leur musique : les danses qu'elles exécutèrent respiraient la plus douce volupté. La tête de ces belles vierges était ornée de bonnets mollement penchés sur leurs oreilles, et sans cesse en dansant elles se donnaient mutuellement mille baisers d'amitié. Souvent elles interrompaient leur danse pour boire à la santé l'une de l'autre ; et le vin leur donna bientôt une agréable rougeur, qui relevait merveilleusement la blancheur de leur teint. La joie et les plaisirs semblaient avoir établi une éternelle demeure dans leurs cœurs.

« Cependant la reine, me regardant avec bonté, me fit plusieurs questions auxquelles je répondis d'une manière qui parut la satisfaire. Elle voulut savoir mon nom et mon pays; elle me demanda la raison qui m'avait porté à tenter cette aventure. Je lui racontai tout ce que m'avait dit le derviche, et je lui avouai que depuis ce moment, le monde m'étant devenu insipide, je n'avais pu résister à l'envie de juger par moi-même d'une chose qui faisait de si grandes impressions sur ceux qui en avaient été témoins : « Mais, ajoutai-je, ce qui m'étonne, c'est son silence sur un objet aussi surprenant et aussi admirable que vous, belle princesse. »

« Je n'en suis point étonnée, me répondit-elle : presque tous ceux qui viennent ici sont enchantés par les plaisirs de la table, ou de la musique, ou de la danse, ou bien enfin, par la beauté de mes esclaves. De plus, croyez-vous que je daigne les entretenir? »

« Je la remerciai d'une préférence aussi flatteuse; je l'assurai que je voudrais passer ma vie à la voir et à l'adorer, et je remarquai que mes protestations la plongeaient dans une douce rêverie. « Prenez part aux plaisirs que l'on goûte ici, me dit-elle, et souvenez-vous de moi, si jamais nous sommes séparés. »

« Comment pourrais-je vous oublier, ô reine des belles, pendant que tant de gens indignes de vous soupirent et gémissent d'en être éloignés? »

« Ce n'est pas moi, me dit-elle, qu'ils regrettent, mais bien les plaisirs. »

« Comment peut-on se séparer de vous? repris-je avec vivacité; n'êtes-vous pas tous les plaisirs réunis? »

« Nous nous verrons demain, me dit la princesse : ce jardin est ma promenade ordinaire, et il est destiné pour mes soupers. Toutes les esclaves que vous voyez sont à votre service, et vous pouvez disposer librement de celles qui vous plairont le plus. »

« Je voulus refuser une proposition qui déplaisait à mon cœur, et qui s'opposait si fort aux sentiments que cette princesse m'avait inspirés; je le lui témoignai par les plus tendres regards : « Contentez-vous, me dit-elle de ce que j'ai fait pour vous; n'ayez aucune impatience, et soyez persuadé que, si vous vous laissez jamais emporter à des désirs immodérés, vous en serez la triste victime. » Je lui promis tout ce qu'elle voulut, de peur de perdre ce qu'elle m'accordait : « Je vous répète encore, me dit-elle, que je vous abandonne toutes les jeunes filles qui sont à mon service; choisissez hardiment;

il vous est même ordonné de vous en servir : c'est une loi qui vous est nécessairement imposée, puisque vous vous trouvez ici. »

« La princesse se retira, et toutes les vierges de sa suite, semblables aux pléiades, la suivirent; mais celle dont j'avais fait choix demeura. Nous nous couchâmes, et nous passâmes la nuit au milieu des plaisirs; mais toutes ces délices ne satisfaisaient point mon âme : l'idée de la princesse m'occupait uniquement. Quand le soleil parut sur l'horizon, et qu'il commençait à dorer le sommet des montagnes, la beauté qui venait de m'enivrer de volupté me dit en me quittant : « Nous nous reverrons ce soir, si vous me choisissez. »

DXXXVII[E] NUIT.

« Je n'eus pas le temps de lui répondre; elle s'éloigna rapidement. L'idée de revoir la princesse ne me quittant point de tout le jour, je le passai seul au bord d'un des canaux, sans autre consolation que celle des vins exquis, des mets délicats et d'une promenade délicieuse. Je me livrai à toutes les espérances que les idées de la veille me donnaient pour le soir, et ces idées se présentèrent à mon esprit avec autant de variété et de rapidité que les eaux du ruisseau, dont le doux murmure m'entretenait sans m'occuper. Mon cœur semblait quelquefois toucher au moment du bonheur; quelquefois il s'en trouvait éloigné, et prévoyait toujours avec crainte des obstacles insurmontables : mille pensées différentes agitaient sans cesse mon esprit. Enfin la nuit arriva, et je vis paraître les flambeaux qui devaient éclairer tout le monde.

« Je me sentis hors de moi, en revoyant la princesse, précédée de sa charmante cour, et j'allai promptement me jeter à ses pieds. Elle me témoigna plus de bonté et de tendresse que la veille; elle voulut absolument me faire asseoir à ses côtés sur son trône, et je fus obligé de lui obéir. On dressa les tables; on présenta les coupes, et la reine but elle-même à ma santé. Cette nouvelle faveur m'enflamma davantage, et mon amour ne pouvant plus se contenir, je la conjurai de me donner sa main. Alors cette aimable princesse jetant sur moi un regard plein de feu, accompagné du sourire le plus agréable, me témoigna par cet éloquent silence qu'elle ne me voyait point avec indifférence; en même temps elle me donna sa joue à baiser. Elle me parut semée de lys et de roses; et ne pouvant plus maîtriser mes transports, je baisai non-seulement ses joues, mais encore ses lèvres plus rouges que le corail. »

« Un aussi grand bonheur ne me laissa plus l'usage de la raison! je disais sans honte et sans retenue tout ce qu'un amour et des désirs sans bornes me pouvaient inspirer : « O reine de beauté! lui disais-je, que vous êtes bienfaisante pour un étranger, qui n'est pas plus digne que je le suis de vos bontés! qu'êtes-vous donc, belle princesse? êtes-vous un esprit céleste? êtes-vous un soleil ou une étoile brillante du firmament? satisfaites, je vous en conjure, une curiosité si bien fondée. »

« La princesse alors, en levant la tête avec toutes les grâces et les agréments possibles, me dit : « N'abusez point, je vous supplie, de mes bontés. »

« Non, madame; est-ce en abuser que de les ressentir et de les mériter? »

« Alors elle me donna sa main droite; et me regardant en même temps avec un visage plein de douceur et de charmes, elle me passa la gauche autour du cou, en me disant : « Vous me plaisez; je vous adore; mais soyez toujours modéré avec moi. »

« Alors on nous apporta des vins délicieux et les mets les plus délicats : les verres de cristal ressemblaient à des narcisses; on les fit passer à la ronde; ils animèrent la joie dans tous les cœurs des jeunes beautés qui environnaient la reine. Elles se couvrirent de précieux cafetans, et formèrent des chœurs de danses et de chants; les musiciennes firent entendre des airs charmants et variés. Les belles esclaves de la reine se retirèrent ensuite à l'écart, pour jouir de quelque repos après des scènes qui avaient enflammé leurs sens et troublé presque leur raison. »

« La princesse, restée seule avec moi, me prodigua mille baisers. Ces caresses ranimèrent mes espérances : je me jetai à ses pieds, je les embrassai tendrement; j'accompagnai ces muettes protestations d'amour des plus ardents soupirs; bientôt je ne me reconnus plus, et rompant enfin le silence : « Ah! s'il se pouvait, lui dis-je avec un transport furieux d'amour; s'il se pouvait, belle reine, que je misse cœur sur cœur, âme sur âme; si je pouvais enfin jouir librement de tous vos charmes; si je.... »

« J'en aurais dit davantage, mais elle me coupa la parole : « Est-ce ainsi, me dit-elle, ingrat que vous êtes, que vous tenez vos promesses, et que vous répondez à la façon dont je vous distingue? Quelle confiance puis-je prendre en vous? quelle assurance puis-je avoir de votre réserve et de votre obéissance? Je vous ai choisi pour être mon ami; je vous ai comblé d'attentions et de complaisances; cependant vous êtes assez cruel pour vouloir attenter à mon honneur. Mes baisers et mes caresses sont-ils trop peu pour vous? »

« Je lui répondis aussitôt : « Beauté sans pareille, regardez le triste état où m'a réduit le feu qui me dévore. Je ne soupire qu'après le moment où je boirai cette eau délicieuse dont vous êtes la source. Le trait le plus aigu de l'amour a fait une blessure incurable à mon cœur. Vous êtes l'eau de Zulal[1] : quel est le malade qui ne fût guéri à l'instant en buvant de cette eau; enfin, quel est celui qui, brûlé d'une soif ardente, ayant dans la main une goutte de vin, préfèrerait de se laisser consumer, au plaisir de la boire? »

« La princesse, ne me laissant pas continuer, me dit d'un air irrité : « Vous êtes un indiscret, un insensé, qui ne connaissez pas le prix de mes bienfaits; vous refusez la consolation que je cherche à vous donner pour modérer votre impatience, dans l'espérance de vous conserver plus long-temps auprès de moi : je vous livre mes vierges pour apaiser le feu dévorant qui brûle votre cœur et tourmente votre esprit : elles ont toutes un teint plus blanc que la neige, leur bouche est vermeille; leurs lèvres ressemblent à du corail; l'éclat de leurs dents, comme un beau fil de perles, est encore relevé par celui de leurs yeux plus brillants que des astres; cependant vous êtes insensible à leur beauté! vous n'avez aucun égard pour tout ce que j'exige de vous! »

« Maîtresse universelle des cœurs, lui répondis-je tendrement, soyez persuadée que je suis reconnaissant des bienfaits dont vous m'avez comblé; mais je ne puis m'empêcher de vous aimer. Vous me rappelez le souvenir des belles vierges que vous m'avez offertes; mais les étoiles peuvent-elles se comparer au soleil? non, charmante enchanteresse des cœurs, non; je vous l'avoue, je fais plus de cas d'une de vos paupières que de toutes ces beautés réunies. Celui qui vous a vue ne doit plus désirer de boire de l'eau du doux Keuser[2]. Pauvre et triste que j'étais, je suis venu me réfugier auprès de ma reine; tout étranger que je suis, j'ai le bonheur de jouir de son cœur : beauté sans pareille, tout ce que je possède, je le tiens de votre bonté; vous êtes maîtresse de mon sort; ordonnez et j'obéirai..... Mais hélas! m'est-il donc impossible de mériter de vous les sublimes faveurs? »

« La princesse prenant alors la parole : « Quel funeste désir! dit-elle; vous êtes le plus infortuné de tous les hommes. A quelle erreur vous laissez-vous emporter? Vous m'aimez, dites-vous;

[1] *Zulal* signifie de l'eau douce, claire et délicate, telle qu'on la boit dans le paradis.

[2] C'est un des fleuves du paradis de Mahomet; son eau est plus blanche et plus douce que le lait.

pourquoi donc vous opposez-vous à mes desseins? Tout en moi est à votre disposition; je ne réserve qu'une seule chose que vous ne pouvez pas raisonnablement exiger, et que je ne puis vous accorder sans honte. Fuyez plutôt; évitez-moi, ou vous êtes le plus insensé de tous les hommes; cessez de me demander ce que je ne puis vous accorder; craignez de goûter un plaisir d'un moment; le reste de votre vie ne serait qu'un enchaînement continuel de chagrins et de tourments. »

« En achevant ces mots, elle me jeta tendrement ses beaux bras autour du cou, en me conjurant d'oublier ce qui devait faire le tourment de ma vie. Je voulus encore lui représenter l'état violent de mes désirs, et lui faire de nouvelles instances; mais elle me répondit toujours d'une manière si déterminée, que j'étais hors d'état de lui répondre: elle me donnait des espérances pour l'avenir, et l'embellissait par l'idée de l'accomplissement de mes désirs. Enfin, m'ayant rendu le plus amoureux des hommes, elle prit la main d'une de ses esclaves, qu'elle appela, la mit dans la mienne, et se retira pour aller goûter les douceurs du sommeil, en me recommandant de me consoler de son absence avec ce charmant objet.

« Je passai le reste de la nuit avec cette belle esclave, et je goûtai, par pure obéissance, les plaisirs insipides dont peut jouir un cœur véritablement épris d'un autre objet; je voulus même redoubler mes caresses, pour être plus en état d'obéir le lendemain à la princesse.

« Au lever du soleil, cette belle esclave, qui aurait mérité d'être aimée pour elle-même, prit congé de moi, et disparut comme celle de la veille, pour aller rejoindre ses compagnes, et courut avec la légèreté d'un vent impétueux qui ne fait que passer. Je me trouvai donc encore seul dans ce jardin, dont la solitude me parut encore plus insupportable. Différentes pensées m'occupèrent, mais elles avaient toutes la princesse pour objet: « Je l'ai trop tourmentée, me disais-je, par mes prières et mes caresses; ce beau cyprès ne voudra plus revenir dans ce jardin. »

DXXXVIII^E NUIT.

« Aussitôt d'autres idées succédant à celle-ci, je me flattais qu'elle ne me réduisait à un aussi triste état que pour éprouver la tendresse et la sincérité de mon amour : « Grand Dieu ! peut-elle en douter ? m'écriais-je aussitôt. Mais, que dis-je? reprenais-je à l'instant ; je cherche à me faire de vaines illusions : elle ne m'a pas trouvé assez tendre ; j'ai paru peut-être trop sensible aux vins délicieux qu'elle m'a fait offrir ; je devais mépriser les esclaves qu'elle m'a données ; elle doit me regarder comme un homme emporté uniquement par les plaisirs des sens. Sans doute elle s'opposera à tout ce que je pourrai lui demander ; elle fera plus, elle s'éloignera de moi, et je ne la verrai jamais. Je me suis abusé : ce qui était d'or, je l'ai rendu d'argent ; je me suis laissé tromper par les fausses caresses de cette cruelle ; j'ai cru lui plaire. Que n'ai-je point pensé de sa constance ? Mais hélas ! le poison de sa vue me fera mourir. »

« Alors je me frappais la tête, en maudissant le jour où je m'étais abandonné à un amour si funeste, et je me faisais les reproches les plus amers. Ce fut ainsi que je passai cette seconde journée. Quand le ciel fut éclairé de ses brillantes étoiles, je vis les belles suivantes de la princesse, qui s'avançaient à l'ordinaire dans le jardin, avec leurs flambeaux ; la reine paraissait au milieu d'elles comme un palmier élevé, qui, portant sa tête superbe jusqu'aux nues, domine sur les autres arbres qui l'environnent. Alors le feu de l'amour recommençant à m'embraser avec plus de force que jamais, je me jetai à ses pieds avec autant de précipitation qu'un torrent rapide qui tombe du haut d'un rocher. Elle parut touchée de mon empressement, et m'aidant à me relever, avec un air de complaisance et d'amitié, elle me donna la main, et me plaçant encore sur son trône à ses côtés, elle ordonna, selon la coutume, que l'on préparât le festin.

« Les tables furent aussitôt dressées que servies ; les danses, les chants et les concerts d'instruments se firent encore entendre ; le vin commençait déjà à animer toutes les suivantes de la princesse et à repolir le miroir de leurs cœurs, que les chagrins pouvaient avoir ternis, lorsque la reine leur ordonna de s'aller reposer. Ainsi, me trouvant seul avec elle, je ne fus pas long-temps sans recommencer mes caresses et mes instances, en répandant des larmes que l'amour seul était capable de faire verser. Je me souviens même que je lui dis avec toute la soumission et la tendresse possible: « O soleil éclatant! ô mer de beauté! quel mal peut faire une fourmi dans une aussi grande quantité de sucre? Quel dommage peut causer une abeille dans un parterre de fleurs? J'étais mort sans vous; vous m'avez ressuscité par l'eau de la vie; voudriez-vous à présent me plonger dans le cœur le glaive du désespoir? Vous m'avez élevé jusqu'au ciel par la bonté avec laquelle vous m'avez reçu; et vous opposez à présent aux empressements les plus tendres, aux désirs les plus vifs, un refus qui m'abaisse jusqu'au centre de la terre. Je vous conjure, par l'hospitalité que vous avez si généreusement exercée à mon égard, de me faire arriver au comble de mon bonheur. »

« Pourquoi, me dit-elle, votre impatience vous fait-elle courir à votre perte? Quelqu'un qui en use avec vous comme je fais, qui ne vous a encore rien refusé, pourrait-il vous faire une pareille injustice, pourrait-il même vous causer la peine la plus légère, s'il ne s'y trouvait obligé? Un jour vous obtiendrez ce que vous avez tort de me demander aujourd'hui; je vous en donne ma parole; votre amour ne peut être encore satisfait avec moi. »

« O beauté sans pareille, m'écriai-je en soupirant, le temps est inconstant, les jours et les nuits ne sont pas toujours les mêmes, et la fortune est bien changeante! Quand on a autant d'esprit que vous en avez, on doit sentir que la plus grande folie est de laisser échapper une occasion favorable! Pouvez-vous révoquer la parole que vous m'avez donnée? Non, vous n'êtes pas capable de me tromper. Pourquoi donc la retarder? Pourquoi, charmante reine, ne la pas exécuter cette nuit? Pourquoi vous excuser plus longtemps, et me proposer des retardements dont je ne puis comprendre les motifs? Le temps est comme un vent impétueux qui peut détruire en un moment la moisson de mon amour. Que deviendrais-je, si mon bonheur et si mes espérances s'évanouissaient? Je ne puis souffrir la vue de vos esclaves: vous seule m'avez captivé; ayez pitié de l'état auquel vous m'avez réduit; accordez-moi le bonheur dont j'ai tant d'envie de goûter. Je ne puis plus me contenir; ma patience est à bout; j'ai trop souvent manqué une si belle occasion; je ne ferai pas la même faute aujourd'hui, et je satisferai ma passion, quoi qu'il m'en puisse arriver. »

« Ses prières et sa résistance furent inutiles; en dussé-je mourir, je voulais posséder ce charmant trésor.

« La reine, qui s'aperçut aisément de l'état où la passion me réduisait, et qui voyait qu'il ne lui était pas aisé de m'échapper, consentait un moment par crainte, et me refusait un instant après, par pudeur. Mais rien ne me détournait de mon dessein ; je voulais absolument éteindre le feu qui me dévorait. Une si grande opiniâtreté irrita à la fin la princesse ; une rougeur mêlée de colère et de pudeur lui monta au visage, et elle me dit : « Hé bien, vous serez content. Du moins ne me faites aucune violence, je ne m'oppose plus à tout ce que vous désirez ; mais je ne vous demande qu'une grâce, c'est de fermer les yeux pendant que je vous ouvrirai la porte du trésor où vous allez puiser les richesses de l'amour. Personne n'a été et n'en sera le maître que vous. »

« Ces mots flatteurs et si doux m'engagèrent à couvrir ma tête du pan de ma robe ; je fermai les yeux, comme je l'avais promis ; et réfléchissant au bonheur que j'allais goûter, je me croyais le plus heureux des hommes. La princesse me dit d'un air triste. « Ouvrez les yeux. » Je lui obéis avec transport, et je me trouve dans la funeste corbeille qui m'avait apporté. La douleur et le désespoir s'emparèrent de mes sens : je perdis la raison ; je m'évanouis. »

« Cependant la corbeille s'éleva dans les airs ; je repris mes esprits et je vis que j'étais rapporté dans les ruines où j'avais trouvé cette fatale corbeille. Je voulus quitter ces funestes objets, en faisant toutes les imprécations imaginables contre le Ciel et contre ma destinée ; mais je fus très-étonné de retrouver le jeune marchand qui était venu m'attendre tous les jours, se doutant bien du malheur qui devait tôt ou tard m'arriver. »

« Mes entrailles s'émurent à sa vue, et mes yeux devinrent semblables à la mer agitée par les vents les plus impétueux. Ce véritable ami me dit en se frappant la poitrine : « O prince infortuné, qu'une noire mélancolie dévore à présent, quand je vous aurais entretenu l'espace de mille ans de tout ce que vous venez de voir, convenez que je ne vous aurais point instruit, et que je n'aurais fait qu'animer encore plus votre curiosité. Vous avez eu la fatale témérité d'en juger par vous-même ; vous l'avez vu ; et votre cœur est à présent percé de la plus vive douleur. Mais souvenez-vous que vous l'avez voulu, et que vous l'avez même exigé. »

« Je ne lui répliquai que par mes soupirs et par mes larmes ; et ne pouvant soutenir plus long-temps sa vue, je repris le chemin de la ville ; il ne voulut point m'abandonner. Je me couvris aussitôt des habits les plus lugubres ; je voulais m'aller présenter tous les jours à la corbeille ; mais ce tendre ami m'assura qu'elle serait toujours immobile pour moi, et que jamais elle ne recevait ceux qu'elle avait une fois portés : « N'imitez point, continua-t-il, la folie de ceux qui restent dans cette ville ; hâtez-vous bien plutôt de vous en éloigner, et de chercher quelque consolation, soit en voyageant, soit en retournant dans le sein de votre famille, et de vous appliquer au gouvernement de vos états. »

« Frappé de ses raisons, et la corbeille me refusant toujours, comme il me l'avait dit, je le quittai, après l'avoir embrassé mille fois, et je suis venu ici, où vous avez été témoin de la douleur que j'ai conservée dans mon cœur, et qui ne peut finir qu'avec ma vie. »

Quand le roi Kemsarai eut fini son histoire, sa sœur, touchée de ce récit, lui dit : « Consolez-vous, prince ; quelque singuliers que soient vos malheurs, ils ne sont pas sans remède : prenez, croyez-moi, beaucoup de patience, à l'exemple de l'oiseau rusé, qui dit, quand une fois il est pris, qu'il est inutile de se débattre, mais qu'avec un peu de patience il peut s'en délivrer. »

« Vous cherchez à me flatter, répondit le roi en soupirant ; mais je ne la verrai plus, cette lune du monde. » Alors des larmes coulèrent abondamment de ses yeux.

DXXXIXE NUIT.

Quand Zahidé eut laissé sa douleur s'épancher pendant quelque temps : « Promettez-moi du moins, lui dit-elle, de ne point attenter à vos jours pendant le temps d'une absence qui m'est essentielle pour exécuter un projet que je crois utile à votre situation : mon amitié pour vous ne voit rien d'impossible ; tout ce que vous m'avez conté n'est pas naturel ; je saurai découvrir la vérité, j'y ferai du moins mes efforts ; et si je ne puis diminuer votre tristesse, loin de condamner, à mon retour, votre désespoir, je serai la première, je vous le jure par notre grand Prophète, à vous approuver et à vous donner les moyens de finir une aussi triste vie. »

« Hélas ! lui répondit le roi, avec une voix entrecoupée de sanglots, je perdrai la consolation de voir une sœur chérie ; je n'aurai point celle de mourir dans ses bras : voilà tout ce que son zèle et son amitié produiront. »

« Que savez-vous, lui dit-elle, si vos yeux n'ont point été trompés ? si quelque génie, jaloux de votre bonheur, ne vous a point abusé ? Qui sait encore si vous n'auriez fait aucune impression sur le cœur de cette princesse ? »

« Hélas ! dit le roi, ce bonheur ne peut être réservé à un mortel ; je ne puis y prétendre ; et sans doute j'ai vu une des houris du saint Prophète ; le feu de la séparation dont je suis dévoré en est une preuve assurée. »

L'oiseau de l'espérance habite toujours dans le cœur d'un homme amoureux : Zahidé parla si bien au roi, qu'il lui promit de ne point attenter à ses jours pendant son absence, et même de se conserver pour la revoir encore. Alors elle prépara tout pour son départ, et le roi lui dit en l'embrassant : « Puisse l'étoile du bonheur suivre partout vos pas ! »

Mais le cœur de la princesse était si fort plongé dans la douleur, qu'elle n'eut pas la force de parler.

Elle s'informa avec tant d'exactitude de la ville de Madouchan, qu'elle y arriva sans obstacle, d'autant plus facilement qu'elle déguisa son sexe, qu'elle noircit son teint, qu'elle cacha ses beaux cheveux sous un turban, et qu'en un mot elle ne laissa paraître en rien la beauté dont le Ciel l'avait ornée. Elle trouva les choses comme son frère les lui avait décrites. Elle demanda au premier homme qu'elle rencontra le chemin de la corbeille, mais il ne lui répondit que par un soupir; elle s'aperçut qu'il sortait de la ville : elle le suivit, et elle arriva dans les ruines, qu'elle trouva remplies d'une vingtaine d'hommes vêtus de noir, qui faisaient d'inutiles efforts pour se placer dans la corbeille.

La princesse y fut reçue dès qu'elle se présenta. Elle y entra avec vivacité, et fut enlevée comme un éclair, au milieu des cris et des regrets de ceux qui se présentaient vainement. Elle arriva dans le jardin de la princesse, qu'elle reconnut sur le récit exact qu'en avait fait son frère.

Quand la nuit fut venue, et que les esclaves eurent pris leurs places, on vint la chercher pour la conduire devant la princesse. Elle fut frappée de sa beauté ; cependant elle remarqua de l'abattement sur son visage, de la tristesse dans ses yeux et une teinte de mélancolie répandue sur toute sa personne, qu'elle voulait inutilement cacher. La princesse lui fit un accueil honnête, mais froid et embarrassé.

Zahidé, pour satisfaire sa curiosité, se crut obligée de lui témoigner les mêmes empressements que si elle eût été ce qu'elle paraissait. L'intérêt qu'elle commençait à prendre à la princesse, l'attendrissement que lui causait la situation de son frère, le désir qu'elle avait de le servir, tous ces sentiments, mêlés de curiosité, lui donnèrent une vivacité qui trompa aisément une personne aussi indifférente que la princesse le paraissait. Zahidé voulut prendre quelques libertés et faire quelques caresses, mais elles furent repoussées avec sévérité.

Les danses et la musique furent exécutées, comme le roi les avait vues : on servit le vin dans des coupes d'or avec profusion ; et la princesse, empressée de finir le souper, offrit une de ses suivantes à Zahidé : « Permettez-moi de la refuser, lui dit Zahidé ; l'idole de votre beauté est trop présente à mon cœur pour ne pas m'occuper jusqu'au moment où je pourrai vous revoir. »

Indépendamment de l'inutilité dont cette esclave lui pouvait être, elle lui témoignait cette délicatesse pour démêler si son frère n'avait point à se reprocher d'avoir accepté les esclaves qu'on lui avait offertes. Mais la princesse lui répondit avec une inquiétude et une alarme qu'elle ne put cacher : « Quoi ! vous refusez une de ces belles vierges ? »

« C'est la seule chose, souveraine de beauté, dit Zahidé, que je puisse refuser, de toutes celles que vous daignerez offrir à votre esclave. »

« Ce refus n'est point admis ici, interrompit la princesse. La loi qui vous permet d'y venir, continua-t-elle, vous oblige à faire choix d'une esclave et à coucher avec elle ; sans cela, préparez-vous à nous quitter. »

Zahidé se rendit à cette menace : « Du moins daignez en faire le choix vous-même, âme de mes pensées, » ajouta-t-elle.

« Elles me sont toutes égales, dit la princesse avec humeur ; prenez la plus belle à vos yeux. »

« Je voudrais, poursuivit Zahidé, puisqu'il faut absolument en choisir une, ou cesser de vous voir, connaître celle qui vous paraît la moins agréable, pour vous prouver l'impression que vous avez faite sur mon cœur. »

La princesse alors avec un air d'impatience : « Jamais étranger, dit-elle, n'a été ici d'un si grand sang-froid et de l'importunité dont vous êtes : prenez, vous dis-je, celle qui vous plaira, mais prenez-en une. »

DXLᵉ NUIT.

Zahidé, voyant que ce détour ne pouvait point l'éclairer, donna la préférence à celle qui lui parut avoir la physionomie la plus vive et par conséquent plus d'esprit: « Belle Mouna, demeurez avec l'étranger, » lui dit promptement la princesse en se retirant.

Mouna et Zahidé se placèrent sur les sofas, et gardèrent quelque temps un profond silence: l'une attendait avec impatience que l'on rendît à ses charmes le tribut qu'ils méritaient, et brûlait cependant de l'envie de faire les avances; l'autre songeait au moyen de satisfaire sa curiosité. Enfin Mouna s'approcha d'elle, et voulut que ses caresses et ses baisers fussent le début de leur conversation et de leur connaissance. Zahidé y répondit avec une froideur qui surprit et affligea la vive Mouna: « Suspendez vos bontés pour moi, dit l'aimable Zahidé; donnez-moi le temps de les mériter; mais daignez m'apprendre auparavant ce que vous savez de la princesse et de la corbeille mystérieuse. »

« Cher étranger, lui répondit-elle, qu'une chaîne de prospérités lie tous les jours de ta vie! Je voudrais pouvoir satisfaire ta curiosité; mais crois-moi, satisfaisons plutôt les désirs de notre âme; ne contrains plus les tiens, laisse exhaler les miens, et profite d'une heureuse circonstance. »

Zahidé lui témoigna qu'il fallait d'abord qu'elle répondît à ses questions. Mouna, reprenant la parole, lui dit avec impatience: « Nous sommes gardées ici, mes compagnes et moi, sans être à portée de savoir ce que tu me demandes. Il y a six ans que je fus enlevée par des marchands d'esclaves; ils me vendirent dans ce pays. On me joignit à celles que tu viens de voir : nous logeons dans un sérail séparé de celui de la princesse; nous n'avons aucune communication avec elle, et nous ne la voyons jamais qu'à l'heure du souper, et le matin, quand, en quittant l'étranger, nous allons rendre compte au roi et au conseil de tout ce qu'il nous a dit. C'est avec d'extrêmes précautions que les eunuques nous conduisent au palais et nous ramènent à notre habitation ordinaire. Il est défendu sous peine de la vie, à qui que ce soit, de nous parler, et à nous de répondre. Tu vois donc clairement, continua Mouna, que ce récit ne mérite pas d'interrompre les plaisirs que nous avons la liberté de goûter: viens donc, soleil de ma pensée, dit-elle, en renouvelant ses caresses, viens me combler de joie; viens transporter mon âme. »

Zahidé, qui ne s'était jamais trouvée dans une telle situation, lui dit: « Ma chère Mouna, ta grâce et ta beauté séduiraient aisément mon cœur; je rends justice à l'une et à l'autre, mais je suis hors d'état de profiter de tes bonnes intentions à mon égard. »

« Qui t'en empêche? » dit Mouna avec autant de vivacité que d'inquiétude.

« La beauté de la princesse a si fort enchaîné mon âme, poursuivit Zahidé, elle est si prodigieusement souveraine de mon cœur, que je suis incapable de m'abandonner à toute autre idée. »

« Que je suis malheureuse! s'écria la tendre Mouna en fondant en larmes; que pourrais-je faire pour te plaire, ô le plus cruel de tous les hommes? »

« Ne désespère de rien, belle Mouna; peut-être rendrai-je justice à tes charmes; laisse éclater ceux de ton esprit, ils sont aussi capables que les autres de faire impression sur les cœurs. La princesse, toute belle qu'elle est, n'a peut-être pas autant de vivacité et d'agréments. »

« Elle est incomparable, lui répondit Mouna, en redoublant ses larmes; c'est un soleil de perfection. Il est vrai que depuis quelque temps sa gaieté ne nous paraît plus la même, et qu'elle laisse entrevoir beaucoup d'inégalité dans son humeur : il lui échappe des soupirs qu'elle s'efforce en vain de retenir; ses soupers sont plus courts; elle arrive plus tard dans le jardin, et ne paraît occupée que des moyens d'en sortir; en un mot, la douceur, la gaieté, qui lui étaient naturelles, ne nous animent plus dans nos plaisirs. »

« Mais depuis quel temps, lui demanda Zahidé, as-tu remarqué un si grand changement? »

« Depuis six mois, ou environ, lui répondit-elle, qu'un étranger passa trois jours avec nous, ce qui ne leur était pas ordinaire: car souvent dès la première nuit ils nous sont enlevés. »

Zahidé l'ayant priée de lui dépeindre cet étranger, et Mouna lui ayant fait le portrait du roi, son frère, celle-ci redoubla ses questions; et l'esclave, quoique très-impatiemment, poursuivit ainsi : « Cet étranger tint apparemment meilleure compagnie à la princesse que tous les autres; car les bontés qu'elle eut pour lui furent grandes. Il avait même succombé avec mes compagnes; par conséquent il aurait dû partir le même jour: mais la princesse, qui goûtait sans doute un grand plaisir à le voir, défendit aux esclaves qui passèrent les deux nuits avec lui d'en convenir devant le roi, son frère, et le conseil. Il eût été heureux pour lui si le troisième jour il eût pu modérer le feu qui le dévorait pour la princesse: mais il s'oublia, et sa témérité fut punie. Depuis ce temps nos cœurs sont couverts de surmé [1], et tous nos plaisirs se sont envolés avec lui : nous ne pouvons espérer de le revoir ; et tout ce que nous avons à désirer, c'est que son souvenir s'efface à jamais. »

« Comment puis-je croire, reprit Zahidé, que la princesse ait conservé de cet étranger un souvenir aussi vif ? Les plaisirs de ce jardin, les bontés qu'elle a pour tous ceux que la corbeille conduit sans cesse à ses genoux, s'opposent au récit que tu me fais. »

« Il est aisé de te répondre, reprit Mouna ; il ne vient pas des étrangers tous les jours : depuis quelque temps même, ils sont plus rares que jamais ; et la princesse n'avait jamais tant ouvert le jardin de ses bontés qu'à l'étranger dont tu me parais si occupé. Il est vrai qu'il méritait tout ce qu'on pouvait lui accorder : mes compagnes qui ont passé les deux nuits avec lui l'ont encore présent à leurs pensées et en parlent sans cesse ; toi seul tu pourras parfumer mon âme d'une semblable odeur, si tu réponds à mes désirs. »

« Continue ton récit, interrompit Zahidé. La princesse n'avait donc jamais témoigné tant de bontés à aucun autre étranger ? »

« Non, sans doute, reprit Mouna : elle se contentait auparavant de montrer sa beauté, d'en admirer les effets comme un astre bienfaisant, de jeter ou de laisser tomber quelques regards de ses beaux yeux mourants, de permettre quelquefois que l'on bût à sa santé ; mais elle accordait rarement cette dernière faveur ; enfin elle disait quelquefois un mot flatteur et obligeant. Depuis ce temps, elle a beaucoup retranché de ses faveurs, et tu peux en avoir jugé toi-même. Du reste, sa beauté seule, ses grâces, son éclat, les vins exquis, les parfums, la danse, la musique et la vue des vierges, dont un étranger peut disposer, enivrent ordinairement d'amour et de plaisir ceux qui se présentent. Le respect les a toujours retenus devant la princesse, mais ils ont tous succombé avec l'esclave qu'elle leur a ordonné d'emmener, ou bien ils se sont livrés avec trop d'excès aux vins délicieux qu'on leur sert avec profusion. Dès ce moment nous ne les voyons plus ; on assure même qu'ils deviennent inconsolables, et que le souvenir de ce jardin leur rend les plaisirs du monde insipides. Jusqu'ici j'avais eu peine à concevoir un pareil dégoût : mais je sens que ton absence me rendra ce séjour insupportable. Voilà tout ce que je sais, je te le jure par le roi des génies. »

« Tu veux donc te séparer de moi pour toujours, reprit Zahidé, puisque tu veux que je cède à tes désirs ? »

[1] Le surmé est une couleur noire dont les femmes de l'Orient se peignent souvent les sourcils, et qui leur sert d'allégorie pour la tristesse et le chagrin.

« C'est ton sang-froid qui me désespère, lui répondit la belle Mouna : je sens la raison de ce que tu me dis ; mais comment est-on si raisonnable, quand on est en liberté avec un objet qui plaît? »

« Je n'ai plus qu'une question à te faire, » reprit Zahidé.

« Quoi! tu me feras toujours des questions, s'écria douloureusement la belle esclave, et jamais tu ne me témoigneras de tendresse? »

« Tu seras un jour contente de mes sentiments : je ferai, je te le jure, tout ce qui sera en mon pouvoir. »

DXLI^E NUIT.

Voyant que cette assurance calmait un peu les esprits de la tendre Mouna, elle poursuivit ainsi : « Tu me parais bien jeune pour être ici depuis six ans? »

« J'avais douze ans, seigneur, quand j'y suis arrivée ; mais ce qui m'étonne moi-même, c'est qu'il ne s'est fait aucun changement dans ma personne. »

« Cela n'est pas dans l'ordre de la nature, dit Zahidé ; tu ne parais en effet avoir que douze ans. Cependant le nombre prodigieux d'étrangers qui sont venus ici, et à qui on t'a livrée, auraient dû.... »

« Hélas! si c'était un bonheur désiré par mes compagnes d'être choisies, j'aurais été bien malheureuse. Tu es le premier qui m'ait accordé une préférence que je ne m'attendais pas à trouver si cruelle. Oui, cher sultan de mon cœur, elle fera le tourment de ma vie. Un secret pressentiment m'avait sans doute empêchée de la désirer jusqu'ici ; cependant, dès que je t'ai vu, tu m'en as fait naître l'envie. J'ai souhaité de baiser tes beaux yeux, de t'embrasser et de ne me séparer jamais de toi. Les roses du parterre de ma vie ne sont point encore fanées, tu en conviens toi-même ; pourquoi donc, cruel, m'accables-tu de rigueur? que diront mes compagnes? comment paraîtrai-je devant elles, quand elles sauront que tu m'as méprisée? J'étais plus heureuse quand je n'avais pas été choisie, » ajouta-t-elle en fondant en larmes.

« Console-toi, ma chère Mouna, reprit Zahidé avec une douceur infinie, je ne puis encore me résoudre à te quitter. Avoue à tes compagnes que je suis un homme perdu d'amour pour la princesse ; ta vanité en aura moins à souffrir. Cependant je te promets de te rendre tendresse pour tendresse, si tu veux me rendre un service essentiel. »

« Que ne ferais-je pas pour mériter tes faveurs? » dit Mouna avec une tendresse mêlée de larmes.

« Il faut que tu cherches à pénétrer le mystère de la corbeille, et les raisons de l'accueil que la princesse est obligée de faire à tous ceux qu'elle conduit ici. Ce que j'ai vu, le peu que tu viens d m'apprendre, le mystère que l'on observe dans le compte que l'on rend au roi en présence de son conseil, tout me paraît cacher des choses singulières. Tu me rendras compte demain de ce que tu auras découvert; je te promets de ne point choisir d'autre esclave; ainsi nous aurons le temps de nous revoir. »

« Si c'est un moyen de t'attendrir pour moi, sois assuré que je ferai tous mes efforts pour revenir instruite. »

Alors Zahidé se retira pour dormir sur un coin du sofa, et dit à Mouna de se placer à l'autre extrémité.

« Quoi! je ne dormirai pas même à tes côtés? » s'écria Mouna, pénétrée de douleur.

« Non, lui répondit Zahidé, les choses ne peuvent être autrement; il faut faire ce que je désire. »

Mouna fut obligée de lui obéir; mais elle passa toute la nuit dans les pleurs et dans les soupirs. Quand l'oiseau aux ailes d'or fut prêt à sortir de son heureux nid, avec tous les agréments de sa beauté, elle s'arracha de ce lieu, non sans avoir donné un baiser à la belle Zahidé, qui se dégagea même avec beaucoup de peine de ses embrassements.

Mouna s'éloigna avec peine de l'objet de son amour; et Zahidé, se trouvant seule, s'abandonna à toutes les réflexions que tout ce qu'elle voyait, et l'intérêt qu'elle prenait à son frère, pouvaient lui causer. Elle parcourut les deux jardins; elle examina le pavillon du trône, dans l'espérance de faire quelque remarque dont elle pourrait profiter, mais ce fut inutilement: la porte qui servait à la princesse pour entrer dans le jardin avec sa cour était grande et revêtue de marbre blanc orné de bronzes dorés; mais elle était fermée exactement, et l'on ne pouvait rien voir à travers. Ce fut à considérer tous ces objets que Zahidé passa cette seconde journée.

Quand la nuit fut venue, la princesse parut à son ordinaire, mais avec encore moins de gaieté que la veille. Zahidé courut à elle, et lui témoigna d'autant plus d'intérêt et de vivacité, qu'elle connaissait la cause de son chagrin. La princesse lui dit en répondant à ses discours flatteurs: « Quoi donc! étranger, est-ce ainsi que vous reconnaissez toutes mes bontés? vous paraissez plein de douceur et de politesse, vous cherchez à me séduire; cependant vos actions ne répondent point à votre extérieur. »

« Que peut me reprocher la sultane de mon cœur? en quoi son esclave peut-il lui avoir déplu? » s'écria la sœur de Kemsarai, en tombant à ses genoux.

« Vous accablez mon esclave de mépris, reprit la princesse avec chagrin; quel peut être le motif d'une semblable froideur? »

« L'amour que vous m'avez inspiré, lui répliqua tendrement Zahidé! Oui, belle lune du monde, cet amour rend mon cœur incapable de tout: la plus belle des houris me serait à présent indifférente. Donnez-moi vos belles mains; permettez-moi, en les baisant, de soulager le feu qui me dévore; daignez prendre pitié d'un malheureux que vos rigueurs réduiront au tombeau. »

Plus la princesse était embarrassée, plus elle affectait de paraître contente; plus elle voulait témoigner de coquetterie, plus Zahidé redoublait d'expressions vives, de tendres protestations et d'empressements. Quand l'amour est maître du cœur, est-il possible d'être coquette? La princesse donnait la main à Zahidé, lui disait un mot tendre, ou la regardait avec douceur, mais aussitôt lui reprochait une action qu'elle n'avait pas même commise. Elle cherchait à distraire Zahidé de son amour en lui faisant remarquer une esclave, soit pour applaudir, soit pour critiquer sa danse, sa figure ou ses talents; dans d'autres instants elle louait un morceau de musique ou les paroles d'un couplet. Quelquefois Zahidé se prêtait, par pitié, à ces détours et à ces faux-fuyants inspirés par l'amour : elle en aimait trop le motif pour ne pas avoir cette complaisance. Cependant, pour se convaincre du bonheur de son frère, tantôt elle la remerciait de ses bontés, tantôt elle expliquait en sa faveur le discours ou le geste le plus indifférent, et ces procédés mettaient la princesse au désespoir, d'autant que Zahidé avait également refusé de se livrer à la séduction que les vins exquis qu'on lui présentait sans cesse pouvaient lui causer : c'était une ressource que la princesse avait recommandé à ses esclaves de ne pas négliger.

Scheherazade, forcée par les premiers rayons du jour d'interrompre son récit, le reprit le lendemain, et, s'adressant au sultan des Indes, elle parla de la manière suivante :

DXLII[e] NUIT.

L'heure de se retirer étant venue, la princesse proposa, selon l'usage, une nouvelle esclave à l'étranger; mais il la refusa, comme une insulte. La princesse en fut alarmée; elle insista sur la loi avec beaucoup d'aigreur, et Zahidé lui dit : « Sultane de mes pensées, puisque vous me forcez à choisir encore une de vos esclaves, je vous obéirai, quoiqu'elle me soit parfaitement inutile; je n'en prendrai point d'autre que la belle Mouna. »

La princesse alors se retira; mais elle appela Mouna, et lui dit, de manière à n'être pas entendue : « Si tu m'aimes, ma chère Mouna, emploie tous tes soins à plaire à cet étranger; jamais nous n'en avons vu de plus importun : tu peux seule sauver mes tristes jours; ils sont entre tes mains. »

Mouna n'avait pas besoin de l'envie d'obliger sa souveraine pour désirer de plaire à l'étranger; elle promit donc volontiers à la princesse d'exécuter ses ordres.

Quand Zahidé se vit seule avec Mouna, elle lui dit : « Es-tu instruite plus que tu ne l'étais hier au soir? »

« Hélas! non, répondit la tendre esclave; mais je t'aime, et je n'ai rien oublié pour te satisfaire. Dans le nombre de celles qui nous servent, nous avons une esclave dont l'âge est si avancé, et la fidélité si bien connue, qu'on lui permet de sortir et d'aller quelquefois à la ville : c'est à elle que je me suis adressée pour te satisfaire; je l'ai priée de s'informer de ce que tu as envie de savoir. Voyant qu'elle n'en était instruite qu'imparfaitement, malgré le risque que nous courons l'une et l'autre en faisant de semblables recherches, l'amour que j'ai pour toi m'a rendue si éloquente, j'ai su si bien l'engager par de petits présents, qu'elle doit être allée, cette après-midi, trouver une marchande de ses amies, qui vivait dans une espèce de confidence avec la feue reine; elle m'a promis de l'engager à lui dire tout ce qu'elle peut savoir sur ce qui se passe ici. Voilà, cher étranger, tout ce que j'ai pu faire pour te contenter. »

Zahidé lui témoigna sa reconnaissance, et la força d'accepter un écrin de diamants, pour récompenser, dit-elle, la vieille esclave et la marchande : « Garde tes diamants, lui dit mille fois la tendre Mouna : quand ils pourraient me servir, valent-ils un baiser que rien ne t'empêche de me donner, une caresse que tu pourrais me faire, une tendresse que tu pourrais me témoigner? Pourquoi veux-tu diminuer l'obligation que tu peux m'avoir? Mais tu n'es qu'un ingrat! Parle, puis-je te montrer plus d'amour? Puis-je m'exposer à de plus grands dangers, pour adoucir la froideur et l'ingratitude de ton cœur? »

« Rien ne peut égaler ma reconnaissance, lui répondit Zahidé; mais tu vois bien que, voulant être instruit, je ne m'exposerai point à un départ précipité; ainsi je ne puis encore répondre à ton amour sans être éclairé sur le secret de la corbeille, de la princesse et du jardin : c'est un parti pris. Crois-moi donc, passons encore cette nuit comme nous avons fait celle d'hier. »

Quelque affligeante que cette proposition pût être pour la tendre esclave, le ton décidé de Zahidé lui fit voir qu'il fallait y consentir; et le temps destiné pour les plaisirs fut encore employé par elle dans les larmes, les soupirs et les sanglots; mais, quand le jour parut, Zahidé, pour l'engager à ne rien négliger sur les éclaircissements qu'elle devait prendre, l'appela pour lui donner un baiser d'amitié, auquel elle ne s'attendait point, et qui la mit au comble de ses vœux.

Zahidé passa la journée avec plus d'inquiétude que la veille; elle sentait que, malgré tous ses soins, elle ne pouvait éviter que la corbeille ne la rapportât le lendemain à Medouchan, ou que la tromperie ne fût reconnue. L'un et l'autre de ces événements l'affligeaient également, puisqu'ils la mettaient dans la nécessité de s'éloigner sans avoir rien découvert pour la consolation de son frère. Tout ce qu'elle put faire fut de s'abandonner aux hasards heureux qui pouvaient survenir.

Enfin la nuit vint, et la princesse arriva dans le jardin avec toute sa cour; elle était plus troublée et plus inquiète encore. Zahidé, de son côté, ayant l'esprit plus préoccupé, leur souper fut encore plus sérieux que les précédents. Les jeunes esclaves se regardaient sans cesse avec étonnement; les instants de silence qui survenaient fréquemment étaient absolument contre l'usage du jardin. Aussi quand la princesse pouvait s'en apercevoir, elle le rompait tout d'un coup par le premier discours qui se présentait, et qui n'était pas toujours digne de la justesse de son esprit.

Zahidé, cependant, qui voulait soutenir le rôle qu'elle avait commencé, lui dit : « Eh quoi! belle reine de mes volontés, il semble que vous soyez plus contrainte avec moi que vous ne l'avez été les deux autres jours. Pourquoi troublez-vous par des inquiétudes le bonheur que j'ai de voir la reine de mes pensées? »

« Que puis-je dire, reprit la princesse, à un homme qui se dit mon amant et mon esclave, et qui, cependant, cherche à me déplaire?»

« Moi! je cherche à vous déplaire, dit Zahidé avec vivacité! moi, qui donnerais ma vie pour un instant de vos plaisirs! — Ce discours est ordinaire, interrompit la princesse; vous sentez qu'il ne peut réparer le tort que vos procédés pour mon esclave vous font dans mon esprit. En un mot, si mon amant ne m'est pas soumis, que devrais-je en attendre si j'avais le malheur de l'avoir pour mari? Croyez donc que je perdrai plutôt le jour que de me soumettre à un homme sur lequel j'ai si peu d'empire, et qui dédaigne mes présents. »

« Que vous êtes injuste! » s'écria Zahidé....

« Croyez-moi, vos plaintes sont inutiles; elles ne me persuaderont point, poursuivit la princesse en colère; choisissez une esclave, et séparons-nous: c'est le mieux que nous puissions faire. »

Zahidé la pria de lui laisser encore sa fidèle Mouna, et elle lui fut accordée, malgré l'étonnement que cette constance causait à la troupe des suivantes de la reine, et le peu d'espérance que cette princesse en tira.

Quand le jardin fut fermé, un empressement égal engagea Zahidé et Mouna, l'une à faire des questions, l'autre à y répondre: « Bel étranger, lui dit la jeune esclave, avec toute la vivacité du sentiment qui compte avoir réussi, l'amour m'a fait tout découvrir. »

« Ah! ma chère Mouna, que je t'ai d'obligation! » interrompit Zahidé.

Ces tendres mots payèrent l'esclave de toutes ses peines « : Voici, dit-elle, ce que la vieille m'a rapporté; et c'est, je crois, tout ce que nous pourrons en savoir.

DXLIII^e NUIT.

« Le roi de Medouchan, père de la princesse Zoulouch et du prince Badanaser, qui règne aujourd'hui, mourut il y a dix ans; et la belle Gulsoum, sa femme, gouverna ses états, avec un conseil de vizirs, que le roi avait établi avant sa mort, ses enfants étant encore trop jeunes pour se passer d'aussi sages précautions.

« Gulsoum était belle et jeune encore, le bruit de sa beauté fut encore augmenté par la sagesse de son gouvernement et l'attention avec laquelle elle s'appliqua tout entière à l'éducation des princes, ses enfants : car les vertus du cœur augmentent toujours les agréments extérieurs. Le roi des génies fut instruit des perfections de cette princesse ; il douta longtemps que sa réputation ne fût exagérée: pour en juger lui-même, il parut à sa cour; et l'admiration de sa vertu devint bientôt un amour effréné.

« La reine avait juré une éternelle fidélité au roi, son époux ; et jamais le roi des génies ne put obtenir que des marques de reconnaissance pour les offres de service qu'il lui faisait sans cesse, et pour toutes les attentions dont, en quelque façon, il l'accablait à tous les instants.

« La reconnaissance seule est un mépris pour un amant: l'amour de ce roi redoutable se convertit bientôt en fureur. Il chercha long-temps ce qu'il pourrait faire pour se venger de l'indifférence de la reine, et résolut de la punir d'une façon qui lui fût sensible, sans paraître cependant personnelle.

« Cette sage princesse, remplie des plus beaux sentiments, avait apporté tous ses soins pour former la princesse Zoulouhc à toutes les vertus qu'elle avait elle-même pratiquées; et le génie, ne pouvant lui en ôter les principes et les premières impressions, résolut de la priver du moins des apparences, et d'affliger par ce moyen une mère tendre et vertueuse.

« Pour exécuter son dessein, le roi des génies fit entendre à ceux qui composaient le conseil, qu'il ne fallait jamais consentir que le royaume de Medouchan fût partagé, ce que la reine Gulsoum ferait nécessairement par le mariage de la princesse Zoulouch : « Mais comme il n'est pas de la bonne politique, ajouta-t-il, de retrancher tout d'un coup les priviléges et les usages d'un pays, il faut attacher une si grande difficulté, et tant d'apparences opposées à l'idée que l'on a de la conduite d'une princesse à marier, que jamais Zoulouch ne puisse trouver aucun prince qui la veuille épouser. Et si, par hasard, elle fait un mariage inégal, dès lors le conseil sera en droit de s'opposer à lui donner la moitié du royaume.

« Cependant, faisant réflexion qu'il n'était pas juste qu'une princesse jeune, et qui n'était coupable d'aucun crime fût à plaindre et vécût dans la tristesse, il ajouta qu'il avait trouvé un moyen de remédier à tous les inconvénients. Le conseil le remercia des bonnes intentions qu'il montrait pour le bonheur et la conservation de l'état, et le pria de lui faire part de son projet en entier, le conseil étant dans la résolution de l'exécuter.

« Alors il leur proposa de rassembler les bals, les festins et les belles esclaves dans un lieu de délices, qu'il se chargeait de faire bâtir; et pour la consolation de la princesse et des femmes de sa cour, il leur promit qu'elles ne s'apercevraient jamais, tant qu'elles habiteraient le jardin, d'aucune impression des années, et qu'elles conserveraient la fraîcheur, la jeunesse et la beauté qu'elles auraient au moment que le jardin serait construit : « Ce n'est pas tout encore, continua-t-il, les étrangers ne seront jamais transportés que par une corbeille qui leur servira, soit en allant, soit en revenant. Elle ne se chargera jamais que de ceux qui se seront déterminés par leur propre volonté, et jamais que d'un seul à la fois; et quand le précédent sera de retour, toute autre voie que la corbeille sera sévèrement interdite aux curieux. »

« Cependant, pour rassurer encore la vertu de ceux qui composaient le conseil, le roi des génies promit que tous ceux qui succomberaient aux charmes des esclaves, ou se livreraient trop aux délices des vins que l'on servirait, seraient aussitôt remportés dans la corbeille; mais que cependant ils ne seraient point traités avec autant de sévérité que ceux qui manqueraient de respect à la princesse. »

Mouna, pour son intérêt, se garda bien de dire à Zahidé que celui qui résisterait pendant trois jours aux charmes et aux caresses des esclaves et aux délices du jardin serait en droit d'épouser Zoulouch : « Ces conditions, reprit Mouna, furent acceptées. Le roi des génies eut bientôt mis toutes les choses dans l'état qu'elles ont paru à vos yeux; et, pour attirer des étrangers, il fit dire dans la ville de Medouchan que l'on pouvait se présenter à la corbeille, pour voir des choses nouvelles et goûter des plaisirs singuliers. Une telle espérance eut bientôt rassemblé des curieux : aussi leur nombre serait difficile à compter.

« Le génie, approuvé par le conseil, mit donc son projet à exécution : on arracha Zoulouch des bras de sa tendre mère, pour la conduire aux plaisirs de ce jardin; et Gulsoum fut pénétrée de douleur en apprenant le détail des soupirs et des regrets de la princesse. Le roi des génies s'éloigna pour éviter les reproches de la reine; cette princesse témoigna son ressentiment aux membres du conseil; mais ils alléguèrent la sûreté et l'intérêt de l'état.

« La reine ne put survivre à la privation de sa fille, et mourut après avoir langui quelque temps. Badanazer, son fils, en montant sur le trône, a approuvé et suit exactement une loi si conforme à ses intérêts; c'est ce qui oblige les esclaves d'aller lui rendre compte tous les matins des procédés de l'étranger qui les a préférées.

« Voilà, seigneur, ajouta la tendre Mouna, tout ce que j'ai pu découvrir; tu peux aisément me faire oublier le danger auquel mon indiscrétion m'expose : tiens-moi la parole que tu m'as donnée; rends-moi heureuse ! »

« Je voudrais le pouvoir, » reprit Zahidé avec douceur.

« Qui t'en empêche, cruel? poursuivit l'esclave. Ne me parle plus de l'amour que tu as pour la princesse: songe que tu ne la reverras jamais. Le chagrin que tu sentiras de son absence me promet une vengeance qui ne peut, hélas! me satisfaire! Je vois que tu cours à ta perte; j'en suis pénétrée d'avance, moi qui donnerais mon sang pour ton bonheur. »

« Mais, lui répondit Zahidé, quelle certitude peux-tu me donner de la vérité de ton histoire? tu as de l'esprit: qui me répondra que tu ne l'as point inventée, pour m'engager à la reconnaissance? »

« Le véritable amour, répondit Mouna en versant un torrent de larmes, est incapable de mensonge, et tu es bien cruel, ô étranger, de me supposer l'intention de te tromper. Je t'aime d'un amour que tu ne connais point; tu n'aimes que ma peine; mais je saurai me venger. Que je suis malheureuse! s'écria-t-elle; c'est donc en vain, perfide, que, pour te satisfaire, j'ai découvert un secret que je ne devais pas chercher à pénétrer! c'est en vain que je l'ai trahi pour t'en instruire! je le vois, tu porteras la trahison jusqu'à découvrir à la princesse ce que je viens de t'apprendre; et tu verras mourir, sans regret, une fille qui t'adore! mais je saurai t'empêcher de la revoir. J'espérais que tu me donnerais au moins les derniers moments de ton séjour dans ce jardin, qui ne sera plus pour moi qu'un lieu d'horreur.... Un mot, si tu aimes la princesse, va te rendre aussi malheureux que moi; l'amour m'avait engagée à t'en faire un mystère : apprends donc que la princesse est à toi demain, si tu veux l'épouser, et si je veux te rendre justice. Mais plutôt que de consentir au bonheur de ma rivale, je saurai me parjurer (de quoi un amour excessif n'est-il pas capable!). Je vais dé clarer, devant toute la cour, que tu as succombé cette nuit, séduit et entraîné par mes caresses; tu perdras la fortune à laquelle tu me sacrifies; je servirai la princesse, qui craint plus que la mort de t'épouser. »

Zahidé fut très-embarrassée de ces menaces; le parti qu'elle avait à prendre n'était pas aisé à trouver. Que serait-elle devenue si elle eût été obligée d'épouser la princesse? ainsi le peu d'espérance d'être utile à son frère, et la crainte de périr inutilement pour lui, lui firent regarder la vengeance de Mouna comme le seul moyen qui la pût tirer d'embarras, en la renvoyant dans la corbeille: « Tes réflexions me sont-elles favorables? » reprit Mouna, qui s'était aperçue de l'agitation de son esprit.

« Non, aucune de tes menaces ne m'a frappée; prenons quelque repos; tu feras ce qui te conviendra, lui dit Zahidé avec fierté; je ne te crains point. »

Mouna, pénétrée d'une si grande constance dans ses mépris, et plus affligée de ce dernier discours qui révoltait encore plus son amour-propre, prit le parti de lui obéir, malgré la rage et le dépit qu'elle avait dans le cœur, et se retira sur l'extrémité du sofa, agitée de mille pensées différentes. Zahidé ne l'était pas moins; mais la fatigue et le besoin, qui se font aisément sentir sur un cœur exempt de passions, la plongèrent dans un profond sommeil.

Mouna, qui ne pouvait dormir, regarda le sommeil de Zahidé comme une nouvelle insulte; peu s'en fallut qu'elle n'immolât cette malheureuse princesse à sa vengeance, résolue en même temps de ne lui pas survivre: vingt fois elle en forma le projet, vingt fois elle regarda son poignard; mais enfin voyant paraître le jour, elle voulut encore dévorer des yeux celui dont elle allait être séparée pour toujours.

A cet endroit si intéressant de l'histoire, Scheherazade fut obligée d'interrompre son discours : le jour commençait à paraître, et ses premiers rayons avertirent le sultan qu'il fallait se lever pour aller présider le conseil. La nuit suivante, Scheherazade, à la satisfaction de son royal époux, reprit son récit en ces termes :

DXLIV^{E} NUIT.

Mouna se lève pour s'approcher de Zahidé, elle l'examine avec ivresse; elle veut au moins lui donner encore un baiser; elle regarde avec soin si elle ne trouvera point quelque bagatelle qui lui ait appartenu, pour en faire la consolation de son absence. Enfin, dans le désordre du sommeil, Zahidé laisse apercevoir qu'elle est femme: plus Mouna l'examine, plus elle en est convaincue: elle en croit à peine ses yeux, mais elle chercherait en vain à en douter: une gorge admirable et plus d'à moitié découverte est la moindre de sa certitude.

Le bandeau de sa passion tomba dans l'instant; ses désirs s'éteignirent; elle retrouva sa première innocence. Son amour-propre, qui n'était plus offensé des mépris qu'il avait essuyés, ramena la justice dans son cœur, et lui représenta son devoir dans toute son étendue. Elle sortit, et fit éveiller la princesse pour lui faire part de ce qu'elle avait découvert.

La princesse, toujours occupée de la passion qu'elle avait pour le roi Kemsaraï, excédée des épreuves où sa malheureuse situation la réduisait, épreuves que son amour pour ce prince lui rendait encore plus insupportables, craignant, de plus, de se voir obligée quelque jour d'épouser quelqu'un des étrangers que la corbeille lui apportait sans cesse, fut charmée du récit de Mouna, et se détermina sur-le-champ à épouser l'étrangère, qui, selon les apparences, n'oserait jamais découvrir un sexe qu'elle aurait tant d'intérêt de cacher. Ce projet, conforme aux sentiments de son cœur, la délivrait en même temps du genre de vie qu'elle ne pouvait plus soutenir. Elle promit donc à Mouna de lui donner la liberté et de faire sa fortune, si elle ne déclarait point le sexe de l'étranger, et si elle se contentait de dire qu'il n'avait point encore succombé cette troisième nuit.

Mouna obéit; et quand elle eut fait au roi Badanazer et à son conseil sa déclaration conforme à la volonté de la princesse: « Voyons donc, dit le roi, un époux que nous attendons depuis si long-temps, voyons le plus modéré et le plus raisonnable de tous les hommes. »

Aussitôt il donna ordre à deux vizirs de sortir, et de se faire suivre par tous les officiers de sa couronne et de sa maison, pour aller chercher, dans les jardins du génie, l'étranger qui devait épouser la princesse, sa sœur. Ses ordres furent exécutés, et les vizirs trouvèrent la princesse encore endormie. Ils se rangèrent en silence autour d'elle, avec toutes les marques de leurs dignités, et demeurèrent les yeux baissés, sans oser regarder celui qui devait être le beau-frère du roi.

Cependant Zahidé s'éveilla : son étonnement fut extrême de se voir au milieu d'une cour si brillante, si soumise et si taciturne, pendant qu'elle croyait se trouver dans la fatale corbeille : « Où suis-je? » dit-elle plusieurs fois. Le grand vizir, prosterné devant elle, ne répondit que par ses respects, et par la prière qu'il lui fit de consentir à le suivre.

Zahidé se rendit à ses instances : tout ce qu'elle voyait ne la devait point alarmer ; elle suivit donc cette pompeuse cour, et bientôt elle arriva dans le palais du roi, qui la reçut sur son trône, la princesse Zoulouch étant à ses côtés : « Viens, lui dit-il, étranger, dont la fidélité et la modération méritent d'être récompensés; apprends-nous ton nom, ton pays et ta profession : ton beau-frère ne doit point ignorer ton histoire; fais-nous surtout le détail de tes vastes états. »

Zahidé, qui n'était pas accoutumée au ton ironique que l'on employait avec elle, se jeta aux pieds du roi, et lui dit : « Que votre majesté pardonne aux sentiments qui m'ont conduite ici; je suis trop sincère pour en imposer plus long-temps. »

Zoulouch, qui craignait qu'elle ne découvrît un secret sur lequel elle établissait son repos, voulut l'interrompre; mais Zahidé, pour apprendre du moins à la princesse l'état où l'amour avait réduit son frère, continua de parler en ces termes :

« Seigneur, le prince Kemsaraï.... » A ce nom, Zoulouch rougit; mais Zahidé continua sans paraître s'en apercevoir : « Mon frère, dit-elle, est un roi jeune et malheureux, qui meurt d'amour pour la princesse Zoulouch; il n'a pu résister aux piéges que l'on présente dans vos états aux étrangers; et la corbeille, en l'enlevant, l'a rendu le plus infortuné de tous les hommes. Je lui suis attachée d'une amitié si tendre, que je n'ai pas voulu le laisser mourir sans chercher à lui donner quelque consolation : je me suis donc exposée, sous ce déguisement, à tous les hasards d'un grand voyage, et j'ai tenté l'aventure de la corbeille. »

« Quoi! vous n'êtes pas un homme? » reprit le roi.

« Non, sire; je me nomme Zahidé, » lui répondit-elle en se frottant le visage avec une liqueur qu'elle avait apportée à ce dessein; puis, levant son turban, qui laissa tomber les plus beaux cheveux du monde, elle parut si belle, que Badanazer en fut frappé et sentit de l'amour pour la première fois de sa vie; peu s'en fallut même qu'il ne tombât à ses pieds. Cependant, ne voulant point paraître si différent de ce qu'il avait toujours été, et rougissant d'un sentiment qui lui était inconnu, il dit avec une fausse fierté : « La tromperie que vous nous avez faite, Zahidé, mériterait la mort; qui sait même si vous nous dites vrai sur votre illustre naissance? Mais je fais grâce à vos charmes : vivez près de Zoulouch, sans espoir de revoir jamais votre frère, ni de retourner dans ses états. Pour vous, ma sœur, continuez à chercher un époux : Zahidé n'est pas conforme à la loi. »

Les deux princesses se retirèrent. Zoulouch, qui, malgré la conformité du nom, n'osait se flatter que celui qu'elle aimait fût le même que celui dont Zahidé venait de lui parler, lui fit tant de questions, et Zahidé lui rappela tant de circonstances, que Zoulouch, ne doutant plus de la vérité, résolut de s'exposer à tout, plutôt que de retourner dans les jardins.

Badanazer ne fut pas long-temps à venir voir celle qui le faisait soupirer. Il voulut lui parler de son amour; mais, quoiqu'elle le trouvât fort aimable, Zahidé le traita avec la plus grande sévérité. Le prince s'en plaignit, et Zahidé lui dit que s'il voulait lui plaire, il fallait qu'il lui permît d'employer, à l'égard de la princesse Zoulouch, l'autorité que les lois imposées par le roi des génies, et approuvées par son conseil, lui donnaient suffisamment.

Badanazer fit d'abord quelques difficultés; mais il finit par lui dire : « Je consens à tout ce que vous désirez, autant que la chose peut dépendre de moi, et je n'aurai plus de volonté que la vôtre. »

« Dès ce moment, répondit-elle, je défends les soupers du jardin, et je ne veux plus que la corbeille parte pour aller chercher des étrangers. »

« Je suis obligé de vous dire, reprit le roi, que tout ce que vous défendez regarde le roi des génies. Vous lui parlerez vous-même, ajouta-t-il, il m'est facile de le faire venir : tout ce que je peux faire en cette occasion, c'est de joindre mes prières aux vôtres. Mais ma sœur, continua-t-il, ne se mariera donc jamais? »

« Pourquoi donc? » dit Zahidé.

« La loi m'ordonne, interrompit le roi, de faire éprouver dans les jardins l'époux que le Ciel lui destine. »

« TOUT SERMENT QUI A POUR OBJET UNE CHOSE IMPOSSIBLE EST NUL, lui répondit Zahidé avec un air d'autorité dont le roi fut étourdi; et j'en vais faire un plus simple et que j'observerai religieusement : « Vous m'aimez, sire? dit-elle avec modestie; hé bien! je vous promets de vous épouser, si vous pouvez vous priver, pour l'amour de moi, d'une chose dont le besoin et le plaisir réunis vous presseront de jouir, et je vous donne trois jours pour y résister. »

« J'y consens, reprit le roi; de quoi voulez-vous que je me prive? il n'est rien dont je ne sois capable pour vous prouver combien je vous aime. »

« Je ne vous connais point encore assez pour exiger des sacrifices, répondit-elle; mais si vous m'aimez, vous pourrez vous priver de la chose dont je ne vous aurai pas prévenu. Sur cela, je ne veux d'autre juge que vous-même, et je m'en rapporterai uniquement à votre bonne foi. »

« Badanazer la quitta pour aller réfléchir avec son ministre, et trouver quelque privation éclatante. Il avait pris congé des princesses jusqu'au lendemain au soir, parce qu'il devait aller à la chasse.

Après avoir long-temps pensé, le roi crut avoir trouvé ce qu'il cherchait : « Je n'aime que la chasse aux tigres, vous le savez, vizir; j'irai à celle des gazelles, que je ne puis souffrir; c'est un sacrifice que je fais à la belle Zahidé : c'est une privation pénible que je m'impose; nous verrons ce qu'elle en dira. Non, quand il passerait cent tigres devant moi, demain, ajouta-t-il, je n'en tirerai pas un, je le jure. C'est un parti qui doit la convaincre, et de mon amour, et de la façon dont on peut résister. »

Pendant que le roi prenait ces arrangements, les princesses trouvèrent moyen de charger un homme, qui devait suivre le prince à la chasse, de faire ce qu'elles ordonneraient. Zahidé fut occupée toute la nuit à préparer ce que l'officier, qui connaissait parfaitement le pays, lui promit de faire rencontrer au roi. Les princesses se reposèrent ensuite, et attendirent le retour de Badanazer, qui revint triomphant auprès d'elles. S'adressant ensuite à la sœur de Kemsaraï : « Vous assurez donc, belle Zahidé, que l'on ne peut se contraindre? assurément j'y suis parvenu aujourd'hui; j'ai fait une chasse insipide, par rapport à vous : je ne crois pas qu'on m'y retrouve de long-temps. »

« Vous êtes donc content de vous? reprit Zahidé; voyons ce que vous avez fait. »

« J'ai couru la gazelle, » lui dit-il avec confiance.

« De quel côté vous a mené la chasse? »

« Du côté des palmiers, répondit-il; mais à propos, vous ne savez pas ce que j'y ai trouvé? du cherbet admirable, environné de neige dans des vases superbes : vous jugerez de la bonté de cette liqueur, ajouta-t-il; j'ai donné ordre que l'on vous en apportât »

« Vous en avez donc goûté? » dit la princesse.

« Sans doute, reprit le roi. Mes officiers m'ont en vain représenté qu'il ne fallait pas boire une chose que l'on n'avait pas vu travailler; il faisait chaud; le cherbet paraissait si frais! il m'était présenté d'une manière si agréable! je me suis moqué de leurs représentations. Je m'en suis bien trouvé : jamais on ne m'a rien servi de plus parfait, ni qui m'ait fait autant de plaisir. »

« Cet aveu me suffit, prince, et vous m'avez rendu la parole que je vous ai donnée. »

« Comment! que voulez-vous dire? reprit vivement le prince, quoiqu'un peu interdit. Il faisait chaud, j'avais soif, est-ce alors un si grand mal de boire? »

« Voilà le sort de votre loi décidé, reprit Zahidé, en baissant modestement les yeux. Jugez-vous vous-même. Vous ne pouvez pas dire que vous n'étiez pas suffisamment averti du piége innocent que je vous ai tendu, et auquel vous avez succombé, malgré les raisons que vous aviez pour résister. Au reste, c'est moi qui ai fait le cherbet, et je suis charmée que vous l'ayez trouvé bon. »

Quand l'embarras du roi fut un peu dissipé, il ne sentit plus que les charmes de l'esprit de Zahidé et les agréments de sa personne, et, tombant à ses genoux, il dit : « Je me rends; mais quelque envie que j'aie de vous contenter, je ne puis rien ordonner de ce que vous désirez, sans consulter le roi des génies : vous sentez bien que le conseil n'oserait casser une loi qu'il n'a rendue que d'après son avis. Cependant, belle Zahidé, rassurez-vous; je puis dans un moment faire paraître le roi des génies. »

En disant ces mots, Badanazer écrivit le nom du roi des génies et le sien sur quelques feuilles du plus beau papier peint et doré qu'il y eut dans le palais. Il les brûla sur un feu de bois de sandal et d'aloès, et à l'instant le génie parut.

Les princesses lui représentèrent la situation de leurs cœurs, et l'embarras où les réduisait la cruauté de son ordre. Zahidé même lui fit sentir avec finesse qu'il avait mis une sorte d'humeur dans cette affaire. Le génie convint qu'il s'était plus d'une fois reproché la sévérité de sa conduite : « Mais, belle Zoulouch, ajouta-t-il, si je détruis l'enchantement de la corbeille, songez-vous que les années reprendront tous leurs droits sur votre jeunesse et sur vos agréments? »

« Oui, seigneur, j'y pense et je m'y soumets. Tant que je plairai, je ne m'apercevrai pas de la loi commune ; quand je cesserai de plaire, ne me sera-t-elle pas indifférente? »

Le génie, touché de cette preuve d'amour, se chargea, pour détruire le mal qu'il avait fait, d'ôter le souvenir de cette aventure à ceux qui pouvaient se vanter d'avoir reçu quelques faveurs de la princesse, de leur faire quitter le deuil, et de ne laisser enfin d'autre idée sur cet événement que celle que l'on peut avoir des plaisirs et de la volupté en général : « Ce n'est pas tout, ajouta-t-il, la corbeille ne servira qu'une fois ; je vais lui donner ordre d'aller chercher le prince Kemsaraï. N'y consentez-vous pas, belle Zahidé ? et vous, belle Zoulouch, voulez-vous m'en empêcher ? » dit-il en souriant.

La joie de l'une et le silence de l'autre lui firent voir que cette proposition leur était agréable.

Pendant que le plaisir, la joie et l'espérance régnaient dans le palais de Badanazer, la corbeille partit, et se trouva bientôt dans la chambre du roi Kemsaraï. Ce prince n'avait plus qu'un souffle de vie ; mais la vue de la corbeille, en ranimant toutes ses espérances, lui donna assez de force pour s'y placer sans aucun secours. Aussitôt elle reprit son vol avec sa rapidité ordinaire, et elle porta le prince dans le palais où le roi Badanazer, les princesses et le roi des génies l'attendaient.

A la vue de Zoulouch, Kemsaraï s'évanouit ; mais le génie lui fit avaler une liqueur qui lui rendit à l'instant sa première santé. L'amour et la princesse eussent sans doute fait ce miracle, mais ils auraient été plus longs à l'opérer.

Le roi des génies fit lui-même la cérémonie du mariage de ces quatre amants ; et ne leur étant plus nécessaire dans la situation où ils se trouvaient, il s'envola et les abandonna à l'amour, qui désormais les fit succomber à leur gré et sans aucune inquiétude.

Scheherazade finit ainsi l'histoire de la Corbeille. L'esprit et le courage de Zahidé avaient plu au sultan, et surtout à Dinarzade, pour qui des événements singuliers avaient toujours un attrait nouveau. Encouragée par les témoignages flatteurs du sultan, son époux, Scheherazade promit, pour le lendemain, le récit d'un trait de la vie de Schédad, sultan de l'Yémen. La nuit suivante, s'adressant au sultan des Indes, elle prit la parole en ces termes :

DXLV[e] NUIT.

LE PARADIS DE SCHÉDAD[1].

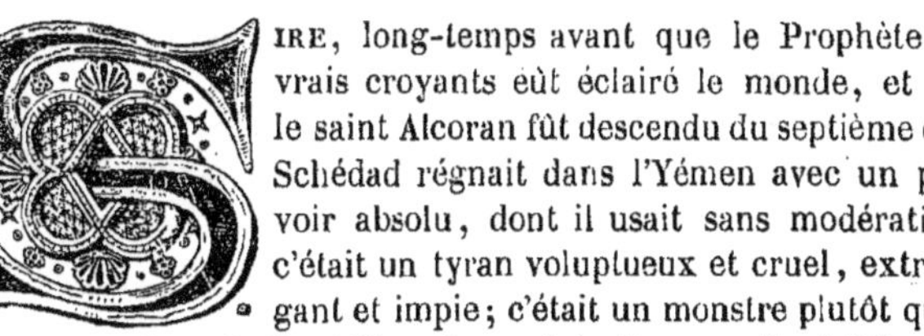

SIRE, long-temps avant que le Prophète des vrais croyants eût éclairé le monde, et que le saint Alcoran fût descendu du septième ciel, Schédad régnait dans l'Yémen avec un pouvoir absolu, dont il usait sans modération : c'était un tyran voluptueux et cruel, extravagant et impie; c'était un monstre plutôt qu'un homme, et il avait l'ambition de vouloir être un dieu! S'il n'eût voulu l'être que dans sa cour, on dit que les courtisans de ce temps-là l'eussent adoré sans scrupule, lui, son singe et son perroquet; mais Schédad exigeait que tous ses sujets reconnussent sa divinité prétendue, qu'ils y crussent sérieusement et de bonne foi.

Pour réussir dans ce projet, il imagina un moyen qui lui parut infaillible : il fit bâtir dans le plus beau canton de l'Yémen un mur circulaire d'une hauteur et d'une étendue prodigieuse; ce mur était bordé en dedans d'une futaie de pins, qui servait de ceinture ou de couronne au jardin le plus vaste et le plus magnifique que l'on puisse imaginer : c'étaient des prairies ornées de toutes les fleurs du printemps, et des vergers qui promettaient toutes les richesses de l'automne; c'étaient des ruisseaux qui coulaient en silence sur un sable d'or, ou qui, roulant rapidement sur un lit de perles, mêlaient leur murmure au ramage des oiseaux; ici on se mire dans un petit lac où se jouent des poissons de toute espèce et de toutes couleurs; là on descend dans un vallon délicieux, dont la fraîcheur est entretenue par une nappe d'eau qui tombe d'un rocher; plus loin, on se promène entre des bosquets parfumés et toujours verts, où le nard, le baume et l'aloès croissent aux pieds des palmiers et des cèdres; partout la nature se montre avec tous ses charmes, et l'art timide, qui l'a parée, se laisse à peine apercevoir.

Au centre de cette solitude enchantée, une montagne ronde s'élevait en rampe douce; puis, s'aplatissant tout à coup, formait sur sa cime une vaste esplanade. Ce fut là que Schédad fit construire un palais superbe, qu'il meubla avec autant de somptuosité que d'élégance : on y trouvait la pompe du luxe jointe aux recherches

[1] Traduit de l'arabe par l'abbé Blanchet.

de la mollesse et à l'attirail immense des petites commodités : tous les artistes du plaisir, des cuisiniers, des musiciens et des danseurs, des bouffons, et même des poëtes. Schédad faisait peu de cas de ces derniers; mais ce qu'il prisait plus que tout le reste, c'était un essaim nombreux de jeunes filles, qu'il prit soin de répandre et dans le palais et dans les jardins : elles étaient belles comme les célestes houris, un peu moins pures probablement, mais beaucoup plus vives et plus éveillées.

Quand tout fut prêt pour l'exécution de son dessein, Schédad se hâta de publier cet étrange édit, qu'il fit afficher aux portes de tous les temples :

SCHÉDAD, DIEU DE L'YÉMEN, A NOS FIDÈLES ADORATEURS, SALUT ET BÉATITUDE.

« Comme nous nous proposons de surpasser en libéralité les au-
« tres dieux, qui ne promettent le bonheur qu'après la mort, nous
« vous faisons savoir que nous avons créé dans la plaine d'Iram
« un paradis où vous jouirez de toutes les délices de la vie présente.
« Nous y admettrons, dans le temps convenable, ceux d'entre vous
« qui, négligeant toute vertu superflue, auront cru sincèrement en
« nous, et se seront soumis sans réserve à notre divine volonté.
« Nous y admettons même, dès à présent, et sans plus longue
« épreuve, nos bienheureux serviteurs, dont les noms sont com-
« pris dans la liste annexée au présent édit. O peuples de l'Yémen !
« animez-vous à suivre l'exemple qu'ils vous laissent, et méritez
« la couronne qu'ils ont obtenue. »

Ces bienheureux serviteurs de Schédad étaient, si on veut le savoir, quelques-uns de ses flatteurs les plus impudents, quelques ministres de ses violences et de ses débauches, des femmes méprisables qui avaient cédé à ses désirs, d'autres, plus artificieuses, qui promettaient seulement de s'y rendre; et celles-ci furent les mieux traitées dans la promotion. Du reste, à peine cette liste fut-elle publiée, que Schédad tint parole aux nouveaux saints : il les conduisit solennellement au palais d'Iram, où il les laissa, en les invitant à jouir en paix de la félicité qu'il leur avait préparée, et que ses visites fréquentes rendraient encore plus parfaite. Il ferma lui-même, en sortant, la porte de l'enceinte sacrée, avec ordre aux soldats qui la gardaient en dehors d'immoler au pied du mur tout profane qui oserait en approcher.

Cependant les bienheureux se livraient, sans réserve, au ravissement où les avait jetés la vue seule de leur nouvelle habitation.

Pour la première fois de leur vie, ils admirèrent, ils aimèrent presque le tyran de l'Yémen; ils crurent même, comme il s'y était attendu, que l'auteur de tant de délices ne pouvait être qu'un dieu. Mais leur foi ne dura pas plus que leur béatitude, qui fut très-courte. Des plaisirs variés en apparence, et au fond toujours les mêmes; des plaisirs faciles, continuels, immodérés, devinrent bientôt des occupations insipides ou des corvées odieuses : à force d'en jouir, on ne les sentit plus; on sentit, au contraire, que le dégoût et l'ennui ne respectaient pas le paradis de Schédad, et que les maladies ne le respectaient pas davantage. Ce ne fut pas tout : les bienheureux s'étaient connus dans le monde, et ne s'étaient pas aimés; mais, en se voyant de plus près, ils se connurent mieux et se détestèrent. Dès lors plus de société, plus de conversation : renfermés dans leurs appartements, ou disposés sur les terrasses du palais, ils regardent tristement les jardins délicieux qui l'environnent; ils n'y voient plus que le préau de leur prison; leur vue se fixe plus volontiers sur la mer Rouge et sur une chaîne de rochers qu'on aperçoit dans le lointain. Que ne donneraient-ils pas pour errer en liberté sur ces rochers affreux, ou pour voguer sur cette mer, décriée par tant de naufrages!

Les bienheureux en étaient là lorsque le dieu de l'Yémen les honora de sa première visite; il venait ajouter le bien suprême de sa présence aux plaisirs dont il les croyait enivrés. Qu'on juge de sa surprise et de son indignation quand il vit la tristesse peinte sur tous les visages, et qu'au lieu d'hymnes et de cantiques il n'entendit que des plaintes et des murmures! Il dissimula pourtant, et se contint le mieux qu'il put; il mêla les caresses aux reproches, et, à force de gronder ses saints et de les cajoler, il leur fit promettre qu'ils tâcheraient de s'accoutumer au paradis, et de prendre leur bonheur en patience. Mais cette promesse extorquée ne le rassura que faiblement; il compta bien plus sur un ordre qu'il donna aux gardes du mur extérieur : cet ordre fut d'assommer sans miséricorde, non plus les profanes, mais les saints eux-mêmes, s'ils tentaient de l'escalader pour fuir son paradis.

Malgré toutes ces précautions, Schédad ne rentra dans sa capitale qu'avec une inquiétude très-vive et très-bien fondée : il ne se flatta point; il vit que son paradis et sa divinité prétendue allaient tomber dans un discrédit dont ils ne se relèveraient plus. Pour parer ce coup fatal, il eut recours au seul expédient qui lui restait : il annonça, par un second édit, que, vu l'ingratitude de son peuple et son peu d'empressement à mériter son paradis, il allait créer un enfer, dont les incrédules et les impies ne se moqueraient point.

Comme il est plus facile de tourmenter les hommes que de les rendre heureux, le nouveau projet eût peut-être mieux réussi que l'autre; mais on ne laissa pas à Schédad le temps de l'exécuter: cette extravagance cruelle alarma le peuple et les grands, et mit leur patience à bout. Le tyran fut détrôné, et l'on délibéra longtemps sur le supplice qu'on lui ferait subir; enfin on n'en trouva point de plus convenable que de l'enfermer dans le jardin d'Iram, avec les vils courtisans dont il l'avait peuplé, et de murer la porte de ce paradis infernal. Là, déchiré de remords et accablé d'outrages, le dieu de l'Yémen dut se convaincre qu'il est un Dieu suprême qui confond les projets de l'impiété, et qui ne réserve de bonheur que pour la vertu.

Après ce court récit, le jour ne permettant pas à Scheherazade de commencer un nouveau conte, elle annonça, pour la nuit suivante, une histoire qui devait beaucoup intéresser et amuser en même temps le sultan des Indes.

DXLVI^E NUIT.

Scheherazade commença l'histoire qu'elle avait promise, de la manière suivante :

HISTOIRE

D'AZEM ET DE LA REINE DES GÉNIES [1].

IRE, dit Scheherazade au sultan des Indes, il existait autrefois dans la ville de Balsora un jeune homme nommé Azem, qui exerçait la profession de teinturier. Quoique très-célèbre pour le goût qu'il mettait dans le choix de ses couleurs, pour la beauté de sa personne et les agréments de son esprit, il n'était point riche, et nourrissait encore, du fruit de son travail, sa vieille mère, qui logeait avec lui. Cependant son amabilité et son intelligence lui attiraient chaque jour de nouvelles pratiques; et il eût pu faire fortune dans la profession qu'il exerçait, si le destin ne l'eût appelé à d'autres aventures.

[1] Ce conte a été traduit de l'arabe par Jonathan Scott; et de l'anglais par mesdames Marie d'Heures et Renée Roger.

Un jour qu'il était occupé à son travail habituel, il vit entrer dans son atelier un étranger richement vêtu, qui s'écria en le voyant : « Comment, un jeune homme fait comme vous l'êtes et doué de votre esprit peut-il se livrer à un pareil métier ? — Je ne rougis point, dit Azem, de mon honnête industrie, et je sais borner mes désirs. — Si cependant, ajouta l'étranger, on vous offrait un moyen de faire une prompte fortune, refuseriez-vous de l'employer ? — Non, s'il ne répugnait pas à ma conscience ; je serais au comble de la joie de procurer à ma bonne mère quelques nouvelles douceurs, et de continuer les études que mon travail m'a forcé d'interrompre. — Mon fils, dit le vieillard avec une affabilité trompeuse, vos vœux seront satisfaits. Vous avez perdu votre père, je veux être le vôtre ; dès ce moment je vous adopte pour mon fils ; je connais l'art précieux de changer en or les métaux les plus imparfaits, et je peux en un instant faire votre fortune. Soyez demain matin de bonne heure à votre boutique, je m'y rendrai. »

A ces mots, l'étranger quitta Azem, et le laissa tout étourdi de ce qu'il venait d'entendre.

Les paroles du vieillard avaient excité au plus haut degré la curiosité et l'ambition du jeune teinturier ; il se hâta de fermer sa boutique, et, le cœur plein de joie, il s'empressa d'aller annoncer à sa mère ce qui venait de lui arriver : « Mon fils, » lui dit la bonne femme, après avoir un instant réfléchi, « prends bien garde : je crains que la politesse de cet étranger ne cache quelque mauvais tour. Observe-le bien attentivement ; à mon âge on a de l'expérience, et l'on connaît jusqu'où peut aller la méchanceté des hommes. Reste, mon fils, dans ton état modeste, mais heureux : n'es-tu pas assez riche, puisque tu peux pourvoir à tous nos besoins ? » Azem fut frappé des bons avis de sa mère, et lui promit bien qu'il se tiendrait sur ses gardes ; ils soupèrent et se couchèrent. Mais Azem ne put s'endormir, il attendait avec impatience que l'arrivée du jour ramenât l'étranger dans sa boutique ; sa curiosité ou pour mieux dire l'ambition était en lui trop forte pour profiter des bons avis de sa mère.

Au point du jour il court à sa boutique. L'étranger ne se fit point attendre ; il s'y rendit bientôt, tenant un creuset à la main. Après les salutations d'usage, le vieillard dit à Azem d'allumer du feu ; il lui demanda s'il avait quelques métaux de vil prix, soit du fer, soit du plomb, ou tout autre de ce genre. Azem trouva dans son atelier un vieux pot de cuivre qu'ils coupèrent en morceaux, et qu'ils mirent ainsi dans le creuset. Alors, l'alchimiste ôta son turban, le déploya, et y prit une petite quantité de poudre jaune qu'il jeta sur le métal, en prononçant en même temps des paroles mystérieuses.

Peu de temps après, il ôta son creuset du feu, en retira ce qu'il contenait, et fit voir à Azem étonné un lingot d'or très-pur; puis, en l'engageant à le présenter à un changeur : « Êtes-vous convaincu de mon savoir-faire? » dit l'alchimiste triomphant. Et comme Azem émerveillé le priait de vouloir bien lui faire part de son secret : « Ce soir, lui dit-il, je souperai avec vous, et si nous sommes seuls, je satisferai votre désir. »

Ils partirent sur-le-champ pour la maison; Azem montra à sa mère le lingot qu'il avait vu faire, la pria d'aller passer la soirée chez une de ses voisines, afin qu'il restât seul avec son hôte, et prépara le souper le plus splendide qu'il put. La mère, convaincue par ce qu'elle venait de voir, ne fit aucune observation, et se conforma aux désirs de son fils.

Lorsqu'elle fut partie, on se mit à table. Azem se livrait à la bonne chère avec tout l'appétit d'un homme pauvre qui vient de faire tout d'un coup une grande fortune. Quoiqu'il fût bon et zélé musulman, il ne laissa pas que de boire beaucoup de vin, boisson à laquelle il n'était pas accoutumé, et bientôt il fut complètement ivre.

Le méchant vieillard, voyant son jeune convive dans cet état, profita de ce moment pour jeter une poudre soporifique dans la coupe d'Azem, qui la vida sans s'en apercevoir. Il ne l'eût pas plutôt vidée qu'il tomba sur son coussin accablé du plus profond sommeil. C'était là le moment attendu par le traître magicien; il le jette dans un large coffre, en prend la clef, et appelle des porteurs auxquels il avait donné l'ordre de se tenir prêts. Ceux-ci enlèvent le coffre, et marchant devant le magicien, ils vont le déposer dans un navire qui était prêt à mettre à la voile. On lève l'ancre, et ils voguent en pleine mer.

Lorsque la mère d'Azem, en rentrant le soir chez elle, ne trouva plus ni son fils, ni l'étranger, elle ne douta plus du malheur de son fils, et de la scélératesse de l'homme contre lequel elle lui avait tant recommandé de se tenir en garde. Désespérée, elle s'arrachait les cheveux en accusant la destinée et l'imprudence de son fils, et la cruauté de celui qui venait de le lui ravir. Les voisins, accourus à ses cris, furent consternés de ce qu'elle leur apprit. Ils cherchaient vainement à lui donner des consolations : elle fit dresser dans sa cour un tombeau, et vint y pleurer nuit et jour la perte qu'elle avait faite, sans vouloir prendre de nourriture.

Cependant le vieux magicien voguait avec un vent favorable. C'était un de ces Guèbres, adorateurs du feu, et de plus habile dans la chiromancie. Chaque année il descendait dans le Khorassan, pour séduire par ses offres brillantes un jeune musulman, et lorsqu'il l'avait fait servir à se procurer les choses dont il avait besoin dans ses opérations chimiques, il le tuait, de peur qu'il ne divulguât son secret.

Deux jours après le départ, Bharam (c'était le nom de ce Guèbre) jugea à propos de rendre sa victime au sentiment de son état déplorable; il ouvrit le coffre, qu'il avait fait placer soigneusement dans son cabinet, et introduisit dans les narines d'Azem une certaine liqueur. Celui-ci éternue, se frotte les yeux et jette autour de lui des regards surpris; bientôt la vue du magicien et le mouvement du navire lui décèlent son malheur : il s'aperçoit qu'il est tombé dans les embûches d'un scélérat, contre lequel sa mère l'avait inutilement prévenu. Alors, avec la résignation d'un musulman soumis aux ordres du destin, il se mit à réciter les versets de l'Alcoran :

« Il n'y a d'autre refuge qu'en Dieu, de qui nous venons et vers lequel nous devons retourner. Grand Dieu! daigne me conduire dans la voie du salut, dans le chemin de ceux que tu favorises, et qui ne t'ont point offensé! » Puis se tournant vers le vieillard : « Que faites-vous donc, mon père? lui dit-il avec beaucoup de douceur. Vous m'aviez promis des plaisirs et des richesses. Est-ce donc là ce que vous me faisiez espérer? — Chien d'infidèle, lui dit le magicien, tu ne mourras que de ma main, et mon plaisir sera de prolonger ton supplice. Déjà trente-neuf de tes frères sont tombés sous mes coups, tu seras le quarantième. Il est, cependant, un moyen de te sauver : abjure l'islamisme, et comme moi adore le feu sacré auquel je rends hommage; je t'adopte pour mon fils et je te livre mes secrets. — Que le Ciel te confonde, toi et ta religion, répondit Azem en se levant comme un enragé; par Mahomet! pour me sauver de quelques vains périls dans ce monde, je ne deviendrai pas apostat, et je ne renoncerai pas aux plaisirs que Dieu promet aux vrais croyants. — Misérable! repartit aussitôt le sorcier, qui ne se contenait plus, je saurai bien faire baisser ce ton arrogant, et ébranler ta constance. »

A ces mots, il appelle ses esclaves, et pendant qu'ils étendent Azem sur le plancher de la cabine, il le frappe à coups redoublés avec un martinet garni de pointes aiguës, et le couvre de plaies sanglantes; mais le jeune musulman, plein de courage, bravait ses coups et insultait à sa fureur. Le Guèbre, épuisé de fatigue, s'arrête enfin; et faisant charger sa victime de chaînes pesantes, il ordonne à ses esclaves de la jeter au fond de cale, avec le pain et l'eau nécessaires pour soutenir son existence. Le courage d'Azem ne fut point abattu par de si cruels traitements; il fut soutenu par sa confiance en Dieu, et par l'espoir qu'il avait de voir finir ses souffrances qui se renouvelaient chaque jour, car le vieux magicien venait tous les matins lui faire endurer toutes les tortures qu'il pouvait imaginer.

DXLVII^E NUIT.

Scheherazade continuant son récit : Sire, nous avons laissé Azem exposé à la rage du Guèbre et persistant toujours, malgré de si cruels traitements, à conserver la foi musulmane. Un jour, une tempête furieuse s'éleva, les vagues soulevaient le vaisseau et le portaient jusqu'aux nues ; on craignait à chaque instant de le voir se briser en mille pièces ; l'équipage, saisi de frayeur, s'avisa heureusement d'attribuer aux tourments que Bharam faisait subir à Azem le courroux du Ciel et la tempête qui menaçait de faire périr le navire. Ils lui ordonnèrent de rendre la liberté à son prisonnier, et comme il n'obéissait pas assez tôt, ils prirent les esclaves, ministres de ses cruautés, et les jetèrent par-dessus le bord, en menaçant leur maître de lui faire subir le même traitement, s'il n'ôtait pas à l'instant les chaînes dont il avait chargé le jeune musulman. Il fallut bien alors que Bharam se décidât ; on le força même à se mettre à genoux et à demander pardon à sa victime. Le vieux magicien se promit intérieurement de faire payer cher à son prisonnier toutes les humiliations qu'il éprouvait à son sujet.

La tempête se calma, et pendant tout le reste du voyage, Azem fut bien traité et revint un peu à la vie. Son ravisseur lui prodiguait mille soins, et s'efforçait de lui faire oublier les mauvais traitements dont il l'avait accablé. Enfin l'on aperçut la terre ; le magicien descendit avec Azem, dont il avait presque regagné la confiance, et lui dit qu'il allait chercher le pays dans lequel on trouvait l'or. Il ordonna au capitaine de les attendre un mois sur ce rivage, et s'avança un peu dans l'intérieur des terres. Lorsqu'il se vit seul avec Azem, il tira de dessous sa veste un petit tambour et deux baguettes ; il battit une marche, et aussitôt un vent furieux s'éleva dans le désert. Une colonne de sable se forma ; Azem en était effrayé, mais il fut agréablement surpris lorsque la colonne de sable disparut et lui laissa voir trois chameaux : l'un était chargé de toutes les provisions nécessaires pour un voyage ; les deux autres, richement caparaçonnés, semblaient attendre des cavaliers. Bharam invita Azem à monter l'un, il prit l'autre, et ils partirent avec une vitesse qui tenait du prodige. Ils ne virent rien de remarquable pendant huit jours; le neuvième, Azem aperçut quelque chose de très-brillant à l'horizon; ils s'approchèrent, et il put contempler la riche architecture d'un château tout brillant d'or et de pierreries; on voyait un espace immense couvert de bosquets délicieux.

Aussitôt que le magicien, qui n'avait pas pris garde à ce spectacle, l'eut aperçu, il tourna bride, et se mit à fuir de toute la vitesse de son chameau. Azem aurait bien voulu se diriger vers le château, mais le chameau sur lequel il était monté suivit celui du magicien, malgré tous les efforts qu'il put faire, et ne voulut s'arrêter que lorsque Bharam, après avoir pénétré dans la profondeur d'un bois, se crut un peu plus en sûreté : il répondit alors aux questions d'Azem que le palais qu'il avait vu était habité par de mauvais génies, ses ennemis, dont il promit de lui raconter un jour l'histoire.

Ils se remirent en route, et Bharam, au bout de quelque temps, demanda à son compagnon de voyage s'il ne voyait rien à l'horizon : « Je vois, lui répondit-il, une chaîne de nuages très-noirs qui courent de l'est à l'ouest. — Ce ne sont point des nuages, dit Bharam, mais des montagnes très-élevées, que l'on nomme les montagnes des Nuées. C'est à leur sommet que nous atteindrons le but de notre voyage, et avec l'aide que tu me prêteras, nous retournerons dans notre vaisseau plus riches que tous les souverains du monde; mais pour cela il faut que tu m'obéisses ponctuellement dans tout ce que je te commanderai. » Azem le lui promit; mais il frémissait intérieurement quand il se rappelait les trente-neuf victimes du vieux Guèbre, et les traitements barbares qu'il lui avait fait subir dans le vaisseau. Il se repentait bien de l'avoir quitté, mais il était trop tard pour retourner sur ses pas. Il se recommanda de nouveau à la Providence, et chercha à cacher son trouble le mieux qu'il put. Bharam le comblait de caresses : ils voyagèrent encore quatre jours, au bout desquels ils se trouvèrent au pied des montagnes noires; mais ils n'étaient pas arrivés, car un énorme précipice, formé par le flanc des montagnes, coupées à pic, et un large fossé, empêchaient que l'on ne pût aller plus loin, et leur prodigieuse hauteur jetait une obscurité profonde sur les objets environnants.

Ils descendirent à terre, et laissèrent paître leurs chameaux. Le magicien tira de ses provisions trois pains et une petite cruche d'eau; après quoi il alluma du feu : il tua ensuite le plus jeune de ses chameaux, le vida, et lava bien l'intérieur de son corps. Alors il dit à Azem : « Mon fils, voici le moment de terminer nos travaux: il suffit pour cela d'entrer dans le corps de cet animal; je coudrai ensuite la peau, en ayant soin de laisser un trou au moyen duquel tu pourras respirer. Un roc énorme viendra, prendra l'animal dans ses serres, et le transportera ainsi sur le sommet de la montagne; lorsque tu sentiras qu'il l'aura posé à terre, empresse-toi d'ouvrir, avec ta dague, le corps du chameau; ta vue subite fera prendre la fuite à l'oiseau: alors, sans perdre de temps, remplis le sac que je te remets de la poussière noire que tu trouveras sur le sommet de la montagne; tu l'attacheras au bout de la corde que je te donne, et tu le descendras; après quoi tu descendras toi-même par ce moyen, et nous nous remettrons en route. »

Azem fut bien obligé de se soumettre à la volonté du magicien, malgré toute la défiance qu'il lui inspirait: il se laissa donc enfermer dans le corps du chameau. Il y était depuis quelques heures, lorsque, suivant les paroles du magicien, un des oiseaux énormes qui habitaient sur le sommet de la montagne fondit sur le chameau qu'il avait aperçu, le saisit dans ses serres, et l'emporta sur la pointe la plus élevée de ces montagnes.

L'arrivée du jour mit fin au récit de Scheherazade; le lendemain, elle le reprit en ces termes:

DXLVIII[e] NUIT.

Sire, dit-elle en s'adressant au sultan des Indes, le jeune musulman se conforma aux instructions qu'il avait reçues; il épouvanta l'oiseau, descendit de l'arbre, remplit son sac de poussière noire, et s'approcha de la roche perpendiculaire au pied de laquelle le vieux Guèbre l'attendait. Quand celui-ci l'aperçut, il se mit à lui prodiguer des louanges et des encouragements: « Viens, mon fils bien-aimé, lui disait-il, notre fortune est assurée, et c'est à toi que je la devrai. Attache le sac à la corde que tu tiens, et descends-le jusqu'à moi; ensuite, tu assujettiras fortement cette corde à l'un des arbres près desquels tu te trouves, et tu te suspendras après pour venir jusqu'à nous. »

Azem, sans défiance, attacha le sac et le laissa tomber jusqu'à terre; mais à peine Bharam eut-il saisi la corde, qu'il se mit à la tirer de toute sa force pour tâcher d'entraîner Azem, qui n'eut d'autre moyen, pour éviter une mort certaine, que de lâcher ce qui devait le sauver. Alors le magicien lui adressa ces paroles: « Tu vas expier, chien de musulman, les humiliations que tu m'as fait essuyer; réjouis-toi maintenant, et va trouver les corps de tes camarades qui gisent dans ces montagnes où je les ai laissés comme toi. »

Et comme Azem implorait sa pitié : « A Dieu ne plaise, dit-il, que je sois assez fou pour ramener avec moi un homme qui pourrait trahir mon secret ! »

A ces mots, il monta sur son chameau, et laissa Azem livré au plus violent désespoir. Le pauvre jeune homme suivit des yeux, autant qu'il le put, son perfide compagnon ; mais, lorsqu'il l'eut perdu de vue, il tomba par terre, privé de sentiment. Il resta dans cet état pendant quelques heures, au bout desquelles la faim et l'amour de la vie le rendirent à lui-même ; il se releva, adressa sa prière au Créateur, et mangea un des petits pains qu'il avait emportés avec lui. Ce petit repas lui donna un peu de force : il courut de tous côtés pour trouver une issue ; mais ce fut en vain. La nuit survint : la crainte des bêtes féroces et le danger de tomber dans quelque précipice le forcèrent à s'arrêter et à chercher un arbre assez touffu pour lui servir d'abri, et lui donner en même temps le moyen de dormir pendant la nuit. Il en trouva un qui lui parut propre à cela ; il y monta et s'y endormit épuisé de fatigue.

Il faisait un rêve affreux et suait à grosses gouttes, lorsque, éveillé par l'agitation qu'il éprouvait, il aperçut près de sa poitrine la gueule béante et les yeux étincelants d'un serpent énorme, qui semblait savourer d'avance le plaisir de le dévorer. La terreur le rendit immobile. Le serpent, probablement pour prendre une position plus commode, fit un mouvement et détourna la tête ; alors Azem, profitant de cette circonstance, saisit vivement sa dague et l'enfonça dans la tête du serpent ; le monstre tomba au même instant.

Azem ne put se rendormir le reste de la nuit ; au point du jour, il descendit de l'arbre, et ce fut alors qu'il put juger de la longueur du serpent qu'il avait tué. Celui-ci vivait encore ; mais ses yeux étaient fermés, et il fut facile à Azem de l'achever. Il retira sa dague de la tête du serpent ; considérant ensuite la longueur monstrueuse de l'animal, il lui vint dans l'esprit de l'écorcher, et de former avec sa peau des lanières par le moyen desquelles il lui serait possible de remplacer la corde dont l'avait privé le magicien, et de descendre ainsi jusqu'au pied de la montagne. Il se mit aussitôt à ce travail, et vint à bout de l'exécuter. Après divers essais, il se guinda à cette lanière de cuir, et parvint enfin, non sans beaucoup de peine, au pied de ces montagnes au sommet desquelles il croyait avoir trouvé son tombeau. Il se prosterna la face contre terre pour remercier la Providence de ce bienfait, et invoqua l'intercession du Prophète pour les dangers qui pourraient encore lui arriver ; il quitta ensuite ces lieux déserts ; il marcha jusqu'au soir, se nourrissant des fruits que lui offraient les arbres des forêts qu'il traversait ; bientôt il reconnut la route par où il était venu, et la suivit jusqu'au neuvième jour.

Ce fut alors qu'il aperçut, à l'extrémité d'une magnifique avenue, le même château qu'il avait déjà vu, et que le Guèbre avait pris tant de soin d'éviter. A mesure qu'il s'en approchait, il examinait son architecture imposante : des colonnes d'or soutenaient un péristyle d'une pierre azurée, et au-dessus des arbres, parmi lesquels des milliers d'oiseaux faisaient entendre leurs concerts, on voyait s'élever le toit d'un immense et magnifique palais. Azem hésita un instant s'il irait y demander l'hospitalité : Bharam lui avait dit qu'il était habité par de mauvais génies ; mais songeant qu'il ne pouvait lui arriver rien de pis que ce qu'il avait enduré, il se hasarda à pénétrer dans l'intérieur, et traversa une superbe cour entièrement pavée de marbre précieux. Parvenu dans un salon d'une richesse prodigieuse, il vit deux jeunes dames qui jouaient aux échecs : « Ah ! ma sœur, s'écria l'une d'elles, voilà probablement le malheureux jeune homme qui est passé, il y a quelque temps, avec Bharam, le magicien ! — C'est lui-même, dit Azem en se jetant à ses genoux pour lui demander l'hospitalité. — Vous n'avez pas besoin de prier, lui dit-elle ; si vous n'eussiez pas été avec ce vieux Guèbre, depuis long-temps nous vous aurions avec nous dans ce palais. Depuis notre jeune âge, mon père nous a reléguées toutes les deux dans cet édifice éloigné, qui a été bâti par des génies. Nous sommes chargées du soin des appartements, et nous serons charmées que vous vouliez bien nous aider dans ce travail : nous vous traiterons comme notre frère. »

Le jeune homme accepta avec joie cette proposition. Il n'avait presque rien à faire, et se demandait souvent à quoi un château si magnifique, et en même temps si éloigné de toutes villes, pouvait être utile. Il vivait dans la meilleure intelligence avec les deux sœurs, et son amitié pour elles allait chaque jour croissant ; il arrivait pourtant qu'à certaines époques on le faisait cacher dans un appartement d'où il ne pouvait rien voir de ce qui se passait dans le château. Il s'avisa un jour d'enfreindre les ordres des deux sœurs : il se glissa dans les bosquets. Quel fut son étonnement lorsqu'il vit, au milieu du bassin du jardin, plusieurs jeunes personnes belles comme des houris, qui se livraient au plaisir du bain ! Azem en remarqua surtout une dont il devint épris sur-le-champ ; il attendit qu'elles eussent fini de prendre le bain ; ensuite il les vit se revêtir de quelques étoffes légères et disparaître dans les airs. Plusieurs fois, Azem usa du même stratagème pour contempler les charmes de la belle inconnue ; mais les deux sœurs, qui l'ignoraient, voyaient avec peine qu'il dépérissait sensiblement ; enfin, il en vint à un tel point, que l'on pouvait craindre pour ses jours : alors, pressé par ses amies, il leur avoua sa faute, et comment l'amour l'en avait puni. Elles cherchèrent à lui faire sentir la folie de cette passion, combien il était déraisonnable d'aspirer à une des filles du roi des génies (car ce château était un de leurs rendez-vous de plaisir). Azem déclara qu'il mourrait infailliblement s'il ne possédait pas sa belle inconnue. Alors, voyant qu'il était autrement impossible de guérir leur malade, les deux sœurs, qui avaient pour Azem une sincère affection, le consolèrent en lui disant que toute la puissance de ces jeunes dames était dans leur ceinture, et que s'il parvenait à dérober celle de l'objet de ses vœux, il la forcerait à rester au château.

Azem fut au même instant guéri par ces paroles; il se promit bien d'attraper cette ceinture au prochain voyage des filles du roi des génies. L'occasion ne tarda pas à se présenter. Les jeunes nymphes se dépouillèrent, et l'amoureux musulman, sautant sur la ceinture de sa belle, la fit flotter dans les airs. Les autres effrayées se précipitent en foule sur leurs vêtements et s'enfuient en poussant des cris. Celle d'entre elles qui restait captive se mit à pleurer amèrement ses parents et son pays; mais rien ne put décider le ravisseur à relâcher sa jolie proie. Azem s'efforça de se faire pardonner la brusquerie de sa conduite par ses politesses et ses attentions.

Frappée de l'idée de la captivité qui l'attendait et de la perte de ses parents et de ses amis, elle repoussa les soins d'Azem et de ses compagnes. Ils finirent, cependant, par la décider de se laisser conduire au palais, et Azem s'étant retiré, la fille du roi des génies resta avec les deux sœurs qui avaient soin du palais. Celles-ci ne tardèrent pas à acquérir une douce influence sur l'esprit de la jeune captive, qui ne put rester long-temps indifférente à la tendresse que chacun lui témoignait. Le mérite et les agréments extérieurs d'Azem achevèrent de gagner ses affections : bientôt elle éprouva pour lui l'amour le plus tendre, et au bout de quelques mois, le jeune musulman devint l'époux de la belle princesse des Iles Volantes. De superbes fêtes furent données en l'honneur de ce mariage, et les soins aimables des deux sœurs augmentèrent encore le bonheur de ce couple fortuné.

Cependant le souvenir de sa bonne mère venait souvent troubler la félicité d'Azem. Ne pouvant résister davantage au désir de la revoir, il demanda enfin à ses protectrices la permission de les quitter et de retourner avec sa femme dans son pays natal. Les princesses, quoique affligées de cette demande, ne purent s'y refuser; elles fixèrent elles-mêmes le jour de son départ. Lorsque le moment de se séparer fut venu, les deux sœurs frappèrent sur un tambour magique, et à l'instant plusieurs chameaux, chargés de présents de toute espèce, se trouvèrent aux portes du palais, avec une suite nombreuse d'esclaves destinés pour Azem et sa jeune épouse. Il la plaça dans une litière élégante et commode, et monta lui-même sur un chameau richement caparaçonné. Il versa des larmes en se séparant de ses généreuses bienfaitrices, et promit de revenir les voir un jour. Enfin ils s'éloignèrent. Ils trouvèrent en arrivant sur la côte un vaisseau prêt à partir, et un vent favorable les transporta en peu de temps à Balsora, où Azem eut le bonheur de retrouver sa mère. Rien ne saurait peindre la joie de cette bonne mère en revoyant un fils qu'elle avait cru perdu pour toujours; elle embrassa avec transport sa belle-fille qui lui parut d'une beauté ravissante, et élevant ses mains vers le ciel, elle rendit grâces à Dieu de la félicité qu'il lui avait réservée dans sa vieillesse.

DXLIX[e] NUIT.

La sultane continuant son récit: Azem, comblé des dons de la fortune et des faveurs de l'amour, était un des plus riches et des plus heureux habitants de Balsora: deux fils aussi beaux que le jour étaient venus mettre le comble à sa félicité, et trois années s'étaient rapidement écoulées depuis qu'il avait quitté le palais des deux sœurs. Se rappelant, enfin, la promesse qu'il leur avait faite d'aller les visiter, il disposa tout pour son voyage, et après avoir dit adieu à sa femme, il remit la robe enchantée qu'il lui avait ravie entre les mains de sa mère, en lui recommandant expressément de ne pas permettre qu'elle s'en revêtit, de peur qu'une impulsion irrésistible ne la portât à voler vers son pays natal: car il avait souvent remarqué que quoiqu'elle se trouvât parfaitement heureuse avec lui, elle n'en éprouvait pas moins quelquefois le désir de revoir sa famille et ses anciennes compagnes.

Azem, ayant reçu de sa mère la promesse qu'il désirait, s'éloigna rapidement. Son voyage fut heureux; il trouva en débarquant des chameaux qui l'attendaient, car les princesses, qui étaient savantes dans l'art de la magie, avaient été instruites d'avance de son arrivée, et s'étaient empressées de lui envoyer tout ce qui était nécessaire pour le transporter promptement au château des génies. Elles lui firent l'accueil le plus gracieux, et tout le temps qu'il passa avec elles fut employé en fêtes et en réjouissances.

Quelques jours après le départ d'Azem, sa femme demanda à sa belle-mère la permission d'aller aux bains publics. La vieille dame y consentit volontiers, et accompagna elle-même sa belle-fille aux bains, où les gens les plus distingués de la ville avaient coutume de se rendre, ainsi que ceux de la cour du kalife Haroun Alraschild, qui était alors à Balsora.

Dans le moment où elles arrivèrent, il y avait aux bains plusieurs femmes de la suite de Zobéide, épouse du commandeur des croyants. Dès qu'elles aperçurent la femme d'Azem, elles furent frappées de sa beauté, et elles ne cessèrent de l'admirer jusqu'au moment où elle quitta les bains. Plusieurs même, ne pouvant se rassasier du plaisir de regarder une femme dont la beauté leur paraissait presque surnaturelle, la suivirent jusque chez elle, et ne rentrèrent au palais du kalife que fort tard. Zobéide, en les voyant, exprima son mécontentement d'une si longue absence, et voulut en connaître la cause. Lorsqu'elle entendit faire un si grand éloge des charmes de la femme d'Azem, elle conçut un désir extrême de la voir; et le jour suivant, elle envoya chercher la mère, qui, inquiète d'un tel ordre, se rendit en tremblant devant l'épouse du commandeur des croyants; aussitôt qu'elle fut en sa présence, elle se prosterna et baisa les pieds de Zobéide: « Relève-toi, lui dit gracieusement cette princesse, et ne crains rien. J'ai entendu vanter la beauté de ta belle-fille, que l'on dit merveilleuse; je désire la voir, je veux que tu l'amènes devant moi. »

La mère d'Azem, n'osant résister aux ordres de la sultane, s'inclina respectueusement, et ayant promis d'obéir, elle baisa la main de la princesse, et se hâta de se rendre chez elle : « La sultane Zobéide veut te voir, dit-elle à sa belle-fille, hâte-toi de te rendre près d'elle. »

La femme d'Azem, enchantée de cette nouvelle, se para sur-le-champ de ses plus riches vêtements, et suivie de ses deux enfants et de sa belle-mère, elle se dirigea vers le palais. Lorsqu'elle entra, tous les regards se portèrent sur elle. Zobéide demeura immobile d'étonnement; frappée de tant de grâces, elle s'écria : « Dans quel lieu une beauté si céleste a-t-elle été créée? » Elle l'invita avec bonté à s'asseoir près d'elle, et donna ordre qu'on apportât des rafraîchissements; elle la combla d'éloges et de caresses, et la pria de lui raconter son histoire, qui accrut encore son étonnement : « Princesse, lui dit la femme d'Azem, puisque vous daignez me trouver belle avec ces vêtements, que diriez-vous donc si vous pouviez me voir avec mon costume natal? Si vous voulez satisfaire votre curiosité, ordonnez à ma belle-mère de me donner ma robe aérienne, elle n'osera vous refuser, et vous jouirez alors d'un spectacle qui pourra vous paraître curieux. »

Zobéide, qui ne demandait pas mieux, ordonna sur-le-champ à la mère d'Azem d'aller chercher la robe enchantée. A ces terribles paroles, la vieille dame trembla en se rappelant la promesse qu'elle avait faite à son fils; mais n'osant faire aucune observation, elle retourna tristement chez elle, et rapporta la robe fatale. Zobéide, après l'avoir long-temps examinée et s'être étonnée de la manière dont était fait ce léger vêtement, le remit à la femme d'Azem, dont les yeux brillaient de joie. Lorsqu'elle l'eut en sa possession, elle se hâta de s'en couvrir; puis descendant précipitamment dans la cour du palais, elle prit ses deux enfants dans ses bras, et avant qu'on eût pu songer à la retenir, elle s'éleva dans les airs aux regards étonnés de Zobéide et de toute sa suite. Lorsqu'elle fut à une hauteur suffisante pour qu'il ne fût plus possible de l'atteindre, elle s'écria : « Adieu, ma mère, je vous charge de consoler mon époux; dites-lui que je ne cesserai pas de l'aimer, mais que le désir de revoir ma famille me force à m'éloigner de lui; s'il m'aime assez pour ne pouvoir vivre sans moi, qu'il vienne me chercher dans les îles de Waak al Waak. » A ces mots, elle reprit son vol, se perdit dans les nuages, se montra une fois encore, et disparut enfin à tous les yeux.

Lorsque la mère d'Azem l'eut perdue de vue, le désespoir s'empara d'elle, et ne pouvant dissimuler le chagrin qu'elle éprouvait, elle accusa la sultane d'être la cause de ce malheur.

Zobéide, saisie elle-même de regret et de douleur, était incapable de s'offenser de la hardiesse avec laquelle la mère d'Azem venait de lui parler; elle se retira dans ses appartements, plongée dans la tristesse et se repentant amèrement de sa curiosité.

Pendant que toutes ces choses se passaient à Balsora, Azem, quoique entouré de tendresse et de soins aimables, songeait à sa femme et regrettait d'être séparé d'elle. Il accéléra l'instant de son retour; et, après avoir dit un tendre adieu aux deux sœurs, il retourna à Balsora. En arrivant chez lui, il trouva sa mère seule et versant des larmes amères : « Qu'est-il arrivé? s'écria-t-il, ô ma mère! où est ma femme? où sont mes enfants? » A cette terrible question, les pleurs de la vieille dame redoublèrent; rien ne pourrait donner une juste idée du désespoir d'Azem, en apprenant la perte cruelle qu'il venait de faire : un délire affreux s'empara de lui et vint lui ravir pour un moment le sentiment de ses peines. Lorsqu'il eut recouvré sa raison, il voulut savoir ce que sa femme avait dit en partant; et lorsque sa mère lui eut répété ses dernières paroles, il prit à l'instant la résolution de chercher son épouse et ses enfants, dût-il pour cela parcourir toute la terre. Ce fut en vain qu'on essaya de lui représenter que la distance de Balsora aux îles de Waak al Waak était telle, qu'il ne fallait rien moins que cent cinquante ans pour faire le voyage; il persista obstinément dans sa résolution, et rien ne put l'y faire renoncer.

Après avoir prié Dieu de bénir son entreprise, et de protéger sa mère pendant son absence, il se sépara d'elle, et ne se reposa ni nuit ni jour qu'il ne fût arrivé au château des deux sœurs. Leur surprise fut grande en le voyant; et lorsqu'elles apprirent la fuite de sa femme et la résolution qu'il avait prise de se rendre aux îles de Waak al Waak, elles s'écrièrent que ce projet était impossible à exécuter, puisque aucun homme ne pouvait vivre assez de temps pour arriver au terme de ce voyage : « N'importe, reprit Azem ; si le Ciel veut que je me réunisse à ma femme et à mes enfants, il saura bien me faire parvenir jusqu'à eux ; s'il a décidé le contraire, je mourrai, du moins, consolé par l'idée que j'aurai employé à cette recherche tout le reste de ma vie. »

Les sœurs, au désespoir de cette résolution, continuèrent encore pendant plusieurs jours à le prier de renoncer à une entreprise si périlleuse ; mais il resta inébranlable. Les princesses, vivement émues de sa tendresse pour sa femme et ses enfants, se consultèrent entre elles. Elles avaient deux oncles, l'un nommé Abd al Kouddous, et l'autre Abd al Sullyb, qui demeuraient à trois mois de distance. Après qu'elles eurent raisonné ensemble sur le moyen d'aider Azem dans son voyage, elles songèrent à ces deux oncles qui étaient deux puissants génies, et elles lui remirent une lettre conçue en ces termes :

« Le porteur de cet écrit est notre intime ami Azem, de Balsora : « si vous pouvez lui donner les moyens de parvenir aux îles de « Waak al Waak, faites-le par amour pour des nièces qui vous ché- « rissent et vous respectent ; si ce que nous vous demandons est « impossible, empêchez-le d'entreprendre son voyage, de peur « qu'il ne coure à sa perte. Dans ce moment son amour excessif pour « sa femme et ses enfants lui fait rejeter tous nos conseils; mais « nous espérons que vous aurez plus d'influence sur lui, ou que « par vous il obtiendra sûreté et succès. »

Elles donnèrent cette lettre à Azem, et après l'avoir comblé de bénédictions, elles le laissèrent partir et le suivirent des yeux aussi long-temps qu'elles purent l'apercevoir.

DL^e NUIT.

Sire, dit Scheherazade, nous avons laissé hier Azem quittant le château des deux sœurs pour se rendre dans le pays qu'habitaient leurs oncles auxquels elles l'avaient recommandé; son voyage fut long et pénible. Enfin, après plusieurs mois de marche, il se trouva dans un lieu champêtre et fertile; la nature y était si abondante, qu'il se crut un instant dans le paradis terrestre. Il aperçut à peu de distance un très-beau bâtiment vers lequel il se dirigea. Un vieillard vénérable était assis sous une élégante colonnade; ses regards se portèrent avec curiosité sur l'étranger qui s'avançait vers lui, et il lui rendit son salut d'une manière gracieuse. Frappé de l'air noble d'Azem, il l'invita à s'asseoir, et après une légère collation, il s'informa des motifs de son voyage.

Ce vieillard était Abd al Kouddous, oncle des princesses; dès qu'il eut entendu nommer ses nièces et qu'il eut appris qu'elles s'intéressaient particulièrement au jeune étranger, il redoubla d'égards et d'attention. Il lut la lettre dont Azem était chargé plusieurs fois de suite, et, après avoir réfléchi profondément, il lui dit : « Renonce, mon fils, je t'en conjure, au projet que tu as formé, et n'expose pas ta vie dans une entreprise qui ne peut réussir. Le voyage que tu veux faire est semé de périls innombrables; les déserts sont arides et peuplés de bêtes féroces; la terre desséchée ne produit aucun fruit pour te nourrir et n'offre aucune source pour te désaltérer. Supposons même que tu vinsses à bout de surmonter tous ces dangers, tu serais encore loin d'atteindre le but de tes désirs, puisque le reste de ta vie ne peut suffire pour arriver au terme d'un voyage pour lequel il faut cent cinquante années. Cesse donc de courir à ta perte, ô mon fils, et retourne vers ta demeure. » Mais ce fut inutilement que le vieillard s'efforça d'ébranler la résolution d'Azem; celui-ci ne voulut rien écouter, et s'étant suffisamment reposé, il se disposa le troisième jour à continuer son voyage. Lorsque le génie vit que rien ne pouvait le faire renoncer à son projet, il alluma du feu, brûla des parfums, et après qu'il eut prononcé quelques paroles mystérieuses, un génie d'une figure rébarbative parut subitement : « Pourquoi m'as-tu appelé ? demanda-t-il au vieillard. Faut-il arracher cette éminence qui soutient ton palais et la lancer par delà les montagnes de Kaf ? — Non, Dieu merci, répondit Abd al Kouddous. J'ai besoin de tes services d'une autre manière. Je désire que tu transportes ce jeune homme chez mon frère Abd al Sullyb. »

Quoique cette distance fût très-longue, le génie y consentit sur-le-champ, et saisissant Azem de sa main droite, il le plaça sur ses épaules, s'éleva dans les airs, et au soleil couchant, il descendit avec lui devant la demeure d'Abd al Sullyb.

Aussitôt qu'ils furent entrés, le génie, le saluant avec respect, l'informa des désirs de son frère Abd al Kouddous, et Azem, s'avançant vers lui, lui présenta la lettre des princesses, ses nièces. Sa surprise fut aussi grande que celle de son frère, en apprenant l'histoire d'Azem et son projet extravagant de pénétrer dans les îles Waak al Waak. Peu s'en fallut qu'il ne se mît en colère contre lui, en voyant son entêtement et le peu d'égards qu'il paraissait avoir pour ses avis. Cependant le désespoir d'Azem et les larmes abondantes qu'il versa calmèrent le courroux d'Abd al Sullyb, qui, touché de pitié, résolut au fond de son cœur de protéger Azem et de le garantir, autant qu'il lui serait possible, des dangers qu'il allait courir. Il appela donc dix génies, qui se présentèrent à l'instant, et les ayant engagés poliment à s'asseoir, il leur raconta d'une manière détaillée l'histoire d'Azem, et leur demanda ensuite ce qu'ils en pensaient :

« Cette histoire est merveilleuse, s'écrièrent-ils, et le projet de ce jeune homme bien téméraire; néanmoins, nous ferons ce que vous souhaitez, seigneur, et nous transporterons votre protégé, de montagnes en montagnes, de déserts en déserts, jusqu'aux limites de notre territoire ; là, nous le quitterons, car il ne nous est pas permis d'aller plus loin, et nous n'oserions mettre le pied dans des lieux habités par des génies plus puissants que nous, et dont nous aurions à craindre la colère. — J'accepte votre offre avec reconnaissance, s'écria Azem, et si vous le permettez, nous partirons sans plus tarder, car le temps est précieux pour moi. »

Azem prit donc congé d'Abd al Sullyb, et les dix génies, s'étant emparés de lui, prirent leur essor, et au bout d'un jour et d'une nuit ils s'arrêtèrent dans un pays appelé la terre de Kafoor. Là était le terme de leur voyage. Ne pouvant plus être utiles à Azem, ils lui souhaitèrent un heureux succès, reprirent leur vol et disparurent à sa vue.

Azem continua sa route après avoir adressé au Ciel une fervente prière ; il marcha pendant dix jours sans rencontrer une seule figure humaine, n'ayant pour toute nourriture que les fruits que les arbres produisaient. A la fin il aperçut trois hommes qui paraissaient être animés d'une colère extrême, et en vouloir réciproquement à la vie l'un de l'autre. Azem se disposait à s'avancer vers eux pour les séparer, lorsque les trois hommes l'apercevant s'écrièrent tous à la fois : « Il faut que ce jeune étranger soit le juge de notre querelle ! »

Se dirigeant alors vers lui, ils lui demandèrent s'il voulait être leur arbitre. Azem ayant consenti, ils lui montrèrent un bonnet, un tambour et un ballon, en lui disant : « Nous sommes trois frères qui avons reçu de nos parents cet héritage ; mais comme avant de mourir ils n'ont pas désigné à chacun de nous le lot qui devait lui appartenir, une dispute très-vive s'est élevée à ce sujet ; soyez donc arbitre entre nous, et allouez à chacun ce qui lui convient : nous jurons de nous en rapporter à votre décision. »

Azem, fort surpris, trouva ces trois objets d'une si pauvre apparence qu'il ne lui sembla pas qu'ils dussent valoir tous ensemble plus d'un demi-dinar : « Apprenez-moi, dit-il aux trois frères, le mérite que peuvent avoir séparément ces trois articles, car jusqu'à présent je n'en donnerais pas la moindre chose. — Seigneur, s'écrièrent-ils, chacun de ces objets a une vertu particulière qui vaut à elle seule tous les trésors de la terre ; et lorsque vous connaîtrez tout leur mérite, vous leur rendrez plus de justice : veuillez donc nous écouter. — Ce bonnet, dit l'aîné, a le pouvoir de rendre invisible. Il n'y a point de raison qui puisse empêcher celui qui le possède de parvenir à la plus haute fortune : en le portant sur la tête, il peut entrer partout, car ni les hommes, ni même les génies ne sauraient l'apercevoir ; il peut s'approprier tout ce qui lui convient ; il peut pénétrer dans le cabinet des rois et des ministres, déjouer leurs projets ambitieux, dévoiler leurs turpitudes et surprendre leurs intrigues les plus secrètes. Si les richesses sont l'objet de ses vœux, il peut puiser dans le trésor royal ; si la vengeance est un besoin pour son cœur, il peut, sans craindre aucun châtiment, priver son ennemi de la vie. »

Azem écoutait avec attention l'énumération de tous les avantages qu'on pouvait retirer du bonnet précieux, et pensa en lui-même qu'il ne pouvait convenir à personne aussi bien qu'à lui : « Peut-être, disait-il en lui-même, cette coiffure merveilleuse me fera-t-elle retrouver ma femme. » S'adressant ensuite aux trois frères, il leur dit : « A présent que je suis convaincu du mérite du bonnet, apprenez-moi quel est celui du tambour de cuivre. »

« Le possesseur de cet objet précieux, reprit le second frère, fût-il dans la position la plus périlleuse, en sera délivré en frappant sur les caractères qui sont gravés sur le cuivre ; toute la vertu de ce tambour est renfermée dans les paroles magiques qui furent écrites par le grand Salomon. Tous les esprits, tous les génies seront aux ordres de celui qui possèdera cet instrument merveilleux ; dès qu'il aura frappé, tous seront prêts à exécuter ses commandements, quelque difficiles qu'ils soient : et tout cela par la vertu des paroles magiques de notre grand roi Salomon, fils de David. »

« Ce tambour est réellement fait pour moi, dit en lui-même Azem, et j'en ai beaucoup plus besoin que ces trois hommes : il me protégera contre les dangers que je cours en allant aux îles de Waak al Waak ; il m'aidera à retrouver ma femme et mes enfants, et me mettra à l'abri des attaques de mes ennemis connus ou inconnus. Voilà qui est fort bien, dit-il au second frère qui venait de lui faire l'éloge du tambour ; voyons actuellement ce qui regarde le ballon de bois. »

« Seigneur, reprit le troisième frère, quiconque possèdera ce ballon trouvera en lui des vertus étonnantes. Il a le pouvoir de porter en un instant un homme d'une extrémité de la terre à l'autre ; il termine en deux jours un voyage de deux cents années : on n'a besoin pour cela que de lui désigner l'endroit où l'on veut être transporté ; il s'élance aussitôt, et parcourt l'espace avec autant de rapidité qu'une bouffée de vent orageux. »

Lorsque le troisième frère eut achevé de parler, Azem se détermina à s'approprier le ballon ainsi que les deux autres objets : « Ce n'est point assez, leur dit-il, de m'avoir expliqué les vertus de ces trois choses ; il faut encore que j'aie des preuves de la vérité de ce que vous me dites : sans cela je ne puis être arbitre entre vous. — Vous avez raison, s'écrièrent les trois hommes ; éprouvez leur pouvoir comme vous le jugerez à propos, et puisse Dieu vous protéger dans vos entreprises ! » Azem alors mit le bonnet sur sa tête, attacha le tambour à sa ceinture ; puis, se plaçant dans une petite nacelle qui tenait au ballon, il nomma le lieu où il voulait se rendre, et le ballon docile, s'élevant à l'instant, parcourut l'espace avec la rapidité du vent le plus impétueux. Les trois frères, en voyant Azem et leur héritage s'éloigner avec tant de vitesse, coururent après lui, et s'écrièrent : « Vous avez maintenant la preuve que vous désiriez ; n'êtes-vous pas satisfait ? C'en est assez, arrêtez-vous donc ! arrêtez !... » Mais ils criaient en vain de toutes leurs forces : Azem était déjà à dix journées de distance.

Son équipage s'arrêta devant la porte d'un vaste bâtiment. Azem descendit de sa nacelle, et saisissant son tambour, il pósa ses doigts sur les caractères magiques. Il hésitait à frapper, lorsqu'une voix se fit entendre, et prononça ces mots : « Tu as vaincu, Azem, tu as surmonté une partie des obstacles qui s'offraient à toi. Cependant tu ne peux parvenir entièrement au but de tes désirs qu'après un grand nombre de dangers et d'épreuves : cache avec soin le ballon que tu possèdes, car tu es maintenant sur la terre des mauvais génies. » Azem, docile à la voix qui lui donnait ce conseil, prit son ballon et le cacha sous ses vêtements; puis regardant autour de lui avec inquiétude: « Qui es-tu? s'écria-t-il. — Je suis, répondit la voix, un des génies qui te sont dévoués par la vertu de ton tambour; je veille continuellement à ta sûreté; les autres génies, mes confrères, ne paraîtront que lorsque le danger l'exigera. Continue ton voyage, car tu es encore à trois années de distance des îles de Waak al Waak. »

DLI^e NUIT.

Azem ne perdit point courage; et, après une courte prière, il se remit en route, et arriva enfin dans un pays infesté de serpents et de dragons monstrueux. Ém
u à ce terrible aspect, il frappa légèrement sur son tambour. « Quel est ce pays? demanda-t-il. — C'est la terre des dragons, répondit la voix : prends garde à toi, et ne t'arrête pas dans ce pays dangereux, quelque fatigue que tu éprouves. Les génies de ces contrées sont les plus cruels de tous, et leurs horribles cavernes sont remplies d'animaux féroces. » La voix cessa alors de se faire entendre; et Azem, jugeant qu'il serait imprudent de braver le danger, prit son bonnet, le posa sur sa tête, et traversa cet épouvantable désert, sans risque d'être attaqué par aucun de ses cruels habitants, dont les hurlements sinistres ne laissèrent pas de l'effrayer un peu. Il arriva enfin au bord de la mer, et aperçut dans le lointain les îles de Waak al Waak, dont les montagnes d'un rouge ardent ressemblaient à des nuages dorés par les rayons d'un soleil couchant. En les voyant, il fut frappé de surprise et de crainte; mais revenu bientôt à lui : « Pourquoi m'effrayer ainsi? dit-il en lui-même : puisque Dieu a daigné me conduire jusqu'ici, il saura bien me protéger encore, si telle est sa volonté. » Il cueillit alors quelques fruits qu'il mangea, et, après avoir fait une fervente prière, il s'endormit sur l'herbe jusqu'au lendemain matin.

Dès que le jour parut, Azem frappa légèrement sur son tambour : « Que veux-tu? lui dit le génie. — Te demander le moyen de traverser cette vaste mer et de me rendre dans les îles, répondit Azem. — Tu ne peux le faire, reprit la voix, sans le secours d'un sage vénérable qui demeure dans un ermitage situé au pied de cette montagne que tu vois dans l'éloignement. Elle est à une journée de distance. Fais usage de ton ballon, il t'y conduira dans moins d'une demi-heure. Ne cache rien de tes aventures au vieillard, car lui seul peut t'indiquer et te donner le moyen de traverser cet océan. » Azem, étant monté dans son ballon, fut transporté promptement à la demeure de l'ermite. Il frappa doucement à la porte, qui s'ouvrit sur-le-champ. Azem entra et fut reçu avec la plus aimable hospitalité par le sage, auquel il demanda le moyen de traverser la mer. « Quel motif t'engage, ô mon fils, demanda l'ermite, à entreprendre un voyage aussi difficile? — Mon père, répondit Azem, qu'il vous suffise maintenant de savoir que mon désir le plus ardent est de traverser cette mer, et de pénétrer dans les îles qu'elle renferme : je suis venu d'un pays bien éloigné d'ici. » Le sage à ces mots s'arrêta devant Azem, ouvrit un gros livre, et en lut quelques passages. A chaque moment, il jetait sur le jeune homme un regard d'étonnement : « Grand Dieu ! s'écria-t-il enfin, que de peines, que d'épreuves cruelles ont été réservées à cet infortuné ! — Pourquoi me regardez-vous ainsi, mon père? demanda Azem. — Mon fils, je te donnerai le moyen d'atteindre ces îles, puisque tel est ton désir; mais je ne te dissimule pas que tu n'obtiendras l'objet de tes recherches qu'après avoir encore essuyé bien des tourments. Maintenant, mon fils, raconte-moi exactement ton histoire. »

Lorsqu'il l'eut entendue : « Dieu permettra, lui dit-il, que tu réussisses dans cette entreprise, quelque périlleuse qu'elle soit. Demain, mon fils, nous nous dirigerons vers ces montagnes, et tu traverseras cet océan merveilleux. »

Au point du jour, l'ermite et Azem se mirent en route; et, après une montée rapide et fatigante, ils arrivèrent devant un bâtiment qui ressemblait à une forteresse. Ils entrèrent dans une cour, au milieu de laquelle était une statue colossale en cuivre : différents tuyaux y étaient attachés, et venaient aboutir à un immense réservoir de marbre : cette merveille était l'ouvrage des génies. L'ermite alluma du feu, jeta quelques parfums, et prononça des paroles inintelligibles pour Azem. A peine avait-il terminé ses évocations, que les nuages s'obscurcirent, une violente tempête s'éleva, de pâles éclairs fendirent les nues, et des coups de tonnerre retentirent dans toute la montagne. Azem, vivement ému, contemplait en silence tout ce qui se passait autour de lui ; la tempête produisait, cependant, sur son esprit, moins d'impression que les gémissements et le bruit effrayant qui se faisaient entendre au milieu du réservoir, qui parut bientôt couvert de vagues bouillonnantes. L'ou[illegible]n s'apaisa enfin, les bruits cessèrent, et le vieillard se tournant vers Azem : « Sors de ce lieu, lui dit-il, et regarde cet océan qui te semblait si difficile à traverser. »

Azem retourna sur le sommet de la montagne, dirigeant ses regards curieux vers la mer, sa surprise fut au comble en n'apercevant pas la moindre trace de son existence. Ce fut en vain qu'il chercha quelques restes de cette mer dont l'immensité l'avait frappé au premier abord : « Continue, ô mon fils, à mettre ta confiance en Dieu seul, lui dit le sage vieillard, et poursuis l'objet de tes recherches. » A ces mots l'ermite disparut aux regards d'Azem. Il continua sa marche, et arriva enfin aux îles de Waak al Waak, au coucher du soleil. Ce pays lui parut enchanteur : des pâturages magnifiques et abondants, des ombrages épais, s'offrirent à sa vue ; il marcha long-temps sous des bosquets charmants, dont le silence n'était troublé que par le chant mélodieux des oiseaux. Une vieille s'avançait vers lui. Surprise de l'aspect d'un jeune homme, elle lui demanda d'où il venait et ce qu'il désirait : « Ayez confiance en moi, lui dit-elle, je ferai tout ce qui dépendra de moi pour vous être utile. » Azem, encouragé par des paroles si obligeantes, raconta à la vieille une partie de son histoire et quel était le motif de son voyage. Elle parut vivement émue en l'écoutant ; et, après avoir réfléchi pendant quelques minutes, elle lui promit de l'aider à pénétrer auprès de sa femme, quelque danger qu'il y eût à courir. Ils arrivèrent bientôt aux portes de la capitale, et la vieille, profitant de l'obscurité de la nuit, introduisit Azem dans la ville, et le cacha dans sa propre maison. Elle lui recommanda expressément de n'en pas sortir : car la seule vue d'un homme pouvait donner l'alarme à tout le pays, et mettre le peuple féminin qui l'habitait en rumeurs.

Au grand regret du sultan et de Dinarzade, que ce conte intéressait beaucoup, les premiers rayons du jour vinrent interrompre le récit de Scheherazade. Le lendemain, avec l'approbation du sultan, elle le reprit en ces termes :

DLII^e NUIT.

Sire, dit la sultane des Indes, Azem, ravi d'être enfin parvenu au terme d'un voyage aussi long et aussi pénible, promit à la vieille tout ce qu'elle voulut, et le cœur plein d'espérance, il rendit grâce au Ciel, et le supplia de mettre le comble à ses vœux, en le réunissant à sa femme et à ses enfants. La vieille prépara à Azem un repas qu'il trouva excellent, quoique les mets de ce pays fussent tout différents de ceux auxquels il était habitué. Il se coucha ensuite, et dormit de très-bon cœur, car il en avait grand besoin après tant de fatigues ; il ne se réveilla le lendemain que fort tard. En ouvrant les yeux, il vit la vieille qui était assise au pied de son lit. « Mon fils, lui dit-elle: il faut que je t'apprenne que ta femme a souffert bien des tourments depuis qu'elle s'est séparée de toi; personne ne peut mieux t'informer que moi de ce qui la regarde, puisque je suis la nourrice de la reine et de ses sœurs. J'ai souvent été témoin des regrets qu'elle éprouve en pensant qu'elle s'est volontairement séparée de toi, et j'ai tâché d'adoucir ses peines. »

Azem versait des larmes de douleur en écoutant ces paroles : la vieille ne put parvenir à le consoler qu'en lui promettant que bientôt elle le conduirait vers la princesse. Après avoir achevé de mettre Azem au courant des infortunes de sa femme depuis qu'elle était de retour dans l'île, elle le quitta et se rendit au palais, où elle trouva la reine et ses sœurs délibérant sur le sort de la femme d'Azem, à qui elles n'avaient pu pardonner encore de s'être mariée à une créature humaine. Le résultat de leur conférence fut de la faire mourir dans les tortures, pour la punir de cette injure faite à leur race illustre. Aussitôt que la vieille parut, la reine et ses sœurs se levèrent avec respect, et l'engagèrent à s'asseoir.

« Qu'avez-vous décidé sur le sort de votre sœur infortunée? demanda-t-elle à la reine. — Attendu, répondit la souveraine, qu'elle s'est mésalliée en donnant sa main à un être qui n'est pas de la race des génies; que ce déshonneur retomberait sur nous, et que notre noble race aurait le droit de nous mépriser, nous avons résolu qu'elle périrait, sans pouvoir espérer de miséricorde. — Sa mort retombera sur votre tête, s'écria la nourrice; car il ne vous est pas permis de punir une faute légère par un crime si horrible. Au reste, la seule grâce que je vous demande, c'est de me permettre de la voir encore une fois. »

Cette permission lui ayant été accordée, la nourrice fut immédiatement conduite dans la prison de la malheureuse princesse, où elle la trouva pâle et baignée de larmes : ses enfants étaient autour d'elle, et s'efforçaient, par leur innocente gaieté et par leurs douces caresses, de la distraire de ses tristes pensées. Sa nourrice pleura d'abord avec elle, l'embrassa tendrement, et l'ayant engagée à placer sa confiance en Dieu, elle chercha à lui donner l'espoir que bientôt peut-être ses maux seraient terminés. « Chère nourrice, vos paroles ont toujours été pour moi un baume consolateur; mais je ne sais pourquoi, en ce moment, elles ont plus de pouvoir que de coutume : je sens, pour la première fois, un rayon d'espérance se glisser au fond de mon âme. — C'est un pressentiment de bonheur que le Ciel t'envoie, ô ma fille! console-toi, reprit la nourrice; ton époux, après des périls innombrables, est enfin parvenu jusque dans ce pays; il est maintenant dans ma propre maison, et, avant peu, il sera près de toi. » La joie qu'éprouva en cet instant la pauvre prisonnière faillit lui être fatale; mais la vieille lui ayant fait respirer quelques odeurs spiritueuses, elle recouvra ses sens, et adressa au Ciel les premières paroles qu'elle put prononcer. Dès que la nourrice la vit entièrement remise, elle l'embrassa tendrement, et la quitta pour retourner vers Azem, auquel, après lui avoir raconté tout ce qui s'était passé entre la reine et ses sœurs, elle conseilla d'enlever sa femme le plus promptement possible.

Azem, hors de lui, versait des larmes de douleur et de rage en écoutant le récit de la cruauté de la reine, et brûlait d'impatience d'être réuni à la bien-aimée de son cœur. Lorsque la nuit fut venue, la vieille le conduisit au pied de la tour où était renfermée la princesse; et, lui ayant donné tous les renseignements nécessaires, elle le recommanda au saint Prophète, et se hâta de le quitter. Azem passa le reste de la nuit en prières, et, lorsqu'il vit paraître l'aurore, il mit son bonnet sur sa tête, et devint invisible à tous les yeux. La reine parut bientôt suivie de plusieurs esclaves; elle ouvrit la porte de la prison, et Azem, qui s'était placé à sa suite, s'y introduisit avec elle, sans avoir été vu de personne.

S'efforçant de contenir les sentiments de douleur et d'amour qu'il éprouvait, en entrant dans cette triste demeure, il se plaça dans un coin du donjon, et fut témoin des indignes traitements que la reine fit subir à sa malheureuse sœur. Après lui avoir parlé de la manière la plus ironique et la plus barbare, elle lui signifia de se préparer à mourir, et ordonna à ses esclaves de l'attacher par ses beaux cheveux à un des piliers de la prison : « Arrêtez, bourreaux impitoyables, et redoutez la vengeance du Ciel! » s'écria Azem, incapable de contenir plus long-temps la violente colère dont il se sentait agité. La reine, effrayée de la voix menaçante qui venait de se faire entendre, jeta autour d'elle des regards de terreur et se hâta de fuir, suivie de ses esclaves; tandis que la princesse, qui avait reconnu la voix de son époux, posa ses deux mains sur son cœur, et leva ses beaux yeux vers le ciel pour le remercier de ce secours inespéré. Dès que la reine eut quitté la prison, Azem, ôtant son bonnet qui le rendait invisible, vola dans les bras de son épouse : « Cruelle, lui dit-il, pourquoi m'as-tu quitté? est-ce ainsi que tu devais payer tant de soins, tant d'amour? — Ah! répondit la princesse, ne me rappelle pas une faute que je me suis reprochée mille fois, et dont j'ai été si longuement et si justement punie! Pardonne-moi, cher époux, ajouta-t-elle en se jetant à ses pieds, et oublie des torts que moi seule dois me rappeler sans cesse. » Azem, attendri, la releva et la pressa sur son cœur ainsi que ses enfants, et lorsque les premiers transports de leur joie furent calmés, tous deux s'occupèrent des moyens à prendre pour fuir cette terre inhospitalière.

Vers le soir les portes de la prison s'ouvrirent; Azem, ayant remis son bonnet, s'assit dans un coin du donjon, et redevint invisible. La geôlière parut bientôt; elle apportait à la princesse les provisions accoutumées, et comme elle avait l'habitude de coucher dans la même chambre, elle soupa auprès d'elle et finit par s'endormir profondément. Azem, profitant d'une occasion si favorable, s'approcha doucement de la farouche gardienne, et ayant détaché le trousseau de clefs qu'elle portait à la ceinture, il ouvrit avec précaution la porte de la tour, et se hâta d'entraîner sa femme et ses enfants hors de cette demeure funeste, où il enferma la geôlière. Ils s'éloignèrent promptement, et, quoique chargés de leurs deux enfants, ils marchèrent avec tant de vitesse pendant toute la nuit, que lorsque le soleil se leva, ils étaient déjà loin de la ville.

La reine, en apprenant la fuite de sa sœur, entra dans une colère difficile à décrire; elle appela tous les génies de sa connaissance, qui se rendirent à ses ordres, et bientôt, suivie d'une armée innombrable, elle marcha à la poursuite des fugitifs, résolue qu'elle était de les mettre en pièces. Azem, qui continuait à fuir, fut tout étonné, en regardant derrière lui, d'apercevoir un épais nuage de poussière, et il fut saisi de frayeur en reconnaissant l'armée nombreuse de la reine : déjà il entendait les cris de guerre, il distinguait les étendards, et à l'éclat des lances ennemies, il ne pouvait ni s'éloigner assez vite, ni songer à se défendre. A quoi lui eût servi son courage contre une si puissante armée! Saisissant donc son tambour, il le fit résonner avec tant de vigueur, qu'au même instant des légions de génies remplirent la plaine, et offrant en un clin d'œil des bataillons rangés avec ordre, ils marchèrent fièrement au-devant de l'armée de la reine. Alors s'engagea le combat le plus effrayant qu'on eût encore vu jusqu'à ce jour : car ce n'étaient point des hommes, mais tous les génies de la terre qui combattaient les uns contre les autres. Les troupes d'Azem furent enfin victorieuses, et la reine resta prisonnière avec toute sa suite.

La femme d'Azem, voyant sa sœur dans une situation si humiliante, s'empressa de la consoler, et s'étant jetée aux pieds de son époux, elle lui demanda la grâce de la reine. Azem, abjurant tout désir de vengeance, la traita avec des égards respectueux, et lui promit d'oublier ses torts, si elle consentait à rendre toute sa tendresse à sa sœur.

La reine, touchée d'un procédé si généreux, sentit des remords s'élever dans le fond de son âme, et courant se jeter dans les bras de sa sœur, elle la pria d'oublier sa conduite injuste et cruelle. Dès ce moment, la paix fut conclue, des fêtes et des réjouissances furent ordonnées dans les deux camps, et durèrent pendant plusieurs jours. La reine de Waak al Waak dit enfin adieu à sa sœur et à son beau-frère, et, après les plus tendres embrassements, les génies vaincus et les génies vainqueurs se retirèrent, parfaitement satisfaits les uns des autres.

Azem et sa famille se dirigèrent vers la demeure d'Abd al Sullyb, où ils arrivèrent en très-peu de jours avec le secours des génies et du ballon. Le vieillard les reçut avec bonté, et les traita pendant plusieurs jours avec magnificence. Le récit des voyages d'Azem l'amusa beaucoup, et il prit surtout un grand plaisir à entendre l'histoire du bonnet, du ballon et du tambour. Azem, présumant qu'à l'avenir il n'aurait plus besoin de ces trois objets, pria Abd al Sullyb d'accepter le bonnet comme une marque de sa reconnaissance. Le vieillard le reçut avec plaisir, et lui fit à son tour des présents d'un très-haut prix.

Les deux époux continuèrent leur voyage, et ne s'arrêtèrent qu'à la demeure d'Abd al Kouddous, qui leur fit le même accueil que son frère; il s'amusa également du récit que lui fit Azem de ses aventures extraordinaires, et accepta avec joie le tambour magique, en lui promettant de le tenir toujours à son service, si jamais il venait à en avoir besoin.

Dès que l'heureux Azem s'approcha du palais des deux sœurs, il les aperçut qui venaient au-devant de lui; leurs tendres inquiétudes ne leur avaient pas laissé un moment de repos, depuis son départ pour les îles Waak al Waak. Leurs transports de joie éclatèrent en le revoyant, et elles conduisirent en triomphe les deux époux à leur palais; des fêtes magnifiques les y attendaient. Azem eut beaucoup de peine à quitter ses aimables protectrices et le lieu charmant qu'elles habitaient.

Il fallut enfin se séparer. Le ballon magique fut offert aux sœurs, qui se promirent de s'en servir pour aller visiter quelquefois Azem et sa famille, et le dernier adieu fut prononcé.

Azem, sa femme et ses enfants voyagèrent sans s'arrêter jusqu'à Balsora, où rien ne pourrait donner une juste idée de la joie qu'éprouva la mère d'Azem, en revoyant un fils qu'elle croyait avoir perdu pour jamais, et qu'elle pleurait depuis si long-temps. L'effet de ce bonheur fut tel que, devenue aveugle à force d'avoir versé des larmes, elle recouvra la vue que tous les efforts de l'art n'avaient pu lui rendre. Cet événement fut regardé comme un miracle : le bruit en parvint jusqu'aux oreilles du kalife Haroun Alraschild, qui, curieux de connaître des gens aussi extraordinaires qu'Azem et la princesse de Waak al Waak, les envoya complimenter, comme l'avait déjà fait toute la ville. Le kalife fit, en même temps, prier Azem de se présenter devant lui, et de conduire sa femme à la princesse Zobéide, qui mourait d'envie de la revoir. Azem obéit. Dès qu'il fut en présence du commandeur des croyants, il s'inclina profondément, et le prince ayant donné ordre qu'on introduisît un de ses secrétaires, Azem commença son histoire, et son récit charma tant le kalife, que plusieurs fois il interrompit le narrateur, pour ordonner à l'écrivain de ne rien omettre, et de n'altérer aucun des détails de cette aventure surprenante.

La nuit repliait ses voiles à l'approche du jour, comme Scheherazade terminait l'histoire d'Azem; elle allait en annoncer une nouvelle au sultan pour le lendemain, lorsque ce prince, prenant la parole, lui dit avec bonté : « Je vois bien, aimable Scheherazade, que vous êtes inépuisable dans vos récits; depuis assez de temps vos contes m'ont diverti, il est juste que vous receviez enfin le prix de tout le plaisir que j'ai éprouvé à les entendre, et de votre généreux dévouement : je vous remets entièrement dans mes bonnes grâces; je renonce, en votre faveur, à la loi cruelle que je m'étais imposée; je veux que vous soyez regardée comme la libératrice de toutes les filles qui devaient être immolées à mon juste ressentiment. Demain les grands de ma cour et mes peuples apprendront que vous êtes et que vous serez toujours sultane des Indes. »

La princesse se jeta aux pieds de son auguste époux et les embrassa tendrement, en lui donnant toutes les marques de la plus vive reconnaissance : « Bonne et gracieuse conteuse, reprit le sultan en relevant avec bonté Scheherazade, j'ai annulé, en faveur de vos jolis contes, le serment que j'avais fait, mais je ne renonce pas tout-à-fait au plaisir d'en entendre de nouveaux, et je vous demande, puisque vous le faites si agréablement, de m'en raconter encore quelques-uns de temps en temps; je serai toujours disposé à vous écouter; et je pense aussi que votre sœur n'en sera pas fâchée. » Dinarzade, touchée des bontés du sultan et joyeuse de l'heureux événement qui délivrait enfin sa sœur du danger qui l'avait si longtemps menacée, en témoigna aussi toute sa reconnaissance au sultan des Indes.

Scheherazade promit à son époux d'être toujours prête à lui conter de nouvelles histoires, et ce prince se leva plus satisfait encore que les jours précédents, pour aller vaquer aux soins de son empire.

Cette agréable nouvelle, que le grand vizir apprit de la bouche même du sultan, se répandit bientôt dans la ville et dans les provinces : ce qui attira à Schahriar et à Scheherazade son épouse, mille louanges et mille bénédictions de tous les peuples des Indes.

FIN DU QUATRIÈME ET DERNIER VOLUME.

TABLE.

FIN DE LA TABLE DU QUATRIÈME ET DERNIER VOLUME.

POISSY. — TYPOGRAPHIE ARBIEU.